DZINTRA GEKA

ŠALOM, SIBĪRIJA!

ДЗИНТРА ГЕКА

ШАЛОМ, СИБИРЬ...

DZINTRA GEKA

SHALOM SIBERIA!

SIBĪRIJAS BĒRNI
KOMUNISTISKĀ TERORA UPURU ATBALSTA UN PALĪDZĪBAS FONDS

UDK 821.174-94
   Ge270

Dzintra Geka

Šalom, Sibīrija!

1941. un 1949. gadā no Latvijas uz
Sibīriju aizvesto ebreju atmiņas

Дзинтра Гека

Шалом, Сибирь...

Воспоминания евреев, которые
были вывезены из Латвии в
Сибирь в 1941 и 1949 годах

Dzintra Geka

Shalom Siberia!

Memoirs of Jews who were taken from
Latvia to Siberia in 1941 and 1949

Intervēja / Интервьюировали / Interviewers:
Aivars Lubānietis un Dzintra Geka

Redaktori / Редакторы / Editors:
Irēna Pārupe, Liveta Sprūde, Baiba Kazule, Dzintra Geka, Žanna Ezīte

Izdevējs / Издатель / Publisher:
Fonds „Sibīrijas bērni"

SIBĪRIJAS BĒRNI
KOMUNISTISKĀ TERORA UPURU ATBALSTA UN PALĪDZĪBAS FONDS

Fotogrāfijas / Фотографии / Photos:
Fonda Sibīrijas bērni un personīgo arhīvu materiāli

**Sadarbībā ar / в сотрудничестве с /
in cooperation with**
Liepājas politiski represēto klubs

**Atbalsta / поддерживает /
supported by**
Uniting History Foundation

UNITING
HISTORY

Atbalsta / поддерживают / supported by:
Dmitrijs Goldgabers, Maksis Strunskis

Dizains un makets / Дизайн и макет / Design and layout: Vanda Voiciša
Iespiests / Отпечатано / Printed by: SIA „Talsu tipogrāfija"

ISBN 978-9934-8219-7-4

DZINTRA GEKA

1941. un 1949. gadā
no Latvijas uz Sibīriju
aizvesto ebreju atmiņas

ŠALOM,

SIBĪRIJA!

ДЗИНТРА ГЕКА

Воспоминания евреев,
которые были вывезены
из Латвии в Сибирь
в 1941 и 1949 годах

ШАЛОМ,

СИБИРЬ...

DZINTRA GEKA

Memoirs of Jews who
were taken from Latvia to
Siberia in 1941 and 1949

SHALOM

SIBERIA!

Saturs

Содержание

Contents

Grāmatas „Šalom, Sibīrija!" ievadam

Bads, aukstums, bailes, vardarbība, izmisums, spīts, cerība un cīņa par dzīvību un pašapziņu vieno visus 20. gadsmita traģisko vēstures notikumu bērnus – tos, kas atceras Latvijas brīvības zaudēšanu 1940. gadā, vairākkārtējās valsts okupācijas II Pasaules kara laikā, deportācijas, bēgļu gaitas, otrreizējas deportācijas un atkārtotas bēgļu gaitas.

Spīvi liktens vēji ir atstājuši dziļi šo bērnu sirdīs pārdzīvojumus, kas uzgail ik pa laikam atmiņās vai nu kā nemitīga dzelzceļa sliežu duna, vai baraku kodīgais saltums, kartupeļu mizu vai maizes garozas rītdienas solījums, bet pāri tam visam – alkas pēc cilvēcības roku maiguma, zinībām un spēlēm.

Sibīrija vai bēgļu nometnes rietumu zonā, kara šausmas Latvijā vai kur citur Eiropā – šīs rētas un spēju pārdzīvot un kļūt par sekmīgiem savā cilvēcīgumā un dzīvē viņus vieno.

Svētu darbu ir veikusi „Sibīrijas bērnu" iniciatīva, un tāpat tie ļaudis, kas Okupācijas muzeja ietvaros vai kā citādi, ir daudz darījuši, lai audio materiālos, rakstiski vai videolentēs fiksētu šo dažādo tautas cilvēcisko likteņu vēstures mantojumu, jo tas ir ļoti būtisks tautas un mūsu valsts vispārējai vēstures apzināšanai. Savas dzīves laikā esmu mēģinājusi apzināt kaut dažus desmitus trimdas bērnu dzīves stāstu, un būtu ļoti gandarīta, ja šis darbs tiktu turpināts. Jo daudzšķautņaināk mēs būsim apzinājuši savu vēsturi, jo ar reālāku un mērķtiecīgāku skatu varēsim veidot savu nākotni – kā valsti, kas pati apzinās savas iespējas un aktīvi veido savu ikdienu, un arī uz ārpolitiskās skatuves neļauj pasaulei aizmirst notikumus, kas tik traģiski un nežēlīgi iespaidoja tik daudzu valstu likteņus un cilvēku dzīves.

Ir apbrīnojami, cik daudzi cilvēki, izgājuši cauri neiedomājamām grūtībām un pārbaudījumiem, ir spējuši saglabāt cerīgu skatu uz dzīvi, ir pārdzīvojumos kaldinājuši spēcīgu raksturu un gribasspēku, ir varējuši pārdzīvot, panākot sekmes, un neļauties, lai rētas tos nomāktu, bet gan veltīt savus spēkus, lai brūces pārvērstos stiprumā, cerībā un pulsējošā sirds gaismas starā.

Mums visiem, katram savā veidā, ir bijis jāatnāk mājās uz neatkarību atguvušo Latviju. Šodienas pienākums un atbildība ir turpināt aktīvu dzīves stāstu vākšanas darbu – tas nepieciešams ne tikai vēsturei, bet arī tam, lai mūsu tauta, dziļi viens otru uzklausot un izprotot, turpinātu vienotības tilta stiprināšanu.

Cilvēku dzīves stāsti un raksturi veido tautas dvēseli un sirdsapziņu. Lai arī tik ļoti izkaisīti pasaulē, bet viņus visus vieno Latvija. Tautas dzīves stāsti veido tiltu, pa kuru visi var atnākt mājās. Latvijā.

Vaira Vīķe–Freiberga
Valsts prezidente (1999–2007)

Grāmatas „Šalom, Sibīrija!" ievadam

1941. gada 14. jūnija deportāciju rezultātā cieta 14194 Latvijas iedzīvotāji (latvieši, ebreji, krievi, poļi), tajā skaitā vairāk kā 3750 bērni vecumā līdz 16 gadiem. Izsūtīšanas laikā vīriešus atšķīra no ģimenēm un aizdzina uz Gulaga nometnēm, kur tēvi un brāļi mira no bada un slimībām.

Sievietes un bērnus specnometinājuma apstākļos izvietoja galvenokārt Krasnojarskas novada un Tomskas apgabala sādžās. Viņiem īpaši smags bija izsūtījuma pirmais posms – 2. pasaules kara gadi, kad smagā darba un slimību dēļ daudzi nomira.

Kāda krievu dziesma vēsta, ka tas bija svētais karš, melīgas propagandas rezultātā izsūtītie tika dēvēti par fašistiem, attiecīgi pret viņiem izturoties. Jeņisejas upes lejastecē ir vieta, kuru dēvē par Nāves salu – Agapitova. 1942. gada rudenī tur izsēdināja 700 cilvēkus, to starp latviešu mātes ar bērniem. Pavasarī dzīvi bija palikuši 70, izglābās 6 latviešu bērni, kuru intervijas ir grāmatā.

1946. un 1947. gadā, pateicoties Latvijas Izglītības ministrijas Bērnu nama daļas darbinieku uzņēmībai un pūlēm, vairāk nekā tūkstotis 1941. gada 14. jūnijā aizvestie bērni – galvenokārt bāreņi un pusbāreņi vecumā līdz 16 gadiem tika pārvesti uz Latviju, atdoti audzināšanā viņu radinieku ģimenēs vai ievietoti bērnu namos. Taču, diemžēl, ar to viņu moku ceļi nebeidzās. Daudzus no viņiem varas orgāni vēlāk pa etapu atkal nosūtīja uz agrākajām nometinājuma vietām, no kurām Dzimtenē varēja atgriezties tikai piecdesmito gadu vidū. Arī tagad Sibīrijā dzīvo 1941. gadā izsūtīto pēcteči.

Esam mērojuši tūkstošiem kilometrus sešu gadu garumā. Krasnojarskas, Tomskas, Jeņisejskas un citos apgabalos palikušie bērni šobrīd ir sirmgalvji un invalīdi. Viņiem nolaupīta ne tikai Dzimtene un tuvinieki, pārkrievošanas politika viņiem atņēmusi arī dzimto valodu, daudzi no viņiem vairs nespēj latviski sazināties. Dažs no viņiem ir dzīvojis ar cerību, ka vecumdienās nokļūs vismaz kādā Latvijas nabagmājā, šis sapnis kļuvis tikai par sapni, jo viņus no Dzimtenes šķir robeža, kas vairs nav tik vienkārši pārejama. Braucot mājup no Sibīrijas, ikreiz bijām iespaidu pilni par šīs zemes dabas krāšņumu, mums bija uzfilmēti materiāli, intervijas, taču vienmēr mēs vedām līdzi arī kādas ceļojumā iegūtas dziļas personīgas izjūtas. Un tās bija skumjas un neizzūdoša vainas sajūta... Tie, kuri atgriezās, ir laimīgi, jo viņi ir Dzimtenē, bet vientulību, ciešanas, badu un postu, tuvinieku zaudējumu nekas nevar aizstāt. Tas atstājis sekas daudzu paaudžu garumā. Katrs stāsts ir liecība un piemiņa par brāļiem un māsām, kuri palika mūžīgajā sasalumā.

Skaita ziņā otra lielākā tauta, kas cieta 1941. gada deportācijā, ir ebreji. Tie, kuri izglābās, atgriezās Latvijā, bet viņu tuvinieki bija iznīcināti 2. Pasaules kara laikā. 70. gados lielākajai daļai izdevās izbraukt uz Izraēlu. Mēs intervējām Sibīrijas bērnus arī tur.

Esam intervējuši 670 cilvēkus Latvijā, Krievijā, Izraēlā, Amerikā. Esam saņēmuši daudz gaismas, mīlestības un cerības apliecinājumus mūsu Latvijas nākotnei. Gribam to nodot nākamajam paaudzēm.

Dzintra Geka,
Fonda «Sibīrijas bērni» dibinātāja

Lea Avaro (Hofmane)

dzimusi 1928. gadā

...paziņoja, ka tiekam izsūtīti uz Sibīriju – uz mūžu.
To izdzirdot, mamma saļima. Mums lika savākt mantas.

Esmu dzimusi Igaunijā, mazā pilsētiņā Tirvā, kas ir 30 kilometru attālumā no Valgas. Tai pašā pilsētā mēs ar māsu un brāli mācījāmies skolā, kurā mātes māsa strādāja par skolotāju. Mēs dzīvojām mājā, ko tēvs ar savu vecāku un mātes tēva palīdzību bija uzcēlis, un mājas pirmajā stāvā tēvam bija apavu un audumu veikals. Es mācījos baletu – tā nebija baletskola, bet tāda grupiņa – katru nedēļu no Tartu viena freilene atbrauca mūs mācīt. Tālākā dzīvē man tas labi noderēja.

1940. gadā mūs no mājas izsvieda ārā un mūsu mājā ielika virsniekus ar savām ģimenēm. Labi, ka mums pilsētas nomalē bija dārza mājiņa, kur pārcelties. Mēbeles nebija kur likt, tās stāvēja klētī un kur nu kurā, – tā mēs tur gadu nodzīvojām. 1941. gadā māsa pabeidza 1. klasi, es – 6. klasi, bet brālis tobrīd bija 15 gadu vecs un jau vienu gadu mācījās vidusskolā. Tad pienāca tā diena – 1941. gads, 14. jūnijs. Tēvs gulēja slimības gultā, jo pirms divām nedēļām uz lauka, paceļot kaut ko smagu, viņam bija plīsusi kuņģa čūla. Viņš palika uz lauka guļam, un viņu atveda uz pilsētu. Tajā naktī atnāca karavīri, paņēma viņu no slimības gultas un aizveda. No rīta māte mūs visus trīs bērnus pamodināja. Zaldāti pārmeklēja skapjus, zem gultām, visur bāza savus durkļus. Milicis – tas bija igaunis no Valgas – teica mātei, ka tēvs jau ir arestēts, un arī mums visiem esot jābrauc uz Valgu, tur notiks izmeklēšana. Māte atbildēja, ka viņa dosies viena, kāpēc tad bērniem jābrauc līdzi. Milicis iebilda – kā nu bērnus vienus pašus varot atstāt. Tur mēs pavadīšot kādu nedēļu vai divas, varot paņemt līdzi arī kādu lieku veļu, varbūt iešot pirtī. Māte brīnījās, kāpēc vienas vai divu nedēļu laikā mums būtu pirtī jāiet – neesam jau tik netīri. Viņš lika, lai māte paņem mazu koferīti. Māte teica – viņai nemaz neesot tāda maza koferīša. Pats uz skapja augšas ieraudzīja divus koferus – vienu lielu, otru mazu. Noņēma un iedeva mātei to mazo. Kaut ko iemetām tur iekšā – kādas zeķītes, kleitiņas – laiks bija silts, mēteļus nepaņēmām. Atbrauca mašīna – „vilītis", no tās izkāpa NKVD virsnieks, paskatās, ka no mājas iznāk sieviete ar mazu koferīti un trīs vieglās drēbītēs ģērbtiem bērniem, un prasa miličiem: „Vai tad jūs nepateicāt, kur viņi brauks?" Milicis atbild: „Nē." Tad viņš negribīgi, savilcis garu seju, paziņoja, ka tiekam izsūtīti uz Sibīriju – uz mūžu. To izdzirdot, mamma saļima. Mums lika savākt mantas. Kaimiņiene un mammas māsa palīdzēja sameklēt ziemas drēbes. Stūķējām maisos visu – mēteļus, cepures, zābakus, arī filču zābakus – toreiz bija tādi. Brālis no albuma paņēma līdzi kādas piecas fotogrāfijas, nogrieza mazu gabaliņu gaļas ceļam. Mums bija nupat no laukiem atvesta žāvēta cūkas gaļa, to visu atstāja, apjukumā nogrieza tikai mazu gabaliņu. Mūsu mantas sameta smagajā mašīnā, pašus iesēdināja vieglajā. Mamma sāka raudāt, milicis uzkliedza – ko viņa raudot, vai tad kauna nemaz nav, esot taču civilizēti cilvēki. Vispirms mūs aizveda uz Rātsnamu, redzējām, kā apcietinātos vīriešus bruņotas apsardzes pavadībā sadzen autobusā. Tad mūs ar autobusu nogādāja uz Puka staciju – tas ir pirms Tartu – un lika iekāpt vagonā. Vagonā bijām 21 cilvēks, tikai tie, kas bijām Rātsnamā. Satikām tēvu, viņš mani apkampa un noskūpstīja uz pieres – tas bija atvadu skūpsts, jo parasti igauņi ir ļoti atturīgi un nekad neapkampjas un nebučojas.

Valgā ešelons piestāja, varējām diezgan brīvi staigāt, un mamma aizgāja uz veikalu. Pie mums pienāca tēvs un prasīja maizi. Viņam, kā kuņģa čūlas slimniekam bija svarīgi kaut ko ieēst. Es pateicu, ka mums nav maizes – mums patiešām tās nebija, mamma bija aizskrējusi uz veikalu. Tēvs apgriezās un aizgāja prom.

Tad vilciens sāka kustēties, pabraucām garām melnbaltsarkanajam robežu stabam – mamma raudāja. Brauciena laikā uzzinājām, ka sācies karš – tā bija prieka vēsts. Neticējām, ka mūs aizvedīs. Bijām pārliecināti, ka uzspridzinās vai nu tiltu, vai sliedes, ka tik vienkārši neļaus mūsu ešeloniem aiziet. Taču nekas tāds nenotika un mūs aizveda. Pretī nāca ešeloni ar zaldātiem, karš taču bija sācies. No mūsu puses braucošais ešelons apstājās blakus – tur bija vīri – sasaucāmies ar viņiem, bija jautri. Mēs neraudājām, mēs, bērni, jau nesapratām, kas īsti notiek. Mums tas likās pat interesanti.

Pa ceļam deva maizi – „kirpiču" (maize īpašā formā, saukta par „ķieģelīti"), tā mums nepatika. Tajā pašā vagonā atradās arī mana draudzene – klases biedrene un arī baleta biedrene, tur bija skolotāja ar saviem trim mazajiem bērniem un vienīgi mazu koferīti līdzi – tik vien mantu. Tas bija briesmīgi. Braucām ļoti lēni, jo vajadzēja laist garām zaldātu vagonus, kas nāca pretī – ešelons pēc ešelona ar tiem nabaga puišeļiem.

Apstājāmies kaut kur pie Omskas, stacija saucās Čani, un mūs izlaida ārā – tirgus laukumā. Mēs, bērni, salīdām apakšā zem tirgus galdiem, citi palika zem klajas debess. Varbūt tur bijām tikai no mūsu ešelona, varbūt arī no citiem – skaidri nezinu. Atceros, ka mūsu ešelonam bija 78 vagoni. Kāds jauneklis spēlēja akordeonu, apkārt viņam salasījās pūlītis un dziedāja līdzi. Tad pienāca kāds no uzraugiem pelēkā formā un krieviski teica, ka spēlēt drīkst, bet dziedāt ne. Viņš nesaprata vārdus, un tāpēc aizliedza dziedāt. Kādam bija līdzi bumba, mēs spēlējām „Tautas bumbu".

Tad nāca pajūgi un ļaudis veda uz kolhoziem. Mēs gaidījām savu kārtu. Redzam, ka tos pašus, kurus ar pajūgiem aizved, ved atkal atpakaļ. Nopriecājāmies, domājām, kaut kas ir noticis. Mūs sastūķēja vagonos. Vagoni bija pārpildīti, gandrīz visi stāvēja kājās, nebija kur apgriezties. Mums palaimējās apsēsties uz grīdas. Minējām, uz kuru pusi brauksim – uz austrumiem vai rietumiem. Vilciens sāka kustēt atpakaļ, uz rietumiem. Mēs visi tā nopriecājāmies! Tomēr tas izrādījās tikai tāds manevrs, veda mūs atkal tālāk uz austrumiem... Jau Čani stacijā, tajā tirgus laukumā cilvēkiem sākās stipra caureja. Tur bija uzbūvēta tualete, visu laiku pie tās stāvēja gara rinda. Tas, kurš izstāvēja rindu, uzreiz iestājās tajā no jauna, lai paspētu īstajā brīdī. Tas bija briesmīgi. Mamma vilka ārā ogles no ugunskura un deva mums ēst, tas līdzēja. Neatceros, ka mēs būtu mocījušies ar vēderu.

Tad ar baržu aizveda mūs uz Krivošeju. Tur mēs ilgi nebijām, un no turienes – uz Krasnij Jar. Sākumā nometināja mūs klubā. Nebija nekādas panikas vai kliegšanas – sapratām, ka ir jādzīvo un jādara, ko viņi mums liek. Vēlāk mūs izmitināja pa mājām. Mums visiem četriem ierādīja mazu mājiņu, kurā dzīvoja māte ar savu pieaugušo meitu. Viņas uzņēma mūs ļoti laipni, visu laiku smaidīja. Viņām nebija nekāda naida pret mums. Turienes krievi vispār izturējās laipni pret mums, izsūtītajiem.

Tur mēs nebijām ilgi, atkal mašīnās iekšā un tikām aizvesti uz taigu, uz „ļesovalku" (mežu izciršana). Tur bija arī viens igauņu profesors ar saviem diviem dēliem. Vīri gāza kokus, sievietes lasīja zarus, dedzināja. Ilgi mēs tur nebijām, mums iedeva istabeli, dzīvojām kopā ar divām Igaunijas krievietēm. Viena bija Petrogradas aristokrāte, otra – Vīlandes policijas prefekta sieva, zobārste. Vienu dienu liek mums atkal mantas vākt kopā un iet kādus piecus kilometrus kājām uz citu baraku, tur mita arī tas igauņu profesors ar saviem dēliem. Barakā varēja sastapt dažādu tautību cilvēkus – bija daudz moldāvu, arī krievu no Pečoriem. Pečoros bija daudz baltgvardu, viņi visi tika izsūtīti no turienes.

Tas bija pirmajā ziemā – 1941/42. gadā. Mamma strādāja mežā – lasīja un dedzināja zarus. Virs citām drēbēm viņai bija uzvilktas biezas vates bikses, kas vakarā, kad viņa darbu beidza, bija galīgi izmirkušas un sasalušas, tā, ka viņa pati tās nespēja novilkt. Profesora dēls viņai palīdzēja. Mans uzdevums bija lāpīt caurumus viņas vates jakā un cepurē, kas bija radušies, zarus dedzinot. Jau novembra mēnesī barakā iemācījos runāt krieviski.

Tad mūs aizveda atpakaļ uz to vietu, kur jau sākumā dzīvojām, līdz kādu dienu lika savākt mantas un atkal veda projām. Mūs veda ar ragavām un pēkšņi vedējs nogriezās nost no ceļa uz neiebrauktas sniegotas takas mežā. Mamma krita panikā – mūs izmetīšot sniegā un atstāšot. Bet tas izrādījās taisnākais ceļš uz Himļeshoz, kur vāca sveķus no priedēm. Atkal dzīvojām barakā, tur bija arī citas igaunietes no Vīlandes, no Pērnavas – viena advokāta sieva, otra tiesneša sieva – ar savām ģimenēm. Es biju priecīga, tur bija meitenes. Pēc kāda laika atveda arī manu draudzeni un viņas māti. Pienāca 1942. gada pavasaris. Atceros, ka 20. maijā, manā dzimšanas dienā, pie manis sanāca meitenes, mēs uzvilkām kleitas, bet ārā sniga.

Darbs nebija viegls, mamma jau no paša sākuma nejutās vesela, bet tad sākās bads. Mēs gājām uz 35 km tālo sādžu mainīt mantas pret ēdienu. Sākumā vēl bija, ko mainīt. Man toreiz jau bija 14 gadu, es arī gāju. Drīz mamma sūtīja arī deviņgadīgo māsu, iedeva līdzi viņai kādu šalli vai kādu cimdu pāri ko mainīt, un *tas bērniņš stiepa atpakaļ uz muguras kādu spaini kartupeļu un rokā vēl piena pudeli tos 35 kilometrus. Es sāku strādāt – vācu sveķus – vajadzēja atstrādāt maizi. To deva arvien mazāk, porcija kļuva arvien mazāka. Tie, kas strādāja, nedrīkstēja iet uz sādžu mainīt mantas. Mamma vienreiz pēc darba aizgāja un dabūja par to sodu, viņai uz pusgadu noņēma 25% no algas nost.*

Pienāca brīdis, kad vairs nebija, ko mainīt. Tad gājām uz to pašu 35 km tālo sādžu lasīt balandas un nātres. Brālis gāja pēc darba vēlu vakarā vai naktī. Brāli kopā ar kādu baltvāciešu zēnu cauri taigai sūtīja pēc mašīnu detaļām. Zēni iebilda, ka tiem nav zābaku, kājas bija aptītas ar lupatām. Tas tomēr nebija šķērslis, zēnus aizsūtīja. Lupatas samirka, sasala, zēni rāpus atlīda atpakaļ līdz barakām. Lai kā viņus sasedza, kājas neizdevās sasildīt, tās neizturami sāpēja. Aizveda viņus uz Krasnojarskas slimnīcu. Visa apkārtne dzirdēja, kā viņi kliedza, kad tiem pirkstus grieza nost. Narkozes jau nebija. Pēc tam brālis izmācījas par kurpnieku un palika tur strādāt.

1943. gadā iestājās liels bads. Vasarā mamma upmalā lasīja dažādas zāles un mēs no tām vārījām zupu. Ja ēdām mellenes, no uzraugiem bija jāslēpj melnās mutes, citādi tie pārmeta, ka nestrādājam, bet tikai ēdam ogas. Pa ceļam uz mājām mēs lasījām sēnes, vārījām tās bez sāls. Salasītās brūklenes varējām uzglabāt labi ja mēnesi, tad tās palika brūnas. Ogas savārīt nevarējām, jo nebija, kur tās uzglabāt. Maizi mums deva katru otro dienu, taču divu dienu deva izbeidzās jau pirmajā dienā. Otrajā dienā mums deva mazliet miltus, tos šķīdinājām ūdenī un ēdām. No tādas viras vēderi uzpampa. 1944. gadā mamma palika arvien švakāka, mežā arī lēni strādāja. Kādu dienu atbrauca tehnologs no kantora ar sarakstu: tiem darbu nedot, lai viņi iet prom, vienalga kur. Sarakstā bija žīdiete, trīs bez mātes palikušas meitenītes un – mēs. Žīdietei bija brālis, kas palīdzēja viņai izkulties, trīs meitenītes izglāba kāda skaista igauniete, kas dzīvoja kopā ar viņām vienā istabā. Viņa piedāvāja sevi tam tehnologam, lai tas atļautu meitenēm palikt un strādāt. Mums nebija neviena aizstāvja. Otrā dienā viena no trim meitenītēm, Tija, gāja darbā, es līdzi viņai, bet tehnologs aizdzina mani prom, jo mātes dēļ arī es nevarot strādāt. Tehnologs aizbrauca, bet meistare nebija tik ļauna, vismaz no istabas ārā nedzina, atļāva palikt. Maizi gan mums vairs nedeva. Trīs dienas mēs palikām bez ēšanas. Tad ieskrēja meistares palīdze un teica: „Ātri taisieties, ejiet uz bāzi, tur ir direktors, kas norīkoja uz šejieni, prasiet, lai ņem atpakaļ." Aizvilkāmies ar mammu uz 5 km tālo bāzi. Direktors uzrakstīja zīmīti, lai atļauj strādāt, bet, ja normu nepildīs – izlikt ārā. Mums atdeva atpakaļ atņemtās maizes kartiņas, un otrā dienā dabūjām maizi.

Tā pagāja nedēļa. Mēs ar mammu strādājām, meistars lamājās, ko tik lēni kustamies. Pēc darba posāmies uz mājām – mamma saka – es nevaru tik ātri, skrien, lai paspēj dabūt maizi. Es paņēmu visus instrumentus, mammai atstāju tikai spaini, lai viņai būtu uz kā sniegā atspiesties. Dabūju savu maizes gabaliņu, māsa arī – nestrādājošiem deva 150 gramus, strādājošiem – 400. Mammas tiesu nedeva. Istabā pie loga gaidu mammu – viņa nenāk. Sāk jau krēslot, eju meklēt. Netālu no barakas satiku Tiju – nāk pretī četrrāpus, nevar parunāt. Sapratu, ka māte kaut kur pakritusi. No kalna ieraudzīju māti apakšā sēžam zemē. Nobraucu ar slēpēm lejā, prasu mammai: „Ko tu te sēdi?" Tad mamma klusi izdvesa: „Ko tu kliedz..." Tie bija viņas pēdējie vārdi. Mani sadzirdējuši, nonāca palīgā meistara māsa ar kādu puišeli. Atvilkām mammu uz baraku, ieliekām gultā. Otrā dienā, lai gan bija svētdiena, aizsūtīja pēc feldšera. Viņa tikai paskatījās un teica, lai liekot siltas ūdens pudeles pie kājām. Aizgājām gulēt. Istabā tumšs un auksts, gulējām visas trīs blakus. Naktī pamostamies, nedzird vairs no mammas ne skaņas, klusums, – mamma mirusi... No rīta meitars puišiem lika uztaisīt kasti. Ieliekām iekšā egļu zarus. Mamma bija naktskreklā, es uzliku viņai uz sejas kabatlakatu, lai pasargātu no smiltīm, jo kastes vākam bija šķirbas. Noņēmu viņas laulības gredzenu, kas pirkstam bija apsiets ar šņori, jo pirksti bija stipri novājējuši. Gredzenu viņa glabāja kā simbolu cerībā kādreiz satikt tēvu.

Laukā bija dziļš sniegs. Kaps bija izrakts aiz barakas, kur trīs cilvēki jau apglabāti; manas draudzenes mamma kā pirmā. Mēs nevarējām ragavas pa tik dziļu sniegu aizvilkt, arī puiši, kas izraka kapu, atteicās to darīt. Jau sāka krēslot, bet zārks stāvēja turpat. Es devos uz baraku teikt meistarei, ka vedīsim mammu atpakaļ uz istabu, māsa apsēdās uz zārka un gaidīja. Meistare nokomandēja ļaudis iemīt taku, un mammu apglabāja. Sieviete no Petrogradas noskaitīja lūgšanu pie kapa – māte bija pareizticīgā. Tas bija 1944. gada 25. martā. Palikām divatā ar māsu, mums atņēma istabu, vietā ierādīja sliktāku. Es gāju darbā, bet ko ēst mums nebija. Es sapampu, rokas, kājas kļuva kā bluķi, acis aizpampa, neko neredzēju. Citi brīnījās, ka vispār vēl esmu dzīva. Māsu kopā ar citiem mazākajiem bāra bērniem savāca tādā kā bāzē, un pēc tam aizveda uz sādžu, kur uzbūvēja viņiem māju. Viņu jau bija ļoti daudz, viņi tur gāja arī skolā. Tas bija kādus 5 km no mūsu kantora bāzes.

1944. gada ziemā atbrīvoja Igauniju un Latviju, un sāka pienākt vēstules. Tante mums atsūtīja bandroli ar naudu. Varēju aiziet par naudu nopirkt kartupeļus.

1945. gadā sāka iet labāk, es skaitījos „maloļetka" (nepilngadīga), tāpēc maizi dabūju mazāk, nekā pieaugušie, bet, tā kā strādājot izpildīju normu, man pielika maizes devu. Tikai 1945. gadā ieraudzījām sāli, deva arī ziepes. Ar kurjeru palīdzību uzzinājām, ka ir beidzies karš – par to krieviem bija liels prieks. Beidzot viņi varēja sagaidīt savus vīrus, dēlus, brāļus.

1946. gadā sarakstījos ar tanti, viņa atsūtīja naudu. Parādījās benzīns, sāka braukāt mašīnas. Atbrauca viens pazīstams cilvēks, pasauca mani un teica, ka esot atbraukusi kāda sieviete no Igaunijas pakaļ savam brāļadēlam un vedīs prom arī manu māsu. Ja es gribu atvadīties, man esot jābrauc līdzi. Meistare gan negribēja ļaut – esot jāstrādā, tomēr beigās palaida. Aizbraucu, meklēju māsu – viņi jau bija aizgājuši uz Obu gaidīt laivu, kas aizvedīs viņus uz ostu. Steidzos uz turieni – māsa priecīga skrēja pretī. Lai arī viņai nebija ne izsaukuma, ne kāda cita dokumentu, kā vien maizes kartiņa ar viņas vārdu, tomēr tika nokārtots, ka viņu paņēma uz kuģa, jo bija zināms, ka tante Latvijā sagaidīs un samaksās tos 300 rubļus. Tante Pērnavas sanatorijā ārstēja kājas un sagaidīja manu māsu Esteri.

Draudzene mani pierunāja bēgt prom. Es aizgāju uz mātes kapu, paņēmu no tā līdzi smiltis, ieliku maisiņā. Savilku mugurā visu, ko varēju uzvilkt. No ASV palīdzības sūtījumiem man bija zēnu mētelis un mugursoma, kur sakrāmēju savas lietas. Vēl man bija portfelis, ko man uzdāvināja 10 gadu jubilejā. Tajā ieliku zaļu auduma gabalu, kmo sādžā pārdevu. Biju arī dabūjusi algu, tā ka nauda man bija. Tolaik man bija 18 gadu. Soļoju uz Obu, lai tiktu pāri upei uz ostu – kas patiesībā bija tikai tāda baraka. Otrā dienā nāca kuģis, es to gaidīju. Gaidot kuģi, iepazinos ar kādu sievieti, sākām runāties, jo es biju ļoti komunikabla. Es teicu, ka braucu uz Tomsku, viņa – uz Novosibirsku. Pienāca kuģis, nolaida trapu un man tieši pretī nāca mūsu kantora grāmatvedis, mūsu uzraudzes vīrs, kas mūs visus labi pazina, un mūsu komandants. No bailēm gluži vai pamiru, bet viņi visi trīs aizgāja man garām – nepazina mani citās drēbēs un lakatā ietinušos. Es uz kuģa nopirku biļeti, apsēdos trešajā klasē uz grīdas. Iepazinos ar kādu meiteni, kas brauca uz Tomsku, kur viņa studēja. Braucām visu dienu, nakti, nākošo dienu. Naktī iebraucām, izkāpām ārā, apsēdāmies uz grīdas. Nāca pasu kontrole, nodomāju – tūlīt saņems mani ciet un aizsūtīs atpakaļ. Viņi aizgāja mums garām. Sapratu, ka jāsameklē komisija, kas atbrauks man pakaļ. Prasu milicijā, ziņu birojā – neviens neko nezina. Aizgāju uz Apgabala komiteju, arī tur neviens nezina. Gāju atpakaļ uz dzīvokli, kur dzīvoja mana jauniepazītā draudzene. Gan viņa, gan dzīvokļa saimniece beigās teica: „Brauc viena pati!" Viņas man izstāstīja, no kuras vietas atiet vilciens uz Tallinu un mēs atvadījāmies. Es aizgāju uz staciju, kasē prasu biļeti uz Tallinu – kasiere nosauc man cenu un, piegājusi pie kartes, teica, ka tiešais reiss neesot, biļete būs jākompostrē. Atkal nāca pārbaude. Man blakus stāvošajiem pasažieriem pārbaudīja dokumentus, es ar šausmām nodomāju, kas būs, ja tagad mani saņems ciet, kad biļete jau kabatā. Taču arī šoreiz man neprasīja dokumentus. Varbūt tas bija liktenis!

Pienāca vilciens, tas bija pārpildīts. Vienā vagonā netieku iekšā, otrā arī mani nelaiž – skraidīju pa peronu raudādama. Kāds vecītis caur durvīm man prasa, ko es raudot. Pastāstīju savu bēdu, un viņš aicināja mani pie sevis. Es iekāpu, vietas tur bija pietiekami, apsēdos. Vilciens sāka kustēties, un es biju neizsakāmi priecīga.

Kādā mazā stacijā, uzgaidāmajā telpā iepazinos ar sievieti skaistā ādas mētelī. Sākām sarunāties, stacijas ēdnīcā paēdām zupu. Viņa man saka – kad tiksi Novosibirskā, nesēdi uz vietas, bet staigā un jautā. Vēro, skaties apkārt uzmanīgi.

Novosibirskā stacija bija pārpildīta. Pēc biļetes vajadzēja pierakstīties. Rindā pie kases biju astoņsimtā. Sapratu, ka biļeti nedabūšu. Nauda bija beigusies, maizes nav. Atceros, ko man teica tā sieviete – tikai lai nesēžu uz vietas. Aizgāju pie stacijas priekšnieka un stāstu viņam pasakas, ka man ir 16 gadu, ka komisija bija atbraukusi pakaļ, bet es noklīdu. Viņš saka: „Atnāc četros." Aizgāju četros, un viņš lika izrakstīt man biļeti līdz Maskavai. Iekāpu vilcienā, tajā brauca visādi cilvēki, arī zaldāti un spekulanti. Cienāja mani ar ceptu vistu, ieteica man braucot pierakstīt stacijas.

Mūsu vagonā man par prieku iekāpa mana vecuma meitene ar savu vecomāti. Viņas bija no Ļeņingradas. Maskavā pierakstīju biļeti, tad ar meiteni aizgājām uz tirgu – nopirkām vīnogas, tas priekš manis bija kaut kas īpašs. Tad iekāpām atkal vilcienā un braucām līdz Ļeņingradai. Mums vajadzēja iet katrai uz savu pusi, meitene man izstāstīja, kā lai tieku uz Baltijas staciju.

Gaidot tramvaju, es par pieciem rubļiem nopirku bulciņu. Stacijā satiku igauņus, viņi man ieteica, lai es nebraucu uz Tallinu, bet uz Tapu. Aizbraucu līdz Tapai, vilciens uz Tallinu gāja tikai vakarā, biļeti vēl nevarēju nopirkt. Iegāju tirgū, domāju – interesanti, kā pret tādiem kā es izturas. Sievietei, kas pārdod kāpostu pīrādziņus, teicu – tik sen neesmu ēdusi pīrādziņus, esmu no Sibīrijas, esmu izsūtītā. Viņa aizveda mani uz savām mājām un pabaroja mani.

Nopirku biļeti līdz Pukai. Vilciens bija pilns, tajā brauca Tartu studentu koris. Mani noturēja par krievieti. Kad koristi izkāpa ārā, es apsēdos un aizmigu, kad pamodos – Pukai jau sen bijām pabraukuši garām. Mani atpazina manas bērnības draudzenes māte, kas arī bija vilcienā un brauca uz Valgu. Viņa mani aizveda pie sevis, pie viņiem pārnakšņoju un no rīta nobalsoju mašīnu uz Tirvu. Izkāpu pie skolas, ieeju skolā: klusums – tātad notiek stundas. Starpbrīdī kādai meitenei saku, lai pasauc skolotāju Pērts. Skatos – nāk mana tante. Viņa man jautā: „Ko jums vajag?" Man rīkle kā aizšņorēta. Nevaru neko pateikt, skatos tikai viņai acīs. Tad viņa pazina mani: „Lea!" Ieveda mani istabā un atkal aizgāja uz stundu. Tur viss tik skaists, pazīstamas mēbeles, uz galdiņa burciņa ar kaut ko brūnu, iebāžu pirkstu – salds. Nebiju vēl nekad ēdusi cukurbiešu sīrupu. Ieskrēja mana māsa – apkampāmies.

Es gribēju iet strādāt, bet tante uzstāja, lai turpinu mācīties. Man vajadzēja dabūt pasi, taču nebija nekādu dokumentu, vienīgi mammas miršanas apliecība. Ar lielām grūtībām dabūju pasi un pierakstu.

Pabeidzu 7. klasi. Jāmācās tālāk, bet visi tur jaunāki par mani, es biju atpalikusi. Gribēju pabeigt eksternā 8. klasi – visu vasaru mācījos un noliku visus eksāmenus.

Kad Tartu mācījos 11. klasē, man atnāca pakaļ vīri melnos šineļos un lika braukt atpakaļ uz Sibīriju. 20. februārī mūs ar māsu paņēma ciet un pēc trīs mēnešiem nokļuvām Tomskā. Nonācām tai pašā barakā, pa logu redzējām mātes kapu. Sāku spļaut asinis, mati krita ārā šķipsnām. Tas viss no nerviem.

Brālis apprecēja krievieti, viņiem bija divi bērni, dzīvoja mazā būdiņā Krivošeinā.

Tēvs bija slims. Viņu ielika „lāgerī" (nometnē). Tēvs naktī sāka asiņot, noasiņoja un nomira 1941. gada 17. jūlijā.

Es tagad dzīvoju Latvijā.

Lea Latvijā

Leas māte Anna un tēvs Jūlius

No labās: Vigo, Estere, Lea un mātes māsa

Baraka, kurā dzīvoja Lea, Sibīrijā

Lea (no labās) meža darbos, Sibīrijā

Leo Berlins

dzimis 1931. gadā

Mums paziņoja, ka ērtību dēļ vīriešus liks citā
vagonā, bet sievietes un bērnus – atsevišķi.
Solīja, ka galā būsim kopā. Tas bija pēdējais
brīdis, kad redzēju savu tēvu.

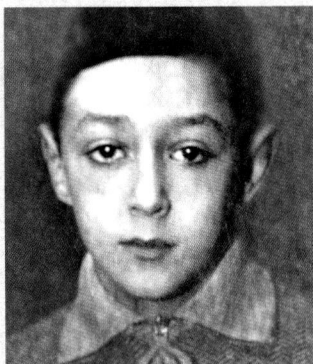

*Esmu dzimis 1931. gada jūnijā Rīgā. Līdz 1940. gadam
dzīvojām Aizsargu (tagad Bruņinieku) ielā. Kad
nodibinājās padomju vara, mūsu dzīvoklis kādam
iepatikās, un mēs pārcēlāmies uz Marijas ielu 16. Līdz
kara sākumam biju beidzis divas klases, dzīvoju kopā ar
mammu, tēvu un māsu. Mamma bija mājsaimniece, tēvs
strādāja „Vairogā".*

*1941. gada naktī no 13. uz 14. jūniju pie mūsu durvīm
klauvēja. Ienāca kādi pieci vīri ar šautenēm, teica, ka uz
pāris dienām mēs tikšot „savākti", bet pēc tam atkal būsim
mājās. Viens no zaldātiem mammai iečukstēja ausī, lai
ņem līdzi siltas drēbes. Bija dots ļoti īss laiks, un ņēma to,
kas pie rokas. Man pats svarīgākais šķita marku albums –
es kolekcionēju markas. Šo to salikām čemodānos, un
mūs ar smago auto aizveda līdz Torņakalnam. Tur bija
daudz cilvēku. Mums paziņoja, ka ērtību dēļ vīriešus liks
citā vagonā, bet sievietes un bērnus – atsevišķi. Tas bija
pēdējais brīdis, kad redzēju savu tēvu.*

*Sākās mūsu ceļojums. Pēc nedēļas jau sapratām, ka
sācies karš, jo pretī brauca ešeloni ar kara tehniku. Mūsu
vilciens vairāk stāvēja, nekā brauca. Vagonā bija ļoti
daudz cilvēku, gulējām vairākos stāvos. Vagonā atradās*

paraša – gluži kā cietumā. Stacijās mūs baroja ar balandām. Vagona durvis vienmēr bija ciet, bija grūti elpot, gaiss smacīgs. Pēc mēneša nonācām Kanskā. Tur pie stacijas jau stāvēja pajūgi, katrā ielika pa ģimenei. Mūs aizveda uz Ancirjas ciemu, apmēram 30 km no Kanskas. Mums bija teikts, ka „galā būsim kopā ar tēvu", un es katru brīvu brīdi gāju uz ielas un gaidīju, kad atbrauks tēvs. Ar laiku sapratām, ka tēvu vairs nesatiksim. Atklājās arī, ka mūsu līdzpaņemtās mantas ir pie tēva, bet tēva drēbes – pie mums. Kad sapratām, ka tēvu neredzēsim, iemainījām viņa uzvalku pret spaini ar kartupeļiem, pēc tam vēl šo to mainījām. Jau sākās bada laiki. Mamma un māsa sāka strādāt kolhozā, es arī no rudens strādāju pie zirgiem. Mācījos 3. klasē. Pa ziemu visas mantas tika izmainītas un „apēstas", un uz pavasara pusi nekas no līdzi paņemtā nebija palicis.

Rīgā mācījos ebreju skolā, labi zināju arī latviešu valodu, lai gan mājās runājām vāciski. Kad nokļuvām Sibīrijā, krievu valodu tikpat kā nepratu. Skolā, protams, apkārt bija krievu bērni, tāpēc es jau pēc mēneša vai diviem zināju arī krievu valodu.

Sāka vākt cilvēkus sūtīšanai tālāk uz Ziemeļiem. Te arī kļuva arvien sliktāk (bija bads) un šķita, ka citur varbūt būs labāk. Mūs salādēja baržā, aizveda līdz Turhanskai un pēc tam vēl apmēram 700 km pa Nižņijtunguskas straumi uz augšu, kur 50–80 cilvēku izmeta krastā. Līdzi bija arī VDK darbinieks ar sievu. Tā bija pamesta faktorija ar dažām mājām un zirgu stalli. Apmetāmies stallī. Mums lika celt māju, jo tuvojās ziema. Mūsu saimniekam bija milti, cukurs un eļļa, ko mums izdalīja katru dienu – nelielu normu. Man bija 11 gadu, māsa bija vecāka. Apvienojāmies ar Pizovu ģimeni, kur vecākajam dēlam bija 16 gadu. Viņš bija galvenais mājas cēlājs – deva komandas, un mēs būvējām no plāniem kokiem, jo resnos baļķus nespējām pacelt. Griesti bija no plānām kārtīm, starp baļķiem – sūnas, mājas vidū – krāsns. Tā ziemojām 40 un 50 grādu aukstumā. Manu acu priekšā nomira otras ģimenes mamma.

Ziemā nomira puse no cilvēkiem, kas bija atvesti uz šo faktoriju. Bija bads, cinga. Atceros Segalu ģimeni, viņi no Latvijas bija atbraukuši visi četri – tēvs, māte, dēls un meita. Pirmais aizgāja bojā dēls. Viņu sūtīja nest zivju ķērājiem maizi, puisis bija gājis, piekusis, apsēdies, mazliet ieēdis maizi un aizmidzis. Cilvēki, nesagaidījuši produktus, gāja meklēt un pēc pāris dienām atrada līķi, ko jau bija saknābājušas vārnas. Drīz pēc tam no bada, pārpūles un slimībām nomira tēvs un māte, palika tikai meita. Atceros, Karlsbergam Uldim nomira māsa un māte, un arī viņš palika viens. Mēs brīnumainā kārtā palikām dzīvi. Bija reizes, kad pārtikām no briežķērpja – tas bija sauss, ņēmām to, sasmalcinājām, pielikām nedaudz miltu, veidojām ļepjoškas. Mazliet palīdzēja tas, ka no evenkiem pret spirtu un tēju varēja nopirkt vāveres. Viņi medīja vāveres, vilka tām nost ādas, bet gaļu baroja suņiem, pārdeva vai mainīja. Tiesa, gaļas tur bija maz. Taču bads piespieda ēst visu ko – lāča gaļu, zirga gaļu, pat suņa gaļu. Labāk sāka klāties pēc kara, kad māsa strādāja par grāmatvedi, un mēs jau bijām ciemā. Sākot no 6. vai 7. klases arī es pats gāju strādāt, pelnīt sev apģērbu un uzturu. Nopirku pulksteni. Darīju visu ko – strādāju arī aerodromā – pildīju degvielu lidmašīnās, tīrīju lidmašīnas.

1943. gadā mūs, dažus desmitus cilvēku, aizsūtīja vēl tālāk – pa Ņižnijtunguskas labā krasta pieteku 300 km uz ziemeļiem – pie Polārā loka. Mēs gājām kā strūdzinieki – laivās bija milti, eļļa, cukurs. Gājām pa akmeņainu krastu, nācās lēkt pāri akmeņiem, lai varētu tikt uz priekšu. Man bija 12 gadu, un es bieži sēdēju un stūrēju laivu – lai tā neuzdurtos akmeņiem. Mūsu ceļojums ilga mēnesi. Gulējām krastā. Neatceros, kā sauca vietu, kur tikām aizdzīti. Tur bija akmenssāls, bet to nevarēja dabūt ārā. No kalna iztecēja strautiņš ar ļoti sāļu ūdeni. Bija izrakta bedre, kurā ūdens krājās, bija atvestas tērauda loksnes, ap 2 m garas un 1 m platas, ar zemām malām – tur ietecēja ūdens, bet apakšā pakūra ugunskuru. Ūdens iztvaikoja (dūmi gāja uz visām pusēm), bet apakšā sakrājās sāls. Blakus bija ezers, kurā ķēra zivis un sālīja ar šo pašu sāli. Mēs ēdām šīs zivis, tās bija ļoti sāļas. Daudzi cilvēki tādēļ uzpūtās.

1944. gada jūlijā, kad bijām tur nodzīvojuši gadu, ar mani notika nelaime. Es strādāju ar kādu puiku, kam bija 14 gadu. Mums bija ar briežiem no meža jāved malka. Taču briedis ir mežonīgs dzīvnieks, tas nav zirgs... Sējām baļķus pie ragavām, lai tiktu no kalna lejā, jo briežus bija grūti noturēt. Mums arī baļķi bija jāsazāģē. Ierosināju sakraut pagales uz divām kārtīm un tad nest sievietēm. Gāju pa priekšu, pārinieks aiz manis. Starp loksnēm, kur vārījās ūdens, bija apmēram pusmetru plata vieta, kur var iziet un nomest pagales. Kad gājām otro reizi, man vajadzēja pārkāpt pāri jau sakrautajai malkai, taču viena pagale izkustējās, es zaudēju līdzsvaru un iesēdos metāla loksnē ar verdošo ūdeni... Bet temperatūra tur bija vairāk nekā 100 grādu. Tūlīt ar roku atgrūdos un izlēcu ārā, bet bikses jau bija slapjas, un es sāku aurot no sāpēm...

Dažus metrus tālāk atradās mamma un citas sievietes, viņas pieskrēja, sāka man raut nost kūpošās drēbes, bet pie tām jau bija pielipusi āda... Biju spēcīgi applaucējies un apdedzis. Tūlīt mani aiznesa mājās. Jēlas bija abas kājas, labais sāns un kreisais sāns... Taču mūsu mītnes vietā nebija nekādu ārstu, nekādu feldšeru. Kāda sieviete teica, ka brūce jāsmērē ar eļļu. Eļļā arī bija sāls, tāpēc to mēģināja attīrīt vārot.

Taigas mušām, odiem un moškām ļoti patika ēst manu jēlo miesu... Mani ieklāja palagos, bet es varēju gulēt tikai uz vēdera. Palags lipa klāt miesai, brūcēs iekļuva netīrumi, un miesa sāka pūt... Mamma baidījās, vai izdzīvošu. Tika pieņemts lēmums vest mani 300 km pa upi atpakaļ – tur, kur pieejams ārsts. Līdzi brauca mamma. Māsa palika strādāt. Braucām pa upi. Bija jābrauc uzmanīgi, lai neuzskrietu akmeņiem. Tomēr gadījās, ka laiva uzdūrās kādam akmenim un sasvērās, bet es centos noturēt līdzsvaru. Laiva bija maza, dziļums arī neliels, taču, es, iekrītot ūdenī, būtu noslīcis, jo nevarēju kustēties. Tur, kur nevarējām tikt pāri ar laivu, mani pārvietoja pa krastu ar nestuvēm. Mani nesa pilnīgi sveši cilvēki.

Kad nokļuvu pie Tutančanas faktorijas ārsta, vienīgais, ko viņš darīja, – katru dienu apmazgāja rētas ar „zilajiem graudiņiem" un ņēma nost sapuvušo miesu... Citu zāļu tur nebija. Tā turpinājās līdz 1945. gada pavasarim. Kad brūci jau drīkstēja siet ar marles saiti, sāku celties. Mācījos no jauna staigāt. No sākuma – ar kruķiem... Ilgus gadus vēl jutu nelaimīgā gadījuma sekas. Piemēram, kad jau studēju, nevarēju gulēt uz labajiem sāniem. Āda bija ļoti plāna, un sāpēja. Izskatījās arī slikti. Brūce jau bija sadzijusi, kad gāju pirtī, un man jautāja: „Puis, kas tev?" Atjokoju, ka tās ir frontes sekas – lādiņš norāvis pusi gurna... Teicu tā, lai vairāk nejautātu. Rētas palikušas joprojām.

1945. gada pavasarī no Ziemeļiem atgriezās māsa, un mēs pārcēlāmies uz Tūru – tur bija skola. Turpināju mācīties 4. klasē. Krietns laiks bija pagājis, kopš es ne pildspalvu, ne zīmuli rokās netiku turējis, tikai cirvi un zāģi. Rakstīt mācēju, lasīju gan knapi. Klasē biju visvecākais, bet it drīz zinībās panācu pārējos.

Tūrā visi bija izsūtītie. Un reizi gadā krastā piestāja barža ar produktiem un precēm, kas bija nepieciešamas visā apkārtnē dzīvojošajiem. Tas parasti bija milzīgs notikums, jo visi cilvēki devās sagaidīt. Taču 1950. gadā skats bija ne visai patīkams – baržas klāju iežogoja restes, un aiz tām bija redzams simtiem roku un noskūtu galvu. Augšā dežūrēja apsardze. Tad restes tika atvērtas, un cilvēkus izlaida krastā. Viņu vidū bija arī cilvēks, kas vēlāk apprecēja manu māsu. Viņš bijis lielas rūpnīcas direktors, dzīvojis Maskavā. Bet, sākot no 1937. gada, izgājis visus lēģerus – arī Vorkutu. 1949. gadā viņu it kā atbrīvoja, bet tūlīt pat saņēma ciet, un viss sākās no sākuma. Tomēr viņš spēja stāties pretī liktenim un nezaudēja cilvēcību. Viņš uzcēla māju, dzīvoja tajā, pamazām atkopās. Jaunatvesto vidū bija arī kāds cilvēks, kas staigāja pinkainiem matiem, pārtika no žēlastības dāvanām un reizēm skaldīja kādam malku. Bērni skraidīja viņam pakaļ, raustīja aiz drēbēm un sauca viņu par „tautas ienaidnieku". Viņš pats stāstīja, ka esot bijušais Kremļa komandants, bet viņam neviens neticēja. Taču tad, kad nomira Staļins un sākās reabilitācijas, viņš devās uz Maskavu, un atklājās, ka vīrietis patiešām bijis ģenerālis. Militāro pakāpi viņam nedeva, bet no Maskavas viņš Tūrā ieradās majora formas tērpā un izskatījās varen stalts un cienīgs. Visiem ciema iedzīvotājiem tas bija liels brīnums.

1952. gadā beidzu skolu un ar lielām grūtībām dabūju atļauju doties uz Krasnojarsku – iestāties institūtā. Skolā biju aktīvs, un daudzi, arī komjaunieši, bija mani draugi. Pats nebiju komjaunatnē, taču ļoti gribēju iestāties institūtā kā komjaunietis, jo man negribējās būt „baltajam zvirbulim". Tomēr sapulcē par manu uzņemšanu komjaunatnē mani draugi balsoja „pret", jo es biju izsūtītais. Sadraudzējos ar komjaunatnes komitejas sekretāru, kurš man teica: „Īsi pirms aizbraukšanas ienāc pie manis, izrakstīšu komjaunieša biedra karti. Prātīgāk būtu bijis iet pie viņa ar jau nopirktu lidmašīnas biļeti kabatā, bet es aizgāju uzreiz, kad NKVD biju saņēmis atļauju doties prom. Taču atļaujā bija teikts: ja es novirzos no sava maršruta, mani drīkst arestēt. Tas sekretāru izbaidīja, un biedra karti es nesaņēmu.

Krasnojarskas Meža tehniskajā institūtā es iestājos viegli.

Apmēram reizi desmit dienās bija jāiet uz komandantūru atzīmēties, ka neesi aizmucis. Un neviens precīzi nezināja, kurā dienā izsauks. Bija tāds cilvēks – „desmitnieks", kurš gandrīz katru dienu gāja uz komandantūru, kur viņam noteica, kurā dienā katrs jāved atzīmēties. Ikreiz, kad kopā ar Gunāru Braunu (īrējām privātu dzīvokli, jo kopmītnē visiem vietu nepietika) ieradāmies komandantūrā, bijām izbrīnīti, cik daudziem no mūsu institūta jāiet atzīmēties. Izrādās, trešā daļa studentu bija izsūtītie – gan ebreji, gan *latvieši, gan igauņi, ukraiņi, Volgas vācieši. Uz komandantūru gājām līdz 1954. gadam, jo rudenī mēs saņēmām pases. Manā pasē bija kaut kas līdzīgs tekstam, ka pase izdota, pamatojoties uz VDK izziņu – kā cilvēkam, kurš izlaists no cietuma.*

Ļoti gribējās uz Rīgu, lai gan te nebija palicis daudz radu. Jo neviens no mammas daudzajiem brāļiem un māsām nebija vairs dzīvo vidū. Visi gāja bojā Rīgas Geto. Izdzīvoja tikai māsīca, kas bija paslēpusies un pēc tam evakuējusies. Viņa arī mani uzaicināja ciemos. 1955. gadā, īsi pirms došanās uz Rīgu, autobusā man no kabatas izzaga pasi. Pasi nozaga, bet divus rubļus atstāja. Milicijā teica, ka drīkstu braukt, ja esot vēl kāds dokuments. Man bija komjaunieša biedra karte, studenta karte, arodbiedrību karte. Protams, ka riskēju, jo ceļā bija iespējamas dokumentu pārbaudes. Taču man laimējās, un es labi pavadīju vasaru Rīgā. Kad atgriezos Krasnojarskā, saņēmu pasi. Mani sāka apskaust, jo jaunajā pasē vairs nebija cita ieraksta, tikai tas, ka pase izsniegta nozaudētās vietā. Kad atbraucu 1956. gadā, iepazinos ar savu nākamo sievu.

Pēc institūta es centos saņemt diplomu bez norīkojuma vietas. Beidzu ar ļoti labām sekmēm, mācoties pat saņēmu paaugstinātu stipendiju. Pateicoties tam, man izdevās izrauties no Sibīrijas un atgriezties Rīgā.

Mamma un māsa vēl palika Ziemeļos – cīnījās vēl pāris gadus, lai tiktu atlaistas.

1957. gadā, atgriežoties Latvijā, man bija grūti dabūt pierakstu Rīgā. Pēc Hruščova vizītes Latvijā tika noņemts Berklavs, un tad sākās okupantu plūdi. Ar Berklavu esmu labi pazīstams. Lai dabūtu pierakstu un iekārtotos darbā, man vajadzēja iet uz arhīvu, meklēt izziņu, ka esmu te dzīvojis līdz 1941. gadam. Sākumā dabūju ne īpaši labu darbu – armijas daļā par mehāniķi (bija jāstrādā kopā ar zaldātiem, ģenerāļiem), bet piešķīra dzīvokli. Ērtību tajā nebija nekādu, tualete ārā, bez siltā ūdens... Toties savs. Pēc gada sāku strādāt Rīgas Elektromehāniskajā rūpnīcā. Tur pārsvarā bija krievu valodā runājoši cilvēki, tāpēc gandrīz esmu aizmirsis latviešu valodu. Tikai tagad, kad esmu kļuvis par mājas pārvaldnieku (pārvaldu māju, kas daļēji piederēja manam tēvam, un tās dēļ mēs bijām izsūtīti) un man jārunājas ar latviešiem, atsāku runāt latviski. Protams, ne tik labi, lai sīkumos spētu izstāstīt savu dzīves stāstu.

Manas sievas dzimtā puse ir Daugavpils, taču viņai Rīgā bija daudz radinieku, un viņi paguva aizbēgt no vāciešiem. Mani radi no mammas puses Rīgā nedomāja, ka vācieši rīkosies tik nežēlīgi – visus viņus nogalināja...

Mans tēvs bija nometnē Soļikamskā – tur nenodzīvoja pat gadu. 1942. gada pavasarī viņš nomira. Pēc kara saņēmām izziņu, ka viņš miris sirds nepietiekamības dēļ, lai gan nekad iepriekš viņam nebija problēmu ar sirdi...

Kad es jau biju atgriezies Rīgā, iepazinos ar kādu cilvēku, kurš bija lēģerī kopā ar manu tēvu. Viņš stāstīja, ka vīrieši mana tēva gados miruši pirmie. Jo iztika bijusi nožēlojama, darbs – smags, meža zāģēšana. Pats stāstītājs palicis dzīvs tikai tādēļ, ka bijis jau gados un neticis sūtīts meža darbos, viņš tīrījis kartupeļus.

Mamma te, Rīgā, nodzīvoja līdz 87 gadu vecumam. Māsa vēlāk „izrāvās" no Ziemeļiem pie sava vīra, kuru atjaunoja darbā tajā pašā Maskavas rūpnīcā, kur viņš agrāk bija direktors, tikai par direktora vietnieku. Māsa ar bērniem dzīvo Maskavā, bet viņas vīrs jau miris.

Ciems Sibīrijā

Leo ar tēvu Dāvidu

Leo ar māti Tatjanu un māsu Frumu

Ida Blumenau (Nahimovska)

dzimusi 1927. gadā

Tas bija kaut kas šausmīgs! Tas bija lopu vagons. Bija iztaisītas nāras un, atvainojos, kaste tualetes vietā.

Nahimovskis ir mana vīra uzvārds. Mans tēvs – Šmuelis Blumenaus, mana māte – Etele Blumenaua. Man bija brālis Jāzeps, Jozefs Blumenaus.

1941. gadā man bija 13 gadu, es mācījos skolā. Mamma bija mājsaimniece, mēs, bērni, mācījāmies, bet tēvam piederēja neliels uzņēmums. Tēvs mani bija paņēmis uz laukiem, Riebiņu pilsētu. Tur dzīvoja mammas ģimene: vecmāmiņa, māsa ar vīru un divi bērni. Mani turp aizveda pa vasaru. Brīdī, kad saņēma mammu un brāli, uzlika modinātājpulksteni un teica: „Tagad ir pusdivi. Ja jūs nesaģērbsieties, jūs no mājas iziesiet naktskreklā un halātā.” Uz rīta pusi piezvanīja mammas brālis un teica tēvam: „Steidzīgi brauc mājās!” Viņi baidījās runāt. Tēvs atbrauca, bet mani atstāja tur. Kad viņš uzzināja, kas par lietu, viņš devās uz NKVD un teica: „Es gribu braukt kopā ar savu ģimeni”. Viņam atbildēja: „Ej mājās, mēs tevi atradīsim!” Atnāca un naktī viņu saņēma. Viņš taču nezināja, ka ģimenes sadalīs un sūtīs uz nometnēm. Tēvs bija Šķirotavā, nevis Salaspilī, un es biju Torņakalnā. Mani ielika vagonā un pēc pusstundas vilciens devās ceļā. Tas bija lopu vagons. Bija iztaisītas nāras un, atvainojos, kaste tualetes vietā. Tā tika aizklāta ar palagu. Līdz Sibīrijai mēs braucām 3 nedēļas. Vilciens bieži tika apturēts, novirzīts uz rezerves sliedēm. No vagona mūs ārā nelaida. Konvoja pavadībā varēja atnest ūdeni un kādu ēdienu. Tā mēs braucām līdz Krasnojarskai. Mūs, četras ģimenes, izmitināja vienā istabā, kopā bijām ap 12 cilvēku. Visi gulējām uz grīdas. Norobežojāmies ar koferiem. Četri saslima ar tīfu, mēs nē. Bija Katcenellenbogeni – mamma ar divām meitām, bija Levenberga – sieviete ar diviem bērniem un padēlu – vīra dēlu. Un Jankeleviča māte ar divām meitām. Neatceros, cik ilgi tur dzīvojām, pēc tam sāka izsūtīt uz Ziemeļiem.

Tas ir garš stāsts. Es saslimu, pēc tam es kliboju, laikam organismā nokļuva infekcija. Nebija nekādas iespējas ārstēties. Mamma ragaviņās mani veda pie ārsta, tas bija 7 km tālu. Ko viņa, lauku ārste, varēja zināt no neiroķirurģijas! Tādēļ, kad pirmos cilvēkus izsūtīja uz Ziemeļiem, mēs palikām. Mēs nokļuvām Turā, tas ir evenku nacionālais apgabals. Tura bija galvaspilsēta. Tur nebija pastāvīgu iedzīvotāju, viņi brauca ar briežiem šurpu turpu. Liela daļa slimoja, viņiem pūžņoja acis, viņi ēda jēlu gaļu, jēlas zivis. Viņi ceļoja no vienas vietas uz otru. Tur bija mūžīgais sasalums. Tikai jūlijā un augustā bija īsa ziemeļu vasara. Tas bija pie Polārā loka. Tur mēs ar mammu nodzīvojām 5 gadus.

Pa Jeņiseju līdz Turhanskai, no Turhanskas pa Verhņij Tungusk 900 km līdz Evenku Nacionālajam apgabalam. Tur nokļūt iespējams tikai tad, kad upe ir brīva no ledus un var braukt ar baržu. Tādā veidā turp tika vesti produkti, un, kam bija iespēja, brauca atpakaļ. Vienu gadu aizmirsa atvest sāli, un mēs gadu dzīvojām bez sāls. Tie bija tādi sīkumi.

Tēvs nokļuva Soļikamskā – darba nometnē un tur viņus sodīja „troika". Pa vienam izsauca un jautāja: „Vai esi bijis ārzemēs?" Viņš atbildēja, ka jā. Tas bija milzīgs grēks, uzreiz tika turēts aizdomās par spiegošanu. „Ko tu tur darīji?" „Kā ko? Strādāju!" Viņam iedeva 5 gadus. Sociāli bīstams elements... Kad viņš nokļuva nometnē, viņš svēra 86 kilogramus, bet 1943. gadā viņa svars bija 38 kilogrami. Protams, ka viņš nevarēja pastrādāt, slimnīcā viņu turēt nebija jēga, kur nu vēl barot... Un tad viņu aktēja. Atbrīvoja. „Ej, kur gribi, uz visām četrām debess pusēm!" No bada viņš bija sapampis, nevarēja nostāvēt kājās. Viņš mums uzrakstīja vēstuli: „Brauciet, savāciet mani no šejienes un atvediet man siltas drēbes." Kad mēs atbraucām uz Sibīriju, mammai un brālim lika parakstīties, ka mēs esam izsūtīti brīvprātīgā izmitinājumā. Mums nebija *nekādu dokumentu. Mēs tētim rakstījām, ka nevaram atbraukt, ka mums nav pases, ka mēs esam brīvprātīgi pārvietoti, izsūtīti uz 25 gadiem.*

Mana mamma bija no nabadzīgas ģimenes, jau no 13 gadiem viņa strādāja Rīgā, mana tēva ģimenē, pēc tam apprecējās ar viņu. Viņa darīja jebkurus darbus. Kad vajadzēja iet, viņa gāja, lai saņemtu pārtikas devu, citi mira badā. Viņi nezināja, kas darāms. Atceros Katcenellenbogenu ģimeni. Viņa pārdeva karakulādas kažoku par maisu ar kartupeļiem, briljanta piespraudi – par miltu maisu... Visu apēda, un viņi tik un tā nomira badā. Vecākā meita palika dzīva. Viņai bija draugs, paziņa. Viņš, manuprāt, strādāja varas struktūrās. Kad viņi atgriezās no Ziemeļiem, viņi apprecējās un viņš viņu aizveda. Mamma un otra meita nomira. Levenberga palika dzīva. Mammu ar divām meitiņām uz Ziemeļiem neaizsūtīja.

Mamma mācēja šūt. Naktīs un vakaros viņa šuva priekšniecībai. Tāpēc mēs izdzīvojām. Kāds iedeva bļodiņu ar kartupeļu mizām. Priekšnieki ēda kartupeļus, bet miziņas deva mums. Reiz mamma nostrādāja visu svētdienu, un viņai par to iedeva litru piena. Mēs tur neko tādu nebijām redzējuši. Un tā pa drusciņam... Tāpēc arī palikām dzīvi. Sākumā dzīvojām Irbejas ciemā, bet pēc tam, kad atgriezāmies no Ziemeļiem, 1945. gadā, mēs jau dzīvojām Krasnojarskā.

Kas notika tālāk pēc jūsu slimības? Pastāstiet, kas notika ar brāli, ar mammu? *Līdz Krasnojarskai mēs braucām 3 nedēļas. Ceļā uzzināju, ka sācies karš. Ziemeļos, Turā, bija barakas. Mūs izmitināja tajās un pateica: „Te jums būs upe, ķeriet zivis! Te jums būs mežs, cērtiet, taisiet sev mājas un dzīvojiet!” Tas, kurš strādāja, saņēma 800 g maizi dienā, bērni un nestrādājošie – 100 g. Es gāju skolā. Brālim bija 18 gadu. Viņam pateica: „Vīriešiem jāstrādā, nav ko mācīties! Ir karš.” Ko viņš prata? Neko viņš neprata. Kur viņu norīkoja, tur viņš gāja. Viņš bija izlutināts zēns.*

Jūs gājāt skolā. Vai zinājāt krievu valodu? *Nē. Es gadu slimoju, un no slimības man palikušas „atmiņas” – labajai kājai ir atrofējušies muskuļi. Es lasīju. Gulēju gultā un lasīju. Kad sāku iet skolā, šo to jau sapratu.*

Neviens mani neārstēja! Kad uz Ziemeļiem sūtīja pirmo „partiju”, mēs sākām dzīvot kādas ģimenes dzīvoklī, kur mums izīrēja istabas kaktu. Mēs ar mammu gulējām uz „topčana”. Brālis gulēja uz krievu krāsns, bet nevarēja izstiept kājas. Krāsns bija maza. Sienas ziemā pārklājās ar ledu. Kad bija ļoti auksts, mājās tika ievests arī teļš, vistas un suns. Visi atradāmies vienā istabā. Kad mūs aizsūtīja uz Ziemeļiem, visu vajadzēja atstāt. Mums jau nekā nebija!

Mēs taču tikām izvesti vasarā, mums nebija siltu mantu, bet mēs nokļuvām Ziemeļos. Esmu pieredzējusi 56 grādu salu. Uz sejas sasala asaras.

Jūs teicāt, ka mamma neko nepaspēja paņemt līdzi... *Kad sūtīja mani, viņi jau bija sagatavojuši piecus lielus saiņus – galdauti un gultas veļa, un tajos sameta mantas. Kaut kas jau bija, bet zeķu nebija. Mamma no sarkana vilnas halāta, ko tēvs bija atvedis no Polijas, mums šuva zeķes. Tad mums parādījās vaļinki. Kāds gribēja izmest ārā, mamma mazliet pastrādāja, un tos atdeva viņai. Uzradās „pufaikas". Pēc tam mēs kaut kā pielāgojāmies.*

Tātad mamma kaut ko no līdzpaņemtā varēja iemainīt pret ēdienu? *Ir kāds stāsts, bet es nezinu, vai to vajadzētu stāstīt. Man avitaminozes rezultātā uz kājām parādījās pūžņojošas rētas. Tā notika ar daudziem. Rētas bija arī uz ķermeņa. Man tās bija uz kājām. Mani ielika slimnīcā. Kā jūs domājat, ar ko mani ārstēja? Lika klāt zivju eļļu. Pēc 10 dienām viss bija pārgājis. Tad man vajadzēja braukt, bet mani nelaida. Mamma devās pie ārsta. Viņai bija ļoti skaista zīda kleita. To viņa atdeva un sacīja: „Dakter, mana meita ir slima. Lūdzu izrakstiet zīmi, ka viņai jāārstējas centrā." Citas iespējas nebija. Dakterei patika mammas kleita, un viņa uzrakstīja zīmi, ka man ir kaulu tuberkuloze. Laikam pie šīs slimības arī mēdz būt tādas rētas, es nezinu. Tad mamma gāja pie priekšnieka, raudāja un lūdzās... Atbrauca barža, bija jābrauc prom, citādi līdz nākamajam gadam nevarētu aizbraukt. Lidmašīnās pārvietojās tikai priekšniecība. Priekšnieks no sākuma neļāva, bet pēc tam teica: „Velns ar tevi! Brauc!" Mamma atskrēja uz mājām, kaut kur sadabūja „paiku". Pēc pieciem gadiem mēs jau bijām iestādījuši kartupeļus, tā bija visa mūsu bagātība, tas bija vienīgais, kā sevi varējām glābt. Lai apstrādātu mums iedoto zemes gabaliņu, nācās nocirst kokus, izraut saknes. Mamma raka kartupeļus, bet es nesu pa pāris spaiņiem pie baržas.*

Mēs dzīvojām vienā istabā, tur bija arī latviete Kiršenbauma. Mamma pēkšņi saka: „Es nedrīkstu aizbraukt, kamēr nebūšu atvadījusies no Kiršenbauma kundzes." Es saku: „Mammu, ir pēdējās minūtes, pasteidzies!" Mamma aizskrēja atvadīties, bet pa šo laiku noņēma trapu. Mamma atskrēja, bet trapa nav... Viņa līdz krūtīm iekāpa ledainajā ūdenī, no turienes viņu izcēla aiz drēbēm, kā nu varēja... Braucot atradāmies uz klāja. Mammai iedeva degvīnu, un viņa pat plaušu karsoni nedabūja...

18 dienas mēs braucām līdz Turhanskai, līdz vietai, kur upe ietek Jeņisejā. Tur bija tāda kā gaidīšanas vieta, – „ožidalovka", kur cilvēki gaidīja tvaikoni. Tur mēs pavadījām 22 dienas. Neviens tvaikonis mūs neņēma. Cilvēki laivās mēģināja piepeldēt klāt un tikt augšā, bet spēcīgā straume bija bīstama, varēja arī noslīkt... Pēc tam mūs tomēr paņēma kāds tvaikonis. Mēs sēdējām uz skrūvēm, tās bija kā liels kalns, mēs sēdējām apkārt. Tā mēs braucām uz Krasnojarsku.

Kādēļ neviens kuģis jūs neuzņēma? Pirmkārt, kam gan vajadzīgi izsūtītie? Tur tādu bija ļoti daudz, tur bija , manuprāt, no Grieķijas, daudz dienvidnieku tipa cilvēku... Es domāju, ka tie bija ebreji – melniem matiem, izteiktām sejas līnijām. Bet viņi runāja nesaprotamā valodā. Tie bija grieķi. No kurienes viņi brauca, nebija zināms. Atkal braucām pret straumi, uz dienvidiem. Nokļuvām Krasnojarskā, mamma ar zīmi, kurā bija teikts, ka esmu slima, gāja un lūdza, lai mūs atstāj Krasnojarskā, jo tas bija centrs. Priekšnieks jautāja: „Vai šūsi šineļus? Tad atstāšu!” Mamma atbildēja, ka šūs. Tur bija kāda sieviete, kas arī bija atbraukusi līdzi. Viņas vīrs bija atbrīvots no lēģera, atnāca viņu sagaidīt, bet bērnus nelaida, bērni palika Ziemeļos. Viņu uzvārds bija Alperti. Viņš mums jautāja: „Vai jums ir kur dzīvot? Kur jūs braucat?” Mums nekā nebija, mēs varam tikai uzturēties ostā. Viņš teica: „Man ir istaba, tiesa, pagrabā, bet brauciet, dzīvosiet pie mums!” Un tā viņš ar sievu, mamma un es dzīvojām kopā pagrabā pusgadu. Pēc gada tētis atbrauca uz Rīgu... Tas ir garš stāsts...

Vai 1943. gadā tēvs atgriezās no lēģera Rīgā? Viņš Rīgā neatgriezās. Kur gan viņš varēja braukt? Viņš devās uz Taškentu, tur bija silti... Lēģerī par grāmatvedi, vai vēl kādā citā amatā, strādāja kāda sieviete, kuras uzvārds bija Perlova. Viņa tēvam jautāja, vai viņš ir no Rīgas. Izrādījās, arī viņa bija no Rīgas. Rīgā bija tāda firma „Perlova tēja”, un Perlovs, kam piederēja firma, bija viņas tēvs. Mans tēvs saka, ka ir ļoti labi pazinis firmas īpašnieku. Šī sieviete teica, ka palīdzēs tēvam visu, ko spēs. Viņa izzināja, ka tad, kad tēvu saņēma, viņam bija zelta pulkstenis ķēdē, liels briljanta gredzens un 800 rubļu naudas, un to visu viņa tēvam atdeva. Un tad tēvs devās uz Taškentu. Viņš ieradās Engeļsā. Vilcienam vajadzēja būt nākamajā dienā. Viņš atbrauca, matu viņam nebija, knapi dzīvs. Viņš devās uz sinagogu, lūdza naktsmājas. Kāda sieviete, kuras uzvārds Goreļika, un viņa droši vien par savu labo darbu ir paradīzē, saka: „Ejam pie manis, jūs nakšņosiet pie mums!” Tēvs nevarēja ne piecelties, neko. Viņa tēvu kopa trīs nedēļas. Viņa viņu nomazgāja, baroja, atvainojos, iznesa, jo tualetes tanī laikā nebija. Trīs nedēļas! Viņa redzēja, ka cilvēks mirst! Viņa devās uz namu pārvaldi un teica: „Lūk, tāda lieta, es pieņēmu cilvēku uz nakti, bet viņš mirst... Mums būs lielas nepatikšanas, jo viņš pie manis nav pierakstīts! Ko darīsim?" Viņi pierakstīja viņu. Pēc trim nedēļām viņš jau bija atguvies, sāka strādāt kādā noliktavā par sargu. 1944. gadā, kad atbrīvoja Rīgu, mans tēvs jau bija Rīgā. Mammu nelaida. Viņai vajadzēja noņemties no uzskaites. Kādēļ cilvēkus izsūtīja otru reizi? Kad nomira Staļins, visi sāka pamazām atgriezties Rīgā, bet visi bija uzskaitē, viņi bija parakstījušies, ka tiek izsūtīti uz 25 gadiem. Gaļas kombinātā strādāja kāda sieviete, kuras uzvārdu diemžēl neatceros. Vienkārša sieviete, viņa bija Augstākās Padomes deputāte. Viņa vienmēr no tēva aizņēmās naudu, trīs, piecus rubļus. Pēc tam parādu atdeva. Vienreiz viņš piegāja pie viņas un jautāja: „Vai jūs varētu man palīdzēt? Es esmu te, mana meita ir te, bet sieva atrodas izsūtījumā Krasnojarskā un viņu neatbrīvo!" Viņa uz deputātu blankas aizsūtīja telegrammu: „Kādēļ tiek aizkavēts Eteles Abramovnas Blumenau izbraukšanas laiks?" Un kaut ko tādā garā. Laikam jau deputātu blanka nobaidīja, un pienāca atbilde: „11. datumā viņa būs Rīgā". Mamma tika noņemta no uzskaites, tāpēc mūs otru reizi neizsūtīja. To mēs sapratām vēlāk.

Ar mums bija Pūču ģimene – viņa bija zobārste, kopā ar meitu un dēlu. Dēla vārds bija Kārlis, meitas vārdu neatceros. Bija arī izsūtītie no Pievolgas. Sākumā mūs sauca par „fričiem", sita, jo runājām netīrā krievu valodā. Bet pakāpeniski apradām... Tur cilvēka dzīvībai nebija nekādas vērtības. Toties tur bija četri zirgi. Tos vajadzēja barot, bet nebija ar ko barot. Toties, ja tie nosprāgtu, tad tā būtu jau krimināllieta, sabotāža. Lūk, un pieņēma divus puišus. Brālim tad jau bija 18 gadu, un vēl vienu. Iedeva četrus zirgus, teica, ka viņiem kaut kur jānokļūst, kādus 200 km tālāk. Tur zem sniega esot zāle. Zirgi esot jāpabaro. Viņi turp nokļuva. Viņiem iedeva „paiku" un teica, ka pēc 10 dienām vēl atvedīs maizi. Neviens neatbrauca, viņi bija badā. Viņi saprata, ka tur paliks kopā ar zirgiem. Izdomāja, ka viens no viņiem paliks ar zirgiem, bet otrs dosies uz tuvāko faktoriju, nezin cik kilometru tālu, lai atnestu maizi, un vēl šo to, ko tur deva – kādu paku tējas. Bija briesmīgs bads. Brālis aizgāja, bet bija jau pavasaris, kusa sniegs, veidojot lielus strautus. Tiem vajadzēja tikt pāri. Viņš iztaisīja kaut kādu plostu un strautu pārpeldēja. Vakarā viņš aizdedzināja ugunskuru – bija taču taiga, apkārt mežs. Viņš dzēra karstu ūdeni. Nebija, ko ēst. No bada viņš bija sapampis. Pēc vairākām dienām priekšā bija jau platāka upe, strauts. Plosts izjuka un viņš iekrita ledainajā ūdenī. Viņam pat vairs nebija spēka iedegt ugunskuru un uzvārīt ūdeni. Bija ļoti slikti. Viņš juta, ka zaudē samaņu, bet pēkšņi galvā parādījās doma. Viņam bija dvielis, ko iedeva mamma. Viņš šo dvieli iesēja zaros. Un zaudēja samaņu. Tajā brīdī upe jau bija brīva un garām brauca plosts arī ar izsūtītajiem no Latvijas. Tur bija stāvs krasts, spēcīga atbalss. Viņi garāmbraucot izdzirdēja, ka kāds elso, vaid. Sāka skatīties – kas notiek? Ieraudzīja dvieli. Viņi piepeldēja pie krasta. Viņš jau bija bez samaņas, viss sapampis. Viņi paņēma viņu sev līdzi. Arī viņiem pašiem īpaši daudz ēdamā nebija, bija milti, un tos vārīja ar karstu ūdeni. Sanāca tāda šķidra putriņa. To viņam deva divas karotes rītā un... Viņi paši tādu ēda. Uzreiz viņu aizveda uz slimnīcu. Slimnīcā viņu nevarēja noģērbt, jo viņš bija sapampis, vajadzēja ar nazi pārgriezt apģērbu, lai viņu atsvabinātu. Slimnīcā deva ēst. Pēc tam izrādījās, ka viņam nosaldēti kāju pirksti. Divus mēnešus viņš atradās slimnīcā. Kad pie manis atnāca cilvēki un teica, ka slimnīcā atrodas mans brālis, es, protams, aizskrēju turp. Es apjuku: bija deguns un divas acis, izvalbītas kā vēzim, lai gan tādas viņam nekad nebija bijušas. Sejas nebija, tikai viena vienīga āda. Tas bija no bada. Viņa organisms pats sevi bija apēdis, tikai deguns palicis. Un bija vēl ādamābols. Slimnīcā deva putru, deva kāpostu zupu. Tur viņš atlaba. Tika izlemts, ka kājām abi pirksti jāamputē. Gaidīja ierodamies ārstu, ķirurgu no centra. Par laimi, ķirurgs neatbrauca, bet cits neviens to neveica. Tad jau laikam bija pieejama amerikāņu penicilīna ziede. Tā bija oranžā krāsā, un ar to viņam smērēja pirkstus. Pēc divām nedēļām viņu izrakstīja no slimnīcas, protams, uz kruķiem. Vajadzēja iet strādāt, citādāk nebūs paika. Mamma viņu iekārtoja noliktavā par sargu. Mamma dienā strādāja, bet naktī gāja viņa vietā par sargu, sargāja noliktavu, bet brālis gulēja. Pēc kāda laika viņš jau sāka staigāt bez kruķiem. Tas bija 1944. gads. Izsūtītos armijā neņēma. Bija karš, daudz bojāgājušo, upuru. Tika paņemti četri puiši – Kārlis Pūce, bija tāds Buiminovičs, viņš bija vecāks, mans brālis un tāds Levenbergs. Šos četrus puišus paņēma armijā. Mums mājās runāja vācu valodā, jo mans tēvs bija no Mītavas, no Kurzemes. Mans uzvārds ir Blumenau, un arī ģimenē vārdi bija tādi. Viņi jau bija Vācijā, bija 1945. gads. Un tas viņam jautāja: „Von wo bist du?" Un tas viņam atbildēja. Viņi to izdzirdēja. Tajos laikos Krievijā vācu valoda... Kā? Kā tu zini vācu valodu? Viņš bija štāba divīzijas tulks. Aizgāja līdz Berlīnei.

Iestājos zobu tehniķu skolā. Savā kāzu dienā es kārtoju eksāmenu fizikā. Mācījos labi, saņēmu piecinieku, pēc tam gāju ieveidot matus un devos uz kāzām. Nokārtoju sesiju, un klusu, klusu, lai neviens neko neuzzinātu, devos uz Engeļsu. Tas bija laiks, kad sāka izsūtīt otru reizi, un mēs baidījāmies, ka mūs arī izsūtīs.

Tas bija 1950. gads, marts. Rīgā man bija draudzene. Mēs vienojāmies, ka es atbraukšu, kad būs otrā sesija, kopā ar viņu pamācīšos, lai šis gads neietu zudumā. Es jau biju sagatavojusies, ka braukšu, bet atnāca paziņas, kas arī bija izsūtītie, kas arī bija bēguši, jo baidījās no otrā izsūtījuma – tādi Gureviči. Viņa atnāca pie mana vīra un teica: „Ko jūs darāt, Miša? Un ja nu viņu tur saņem un aizsūta uz Sibīriju? Vai jums tik nozīmīgs šis mācību gads? Kā jūs varat viņu laist uz Rīgu?" Tā viņa runāja, un tad visi sāka teikt, ka nedrīkst braukt. Es biju ļoti satraukusies. Saratovā bija zobārstniecības skola. Es devos turp. Man bija dokumenti, ka esmu pirmo sesiju nokārtojusi. Teicu, ka vēlētos mācīties tālāk otrajā semestrī. „Bet kādēļ esat šeit atbraukusi?" Es taču nevarēju teikt, ka mēs bēgām, jo baidījāmies, ka mūs izsūtīs. Sāku runāt kaut ko par to, ka te strādā mans vīrs, tēvs. Viņš bija vienkāršs cilvēks, un teica: „Es jūs te neesmu aicinājis, man nav jums vieta laboratorijā!" „Ko lai es daru?" Nākošajā gadā stājieties no jauna. Viss. Labi. Nākamajā gadā iestājos, beidzu. Pēc nosūtījuma man bija jādodas uz Udmurtijas AR, bet man tur jau bija piedzimusi meita. Vajadzēja parakstīt, ka es esmu ar mieru braukt, bet tajos laikos Udmurtijā nebija pat elektrības, tur vajadzēja strādāt ar kājminamo mašīnu. Es noliku pēdējo eksāmenu, man viss bija labi, visur bija piecinieki. Izvilku biļeti, jāatbild. Ienāk direktors. Viņš teica: „Nahimovska nav parakstījusies, ka dodas uz Udmurtiju, un tādēļ viņai nedrīkst pieņemt eksāmenu." Es izskrēju ārā un asarās devos pie vīra. Ko lai daru? Mans vīrs spēja pārliecināt jebkuru par jebkādu jautājumu. Viņš devās pie direktora. Mēs stāvam, es esmu asarās. Viņš stāsta, ka strādā, ka ir ceha priekšnieks, ka mums ir meitiņa, kas jau gadu veca... Un direktors sacīja: „Labi, ejiet kārtot eksāmenu!" Iegāju, izvilku citu biļeti, atkal nokārtoju uz piecinieku. Viss. Izlaiduma vakarā visi saņem diplomus, bet man saka: „Kurš nav parakstījis nosūtījumu, tiem diplomus esmu aizmirsis mājās!" Pēc tam diplomu saņēmu, bet nosūtījumu darbā nesaņēmu. Tā es Saratovā nevarēju darbā iekārtoties, meklēju caur paziņām, bet man neizdevās.

1953. gadā mēs atbraucām uz Rīgu. Īrējām dzīvokli Miera ielā. Gadu nodzīvojām. Saimniece mūs pierakstīja. Pēc gada viņa pateica, ka vēlas atgriezties dzīvoklī. Viņas vīrs atradās cietumā un viņai vajadzēja naudu.

Lai mēs ejam prom. Uz kurieni? Nebija, kur iet. Protams, nelikumīgi, nopirkām divas istabas komunālajā dzīvoklī. Mani un meitu pierakstīja. Mēs samaksājām 8000 rubļus, bet šie cilvēki kaut kur aizbrauca. Tā bija sarunāts. Vīrs bija bez pieraksta. Dzīvoklī dzīvoja 4 vai 5 ģimenes, tas atradās Kr. Barona un Dzirnavu ielas stūrī. Tur apakšā atradās apavu veikals. Tur bija šiks kamīns, dzīvoklis bija ļoti skaists, bet bija daudz iemītnieku. Virtuvīte bija maza. Dzīvoklī dzīvoja kāda komuniste. Viņš nekādi nespēja nomierināties. „Padomju cilvēki gaida rindās!" – tas bija pareizi, „bet te ebreji iegrozījās. Laikam dzīvokli nopirka..." Tā bija patiesība, bet es taču nevarēju teikt. Saņēmu pavēsti uz tiesu. Teicu vīram, ka neiešu, ko gan es varētu teikt? Mēs bijām vasarnīcā, atgriezāmies no turienes, un šajās divās istabās dzīvo oficiera ģimene. Visas mūsu mantas bija saliktas vienā istabā. Viss bija neskarts, tikai tur bija izmitināts virsnieks.

Atgriezīsimies mazliet pagātnē. Jūs izveda uz Sibīriju, ielika dzīvot barakā... No Latvijas bijāt četras ebreju ģimenes. Vai izdzīvoja tikai jūsu ģimene?

Kā nometnē teica kāds sargs: „Jūs visus vajag nogalināt, bet lodes žēl. Tāpat nosprāgsiet!" Ebrejus nenogalināja, bet viņi mira no bada.

Mira no bada, no slimībām, no visa kā. Ir tāda Adija Viņņika. Viņa dzīvo Telavivā. Viņa ir manos gados, bet viņas mamma nestrādāja, strādāja viņa un baroja mammu. Mūs uzturēja mamma. Petrozavodskā dzīvo tāds Harijs Laks, viņi bija kopā armijā. Te ir daudzi, kas bijuši Sibīrijā, bet ne kopā ar mums, citās vietās.

Jums ir tik daudz radinieku! Jā, no vīra puses man ir daudz radu.

Vai viņi ir Rīgā, vai arī šeit? Nu jau palikusi vairs tikai puse. Gada laikā atbrauca septiņi brāļi un māsas ar bērniem. Viens dabūja atļauju, cits iesniedza... Viens saņēma atļauju, trešais iesniedza... Visiem ir divi vārdi. Tur nodaļā sēdēja kāda darbiniece, un viņa bija jautājusi: „Sakiet, vai jūsu tur vēl ir daudz, tajā nenormālajā ģimenē? Tik daudz vārdu!" Viņai teica: „Vēl viens, vēl otrs". Visi ir te, daži miruši, palikuši divi brāļi un māsas Izraēlā.

Vēl pēdējais jautājums – kādu rezumējumu jūs varētu dot savai dzīvei?

Man ir divi labi bērni, pieci mazbērni. Man ir laba ģimene. Mans vīrs jau 11 gadus kā miris. Ko es varētu teikt? Kaut kā ir jādzīvo.

Vai bērnībā un jaunībā pārdzīvotais ir atstājis kādas pēdas jūsu dzīvē? Sibīrijas šausmas noteikti. Un bez tam mēs visu dzīvi baidījāmies no tā, ka mūs izseko...

Ida ar māti Eteli un brāli Jāzepu

Ida ar brāli Jāzepu

Matilde Blūmfelde (Renkacišloka)

dzimusi 1929. gadā

Mūs ielika auto, un aizveda uz piestātni.
Tie bija govju vagoni, tur bijām 40 cilvēku.

Esmu dzimusi Rīgā, Stabu ielā 6. Ģimenē bijām tēvs, mamma, brālis un māsa. Es biju mazākā no visiem. Mamma bija mājās, bet tēva nodarbošanos īsti pateikt nevaru.

1941. gada 14. jūnijā mūs izsūtīja. Bija četri naktī. Atnāca svešie. Mana mamma sākumā teica, ka esot jāslēdz durvis ciet, bet svešie lika vākt mantas, teica, ka ir jābrauc. Tanī pat mājā dzīvoja mana tēva brālis, mums nebija naudas, un onkulis iedeva naudu. Onkulis nekad neparakstījās sestdienās – aizmirsu, kā tas ir latviski, bet svešie teica, ka ir jāparakstās. Onkuli neizsūtīja. Svešie teica, ka uz pieciem cilvēkiem drīkst ņemt līdzi 100 kilogramus mantu. Man bija divi mēteļi, mamma teica, ka mugurā jāģērbj abi. Es kautrējos. Mūs ielika auto un aizveda uz piestātni. Tie bija govju vagoni, tur bijām 40 cilvēku. Vakarā atnāca un sacīja, ka vīriešiem vajag iziet ārā. Manam brālim bija 17 gadu, viņš arī izgāja. Tēvu vairāk neredzējām.

Veda mūs mēnesi ar vilcienu. Piestātnēs ļāva iziet pēc karsta ūdens, tad – atkal atpakaļ vagonos. Mūs aizveda uz Kansku. Kanskā jau bija zirgi, un cilvēkus veda uz sādžām. Mēs braucām uz sādžu Permjakova. Vienā istabā tur bijām trīs ģimenes: mēs, Ceitļini un Gamkini. Mēs *bijām mamma, māsa un es. Ceitļinu ģimenē arī bija mamma un divas meitas, bija vēl Barana – viņa bija viena pati sieviete. Bija arī māte ar meitu un kāds vīrietis. Visi dzīvojām vienā istabā.*

Mammu sūtīja strādāt pļavā. Mamma bija slima. Uz darbiem gāja arī mana māsa, viņai bija 15 gadu, es iesāku mācīties, tad saslimu un vairs mācīties nevarēju. Pēc gada mūs aizsūtīja atpakaļ uz Kansku, tad uz Ziemeļiem.

<u>Varbūt pastāstiet sīkāk par pirmo gadu – no kā Jūs pārtikāt, mamma gāja darbos...</u> Mamma pārdeva visas mantas, mainīja pret ēdienu, jo nebija, no kā dzīvot. Es nezinu, kā mēs tur varējām dzīvot... Es mēnesi slimoju, istabā bija tik auksti... Man bija 40 grādu temperatūra, slima auss, es nezinu, kā mēs izturējām. Māsa gāja lasīt vārpas pa pļavām. Pēc tam braukāja, lai mainītu mantas.

<u>Vai tad neko par darbu nemaksāja?</u> Nē, kādas maksāšanas! Nekādas maksāšanas tur nebija. Pārtiku mainīja pret mantām, kas bija līdzi no mājām.

Izsūtīto vidū bija ārste Gamkina, un viņa palīdzēja. Viens otram ļoti palīdzējām. Mamma gāja pie vienas, kam bija pirts. Tā bija laba sieviete, viņa iedeva kādu gabaliņu cukura. Tas bija Permjakovā, kādus 35 km no Kanskas. Tur bija skola, divas klases vienā istabā. Pēc tam cilvēkus sūtīja uz Ziemeļiem, tur skolas nebija. Uz Ziemeļiem braucām ar kuģi no Jeņisejas, līdz Ņižņaja Tunguska "pritokam" (pietekai). Sākumā bijām Nidimā, tur vienā istabā uz grīdas gulējām piecas ģimenes. Pēc tam Aļperē mēs, Treivuši, Šommeri, Barana – dzīvojām vienā istabā. Tur mamma un māsa gāja strādāt – nest "balkas". Es biju maza, gāju mežā lasīt sēnes, ogas. Tad mēs gājām ar bērniem ņemt kartupeļus. Kartupeļi bija mazi, neauga, jo tur bija mūžīgais sasalums. Ziemā aizbraucām uz Tūru. 1943. gadā mani, mammu un māsu sūtīja uz Tungusku. Tur mums vajadzēja 300 km iet kā "burlakiem" (strūdziniekiem) – tāpēc, ka bija jāiet pret straumi. Tur jau bija Volgas vācieši. No koka mizas bija jātaisa "čumi". Pirmajās dienās vietu, kur apmesties, taisījām no siena... Mana māsa gāja zvejot. Es nestrādāju, sāku iet darbā tikai vēlāk. Uz kartiņām deva maizi. Es sāku labot tīklus, lai varētu dabūt maizi. Naudu mēs laikam nedabūjām, neatceros, man šķiet, ka bija tikai kartiņas. Reizēm evenki atveda gaļu, un no viņiem pret mahorku un spirtu šad tad kādu gabaliņu samainījām.

No Tūras gājām uz augšu, uz Jeiku un Tungusku. Jau bija ziema, un mēs nevarējām uzbūvēt māju. Puse mājas bija zemē, puse augšā. Katrā stūrī dzīvoja ģimene. Bija Rudzīte, mēs trīs, vēl viena latviešu ģimene, Barana un Gamkina.

Mūs sūtīja mežā un tur mums vajadzēja gāzt kokus. Tagad domāju, kā mēs, 13 un 12 gadus veci, nenosalām? Mums bija jāiet pāri upei. Vasarā, kad ledus izgāja, kokus vajadzēja nest vairākus kilometrus. Mēs strādājām. Es saslimu un četrus ar pus gadus gulēju gultā. Man bija smagas problēmas ar muguru, kaulu tuberkuloze. Vieta, kur dzīvojām, bija pašu izveidota apmetne, kurā dzīvojām kādus trīs gadus. Tur ieradāmies 1943. gadā . Kara beigas sagaidījām vēl tur. 1946. gadā ar plostu mēs devāmies atpakaļ uz Tūru. Es saslimu 1948. gadā maijā. Līdz 1952. gada septembrim es biju sanatorijā. Kad es atbraucu, pēc nedēļas nomira mamma. 1956. gadā mēs atbraucām uz Rīgu.

Kas notika pēc tam, kad devāties prom no apmetnes? 1947. g. mēs bijām Tūrā, no turienes devāmies uz Kansku. Kanskā iesāku mācīties par medmāsu. Tad sākās slimība. Bija auksts laiks... Gadu pirms tam es arī slimoju ar plaušu karsoni, viss bija kopā.

Māte strādāja pirtī par kasieri. Māsa arī kaut ko darīja, bet es neatceros. Viņai gāja grūti. Četrus gadus es vispār nemācījos. Kad es atbraucu atpakaļ uz Tūru, manas māsas draudzene – viņa bija augstā amatā slimnīcā, tad tur noorganizēja feldšeru-akušieru skolu, kurā pieņēma ar 5 klašu izglītību. Man nebija izglītības, bet viņas zināja, ka es to varēšu, un sāku mācīties sagatavošanas kursos. Kanskā iesāku mācīties, bet pēc mammas nāves es mācījos par grāmatveža palīdzi. Vakaros mācījos ekonomikas tehnikumā, un to pabeidzu, kad 1956. gadā atbraucu atpakaļ uz Rīgu. Pēc tam sāku strādāt.

Kāds iemesls bija Jūsu mammas nāvei? Mamma bija ļoti slima ar sirdi. Veselu gadu viņa bija uz gultas. Mamma uzzināja par tēva nāvi. Tas bija 1947. gadā. Māsa strādāja vaļenku (velteņu) rūpnīcā, un pēc tam izmācījās bibliotēku tehnikumā. Mācīties gribējās. Ļoti... bet nebija iespējas.

Tēvs nomira 1941. gadā Soļikamskas nometnēs. To mēs uzzinājām pēc tam...

Vai tagad atceraties dzīvi Sibīrijā? Kā varējāt izdzīvot? Es nezinu... Jeikā pat vasarā kuģi nebrauca, nebija pietiekama produktu piegāde. Normas bija mazas, vienu dienu nebija vispār. Tad pārtiku sūtīja ar briežiem. Bija grūti... Daudzi mira, saslima. Manai māsai vajadzēja iet arī ziemas zvejā. Viņa bija pārsalusi. Es visu nevaru izteikt... Man trūkst vārdu...

Kad zāģējām malku un gāzām kokus, es joprojām nespēju aptvert, kā mēs palikām dzīvi. Mēs taču bijām mazi bērni. Koki gāzās, kā mums izdevās izvairīties no krītošajiem kokiem? Es un Uldis. Mums pateica, ka tur, kur zari,

tur jākrīt kokam. Pēc tam vajadzēja pusotru kubikmetru sazāģēt. Mēs cirtām
ar cirtni ("kolun" – krievu val.). Pavasarī visu vajadzēja iznest uz tādiem
rāmjiem – sasisti trīs koki un tur vajadzēja likt iekšā malku un pludināt upē
pa straumi uz Tūru. Tas arī bija iemesls manai saslimšanai. Māsa zvejojot
sasaldējās. Mamma sālīja zivis. Tad, kad tika atvestas zivis, mums nebija tiesību
tās ņemt sev, visu vajadzēja nodot valstij. Dzīvojām būdiņā.

Kad mēs gājām ar kājām, redzējām dažas būdiņas, kas bija saslietas jau
agrāk. Tur bija arī "čumi" no koku mizas. Mēs vienu no tiem nopirkām par
20 rubļiem. Tuvojās ziema. Nevarēja pagūt uzcelt māju.

Bija kaut kāds pilnvarotais, kas mūs uzraudzīja, un viņš pārdeva vienu
būdiņu, kurā bija viena istaba – mēs tur dzīvojām. Neatceros, laikam tur
dzīvojām mēs un vēl divas latviešu ģimenes , arī Rudzīte. Vēlāk ieradās Volgas
vācieši. Tur mēs nodzīvojām kādus trīs gadus. Sākumā es laboju tīklus, pēc tam
sākās mežu darbi. Tur taču bija arī "ceļina", vajadzēja stādīt kartupeļus, kaut
arī tie tur slikti auga. Kad mēs ieradāmies Tūrā, tad mamma sāka strādāt par
kasieri, māsa nodarbojās ar šūšanu, bet es mācījos feldšeru-akušieru skolā.
Tas varēja ilgt pusotru gadu, bet pēc tam mēs braucām uz Kansku.

Mums atļāva doties uz Kansku, lai gan atļauju dabūt bija diezgan grūti.
Kanskā bijām 1947. g. rudenī. Tur mēs satikām Adzji, sākumā dzīvojām pie
viņiem, bet vēlāk īrējām istabu. Tad es mācījos medmāsu skolā. 1948. g. es
nokļuvu Soļonoje Ozero slimnīcā, un četrus ar pus gadus noguļēju ģipsī. Kad
mani izrakstīja, pēc nedēļas nomira mamma.

Par to, ka 1946. gadā uz Latviju veda bērnus, mēs neko nezinājām, mēs
bijām tālu Ziemeļos. Tur nebija pat avīzes, lai gan lasīt gribējās ļoti...

Rīgā beidzu tehnikumu, strādāju. Vēlāk strādāju Promstrojmateriālu
ministrijā. Ļoti gribējām doties uz Izraēlu, sešus gadus nepārtraukti saņēmu
atteikumus, kuros bija teikts, ka viņi to uzskata par nelietderīgu, nereālu. 1971. gadā
saņēmām atļauju. Aizbraucu es un mana māsa. Apprecējos Izraēlā.

Kā jūs vērtētu izsūtījuma periodu? Tas ļoti izmainīja manu dzīvi. Kas zina,
kā būtu izveidojusies mana dzīve, ja es nebūtu izsūtīta? Mums taču bija visas
iespējas... Bet varbūt mēs vairs nebūtu dzīvo vidū... Daudzus nogalināja,
arī manu onkuli, brālēnus – Rīgā nogalināja.... Teikšu atklāti, ka tad, kad es
atbraucu šeit, Izraēlā, man bija bail pēc tam braukt uz Rīgu un to visu redzēt.
Tagad es vairs nevaru aizbraukt, jo manam vīram ir Parkinsona slimība.

Bernhards Borde

dzimis 1933. gadā

...visi bijām kopā, visus atveda,
bet mūs izšķīra Urālos.

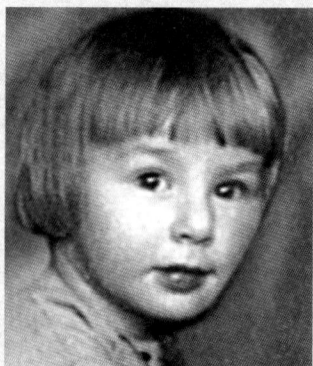

Mūs izsūtīja 1941. gada naktī uz 14. jūniju. Man bija astoņi gadi. Mēs dalām dzīvi periodos – līdz 1939. gadam un no 1940. gada.

Mūs acīmredzot izsūtīja aptiekas, īpašuma dēļ. Aptieka atradās Ģertrūdes un Avotu ielas stūrī. Mums bija ļoti liela ģimene, turpat aptiekā strādāja arī tēva jaunākais un vecākais brālis, katram no viņiem bija divi bērni. Ja mēs nebūtu izsūtīti, tad vairs nebūtu starp dzīvajiem... Visi būtu gājuši bojā. Arī brālēniem bija pa divi bērni. Kara laikā radinieki gāja bojā nometnēs. Viņi tika nošauti, kā redzams. Salaspilī vai vēl kur... Gāja bojā. Neviens neizdzīvoja, izņemot tos, kas tika izsūtīti.

Kādēļ izsūtīja jūsu ģimeni, bet viņi palika Latvijā? Izskaidrojums ir ļoti vienkāršs. Aptieka bija uz tēva vārda. Laikam vajadzēja... Man to grūti pateikt, nezinu.

Ko darīja mamma? Viņa ir no Luksemburgu ģimenes – ekonomiste, zināja svešvalodas, bija arī medmāsa. Viņas tēvs bija ārsts. Viņa bija beigusi šūšanas un piegriešanas kursus Rīgā. Sibīrijā tas bija svarīgāk nekā svešvalodu zināšanas. Lai izdzīvotu.

Ko jūs atceraties, sākot no 1941. gada 14. jūnija? Mēs atnācām mājās pēc bērnu izrādes. Mums deva 20–30 minūtes, lai savāktos. Tā laikam bija visiem. Tie, kas mūs izsūtīja, uzreiz teica, lai līdzi ņemam siltas drēbes. Viņi bija seši cilvēki, izskatījās normāli. Tā bija sistēma, un tās likumos nokļuva normāli cilvēki.

Es to uztvēru, kā jau visi... Stacijās bija dabūjams „kipjatoks". Tad, kad mūs atveda, izlika no vagoniem. Tas bija Kanskā, un tad mūs sadalīja pa dažādām vietām. Kanskā mēs neuzkavējāmies, nokļuvām Tasejevas rajonā. Tur bija no visām Baltijas valstīm. No ziemeļiem līdz dienvidiem.

Kad jūs lika vagonā, vai jūs bijāt kopā? Jā, mēs visi bijām kopā, visus atveda, bet mūs izšķīra Urālos. Tos, kas varēja strādāt, nebija invalīdi, veda uz meža darbiem. Tēvs pēc kara beigām bija atbrīvots pirms termiņa. Tas bija tad, kad beidzās karš ar Vāciju. Tad tēvs atbrauca uz Kansku. Kanskā bija daudzi no Baltijas, Eiropas, Krievijas.

Kur jūs izmitināja, kā izskatījās mājiņa, kur dzīvojāt? Nevienu nekur neizmitināja, mums vajadzēja īrēt dzīvokli. Tas ir – izlika no vagoniem, un vajadzēja īrēt, maksāt par to.

Vai jums līdzi bija kaut kādas mantas, ko mainīt? Tie, kas mūs pavadīja, mums šo to atnesa, pirmajā laikā mums bija. Neatceros, kas. Mammai bija oficiāls dokuments par medicīnisko praksi, un viņa uzreiz iestājās darbā veselības punktā vai kādā līdzīgā medicīnas iestādē. Bija, ar ko izdzīvot. Vismaz pirmajā laikā. Mēs bez latviešu valodas zinājām arī franču un krievu valodu. Valodas mācījāmies no piecu gadu vecuma. Mums bija pasniedzēja, gājām bērnudārzā. Mēs mācījāmies Franču licejā. Zinājām latviešu, franču, laikam arī angļu valodu bijām sākuši apgūt. Skolā gājām Tasejevas rajonā. Tā kā bijām mācījušies krievu valodu (mājās tēvs pasūtīja krievu avīzes, katru dienu lasīja), ne tikai sapratām, bet varējām arī rakstīt krieviski. Pret mums visi izturējās galvenokārt labi, jo tie, kas tur dzīvoja, daļa bija agrāk no kaut kurienes izsūtīti. Izturējās normāli. Grūtākais bija tas, ka tiem, kas tika atvesti, nācās meklēt darbu tur, kur bija vajadzīgi strādnieki, nevis specialitātē, kas bija iegūta agrāk, tā tur nebija vajadzīga. Gadu mums nācās izlaist. Mēs slimojām. Tā bija ziema. Skolā tur mācījos līdz institūtam. Zināšanas varēja iegūt divējādi – tās oficiālās zinības, ko mācīja skolā, un tās, ko apguvām no cilvēkiem apkārt, gan no izsūtītajiem, gan vietējiem.

Vai jums apkārt bija izglītoti cilvēki? Bija. Skolā mācījos kopā pat ar medicīnas doktora – profesora meitu. Tur bija daudz tādu. Grūti pateikt, no kurienes katrs. Ne tikai no Baltijas. Tas ir retums, ka tēvi bija kopā ar ģimenēm...

Viņi nebija no Rīgas. Tā bija cita kategorija. Bija cilvēki no Ļeņingradas, kāds bija no Varšavas. Bija grūti norobežot. Daudzi izteicās ļoti atklāti, un es neatceros, ka kāds būtu kādu nosūdzējis, nodevis. Tas nenotika. 1941. gadā beidzās mana bērnība! Es vairs nebiju bērns!

Kā jūs vērtējat to, kā jutās jūsu māte? Bija grūti. Līdz 1945. gadam valdīja tikai izdzīvošana. Līdz Uzvaras dienai. Pēc 1945. gada, īstenībā jau 1944. gadā kļuva vieglāk. Mums līdz tam deva 250 gramus „otrubi" (kliju). Tā bija viena cilvēka norma. Un viss.

Mamma mācēja šūt, viņa Rīgā bija beigusi kursus. Tad, kad medpunktā viņai vairs neko nedeva, tad viņa staigāja un šuva, maksājām par dzīvokli. Naudas sistēma kā tāda nepastāvēja. Nauda bija, bet nopirkt neko nevarēja. 1945. gadā mēs jau bijām pieauguši. Mēs dzēsām mežu ugunsgrēku. Dega mežs. Dzēsa visi. Kāpēc dzēsa bērni? Mēs jau vairs nebijām bērni...

Pēc 1945. gada, par laimi, atgriezās tēvs. Mēs pārcēlāmies uz Kansku. Tēvs bija izcietis lāģerī soda termiņu. Tad nebija aizlieguma mainīt dzīves vietu, pilsētu. Mamma bija izsūtītā, bet par mums nekas nebija ierosināts, lai gan sarakstos mēs skaitījāmies. Tad tēvs un māte izlēma, ka tēvs dosies uz Rīgu, lai pierādītu, ka mamma kā ģimenes loceklis ir atlaižama mājās. Tāpēc māsa Ira skolu beidza Rīgā un iestājās Ļeņingradas Politehniskajā institūtā, bet tad viņu savāca no lekcijas un tēvu atkal izsūtīja no Rīgas.

Es dzīvoju Kanskā, biju jau students. Mums bija tā – 1951. gadā, kad bijām pabeiguši kārtot eksāmenus, mums savāca pases. Tās atdeva tikai pēc Staļina nāves. 1951. gadā pēc eksāmenu nokārtošanas, kad paņēma pases, mēs nekur nevarējām aizbraukt, lai gan Ira man atsūtīja visus dokumentus. Viņa mācījās. Teorētiski es būtu varējis braukt, pirms man atņēma pasi. Tad, kad es jau biju students, mums bija vienreizēji pasniedzēji. Daudzi no viņiem atradās līdzīgā situācijā kā mēs. Dekāns bija Borisovs, Vasilijs Nikolajevičs. Vēlāk viņš bija arī prorektors. Viņš bija izgājis karu, visus ieskaitīja, nebaidoties ne no kā... Mēs mācījāmies, atbrauca Ira. Runājām ar dekānu, un arī Iru pieņēma. Viņa beidza mācības bez pārtraukuma.

Vai tas, ka jūs bijāt izsūtītais, neatstāja iespaidu uz uzņemšanu? Nē, mums visi eksāmeni bija nokārtoti teicami. Bija interesants moments – visi bija komjaunieši. Tas bija izsmiekls – tu esi izsūtītais un komjaunietis. Vai nu viens, vai otrs! Bija arī tādi paradoksi. Pasniedzēji nodarbojās ar mums tik, cik bija nepieciešams, bet nebija nekādu papildu stundu. 1954. gadā mums izsniedza pases. Mēs bijām brīvdienās, un tika atsūtīta telegramma, ka var saņemt pases. Mēs saņēmām pasi, bet pārcelties nevarējām. Tas nebija nopietni. Tas attiecās uz jauniešiem, bērniem. Viss pārējais sākās no 1956. gada, ar Hruščovu.

Vai 1956. gadā jums bija vēlme pārcelties uz Latviju? Par to nevarēja būt ne runas, jo tēvs šo ceļu jau bija mērojis divas reizes. 1956. gads bija tāds gads, kad bija atplūdi, un tajā laikā tēvs kļuva par Tehniskās universitātes rektoru, un es nokļuvu Tehniskajā universitātē. Tādu kā es tur nebija mazums. Man nebija citas izejas kā palikt.

Ira uz Izraēlu aizbrauca jau no Rīgas. Tur bija cita attieksme, bet braukt taisni no Krasnojarskas – atkal cita attieksme. Diez vai kādam būtu ieteikts no Krasnojarskas... Pret Baltiju, iespējams, Maskavā bija cita attieksme.

Kā jūs vērtējat to, ka bijāt izsūtīts kā bērns – no vienas puses, un no otras – ja jūs būtu palicis Latvijā...

Sanāk, ka... Tagad jau turpinās tas pats. Veselas valstis sāk bruņoties, kļūst par bandītu valstīm. Visi skatās. Toreiz arī visi skatījās. Šī valsts veicina citu valstu atbildes reakciju, virzītu uz vardarbību. Ir slikti, ka izsūtīja, bet, ja nebūtu izsūtīti, nebūtu dzīvo vidū. Tie, kas palika, ir miruši, gājuši bojā.

Ir jābūt kaut kādai garantijai, kas tiek dota mazajām valstīm, jo izdarīt ar tām var visu ko – brīvprātīgi pievienot utt. Baltija vēl tā, bet Poliju sadalīja. Tur gāja bojā mammas vecākais brālis, tad jau viņš bija medicīnas zinātņu doktors. Viņš bija kara ārsts Polijas armijā. Jaunākais brālis mācījās Viļņā. Palika dzīvs. Jebkura diktatūra noved pie tāda iznākuma, lai kur tā arī būtu...

Vai varu jūs palūgt rezumēt savu dzīvi? Dēls man jau ir pieaudzis, mazmeita mācās 6. klasē, un es nevēlētos, lai atkārtotos kaut kas līdzīgs, lai viņa piedzīvotu kaut ko līdzīgu. Viss.

Vai bieži atceraties, kas ar jūsu ģimeni notika 1941. gadā? Bieži ne, bet reizēm es vienkārši sapņoju, ka mēs esam uz ielas! (Ilgs klusums.) Ka mums nav māju...

Vai jūs bieži sastopat māsu? Iespēju robežās... Bieži sazvanāmies, sarakstāmies ar elektroniskā pasta palīdzību. Mēs cenšamies satikties iespējami biežāk.

Kā jums šķiet – vai šādas atmiņas nepieciešams apkopot? Man šķiet, ka ir svarīgi, lai nākotnē cilvēki tiktu cienīti, vērtēti. Ir jānovērtē arī valstis, neatkarīgi no to izmēra, cilvēki, kas tajās dzīvo, jo mēs tagad redzam, ka vēsture var atkārtoties. Šeit to cilvēku procents, kas daudz ko pārdzīvojuši, un kas interesējas par vēsturi, ir liels – no tāda viedokļa, lai tas neatkārtotos. Vienmēr jau ir divas kategorijas cilvēku. Es nedomāju, ka šeit ir tādi cilvēki, uz kuriem vispār nekas neattiecas.

Vai jūs atceraties Latviju, vietas, kur dzīvojāt? Vai jūs velk uz turieni? Katru gadu esmu bijis. Mums ir līgums ar Rīgas Tehnisko universitāti. Līgumu turpināt ir grūti, jo... 1993. gadā tas sākās, tagad ir citi līgumi, bet principā mēs piedalāmies projektu izstrādē.

Es vēlētos, lai būtu tāda starptautiskā atmosfēra, ka tiktu cienīts cilvēks. Vergu darbs ir mazražīgs. Uzskatu, ka gudrs nepiedzimst, visu nosaka apstākļi – Āfrikā tu norauj banānu un esi paēdis. Te, ziemeļu puslodē, vajadzēja nodrošināties ar produktiem, citādi esi pagalam. Bez saprāta tas nav iespējams – izdzīvot...

Tēvs Izaks, māte Romana, Bernhards un māsa Irēne Latvijā

Irēne Borde

dzimusi 1930. gadā

Protams, tas bija milzīgs šoks. Preču vagoni jau
stāvēja sagatavoti, tie, manuprāt, bija tādi vagoni,
kādos parasti pārvadāja lopus.

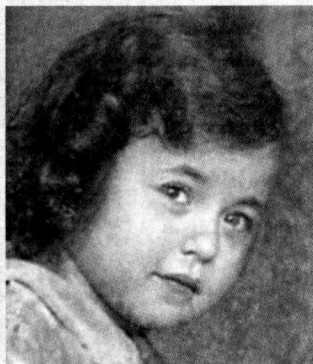

*Mani sauc Irēne Borde, esmu dzimusi 1930. gadā Rīgā.
Mēs dzīvojām Ģertrūdes un Avotu ielas stūrī. Tēvam bija
aptieka, bet mēs dzīvojām otrajā stāvā. Mūsu ģimene
bija: tēvs, māte, brālis, kas bija trīs gadus jaunāks par
mani, un es – pavisam četri. Protams, kad sākās padomju
laiki, aptieku nacionalizēja, bet mēs palikām dzīvot savā
dzīvoklī līdz 1941. gada 14. jūnijam. Tēvs bija provizors,
mamma – ekonomiste. Tajā laikā viņa nestrādāja. Mēs
dzīvojām normālu, pārtikušu dzīvi. Es sāku mācīties
Franču licejā.*

*Tā viss turpinājās līdz 1941. gada 14. jūnijam. Pie mums
atnāca naktī, deva divas stundas laika, lai mēs savāktu
mantas. Mums pačukstēja, lai ņemam siltākas drēbes.
Kaut ko pievāca. Mūs steidzināja, pret mums izturējās
ļoti rupji. Tad mūs iesēdināja kravas mašīnā – kā jau
visus laikam... Pieveda pie ešelona, kas sastāvēja no
preču vagoniem.*

*Ko nozīmē – „rupji izturējās"? Visu laiku steidzināja,
neatļāva savākties, neteica mums, kur brauksim, kas un
kā... „Jūs esat arestēti, braucam!" Protams, tas bija milzīgs
šoks. Preču vagoni jau stāvēja sagatavoti, tie, manuprāt,
bija tādi vagoni, kādos parasti pārvadāja lopus. Mūs*

ievietoja tur. No sākuma visa ģimene bijām kopā. Drīz tēvu izsauca no vagona, viņu aizsūtīja uz nometni, „lēģeri".

Mēs neko nezinājām. Pilnīgi neko mums neteica, kur un kā viņu vedīs... Ne vārda. Tad mēs, dažas ģimenes... Ģimeņu bija daudz, vagonā bijām saspiesti, bija karsti. Bija briesmīgi sanitārie apstākļi. Man nav saprotams, kā mēs spējām palikt dzīvi. Kaut kur pa ceļam mēs apstājāmies, ņēma ūdeni. Cilvēki tur slimoja, bija bads un briesmīgas caurejas. Vienreiz vilciens apstājās netālu no purva, un bērni tur devās spēlēties. Es gandrīz noslīku tajā purvā, mani pēdējā brīdī izvilka. Kur tas notika, es tagad neatceros. Tā mūs veda un beigu beigās mūsu ģimeni aizveda uz Suhovas sādžu – tas ir Krasnojarskas apgabalā.

Neatceros rajona nosaukumu, tikai atceros, ka ciems bija Suhova. Tas bija neliels ciems, mēs dzīvojām pie tādiem saimniekiem. Viņi gulēja uz krievu krāsns, bet mēs – uz grīdas. Pēc kāda laika mūs pat apzaga, nozaga siltās mantas. Mamma, brālis, es... Protams, tas bija briesmīgi. Atceros, ka mēs vācām balandas, sasalušos kartupeļus, visu iespējamo, tikai lai izdzīvotu. Mammai pēc tam izdevās iekārtoties darbā par medmāsu. Viņai bija atbilstoša izglītība, kādu laiku viņa strādāja. Par medmāsu viņa strādāja kaut kādā ambulancē.

Vai tas bija pirmajā gadā? Kā jūs izdzīvojāt pirmajā gadā? Pirmais gads bija ļoti smags. Bijām badā, vācām balandas un citas zālītes. Mans brālis smagi saslima. Mamma, par laimi, prata šūt. Tas mūs glāba. Mamma staigāja no sādžas uz sādžu un šuva vietējām puskažokus. Par to viņai maksāja – deva kartupeļus, miltus, tā lai varētu iztikt. Pēc tam viņa iekārtojās darbā par medmāsu, bet tas nebija uz ilgu laiku. Viņu atlaida no darba, jo „specposeļenci" (speciāli nometinātie) nedrīkstēja strādāt medicīniskā personālā. Viņi baidījās, ka mēs kaut ko sliktu izdarīsim. Tautas ienaidnieki...

Tur mēs sākām iet vietējā skolā, iemācījāmies krievu valodu. Krievu valodu līdz tam mēs nepratām, jo mājās krieviski nerunājām – runājām latviski, vāciski, franciski. Krievu valodu sākām mācīties tikai līdz ar padomju atnākšanu. Mēs ļoti mocījāmies, jo mums nebija radu aiz robežas, mums nebija, kas palīdz. Pateicoties mammas vīrišķībai un enerģijai, mēs izdzīvojām, citādi nebūtu palikuši dzīvi. No Suhovas pārcēlāmies uz citu vietu – uz Tosejevu. Šis ciems jau bija mazliet lielāks. Tā mēs mocījāmies...

Pēc tam saņēmām ziņu no tēva, kurš bija aizvests gan uz Kraslagu, gan uz Soļikamsku. Tēvs izdzīvoja tikai tādēļ, ka viņam pēc kāda laika bija izdevies no mežu ciršanas darbiem tikt strādāt par provizoru. Tas viņu glāba. Arī mammai nācās strādāt smagus darbus, ne tikai šūt. Es reizēm „piepelnījos" – vietējiem no meža nesu žagarus. Mēs, bērni, gājām un nesām tos, lai kurinātu krāsnis. Tā mēs dzīvojām. Tēvam bija piespriesti pieci gadi. Pēc atbrīvošanas no nometnes viņš atbrauca pie mums uz Tasejevu.

Vai jūs atceraties šo dienu? Mēs zinājām, ka viņam jānāk brīvībā, jo pirms tam jau daži cilvēki bija atbrīvoti, un viņi mums nodeva sveicienus no tēva. Normāls pasts tad nepastāvēja. Cilvēki nodeva ziņas cits caur citu. Ciemos bija ļoti daudz izsūtīto gan no Latvijas, gan arī Pievolgas vācieši. Tur bija visādu tautību cilvēki... Bija arī cilvēki, kas pret mums izturējās ļoti labi, centās mums palīdzēt – tie bija 1937. gadā izsūtītie. Un palika tur, Sibīrijā. Tā galvenokārt bija inteliģence. Viņi kaut vai morāli, bet centās mūs atbalstīt. Kad no lēģera atgriezās tēvs, man bija problēmas ar veselību. Tēvs, lai cik dīvaini tas būtu, bija saņēmis pasi un iespēju izbraukt no Sibīrijas, atgriezties Rīgā. Manai mammai, kas bija tikai „specpereseļenka", kas lēģerī nebija bijusi, izbraukt neļāva. Viņa ar jaunāko brālīti palika Sibīrijā. Visiem tas ir zināms, ka katru nedēļu vai ik pēc divām nedēļām mēs gājām atzīmēties. Lai zinātu, ka neesam aizmukuši.

1946. gadā tēvs mani paņēma, mēs atgriezāmies Rīgā. Arī tas nebija viegls laiks.

Vai atgriezāties visa ģimene, vai tikai jūs ar tēvu? Mēs atgriezāmies kopā ar tēvu. Mammai neļāva braukt. Viņai saglabājās „vilka biļete". Te nedarbojās loģika. Mamma nebija nometnē, bet viņai nedeva iespēju braukt. Tā viņa ar brāli palika Sibīrijā. Tēvs domāja, ka dosies uz Rīgu, ka tur būs pazīšanās un iespējas, varbūt viņam izdosies dabūt uz Latviju arī mammu. Mēs ieradāmies Rīgā, bet tēvam neatļāva Rīgā dzīvot un strādāt. Viņš iekārtojās darbā aptiekā Jūrmalā, laikam tie bija Bulduri. Man viņš noīrēja istabiņu Rīgā, es iestājos Rīgas 10. vidusskolā, 8. klasē. Tur mācījos 8., 9., 10. klasē. Beidzu skolu ar medaļu un nolēmu stāties institūtā. Lai varētu izbēgt no savas pagātnes, nolēmu stāties Ļeņingradā. Vēlējos stāties universitātē. Kaut gan skolu biju beigusi ar medaļu un nokārtoju visus eksāmenus, mani uzreiz brīdināja, ka viss ir veltīgi: ir piektais punkts – ebrejiete un, tā teikt, manas ģimenes pagātne... Man uzreiz pateica, ka es netikšu iekšā. Bet es biju ietiepīga. Beigu beigās mani nepieņēma, kaut arī biju nolikusi visus eksāmenus, atrada iemeslu – veselības stāvoklis. Protams, ka tas nebija taisnība. Tad es iestājos Ļeņingradas Politehniskajā institūtā, jo tur bija brīvas vietas. Protams, ne tajā fakultātē, kurā gribēju mācīties, es nokļuvu Celtniecības fakultātē. Iestājos, dzīvoju kopmītnē. Nosacīti, studiju laiks bija patīkams, kaut arī klājās grūti. Līdzekļi bija ierobežoti. Piepelnījos ar tulkošanu, ar privātstundām. Pēc pirmā mācību gada man izdevās nolikt visus eksāmenus, un es pārcēlos pakāpi augstāk – Elektromehāniskajā fakultātē. Tur bija labāk – gan studenti, gan bijām tuvāk fizikai, tam, ko es biju vēlējusies. Universitātē es taču stājos Fizikas fakultātē.

Tā turpinājās, es mācījos, viss it kā bija normāli. Lai slēptu „pēdas", mēs ar mammu pat tieši nesarakstījāmies ar vēstulēm. Es rakstīju uz Rīgu, vēstules tika pārsūtītas mammai. Protams, tas bija ļoti naivi, jo „kāgābešņiki" (čekisti) visu brīnišķīgi labi zināja. Un 1952. gada decembrī... Es biju lekcijā. Kad iznācu no lekcijas, man no abām pusēm pienāca divi privātās drēbēs ģērbti vīrieši. Viņi mani aizveda kaut kādā telpā un paziņoja, ka esmu arestēta. Ka man nav tiesību mācīties un dzīvot Ļeņingradā. Viņi mani vedīs uz cietumu. Viņi man neteica, kur mani sūtīs, neko. Mani ielika Ļeņingradas cietumā vieninieka kamerā. Kopmītnē biju paņēmusi dažas grāmatas, dažas mantas, un melnā „voronkā" mani veda uz cietumu. Neviens no maniem draugiem nesaprata, kas par lietu, bija baisi. Bija kāda meitene, kuras tēvs kādreiz bija arestēts kā Pievolgas vācietis. Es viņai klusiņām pateicu, ka čekisti mani arestē, es nezinu, kas un kā – un lūdzu viņai par to paziņot manai mammai. Meitene zināja manu biogrāfiju, viņa bija viena no nedaudzajiem, kas to zināja. Un tā – Ļeņingradas cietumā es nosēdēju apmēram trīs nedēļas, gaidīju etapu. Varbūt tur pavadītais laiks bija ilgāks. Kad es lūdzu, lai mani pārved uz kopējo kameru, lai nebūtu tik baisi, tad man teica: „Tu nesaproti, ko cietumā nozīmē kopējā sieviešu kamera. Nedod Dievs! Labāk sēdi te un gaidi etapu." Un pa etapu, cauri visām pārsūtīšanām – tās bija četras vai piecas pa ceļam – katru reizi mūs sagaidīja čekisti ar suņiem un tamlīdzīgi...

Izstāstiet sīkāk, kas ir pārsūtīšana!

Tas ir cietums. Jūs braucat kādu ceļa posmu ešelonā. Teiksim, līdz kādai vietai, tad jūs no vagona izsēdina, čekisti sagaida un ved uz cietumu. Tur gaida jauna etapa formēšanu.

Kādos cietumos jūs esat bijusi? Īsti neatceros. Atceros, ka mūs izsēdināja Sverdlovskā. Viņi mums neteica, bet pēc tam mēs uzzinājām, ka šis etaps dodas uz Krasnojarsku. Protams, vecāki bija šausmās, kad uzzināja, ka esmu arestēta. Viņi zināja, ka mani ir saņēmuši, bet neko vairāk. Visa pārsūtīšana ilga pāris mēnešus. Es nezināju, ka apmēram ap to pašu laiku, kad mani, arestēja arī tēvu Rīgā. Arī viņu pa etapiem sūtīja uz Sibīriju. Es to nezināju. Tas bija briesmīgs laiks... Pēc tam mani beigu beigās atveda... Priekšpēdējais bija cietums Krasnojarskā, pēc tam – uz Kansku. Kad mani atveda Kanskā, bija izsaukta mana mamma un viņai bija pateikts, ka, lūk, jūsu meita, „brīvprātīgā" piespiedu kārtā atgriezusies Sibīrijā. Mamma mani sagaidīja. Tas bija smags laiks. Man nebija dokumentu. Man atkal iedeva „vilka pasi" – kā es to saucu, bez izbraukšanas tiesībām. Brālis, kurš kopā ar mammu bija Sibīrijā, mācījās Krasnojarskā. Viņam izdevās iestāties Krasnojarskas Mežu tehniskajā institūtā. Izsūtītos ņēma tikai mežu tehniskajos institūtos, bet ne tajās fakultātēs, kurās viņi vēlējās stāties. Kad brālis stājās, viņš kopā ar draugu Izju Kaplānu konvoja pavadībā tika atvests kārtot eksāmenus. Es ierados Kanskā un sāku rakstīt uz Ļeņingradu, pieprasīju savus dokumentus. Pēc kāda laika, apmēram pēc pusgada, arī man ar savu „vilka pasi" izdevās sākt mācības Krasnojarskas Mežu tehniskajā institūtā. To es pabeidzu 1955. gadā. Bet kaut kad pēc Staļina nāves, ja nemaldos, 1954. gada beigās, es saņemu pasi. Materiālais stāvoklis bija ļoti smags. Tajā laikā mums nebija iespējas atgriezties Rīgā. Mēs ar brāli turpinājām mācības. Mamma ar tēvu strādāja Kanskā. Pēc institūta beigšanas, kad man jau bija pase, atgriezties Rīgā neizdevās, jo nebija, kur dzīvot, un bija vajadzīgi arī līdzekļi, lai atgrieztos. Es pabeidzu aspirantūru, aizstāvēju kandidāta disertāciju Kijevā. 1955. gadā es apprecējos – viņš atgriezās no lēģera Kanskā. Mēs pārcēlāmies uz Krasnojarsku, arī brālis un vecāki pārbrauca uz Krasnojarsku. Tur mēs nodzīvojām līdz 1967. gadam. Brālis – man par dziļu nožēlu – vēl joprojām ir Krasnojarskā... Viņš strādā Krasnojarskas Politehniskajā institūtā, ir skaitļojamās tehnikas katedras vadītājs. Dabūja akadēmiķa grādu un palika. Viņš ir precējies, viņam ir dēls. Pāris reižu viņš mani ir apciemojis Izraēlā, bet viņam bija svarīgs savs darbs un zinātniskā darbība, tāpēc viņš palika Krasnojarskā. Vecāki, par nožēlu, ir miruši un apglabāti Krasnojarskas ebreju kapsētā. Bet mēs ar vīru... Es 1967. gadā izturēju konkursu Rīgas Politehniskā institūta fizikas katedrā. Man deva iespēju, tā teikt, bez rindas nopirkt kooperatīvo dzīvokli Rīgā. Un tā 1968. gadā ģimene – vīrs ar meitu un ar saviem vecākiem pārcēlās uz Rīgu. Tā mēs dzīvojām līdz 1973. gadam.

Kad 1973. gadā radās iespēja atstāt PSRS, mēs nekavējoties to izmantojām. Mans vīrs vienmēr bijis liels cionists. Diemžēl desmit gadus viņš atradās lēģerī. 1973. gada novembrī mēs emigrējām uz Izraēlu. Tāds ir mans stāsts.

<u>Ar ko jūs nodarbojāties pēc ierašanās Izraēlā?</u> Iestājos darbā Ben Guriona universitātē. Nodarbojos ar siltumfiziku Mehāniskajā fakultātē. Visus šos gadus nostrādāju Beerševas universitātē. Tur, Beerševā, starp citu, ir daži rīdzinieki. Mēs Beerševā palikām dzīvot, un te ir arī rīdzinieki, kas bijuši Sibīrijā un bijuši evakuācijā.

Meita apprecējās jau Izraēlā ar jaunu cilvēku no Maskavas. Viņš ir ārsts. Mana meita ir psiholoģe, viņai ir 4 bērni, tā ka man jau 4 mazbērni Izraēlā. Divi no mazbērniem, divas meitenītes, jau ir beigušas armiju, vienam mazdēlam būs 16 gadu, viņš iet skolā, un mazākā mazmeitiņa, 11 gadus veca, arī vēl mācās skolā. Izraēlā mēs esam iedzīvojušies, labi iekārtojušies un esam apmierināti, ka esam emigrējuši. Es reizēm atbraucu uz Rīgu, tiekos ar bijušajiem institūta biedriem. Mums joprojām ir saglabājušās labas attiecības, domājam par kopīgu darbu „European Community", tā, ka attiecības ir „okay". Galvenais, ka mēs, pateicoties mammai un tēvam, brīnumainā kārtā palikām dzīvi pēc šiem grūtajiem Sibīrijas gadiem – bija sniegs, aukstums, roku un kāju apsaldēšana – viss, ko vien var iedomāties... Mums bija rūdījums... Ļoti žēl, ka vecāki ir miruši, nenodzīvoja līdz brīdim, kad varētu pamest PSRS.

Izsūtījums, protams, ir atstājis iespaidu uz manu un mana brāļa veselību. Reizēm šķiet – izdzīvot šādos apstākļos ir būtībā neiespējami. Neraugoties uz mīnus 35, 40 grādu salu un sniegu, aukstumu, slikto apģērbu, mēs brīnumainā kārtā palikām dzīvi. Es domāju, ka tas ir rūdījums no bērnības.

<u>Vai ticējāt, ka kādreiz tiksiet prom no turienes?</u> Bija brīži, kad neticēju... Kad dzīvojām Suhovā un Tasejevā – apkārt vietējie, čekisti un Iekšlietu ministrijas pagonotie... Tas bija šoks, šausmas. Tas likās neticami. Jaunībā, bērnībā uz lietām skatās citādi. Domāju, ka maniem vecākiem bija daudz smagāk nekā mums ar brāli. Mēs tomēr bijām bērni, mums viss šķita vieglāk. Viss smagums bija uz vecāku pleciem. Mamma nomira, kad viņai bija 60 gadu. Protams, viņa būtu varējusi dzīvot un dzīvot, bet Sibīrija atstāja ietekmi uz mātes un tēva veselību.

Brālis Bernhards, māte Romana un Irēne

Vai tēvs stāstīja pa lēģeri un apstākļiem tajā? Jā, protams. Tur bija šausmīgi apstākļi. Bija mežu ciršanas darbi, apsaldējumi, bija ļoti grūti. Vienīgais, kas viņu glāba, bija tas, ka viņam izdevās nomainīt darbu un kā provizoram strādāt telpās. Citādi tēvs nebūtu izdzīvojis...

Diezgan bieži es esmu Rīgā. Mana paziņa dzīvo Londonā – Silva. Kad mani izsūtīja, viņas māte viņai uz Ļeņingradu aizrakstīja vēstuli: „Ņem paraugu no Iras – viņa labprātīgi kaut kādā veidā aizbrauca no Ļeņingradas.” Tas tāpēc, lai liktu saprast, ka viņai jābrauc prom. Bet sliktajām ziņām mēs negribam ticēt. Tā arī viņa sagaidīja, līdz arī viņu ar ešelonu aizsūtīja atpakaļ uz Sibīriju. Daudzus aizsūtīja... Kāpēc? Kā? Neviens nevienam neko nepaskaidroja. KGB darīja to, ko gribēja.

Vai pret jums bija citāda attieksme nekā pret citiem izsūtītajiem? Es tā nedomāju. Kāpēc lai tā būtu citāda? Mēs bijām tikpat grūtos apstākļos kā visi pārējie. Maz atceros labu brīžu, kad būtu kas labs noticis. Piemēram, mācījos institūtā, biju aizsūtīta praksē uz „ļespromhozu” un laikā neatzīmējos. Ik pēc pāris nedēļām bija jāatzīmējas. Tad mani gandrīz gribēja izslēgt no institūta! Nekādu labo attieksmi es negaidīju un arī nesaņēmu.

Irēne ar māti Romanu un brāli Bernhardu

Joahims Brauns

dzimis 1929. gadā

Ar smago mašīnu mūs aizveda vai nu uz preču staciju, vai uz Zasulauku, tik precīzi neatceros. Sagrūda lopu vagonos.

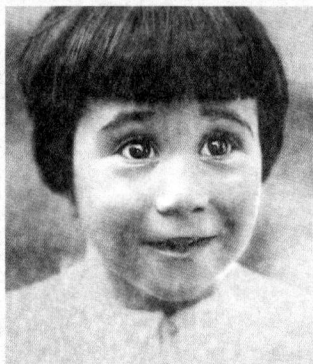

Esmu dzimis 1929. gada 11. augustā Rīgā. Mana māte bija absolvējusi Pēterburgas konservatoriju un strādāja par klavierskolotāju. Trīsdesmitajos gados viņa Latvijā bija ļoti pazīstama. Viņai bija daudz audzēkņu, un katru gadu viņas klase rīkoja koncertus Konservatorijā. Mans tēvs bija skolotājs un strādāja idiša skolā Ģertrūdes ielā, līdz viņu apcietināja kā sociāldemokrātu. Viņš bija „bundists", tā saucamās ebreju nacionālās partijas „Bund" biedrs. Strādāt viņš atsāka nedēļu vai divas nedēļas pēc tam, kad ienāca padomju vara. Ģimenē mēs bijām četri – māte, tēvs, brālis Hermanis Brauns (Latvijā labi pazīstams pianists) un es.

1941. gada 14. jūnijā pēc mums ieradās... Arī brālis bija sarakstā, taču viņš tolaik bija mobilizēts armijā un dienēja Ludzā. Kad mani pamodināja, dzīvoklī jau bija trīs vīrieši ar ieročiem. Viņi sāka vandīties pa visu dzīvokli, bet mums pateica tā: paņemiet kādu koferīti vai divus, salieciet visu nepieciešamo. Esot rīkojums mūs aizvest apmēram 100 km no Latvijas, jo drošības apsvērumu dēļ mēs Rīgā nedrīkstam kādu laiku uzturēties. Taču pēc tam mēs atkal būšot mājās. Es arī redzēju, ka viens no svešajiem paņēma nelielu, mums piederošu, portfeli un sāka tajā likt iekšā visas dārglietas, ko atrada dzīvoklī, ieskaitot sudraba nažus, dakšiņas un karotes...

Dzīvoklī palika mana aukle Marija Bundziniece. Pēc kara mēs viņu atkal satikām. Ar smago mašīnu mūs aizveda vai nu uz preču staciju, vai uz Zasulauku, tik precīzi neatceros. Sagrūda lopu vagonos. Pie katra vagona durvīm stāvēja zaldāts ar šauteni. Kādas 24 stundas bijām visi kopā: vīrieši, sievietes un bērni. Nākošajā dienā visus vīriešus aizveda prom, palika tikai sievietes un bērni.

Pēc 2–3 dienu stāvēšanas vilciens sāka kustēties. Kopš tā mirkļa neviens no apkārt esošajiem zaldātiem ar mums vairs nerunāja: ne mēs zinājām, uz kurieni braucam, ne kāpēc braucam, ne arī to, kur palika vīrieši. Braucot un stāvot pavadījām apmēram 20 dienas.

Nonācām Omskā. Pēc tam ar kuģīšiem pa Obu tikām aizvesti uz mazu miestu Kolpaševas apgabalā – Parabeļu. Tur mūs visus, kādus 100 cilvēkus, ieveda bijušā baznīcā, kur mēs uz grīdas gulējām. Tikai tad, kad ap mums sāka pulcēties vietējie, uzzinājām, kur atrodamies.

Pirmā nedēļa bija ārprāts... Tie cilvēki skatījās uz mums kā uz tādiem, kas atbraukuši no Mēness. Kad viņiem stāstījām, ka Latvijā mums dzīvoklī bija vannas istaba, viņi neticēja. Teica – tā nevarot būt...

Pēc kāda laiciņa mūs kopā ar vienu sievieti no Rīgas novietoja kādā privātā mājā. Drīz arī sāku iet uz skolu. 1942. gadā man bija trīspadsmit gadu. Sākumā skolā bija diezgan grūti. Bērni nepieņēma mani. Bija pat vairākas ārkārtīgi nepatīkamas situācijas: viņi man lika taisīt vaļā muti un spļāva... Tāpēc, ka biju svešinieks, tāpēc, ka izsūtītais, tāpēc, ka pretpadomju... Krievu valodu arī es nepratu. Mani sāka mācīt jaunā klases audzinātāja, kura, kā vēlāk uzzinājām, bija izsūtīta jau 1937. gadā vai pat agrāk. Pēc gada krievu valoda man vairs neradīja nekādas grūtības.

Mēs bijām „voļnoje poseļeņije". Reāli tas nozīmēja, ka tu dzīvo privātmājā, tu vari staigāt pa sādžu, taču tu nedrīksti izbraukt no šīs sādžas un tev divreiz nedēļā jāiet reģistrēties vietējā komandantūrā. Mamma gāja reģistrēties. Taču darbu nekur nevarēja dabūt. Beigās tomēr atrada – viņa drīkstēja strādāt klubā par apkopēju. Tā mēs nodzīvojām vairākus gadus. Viens no šajā komandantūrā strādājošajiem virsniekiem bija dabūjis zināt, ka es spēlēju vijoli. Viņš prasīja, lai regulāri – reizi vai divas reizes nedēļā – eju mācīt viņu – lai iemācu notis, lai iemācu vijoli spēlēt. Jāteic, ka vijole mūs tajā pirmajā laikā zināma mērā izglāba. Ikreiz, kad nodarbība beidzās, viņš man iedeva sainīti ar kaut ko ēdamu vai maizi, ko atdot mammai. Par starptautisko stāvokli mēs neko nezinājām. Tikai to faktu, ka jūnijā sācies karš. Vēlāk noskaidrojās, ka brālis bijis iesaukts padomju armijā. Kopā ar to viņš atkāpies uz Krieviju. Pēc kāda laika ticis izsaukts uz Ivanovu, kur tolaik bija evakuējusies republikas valdība, un viņš sāka strādāt kā pianists LPSR Valsts mākslas ansamblī.

Arī uz mūsu – izsūtīto – „ģerevņu" pat kara laika regulāri ar koncertiem brauca ļoti pazīstami un ievērojami padomju mākslinieki. Gandrīz vai reizi mēnesī notika kāds koncerts. Es to ļoti labi atceros, jo tiem bija liels iespaids gan uz mani, gan uz mammu. Reiz no Ļeņingradas atbrauca tā saucamais Glazunova kvartets – viņi bija vieni no tiem māksliniekiem, kas bieži uzstājās Krievijas attālajos rajonos. Starp citu, tajā kvartetā trīs laikam bija ebreji. Šķiet, māte kādam no viņiem pateica, ka es jau kopš bērnības spēlēju vijoli. Un kvarteta „pirmā vijole" – Lukašinskis teica, ka gribot mani dzirdēt. Viņš paklausījās, kā es spēlēju, un mammai solīja: „Mēs atsūtīsim jums no Novosibirskas ieteikumu, ka dēlam jāmācās tālāk." Pagāja gads vai pusotra, un patiešām tāds „papīrs" tika atsūtīts – mums atļāva braukt uz Novosibirsku, kur es sāku iet mūzikas skolā.

Juridiski mūsu stāvoklī nekas nemainījās, izņemot to, ka mēs dzīvojām lielā, bagātā pilsētā, kur tolaik bija apmeties Ļeņingradas filharmonijas orķestris ar Mravinski priekšgalā. Mammai arī Novosibirskā bija jāiet regulāri reģistrēties. Bet tagad viņa bija atradusi darbu, saistītu ar mūziku – spēlēja vai nu baleta grupai, vai kādam līdzīgam kolektīvam.

1945. gadā beidzās karš. Brālis kopā ar armiju bija nācis uz Rīgu. Zinot, ka viņš ansamblī koncertējis kopā ar Pakuli un Daškovu un viņam bijusi pieeja Kirhenšteinam, tika noorganizēts, ka viņš izsaka lūgumu Kirhenšteinam, lai Latvija izsauc mūs no Novosibirskas atpakaļ uz Rīgu. Pēc tam gan viņš briesmīgi „dabūja pa galvu", jo nebija pateicis, ka mēs esam izsūtītie. Bet tajos gados valdīja tāda nekārtība, ka tie, kuriem bija teikšana, pat neaptvēra šo faktu, un patiešām atsūtīja mums izsaukumu. Mēs to saņēmām un atgriezāmies Latvijā 1945. gada beigās. Tā sākās mana dzīve padomju Rīgā.

Taču tēvs joprojām atradās Sibīrijā. Mēs viņu atradām 1942. vai 1943. gadā. Tolaik „sistēma" bija tāda, ka nevienam nezinoja, kur ir viņa radinieki, taču

VDK visām sievām iedeva sarakstu ar 10 vai 20 lēģeru adresēm: pasta kastīte Nr. ... Rakstiet uz visām šīm vietām un prasiet, vai tur ir konkrētais cilvēks. Kādā jaukā dienā atnāca atbilde: „Ir. Mēs viņam nodosim jūsu vēstuli". Vienmēr vajadzēja pielikt klāt mazu zīmīti: „Mēs tevi meklējam, mēs esam tur un tur... Lūdzu, atraksti." Tā tēvs sāka sarakstīties ar mums, pēc tam jau rakstīja uz Rīgu.

Kad beidzot satikāmies, tēvs stāstīja, ka viņam 1941. gadā spriesta ātra tiesa – desmit minūtēs viss bijis skaidrs: vainīgs. Par pretpadomju darbību vai pretpadomju izteicieniem... Tajā lietā, ko man pašam izdevās redzēt, izlasīju, ka galvenā viņa vaina bijusi tā, ka viņam piederējusi māja. Viņam piesprieda desmit gadus. No pirmās dienas līdz 1951. gadam tēvs bija Soļikamskas lēģerī. Pēc tam – „voļnoje poseļeņije" Krasnojarskas apgabalā. Vēl divdesmit gadus viņš tur dzīvotu, ja Staļins nebūtu nomiris.

Bet, lūk, kas interesanti. Jau bērnībā zināju, ka mans tēvs ir ļoti slims. Rīgā ik pāris mēnešus viņam bija lēkmes. Viņu ārstēja daktere Skulme, Rīgā ļoti pazīstama sirds ārste. Tēvs nedrīkstēja uztraukties, nedrīkstēja pārpūlēties. Taču desmit gadus lēģerī viņš nevienu reizi nebija slims, un viņam arī nebija nevienas lēkmes. Labi arī, ka viņam iegadījās normāls darbs – viņu ielika par grāmatvedi, jo viņš drusku pārzināja šīs lietas. Bet 1955. gadā tēvs atgriezās Rīgā.

Nezinu, vai tās bija fatālas bailes vai pārdzīvotā smagums, taču viņa klātbūtnē kaut ko sliktu par padomju sistēmu teikt nedrīkstēja. Viņš uzreiz ļoti satraucās un kļuva pilnīgi histērisks, ja kaut kas tāds tika runāts. Tēvs arī nekur nestrādāja. Mēs dzīvojām kopā, bet brālis ar savu ģimeni (sievu un meitu) atsevišķi.

Es apprecējos 1953. gadā. Ar Vivu mēs bijām pazīstami jau kopš 1940. gada, kad skolas tika apvienotas, un mēs mācījāmies paralēlklasēs. Pēc kara mēs Jūrmalā satikāmies, un no tā laika esam kopā. 1955. gadā mums piedzima meita, kas dzīvo Izraēlā. Viņa ir mūsu vienīgā meita. Tagad mums ir mazbērni.

Visā pārējā ziņā dzīve Rīgā ritēja diezgan normāli, izņemot vienu nepatīkamu gadījumu. Kad pēc Sibīrijas atgriezāmies Latvijā, manu māti tūlīt pieņēma darbā Dārziņa desmitgadīgajā skolā. Viņa mācīja klavierspēli un bija arī mācību daļas vadītāja. Un tad notika kaut kas ārkārtējs. Kāds viņas skolnieks klasē esošajam Staļina portretam piezīmēja ļoti lielas ūsas.

Māti tūlīt atlaida no darba, jo viņa bija izsūtītā sieva. Tā beidzās viņas oficiālā muzikālā karjera.

Pēc tam gan viņa vēl pasniedza stundas, bet visai maz. Kad tēvs sāka dzīvot pie mums Rīgā, viņš nestrādāja. Tēvs nomira 1970. gadā. Brālis visu laiku palīdzēja gan mammai, gan tēvam un zināmā mērā arī man. Reizēm viņš spēlēja kopā ar mani – ļoti reti gan.

Pēc skolas beigšanas es iestājos Konservatorijā un to absolvēju. Es labi nospēlēju valsts eksāmenā, tāpēc komisija nolēma, ka man jāturpina mācīties aspirantūrā. Un Maskavas konservatorijā toreiz bija tā dēvētās nacionālās vietas. Vispār tas bija pareizi, jo cilvēks, kas atbrauc no Latvijas vai kādas citas republikas nelielas konservatorijas, parasti nevarēja būt profesionāli tik labs kā Oistraha vai Rihtera skolnieki. Tāpēc tika radītas „nacionālās vietas" – katrai republikai ik gadu kāda vieta Maskavas konservatorijā.

Savācis visus vajadzīgos „papīrus", ierados Maskavā. Tā valsts komisija, kas atlasīja pretendentus šīm nacionālajām vietām, man teica: viss kārtībā. Bet slavenais profesors Mostars, izcils vijolnieks, bija nesapratnē. Viņš teica: „Ļoti jauki, bet kāpēc jums uzrakstīja tādu raksturojumu?" Nesapratu – kādu raksturojumu? – „Tur teikts, ka jūs esat no pretpadomju un izsūtīto ģimenes. Pie mums tā „šķībi" uz to skatās..."

Bet to bija rakstījis mūsu konservatorijas partorgs Kaupužs. Oficiāli šo īsto iemeslu – izsūtītais – man neviens, protams, neteica. Pateica, ka mani nevar uzņemt, jo es neesmu nacionālais kadrs. Ar to arī tā lieta beidzās. Kad jau posos braukt prom, mani uzrunāja kāds mūzikas zinātnes profesors. Viņš vaicāja: „Vai negribat iestāties neklātienē un rakstīt disertāciju?" Bija vajadzīga disertācija par mūziku un vijoļspēli Latvijā.

Sāku mācīties neklātienē un, neraugoties uz šķēršļiem, sekmīgi beidzu aspirantūru un ieguvu tā saucamo kandidāta grādu. Lūk, arī grāmata plauktā stāv! Arī Rīgā tā ir. Savulaik tā bija ļoti populāra Latvijā.

Bija jau sešdesmito gadu vidus, un mēs sākām domāt, ka dzīvi šajā zemē vairs negribam turpināt... Mēs ļoti, ļoti gribējām dzīvot savā valstī. Tā bija doma, kas mūs vienmēr pavadīja. Es ļoti mīlēju Rīgas Jūrmalu, mīlēju Rīgu un Daugavu, bet vienmēr līdzās bija sajūta, ka tas nav mans...

Un šodien, atskatoties uz visu pārdzīvoto, ir grūti novērtēt cilvēku rīcību tik dramatiskos apstākļos un izsvērt, ko varēja izdarīt, ko nevarēja. Vai bija cilvēku spēkos cīnīties pret Staļina režīmu un sistēmu? Bija drosmīgie, kas spēja visādā veidā paust savu pretestību, bet gandrīz visi viņi arī traģiski beidza dzīvi. Šostakovičs ir neparasts izņēmums, kas sava ģeniālā talanta dēļ spēja protestēt tā, lai pats neciestu. Viņam nevarēja „piesieties", jo aiz viņa bija visa pasaule.

Gribu teikt, ka visumā man dzīvē ir laimējies. Esmu dzīvs, man ir mīļa sieva, ar kuru kopā esam vairāk nekā 50 gadus, un arī profesionāli esmu varējis šo to izdarīt. Esmu uzrakstīju ne tikai latviešu grāmatas. Man ir grāmata „Mūzika Senizraēlā, Palestīnā" – tā vēsta par pirmajiem mūzikas aizsākumiem šajā teritorijā un mūziku līdz Bizantijas laikiem. Šim darbam bija apmēram 30 recenziju visas pasaules presē.

Man bija ārkārtīgi patīkami saņemt Trīszvaigžņu ordeni no Latvijas prezidentes rokām.

Es būtu laimīgs, ja citiem cilvēkiem būtu tikpat labi gājis kā man...

Sibīrija

Māte Dora, tēvs Izraels, vecākais brālis Hermanis un Joahims

Ciems Sibīrijā

Joahims Sibīrijā, 1945

Basja Gamza

dzimusi 1932. gadā

Tur bija divi logi. Daļu loga mēs aizsitām ar dēļiem
un sabērām tur zāģu skaidas. Tie logi, kas palika
neaizsisti – uz tiem bija tāda ledus kārta...

Mani sauc Basja Gamza, esmu dzimusi 1932. gada
20. jūlijā Ludzā. Biju nepavisam ne jaunu vecāku pirmais
bērns. Savā laikā tur bija ļoti pazīstams ārsts Rokašovs,
kas nodzīvoja ilgu mūžu. Pēc mana brāļa piedzimšanas
viņš teica: „Skaties tik, vecīšiem tik labi bērni." Dzīve
bija normāla, jo mans tēvs bija ļoti pazīstams, tāpēc arī
man visapkārt, ne tikai ģimenē, valdīja mīlestība. Mašīnu
tajā laikā nebija, visur varēja skraidīt kājām, kur vien
vēlies. Es biju ļoti zinātkārs bērns. 1939. gadā es sāku
mācīties, pie tam uzreiz sāku iet 1. klasē. Tajā laikā bija
sagatavošanas klase, bet es biju labi sagatavota skolai un
mums ar vēl dažiem bērniem tika sarīkots eksāmens. Tā
es sāku mācīties uzreiz 1. klasē. Tas bija pirmais gads līdz
padomju varas atnākšanai. 1940. gadā atceros padomju
varas atnākšanu. Mans tēvs pret to izturējās ļoti noraidoši.
Viņš pat nestrādāja, negāja darbā. Viņš strādāja mājās.
Viņš bija arī sabiedrisks darbinieks, arī skolotājs. Skolā
viņš mācīja ticības mācību. Mūsu mājās vienmēr ieradās
daudz cilvēku. Vēl viņš rakstīja „lūgumus" – tā tajā laikā
tika saukti iesniegumi. Cilvēki nāca pie viņa, ja kādam
vajadzēja izveidot gada pārskatu. Nekad nebija tā, ka
mūsu mājās neatrastos sveši cilvēki.

1940. gadā, kad atnāca padomju vara, es skraidīju uz visiem mītiņiem. Tēvs neizgāja no mājas. Es atceros tos masu mītiņus, pēc tiem atgriezos mājās un visu stāstīju. Atceros mītiņus pie ūdenstorņa Ludzā. Tur izteicās par padomju varu. Pirmajā gadā skolā mēs mācījāmies arī latviešu valodu, bet es no tiem laikiem ļoti maz ko atceros. Atceros, bija tāds dzejolītis: „Skolā, skolā, iesim skolā, ko mēs skolā darīsim..." Tālāk gan neatceros. Otrajā padomju varas gadā jau mēs latviešu valodu vairs nemācījāmies, arī ivritu ne, tikai jidišu. Bet pēc tam 14. jūnijā ieradās mūs arestēt. Tā bija nakts no piektdienas uz sestdienu, apmēram pulksten divpadsmitos. Atceros, tēvam jautāja, vai viņam nav ieroču. Tēvs parādīja mana brāļa spēļu ieroci. Par ko viņš tika apsūdzēts? Cionistu organizācijas līderis, jaunatni audzinājis pretpadomju garā. Teica, ka jātaisās. Mums nebija čemodānu. Mēs dzīvojām ar vēl vienu ģimeni kopīgā mājā. Kopēja virtuve, kopēja tualete. Mamma apjuka. Pirmais, ko viņa izdarīja, – paņēma albumu ar fotogrāfijām un ienesa tur. Iemeta tualetē savu gredzenu ar briljantiem. Atnāca kaimiņiene, tad sāka likt mantas, siet tās palagos. Arī es palīdzēju. Nu, kā es varēju palīdzēt – es turpat vien grozījos... Mājā dzīvoja vēl viena ģimene, kurā bija zēns, vārdā Rafa. Mēs izgājām pagalmā, tur, kur kopā spēlējāmies, un tā arī pateicu: „Es vasarā atbraukšu, un mēs atkal spēlēsimies!" No mājām mūs izveda ap plkst. 12 dienā, kravāšanās ilga ap 12 stundām. Tā bija sestdiena, mans tēvs bija ticīgs cilvēks, viņš ļoti ievēroja ticības likumus. Gribēja likt, lai Gamza sestdien brauc ar mašīnu, bet ticība to aizliedz. Viņš teica, ka ies kājām. Mēs dzīvojām Baznīcas ielā. Tajā laikā man šķita, ka attālums no mājām līdz stacijai ir milzīgs, jo tad, kad tētis brauca uz Rīgu, bet brauca bieži, tad ņēma ormani, un tas bija patīkams piedzīvojums. Tagad es biju Ludzā, un tur bija 10 minūtes ko iet. Mūs aizveda ar kravas mašīnu un turpat stacijā jau atšķīra vīriešus no ģimenēm. Tā bija pēdējā reize, kad es redzēju tēvu. Ludzas stacijā mēs palikām līdz sešiem vakarā. Mūsu kaimiņiene Žeņa stāstīja, ka nesusi mums pusdienas, bet es to neatceros. Vagonā bijām 22 cilvēki. Tā kā mēs un mūsu kaimiņi – sieviete ar bērniem – bijām vienīgie, kam bija mazi bērni, tad mums bija dota iespēja gulēt uz augšējā plaukta. Tur bija, kaut arī aizrestots, tomēr logs. Varējām skatīties laukā. Tualetes vietā bija „paraša". Lielajās stacijās atļāva iziet pēc ūdens. Mūsu kaimiņiene Zina Cemeļa tika izvirzīta par vagona vecāko un viņai ar spaini atļāva iet pēc ūdens. Parasti viņai pievienojos arī es. Tad atnācām un stāstījām, ko esam pa ceļam redzējušas. Tā mēs braucām. 14. jūnijā mūs izveda, Kanskā iebraucām 3. jūlijā. Ceļā, protams, nedeva ne avīzes, neko, mēs nezinājām, ka ir sācies karš. Vienīgi ievērojām, ka ļoti daudz ešelonu brauc uz rietumiem. Es arī to redzēju, mamma teica, ka saskaitījusi 523 ešelonus.

Mūs atveda Kanskā. Tā bija kā lielā tautas pārvietošana. Izlika no mājām... Tur bija liela ēka, manuprāt, skola. Visus saiņus, čemodānus (to bija maz) nolika zemē. Tad sāka līt spēcīgs lietus, viss samirka. Pēc tam mūs sāka sadalīt pa rajoniem. Mēs ar mūsu kaimiņieni nokļuvām Ilanskas rajonā. Kopā ar mums bija vēl viena ebreju ģimene no Dagdas un vēl kāda sieviete, kas bija viena pati. Viņas uzvārds Pensnere. Bija arī latviešu ģimenes, bet, protams, mēs vairāk turējāmies kopā ar ebreju ģimenēm. Ar Cemeļu ģimeni pat dzīvojām kopā vienā istabiņā, bijām divas sievietes un četri bērni. Bērnu vidū es biju vecākā. Man jau bija astoņi ar pusi gadu, brālītim četri gadi, un bija vēl viens zēns, kam bija trīs ar pusi gadiņu. Pašam mazākajam bērnam bija pusgadiņš – Geņa Cemeļa, viņa bija dzimusi 1. decembrī. Viņu atveda ar bērnu ratiņiem. Bērnu ratiņi vietējiem iedzīvotājiem šķita septītais pasaules brīnums, viņi nekad dzīvē neko tādu nebija redzējuši. Atceros, ka viņi nāca skatīties uz mums. Vispirms jau skatījās uz ratiņiem, pēc tam nostājās uz sliekšņa un aplūkoja mūs. Pirmajā laikā mums līdzi bija mantas, pēc tam tās pakāpeniski sākām mainīt. Mēs neiedomājāmies, ka tur būs tik ilgi jādzīvo. Pirmajā vasarā izdzīvojām. Mums, bērniem, vieglāk bija jau nākamajos gados. Mamma bija dzimusi 1895. gadā, tātad viņai bija 46 gadi, otra sieviete bija dzimusi 1899. gadā – viņa bija mazliet jaunāka. Viņu sūtīja lauka darbos. Vajadzēja braukt vai iet sešus kilometrus. Reizēm arī mamma gāja uz turieni. Es paliku ar bērniem. Mamma stāstīja, ka viņām bijuši līdzi lietussargi. Tur jau vasarās lija lietus, ne tā kā te, Izraēlā. Tad vietējie lūdza – atļaujiet pasēdēt zem jumtiņa, tad mēs jūs aizvedīsim! Bija jāravē – un tādi darbi... Pēc tam mamma strādāja par kolhoza sakņu dārza sargu. Tas jau bija pašā ciemā. Es atceros tādu gadījumu. Es biju palikusi ar maziņo bērniņu, man viņu vajadzēja pabarot un pēc tam kaut ko ēdamu aiznest arī mammai. Plīts tur nebija, es uz diviem ķieģeļiem uzliku kastroli un vārīju kartupeļus. Kastrolis bija ar tādu garu rokturi, un kaut kā nelaimīgi sanāca, ka tas apgāzās un es applaucēju roku. Protams, raudāju... Kartupeļi jau bija izvārīti. Vienu roku iemērcu bļodā ar aukstu ūdeni, pēc tam baroju bērnu. Laikam pēc tam atstāju mazo ar savu brāli un gāju nest ēdamo mammai. Aizgāju pie mammas un stāstu, ka es nesaprotu, *no kā man tā svilina roku, nezinu, kas noticis. Mana mamma bija gudra, viņa neko nejautāja. Viņa saprata. Es mammai atdevu ēdamo, gāju un ieliku roku upē, turēju, kamēr norietēja saule. Bija gadījumi, kad mazie bērni palika vieni, jo man bija pienākums arī iepirkt produktus. Man deva groziņu. Pirmajā gadā mēs neko neiestādījām dārzā, es pirku gurķus, sīpolus, kartupeļus – visu, kas tur auga. Man bija paniskas bailes no suņiem un cūkām. Cūkas tur staigāja pa sādžu, un man tās likās pilnīgi zvēri! Ludzā cūkas pa pilsētu nestaigāja... Tam sakņu dārzam, kas mammai bija jāsargā, nebija nekādu žogu apkārt, cūkas pastāvīgi tur līda, un vajadzēja tās dzīt ārā. Ar to nodarbojos es, kad gāju mammai palīgā.*

Sākās ziema. Tā bija ļoti auksta. Pirmajā gadā mums vēl bija, ko vilkt mugurā. Mums bija tāda dzelzs krāsns, kuru vajadzēja kurināt visu cauru nakti, lai uzturētu daudzmaz normālu temperatūru. Bija divas gultas. Mēs ar mammu gulējām vienā gultā, bet otra ģimene – otrā gultā. Tur bija divi logi. Daļu loga mēs aizsitām ar dēļiem un sabērām tur zāģu skaidas. Tie logi, kas palika neaizsisti – uz tiem bija tāda ledus kārta, ka pēc tam to vajadzēja ar cirvi cirst nost. Spainī ūdens sasala. Man ir atmiņā gadījums, – var teikt, līdz mūža galam to neaizmirsīšu. Sieviete, ar kuru dzīvojām kopā, pēc profesijas bija grāmatvede. Viņa bija no Rīgas, Ludzā 1937. gadā bija apprecējusies, bet te strādāja kolhozā. Šo sievieti arestēja, un viss – viņa pazuda, mēs līdz šim brīdim nezinām, kas ar viņu notika. Pēc tam uzzinājām, ka saimniece, pie kuras viņa dzīvoja, bija apskatījusies, ka viņai ir daudz mantu, un vienkārši nosūdzēja. Esot it kā teikusi, ka karogs virs ciema padomes izbalojis. Tam piešķīra politisku nozīmi... Tagad nu mūsu kaimiņieni izsauc uz Ilansku, uz rajona centru. Līdz rajona centram bija 60 km. Mašīnu tad nebija. Mums bija palicis tēta kažoks. Mamma viņai iedeva kažoku, mēs atvadījāmies. Atceros, es ļoti raudāju. Bet puisītis saka: „Vai, mammīt, vai tētiņ!“ Viņa atbild: „Es jau vairs neesmu ne mammīte, ne tētis.“ Līdz pat šim brīdim nevaru par to mierīgi runāt. Mēs gājām viņu pavadīt līdz brigādei, tur bija daži soļi. Kad ir stiprs sals, tad koks krakšķ. Tur bija sabūvētas mājas no koka, stūri krakšķēja. Tā mēs viņu pavadījām, un viņa aizbrauca. Mamma palika ar četriem bērniem. Domājām – ar to viss būs beidzies... Pagāja dažas dienas, un pēkšņi šī sieviete atgriezās. Mums tas bija tāds prieks, tas bija tik negaidīti! Izrādās, viņi nolēmuši viņai dot darbu specialitātē, bet nebija atraduši citu iespēju paziņot... Viss bija virzīts uz kaut kādiem psiholoģiskiem triecieniem. Viņa atgriezās, sāka strādāt kolhozā par rēķinvedi. Tā, protams, bija izmaiņa uz labo pusi.

1945. gadā viņa aizbrauca uz Ilansku, uz rajona centru. 1946. gadā bija iespēja bērnus sūtīt uz Latviju. Mēs to zinājām, bet mums Latvijā nebija nekādu radu. Viņai bija vīra māsa, un viņa savu puisēnu aizsūtīja. Mani mamma gribēja sūtīt pie kādas attālas radinieces, kura tanī laikā dzīvoja Ludzā. Vēlāk uzzinājām, ka viņa bijusi arestēta. Viņa strādāja kartīšu galdā. Arī tur nosūdzēja. Kartītes pazuda. Tā arī palika.

Ar tēvu mums nebija nekādu sakaru. 1942. gadā pienāca zīmīte, kas bija adresēta „Atidnoj mame" no vīra, un tur mans tēvs rakstīja: „Esam laimīgi un priecīgi, ka esat veseli, mēs esam veseli un sveicinām." Viņš rakstīja Hasai, Basjai un Ichākiņam, tur vēl pāris vīriešu, kas bija ar viņu kopā lēģerī, bija uzrakstījuši. Šo vēstuli mēs saņēmām vasarā, tajā brīdī tēva vairs nebija dzīvo vidū, viņš gāja bojā 1942. gada 31. martā. Pēc tam mēs saņēmām konkrētāku vēstuli, kas bija adresēta mūsu kaimiņienei: visi vīrieši atradās vienā vietā, un arī viņas vīrs tur gāja bojā... Viņš rakstīja, ka mūsu tēvs ir ļoti slims, atrodas stacionārā un ka būs brīnums, ja viņš izdzīvos. Un viņš bija mūsu tēvam teicis, ka tad, kad atgriezīsies – viņam bija liels dārzs –, viņš uzcels brālim šūpoles. Tēvs bija apraudājies, to dzirdot.

Mamma turpināja strādāt kolhozā, viņa bija optimiste. Sākumā mums teica, ka esam izsūtīti uz 20 gadiem, pēc tam pateica, ka atrodamies mūža izsūtījumā. Mamma vēl pateica: „Nekas nemēdz būt mūžīgs." Atnāca vietējie. Viens teica: „Jūs nekad neredzēsiet savus vīrus." Viņiem bija pieredze. Tur bija ļoti daudz „izkulakoto", kas bija saņemti 1937. gadā. Vīri neatgriezās, un bija daudz ar dēļiem aizsistu māju. Atceros mammu, kad viņa bija saņēmusi ziņu, ka tētis ir miris. Es atnācu, viņa sēdēja ar lakatiņu ap galvu. Es nekad mammai nebiju redzējusi lakatiņu. Viņa sēdēja stūrītī. Tur bija tāds šķūnis... Neko nerunāja, bet varbūt arī runāja... Tā mēs pārdzīvojām tēta nāvi.

<u>*Kādā lēģerī tēvs bija?*</u> *Kirovas apgabals, Vjatkas lēģeris, 7. lagpunkts.*

Viņš nomira no nespēka. Pirmkārt, kā jau es teicu, viņš bija ticīgs cilvēks un neēda to, ko viņam deva... No tiem, kas palika dzīvi, kopā ar viņu bija tēvs Atidīns. Kad viņš atgriezās, es pirmo reizi 1957. gadā atbraucu ciemos uz Rīgu. Viņš mani uzaicināja pastaigāties un teica: „Es negribu mājās stāstīt, bet ir lietas, kas jums būtu jāzina." Un viņš izstāstīja – kā tēvam gājis, kā par viņu ņirgājušies. Tēvam bija bārda, kā viņam bārdu nogrieza... Kā viņus 40 km dzina iet kājām, sacīja, ka kaut kur Baltkrievijā viņus gaidot sievas. Katram līdzi bija paņemtas kaut kādas mantas, bet ceļā vīrieši sāka tās mest ārā, lai būtu vieglāk iet. Pēc tam viņus izvietoja lielā šķūnī un sāka par viņiem ņirgāties, un īpaši ņirgājās par manu tēvu. Tomēr, kaut arī viņš neēda, viņš kaut kādā veidā bija pārējo atbalsts. Viņam bija liela autoritāte pārējo vidū. Viņš teica: „Es neesmu tā audzināts, es nevaru, bet vispār reliģija, mūsu ticība, saka: tādos brīžos, kad dzīvībai draud briesmas, ir jāēd viss." Viņš centās pārējos uzturēt dzīves sparu.

Jūs teicāt, ka jums Sibīrijā izdevās mācīties. Vai pratāt krievu valodu? Mēs esam no Latgales. Es atceros, kādreiz Ludzā pārrakstīju krievu drukātos burtus. Runāt es runāju, bet skolā krievu valodu nemācīja. Es nokļuvu trešajā klasē, mans brālis vēl gāja bērnudārzā. Vajadzēja mācīties. Un tad man skaidro: „teikuma priekšmets", „izteicējs" – tādus gramatiskos terminus... Es nekad nebiju dzirdējusi krievu valodā „podļežaščeje" un „skazujemoje". Vai arī krieviski raksta „jego". Atceros savu pirmo diktātu – man bija tik daudz kļūdu, bet pēc tam es kļuvu teicamniece un kā teicamniece beidzu vidusskolu. Mums paveicās, jo tur bija vidusskola. Sākumā tā bija septiņgadīgā skola. Kad es beidzu 10. klasi, mēs bijām seši skolas beidzēji, un tomēr tā bija vidusskola.

Kā šo vietu sauca? Južnaja Aļeksandrovka. Dzintra teica, ka bijusi tur ar Sašu Daudišu. Kad Sašu Daudišu un Franci izsūtīja otro reizi, viņi nokļuva pie mums, mēs sapazināmies un bijām ļoti lieli draugi, īpaši ar Franci. Viņš gan bija vecāks par mani, bet mēs bijām draugi.

Kā jūs izdzīvojāt pirmajos gados? Kādas sākumā bija attiecības ar vietējiem, viņu attieksme? Arī viņi bija neiedomājami nabadzīgi. Mums pretī atradās māja, nekādu aizkaru – nekā nebija. Un tur bija daudz bērnu. Mana mamma savā naivumā domāja, ka tur atrodas pirts, tāpēc viņi visi staigā pliki...

Mēs iestādījām... mums bija tāds piemājas dārziņš. Mēs stādījām kartupeļus, pēc tam sējām burkānus, gurķus... Lai gurķi izaugtu, tos vajag mēslot, taisīt lecektis. Sīpoli tur auga ļoti labi. Atceros, ka vienā gadā mēs sarakām 60 maisus ar kartupeļiem. Mēs bijām 6 cilvēki – 4 bērni un 2 sievietes. Sarakām 60 maisus ar kartupeļiem. Tos ēdām līdz Jaungadam. Ko mēs tur ēdām? Bija liels kastrolis, vārījām zupu ar „zaķirku". Kas ir „zaķirka"? Ņem mazliet miltu un taisa tādas „kļockas". Reizēm apakšā piedega, un tad mēs, bērni, strīdējāmies, kurš izskrāpēs piedegumu. Pēc tam bija šausmīgi bada gadi. Zinas ģimene, otrā ģimene, devās uz Ilansku, mēs palikām sādžā. Tas bija 1946. gadā. 1946./47. gads bija ļoti nabadzīgs, mēs bijām badā. Mums bija vistas, bet tās nozaga. Es jau biju mazliet vecāka. Es tad gāju uz mežu ar maisu un vācu čeremšu. Tā ir tāda zālīte ar sīpola garšu. Tajā ir daudz C vitamīna. Mājās nesu veseliem maisiem. Mēs – kā govis – to ēdām... Tā bija garšīga. No tās mēs vārījām zupu. Nākamajā dienā atkal gāju uz mežu. Tas nebija tālu, nevajadzēja ilgi iet, jo visapkārt bija mežs. To arī pārdevām. Bija bads, briesmīgs bads. 1946. gadā mammai kājas bija sapampušas kā baļķi, seja arī... Viņa aizgāja pie ārsta. Mums paveicās, jo tur bija gan skola, gan slimnīca, bija arī MTS. No visiem ciemiem tas bija galvenais, bija sādžas, kurās klājās vēl briesmīgāk... Mamma saka ārstam: „Dakter, izrakstiet man, lūdzu, zāles, kaut kādas...” Ārsts atbild: „Ko lai es jums izrakstu? Taukvielas? Cukuru? Ko lai izraksta?” Tas bija vienkārši – bads. Pēc tam mēs gājām lasīt vārpas – tās, kas pavasarī, kad nokūst sniegs, palikušas pāri no iepriekšējā rudens. Tur bija kaut kādi graudiņi. Vārpas bija sadīgušas, un vietējo iedzīvotāju vidū pat bija vairāki nāves gadījumi no to lietošanas uzturā. Ko ēdām mēs? Kad dabūjām kartupeļus, tad tos mizojām, bet miziņas kaltējām. Atceros, ka mani sūtīja pēc kaltētām sēnalām uz dzirnavām. Kad sēnalas sāka malt, bija tādi putekļi, ka dzirnavnieks sāka kliegt. Turpat vārdi, turpat „mats”. Sāka runāt „matom”. Kaut ko savāca. Tos miltus es atnesu mājās. Milti bija melni. Iztaisījām „ļepjoškas” (plāceņus), cepām uz dzelzs krāsns, bet ēst tik un tā nevarēja, izmetām...

Par apģērbu. 7. klasē mums bija medicīniskā pārbaude. Man bija tāda apakšveļa, ka bija kauns izģērbties, un es no pārbaudes atteicos. Un no bada, no aukstuma – bija utis. Atceros, bija tāda ģimene – Saša Ūdre, laikam tā viņu sauca. Viņa pie mums atnāca ciemos – un to es nevaru aizmirst – pa viņas matiem rāpoja utis... Nevis galvas utis, bet tās bija bada utis. Viņa pēc tam nomira, un nomira arī viens viņas dēls Jānis. Otro – neatceros, kā sauca. Tur bija vairāki nāves gadījumi. Tas bija brīnums, ka mēs izdzīvojām.

Tajā gadā, kad bija drausmīgais bads, mūsu kaimiņiene Zina jau dzīvoja Ilanskā, un reiz viņa mums atsūtīja maisu ar klijām – auzu klijām. No tām varēja vārīt putru. Mēs tā arī darījām. Pirkām pienu, bet nevis neatšķaidītu, jo kolhozniekiem bija jānodod valstij nodoklis – 9 kg sviesta. Ganību nebija. Šķita, Sibīrija – tāda bagāta zeme... Es nezinu, no kā viņi pārtika, bet govis deva ļoti maz piena. Mēs pirkām pienu, kas jau bija pārstrādāts, un putru ēdām ar to. Kliju maisa, ko viņa atsūtīja, mums pietika pusotrai nedēļai. Pa to laiku mums dārzā paguva paaugties gurķi, arī sīpoli, un tad sākās jauno kartupeļu laiks... rakām, neizņemot visu kartupeļu ceru... Kļuva mazliet vieglāk...

Mammas māsa dzīvoja Izraēlā. Kaut kā viņa bija uzzinājusi, kur mēs atrodamies, un mēs sākām saņemt sūtījumus. Sūtījumi pienāca izdemolētā veidā, tos izrakņāja, izlaupīja. Atceros, bija viens sūtījums – tajā atradās kleita man un vēl kaut kāda parasta grīdas lupata. Tie bija vietējie... „Revidentā" ir tāds tēls – pastmeistars. Tā arī mamma teica: „Pastmeistars arī ir labs." Pēc tam sāka pienākt sūtījumi uz Ilansku, uz rajona centru, un, lai tos atvestu, vajadzēja kādam palūgt. Bija grāmatvedis no MTS, mamma devās pie viņa. Ir tāda vispasaules organizācija „Džoint", kas izveidota 1914. gadā Amerikā, tā palīdzēja visiem ebrejiem, kas nokļuvuši nelaimē. Bija segas, ziepes, tēja... Pēc tam arī apavi, zaldātu apavi. Kad es mācījos 8. klasē, tas, manuprāt, bija 1946./47. gads, es staigāju 46. izmēra zābakos un mētelī, kas bija šūts no zaldātiem domātas segas. Pēc dažiem gadiem mums nozaga arī šo mēteli.

Kā pret jums izturējās vietējie? Latvieši stāstīja, ka viņi tika apsaukāti.

Es tur cietu... Mans vārds ir Basja. Tur „basja" nozīmē „aita". Tās sauc: „Basj, basj, basj!" Bet Ciļa tur nozīmēja „govs". Mani vienmēr kaitināja. Skolā ne, skolā mani cienīja, jo es vienmēr biju laba skolniece. Bet bija arī skolotāji antisemīti. Atceros gadījumu, tas notika kādā 5. klasē. Bija ļoti auksti, klasē atradās arī krāsns. Viens puišelis mani pagrūda, un es nokritu. Kaut kādas bikses man bija, es jau vairs neatceros. Tad skolotājs saka: „Gamza, atkal kājas pret krāsni cel augšā?" Viņš bija antisemīts. Nē, es neteiktu, ka pret ebrejiem, bet kā pret izsūtītajiem... Tur bija latviešu ģimenes, Pievolgas vācieši. Mēs visi turējāmies kopā. Viens vīrietis, vietējais no kolhoza, mammai sacīja: „Mūsu Dievs taču ir ebrejs." Es to nekad netiku teikusi savām skolas biedrenēm. Neatceros, ka mamma būtu mācījusi par to klusēt. Nezinu. Iespējams, arī viņiem bija rūgta pieredze, jo, kā jau teicu, tur bija „izkulakotie", un arī viņi neko nejautāja.

Vai vēlējāties atgriezties Rīgā, Latvijā? Man bija draudzene, viņas tēvs bija skolotājs. Viņa, starp citu, ļoti draudzējās ar Daudišu Franci. Viņi viens otru ļoti mīlēja. Viņa pēc tam apprecējās ar vietējo. Savā laulībā viņa nebija laimīga. Viņa dzīvoja citur, netālu no Ilanskas. Es šai ģimenei biju ļoti pieķērusies. Pat tik ļoti, ka mamma teica: ja Šuriks, mana brāļa vienaudzis, jaunāks par mani, būtu mazliet vecāks, tad viņa noteikti būtu uzstājusi, lai viņš mani apprec. Mēs tur nodzīvojām 17 gadus. Es pēc tam strādāju tajā pašā skolā, kurā mācījos. Esmu strādājusi vairākās skolās, mācījos neklātienē.

Vai jūs ieguvāt vidusskolas izglītību? Jā, tad sāku strādāt un neklātienē mācījos Krasnojarskas institūtā. Bet tas nebija vienkārši, man ne vienmēr atļāva. Bija gadījums, kad es devos uz sesiju... Naudas, protams, bija ļoti maz. Ēšanai iztērēju tikai rubli dienā. Skābu kāpostu zupa un vēl kaut kas studentu ēdnīcā. Nopirku biļeti, kopmītnē teicu, ka braucu prom. Lai aizbrauktu, bija vajadzīga atļauja. Man vēl nebija 16 gadu, kad mani jau „uzlika uzskaitē". Esmu dzimusi 20. augustā, un februārī mani lika uzskaitē. Komandants teica: „Brauksiet rīt, mēs vācam grupu, kas brauc uz austrumiem. Jūs brauksiet kopā ar viņiem." Mūsu rajons bija uz austrumiem no Krasnojarskas. Man vairs nebija naudas un nebija arī ēdamā. Bija svārki no atsūtītajām drēbēm, skaisti svārki, rūtaini. Vēl tagad tos atceros. Tos es aiznesu uz lombardu, par tiem man iedeva 30 rubļus, protams, mani arī apmānīja. Man bija pāris rubļu, aizgāju, paēdu. Tagad baidījos, ka pilsētā mani nepazīst, jo es dzīvoju studentu kopmītnēs. Nakti mēs pārlaidām komandantūras pagalmā. Sibīrijā vasarā ir silti. Tanī laikā – tas bija 1952. gads – sākās ģimeņu apvienošana. Tur bija tik daudz cilvēku! Ar mani kopā bija kāda vāciete, jauna meitene, un kāda ebrejiete no Kanskas – Ļusja. Viņa visu laiku raudāja, bet mēs smējāmies par viņu un es jautāju: „Ko tu raudi?" Nākamajā dienā apmēram piecos vai sešos vakarā mūs salādēja kravas mašīnas kastē. No četrām pusēm stāvēja ar štikiem. Tur bija daudz cilvēku. Un tā mūs veda pa centrālo prospektu – Staļina prospektu. Aizveda uz staciju. Es biju nodūrusi galvu, pie sevis domāju – kaut nu nesatiktu nevienu pazīstamu... Mūs konvoja pavadībā veda uz vagonu. Atceros pat vagona numuru – 14. vagons. Un visi skatījās uz mums kā uz spitālīgajiem. Komandants pret mani izturējās ar simpātijām, viņš bija jauns puisis. Viņš saka: „Ja vēlies, vari pāriet uz manu vagonu." Es atbildu: „Nē, man ir šis vagons." Pēc tam es viņam jautāju: „Ko tu te apsargā? Vai es tev šķietu noziedzniece? Un vispār – kādu darbu tu esi atradis?" Viņš paskaidroja, ka ir atgriezies no armijas un nav bijis darba, izlasījis, ka MGB (Valsts drošības ministrija) vajadzīgi darbinieki. Tad, 1952. gadā, manuprāt, jau bija MGB. Tādā veidā... Adja dzīvoja Kanskā, man bija jābrauc uz austrumiem. No rīta viņš man atnesa saldējumu. Es saku: „Par saldējumu paldies, bet man ir liels lūgums – atlaid mani uz Kansku, man tur ir draugi, es viņus sen neesmu redzējusi." Viņš atbildēja: „Ar noteikumu, ka tu tajā pašā dienā dodies uz savu māju." Viņš mani atlaida.

Viņš devās uz Habarovsku, bet mēs braucām uz austrumiem. Es biju viņa pierakstos, viņam mani vajadzēja vest uz Ilanskas staciju.

Pēc tam man vēl bija jānokļūst 60 km tālāk. Es saku: „Labi, piekrītu, es tevi nepiemānīšu."

Bija vēl tāds gadījums. Tā kā es biju uzskaitē komendatūrā, kaut kur ejot, vajadzēja atļauju. Man bija jādodas uz skolotāju konferenci. Tas bija 1952. gads, rudens. Izbraukšana bija pirmdien. Es uz komandatūru gāju sestdien – komandanta tur nebija. Svētdienā, protams, nestrādā. Braucu bez atļaujas. Tā kā es biju audzināta padomju skolā un tur man mācīja godīgumu, savas muļķības dēļ aizgāju uz miliciju un saku: lūk, esmu atbraukusi uz konferenci. Aizeju uz konferenci. Trijos dienā tur cilvēki uzstājas, ir debates – kā jau parasti šādos pasākumos. Ienāk viens, nosauc manu vārdu un mani no turienes izved... Aizved mani pie tās sievietes, ar kuru kopā es dzīvoju rajona centrā... Viņa dzīvoja tādā pašā istabiņā kā šī. Tur dzīvoja viņas saimniece, tur bija viena gulta, krāsns. Viņa pieņēma visus viesus, ne tikai mūs, izsūtītos, bet arī vietējos. Viņa bija ļoti labsirdīga. Tur bija divas latvietes – Stroda, kas bija mana skolotāja, Poļina Eduardovna, un arī Juškeviča Olga Vladimirovna. Viņi atnāca un mani arestēja, noturēja līdz 12 naktī. Tas bija psiholoģiskais uzbrukums. Es tur sēdēju, šķirstīju žurnālus. Pusnaktī mani izsauc pie majora kabinetā. Viņa uzvārds bija Mirgorodskis. Viņš saka: „Mēs jums izrādījām uzticību, atļāvām braukt uz Krasnojarsku." Tātad tas bija izņēmums. „Bet jūs mūsu uzticību neattaisnojāt." Es saku: „Piedodiet, ko tādu esmu izdarījusi?" „Jūs uz Ilansku atbraucāt bez komandanta atļaujas." Es viņam skaidroju: „Bija svētdiena, viņa nebija. Es atnācu pie jums un pateicu, jo esmu audzināta būt godīga un atklāta." Viņš saka: „Izvēlieties – vai nu piecas diennaktis aresta, vai soda nauda!" – „Cik liela summa?" – „100 rubļu." Protams, man tādas naudas nebija, bet es teicu, lai izraksta soda kvīti. Un pie viņiem atnācu pusnaktī.

Kad braucu no sādžas prom, nevienas asaras, un pat tad, kad atvadījos no draudzenes, kas bija man ļoti tuva – viņa raudāja, es ne. Tāpēc, ka tur bija sagandēta visa mana jaunība.

Kurā gadā gatavojāties doties uz Latviju? 1958. gadā. Turklāt es strādāju tajā pašā skolā, kurā kādreiz biju mācījusies. Mans brālis mācījās Krasnojarskā, Mežu tehniskajā institūtā. 1957. gadā es jau biju ciemos. Kad neklātienē pabeidzu institūtu, es atbraucu uz Latviju un redzēju, ka pastāv arī pilnīgi cita dzīve. Mana draudzene iegāja Vaļņu ielas „sovtorgā" un skatās – cik tur daudz konfekšu! Es uz konfektēm neskatījos. Iegāju veikalā Tilta ielā vai arī kaut kur citur, skatos – cik tur daudz maizes! Mēs vēl 1957. gadā nedabūjām ēst maizi tik, cik gribētos. Mammai agri no rīta bija jāceļas, lai skrietu stāvēt rindā. Bija gadījums, kad, rindā grūstoties, mammai salauza ribas... Bet te es pirmo reizi ieraudzīju, ka maizes pietiek un to var ēst, cik gribas. Es vēl gadu nostrādāju, tad septembra sākumā atgriezos. Pēc tam, nākamajā gadā... Skolas direktors satika manu brāli un saka: „Lai viņa paliek. Es došu viņai vēl vairāk stundu!"

Kādus priekšmetus jūs mācījāt? Vācu valodu, krievu valodu – tā bija mana specialitāte, bet vācu valodu tāpēc, ka mamma bija no Kurzemes.

Vai 1958. gadā atbraucāt visi? Brālis vēl mācījās Krasnojarskā, viņš vēl gadu palika. Viņš tur mācījās kopā ar Antonu Samuševu.

Latvijā arī nebija viegli. Tas bija gads, kad vispār nepierakstīja... Man piedāvāja braukt uz Dagdas rajonu. Domāju – es taču nezinu valodu. Es biju kādā ciemā. Un pateicu: „Es atgriežos Sibīrijā, tur es vismaz valodu zinu, kas es te būšu?" Atceros kādu kaimiņu Latvijā, viņš bija pārkrievojies latvietis. Viņš zināja formulu: „Mēs dzīvojam Latvijā, un mums jārunā latviski." Pats latviešu valodu nezināja, bet šo teikumu bija iemācījies. Viņš nebija slikts cilvēks, tā bija tāda kopīga atmosfēra. Tuvojās mācību gada sākums. Nav kur dzīvot, nav kur strādāt. Neatceros, kādā veidā es nokļuvu Ogres rajonā. Tur bija tāda tautas izglītības nodaļas priekšniece Deņisova. Viņa mani norīkoja uz Suntažu vidusskolu. Par direktoru tur bija Abramovičs, starp citu, nepavisam ne simpātisks cilvēks. Es uz turieni devos kopā ar sievieti, ar kuru kopā dzīvojām. Es taču nepratu latviešu valodu. Toreiz tur varēja aizbraukt ar vilcienu. Mēs ierodamies, viņš skatās, skatās un prasa: „Kurš pretendē uz šo darbu?" Es saku: „Es." Viņš mani pieņēma darbā, es ierados. Lūk, arī pirmā pedagoģiskās padomes sēde. Viņš runā, runā, runā, un divus vārdus es atceros: „Oļega Koševoja māte." To es sapratu, vairāk gan neko. Sāku mācīties latviešu valodu. Sāku lasīt Hruščova runas, pēc tam grāmatas – to, ko kādreiz biju lasījusi krievu valodā. Bija tāda grāmata „Ceļš ved tālē". Šo grāmatu es lasīju. Skolā vajadzēja novadīt līnijas. Es mācīju krievu valodu latviešu skolā vecākajās klasēs – 10. un 11. klasē. Tolaik bija jākārto eksāmens arī krievu valodā. No rītiem vajadzēja vadīt līnijas. Vienreiz līnijā es atvēru muti un sāku runāt. Maniem skolēniem palika mutes vaļā no izbrīna. Es nolēmu – ja nerunāšu, nekas arī nebūs. Nu, tā. Mana mamma gan ļoti labi zināja latviešu valodu, jo viņa ir dzimusi Piltenē un dzīvojusi Bauskā. Mēs ar mammu dzīvojām

Suntažos, reizēm braucām uz Rīgu, nakšņojām pie Žeņas, pēc tam tur vēl bija mūsu kaimiņi. Tādā veidā. Tur bija kārtība. Tur es nostrādāju deviņus gadus līdz aizbraukšanai.

Vai jums bija kaut kādas problēmas tāpēc, ka bijāt izsūtīta? Vēlāk? Mēs nevarējām saņemt dzīvokli. Kāds paziņa, attāls radinieks... Vajadzēja pārcelties no Suntažiem. Es īstenībā gadu dzīvoju bez pieraksta. Viņš mani brīdināja: „Skaties, uz ielas esi ļoti uzmanīga! Vienmēr ej pāri ielai norādītajā vietā! Tev var paprasīt dokumentus, un izrādīsies, ka..." Pēc tam draugi savāca naudu un mūs pierakstīja. Es biju pierakstīta toreizējā Ļeņina ielā 131. No rīta aizgāju uz miliciju. Man saka: „Bet kur tad dzīvos jūsu māte?" Es lūdzu, lai mani pieraksta. Tur bija deviņi kvadrātmetri apmēram. Es saku: „Ja jums būtu mamma gados – kur viņa dzīvotu?" Viņš saka: „Viņa dzīvotu kopā ar mani." Es saku: „Lūk, arī viņa dzīvos pie manis." Un viņš uzrakstīja „Pierakstīt". – „Vai jūs to saprotat?" Es saku: „Jā, saprotu." Tādējādi tiku pie pieraksta.

Adinas paziņas pēc reabilitācijas saņēma dzīvokli. Viņa dzīvoja Apes ielā, tur bija divas lielas, skaistas istabas. Bet kaut kāds mākleris saka: „Tur ir divas mazas istabiņas." Tur nebija „divas mazas istabiņas", bet gan lielas, skaistas istabas. Viņa tomēr nolēma iet uz turieni un pēc tam man pateica priekšā, pamācīja mani. Man teica: pat ja nekas nesanāks, ej, lai viņi pie tevis pierod. Tā es arī staigāju, staigāju. Pēc tam sāku staigāt uz rajona izpildkomiteju. Bija gadījums, kad Adja, saimniece, gāja manā vietā. Es strādāju Suntažos. Beigu beigās Proletāriešu rajona priekšnieks deva akceptu pierakstam.

Tagad par darbu. Kirova rajona Tautas izglītības nodaļas priekšnieks bija Eihmanis, viņš bijis latviešu divīzijā, dienējis kopā ar manu attālu radinieku. Es viņam saku: „Mēs pēc reabilitācijas esam dabūjuši dzīvokli, varbūt iespējams iekārtoties arī darbā?" Viņš atbild: „Man jums draudzīgs padoms – ja esat saņēmuši, tad klusējiet un neafišējiet, un par to vispār nerunājiet!" Tā.

Pirmo reizi iesniedzām pieteikumu 1969. gadā.

Braukšanai uz Izraēlu? Jā. Pret mani izturējās ļoti labi. Ar skolēniem reizēm bija... Atceros, 1967. gadā viens skolnieks saka: „Izraēla, tdu, tdu, tdu, tdu." Es nepievērsu uzmanību. Visa prese bija pilna ar antisemītismu, jūs taču zināt. Šim iesniegumam vajadzēja pievienot raksturojumu. Es palūdzu fizikas skolotājam Lukstiņam, kas bija vietējā komitejā. Es saku: „Ziniet, man vajadzīgs raksturojums, tur par mani runās, lūdzu, aizbilstiet kādu vārdu..."

Viņš man jautā: „Vai tad no šejienes iespējams aizbēgt?" Es saku: „Es mēģinu."
Pirmajā reizē neatļāva. Skolas direktors man teica: „Tagad viss ir jāaizmirst
un jāturpina strādāt." Es turpināju strādāt. Saņēmu atļauju. Mans brālis bija
ļoti aktīvs, rakstīja vēstules... Es no tā visa stāvēju nomaļus, jo es taču biju
ideoloģiskā fronte – skolotāja, pasniedzēja...

Kā veidojās jūsu dzīve, kad atbraucāt uz Izraēlu? Tas vispirms ir atkarīgs
no ģimenes sastāva, no specialitātes. Vācu valoda tajā laikā nekotējās, to
universitātēs nemācīja. Krievu valoda. Pareizi gan, mēs atbraucām „pirmajā
vilnī". Es sāku strādāt ļoti tālu. Ja jūs zināt – pa ceļam uz Haifu... Vai Haifā
bijāt? Nebijāt. Haifa no Telavivas ir 98 km, bet mēs dzīvojām... Mūs aizsūtīja uz
dienvidiem, uz Aškelonas pusi. Gadījās darbs, tika atvērts internāts, kur mācīja
krievu valodu kā pirmo svešvalodu, lai saņemtu gatavības atestātu. Es piekritu.
Atceros, saņēmu pirmo algu. Tad nebija šekeļi, bet liras. 570 liras. Man tur bija
nepilna slodze, es strādāju trīs vai četras dienas. Man tas šķita milzīgs kapitāls.
Brālis nebija precējies. Divi pieauguši cilvēki un mamma vienā... kamēr mēs
saņēmām šo dzīvokli. Deviņus mēnešus mēs atradāmies tik tālu. Es pat nevarēju
pa vienu dienu nokļūt galā. Man vajadzēja nakšņot kaut kur Telavivā.

Vai esat apmierināta, ka atbraucāt? Jā, protams! Atceros, Krievijā sādžā
bija ģimene, ar kuru mēs draudzējāmies. Pirms mūsu aizbraukšanas no Rīgas
ieradās viņas brālis, viņš ar manu brāli mācījās kopā. Armijas cilvēks. Viņš
bija uzzinājis, kur mēs esam, atnāca mūs apciemot. Mēs bijām ļoti priecīgi.
Sarunājām, ka brauksim pie viņa, toreiz viņš dienēja Viļņā. Sarakstījāmies ar
draudzeni, kas tolaik dzīvoja Kirgīzijā. Es viņai dažas reizes uzrakstīju par
tikšanos ar viņas brāli, bet pēc tam palika maz laika, un es pirms aizbraukšanas
biju tik satraukta – savācu visu, ko biju rakstījusi – dienasgrāmatas, saliku
vienā lielā vēstulē un to aizsūtīju viņai. Es viņai uzrakstīju, ka tas bija sens
mana tēva sapnis – dzīvot Izraēlā, un tagad šis sapnis īstenojas, lai nepiemin
mani ar sliktu vārdu, un tā tālāk. Vēlāk viņa man atrakstīja: es tā raudāju
lasot... Raudājām arī, kad braucām prom, jo tas bija tāds laiks: brauci prom,
atvadījies no draugiem un nezināji, vai maz kādreiz viņus vēl satiksi. Kam krita
tā laimīte, tie aizbrauca, pārējie palika. Raudāja gan vieni, gan otri. Mammai
te kādreiz bija māsa, nu jau viņa bija mirusi, palika divas māsīcas. Tad vēl
bija dzīvs mans onkulis, ar viņu satikāmies, arī ar mammas māsīcu. Kādreiz
mums bija liela ģimene, bet visi agri aizgāja no dzīves.

Vai kādreiz uz Latviju atbraucat? *Jā, biju 1991. gadā te atbraukusi strādāt, un bija interesants gadījums. Es gāju pa parku, un bija izlaiduma vakars. Skatos – nāk viens mūsu skolotājs. Ar ziediem. Es viņu pazinu, pieskrēju pie viņa un runāju... Es biju pārliecināta, ka runāju latviski, bet es runāju ivritā. Manas meitenes stāv un ķiķina. Plikāns bija viņa uzvārds, manuprāt. Pēc tam es viņam prasīju, vai viņš kādreiz ir strādājis 36. vidusskolā. „Jūs atceraties, bija skolotāja Gamza, tā esmu es!" Tad es sāku jautāt par skolotājiem, daudzi, izrādās, aizgājuši pensijā, tomēr pagājuši 20 gadi. Pēc tam biju vēlreiz Latvijā. Arī šajā vasarā biju Latvijā. Es braucu, lai satiktos ar viņu. Viņas mamma man bija kā otrā mamma. Mana mamma mira 1980. gadā, bet viņas mamma nodzīvoja ilgu mūžu, un es pie viņas biju gadu pirms viņas nāves, mēs tik jauki parunājāmies... Tas bija mans pienākums, es jutu, ka man tas ir jādara. Es reiz biju lidostā, pie manis pienāca jauna sieviete. „Jūs esat skolotāja Gamza?" – „Jā." Es domāju, ka skolniece, bet, nē, izrādās, skolotāja. Viņa mani pazina.*

Basja (pirmajā rindā, otrā no labās puses)

Ichāks Gamza

dzimis 1937. gadā

Es biju kopā ar mammu un māsu.
Mammai bija jāiet strādāt kolhozā – gribi vai negribi.

*Mani sauc Ichāks Gamza. 1941. gada 14. jūnijā man
bija četrarpus gadu. Esmu dzimis 1937. gada 25. janvārī.
Mēs dzīvojām Ludzā, Baznīcas ielā 38.*

Atceros, ka vagonos varēju dzirdēt lokomotīves svilpi.

*Pirmās atmiņas – manā vecumā mani varēja pieņemt
bērnudārzā. Tur pret mani izturējās diezgan slikti, bieži
bija strīdi un kautiņi. Bija pat tā, ka pretinieks nebija
viens puika, bet gan divi vai vairāki.*

*Par 1941. gadu daudz neatceros. Man patika kāpt uz
jumtiem, atceros kastes – un vīrus, kas teica, lai mani
ceļ nost no jumta. Viņi baidījās, ka es nokritīšu. Atceros,
ka stāvēja smagā mašīna. Neatceros, kā nošķīra tēvu.
Atceros, ka tad, kad mūs veda preču vagonos, mēs
gulējām uz nārām – kā stadionā. Es gulēju uz augšējā
plaukta pie maza lodziņa, kas bija aizsists ar dzelzs
restēm. Abās vagona pusēs bija NKVD cilvēki. Ceļā mēs
bieži stāvējām, jo bija sācies karš.*

*Tēvu nošķīra, un par viņu neko nezinājām. Visas
sievietes satraucās par vīriem. Jūlija vidū mēs nokļuvām
Ilanskas stacijā. Pēc pusgada uzzinājām, ka vīri atrodas
Kirovā, Vjatlagā. Tur bija arī Jāzepa tēvocis, kuram
izdevās izglābties, bet viņa vairs nav starp dzīvajiem.*

Nezinu, kas noticis ar viņa tanti – tās vārds bija Paulīne, runāja, ka viņa pārcēlusies uz Rīgu.

Es biju kopā ar mammu un māsu. Mammai bija jāiet strādāt kolhozā – gribi vai negribi. Tur bija jāizpilda darbdienu normas. 1947. gadā uzskaitīja, ko un cik katrs ir izdarījis. Atrada tādus, kas savas normas nav izpildījuši. Tos nosauca par parazītiem un par to nolēma sodīt. Lauku klubā sarīkoja publisku tiesas prāvu – tur bija kāds krievs Sivkovs, kas tika pelts kā ļaunprātīgs normu nepildītājs – un par tonolēma viņu sūtīt uz Ziemeļpolu. Šķiet, nolēma viņu izsūtīt uz diviem vai trim gadiem. Pēc divām vai trīs dienām viņu savāca. Pēc tam uz skatuves kāpa kolhoza priekšsēdētājs (es arī biju tanī sapulcē, un, kad mammai jautāja, kāpēc te esmu es, viņa atbildēja, ka nav, ar ko mani atstāt), bet mamma saka: „Ļaundaris kāpj uz skatuves.” Viņš sāka nosaukt 29 uzvārdus, kas nav izpildījuši normas. Teica – ja situācija neuzlabosies, tad šo cilvēku liktenis būs tāds pat kā Sivkovam... Pēc tam vairāk sapulču nebija un nevienu nekur neizsūtīja.

Atceros, ģimenēm kolhozā tika dalīta maize. Bija tāda Ūdru ģimene – māte un trīs dēli. Maizi deva uz nedēļu, un vajadzēja paredzēt, kā maizi sadalīt, lai pietiktu visām dienām un organisms spētu darboties... Mana mamma to mācēja izdarīt, jo pirms kara viņai bija operācija – slimība saucās mastīts, un mamma divus gadus nogulēja slimnīcā. Viņa zināja par pārtikas devām. 1945. gadā no bada vispirms nomira Ūdru māte un pēc tam divi dēli... Trešais dēls palika dzīvs... Bēriniekiem bija tāda attieksme: lūk, mēs te visi mirstam no bada, mūs aprok, bet tu, ļaundari, sēdi Kremlī un izmanto visus labumus... Ar to bija domāts Staļins. Tādas bija bēres.

1948. gadā pie mums atsūtīja lietuviešus. Atceros brāļus Petravičus, viņiem bija orķestris, viņus aicināja uzstāties banketos.

Katrs, kas bija tur, bija cilvēks bez tiesībām, ar „suņa pasi” – ik pēc divām nedēļām vajadzēja iet un atzīmēties pie komandanta. Ja bērnam nebija 16 gadu, viņš atradās vecāku uzraudzībā un arī bez tiesībām izbraukt uz blakus ciemu. Ja šis noteikums tika pārkāpts, varēja uzlikt sodu vai iesēdināt uz diennaktīm cietumā.

1951. gadā komandants mūs atsauca un teica, ka mēs te esam izsūtīti uz mūžu. (Pirms tam tika teikts, ka uz 20 gadiem.) Kad nomira Staļins, bija klusums, bet 1954. gadā jau sāka runāt par reabilitāciju.

1953. gadā bija „ārstu lieta". Es mācījos 9. klasē kopā ar Strodu un Antonu Samuševu. Bija politinformācija. Klases audzinātāja, kas vadīja politisko stundu, saka: vai mēs zinot, kas notiek Maskavā? No tiem ārstiem seši ir ebreji un tikai trīs krievi! Līdz tam es domāju, ka vārdi „ebrejs" un „žīds" ir viens un tas pats. Kā viņa to pateica, tā visi bērni pagrieza galvas uz manu pusi, viņi saprata, ka esmu PSRS galvenais ienaidnieks, nodevējs. Drīz Staļinam bija asinsizplūdums smadzenēs, un atceros – ienāca skolas direktors, teica, ka biedrs Staļins ir smagā stāvoklī un mēs mobilizējam vislabākos ārstus, lai viņš varētu strādāt un vēl ilgus gadus vadīt mūsu valsti... Bija starpbrīdis. Mēs izgājām uz ielas. Es, Samuševs, Jāzeps – un mēs teicām – tātad pastāv iespēja, ka viņš aizies... Un būs vien labi, ka aizies... To neviens nezināja. Kad pie varas nāca Hruščovs, mēs sākām domāt par reabilitāciju. Es sev teicu – nekādā gadījumā neiešu Padomju armijā. Pēc ārstu notikuma man šī armija šķita kā fašistiskā armija. Es sapratu – ja mācīšos institūtā, tad mani neiesauks. Sapratu, ka man neļaus mācīties pa elektronikas līniju, pa radio līniju, es varēju cerēt uz kādu mazāku institūtu. Pat Hruščovs nevarēja izdarīt visu uzreiz, lai gan bija iespaids, ka gribēja. Iestājos kopā ar Samuševu. Strods pēc pusgada izstājās un pabeidza mācības Rīgā, Politehniskajā institūtā.

Es Latvijā atgriezos 1959. gadā, kad beidzu institūtu, mamma un māsa – 1958. gadā.

Ko jūs darījāt, kad mamma strādāja?

Es biju bērnudārzā, no tā gāju prom ap kādiem pulksten pieciem. Vēlāk gāju skolā. Kad biju 1. klasē, skolotāja mani nemīlēja, un tad, kad beidzās starpbrīdis, viņa mani nelaida klasē – teica, lai es sēžot koridorā tik ilgi, kamēr mani pasauks. Tas turpinājās kādu pusgadu. Vēlāk viņa sūtīja kādu skolēnu un mani iesauca klasē. Citā reizē – 2. klasē viņa mani un vēl dažus atstāja pēc stundām, jo mēs nebijām izpildījuši mājas darbus. Mēs nosēdējām stundu vai divas – viņa neatnāca, un mēs aizmukām. Ko viņa darīja? Nākamajā dienā viņa teica, ka mums visas stundas nekustīgi jāstāv pie tāfeles. Cik stundu mums bija, tik nostāvējām, un mūs atstāja arī pēc stundām. Viņa teica – kamēr viņa neatnāks, mēs nedrīkstam iet prom. Nezinu, kāpēc viņa tā darīja, varbūt tādēļ, ka esmu ebrejs. Kanskā cilvēki sapulcējās – kādas 50 vai 60 ģimenes – izlemt rīcības plānu, bet te *bija grūti – mūsu te bija maz, un mēs nevarējām saprast, ko darīt. Pilnīgi iespējams, ka arī es biju šur tur vainīgs, bet fakts ir tāds: es jutu, ka mani nemīl...*

Pastāstiet par mammu un māsu...

Mums bija bads. 1935. gadā mammas vecākā māsa pārcēlās uz Izraēlu. Viņa bija beigusi Medicīnas nodaļu (vai fakultāti) Maskavā. Pirmā pasaules kara laikā Nikolajs II paziņoja, ka visi ebreji ir spiegi. Tuvojās fronte, un viņš lika ebrejiem pazust 24 stundu laikā – teica: ja jūs neaizvāksieties, tad mēs jūs aizvāksim. Mammas māsa dzīvoja Ventspilī, un viņai un viņas vīram vajadzēja mukt – līdz 1920. gadam viņi bija Maskavā vai Piemaskavā, un viņai izdevās pabeigt medicīnas nodaļu kā zobārstei – tad viņa nokļuva Izraēlā, uzzināja, ka mēs esam izsūtīti, un mums sūtīja paciņas. Bet kara laikā šos sūtījumus izlaupīja turpat uz vietas, mūsu ciemā. Mēs nedabūjām tikpat kā nekā. Viens sūtījums, zelta vērtē, bija ar medicīniskām precēm. Māsa saprata, ka Sibīrijā var iegūt visādas slimības. Bija atļauts no Izraēlas saņemt paciņas no puskilograma līdz pusotra kilograma svarā – tas taču bija ļoti maz! Amerikā dzīvoja viņas vīra brālis, un medicīnas paciņu sūtīja no Amerikas. Paciņā esošās zāles bija klasiskas – vienu medikamentu varēja izmantot vairāku slimību ārstēšanai. Zāles lietoja arī mana mamma, un, kad par tām uzzināja tā skolotāja, kas mani nomelnoja „ārstu lietas" sakarā, 1956. gadā kļuva par manas mammas draudzeni. Viņām bija 30 gadu starpība, un viņa bija „tikusi" pie tādām slimībām, kādas bija arī manai mammai. Bija arī tādas zāles, ko varēja gan dzert iekšķīgi, gan smērēt.

Jums bija četri gadi, kad jūs izsūtīja, vai mamma stāstīja par jūsu bērnību pirms izsūtījuma, un kad jūs aptvērāt netaisnību, kas jums nodarīta?

Līdz 1953. gadam es jutu, ka kaut kas nav tā, kā vajag – mamma man teica, ka esmu izsūtīts un ka mani var nemīlēt, bet mamma teica, ka tas viss nāk no „centra", Maskavas, un visi, kas tevi sauc par draugu, var gadīties tavi ienaidnieki. Kad sākās „ārstu lieta", es sapratu, ka man šī valsts ir jāpamet. Kad es jau biju reabilitēts, ar mani kopā bija izsūtītie no Igaunijas, Lietuvas. 1956. gadā mēs kopā sēdējām studentu ēdnīcā. Igaunis bija par mani piecus vai sešus gadus vecāks, un atšķirībā no mums gan lietuvietis, gan igaunis kategoriski neapmeklēja militārās nodarbības – ar jebkādiem līdzekļiem no tām izvairījās. Igaunis man teica: „Skatoties vairākus gadus uz priekšu, – tu brauksi uz Latviju"... Blakus sēdošajiem krieviem tas nepatika. Vēlāk es jautāju, kāpēc viņš man tā teica. Viņš atbildēja: „Redzi, tad, kad viņi ar tevi runā, viņi šķiet draudzīgi un varbūt pat izrāda mīlestību. Bet tad, kad tevis nav klāt, viņi par tevi runā tā, kā domā – viņi zina, ka tu šo valsti nemīli, un zina, ka pie pirmās izdevības tu brauksi prom uz Izraēlu." Es pabeidzu institūtu, arī militāro sagatavotību, man piešķīra militāro pakāpi.

Tā kā mūs nelika „specučotā" (speciālā uzskaitē), mēs braucām uz rajona centru pēc tīras pases. Bijām es, Antons Samuševs un Strods. Nezinu, cik „tīra" tā pase bija, varbūt tur bija kāda ūdenszīme vai kas par izsūtījumu. Krasnojarskā bija jāstājas kara komisariāta uzskaitē. Bijām es, Strods, kāda ģimene no Dagdas. Ģimene tur palika. Man jautā, kur esmu dzimis, kas ir māte – izliekas, ka neko nezinātu. Stāstīju. Prasīja, kur tēvs. Es taču neteikšu, ka viņš no spēku izsīkuma miris lēģerī. Teicu, ka nomira Južnoaļeksandrovkā, tur, kur bija mana māte. Ne Strods, ne otrs puisis neko neteica – izlikās, ka neko no mana teiktā nav dzirdējuši.

Rīgā palikušais tēva onkulis, mammas radi Bauskā – visi gāja bojā geto. Tad, kad es atgriezos Rīgā, daļa no manas ģimenes bija gājusi bojā.

Diplomā man rakstīts, ka esmu inženieris tehnologs meža darbos. Tāds darbs bija izplatīts arī Latvijā. Manā kompetencē bija koku zāģēšana, speciālie traktori, pārvietojamās elektrostacijas, zaru zāģēšana, koku sūtīšana uz kombinātiem. Man bija jāzina arī tas, kā labot metālapstrādes darbgaldus.

Mana darbavieta bija „Latvijas bērzs". Tas skaitījās vieglās rūpniecības uzņēmums, kurā bija maza alga – ap 700 rubļu. Caur pazīšanos sāku strādāt RER (Rīgas elektrorūpnīcā) elektroaparātu cehā, viss bija jāapgūst no jauna. Gāju uz kursiem. RER nostrādāju trīs gadus, tad pārgāju uz bijušo „Fēniksu" – vēlāko RVR (Rīgas vagonu rūpnīcu), tur strādāju no 1962. līdz 1971. gadam.

Apprecējos Izraēlā. Protams, varēju apprecēties arī Latvijā, ar sava tēva labo vārdu, slavu – es varēju kļūt jebkuras Ludzas meitenes vīrs. Mana māsa 1957. gadā atbrauca „izlūkos", un bija variants – viņai piedāvāja kopā ar kādu Polijas ebreju braukt uz Izraēlu. Viņa atteicās. Domāju – ja man būs ģimene, es būšu atrauts no mammas un māsas, un es nekādā gadījumā negribēju, lai mana mamma un māsa paliek te, kur ir padomju vara. Tātad precēties varēju tikai Izraēlā. Ar sievu mūs iepazīstināja. Man ir dēls un meita. Dēls beidz koledžu un būs ieguvis pirmās pakāpes augstāko izglītību. Meita pēc armijas arī strādā un vēlas iestāties Universitātē. Dēlam ir 28 gadi, meitai – 22 gadi.

Skolā man nepatika dziedāšana, man nebija dotību. Tā skolotāja, kas mani necieta, vienīgo atzīmi par nopelniem man ielika – dziedāšanā... (Smejas.) Man patika matemātika, ciest nevarēju partijas vēsturi. Institūtā apmeklēju visas lekcijas, tomēr marksismu – ļeņinismu izvairījos apmeklēt. 1956. gadā, kad notika personības kulta nosodīšana, eksāmenā pirmais jautājums bija „Personības nozīme vēsturē". Domāju – tieši to man vajag... Es stāstīju visu, ko Hruščovs bija teicis par Staļinu, stāstīju arī no sevis, savas domas – izlēju visu... Pasniedzējs teica: „Pietiek, pietiek..." Viņš man ielika „labi", jo teica, ka ar savu atbildi uz pirmo jautājumu esmu atstājis ēnā otro un trešo jautājumu. Bet pasniedzējs nebija ļaundabīgais staļinists, ja tā būtu – mani varēja arī arestēt.

Ko es vēl varu teikt... Esmu laimīgs, esmu apmierināts, ka esmu atbraucis šurp uz Izraēlu.

Ichāks Sibīrijā

Ichāks (pa labi) Sibīrijā

Māja Sibīrijā

Māja Sibīrijā

Silva Haitina (Rubašova)

dzimusi 1932. gadā

Mamma arī neizskatījās, kā kolhozniecei pieklājas –
viņai bija augstpapēžu kurpes, zīda zeķes. Viņa bija labi
apģērbusies un vēl nebija zaudējusi savu skaistumu.

Esmu dzimusi Rīgā. Ģimenē bijām tēvs, mamma, vecākā māsa un es. Dzīvojām Skolas ielā 20, dzīvoklis 7. To es atceros. Nedomāju, ka mēs pirms tam dzīvojām kaut kur citur. No dzemdību nama mani aizveda uz Skolas ielu. Dzīvojusi Skolas ielā esmu īsu laiku, man vēl nebija astoņi gadi, kad 1941. gada 14. jūnija naktī atskanēja ļoti spēcīgs zvans pie durvīm. Atceros, ka mēs ar māsu sēdējām gultās, šausmās skatījāmies viena uz otru, bet zvans joprojām skanēja. Koridorā dzirdēju balsis, tad istabā kopā ar kaut kādiem vīriešiem ienāca mamma un teica: „Meitenes, ģērbieties!" Bija ap diviem naktī. Mans tēvs bija ļoti bagāts cilvēks, mums bija vasarnīcas Jūrmalā, tēvam bija liels veikals. Kad es biju pirmo reizi Latvijā, tad tur atradās banka. Es vēlējos ieiet, apskatīt tēva veikalu, bet mani nelaida iekšā, man paskaidroja – lai tur ieietu, ir jābūt bankas klientam. Teicu, ka vēlos atvērt bankā rēķinu. Cilvēks formā ar automātu mani pavadīja 2. stāvā, un tieši tur kādreiz bija mana tēva kabinets. Mēs iegājām, es vēlējos atvērt rēķinu, bet pēc mēneša es uzzināju, ka banka ir bankrotējusi. Tas bija Brīvības ielā 2/4, blakus aptiekai.

Atceros, mums deva pusotru stundu, lai savāktos. Tēvs neko neņēma, skraidīja pa istabu izmisumā un visu laiku centās pierādīt, ka mūs izsūta netaisnīgi. Neviens jau nezināja, kas ar mums notiks. Pēc tam viens no latviešiem iečukstēja mammai, lai ņem līdzi siltas drēbes. Mamma iekliedzās: „Kāpēc? Tagad taču ir jūnijs!” Viņš teica: „Dariet, ko es jums saku!” Pēc tam mamma sāka vākt visādas drēbes, bet tētis skraidīja pa dzīvokli, teica, lai zvanot uz kaut kurieni, ka viņš ir proletārietis, ka viņam sen jau viss ir atņemts, konfiscēts, nacionalizēts. Uz vasarnīcām mēs šajā gadā jau vairs nebraucām, jo tās vairs nepiederēja mums. Mamma savāca daudz mantu, čemodānu nebija, un, mums par laimi, viņai bija arī pāris siltas segas, kas mums izglāba dzīvību. Tēvs pēdējā brīdī paņēma ap 50 zīda kaklasaites, arī kabatlakatiņus, uz kuriem bija „I H” – Israel Haitin. Ar to kāpām lejā pa trepēm. Lifts nezin kāpēc nedarbojās.

Tur stāvēja kravas mašīna. Bija milzīgs troksnis, jo pa visu Rīgu braukāja kravas mašīnas. Visi brauca uz vienu pusi. Mūs ielādēja mašīnā, kur priekšā jau sēdēja līdz ārprātam izbiedēti cilvēki – neviens nerunāja... Mašīnas cita citai deva ceļu. Atceros, ka uz visiem krustojumiem bija mašīnas.

Mūs aizveda uz Rīgas staciju, bet ne uz pašu stacijas ēku. Vilcieni stāvēja tālāk malās. Mūs iekrāva lopu vagonos. Tur bija divi maziņi aizrestoti lodziņi. Tēvs ļoti veikli ielēca vagonā un nokļuva uz otrās nāras, pie lodziņa. Nebija, ko ēst. Pilnīgi nekā. Es pirmo reizi dzīvē izjutu badu.

14. jūnija naktī gar vilcieniem skraidīja cilvēki un sauca uzvārdus. Mūsu radinieki neko par mūsu likteni nezināja. Te palika mammas māsa ar vīru un diviem bērniem, tēva māsa ar dēlu. Liepājā dzīvoja mammas mamma, vectētiņš bija miris. Mūs nemeklēja neviens, izņemot vienu darbinieci, kas bija strādājusi tēva veikalā. Viņa mums maisiņā atnesa ēdienu, un pirmo reizi dzīvē es garšīgi ēdu... Gribējās ēst. Nebija ūdens. Nebija tualetes. Tas bija briesmīgi – lopu vagona vidū atradās caurums. Es nekādi nevarēju sevi piespiest iet uz cauruma... Mamma mani piesedza ar svārkiem, tētis piesedza no otras puses. Visi ļoti cieta. Vagons bija pārlādēts, piebāzts. Tēvs mums bija aizņēmis vietiņu pie loga. Vīriešu vagonā bija maz. Bija zēni, sievietes ar maziem bērniem. Vilcieni stāvēja trīs dienas, tad tie sāka kustēties. Sākās troksnis, mēs braucām. Labi atceros, ka mēs sēdējām pie lodziņa. Kad braucām pa Latviju, visur dārzos bija ziedi, bija ļoti skaisti. Pārbraucot robežu, viss sāka izskatīties pilnīgi citādāk. Mums teica, ka tagad braucam pa Krieviju. Tur visi bija nabadzīgi.

No ceļa atceros badu, atceros slāpes. Neviens neko nenesa, neviens neko nedeva. Atceros, vagonā uz grīdas sēdēja latviešu sieviete ar mazu zīdainīti. Viņa sēdēja jau trīs dienas, šūpojās un kaut ko pie sevis dungoja. Vīstoklītī viņai bija bērniņš. Vagonā bija daudz bērnu, un mēs viņai lūdzām, lai atļauj paspēlēties ar mazo bērniņu. Pēc tam izrādījās, ka viņas bērniņš jau sen ir miris... Viņai nebija piena. Pēc tam kāds to pateica zaldātiem. Mums bija žēl, ka bērniņu izmeta... Ienāca zaldāti, izņēma bērnu viņai no rokām un aiz kājas izmeta līķīti ārā. Vilciens sāka kustēties, durvis bija vaļā... Viņai nebija nekādas reakcijas. Es atceros, mamma teica, ka sieviete acīmredzot ir zaudējusi prātu, ja jau reiz nereaģēja, kad izmeta viņas bērnu...

Mēs braucām divus mēnešus un, man šķiet, vēl 10 dienas. Mēs atbraucām Sibīrijā, kāds uzzināja, ka esam Krasnojarskas apgabalā. Vilcienu naktī apturēja, un visiem lika kāpt ārā. Pirms tam vilcienu naktī apturēja pirms Urāliem. Ar lukturīti visu izgaismoja. Izdzina visus vīriešus. Vagonā bija mans tēvs un daži zēni, kam bija virs 16 gadiem. Mans tēvs nolēca no nārām un teica: „Skatieties, vagonā lielākā daļa ir sievietes un bērni, no kuriem puse jau ir slimi, un es esmu vienīgais, kurš stacijās skrien pēc ūdens, es esmu vienīgais, kas var kaut ko nopirkt – atstājiet mani te, pie slimajiem cilvēkiem!" Oficieris pameta ar roku, noteica – Velns ar viņu, taisām ciet durvis! Tēvs palika, palika arī jaunie zēni, 16–18 gadus veci, pateicoties tēva kliegšanai, ka te ir tikai sievietes un bērni.

Naktī vagonus atvēra, pa visu vilcienu, pa vagoniem, gāja zaldāti, lika visiem ar mantām kāpt ārā. Bija diezgan augstu jālec no vagona. Man joprojām uz ceļgala ir rēta no lēciena. Es, būdams bērns, izņemot badu, neko sliktu no brauciena neatceros. Man nevajadzēja iet uz skolu, nevajadzēja spēlēt klavieres, pirmajā brīdī tas viss šķita labi.

Mamma ļoti ātri atrada savu draudzeni. Viņiem Brīvības ielā bija slavens parfimērijas veikals – Sokoloviči. Mamma ar viņu draudzējās, abas kopā braukāja pa ārzemēm. Bija Sokoloviča un viņas dēls Ļova, kurā es biju iemīlējusies, kad man bija septiņi gadi.

Bija auksta nakts, es domāju, ka varēja būt 27. vai 28. augusts. Man bija auksti, bet mammai līdzi bija segas, es gulēju tēvam rokās un laikam biju aizmigusi. Kad es pamodos, bija zilas debesis, spoža saule un visapkārt, cik vien tālu varēja redzēt, sēdēja cilvēki... Man šķita, ka cilvēku ir tūkstošiem, ka nav *gala... Lidoja taureņi, dziedāja putni. Tālumā bija mežs. Bija, kas raudāja, slimie gulēja zemē. Bez ēdiena, dzēriena. Acīmredzot es kā bērns atceros tikai to.*

Pēc tam sāka braukt pajūgi. Pa mūsu apmešanās vietu sāka staigāt vīrieši un sievas, skatījās uz katru ģimeni. Katra ģimene sēdēja uz savām paunām. Izdzirdējām, ka mūs vāc pa kolhoziem. Zinājām, ka esam Krasnojarskas apgabalā. Teica, ka katram kolhozam, skatoties pēc viņu iespējām, ir jāņem pie sevis fašisti – tas ir, mēs. Viņiem bija iestāstīts, ka pie viņiem ir atvesti tie, kuru dēļ sācies karš. Es neteiktu, ka pret mums izturētos ar lielu mīlestību. Mūs ilgi neņēma, jo man bija astoņi gadi, māsai desmit. Mamma arī neizskatījās, kā kolhozniecei pieklājas – viņai bija augstpapēžu kurpes, zīda zeķes. Viņa bija labi apģērbusies un vēl nebija zaudējusi savu skaistumu. Tēvs visu laiku skraidīja un piedāvāja savus pakalpojumus. Neviens mūs negribēja ņemt. Kā tikai viņš atveda kādu vīrieti vai sievu, tie paskatījās, ka ir divi mazi bērni, un gāja prom. Mūs paņēma tikai trešajā dienā un aizveda uz kolhozu, kas saucās „Aleksandra Jerša", mēs nokļuvām mājā pie kādas sievietes. Sieviete pret mums izturējās pienācīgi. Atceros, ka pēc diviem ar pusi mēnešiem mēs ēdām karstu zupu. Tā bija zirņu zupa ar cūkas ādiņām. Neko gardāku es nekad dzīvē nebiju ēdusi, jo es agrāk vispār neko neēdu, un te – pēkšņi – bļodiņa ar koka karoti – zupa!

Kolhozs bija liels, un tur bija daudz izsūtīto. Nākamajā dienā tēvs kaut kur aizgāja, atgriezās tikai vakarā. Atgriezies teica, ka esot atradis paradīzi zemes virsū... Drīz sākās skola. Kādā dienā tēvs dabūja zirgu un mēs devāmies uz paradīzi. Saimniece uz atvadām man uzdāvināja kaķēnu. Kad es to parādīju vecākiem, viņi teica: „Paši mirstam no bada, bet kaķis ir jābaro!" Es kaķēnu ieliku kabatā. Ceļā es to izvilku ārā. Vecāki teica, ka vajag tikt vaļā no kaķēna. Es atbildēju, ka tad būs jātiek vaļā arī no manis. Mēs kaķīti paņēmām, paturējām, un viņš daudzus gadus dzīvoja ar mums kopā.

Mēs aizbraucām uz Dzeržinskas rajonu. Tur nebija izsūtīto, mēs ieradāmies naktī. Palikām dzīvot pie Nastjas Barlovskas. No rīta pamodāmies, visi gulējām uz grīdas, visi četri. Es atvēru acis. Mēs visi bijām vienā istabā. Pie durvīm stāvēja daudz cilvēku, un viņi visi uz mums skatījās un sarunājās. Tēvs gribēja lēkt augšā, palūdza aizgriezties. Tur bija galvenokārt sievas un skuķi, arī daži greizi puiši. Mamma gulēja zīda naktskreklā, un sievas, to ieraugot, sāka kliegt kā zosis: „Tu paskaties, kādās drēbēs viņa guļ!" Es nevienu vārdu nezināju krieviski. Rīgā mācījos Franču licejā, 1. un 2. sagatavošanas klasē.

Mana dzimtā valoda bija kā latviešu, tā franču un vācu. Mājās runājām vācu valodā. Kad vecāki gribēja sarunāties, lai mēs neko nesaprastu, tad viņi runāja krieviski. Pirmos vārdus iemācījos „moloko", „bički" (piens, vērsēni), bet trešais – nepieklājīgs vārds, kas zaldātiem bija katra vārda galā – „bļaģ" (mauka). Es nezināju, kas tas tāds ir. Mamma mums ar māsu izskaidroja, kas ir „moloko" un „bički", bet par „bļaģ" viņa nezināja. Mēs teicām, ka zaldātiem tas ir katrs otrais vārds. Mamma teica – „nu, ja zaldāti tā runā, tad varbūt nevajadzētu klausīties."

Mani vecāki aizgāja uz vienīgo skolu, kas sastāvēja no vienas istabas, no vienas skolotājas. Mani ielika 2. klasē. Tur jau rakstīja, runāja, mācījās no galvas dzejoļus par Staļinu. Es neko nesapratu, un bērni par mani smējās. Māsu ielika 4. klasē. Tur jau bija 11–12 gadus vecas meitenes. Mēs mācījāmies divus mēnešus, aizmirsām latviešu, franču un vācu valodu... Sākām runāt smieklīgā krievu valodā. Kolhozā tā saucās „čeldoņu valoda", viņi jocīgi runāja tādā sādžas krievu valodā. Pēc diviem mēnešiem mēs bijām aizmirsušas trīs valodas, runājām tikai krieviski un kļuvām par labākajām skolniecēm skolā. Mācījāmies rakstīt. Nebija tintes, nebija papīra.

Tēvs un mamma strādāja uz lauka. Mamma ar augstajiem papēžiem, zīda zeķēs. Bija saglabājusies arī nagu laka uz mammas nagiem. Viņai lika ar sirpi pļaut auzas. Mamma sagrieza rokas, drēbes.

Mēs pārcēlāmies uz atsevišķu mājiņu. No tās vietas manī ir saglabājušās lielas laimes un lielas nelaimes izjūtas. Bija 2. decembra nakts, klauvēja pie durvīm. Ieradās no NKVD, veica kratīšanu. Teica, ka esot atnākuši arestēt tēvu un konfiscēt visas viņa mantas. Tēvs paguva mammai atdot pulksteni, bet vairāk arī viņam nebija. Kaklasaites viņi līdzi neņēma. Es atceros tās šausmas. Tēvu veda prom, es viņam karājos kaklā un kliedzu: „Tētiņ, neaizej!" Atceros, kādas tēvam bija acis – kā slimam sunītim... Mamma un māsa raudāja. Mēs trijatā pilnīgā izmisumā sēdējām līdz rītam. Aiz tēva muguras mēs jutāmies mierīgāk... Pēc daudziem gadiem es Krasnojarskā lasīju viņa tiesas lietu un apsūdzības rakstu, lasīju, par ko tēvs ir arestēts. Viņš stāvējis rindā pēc mūsu vienīgā pārtikas produkta, ko mums deva – mitras auzas. Tēvs jautāja: „Ko lai dara ar mitrām auzām?" Vairāk nekā. Viņš bija teicis, ka Latvijā zirgi esot ēduši auzas...

Apsūdzības aktā bija teikts, ka Izraels Haitins dabūjis 10 gadus nometnē par pretpadomju aģitāciju, jo uzdrošinājies salīdzināt buržuāzisko Latviju, kur zirgi

ēda auzas, ar padomju kolhozu Tēvijas kara laikā, kad cilvēkiem jāēd auzas. Par
to tēvs dabūja 10 gadus lēģerī, mūža izsūtījumu un „poraženije v pravah" – es
ne visai labi saprotu, ko tas nozīmē. Tas varētu būt – bez balsošanas tiesībām...
Tēvs nosēdēja savus 10 gadus stundu stundā.

Es pa to laiku biju beigusi 2. klasi, māsa – 4. klasi. Vairāk klašu kolhozā
„Mokroželņik" nebija. Mamma devās uz Dzeržinsku, jo vajadzēja skolot māsu.
Tur bija daudz izsūtīto latviešu, krievu, ebreju. Mamma sarunāja istabu, bet
vajadzēja prasīt atļauju pārbraukt. Kādai sievietei mamma bija uzdāvinājusi
pārīti zīda zeķu, un mums atļāva pārcelties. Māsa sāka iet 5. klasē, es – 3. klasē.
Pirms tam mūs atrada tēva brālis. Viņš dzīvoja Maskavā un bija baidījies vispār
kādam teikt, ka viņam ir brālis aiz robežas, Latvijā. Pēkšņi viņš caur Sarkano
Krustu mūs atrada un atbrauca uz „Mokroželņik" ciemu. Tur neviens nebija
redzējis mašīnu, bet viņš noīrēja mašīnu Dzeržinskā un atbrauca pie mums.
Viņš atveda papīru, spalvas, koppapīru. Viņš atbrauca uz dažām stundām.
Smieklīgi bija, kā viss kolhozs skrēja skatīties uz mašīnu. Arī mēs ar māsu
skrējām. Viņš izkāpa no mašīnas un jautāja man un māsai, kas mēs esam. Mēs
lepni atbildējām, ka esam Haitinas. Viņš raudāja. Viņš mums izglāba dzīvību.
Pēc tam dzīvojām Dzeržinskā. Tur bija mazliet sliktāk – viss bija dārgāks.

Bija visādas nelaimes – saslima māsa, kāds no mammas paziņām nomira.
Pēc tam mamma sāka domāt, kā no Dzeržinskas nokļūt tuvāk Rietumiem. Visus
naktskreklus lietoja kleitām. Meičas uz „večerinkām" gāja manas mammas
naktskreklos. Mamma vienmēr par to satraucās, teica, ka viņai kauns skatīties,
kā skuķes staigā viņas naktskreklos, kas jau arī nebija vairs jauni.

Dzeržinskā bija slikti – vairs nebija, ko pārdot. Atceros, ka manas pēdējās
apakšbiksītes bija jāpārdod manai draudzenei. Viņas mammai bija pieejami
produkti, un Vaļa staigāja manās apakšbiksītēs.

Dzeržinskā bija divstāvu skola, liela. Es biju nobijusies. Pie manis pieskrēja
meitenīte, ar kuru es vēl joprojām uzturu kontaktus – Ļusja Berina, un viņas
mamma bija ceptuves direktore. Tas jau bija sapņu sapnis! Viņa man deva
nokost no savas sviestmaizes. Tas bija 1945. gads. Man bija laba muzikālā
dzirde, un 9. maijā es lepni gāju skolas priekšā ar bungām. Es visu atceros,
pat līdz tādam sīkumam kā naglas sienās...

Mamma pārcēlās uz Kansku. Viņa saņēma atļauju 1945. gadā. Tur mēs
īrējām istabu, un tur mācījos 5. klasē. Skolai pretī bija NKVD. Man par to nebija

nekāda priekšstata, es tikai zināju, ka mamma šausmīgi baidās no šīs iestādes. Es zināju, ka mamma ik pēc divām nedēļām gāja atzīmēties. Mana mamma bija skaista sieviete, un, kad viņa uz turieni gāja, tīrīja nost lūpu pomādi. Viņai bija briesmīga vates pufaika. Mana mamma arī smēķēja, un tad, kad gāja atzīmēties, tad sataisījās briesmīgā skatā. Kad es viņai jautāju, kāpēc viņa tā dara, viņa atbildēja – nav tava darīšana! Garām NKVD es gāju uz skolu. Šo ēku atceros, jo pēc sešiem gadiem es tur pati sev parakstīju visādus nāves spriedumus, bet par to – vēlāk. Tagad es gāju skolā, biju laimīga. Man bija 13 gadu, kad uzzinājām, ka Latvija vāc no Sibīrijas bērnus, kam nav vecāku vai kam slikta dzīve, lai vestu mājās. Mamma to zināja, bet nolēma mani nesūtīt. Es to uzzināju, kad šī akcija jau bija beigusies. Man ļoti gribējās braukt prom no Sibīrijas, un es teicu mammai – ja tu mani nelaidīsi prom, es vai nu tepat pakāršos, vai arī aizmukšu ar vilcienu. Es nebiju paklausīgs bērns, mamma zināja, ka es savus draudus varu arī īstenot. Mamma apsolījās darīt visu, lai mani no turienes aizsūtītu prom. Viņa sarakstījās ar onkuli Maskavā, teica, ka mazā, vēl bērns, pa vakariem neskries prom, un lūdza mani uz laiku paņemt pie sevis. Viņa mani kopā ar citu bērnu sūtīja uz Maskavu. Es sapratu, ka mani nu vairs ne par kādu naudu neaizdabūs uz Kansku. Tēvocis mani pierakstīja skolā. Izrādījās, ka tā ir meiteņu paraugskola, Maskavā, uz Kirova ielas stūra. Es uzvedos brīnišķīgi, bet līdz tai minūtei, kamēr sāku iet skolā. Skolā izrādījās, ka neprotu uzvesties. Meitenes, kas staigāja pa koridoru, manā skatījumā nebija meitenes. Es viņas rāvu aiz bizēm, spļaudījos, lamājos. „Mats" man bija pierasta lieta. Es zināju, ka tā nedrīkst. Drīz mani izslēdza no skolas. Nebija kur likties. Es atkal pateicu: ja mani sūtīs uz Kansku, tad es pakāršos pie viņu lampas. Tēvocis sarakstījās ar mammas radiem Kauņā, atbrauca mammas māsīca. Kauņā bija ģimnāzija. Es mācījos krievu skolā, kur bija galvenokārt oficieru bērni. Bija arī vietējie, kas runāja krieviski. Man bija draudzene no tās pašas mājas, Renāte Šiļkeviča – arī viņa gāja krievu skolā. Sākumā man bija grūti, jo nezināju lietuviešu valodu. Skolā neinteresējās par dokumentiem, anketā ierakstīju melus, ka mamma ir evakuācijā, bet tēvs gājis bojā darba frontē. Tā tas saucās.

Skolā pirmo reizi iemīlējos. Viņš bija liela čekista dēls. Biju laba skolniece, man pienācās zelta medaļa. Kad pienāca pēdējais eksāmens, man teica, ka, tā kā neesmu vietējā un tā kā neesmu krieviete, man zelta medaļu nevar dot.

Paskaidroja, ka matemātikā kā precīzā zinātnē man atzīmi nevar samazināt,
tad man samazināja atzīmi par sacerējumu. Iedeva sudraba medaļu. Tas bija
1950. gads, man bija 16 gadu. Devos uz Ļeņingradu, bet mani nekur nepieņēma.
Nesapratu – kāpēc. Es gribēju nodarboties ar literatūru. Visur mani atraidīja.
Sapratu: anketā rakstīju, ka man ir sudraba medaļa, bet 5. punktā rakstīju,
ka esmu ebrejiete. Visur man teica, ka ir brīvas vietas, bet, izlasījuši anketu,
taisnojās – ai, aizmirsām jums pateikt, ka uzņemšana beigusies... Es savācu
savus dokumentus. Biju iesniegusi gan uz juristiem, pat uz bibliotekāriem,
bija vēl cits elektrotehniskais institūts – Bonča-Brujeviča – Sakaru institūts.
Zvanīju viņiem, un tur man saka: tas būs gods, ja nāksiet ar medaļu. Es teicu:
bet es esmu ebrejiete... Uz sekundi – klusums, bet tad saka: mums visas tautības
vienādas, nāciet! Tā man iedeva kopmītni Novoseļjevskas salā, es jutos pilnīgi
laimīga... Mācījos slikti, tikpat kā neko nesapratu augstākajā matemātikā –
integrālvienādojumi, diferenciālvienādojumi... Es mācījos, bet pēc pirmās
sesijas man vairs nebija stipendijas. Man bija izvēle – es varēju atkal braukt
uz Sibīriju... Mani izglāba onkulis – tēva brālis. Viņš, lai palīdzētu radiem,
devās uz Sahalīnu, un savu dzīvokli Maskavā izīrēja. Viņš man teica, ka naudu
par dzīvokļa īri dos man. No tās es arī dzīvoju. Dzīvoju tur divarpus gadus.
Man bija pielūdzējs, apprecējos. Biju jau 3. kursā Radiotehnikas fakultātē.
No visa, ko tur mācīja, mani interesēja tikai radio. Bet tur bija tīra tehnika,
sakari, un es mācījos slikti. 3. kursā vajadzēja ierasties pielūdzēja mammai,
drīz vajadzēja būt kāzām. Es atgriezos kopmītnē, un mani arestēja. Sēdēja
jauns cilvēks, sardze norādīja uz mani. Mēs iegājām mazā istabiņā, viņš man
parādīja orderi arestam. Meitenes neskatījās uz manu pusi, viņš pārmeklēja
manu čemodānu, kas atradās zem gultas. Man lika sekot viņam pa trepēm,
nekādas vēstulītes, nekādus vārdus.

Mašīnā mani atveda pie lielas mājas. Mājā izģērba, pārmeklēja, pat bizēs
kaut ko meklēja. Tad atļāva apģērbties, bet pirms tam no apakšbiksēm izvilka
gumiju, no matiem – lentes. Visu, kas bija garāks, visu savāca – acīmredzot
baidījās, ka es pakāršos. Mani ielika vieninieku kamerā. Nezinu, cik ilgi es
tur atrados. Mani, tāpat kā tēvu, arestēja 2. decembrī. Tas bija 1952. gads. Es
raudāju. Atvērās lodziņš, un balss teica, ka raudāt arī te nedrīkst. Cietums bija
politiskais, stingra režīma. Es pārstāju raudāt un tad man sanāca dusmas –
es saskaitos kā tīģeris. Domāju: ak tā, jūs esat mani arestējuši!!! Man bija

sapampis deguns, sarkanas acis. Domāju: es vairs neraudāšu! No rīta agri mani pamodināja tā pati balss. Redzēju, ka mani novēro. Ģērbos lēnām. No rīta atnesa maizes gabaliņu, uz tā bija karotīte cukura, un bija silts ūdens. Es visu uzreiz apēdu. Vēlāk izrādījās, ka tas ir visai dienai. Pēc tam atnesa kaut ko milzīgi smirdīgu. Virsū peldēja zivs asaka, un iedeva tādu bļodu – es pamēģināju, gandrīz slikti palika. Ielēju to visu parašā. Šis cietums vēl bija diezgan elegants, salīdzinot ar tiem, kuros nokļuvu pēc tam.

Balss teica, lai es neleju ārā, ka par to var dabūt karceri. Ēdienu nesa paši ieslodzītie, tāpēc viņš mani brīdināja. Lasīju grāmatiņas. Reizi nedēļā izdalīja grāmatiņas. Biezu grāmatu lasīju vienu dienu. Nedēļai nepietika, ko lasīt. Lasīju grāmatu no otra gala, tad katru lapu atsevišķi. Ļeņingradas cietumā biju vai nu mēnesi, vai pusotra. Mani arestēja 2. decembrī, un, spriežot pēc tā, ka sargi bija dzēruši un uzvedās ne tā, kā parasti, es sapratu, ka laikam ir Jaungads.

Naktī sargi atnāca: kā vienmēr, viss notika tikai naktī, – un man lika iet uz izeju. Man nekā no mantām kamerā nebija. Viņi mani izveda jau saģērbušos, un lejā bija visas manas mantas – sainītis, mētelis ar tādu viļņainu aizmuguri, tādi bija modē. Mani iesēdināja mašīnā „čornij voron" („melnais krauklis"). Ārā bija ļoti auksti, es sēdēju iespiesta mašīnas kastē, kājas bija iespiestas, es neko neredzēju. Mašīnā iekāpa vīrieši – es dzirdēju viņu balsis. Tā kā bija tumsa, neko neredzēju. Mani ilgi veda, atveda uz Maskavas staciju Ļeņingradā. Sākās ceļš. Braucu kā princese – es biju politiskā, mani iesēdināja Stolipina vagonā, tādā kupejā, es vismaz braucu viena... Blakus bija vīrieši, tur pat nebija iespējams apsēsties – visi stāvēja. Bija pilns ar cilvēkiem. Visur skanēja kliedzieni, vaidi. Visus tur dzina iekšā ar varu, visi kliedza. Braucām aptuveni diennakti. Apkārtne man pēkšņi likās pazīstama – mūs izsēdināja un kaut kur veda. Tā bija Dumkovaso stacija pie Kirovas, Vjatkas. Mana līgavaiņa mamma dzīvoja netālu no Slobodskas – tajā pašā Kirovas apriņķī. Mani arestēja decembrī, bet augustā es kā līgava biju viesojusies pie sava līgavaiņa Igora. Viņš mācījās aspirantūrā, un mēs pie viņa mammas devāmies atpūsties. Tā es atcerējos, ka pirmo reizi dzīvē Dumkovā biju ar savu topošo vīru.

Mūs ievietoja pārsūtīšanas cietumā – vēlāk izrādījās, ka tas ir viens no labākajiem pārsūtīšanas cietumiem manā dzīvē. Tā bija koka māja, piebāzta ar cilvēkiem.

Kad mani arestēja, neviens neko nepaskaidroja. Es nezināju, kāpēc mani saņem ciet. Puisis sēdēja, bet es nācu ar tikko nopirktām slidām. Nākamajā rītā mums vajadzēja sagaidīt mana nākamā vīra māti, bet mani arestēja, parādīja orderi arestam un kratīšanai. Pieteica neuzdot jautājumus. Kad mēs braucām, kad es sapratu, kur mani ved, es viņam prasīju: „Vai jums tāds darbs?" Viņš saka: „Kāds?" Es saku: „Arestēt tādas muļķes kā es." Viņš teica: „Ja jau jūs uzdodat tādus jautājumus, tad jau jūs ne velti arestē." Es pretī: „Ahā, ja es nebūtu atvērusi muti, tātad es būtu arestēta veltīgi?" (Krieviski saka „Ņe zrja" un „zrja"). Viņš noteica: „Nerunāt!"

Pārsūtīšanā es satiku fantastiskus cilvēkus. Dumkovā man blakus uz nārām gulēja divas meitenes, kas sarunājās vācu valodā. Man bija neērti teikt, ka es visu saprotu, ko viņas runā. Viņas zaldāti veda katru nakti, un tas saucās „iģiķe sķiraķ" („ejiet mazgāt") – jeb prostitūtas. Viņas man stāstīja, ka padomju zaldāti un oficieri viņas situši un nemaksājuši, un viņas devušās uz angļu, franču sektoru, kur maksāja. Viņas bija noķertas pie amerikāņiem. Atvestas atpakaļ un par spiegošanu dabūjušas 25 gadus. Es ar viņām sarunājos vācu valodā, jo viņas krieviski neprata neviena vārda. Viņas no kaut kurienes, droši vien no Vācijas, veda uz Sibīriju. Es biju ļoti apmierināta, jo zaldāti viņām maksāja ar cukuru, margarīnu. Tā kā es izskatījos pēc mazas meitenītes, viņas ar mani dalījās pārtikā.

Bija kāda sieviete, ebrejiete, liela auguma, ar ūsām, viņa bija vācu režisora sieva. No Hitlera viņi bija atbēguši uz Maskavu 1938. gadā. 1939. gadā vīrs bija nošauts kā vācu spiegs. Viņa dabūja 25 gadus – arī par spiegošanu. Viņa jau 13 vai 14 gadus bija pavadījusi nometnēs, viņai bija rūdījums. Viņa bija noteicēja kamerā, līderis.

Cilvēki bija interesanti, šī ceļa laikā man arvien platāk un platāk atvērās acis un es ieraudzīju padomju režīma zvērīgo netaisnību. Ar mani brauca igauniete. Viņus izdzina no Karēlijas, kad krievi okupēja daļu Somijas, kāds muka, bet kāds palika. Tos visus arestēja. Viņa bija lauku sieva, kā neaizmirstulīte – tik nevainīga. Viņa nesa maisus ar ēdienu, un viņai visu nozaga. Atceros, ka viņai izurbināja maisā caurumu un zaga zirņus. Atceros, ka viņai nozaga arī pudeli ar eļļu.

Bija arī komiski gadījumi. Par tām prostitūtām – viena sieva no rīta kliedza: „Kāpēc visu laiku tikai viņas uz tīrīšanu, es arī gribu uz tīrīšanu!"

Visi smējās, neviens neteica, ka meitenes iet nodarboties ar prostitūciju, bet šī sieva tam ir nedaudz par vecu. Tur par katru ja ne grāmatu, tad stāstu varēja uzrakstīt...

Par līgavaini es neko nezināju. Nākamajā rītā viņš bija devies uz staciju satikt mammu. Vēlāk viņš man stāstīja, ka ir bijis ļoti dusmīgs uz mani, viņš domājis, ka esmu aizgulējusies. Tad, kad es neierados vēl dažas stundas, viņš bija zvanījis uz institūta kopmītnēm. Viņam bija licies dīvaini. No meitenēm, ar kurām es dzīvoju kopmītnē, bija paņemts paraksts, ka neko nedrīkst izpaust. Mēs dzīvojām visas kā viena, kā dūre. Tad, kad mani saņēma, no manis neviena pat neatsveicinājās un acis nepacēla. Visas baidījās. Viņš atstāja mammu un devās uz manu kopmītni. Viņam likās dīvaini, ka neviens neko viņam nesaka, jo visi baidījās. Vēlāk sardze vakarā bija pateikusi: „Aizveda tavējo, aizveda tavējo!" Viņš saprata, ka esmu arestēta. Vēlāk, kad atgriezos Ļeņingradā, par mani klīda leģendas, ka es no institūta jumta pa radio (jo biju radio fakultātē) esot amerikāņiem sūtījusi valsts noslēpumus.

Cietumā bija vesels skandāls, jo nebija, kur mani likt. Visus vīriešus uzreiz salika kamerās. Dežurants prasa, kur mani likt, jo man lietā rakstīts, ka esmu politiskā un ka mani jātur atsevišķi. Mani ielika karcerī. Tas bija briesmīgi. Viss bija aukstos dubļos, slapjumā. Bija marts. Iegāju un noliku savu saini – tas uzreiz noslīka netīrumos. Sienas bija lipīgas. Mans skaistais mētelis izskatījās baiss. Es apsēdos un domāju – es pa visu šo laiku nebiju raudājusi. Te bija patiešām šausmīgi. Karceris bija šaurs, es varēju ar rokām sasniegt abas sienas, kas bija slidenas. Viens solis – tā ir kamera. Dzirdēju pīkstienus. Sapratu, ka tās ir žurkas, ka tās mani ēdīs. Atcerējos kādu gleznu Puškina muzejā „Kņaziene Tarakanova" – tā bija mana pēdējā doma. Gleznā redzama slīkstoša sieviete, pie kuras peld žurkas. Es zaudēju samaņu. Pirms tam metos pie durvīm, sāku sist pa tām un tad zaudēju samaņu. Durvis bija atvērušās, apsargs teica tādā mierīgā balsī: „Ko dauzies?" Paskaidroja, ka te žurku nav. Viņš teica, ka nevar mani izlaist, bet no rīta izlaidīšot. Es uz saiņa aizmigu. No rīta atvērās durvis, atnāca kaut kādi cilvēki. Viens bija ļoti elegants jauns cilvēks, mani iznesa aiz padusēm, jo es nevarēju paiet, biju pārsalusi. Mani izveda saulē. Visapkārt – sniegs, un es uz mirkli zaudēju redzi. Bija zirgs, zvaniņš, ragavas, manu saini ielika ragavās. Smukulītis vadīja zirgu, un mēs braucām. Atbraucām pie ēkas, kur es biju mācījusies, bet šoreiz pie NKVD mājas. Mani tur ieveda, apsēdināja un iedeva parakstīt papīrus. Es parakstīju, pat nepaskatoties, jo biju pusakla. No aukstā ūdens man sākās visādas slimības. Prasīju viņiem, kā humoru, vai gadījumā es sev neparakstu nāves spriedumu? Viņš teica: „Bet vajadzētu gan!"

1954. gadā mums izdeva pases, arī papīru, ka esmu atbrīvota no specnometinājuma. Tas varēja būt augusts vai septembris. Es ieraudzīju, ka visa Kanska ir tikai izsūtītie. Pie mammas nāca kāda sieviete no Rīgas, divi vīrieši no Rīgas – Kapelovskis un Grims. Mamma dzīvoja kopā ar kādu sievieti no Daugavpils. Tur dzīvoja vesela kolonija izsūtīto. Pie mammas nāca daudz cilvēku, jo mamma bija sabiedriska. Visi – izsūtītie. Uz katriem deviņiem cilvēkiem viens bija ziņnesis – „donosčiks" – tā bija jābūt. Viņi visi baidījās savā starpā runāt, jo nezināja, kas ir kurš. Izrādījās, ka ziņu pienesējs čekai bija vecais vīrs Grims. Mamma reiz atrada viņa melnrakstu – kas pie kā gājis un par ko ir runājuši.

1954. gadā viss kļuva pieņemamāks. Sāka laist ārā no cietumiem. Kriminālā situācija bija briesmīga. Visi bija kopā – politiskie, bet tos laida vaļā palēnām, toties kriminālos – neskatījās, kas ir kas. Laida tik ārā. Bija grūti dzīvot tur, kur bija šie kriminālistu pūļi. Kanska, Abakana, Taišeta – visur apkārt bija lāģeri. Visur zaga, nogalināja.

Es sāku mācīties 4. kursā, man palika vēl pusotra gada ko mācīties. Saņēmu diplomu – „Precizionnije detaļi dizeļņih mašin i mehaņizmov ļesorazrabotok. Ļebjotki, krani i tjažolije gruzoviki". Neviens nesaprot, ko tas salikums nozīmē, arī es.

Tad es braucu uz Ļeņingradu.

Man nav bērnu. Man bija bail. Kad es atbraucu uz Ļeņingradu, mēs apprecējāmies un Igors gatavojās kļūt par profesoru, bet es nevarēju atrast darbu, jo man pasē, kas izdota Kanskā, kaut kas nebija īsti kārtībā – vai nu tur bija kāds numurs vai burts, bet mani nekur nepieņēma. 1956. gada jūlijā es ierados Ļeņingradā, kad biju beigusi institūtu, un gadu man neizdevās atrast darbu. Meklēju pēc sludinājumiem, kad ierados, visiem patika kā es stāstu, kādi mani piedāvājumi, bet, līdzko rādīju pasi, – darba nav... Vēlāk iekārtojos tādā „Giprodrev" – mani pieņēma „v smetnij" (tāmju) nodaļā. Visi bija bailēs. Arī tie, kas atradās augstos amatos. Jo augstāk, jo smagāks bija kritiens. Viņi bija tik pareizi, ka nezināja, kā no ādas izlīst. Man visa dzīve pavērās pilnīgi *citādākā gaismā. Atcerējos, ka pirms mana otrā aresta institūta tualetē pakārās marksisma – ļeņinisma pasniedzējs. Uz bailēm turējās visa valsts. Cilvēki nevarēja apvienoties. Es pie sevis domāju, ka tas būs mūžīgi – tādas šausmas, kuras nevar pārvarēt. Es nolēmu, ka vai nu braukšu prom, vai padarīšu sev galu. Aizgāju no Igora, strādāju, īrēju vai nu istabas kaktu vai istabu. Bija grūti tieši fiziski, jo alga bija maza, bet īre – liela. Cilvēki baidījās izīrēt, jo skaitīja arī kvadrātmetrus uz cilvēku. Baidījās, ka istabu atņems...*

Pagāja deviņi gadi. Es dzīvoju Ļeņingradā komunālajā dzīvoklī, kur mitinājās 23 cilvēki! Man bija savi septiņi kvadrātmetri, un es varēju būt laimīga. Man blakus dzīvoja večiņa, kam arī bija septiņi kvadrātmetri, bet viņa bija šī dzīvokļa bijusī saimniece. Dzīvoklī kādreiz dzīvoja Švarcu ģimene. Viņš bija dramaturgs, kas sarakstījis „Drakonu", un viņa brālis bija deklamētājs. Viņa bija Švarcu māsa. Vienā istabā dzīvoja seši pieauguši cilvēki – ģimene, citā istabā dzīvoja Pedagoģiskā institūta profesors ar sievu un dēlu. Tas bija sestais stāvs, logi bija uz VTO. Es jau sagatavojos pēc gada lēkt ārā pa logu. Es sapratu, ka ar savu redzējumu vairs dzīvot nespēju, es degu ienaidā.

Vēlāk man laimējās. Vecāki 1959. gadā pēc 18 gadiem atgriezās Rīgā. Māsa bija beigusi Krasnojarskā Medicīnas institūtu, viņu aizsūtīja aiz Polārā loka. Viņa pēc diviem gadiem no turienes aizbēga, atgriezās Rīgā, apprecējās. Tētim un mammai arī iedeva istabu Dzirnavu ielā. Es vairākas reizes biju atbraukusi uz Rīgu, un mani iepazīstināja ar kādu cilvēku, kas bija pulkvedis, ķirurgs. Viņš strādāja hospitālī, un Ļeņingradā viņam bija brālēns. Mēs iepazināmies, un viņš manī ieskatījās. Es ar viņu runāju par visu, arī par to, ka negribu te palikt. Es biju sev nospraudusi termiņu – desmit gadus, lai tiktu prom. Viņš teica: es tevi iepazīstināšu ar savu brālēnu. Kāpēc? Lai es parunājot ar viņu, viņi dodoties prom.

Maskavā bija izdota krievu–ivrita vārdnīca. Latvijā tādu nevarēja dabūt. Viņš man iedeva šo vārdnīcu, teica, lai es piezvanot viņa radiniekam. Es piezvanīju, sacīju, ka esmu atvedusi viņam svarīgu grāmatiņu. Mēs satikāmies. Viņš bija par mani 7–8 gadus vecāks, diezgan slimīgs. Aizgājām uz restorānu, un viņš man teica, ka viņa tēvs ir Izraēlas prezidenta brālis. Uzvārds – Šazars. Prezidents kaut kādā banānu republikā saticies ar Mikojanu, kas šeit bija ministrs, un lūdzis izlaist viņa ģimeni – brāli, meitu un dēlu. Dēls bija viņš. Viņš stāstīja, ka drīz brauks prom. Es ieteicos: ņemiet mani līdzi... Es viņam teicu:

„*Jums nav ko zaudēt, bet es zaudēju dzīvību, dzīvi*". *Vēlāk sanāca bēdīgi, jo viņš manī iemīlējās un gribēja, lai esmu viņa sieva arī pa īstam. To es nespēju. Viņš man piedāvāja, lai es apsolot, ka, ja gadījumā es kaut kad dzīvē viņu iemīlēšu, tad ņemšu viņu par vīru. Es neko nezaudēju, es teicu: jā, protams. Mēs oficiāli apprecējāmies, sākām noformēt dokumentus man kā sievai. Tas notika ātri. 1965. g. janvārī es ar viņu iepazinos, bet septembrī mēs aizbraucām uz Izraēlu. Es ar viņu devos uz Jeruzālemi, mums iedeva dzīvokli, bija grūti. Viņš bija iemīlējies, bet es sevi sargāju. Mēs izšķīrāmies. Pēc nedēļas es jau strādāju radio, tur bija vajadzīgs diktors. Biju laimīga. Radio satiku savu vīru. Viņš strādāja angļu nodaļā. Bija tāds gadījums – Londonā aizmuka rakstnieks Anatolijs Kuzņecovs. Es viņu labi pazinu, viņš bija viens no nedaudzajiem, kas zināja, ka es dodos prom, es no viņa atvadījos. Londonā viņš lūdza mani atrast. Reiz mājās atnāca mans vīrs un teica, ka viņiem bijusi ziņa: ievērojams krievu rakstnieks Londonā ir lūdzis politisku patvērumu. Viņi bija atraduši mani. Man bija uzvārds Rubašova, tas man bija palicis no vīra (kurš mani izveda) pēc šķiršanās. Es devos uz Londonu satikties ar Kuzņecovu. Vīrs man palīdzēja. Kuzņecovs man piedāvāja darbu. Viņš domāja, ka ir izmucis un te, brīvībā, rakstīs grāmatas vienu pēc otras. Viņš teica, lai es paliekot Londonā. Teicu, ka esmu precējusies. Zvanīju uz mājām, jautāju vīram, vai viņš negrib uz gadu doties uz Londonu. Vīrs piekrita.*

Es teikšu, ka tas, kas ar mani noticis, atstāja pozitīvu iespaidu – lai cik tas dīvaini izklausītos. Cilvēkam rodas imunitāte un analīzes spējas. Es zinu, ka es varēju būt slinka, varēju darīt muļķības. Atceros aresta brīdi – kad nolēmu, ka viņu dēļ neraudāšu... Tas bija lūzuma brīdis, kad es sapratu pašu svarīgāko: kad notiek kaut kas neparedzēts, kam tu neesi gatavs, palīdzēt tu nevari, tad ir jāapkopo visi spēki, lai izdzīvotu. Viss, kas no manis tiek prasīts – to es sapratu – ir izdzīvot un skatīties uz notiekošo kā kino. Man bija doma, ka es gribu visu atcerēties, jo cilvēki, ar kuriem tas nav noticis, to nezina.

Mammai bija gandrīz 96 gadi, kad mira. Māsa atbrauca uz Izraēlu 1971. gadā caur Londonu. Es tur sēdēju, streikoju, lai no PSRS izlaistu cilvēkus. Viņa atbrauca ar diviem bērniem. Vēlāk viņa strādāja Berlīnē. Dēls ir Indijā, precējies ar indieti, otrs dzīvo Izraēlā. Bērni ir beiguši Berlīnes universitāti. Tā visa ģimene mums ir pasargājusies, izglābusies, visi palikuši viens vesels un pie veselā saprāta...

Silva

Silva un Dorita

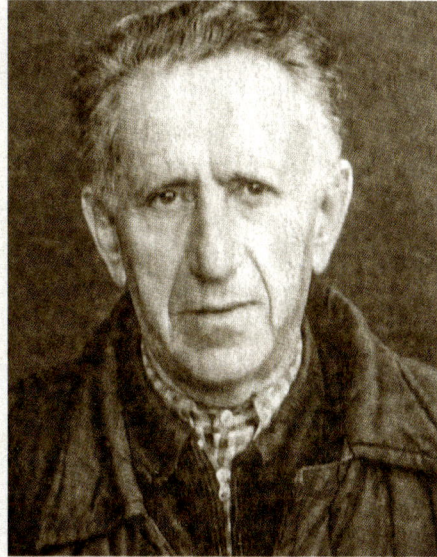

Tēvs Izraēls Sibīrijā

No kreisās: tēvs Izraēls, māte Gena, meitas Dorita un Silva, Latvijā

Dons Jaffe

dzimis 1933. gadā

Jāiet caur Bijskas aizu, bet no bada
nebija spēka paiet. Apkārt gaudoja vilki,
pavasarī visapkārt mētājās kauli.

Mans tēvs bija Jakovs Jaffe, studējis Berlīnes universitātē Elektrotehnikas fakultātē, un māte Ella Aranovska, Rīgā beigusi vācu komercskolu.

Kāzas notika 1932. gadā un 1933. gada janvārī piedzimu es. Rīgā mēs dzīvojām Peitavas ielā, pretim sinagogai. Tēvs atvēra plaša profila elektro uzņēmumu, un mēs pārcēlāmies uz lielu dzīvokli Marijas ielā. 1936. gadā piedzima brālis Broņislavs, 1938. gadā – brālis Abrams.

Zinādams vācu un citas valodas, tēvs lasīja presi, sekoja notikumiem Eiropā un saprata par draudošajām briesmām ebrejiem.

1941. gadā, kad sākās karš, vecāki nolēma doties ceļā uz Krieviju. No Siguldas ar motociklu braucām, līdz beidzās benzīns, tālāk ar kājām. Pa ceļam vecāki nopirka zirgu un mēs braucām, bet zirgs aiz vecuma un vājuma nokrita un tālāk, Pleskavas virzienā, atkal jāiet ar kājām.

Vācieši bombardēja, pa ceļam redzējām līķus, un mani ievainoja galvā.

Tālāk mūs uzņēma krievu smagā mašīna ar ievainotajiem. Pirms Krievijas robežas mūs izsēdināja, jo iebraukšana aizliegta.

Naktī cauri mežam pārgājām robežu un sākās klejošana. Jaroslavļas apgabals, Daņilovas rajons, Berezinas ciems, tad Molotovas apgabals, Ļeņina rajons, tad Kirovas pilsēta. Kaut kur pa ceļam satikām tēva brāli Izaku un manu vectēvu Moiseju. Ģimenei radās plāns doties caur Afganistānu uz Palestīnu. Vispirms devāmies uz Uzbekistānu, nonācām pilsētā Karši (Quarshi) un izlūkos uz Afganistānu devās tēva brālis Izaks, jo viņiem nebija bērnu. Izakam līdzi parole. Ja tā izrādīsies pareiza, mēs sekosim. Parole bija atsūtīta nepareiza, un Izaku arestēja. Mēs nezinājām, ka pa to laiku bija noslēgts līgums ar Krieviju izdot atpakaļ bēgļus. Izaks Krievijas cietumā nomira.

Mēs, bēgt gribētāji, bijām nāves draudos. Sākās steidzīga klejošana. Ar vilcienu līdz Volgai, tad ilgi braucieni ar kuģi pa Volgu līdz Kazaņai, Kuibiševai.

Tālāk Sibīrijas virzienā līdz Novosibirskas apgabalam. Vecāki atstāja mani ar vectēvu stacijā, jo viņš bija palicis pavisam nevarīgs. Paši devās meklēt vietu, kur palikt. Vectēvs stacijā nokrita un nomira, jo viņš savu uzturu bija atdevis mums, bērniem.

Apmetāmies barakā, Putovskajas ielā. Sals, ziema, istabā bija tikpat auksti kā ārā. Man bija 9 gadi un jāiet skolā. Skola bija tālu, vietējie bērni brauca ar slēpēm, bet es nepratu. Jāiet caur Bijskas aizu, bet no bada nebija spēka paiet. Apkārt gaudoja vilki, pavasarī visapkārt mētājās kauli.

Antiseīmtisms bija sasniedzis Sibīriju. Pieaugušie skandināja „šajā tumšajā naktī, kad atnāks Ādolfs, tad visus žīdus apkausim..." un daudz ko līdzīgu.

Tēvs atrada darbu kara rūpnīcā, un mēs pārbraucām uz Krasnojarsku, Sibrevkoma ielu 16. Tēvs nevarēja teikt, ka viņš ir elektroinženieris, jo tad prasītu diplomu, bet, tā kā galvenais enerģētiķis bija mobilizēts un bija drauds, ka kara rūpnīcas var palikt bez elektrības, tēvs piedāvāja pamēģināt strādāt. Viss darbojās.

Kā balva – vienu reizi nedēļā lielāka uztura deva. Arī skola bija tuvu...

Mans vidējais brālis Broņislavs bija ļoti vārgs, jo bija dzimis priekšlaicīgi. Viņš saslima ar tuberkulozi, un viņa dzīvība bija jāglābj.

Devāmies uz Tadžikistānu, Staļinabadu. Tēvs strādāja putnu fermā, un mēs visi dzīvojām Lahuta vārdā nosauktā vasaras teātra istabās.

Tuvojās kara beigas, un mēs devāmies atpakaļ uz Latviju.

Visi mūsu radinieki, kuri bija palikuši Latvijā un Lietuvā, bija nogalināti.

Pēc liecinieku stāsta, mana tante ar vīru nošauti pēc tam, kad viņu acu priekšā viņu bērna galvu sašķaidīja pret bērziem...

Es dzīvoju ar smagu nastu, ka man, izņemot vecāku kapus, nav radu, kuru kapa vietas apmeklēt un kopt...

Ir neizdzēšamas sēras. Tam veltu daudzas savas kompozīcijas.

Dons kopā ar tēvu Jakovu, Rīgā, Elizabetes ielā pie kino Splendid Palace, 1935. gads

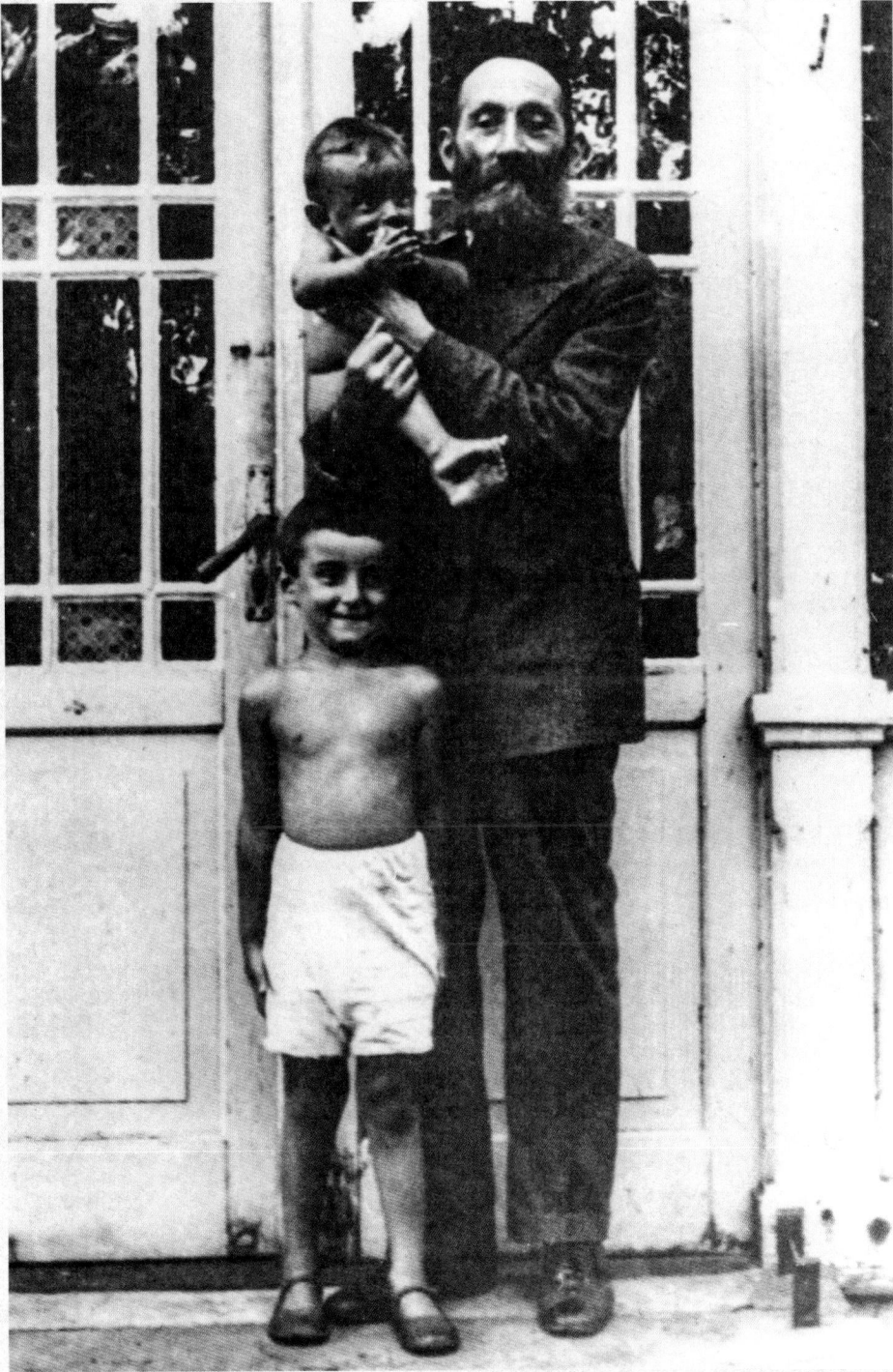

Dons kopā ar vectēvu Movšu un vidējo brāli Broņislavu vasarnīcā Pumpuros, 1937. gads

Jāzeps Jedeikins

dzimis 1927. gadā

Tad mēs ar baržu braucām pa Vasjuganu.
Mēs braucām līdz tādai upei Nuroļkai,
un tur bija kolhozs Bojevik.

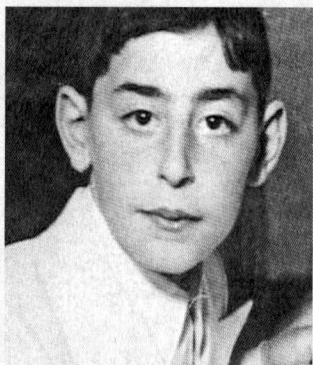

Līdz karam mums piederēja velosipēdu fabrika „Latvello". 20.–30. gados Latvijā velosipēdu fabrika bija tas pats, kas tagad, varētu teikt, kāda automobiļu fabrika. Tēvs bija, kā krieviski saka, „buržujs", bet viņš bija arī cionists un viņu izsūtīja kā buržuju un kā cionistu. Viņu aizsūtīja uz Soļikamsku, uz nometni „Usoļlag", Permas apgabalā, Molotovā. Tur viņu sodīja ar nāves sodu. Viņu nošāva 1942. gada 9. aprīlī. Man te ir visi dokumenti. Mums visu laiku par to nestāstīja. 1956. gadā, pēc tam, kad Hruščovs nāca pie varas, pēc partijas 20. kongresa, tika izskatītas visas lietas par visiem cilvēkiem, ko paši nogalināja, un tad tēvs dabūja reabilitāciju – 1956. gadā, 14. februārī. Bet mums, visai ģimenei, neko neteica. Mēs pirmo reizi to uzzinājām tikai 1993. gadā, kad es atbraucu uz Rīgu, kad Rīgā visus slepenos dokumentus Latvijas Iekšlietu ministrijā parādīja. Tad tikai mēs uzzinājām, kas notika, līdz tam mēs nezinājām. Māti ar māsu arī izsūtīja uz Sibīriju, tas bija naktī no 13. uz 14. jūniju. Mēs ar brāli bijām aizbraukuši uz Saldu, mums bija radinieki Saldū. Kad tante uzzināja, ka ģimeni izsūta, viņa telefonēja uz Saldu, un mēs braucām ar taksi uz Rīgu. Mēs negājām uz savu

dzīvokli, mēs gājām pie tantes. Viens pakoja čemodānus, otrs lika ārā. Mums prasīja: „Ko jūs gribat, vai te palikt, vai braukt kopā ar vecākiem?" Mēs jau nezinājām, ka vecāki ir šķirti, ka tēvu tūliņ paņēma nost. Un tad mūsu onkulis teica: – Nē, kur ir vecāki, tur vajag būt arī bērniem.

Mūs aizveda no Šķirotavas stacijas. Veda no dažādām, citus no Torņakalna, bet mūs no Šķirotavas.

Tad sākās grūti laiki. Var teikt, ka grūti laiki sākās jau tad, kad padomju vara ienāca Latvijā. Tūlīt visu naudu, kas bija bankā, atņēma, fabriku atņēma. Mums bija arī nams, mums bija liela vasarnīca Avotos, to visu nacionalizēja. Mums bija arī automašīnas – to visu nacionalizēja, mums nekas vairs nepiederēja. Mēs dzīvojām 8 istabu dzīvoklī, tad mēs pārgājām uz dzīvokli ar 4 istabām un paņēmām vēl vienu cilvēku, lai būtu vairāk, jo mēs baidījāmies, ka ienāks padomju virsnieki vai padomju karavīri. Mēs nevarējām iet uz savu skolu. Mums bija ebreju skola, kur mēs mācījāmies ivrita valodu. Tā tas bija 5 gadus. 1940. gadā ivrita valodu aizliedza, to nedrīkstēja, varēja tikai jidiša valodā. Vai arī varēja iet skolā, kur mācīja krievu valodā vai latviešu valodā. Tā mēs gājām sabiedriskā skolā, 18. skolā. Kad mūs aizveda uz Sibīriju, sākumā veda pa dzelzceļu līdz Novosibirskai. Tur mēs nonācām 11. jūlijā. Tad mūs paņēma uz kuģa un ar to aizveda pa Obu trīs dienās līdz Kargasokai. Tur mūs ieveda skolā, kur palikām vienu dienu. Tad mēs ar baržu braucām pa Vasjuganu. Mēs braucām līdz tādai upei Nuroļkai, un tur bija kolhozs Bojevik. Tas bija ciems, kur bija varbūt 20 mājiņas. Tas ciems bija radies tikai 30. gados no kulakiem, kas dzīvoja Sibīrijas dienvidos. Viņus, kā viņi saka, razkulačiļi un aizsūtīja prom uz boloto. Vasjugana ir purvs. Viņus ņēma kopā ar vecākiem, kopā ar vīriem. Tad viņi varēja kaut ko uzbūvēt... Tās nebija barakas un tās nebija mājas, tās bija, kā lai pasaka... hibara krieviski saka. Kādas 20 hibaras bija. Tur jau nekā nebija. Tur bija skola – 4 klases, pasta nebija, telefona nebija, telegrāfa nebija, elektrības nebija, nekā nebija. Nebija ūdens. Mums vajadzēja iet uz Vasjuganu vai uz Nuroļku pēc ūdens.

Ko es gribu teikt par tiem laikiem? Viens ir, ka es gribēju visu laiku ēst. Tu nāc pie galda paēst, bet nav no kā paēst, ko mēs apēdām, tā bija tik maz. Un otrs, ka bija karsts. Bija tik karsts, ka nezināja, ko iesākt. Karstums bija 30 vai 40 grādu. Vēlāk, kad es biju ieslodzījumā gulagā,

*un es biju Ozjorlagā – tas skaisti skan Ozjorlag, bet tas bija osobij zakritij
režimnij lager (īpašais slēgtā režīma lāgeris). Tur mums tikai tad nebija
jāiet uz darbu, kad bija mīnus 55 grādi. Kādēļ mūs neveda uz darbu? Ne
tādēļ, ka mēs nevarējām. Kas tad mums? Ja kādam kaut kas notika, to
pameta malā, lai paliek. Viņiem bija šubas. Bet tie suņi, kas mūs veda, tie
jau nevarēja izturēt 55 grādus moroza (sala). Ozarlag mums bija speciālā
nometne. Ko tas nozīmēja? Ka vajadzēja strādāt 12 stundas, kad visi
strādāja 8 stundas. Mums bija 29 dienas jāstrādā, un tikai vienu dienu,
trīsdesmito, mēs dabūjām brīvu. Tas bija ārprāts. Tur bija tā, ka mēs tikai
vienreiz pusgadā drīkstējām rakstīt vēstuli uz mājām. Un mums nebija kā
citur, kur bija kiosks, kur varēja kaut ko nopirkt. Naudas nebija, naudu
nedeva. Visiem citiem ieskaitīja darbus – par gadu viens ar pusi vai viens
un divi. Pie mums tā nebija. Cik gadu vajadzēja, tik vajadzēja strādāt. Ja
10 gadus, tad 10.*

*Vasjuganā mums vajadzēja strādāt un mēs gājām strādāt kā krieviski
saka ot zarji do zarji, līdz vēlam vakaram. Mēs strādājām kolhozā.
Interesanti ir tas, ka nāca kolhoza vadītājs un prasa man: – Kā, cik klases
tu esi mācījies? Es saku: – Sešas. Es biju 5 klases mācījies un padomju laikā
vienu gadu. – Kā? – viņš saka. – Sešas klases, un tu nemācījies, kā strādāt
ar zirgu? Es saku: – Man nemācīja. Viņš to nevarēja saprast, jo kolhozā visi
zināja, kā apieties ar zirgu. Tur pirmo reizi iemācījos, kā krieviski po maķeri,
jo, ja zirgam tā neuzbļauj, tad viņš neiet. Ziemā mums bija jāķer zivis.
Pirmos divus gadus tā bija. Pēc diviem gadiem māte dabūja atļauju braukt
uz rajona centru Kargasoku, jo viņa bija slima, pie daktera. Tad deva iespēju
arī man. Es ar māti aizbraucu uz Kargasoku, brālis aizbrauca uz Čižapku.
Tas bija pusceļā. Viņš tur beidza 7. klasi, un es beidzu 7. klasi Kargasokā.
Vasarā mēs visu laiku kaut ko strādājām. Bet nebija ko ēst. 1943./44. gadā
tas bija kaut kas... Es biju viens pats, māte aizbrauca pie māsas, brālis Ļoņa
bija Čižapkā. Sākumā es dabūju tikai 400 gramus tādu smagu maizi. Tas
jau bija nepietiekami. Tas nebija daudz. Mēs jau nedabūjām ne cukuru, ne
sviestu, nekā mums nebija. Par visu vajadzētu maksāt, bet naudas jau arī
nebija. Cenas auga katru dienu, katru mēnesi, un mums nebija naudas, par
ko nopirkt. Viss, kas mums bija sākumā, bija tēva lietas, ko mēs pārdevām,
lai kaut ko dabūtu ēst. Kartupeļu arī nebija, arī kartupeļu mizu nebija. Mēs*

ēdām balandu, tādas zaļas lapas, un nātres. To mēs ēdām. Vai žvihu, ko deva zirgiem vai citiem lopiem ēst. Es nezinu, kā mēs izturējām. Daudzi cilvēki gāja bojā. Pēc 1945. gada jau bija labāk. 1947. gadā vairs nebija kartītes. 1947. gadā es beidzu skolu, bet mums nedeva iespēju braukt uz Tomsku, lai varētu iet augstskolā.

1949. gada sākumā mani un vēl 5 cilvēkus ieslodzīja. Sacīja, ka mums esot cionistiska organizācija, un ka, kā viņi teica, „mūs vaino par aktīvu piedalīšanos pretpadomju buržuāziski nacionālistiskā grupā, kas, tēlojot ebreju nacionālo un reliģisko svētku svinēšanu, pulcējās, lai pagrīdes cionistiskajā organizācijā, nododot savu sociālistisko dzimteni, aizbēgtu uz Izraēlu, lai cīnītos pret arābu nacionālās atbrīvošanās kustību." Par ko mani vēl ieslodzīja? Tādēļ, ka es teicu, ka Latvijas laikā, Ulmaņa laikā bija daudz vairāk, es pateikšu krieviski: svobodi bilo namnogo boļše čem tut (brīvības bija daudz vairāk nekā šeit). Tas bija pareizi. Viņi saka, ka 1934. gada 15. maijā bija fašistisks apvērsums. Bet mēs jau zinām, kā bija. Viss jau palika. Ebreju draudze bija, ebreju skolas bija, viss ko mums vajadzēja, Latvijā, Rīgā bija. Mums bija ebreju un arī jidišā laikraksti, mums bija ebreju klubs un ebreju teātris. Bija ebreju skolas un viss, ko jūs gribat. Kā demokrātiskā valstī. Tikai Krievijā tas nebija, viņi jau nezināja par to.

1949. gadā mani paņēma, un tikai pēc Staļina nāves 1955. gada 15. novembrī man pateica: jūs esat brīvs. Bet Padomju Savienībā „brīvs" nav tas pats, kas citur pasaulē. Mani vēlreiz apcietināja un vēlreiz aizsūtīja trimdā, jo es biju no trimdas. Es nevarēju braukt uz Rīgu. Bet šajā laikā mana māsa, māte un brālis jau dzīvoja Tomskā, viņi jau dabūja atvieglinājumu. Mani aizsūtīja ne vairs uz Kargasoku, bet Tomsku. Kad ierados Tomskā, man pirmoreiz iedeva pasi. Tā nebija īsta pase, man iedeva tādu kā teica volčij pasport (vilka pasi) – vajadzēja iet un katras divas nedēļas atzīmēties, ka es neesmu aizbraucis no Tomskas. Tādu pasi kā normāliem padomju cilvēkiem es vēl nedabūju, es vēl biju specposeļeņije. Man vajadzēja parakstīties, ka tad, ja es aizbraukšu, es dabūšu 20 gadus katoržnih rabot (katorgas darbs). Bet vispār tas Ozarlag jau bija katoržnije raboti. Katru dienu tur mira 3–4 cilvēki barakā. Visi jau zina – tas bija tas pats, kas pie vāciešiem, kā tur bija tās nometnes, kā Kaizervaldē (Mežaparkā) 1943./44. gadā Rīgā bija noticis tas pats.

Katru dienu bija viens un tas pats. Ej pa ielu un redzi mirušus ļaudis. Visi tikai prasa ēst. Laikrakstos visu laiku slavināja padomju ļaudis, kā viņi daudz strādā par padomju dzimteni. Bet mēs jau zinājām, kas ir pareizi, kas ir patiesība un kas nav patiesība. Kā es iznācu no turienes? Es 6 mēnešus mācījos grāmatvedību, beidzu to kursu. Pēc tam bija tāda lieta: Hruščovs izdeva tādu noteikumu, ka jaunekļi, puiši līdz 35 gadiem, ja viņi iestājas kādā universitātē vai institūtā, politehniskā institūtā, ja iestājas dienas nodaļā, ne vakara, tikai dienas nodaļā, tad viņi kļūst brīvi. Tātad man vajadzētu iestāties universitātē. Kā es varu iestāties, ja es esmu atnācis no cietuma un visu esmu aizmirsis? Es domāju – kur lai stājos? Gribētu stāties medicīnā, bet tur vajadzētu fiziku un ķīmiju, matemātiku. To visu es esmu galīgi aizmirsis. Ir pagājuši 9 gadi cietumā. Cietumā bija pavisam kaut kas cits vajadzīgs. Bija jācīnās tikai par to, lai būtu dzīvs. To nevar iedomāties, kā tas bija. Tad es domāju: iešu uz vēstures nodaļu. Kādēļ uz vēstures? Vēsturi es mazliet zināju. Tur vajadzētu likt eksāmenus vēsturē, ģeogrāfijā, svešvalodā. Vācu valodu es zināju labāk nekā skolotāji tur, vēl no skolas, no Rīgas. Tas ir trīs. Bet tad vajadzētu krievu literatūru, to vajadzētu iemācīties. Un no kā es baidījos – eksāmenos vajadzētu rakstīt kaut ko uzdotu... Es rakstīju ar kļūdām, jo krievu valodu jau es mācījos tikai no 7. klases, ne no 1. klases. Es sēdos un 18 stundas dienā mācījos – no sešiem rītā līdz divpadsmitiem vakarā, katru dienu 90 dienas. Pēc tam es gāju uz universitāti un iedevu savus dokumentus. Viņi man pateica: ja jūs dabūsiet 25 punktus, tad mēs jūs pieņemsim. Tātad man vajadzēja visur dabūt pieci: rakstiski un mutiski krievu valodā, vācu valodā, pēc tam ģeogrāfijā un vēsturē. Pirmais eksāmens bija rakstiski krievu valodā. Es gāju, uzrakstīju. Kā es uzrakstīju, es nezināju. Pēc tam nākamā dienā pie sienas bija izlikts, cik mēs katrs dabūjām. Es teicu savam draugam: – Ej tu, paskaties, cik es dabūju! Viņš paskatījās un saka: – Ir! Es saku: – Kas ir? Viņš saka: – Tu dabūji! Ko es dabūju? Viņš saka: – Piecnieku! Es nevarēju saprast, kā es to piecnieku dabūju. Pēc nedēļas viņi man iedeva tādu papīru, ka es esmu uzņemts, ka esmu students, un es gāju uz miliciju, dabūju pasi. Bet pase bija ar 38. punktu. Tomskā es varēju, bet lielās pilsētās es nevarēju mācīties. Vienu gadu es tur nomācījos, man visi bija piecnieki. Un tad viņi mani sūtīja uz Krimu vasarā, 1957. gadā. Māsa, viņas vīrs un *māte 1957. gadā dabūja atļauju braukt uz Rīgu. Mans brālis dabūja atļauju mācīties Ļeņingradā. Tad es nolēmu braukt arī uz Rīgu. Ko es viens pats palikšu. Aizbraucu uz Rīgu, aizgāju uz universitāti un prasīju rektoram: – Vai jūs mani uzņemsiet? Viņš saka: – Kā tevi var uzņemt? Es saku: – Kādēļ nevar? Viņš saka: – Tu jau neproti latviski, neesi runājis 16 gadus, no 1941. gada līdz 1957. gadam, un mums nav krievu grupas, tikai latviešu. Es saku: – Domāju, ka kaut kā varēšu. Te ir mana grāmatiņa. Viņš paskatījās, un tur visi bija tikai piecnieki. Tad viņš saka: – Labi, man nav nekas pretī. Es saku: – Nu tad, lūdzu, parakstieties, ka jums nav nekas pretī. Viņš parakstījās. Es aizbraucu uz Tomsku, aizgāju uz universitāti un teicu, ka gribu pārcelties. Viņi man iedeva papīrus, un es braucu uz Rīgu. Tādēļ, ka es biju students, mani pierakstīja, citādi mani nevarētu Rīgā pierakstīt. Tikai vēlāk, 60. gados, es dabūju zināt, ka man bija 10. un 11. punkts. 11. punkts – tas ir, ka cilvēks nav darbojies viens, ka ir bijusi sabiedriska organizācija. To noņēma. Tad noņēma no 10 gadiem uz 5 gadiem. 8 gadus es biju trimdā un 7 gadus cietumā. Tagad mani ieskaitīja, ka esmu padomju pilsonis. Tikai 1993. gadā man pateica, ka es esmu reabilitēts. Brīva cilvēka pasi es dabūju tikai Latvijā. Es beidzu universitāti ar izcilību, pēc tam vienu laiku strādāju augstskolā, pēc tam skolā. Es negribēju dzīvot pie padomju varas. Es gribēju braukt prom. Trīs reizes man nedeva atļauju. Teica – nedrīkst būt augstskolas pasniedzējs. Tad es aizgāju uz vidusskolu. Otrā reizē, kad nedeva atļauju, teica – jūs nevarat būt vēstures skolotājs. Tad es paliku par vācu valodas skolotāju. 1970. gada beigās es trešo reizi iesniedzu papīrus, un 1971. gada 31. janvārī teica – jūs varat kopā ar „famīliju" izbraukt uz Izraēlu. Jums ir 28 dienas laika. Labi, ka deva 28 dienas. Man vajadzēja aizbraukt uz Maskavu, uz vēstniecību. Tur es visu dabūju, atbraucu atpakaļ. Skolā, kur es strādāju, kas tur notika! „Tu esi pret padomju varu! Tevi vajag iesēdināt! Noziedznieks tu esi!" Neko darīt jau viņi nevarēja. No turienes vajadzēja dabūt raksturojumu, dabūju, un tās bija šausmas. 28. februārī es pateicu Rīgai – sveiki! 1. martā es biju Maskavā, ar lidmašīnu aizlidoju uz Vīni, tur biju 3 dienas, un tagad esmu te. Tagad braucu uz Rīgu, dažus mēnešus dzīvoju Rīgā, Jūrmalā.*

Es braucu katru gadu un daudzus mēnešus dzīvoju Latvijā. Es brīnos: kad pirmo reizi aizbraucu, sāku runāt un varēju tik daudz runāt latviski.

16 gadi tur un tagad te 25, vairāk gadu. Pirmoreiz es aizbraucu uz Latviju 1997. gadā.

Bijušie īpašumi praktiski ir zaudēti. Latvello iegāja fabrikā Kompresors. Teica, ka mēs to nevaram dabūt, mēs varam dabūt sertifikātus. Tos sertifikātus, kas bija 28 lati, mēs pārdevām par 3 latiem. Tagad viņi maksā 15 latu. Vasarnīcu atdeva. Bet māsa gribēja naudu, brālis arī gribēja, tad mēs to pārdevām, un lēti pārdevām. Tā iznāca. Tagad jau ir pavisam citas cenas.

Sibīriju atceros, bet negribu braukt. Nemaz negribu braukt uz Krieviju arī. Viņi saka, ka Krievija tagad ir pavisam cita, bet lai viņa ir cita, viņa nav tā...

Jāzeps ar brāli Leonu Latvijā

No kreisās: Jāzeps, Solomeja, Leons

Sibīrija

Leons Jedeikins

dzimis 1927. gadā

*Neviens no maniem radiem, izņemot muzikantu
Valdšteinu, nav palicis dzīvs – visi ir nogalināti...*

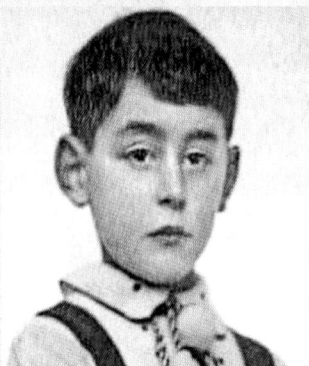

Esmu dzimis Rīgā 1927. gada 6. septembrī. Ģimenē bija tēvs, māte, četrus gadus vecāka māsa un dvīņubrālis. Mēs bijām laba ģimene, tā saucamā „augstākā klase", tēvs bija „Latvelo" – velosipēdu fabrikas – īpašnieks. Dzīvojām labu dzīvi. Tas bija līdz 1940. gadam, kad PSRS mums pasniedza „draudzīgo roku".

1941. gadā mūs izsūtīja uz Sibīriju. Mēs nebijām mājās. Es un brālis bijām pie radiniekiem. 12. jūnijā manu mammu, tēvu un māsu paņēma no dzīvokļa, bet mēs bijām Saldū un neko nezinājām. Tikai 14. jūnijā mēs dabūjām telefonu. Bija grūta braukšana uz Rīgu. Rīgā netikām mājās, jo durvīm bija priekšā plombes. Tur bija mani radinieki – tēva māte, tēva māsa ar ģimeni, mātes māsa ar ģimeni. Viena grupa sacīja, ka mums nevajag braukt, būtu jāpagaida, jo var aizbraukt pēc tam. Mammas grupa sacīja: tur, kur ir mamma, tur jābūt arī bērniem. Viņi sarunājās, un pēc stundas vai divām nolēma, ka arī mums jābrauc. Tur bija manas māsas draugs, līgavainis un viens no mana tēva vecākajiem darbiniekiem, kas ar tēvu ilgu laiku strādājis kopā. Viņi bija tā saucamie PDI (policijas palīga darbinieki).

Viņi mūs paņēma, lai aizvestu uz staciju. Bija tāda vieta, kur stāvēja krievu virsnieki un teica, ka mums nav vajadzības braukt – palieciet šeit, kur esat, kāpēc jūs gribat braukt?

Tas bija ceļā uz Šķirotavas staciju, kur tie virsnieki bija. Tur jau divas dienas vagonā atradās māte. Mēs bijām sarakstā uz pārvietošanu, bet mums bija iespēja nebraukt, jo „viņi" mūs neatrada un nepaņēma. Mēs stacijā atbraucām brīvprātīgi. Tēvs tanī laikā jau bija prom no ģimenes un atradās citā vilcienā. Tēvu aizsūtīja uz Soļikamsku, un 1942. gada 9. aprīlī viņu tur nošāva. Nogalināja lēģerī. To uzzinājām tikai vēlāk, kad atgriezos Latvijā. Viņš bija velosipēdu fabrikas īpašnieks – tā tur bija rakstīts, bija strādājuši 200 cilvēki, viņš bija kapitālists un par to viņu nošāva.

Kad 1940. gada jūnijā ienāca krievi un padeva „draudzīgu roku". Neatceros, vai tas bija pēc mēneša vai pēc divām nedēļām, atņēma visu īpašumu, kas mums bija, mums bija piecstāvu māja, kur mēs dzīvojām. Bija veikals un vēl kaut kādas lietas. Visu atņēma. Mums bija septiņistabu dzīvoklis, pusi atņēma. Tēvs līdz pēdējai minūtei palika direktors savā fabrikā. Strādnieki, kas tur bija, tie tēvu ļoti mīlēja, gribēja, lai viņš paliktu tur.

Mūs atveda uz Šķirotavas staciju. Kad mēs vēl bijām Saldū, dienu pirms aizbraukšanas mūsu tante ienāca pie mums dzīvoklī, paņēma no turienes kaut kādas mūsu lietas, apģērbus. Viņa iedeva mums daudz naudas, es aizgāju nopirkt sausiņus. Tā mēs atbraucām uz staciju. Atceros, ka mamma visu laiku kliedza, lai viņai atdod zēnus. Nezinu, kā tur, stacijā, mēs atradām māti. Vagonam bija lielas durvis, mēs ienācām iekšā, un durvis aizslēdza ciet. Atceros, ka vagonā bija nāras divos stāvos. Vagona stūrī bija tā saucamais „pisuārs". Mēs atbraucām desmitos vakarā, un pusnaktī vilciens sāka kustēties. Ja būtu ieradušies divas stundas vēlāk, mēs paliktu, bet tad es te nesēdētu un jums nestāstītu... Neviens no maniem radiem, izņemot muzikantu Valdšteinu, nav palicis dzīvs – visi ir nogalināti... Es nesaku paldies, bet es varētu pateikt paldies, ka man laimējās palikt dzīvam.

Līdz Novosibirskai braucām apmēram piecas nedēļas. Naktī atvērās durvis, kliedza: „Sup!" („Zupa!") Tā mēs vienreiz nedēļā naktī dabūjām zupu, un karavīri mums atļāva, kad vilciens stāvēja, aizskriet un paņemt karsto ūdeni.

Mātei un vecajiem cilvēkiem bija ļoti grūti. Man bija trīspadsmit gadi, man bija vieglāk.

No vilciena mūs salika uz kuģa „Nikolaj Tihonov". Nezinu, cik dienas braucām ar kuģi – vispirms pa Obu, tad pa Vasjuganu. Katrā vietā izsauca divas vai trīs ģimenes un lika krastā. Mūs izsvieda ārā Rabočij posjolkā (Darba ciems). Tas jau bija pie Vasjuganas upes, 200 vai 300 km no Kargasokas. Mūs izvietoja klubā ar visām mantām, uz skatuves. Klubā rādīja filma „Ģevuška s harakterom" („Meitene ar raksturu"). Es skatījos filmu. Mūs tur izlika divas ģimenes. Mamma pieņēma klāt vēl vienu meiteni, kas vagonā ļoti raudāja. Vagonā pēc divām dienām no viņas bija aizvesta māte un divi brāļi, jo viņiem arī bija kaut kāda fabrika vai kas. Meitenei bija ap 18 gadu, un mamma viņu pieņēma. Tā mēs bijām: mana mamma, māsa, tā meitene un mēs ar brāli. Bija vēl viena ģimene – uzvārdā Šomer. Tur bija mamma un trīs bērni, un vēl tāda Ljuba Eizenštat.

Pēc nedēļas vai divām sākām meklēt, kur dzīvot. Neatceros, bet man šķiet, ka tas bija kaut kāds centrs, kur mēs dzīvojām: tur bija ciemata kooperatīvs, maza slimnīca ar divām vai trim gultām, kolhozs laikam saucās „Pobeda", tas nebija liels. Tur varēja būt ne vairāk par 13 mājām. Tad mums iedeva vai pārdeva zemnīcu – iekšā zeme, bet augšā pārsegs no kokiem. Vēl pēc divām nedēļām mums pateica, ka ir jāiet strādāt, ka neesam atbraukuši kūrortā, bet gan pāraudzināšanai. Mūsu pirmais darbs bija „karčovka" – celmu laušana. Mana mamma nekad nebija strādājusi, un arī Sibīrijā viņa nestrādāja. Mēs trīs strādājām, bet mums vajadzēja izpildīt četru cilvēku normu. Tā tas bija divus mēnešus. Ieradās priekšniecība un izdomāja, ka ir karš, vajag daudz zivju. Izdomāja, ka vajag karavīrus – zvejniekus. Un mēs saucāmies „4. Vojeņizirovannij riboloveckij division" („4. militarizētais zvejnieku divizions"). Tas jau vien skan „jauki"! Sākām zvejot. Vasarā zvejojām ar laivu, likām lielus tīklus. Ziemā arī likām iekšā tīklus. Mēs ar draugu – Šomer prasījām brigadierim, kā tos tīklus likt iekšā. Viņš teica, ka vispirms jāizcērt liels caurums un ik pēc 10 vai 6 metriem atkal caurums. Lika iekšā dēļus, un jātiek atkal ārā. Viņš nepastāstīja, kā tur viss darāms. Ledus bija metru biezs, tīkls piesala pie ledus, un dabūjām cirst caurumus. Tā bija mana ziemas zveja.

Pēc diviem gadiem es nolēmu, ka bēgšu prom, jo gribu mācīties. Tajā vietā, kur mēs dzīvojām, skolas nebija. Mans brālis arī teica, ka dosies man līdzi. Mēs paņēmām laivu, kartupeļus un devāmies uz Ustjčižapku. Kaut kur mēs piesējām laivu pie baržas un tā braucām. Es sāku meklēt, kur dzīvot. Atradu kādu ģimeni, sarunājām, ka malka un ūdens mājai būs mūsu darbs.

Aizgāju uz komandantūru, teicu, ka esmu aizbēdzis no Rabočij posjolka, bet viņi man neko nepārmeta. Sākām mācīties. Pēc pāris nedēļām māte dabūja atļauju aizbraukt uz Kargasoku, slimnīcā pārbaudīt, kas viņai kaiš. Brālis nolēma, ka brauks ar mammu. Es nolēmu, ka palikšu mācīties – es nezināju, kas mani sagaida Kargasokā, es gribēju mācīties, negribēju nekur braukt.

Ziema bija grūta. Kartupeļi beidzās ātri... Es katru dienu pirku 120 g miltu. Katrs varēja dabūt vai nu 200 g maizes vai 120 g miltu. No cilvēkiem, pie kā dzīvoju, dabūju kartupeļu mizas. Aizgāju un salasīju nātres, katru dienu vārīju sev putru no 120 g miltu, kartupeļu mizām un nātrēm. Tā bija visa mana iztika. Es nobeidzu 7. klasi un atkal ar laiviņu devos 30 km, jo māte un māsa bija izsūtītas no Kargasokas uz kādu vietu netālu no tās, kur es dzīvoju. Māsa strādāja meža darbos – tur bija tāda barža, uz tās bija liela vinča, ko darbināja ar astoņiem zirgiem – kokus ielika iekšā, tad izsvieda uz baržas, un vajadzēja tos vēlāk salikt rindās. Jūnijā, jūlijā, augustā mēs strādājām, tad devāmies uz Kargasoku. Tur jau bija mežu gāšanas darbi, ar zāģīšiem. Es jau biju liels, beidzis 7. klasi. Nezinu, kā mamma pierunāja priekšnieku man dot iespēju mācīties tālāk. Tad es gāju skolā kopā ar brāli – 8., 9. 10. klasē. Tur bija eksāmeni, lai nokārtotu „Atestat zrelosti" („beigšanas apliecība"). Es nezināju krievu valodu, bērnībā rakstīju un lasīju tikai latviešu un vācu valodā. Krieviski runāt pratu, jo man bija krieviete aukle. Mājās ar mammu runāju krieviski, ar tēvu – vāciski. Krieviski lasīt nemācēju. Atceros, ka Rīgā bija avīze „Segodņa". No tās iemācījos krievu burtus. Kad bija eksāmeni krievu valodā, es, protams, nenoliku. Nākamais piegājiens eksāmenam ir pēc gada. Līdzko izkritu, mani nosūtīja darbā uz gulšņu rūpnīcu. Tas ir – ko lika dzelzceļam... Tur es nostrādāju gadu, un tas bija drausmīgi – tālu no mājas, katru otro svētdienu gāju 20 kilometrus pie mātes. Es nepastāstīju, tas bija 1948. gads, kad manam brālim – tur bija pieciem cilvēkiem tiesa, katram iedeva desmit gadus par 58.10. pantu.

Par runāšanu, par aģitāciju. Viņu un vēl četras sievietes aizveda prom, un astoņus gadus viņš nosēdēja Omskā. Man pēc gada vajadzēja noteikti dabūt to atestātu. Domāju – varbūt varēšu mācīties tālāk, kaut ko izdarīšu... Tur bija labi cilvēki – rūpnīcas direktors. Es biju labs strādnieks, mēs bijām draudzīgi. Viņš teica: tu esi mobilizēts, bet bēdz vien prom no šejienes, es esmu vienīgais, kas var tevi iesūt tiesā un izdot iestādēm, izprasīt tevi atpakaļ. Es tevi nenodošu, es apsolu.

Es atbraucu uz Kargasoku, aizgāju pie komandanta. Komandants teica, ka viņš mani neizdos, bet man jāparakstās, ka pēc mācībām strādāšu par krāvēju.

Aizgāju mācīties, man vēl bija laiks vienu mēnesi gatavoties, liku eksāmenus. Tur bija arī rakstiskais eksāmens. Prasīju: nu, kā tad esmu nolicis... Man atbildēja: nu starp divi un trīs, vēl lemjam, kāda tad atzīme būs. Es dabūju trijnieku, man tagad bija „atestat zrelosti". Tad gāju strādāt par krāvēju. Tur septembrī jau bija auksti. Man bija jāceļ ap 200 kg smagas kastes. Tās bija jānes no baržas. Bija ļoti, ļoti grūti, darbs notika dienā un naktī. Tu zini, ka tev jāiet, jānes un tad jāiet vēl un vēl vienu reizi. Kad darbs pabeigts, dabū glāzi šņabja un glāzi piena. Tad ir atpūta – ap 20 minūtes, un jāstrādā vēl četras stundas. Tad dabū vēl glāzi vodkas un glāzi piena... Es tā nostrādāju gadu. Es biju mācījies, izglītots un biju beidzis skolu, un mani iecēla par noliktavas pārziņa vietnieku. Tur bija lielas noliktavas.

1946. gadā visi bērni, kas bija izsūtīti, dabūja atļauju doties uz Rīgu. Viena grupa aizbrauca, bet es biju otrajā sarakstā. Tur bija bērni, kas dzimuši līdz 1925. gadam. Es braucu ar kuģi. Kuģis nokļuva līdz vietai, kur vajadzēja iekraut dēlīšus, no kā taisa mucas. Mēs tur stāvējām trīs stundas. Pēc tam ieradās milicija, meklēja, sākām runāt angliski, it kā mēs neesam no Rīgas. Milicija teica, ka visiem jākāpj nost no kuģa. Mēs ar mantām gājām trīs kilometrus atpakaļ. Mamma jautāja, kas noticis. Priekšniecība bija dabūjusi izziņu, ka bērnus tomēr nedrīkst sūtīt mājās. Tos, kas paspēja aizbraukt uz Rīgu, pēc tam visus aizsūtīja atpakaļ uz Sibīriju. Mūs neaizsūtīja, mēs trīs stundas sēdējām uz kuģa.

Man nebija iespējas mācīties. Gribēju doties uz Tomsku. Tikai 1953. gadā dabūju atļauju mācīties Tomskā. Tur bija daudz studentu. Mani nekur nepieņēma, vienīgais tehnikums, kur mani pieņēma, bija Tomskas Mežu tehnikums. Tur bija interesanti – no sākuma pieņēma, tad nepieņēma utt. Pēc tehnikuma trīs gadus bija jāiet strādāt tur, kur tevi nosūta. Man vajadzēja beigt ar visiem piecniekiem, tad bija tā, ka pieci procenti no tiem varētu stāties institūtā. Es nobeidzu, man nebija neviena četrinieka, un es dabūju brīvo diplomu. Es biju 10 klases jau beidzis, tādēļ tehnikumā man bija jāmācās tikai divarpus gadus. Pēc tam es sešus mēnešus nostrādāju un tad dabūju pasi. Tas bija 1956. gadā, kad Staļins jau bija miris. Gribēju mācīties tālāk un devos uz Ļeņingradas Mežu tehnisko akadēmiju. Devos uzzināt, vai man būs jāliek eksāmeni. Man teica, ka eksāmeni nebūs jāliek. Bija brīvs laiks, un tad es aizbraucu uz Rīgu. Tur bija pazīstami un arī mana nākamā sieva. Rīgā es padzīvoju jūnijā, jūlijā, augustā un 1. septembrī braucu atpakaļ uz Ļeņingradu. Un... es nevaru tur mācīties ... Tas bija 1956. gads, man bija 29 gadi, bet es mācījos kopā ar puišiem, meitenēm, kam bija 17, 18 gadu. Es sarunāju ar vadību, ka pāriešu uz neklātieni. Devos uz Rīgu un te gāju vakara institūtā, kuru arī nobeidzu 1962. gadā. Ko darīt? Man bija paziņas, dzīvoju pie viņiem. Sāku meklēt darbu. Telefonu grāmatā sameklēju ar mežu, koka un papīrrūpniecību saistītu organizāciju numurus, zvanīju, aizgāju uz turieni un dabūju darbu projektēšanas institūtā, vēlāk organizāciju sauca „Latgiproprom", Ļeņina ielā 15. Sāku strādāt par tehniķi, tad vecāko tehniķi, tad par inženieri, vecāko inženieri, grupas vadītāju, galveno speciālistu. Tur nostrādāju 17 gadus. Pēc dažiem mēnešiem apprecējos. Man ir divas meitas... Mums bija normāla dzīve.

1973. gadā nolēmām, ka meklēsim kaut ko labāku. Māte, māsa un brālis jau divus gadus bija Izraēlā. Mēs domājām – ko darīt? Tiem apstākļiem nedzīvojām slikti. Bija doma: kas būs, ja mēs aizbrauksim? Man bija 45 gadi. Tomēr izlēmām braukt, un varu teikt, ka izvēle bija pareiza. Te es sāku strādāt naftas rūpnīcā savā specialitātē – kontroles un mēraparāti. Pensijā aizgāju kā nodaļas vadītājs.

Kādu vārdu par manu latviešu valodu. Kad atbraucu no Sibīrijas un jau biju vecākais inženieris, pie manis strādāja latviešu puiši Jānis Klotiņš un Gunārs Muižnieks – mēs ar viņiem bijām draugi. Viņi teica: ja tu nerunāsi latviski, mēs ar tevi neesam draugi. Es, atbraucis no Sibīrijas, biju aizmirsis valodu. Un tā – mazpamazām atgriezās viss, ko es agrāk zināju! Varu teikt paldies, jo tagad ar jums es runāju latviski tā kā bērnībā.

Tagad esmu pensionārs, mēs darām, ko gribam un dzīvojam normālu dzīvi. Viena meita dzīvo šeit, otra Londonā.

Rezumēt... Es nezinu, vai varu kaut ko pateikt. Cilvēkam visu laiku jādomā, ka viņš var būt labāks. Man no katra perioda ir palikuši labie cilvēki, es vienmēr tādus satiku. Vai zināt, cik daudzas reizes esmu visu sācis no sākuma? Trīs reizes! Sibīrijā arī es satiku daudz labu cilvēku, bet bija arī slikti cilvēki. Es cilvēkos meklēju labo. Šeit man ir jauni draugi, bet es atceros draugus, kas bija Rīgā, daži ir arī šeit. Katru piektdienu mēs sanākam kopā. Šeit ir rakstnieks Mincs, inženieris Valdšteins un citi – mani labi draugi no Rīgas.

Nu ko vēl pateikt....

No labās: Leons, Solomeja, Jāzeps, māte, Sibīrijā

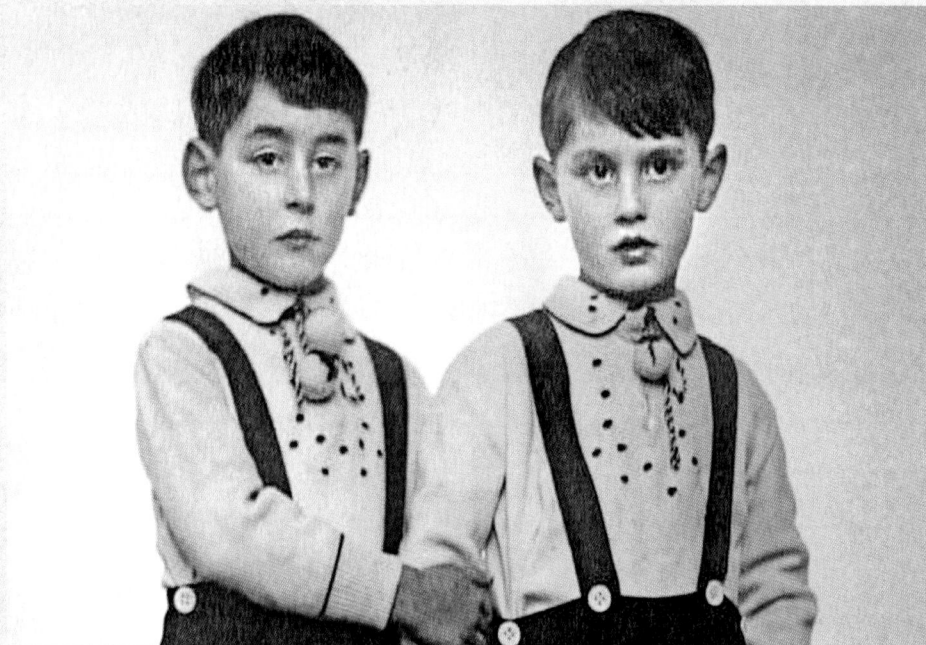

No labās: Leons un Jāzeps

Sādža Sibīrijā

Ella Kagane (Sļivkina)

dzimusi 1926. gadā

Zvans pie durvīm. Atnāca pieci cilvēki.
Viens bija sarkanarmietis, latvietis – policists,
ebrejs no partijas organizācijas un vēl divi.

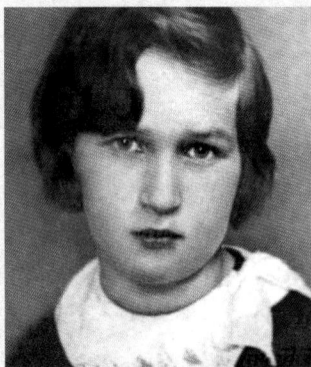

Latvijā mēs dzīvojām Daugavpilī. Esmu dzimusi Daugavpilī Išaja Kagana ģimenē. Manu tēvu sauca Išajs Kagans. Mana mamma ir Gerta Kagane. Vēl man bija brālis, kas bija četrus gadus jaunāks par mani. Esmu dzimusi 1926. gadā, bet viņš 1930. gadā. Daugavpilī es mācījos latviešu skolā. Tā bija Piektā pamatskola, latviešu pamatskolā. Mājās mēs runājām krieviski, mani vecāki labi zināja ebreju valodu, bet ar mums viņi sarunājās krieviski. Es it kā atrados starp divām kultūrām, starp krievu un latviešu, jo skolā mēs mācījāmies latviešu valodā.

Manam tētim bija firma „Apiņu imports" – importēja apiņus no Eiropas valstīm – Polijas, Vācijas, Austrijas, Čehoslovākijas uz Latviju. Darba dēļ tēvs 1938. gadā kopā ar savu kompanjonu Ovseju Maronu nolēma pārcelties uz Rīgu. Arī kompanjons rezultātā tika izsūtīts. 1938. gadā, kad sākās Vācijas karš ar Poliju, tēvs devās uz Poliju glābt savus ietaupījumus, kas atradās Polijas bankās, un pazuda uz diviem mēnešiem. Tajā laikā mamma kopā ar mums pārcēlās uz Rīgu, jo mums jau bija noīrēts dzīvoklis. Mēs nezinājām, kas noticis ar tēvu, kur tēvs atrodas, un, vai vispār atgriezīsies, bet kādā naktī tēvs atgriezās, skaidrs, ka bez nekā, bet bija laimīgs, ka ir izglābies. Viņš stāstīja, kā uz robežas viņus sagaidīja latviešu robežsargi. Viņi zināja, kas ir aizbraukušie, viņus priecīgi sagaidīja redzot, ka viņi ir izglābušies un atgriežas Latvijā. Tēvs atgriezās Rīgā.

Mēs dzīvojām pārticīgi, labā ģimenē. Bija tikai tēva vecāki, mātes vecāku jau vairs nebija. Viena tēva māsa kopā ar bērniem un vīru dzīvoja Lietuvā, Paņevežā, un otra māsa mācījās Ļeņingradā. Pats interesantākais, ka burtiski izsūtīšanas priekšvakarā visi sapulcējās pie mums Rīgā. No Paņevežas atbrauca tēva māsa ar vīru un bērniem, No Ļeņingradas atbrauca mūsu tante. Tas bija 1941. gada jūnija sākumā. Mēs vēl neko nezinājām, saprotams, ka neviens nezināja to, kas viņu sagaida nākotnē. Tad, kad ieradās mūs izsūtīt, mūsu mājās, dzīvoklī, atradās arī tante no Ļeņingradas. Saprotams, ka viņai kopā ar mums vajadzēja atstāt dzīvokli. Tēvs naktī no 13. uz 14. jūniju bija Majoros. Viena roka nezināja, ko dara otra. Viņš bija iecelts par gastronomiskā veikala direktoru Majoros, un viņi tur iekārtoja šo veikalu. Kad pulksten piecos no rīta mūs ieradās izsūtīt, viņš vēl nebija mājās, bet mēs – mamma ar mani un brāli, bijām atgriezušies no Majoriem un gulējām Rīgas dzīvoklī. Zvans pie durvīm. Atnāca pieci cilvēki. Viens bija sarkanarmietis, latvietis – policists, ebrejs no partijas organizācijas un vēl divi. Viņi teica: „Mums jūs jāpārved uz citu vietu tuvākā apkārtnē. Jūs drīkstat paņemt līdzi dažas mantas, čemodānus, bet jūs drīz atkal atgriezīsieties." Partijas darbinieks piegāja pie mana brāļa, sāka viņu modināt, saņēma aiz kājas: „Nu, nu! Mosties, celies! Izaugsi par labu komjaunieti!" Tā viņš brālim sacīja. Bet tas viņam spēra ar kāju pa vēderu. To es labi atceros. Man bija tāda sajūta, ka līdzi nevajag ņemt neko. Policists, kas bija latvietis, atvēra skapjus, pats sāka mest čemodānos mantas, bet es staigāju un izvēlējos. Sataisījāmies, paņēmām līdzi dažus čemodānus un šo to no ēdiena, kas nu mājās bija atrodams. Mūs salādēja smagajā mašīnā, veda pie citiem, kurus bija paredzēts izsūtīt. Nākamā bija Ulmaņu ģimene, latvieši, kas dzīvoja iepretim „Armijas Ekonomiskajam Veikalam". Tur izveda māti, tēvu un divus bērnus, puika jau bija pietiekoši pieaudzis un meitu. Par nožēlu, neatceros viņu vārdus, jo pēc tam mēs gandrīz visu laiku bijām kopā kolhozā, uz kuru mūs beigās aizveda. Tā savāca vēl dažas ģimenes. Kad auto stāvēja Vaļņu ielā ... Mēs dzīvojām uz Vaļņu ielas iepretī „Otto Švarcam".

Pēkšņi mamma saka: „Ella, paskat, re, kur nāk tētis! Teikt vai neteikt?" Viņa prasīja man padomu, kaut gan es vēl biju bērns, un mēs nolēmām, ka viņiem tas ir jāpasaka. Mamma teica: „Lūk, kur nāk mans vīrs". Saprotams, ka viņu tūlīt pat sagrāba, atveda pie mums. Viņš, ieraudzījis apstākļus, teica: „Klausieties, apžēlojieties, man nekā nav līdzi, atļaujiet man uziet augšā un kaut ko paņemt līdzi!" Policists kopā ar tēvu aizgāja mājā un tēvs arī paņēma čemodānu ar dažām savām mantām un atgriezās pie mums.

Mūs aizveda, manuprāt, uz Ikšķili. Man tā šķiet, ka preču vagoni stāvēja Ikšķilē. Tēvu tūlīt pat nošķīra no ģimenes un mēs viņu vairāk neredzējām. No ģimenēm nošķīra ģimenes galvas – vīriešus, viņus izvietoja atsevišķos vagonos, bet sievietes ar bērniem citos vagonos. Tā mēs šķīrāmies ar tēvu, un rezultātā viņu neredzējām vairākus gadus, līdz, kamēr viņu pirms termiņa atbrīvoja 1944. gadā, jo viņam bija pelagra, slimība no pārpūles. Viņš atbrauca pie mums uz sādžu, kur mēs mitinājāmies.

1941. gadā mūs salādēja lopu vagonos, un tad sākās ceļš uz Novosibirsku. Mēs nezinājām, kur tiekam vesti. Ceļā uzzinājām, ka ir sācies karš, jo redzējām, ka pretī brauc ešaloni ar kareivjiem. Stacijās, kurās Krievijā apstājāmies, sievietes pārdeva kaut kādus produktus, nesa mums vārītu karstu ūdeni. Dzīves apstākļi bija šausmīgi, jo tualete bija turpat vagonā, bet tur kopā atradās gan bērni, gan pieaugušie. Tā mēs braucām līdz Novosibirskai. Novosibirskā mūs salādēja uz baržām, veda pa Obu un Vasjuganu uz dažādiem kolhoziem. Vasjugana ir Obas pieteka. Mūs veda pa Vasjuganu un ik pēc zināma ceļa posma pa pāris ģimenēm izsēdināja gan labajā, gan kreisajā krastā, atkarībā no tā, kurā pusē atradās ciemi, kuros mitinājās 1929. gadā izkulakotie saimnieki. Kopā ar mums ciemā, kur mūs izsēdināja, bija arī Ulmaņu ģimene. Ciemats saucās Novojugino. Tas bija Kargasokas rajonā. Mūs sagaidīja kolhoza priekšsēdētājs, viņš ģimenes izvietoja pie kolhozniekiem. Katrai ģimenei kāds bija jāpieņem. Mēs, izsēdinātie, bijām kādas 6 vai 7 ģimenes.

Mamma, es un mans brālis, nokļuvām ģimenē pie vecticībniekiem, vīra un sievas. Viņi jau bija veciši gados, kolhoznieki. Viņi mūs atveda savā būdā, sagatavoja mums guļvietu zem ikonas, vietā, ko varētu nosaukt par viņu „salonu". Tur bija arī virtuve, kurā dzīvoja viņi paši, tajā bija krievu krāsns, bija arī priekštelpa. Pie viņiem mēs nodzīvojām gadu. Viņi mūs baroja, dzirdīja, sūtīja darbā. Mammai tūlīt bija jāsāk strādāt. Bija jāiet mežu darbos. Kā tagad atceros, mamma zīda zeķēs, sandalēs uz koka plāksnītēm. Saprotams, ka mēs nebijām gatavojušies tik smagiem apstākļiem. Mamma gāja darbā. Viņi mammu apgādāja ar pienu, deva viņai līdzi arī brokastis.

Mēs, bērni, gājām skolā. Novojugino bija rajona centrs, tāpēc tur atradās arī skola. Uz to brauca bērni no apkārtējiem laukiem. Man šķiet, es biju 6. vai 7. klasē, un mans brālis, kas bija par mani jaunāks 4 gadus, bija tikai dažas klases zemāk. Par skolotājiem strādāja evakuētie no Ļeņingradas, Maskavas. Līdz pat šai dienai atceros brīnišķīgo literatūras skolotāju – ukraini Vasiliju Stepanoviču. Kādā literatūras stundā, kad mācījāmies par Gogoli, kāds puika no kaimiņu Starojugina ciema (bija tādi divi brāļi Sobkas) uzleca kājās: „Ahā, zinām mēs tos ebrejus!" Vai pat „žīdus", neatceros, kā viņš īsti pateica. Tas laikam bija literatūras sakarā, daiļdarba sakarā, ko mēs lasījām. Skolotājs Vasilijs Stepanovičs apstājās un teica:: „Jā? Un ko tad tu zini?" Un nolasīja lekciju par ebreju vēsturi. „Tu zini", viņš saka, „ka tā ir Bībeles tauta? Grāmatu tauta?" Un tā tālāk... un visu stundu veltīja ebrejiem. Mēs ar draudzeni, kura arī bija ebreju meitene, sēdējām pirmajā solā kā teicamnieces. Viņa bija īsta teicamniece, bet es uzskatu, ka es biju „pievilkta teicamniece". Uztraukums bija neaprakstāms. Katrs matiņš sacēlās kā... un zosāda uzmetās ķermenim, es sajutos šausmīgi. Tas bija viens no nepatīkamākajiem gadījumiem.

Arī mums vajadzēja strādāt kolhoza darbus. Bija jāiet novākt raža, vajadzēja ķert zivis. Pēkšņi es tiku sūtīta uz zveju. Mani turēja rezervē, un iemeta ūdenī turēt tīklu. Es jutu, ka sāku tos laist vaļā, metos skriet apkārt kādam resnam kokam. Protams, ka manas darbības tika pavadītas ar neticamām lamām. Varat iedomāties meitēnu... Es nācu no tādas ģimenes, kur mani turēja kā vatē, es nezinu, kas ar mani būtu noticis, ja ne šis izsūtījums...

Cik Jums tad bija gadu? Man bija 13 gadu.

Un brālim? Viņam bija 9 gadi. Lauksaimniecības darbi, ražas novākšana, tas viss bija lietu kārtībā. Pēc tam es vēlējos kopā ar grupu iet taigā. Tur atradās neliela rūpnīca, kur no balteglēm tecināja eļļu. Tur strādāja jaunieši. Par to varēja saņemt kādu ēdienu, ja gāja uz „seļpo", tur deva maizi, noteiktā *daudzumā izsniedza arī cukuru. Es aizgāju, to visu saņēmu un nesu mājās. Tur bija divi kukuļi maizes un vēl kaut kas. Mamma saka: „Kas tas ir? Ko tu esi atnesusi?" Es viņai saku, ka mani sūta uz taigu strādāt rūpnīcā pie jauniešiem. Mamma saka: „Tu nekur nebrauksi, nekavējoties nes visu to atpakaļ!" Es aizgāju un visu aiznesu uz „seļpo". No rīta mamma izgāja ārā, krastā, no kurienes pulksten sešos no rīta vajadzēja doties ceļā laivām. Viņi mani gaidīja. Mamma teica: „Jūs varat braukt, Ella nekur nebrauks!" Protams, ka mūsu priekšsēdētājam nemaz nepatika, ka mamma mani nelaida visos darbos. Kaut gan par zvejas darbiem viņai vairs nebija ko iebilst. Pret to, ka mani meta ūdenī un man bija jālabo tīkli, viņa neiebilda. Taču vienā jaukā dienā no „Vojentorga" ciema, kurš atradās Obas krastā, Kazaļcevā ieradās pajūgs un pulcināja cilvēkus viņiem palīgā. Protams, ka mēs ar mammu bijām pirmās, ko priekšsēdētājs iesēdināja pajūgā. Kopā ar mums bija vēl dažas ģimenes.*

1943. gadā mūs veda uz jaunu ciemu Kazaļcevo. Tas bija zvejnieku ciems, tur notika produktu sagatavošana frontes vajadzībām. Šī ciema priekšnieks, direktors, bija atbraucis no Novosibirskas, tāds Janins, bijušais vai esošais pulkvedis. Tur sabrauca daudz tautas. Uz turieni tika atvestas vāciešu ģimenes no Pievolgas, tautas ienaidnieki, mātes ar bērniem, kā arī tur bija Smoļenskas sievietes. Viņi bija tautas ienaidnieki, arī viņu vīri, un viņus sūtīja šurp. Veidojās zvejas ciemats. Ziemā, kad Vasjugana aizsala, zvejoja āliņģos. Mēs dzīvojām zemnīcās, kas bija izraktas zemē. Mana mamma šajā zemnīcā pat mācēja ieviest tādu kā mājīguma sajūtu. Uz galda bija kādas salvetītes, un tā bija vienmēr. Logi, saprotams, bija augstu, mēs skatījāmies kā no pazemes.

Vasarā mūs sūtīja uz ziemeļiem, lasīt brūklenes, taigā. Tur bija Smoļenskas sievas ar bērniem, Pievolgas vācieši, un vienmēr braucu arī es ar brāli. Tur bija vēl daži no Latvijas. Atceros Medni ar bērnu. Par nožēlu, meitenīte saslima ar difteriju un nomira. Ar Medni mēs dzīvojām vienā barakā, vienā istabā bija Mednis, Dunkels kundze un Žeņa Sedova. Viņi visi bija no Latvijas.

Mūsu komandieris bija antisemīts. Briesmīgi pret mums izturējās, ņirgājās. Viņš izturējās slikti ne tikai pret mani. Es biju vienīgā ebrejiete. Tur bija Žeņa, latviete, un arī krievu meitenes. Mēs ar Žeņu izlēmām, ka mēs rakstīsim vēstuli brigadierim. Viena krievu sieviete, virsnieka sieva, teica, ka dodas prom no turienes. Kā viņa nokļūs galā, to viņa nezināja, bet viņa dosies prom. Mēs iedevām viņai vēstuli, kas bija adresēta priekšniecībai. Vēstulē aprakstījām apstākļus un kā pret mums izturas.

Mani apsēda sīkās utis. Man bija gari, kupli mati, un man piemetās utis. Kad es izlaidu roku caur matiem, sajutu veselu kārtu ar utīm. Smoļenskas meitenes man nogrieza matus „uz nullīti", tas bija vienīgais glābiņš. Tas, ka mums utis bija arī apģērbā, jau bija pierasts. Mēs bijām apģērbti vasaras drēbēs, mums nebija līdzi nekā siltāka. Upe jau sāka aizsalt, bet neviens nebrauca mums pakaļ. Laivu mums nebija, visas bija aizdzītas. Laiva atbrauca, kad krasti jau bija sasaluši. Pa šo laiku mucās bija salasītas gan brūklenes, gan dzērvenes. Mucas vajadzēja iecelt laivā un atgriezties mūsu ciemā. Mūs salādēja šajā milzīgajā laivā. Mēs braucām kādu nedēļu. Tuvojāmies krastam, izkāpām krastā, bet mūs tur naktī sagaidīja gaudojoši vilki. Mēs tos redzējām. Vajadzēja kurināt ugunskurus un uz vilkiem mest degošas pagales. Tas mūs glāba. Tā mēs braucām un pēc dažām dienām tuvojāmies savam ciematam. Visi mūs sagaidīja. Mamma jautāja: „Ella, kur ir tavi mati?"

Lai arī kas ar mums tur nenotika, mēs uzskatījām, ka tas ir labāk, nekā būt vāciešu ķetnās. Bija runas par to, ka viņi, padomju cilvēki, mūs ir izglābuši, jo – ja mēs nebūtu izsūtīti, tad būtu nokļuvuši pie vāciešiem. Nezinu, kurš būtu, kurš nebūtu bēdzis.

Šajā ciemā sezonas laikā nodarbojās galvenokārt ar zveju un ogu lasīšanu. 1944. gadā pie mums atbrauca tēvs. Viņš bija atbrīvots no lēģera. Viņam bija jautājuši: „Kur vēlies braukt?" Uz lielajām pilsētām viņš nedrīkstēja doties. Viņš bija atbildējis: „Vēlos būt pie savas ģimenes!" Viņš nepadomāja, ka tā ir Sibīrija, ka viņš būtu varējis doties uz kādu vietu Ļeņingradas apkārtnē. Lai nu kā, bet viņu atveda pie mums, izmitināja tanī pat barakā, tanī pat istabā pie Mednes, Dunkeles, kopā ar Žeņu, pie šīm trim sievietēm, kopā ar kurām mēs dzīvojām. Un viņš turpat strādāja par sargu, Janins viņu norīkoja dažādos darbos.

Vai atceraties to dienu, kad viņš atbrauca? Viņš ieradās ar kuteri. Paziņojums bija uz kutera. Saprotams, tas bija satriecoši, bet mēs laikam jau zinājām. Precīzi neatceros, kā tas bija. Sākumā ne viņš, ne mēs nezinājām, *kur katrs atrodas. Viņa māsa dzīvoja Ļeņingradā. Tur viņa dzīvoja arī visu blokādes laiku. Tēvs ar viņu sarakstījās, un tā viņš uzzināja, kur mēs esam, un mēs savukārt uzzinājām, kur ir tēvs. Un kādā jaukā dienā, kad mēs vēl bijām Novojuginā, mēs saņēmām uz tāss rakstītu zīmīti. Tā bija bērza tāss, kas pildīja atklātnītes funkciju, uz kuras otrā pusē bija adrese. Man ir žēl – es to glabāju, glabāju, bet tā arī nesaglabāju. Bet otrā pusē bija vēstulīte, kur bija teikts: „Esmu Urālos, Soļikamskā. Strādāju mežā. Trīsmetrīgas egles šūpojas kā sērkociņi". Viņš bija noskaņots mazliet poētiski. „Un mēs gāžam kokus". Mēs raudājām, kad šo vēstulīti saņēmām, tas bija satriecoši, jo... Vismaz mēs uzzinājām viens par otru, viņš uzzināja, kur atrodamies mēs, un mēs uzzinājām, kur atrodas viņš. Kad viņu atbrīvoja, viņš atbrauca tieši pie mums. Es šo brīdi neatceros, vai mēs zinājām, ka viņš brauc, vai arī tas mums bija pārsteigums. Es domāju, ka mums tēva ierašanās drīzāk bija negaidīta. Tas brīdis, kad viņš nokāpa no kuģa, man atmiņā nav palicis.*

Kā tēvs izskatījās? Viņš bija atbrīvots, jo slimoja ar pelagru. Viņš bija izmocīts, bet te viņš kaut kā atguvās, atgāja... Kopā ar mums viņš bija gadu. Pēc tam atbrauca tas pats Janins, izsauca viņu un teica, ka ieradušies cilvēki, lai savāktu darba spēku celtniecībai Tomskā. Un viņu nosūtīja tur. Mēs sākām raudāt, lūgties: „Kādēļ jūs tā darāt, kāpēc jūs atkal mūs izšķirat?" Bet mums atbildēja: „Tas ir vienīgais veids kā jūs varat no šejienes izkļūt! Viņš aizbrauks uz Tomsku, sāks tur strādāt, atsūtīs jums izsaukumu uz mācībām, izsauks uz turieni māti. Tas ir vienīgais, kas jūs var no šejienes..." Un tā arī bija. Visas sievietes, kas tur bijām, savācām pārtiku ceļam, pavadījām viņu uz Tomsku.

Tas bija 1945. gadā? Jā, tas bija 1945. gads. 1944. gadā viņš atbrauca, 1945. gadā viņu aizsūtīja uz Tomsku. Tur mēs uzzinājām par kara beigām. Drīz mēs no viņa saņēmām izsaukumu. Viņš bija aizbraucis uz Tomsku, devies uz celtniecības trestu, kur bija nosūtīts. Viņu sūtīja rakt grāvjus, tas bija ļoti smags darbs, viņš tur nestrādāja ilgi, jo viņam nebija spēka. Viņš devās pie ORSA (Otģel po rabočemu snabžeņiju) priekšnieka, un izstāstīja viņam, ar ko viņš ir savā dzīvē nodarbojies. Viņš bija teicis: „Varbūt tu vari man dot kādu atbilstošu darbu, lai man nebūtu jārok bedres un grāvji?" Mēs ceļā satikām lieliskus cilvēkus, tādus kā Janins, kā ORSA priekšnieks. Kāds bija viņa vārds? Sergejs... Neatceros. Viņš teicis: „Labi, paskatīsimies!"

Un iedeva viņam pieklājīgāka izskata fufaiku, bikses un sacīja: „Es došu tev uzdevumu. Ja tiksi ar to galā, tad..." Sūtīja viņu uz rajona komiteju, pilsētas komiteju, ka celtniecības trests lūdz palīdzību, kaut ko tādā stilā... Tēvs izpildīja visus uzdevumus, kas viņam tika uzticēti, un priekšnieks viņu paturēja darbā. Pēc tam viņš teicis: „Sagaida pēc apģērba, pavada pēc prāta." Priekšnieks bija ar tēva darbu apmierināts un viņš palika tur. Tēvs mums izsūtīja izsaukumus, un pēc kāda laika mēs, mūsu ģimene, braucām uz Tomsku. Viņš jau tur bija noīrējis dzīvoklīti.

Ko nozīmēja „izsaukums"? Izsaukums mācīties tur skolā. Vai tad tur, kur jūs dzīvojāt, skolas nebija? Šķiet, ka biju beigusi 7 klases, un tālāk mācīties bija jābrauc uz Kargasoku, un uz turieni mamma mani nelaida. No Novojuginas bija jābrauc vairāki desmiti kilometru. Tā es pēc 7. klases nemācījos. Bija 1945. gads, man jau bija 17 vai 18 gadu. Un te – tēvs mani pieraksta farmācijas skolā, un arī brāli pieraksta skolā. Mēs aizbraucam uz Tomsku, un es sāku mācīties šajā skolā. Man tur ļoti nepatika. Tur bija septītklasnieki, kas bija tikko pabeiguši mācības. Mans sapnis bija pabeigt vidusskolu, dabūt gatavības atestātu... Es pametu šo skolu un kā eksterns gāju kārtot 8. un 9. klasi. Sāku gatavoties.

Es gribētu pastāstīt vēl par Novojuginas ciemu, kolhozu... Vakaros bija ļoti auksti. Pēc gada mums ierādīja kaut kādu zirgu stalli, kuru mēs iekārtojām savai dzīvošanai. Tā pagāja gads, ko mēs bijām nodzīvojuši pie šiem saimniekiem, kas mūs visādi uzraudzīja. Mums iedeva stalli, kuru mēs smērējām, kopām, tīrījām, skrāpējām grīdas. Vakaros ar brāli pie krāsns sēdēdami, šausminājāmies un dziedājām dziesmas, kuras atcerējāmies „Kur tu teci, gailīti manu..." „Laša kundze acis bola..." Pēc tam mēs dziedājām tās dziesmas, ko atcerējāmies, arī krievu valodā, idišā. Es, starp citu, ne visai, idišu zinu. Es visu saprotu, bet runāt neriskēju, jo ar vecākiem mājās runājām krievu valodā. Tā bija epizode par to, kā mēs vadījām ziemas vakarus.

Bet kā bija pašos pirmajos mēnešos? Mēs dzīvojām pie svešiem cilvēkiem, saimniekiem, un viņi mūs apgādāja, sargāja. Pie viņiem dzīvoja arī meita ar bērnu. Ilgāk pie viņiem mēs nevarējām palikt. Pēc tam mēs no Tomskas viņiem sūtījām paciņas, tētis sūtīja. Tomskā dzīve kaut kā sāka nokārtoties, tas jau bija pēckara laiks. Tēvs pakāpeniski kļuva par nodaļas priekšnieku.

Cilvēki cieta badu. Jā. Nometnēs vispirms nomira latvieši. Viņi nevarēja pielāgoties. Viņiem bija ļoti grūti fiziski un morāli.

Tā stāstīja tēvs? Jā. Kā tēvam izdevās izdzīvot?

Viņš saslima ar pelagru. Ja viņu nebūtu atbrīvojuši, viņš, saprotams, arī nebūtu starp dzīvajiem. Viņam palīdzēja Ļeņingradas tante. Kad viņa uzzināja, kaut arī bija blokāde, viņa sūtīja papirosus, papīru, mahorku, tas bija ļoti svarīgi. To varēja iemainīt pret citām lietām. Tā viņam bija ļoti liela palīdzība, un tomēr arī viņš bija nožēlojamā stāvoklī.

Tur bija ļoti smagi apstākļi. Vajadzēja saprast, kas tas ir – padomju režīms. Mēs taču līdz 1940. gadam dzīvojām Latvijā. Dzīvojām ļoti labi, tēvam darba darīšanās bija saikne ar valdības aprindām. Mūsu ģimene dzīvoja labi gan materiālajā izpratnē, gan vispār.

Tomska mums bija glābiņš. Tur mēs nejutām antisemītismu. Es nevarēšu pateikt, vai tur pret mums izturējās kā pret specpārvietotajiem ("specpārseļenciem"), iespējams, ka arī nē, un tomēr, neskatoties ne uz ko, mums bija jāiet atzīmēties.

1946. gadā atbrauca ešalons, lai savāktu bērnus, kuru vecāki bija gājuši bojā. Arī mani kaut kur aizveda. Laikam tēvs... Es nezinu, kā viņš to bija izkārtojis. Es biju ģērbusies šinelī. Pat atceros pārstāvniecības cilvēku. Un kopā ar visiem es braucu uz Rīgu. Mans brālis devās pie tantes uz Ļeņingradu. Bērni aizbrauca, vecāki palika Tomskā.

Man pēc Rīgas vēl šodien ir nostaļģija, pēdējā laikā katrus divus gadus braucu šurp. Mīlu Rīgu, dievinu. Atceros bērnību, kā vizinājāmies ar ragaviņām. Gaiziņkalns? Es domāju. Dievinu Rīgu. Mēs braucām ārpus pilsētas. Tad es laikam mācījos 6. klasītē, kopā ar draugiem braucām ārpus Rīgas.

1946. gadā jūs atbraucāt atpakaļ? Jā, es atgriezos Latvijā, mani paņēma māsa, un es dzīvoju pie viņas. Esmu izaugusi Daugavpilī, bet no 1938. gada dzīvoju Rīgā, es jau biju vairāk pieaugusi. Un arī mana māsa dzīvoja Rīgā, viņa dzīvoja patstāvīgi, strādāja un mācījās. Es Rīgā sāku strādāt. Pirmkārt, es devos mācīties 10. klasē, gāju skolā. Pēc tam sāku strādāt Mežsaimniecības ministrijā, neatceros, par ko. Latviešu valodu es zināju labāk nekā šodien.

Un tad iestājos Latvijas Valsts universitātē, Filoloģijas fakultātē, latviešu plūsmā. Mācījos tur tik ilgi, kamēr mani izdzina. Kāpēc mani izdzina?

1950. gadā mēs jau bijām vīrs un sieva. Ābrams arī atgriezās tādā pat ceļā, tikai viņš neatgriezās viens, atgriezās visa viņa ģimene. Viņi bija pieci bērni. Kad sāka ievākt ziņas, tad par viņiem uzzināja. 1950. gadā jau visi ebreji zināja, ka tiks izsūtīti, katrs brauca prom, kur vien iespējams. Bet viņi palika uz vietas. Mēs apprecējāmies 1948. gadā. Es mācījos, Ābrams strādāja. 1950. gada janvārī visu viņu ģimeni saņēma. Atnāca arī pie mums mājās Blaumaņa ielā. Man pat neprasīja, kas es tāda esmu. Mans vārds sarakstos nebija. Ābram Sļivkin, taisieties! Ieradās pie māsas, kas bija precēta sieviete, saņēma viņu un vecākus, un bērnus – Benjāmiņu, un visus aizveda uz pārsūtīšanas punktu. Atmiņā palicis, ka 1950. gada janvāris bija neticami auksts. Es viņiem uz turieni nesu paciņas. Tur viņus noturēja pāris nedēļas. Tālāk viņus sūtīja pa etapu kopā ar noziedzniekiem uz iepriekšējo izsūtījuma vietu. Es biju stāvoklī jau pāris mēnešus. Viss! Mani izsauca uz kadru daļu. Tur bija tāds Ozoliņš. Kāpēc es neesot izstāstījusi, ka mans vīrs ir izsūtīts? Bet kas man būtu stāstāms? Es par sevi arī nestāstīju. Viņš man lika rakstīt kaut kādu atzīšanos vai kaut ko līdzīgā garā, un mani izmeta no universitātes. Tas bija 3. vai 4. kurss. Vienalga, es domāju, kad beigsies mācību gads, es braukšu pie vīra, jo man septembrī vajadzēja dzemdēt. Es izlēmu, ka braukšu pie viņa. Un es braucu uz Bogatolu, uz vietu, kur viņi bija izsūtīti. Tur mums septembrī piedzima dēls. Tur es biju jau ar pasi, brīvs cilvēks. Mani vecāki dzīvoja Tomskā, un viņi negribēja, ka es braucu pie viņiem, jo baidījās, ka man būs jāstājas uzskaitē. Bet kādā jaukā dienā izsauc manu tēvu un prasa: „Kur ir jūsu bērni? Jums taču bija bērni?" Tēvs saka: „Es nezinu." „Kā, jūs nezināt? Vai jums te ir slikti? Mēs jūs sūtīsim uz ziemeļiem, bet bērnus atvedīsim pa etapu!". Viņš nobijās un teica: „Es mēģināšu noskaidrot!" Viņš sūtīja telegrammu man un arī brālim uz Ļeņingradu.

Es ņēmu dēlu rokās, devos uz Tomsku. Atbrauca arī brālis no Ļeņingradas. Mēs uzzinājām, ka mums ir jāierodas komandatūrā. Nekur nedrīkstēja doties prom. Man tas bija pazīstams, jo es jau visu laiku atrados uz vietas, bet brālim... Tas bija kaut kas! Tomskā atradās Sarkanās Armijas nams, viņš tur sāka apmeklēt dejas, iepazinās ar savu nākamo sievu, ar kuru vēl joprojām kopā dzīvo Tomskā. Bet es gadu lūdzos, lai Ābramu no Bogotolas, no Krasnojarskas apgabala... Bet te bija Tomskas apgabals. Gadu lūdzām, lai viņam atļauj braukt uz Tomsku. Kad viņš atbrauca, dēls teica: „Tēvocis tētis ir atbraucis". Viņš atbrauca, iekārtojās darbā. Es pat nebiju stāstījusi, ka mācījos Latvijas universitātē, es iesniedzu dokumentus Pedagoģiskajā institūtā. Mani pieņēma svešvalodu fakultātē. Tur es to pabeidzu, tas bija 1957. gadā, vakara fakultāti. Tur es strādāju, vēlāk strādāju tehnikumā, pēc tam biju pasniedzēja Politehniskajā institūtā.

1957. gadā iznāca likums par visu izsūtīto reabilitāciju. Pirmkārt, tas attiecās uz skolotāju ģimenēm. Tā kā es strādāju par skolotāju, mūsu ģimeni no uzskaites noņēma uzreiz. Mēs nekur vēl nevarējām braukt, jo, lai atgrieztos Rīgā, vajadzēja būt pierakstam, vajadzēja būt dzīvoklim. Tas mums nebija, mēs turpinājām dzīvot Tomskā. Ābrams strādāja „Teploelektroprojektā" un jaunajās mājās bija dabūjis dzīvokli „Hruščova laika namā". Šo dzīvokli mēs samainījām pret Rīgas dzīvokli. Rīgā bija divistabu dzīvoklis koka mājā Ķīpsalā. Blakus bija zvejnieks, pie kura mēs pirkām lašus. Kā gan viņu sauca? Tie, kuri glāba ebrejus...

Tur dzīvoja Žanis Lipke. Mēs dabūjām dzīvokli šajā rajonā, un pārcēlāmies uz Rīgu.

Pēc tam es sāku strādāt 2. pamatskolā, vakara pamatskolā, kur mācījās strādājošie jaunieši. Tā atradās Ļeņina ielā, Brīvības ielā. Tanī laikā, 1965. gadā, mēs saņēmām izsaukumu uz Izraēlu. Tur jau atradās divas Ābrama māsas. Viņas bija apprecējušās ar Polijas ebrejiem, kuriem bija tiesības, un caur Poliju viņas bija ieradušās šeit. Ābrams vienmēr, kopš dzimšanas, ir bijis cionists. Es par to neko nezināju. Mūsu ģimenē gan tika svinētas Lieldienas, ebreju svētki, tēvs arī bija saistīts ar sinagogu, laikam ziedojumu sakarā, mans vectētiņš un vecmāmiņa arī bija reliģiozi cilvēki, bet mums bija „svetskij dom".

Tā kā Ābrams vēlējās doties uz Izraēlu, kādas man varēja būt tiesības viņu aizkavēt un neļaut viņam īstenot savas ieceres? Kā to izdarīt? Man tas bija nāves numurs. Es taču biju pirmā skolotāja, kas devās prom! Izdomāju muļķīgu plānu. Ābrams bija slims ar tuberkulozi. Es nolēmu, ka par Izraēlu sākumā neko neteikšu. Mums radi dzīvoja Polijā, vīrs vēlas doties pie viņiem, un tā tālāk... Bet pēc tam mēs gribam pārcelties uz Izraēlu. Tanī brīdī, kad man pār lūpām pārvēlās vārds „Izraēla", direktors pielec kājās, bija izbijies. Viņš jau baidījās elpot ar mani kopā vienu gaisu! Viņš „lido" prom no kabineta, es „lidoju" viņam līdzi. Šajā brīdī man ap sirdi palika tik viegli... Viss. Vairāk man nav, ko teikt. Es biju izteikusi visu, ko vajadzēja. Es vēl negribēju iet prom no darba, es nezināju, vai man atļaus, vai neatļaus braukt. Viņš saka: „Vai zināt, ka Izraēlā bērni mācās pagrabos? Vai zināt, ka..." te vienu, te otru, te trešo, desmito... Zinu vai nezinu, bet raksturojumu viņš man tomēr nedeva. Viņš man nedeva raksturojumu, un es izlēmu, ka iešu prom no darba. Iesniedzu atlūgumu. Pēc šī notikuma iekārtojos darbā dzelzceļnieku klubā. Tur bija 4–5 gadus mazi bērni, un es viņiem mācīju angļu valodu. Man šķiet, ka manā dzīvē tas bija pats laimīgākais laiks. Visi vectēvi un vecāsmammas veda savus bērniņus, bērni mani mīlēja, es biju ar viņiem saradusi, mēs spēlējāmies un dziedājām! Rezultātā mēs iesniedzām dokumentus 1965. gada decembrī vai 1966. gada janvārī. Mani izsauca martā. Ābrams atkal atradās slimnīcā. Mani izsauca, un pulkvede – sieviete, saka: „Jums ir atļauts izbraukt uz Izraēlu!" Divu mēnešu laikā. Kad cilvēki gaidīja gadiem ilgi... Divu mēnešu laikā, martā, mums Padomju Savienība bija jāatstāj.

1965. gada martā mēs atbraucām uz Izraēlu. Viena epopeja bija beigusies.

<u>Ko Jūs vēl vēlētos piebilst par to, kas tika pārdzīvots Krievijā, Sibīrijā? Kā tas ietekmēja Jūsu likteni?</u> Ja tas nebūtu kara laiks, mūsu pirmais izsūtījums –mēs droši vien teiktu: „Kaut arī mežs tiek cirsts, skaidām tomēr nav jālec!" Tā kā bija karš, viss it kā bija attaisnojams. Cieta taču visa tauta, visi. Tas, ka 1950. gadā mani izdzina no universitātes, kad jau karš bija beidzies, kad bija pagājuši gadi, kad bērni mācījās padomju skolās... Tas nebija saprotams. Tas jau liecināja, ka ne viss padomju režīmā bija kārtībā. Kaut ko tuvāk par holokaustu mēs uzzinājām te, Izraēlā. Arī mana dzīve šeit iegrozījās neparasti, tādā nozīmē, ka mēs šurp atbraucām bez jebkādām pretenzijām, bez prasībām, visu uztvērām tā, kā tam jābūt. Man ļoti paveicās ar darbu, jo es zināju angļu valodu. Es iekārtojos darbā par tulku institūtā, jo šeit, Jeruzālemē, iekārtoties darbā par skolotāju bija diezgan grūti, īpaši angļu valodas skolotājam. Šeit bija daudz amerikāņu. Viņiem, pirmkārt, tika piedāvātas vietas, kas bija brīvas. Es iekārtojos tulkojumu institūtā, un vēlāk šis institūts pārveidojās par lielu izdevniecību. Es nostrādāju 10 gadus. Mēs sākām izdot ebreju enciklopēdiju krievu valodā. 11 sējumi.

Isajs Majofiss

dzimis 1927. gadā

1941. gada 14. jūnijā viņu dzīve kļuva par elli. Manam tēvam, Genoha dēlam bija 14 gadi, māsiņai Bellai – 13.

Katru gadu mēs ar tēvu Isaju Maijofisu braucām uz Rīgu, apciemojām tēva vecākus, manu vectētiņu un vecmāmiņu, Genohu un Esteri Maijofisus.

Viņi dzīvoja kinoteātra „Teika" rajonā, Laimdotas ielā 31. Tas bija trīsistabu dzīvoklis, divās istabās dzīvoja kāda cita ģimene, bet vienā istabiņā viņi.

Virtuve un duša dzīvoklī bija kopīga. Istabiņa bija maziņa. Vakarā mums ar tēvu guļvietu klāja uz grīdas.

Kad mēs apgūlāmies, visa istaba bija aizņemta un durvis atvērt nevarēja.

Par to, ka pirmskara Latvijā manai ģimenei bijusi pilnīgi cita dzīve, uzzināju tikai tad, kad mans tēvs bija miris.

Vectēvs Genohs un viņa brālis Honons nodarbojās ar biznesu, viņi tirgoja ādas pa visu Eiropu. Ģimenēm piederēja trīs nami Rīgā, Dziravu ielā 2.

Genoham un Hononam katram bija divi bērni. 1941. gada 14. jūnijā viņu dzīve kļuva par elli. Manam tēvam, Genoha dēlam bija 14 gadi, māsiņai Bellai – 13.

Tajā dienā arestēja visus, gan Genoha, gan Honona ģimenes.

Hononu, viņa sievu un mazo meitiņu izsūtīja uz Usoļlagu, bet manu vecmāmiņu ar bērniem – uz Tomskas apgabalu.

1942. gadā Honons gulaga nometnē nomira. Visi pārējie izdzīvoja. 1945. gadā manu vectētiņu iesauca armijā – karot par svešu zemi, jo pietrūka karavīru.

Genoha ģimene atradās Tomskas apgabala Bakčarskas rajona Parbigas sādžā. Pēc kara tur aizveda arī manu vectētiņu.

1960. gadā vectēvs un vecmāmiņa atgriezās Rīgā. Mans tēvs Isajs pārbrauca dzīvot uz rajona centru – Tomsku. Pēc kāda laika viņš tur iepazinās ar manu māti. 1962. gadā tur piedzimu es.

Tēva māsa Bella aizbrauca dzīvot uz Kijevu.

Gribu atzīmēt, ka mans vectēvs netika notiesāts. Tā laika sajukuma dēļ viņu ģimeni vienkārši arestēja. Pēc tam, 20 gadu laikā nebija neviena tiesas procesa.

Arhīva lietās saglabājies tā cilvēka uzvārds, kura ziņojuma rezultātā tika arestēti Gonohs un Honons – kā namīpašnieki un bagāti tirgoņi. Saprotams, arī bīstami elementi. Ar ziņojumu pietika, lai salauztu viņu dzīves.

Mans tēvs pat mātei nestāstīja par izsūtījumu, kā viņi dzīvojuši, kā tur gājis. Tēvs bija mierīgs, līdzsvarots un mazrunīgs cilvēks. Ar vecākiem viņš sarunājās idiša valodā, jo bija Rīgā mācījies ebreju skolā. Saprata arī vācu un latviešu valodu. Mājās mums bija grāmatas idiša valodā, bet ebreju tradīcijas neievērojām. Atzīmējām sabatu, tēvs lepojās, ka ir ebrejs.

Vectēvs strādāja Rīgā, VEF rūpnīcā par naktssargu. Par dzīvi pirms kara viņš nekad nerunāja. Kad Latvija kļuva neatkarīga valsts, tad sāka atdot namīpašumus. Arī mūsu ģimenei atdeva trīs namus. Lai noformētu dokumentus, visi ieradāmies Rīgā – no Kijevas, Tomskas un Novosibirskas (tur dzīvoja vectēva brāļa Honona pēcteči).

No tiem, kuri tajos namos bija dzīvojuši, dzīvi bija palikuši tikai vectēvs Genohs un tēva māsa Bella. Mans tēvs jau sen kā bija miris.

Mūsu ģimenes pēcnācējiem bija šoks par tiem notikumiem, kuri norisinājušies pirms daudziem gadiem. Mēs neko nebijām zinājuši par šiem īpašumiem. Pēc tā laika Latvijas likumiem, vairāku gadu laikā nedrīkstēja izlikt īrniekus no mūsu namiem. Pašiem bija mājas jāsāk remontēt un vēl daudzi citi pienākumi jāveic.

Vienīgais cilvēks, kuram tas viss bija jāuzņemas, bija mūsu cienījama vecuma vectētiņš. Mēs nolēmām mājas pārdot.

Vectēvs ierosināja izsniegt pilnvaru kādam viņa paziņam. Viņš mājas pārdeva un mūs visus apkrāpa.

Pēc tam veica vēl vairākus darījumus ar labticīgajiem pircējiem un ģimene visu zaudēja.

Tagad tur atrodas viesnīca. Kad atbraucu uz Rīgu, dažreiz tur palieku pa nakti.

Bieži esmu dažādās Eiropas valstīs, bet nekur nejūtos tik labi kā Latvijā. Šeit ir manas mājas.

Katru reizi, kad eju garām mājām Dzirnavu ielā 2, redzu 14 gadīgo puišeli Isaju un viņa 13 gadīgo māsiņu Bellu.

Tad mana sirds sažņaudzas...

Arkādijs Majofiss

Ģimene Jūrmalā

Sēž Genohs un māsa Hanna. Blakus Genoham sieva Estere. Meitene blakus Hannai nezināma. Bērni – Isajs un Bella

Isajs un Bella dažus gadus pirms izsūtīšanas

Nora Meiersone (Mālere)

dzimusi 1927. gadā

Mūsu sievietes neko neprata darīt, palika švakas no bada. Bija latvieši, tie pielāgojās un varēja tos darbus izdarīt.

Ģimenē bija tēvs Aleksandrs, māte Roza, vecāmāte – Anna. Dzīvojām Skolas ielā. Vecāki gribēja, lai mācos valsts valodā. Bija arī ebreju skolas valsts valodā. Tā bija seviška skola, bērnus ņēma jau no pieciem gadiem bērnudārzā. Bērnudārzā trīs mēnešus klusēju, nerunāju nevienu vārdu. Skolotāja nolēma, ka esmu pilnīgs muļķis, bet uzreiz sāku runāt tekoši un brīvi. Es tur mācījos divas klases, tad aizgāju uz ebreju skolu. Mācījos no 3. līdz 5. klasei. Tad nāca padomju vara. Mūs apvienoja. Mājās ar mammu runājām krieviski. Viņas ģimene Rēzeknē bija ļoti cienīta. Tēvs dzimis Rīgā. Viņa ģimene ir no Polijas, tagad – Baltkrievijas.

1940. gadā manu tēvu padzina no darba, viņš bija galvenais inženieris Shell kompānijā. Nekur nepieņēma darbā. Māte strādāja par zobārsti. Dzīvojām mēs labi. Kad atnāca arestēt, gadījās ļoti pieklājīgi KGB-ešņiki. Viņi teica, lai salasām mantas. Paši aizgāja. Atstāja vienu karavīru, kas aizmiga. Mums bija radi, kas no Polijas bija izsūtīti uz Kazahstānu, mēs zinājām, kādi ir dzīves apstākļi un kas jāņem ir līdzi. Naktī atnāca. Paņēmām daudz mantas. Gribējām, lai atstāj vecmāti. Viņai bija 80 gadu, bet ne par ko, iesēdināja vagonā.

Vīriešus atdalīja. Mēs vairāk tēvu neredzējām. Viņš bija Soļikamskā. Tā kā viņš bija inženieris – ķīmiķis, tad strādāja kantorī, kur neko nedeva ēst. Ātri nomira no bada.

Kad mūs atveda sādžā, tas bija Tomskas apgabals, Kargasokas rajons. Katrā sādžā izsēdināja, kas grib. Mēs vienā sādžā izkāpām, pāris pazīstami. Sādža Belij jar. Tur uzreiz lika pie darbiem. Mūsu sievietes neko neprata darīt, palika švakas no bada. Bija latvieši, tie pielāgojās un varēja tos darbus izdarīt. Bet arī starp viņiem viens otrs mira. Palika meitenīte Ilzīte – viņu paņēma viena vecāka dāma un izaudzināja. Nāca septembris, es aizgāju 15 km uz skolu. Tur bija kopmītne. Ēdiens pašiem savs. Gultas bija. Katru sestdienu skrēju mājās no skolas, lai dabūtu labāk paēst – kartupeļus. Maizi mums skolā deva. Nebija nekā cita. Visus gadus līdz 1948. gadam es vienmēr gribēju ēst, nekad nepietika. Mums laimējās – komandantam bija smaga kuņģa čūla. Viņš pie mums praktiski nekad nebrauca. Neiejaucās.

Pirmo vasaru strādājām pie siena. Pļaut neviens nemācēja. Vietējie bija uz mums ļoti dusmīgi, tie bija izsūtītie kulaki. Viņiem bija pašiem jābūvē mājas, jāstrādā. Mūs atveda un ielika viņu mājās. Mums bija „laba dzīve". Viņi bija pieradināti pie tā darba, bet mums tas bija svešs.

1. septembrī 1941. gadā aizgāju uz skolu. Tur beidzu 7. klasi. Kolhozā veicās linu kopšana un raušana. Bija jārok kartupeļi. Otrā gadā aizgāju mācīties uz Kargasokas vidusskolu. Tur nebija kopmītnes. Dzīvoju pie ģimenēm – latviešiem, krieviem. Palīdzēju mācībās, strādāju. Kaut kur pabaroja, kaut ko iedeva, bet ēst visu laiku gribēju. Vecmāte turējās labi, gatavoja ēdienu, bet pēc tam gadu gulēja uz gultas. Mamma ar viņu ļoti nomocījās. Mamma bija zobārste, viņai līdzi bija instrumenti. Ārstēja zobus, par to deva ēst. Vecāmāte nomira, un mamma atbrauca uz Kargasoku pie manis. Neviens viņu nemeklēja. Blakus saimniecei bija izdodama istaba. Mēs dzīvojām kopā ar vēl vienu ģimeni. Lielas grūtības bija ar malku. Ar ragaviņām katru dienu pēc skolas bija jāiet pēc malkas.

1945. gadā nobeidzu vidusskolu un dabūju atļauju stāties medicīnas institūtā. Iestājos. Noliku labi eksāmenus, bija jāpieņem. Atnācu uz komisiju – viņi laikam domāja, ka esmu evakuēta, bet uzzināja, ka esmu izsūtīta. Direktors bija Ždanovs. Man auga roka. Viņš iedeva nosūtījumu uz ķirurģisko nodaļu. Iekārtojos kopmītnē par apkopēju, mācījos līdzi. Ždanovs aizbrauca. Aizgāju pie viņa vietnieka. Tas bija ebrejs, mani pieņēma. Sāku mācīties. Mācījos Stomatoloģijas fakultātē, kuru nobeidzu 1949. gadā. Kad aizbraucu uz Tomskas apgabalu, pateica – mums tādi speciālisti nav vajadzīgi! Paliku Tomskā strādāt Sarkanajā Krustā.

1948. gadā latviešu bērni brauca prom, es tanī laikā dabūju brīvo pasi. Aizbraucu uz Novosibirsku, tur mani pieņēma darbā. Strādāju par ftiziatru dispanserā. Tad mani arestēja. Iesēdināja pagaidu cietumā, tad aizsūtīja uz Tomskas cietumu. Tur pateica, ka esmu izsūtīta un jāatgriežas pie mātes. Māte bija droša sieviete – iekārtojās darbā Ķeġulġetā. Tur bija ārstu punkts. Bija riebīgs komandants. Viņš gribēja, lai es strādāju kolhozā pie putniem. Par laimi, viņš bija izvirtulis, bija sūdzības un viņu atlaida no darba. Mani pieņēma par iecirkņa ārsti, nostrādāju trīsarpus gadus. Aizbraucu uz pārkvalifikāciju. Tad mani pārcēla uz Ķeġulġetu. Tur nostrādāju pusotru gadu, kamēr mani atbrīvoja, septembrī atgriezos Rīgā. Izsauca, iedeva papīru un teica – varat dzīvot, kā gribat. Nevarēja atbrīvoties no darba. Solīja zelta kalnus. Nolēmu – braukšu uz mājām. Sākumā mums bija grūti. Radiniece mammu pieņēma, bet mani – nē. Dzīvoju pie mammas draudzenēm. Mamma nopirka istabu. Nauda mums bija, abas strādājām.

Latvijā tūlīt dabūju darbu. Tuberkulozes dispanserā par iecirkņa ārsti. Tālāk nelaida – jūs bijāt izsūtītā. Apprecējos 1960. gadā, 1962. gadā piedzima pirmais dēls, 1965. – otrs. Dzīvojām normāli.

Nora ar māti Rozu un tēvu Aleksandru. Latvija

Sibīrija

Karmela Mordheleviča (Berkoviča)

dzimusi 1938. gadā

Tiem, kas novāca līķus, devuši maizes gabalu.
Cilvēki mira badā. Mans tēvs – viens no tūkstošiem –
palika dzīvs.

1941. gadā man bija divi ar pusi gadu. Tanī laikā bija jūtams, ka drīz varētu sākties karš. Mans tēvs strādāja veikalā – viņam piederēja daļa veikala. Tēvu saņēma un izsūtīja uz Soļikamsku, kur bija daudz latviešu un ebreju, un lielākā daļa izsūtīto vīriešu gāja bojā – nomira no bada... Mūs – mani, vecāko māsu un mammu – izsūtīja uz Sibīriju. Nokļuvām Kanskā. Mamma pēc profesijas bija cepuru meistare. Tā bija elitāra profesija, un, pateicoties savām amata prasmēm, mamma Sibīrijā varēja uzturēt ģimeni, iztikt bez tēva. Sibīrijā viņas darbs bija nepieciešams, jo tur bija aukstas ziemas. Par tēti neko nezinājām. 1944. gadā pēkšņi mammai teica, ka esot atnācis kāds cilvēks, lai nodotu sveicienus no tēva, ka viņi bijuši kopā... Kad mamma satikās ar šo cilvēku, mamma viņu nepazina – izrādās, ka tas bija mans tēvs... Kad tētis atbrauca, mums kļuva vieglāk dzīvot. Mēs bijām divas mazas meitenītes, mamma gāja darbos mežā, bet mēs lasījām ogas un no tām pārtikām. Kad atbrauca tētis, viņš bija ļoti vājš. Atceros, ka agrāk viņš bija ļoti dzīvespriecīgs cilvēks, bet tagad – vājš, vājš... Tētis stāstīja par to, kāda bija dzīve Staļina nometnēs. Ja cilvēks atrada žurku – tie bija lielākie svētki. Tiem, kas novāca līķus, devuši maizes gabalu. Cilvēki mira badā. Mans tēvs – viens no tūkstošiem – palika dzīvs.

1948. gadā mēs atgriezāmies Rīgā. Man ir tēvocis, kurš Rīgā dzīvo vēl joprojām, viņš bija partijas biedrs, bija karojis. Tēvocis pie mums atskrēja un teica, lai mēs steidzīgi dodamies kaut kur prom, jo sākas jaunas izsūtīšanas. Mēs – tētis, mamma un mēs – braucām uz Sibīriju. Sibīrijā piedzima māsiņa. Mēs aizbraucām paši. Zinājām vietu, kur bijām izsūtīti, un ieradāmies tur paši. Jūs varat iedomāties – tie taču ir tūkstošiem kilometru...

Kad 1956. gadā beidzu Medicīnas universitātē piekto kursu, mēs atgriezāmies Rīgā. Tētis nopirka māju, un mēs dzīvojām Zasulaukā. Es turpināju mācīties, tad apprecējos, un man piedzima dēls – Marks. Viņam pašlaik ir 44 gadi, un man ir divi mazbērni. Viņi dzīvo Galilejā. Arī mans dēls ir ārsts, stomatologs.

Kad beidzu universitāti, mani Rīgā neņēma darbā, jo es Sibīrijā nebiju atstrādājusi obligātos darba gadus. Es ilgi mocījos, līdz uzrakstīju vēstuli Hruščovam, ka no manis grib izvedot liekēdi (kr. val. tuņejadca), ka es nevaru palikt, ka man ir grūti. Kad iekārtojos darbā 2. Slokas slimnīcā, tur strādāju līdz 1971. gada aprīlim. Ap 1969. gadu sākās Ļeņingradas process par lidmašīnas sagrābšanu. Tur atradās mans otrais vīrs (jeb vienkārši draugs, jo mēs nebijām precējušies) Viņš un vēl deviņi ebreji – Kuzņecovs, Zalmansons, Knors un daudzi citi, kam es palīdzēju... Mēs nezinājām, ka viņi „iet uz šo lietu". Kādā naktī viņi aizlidoja uz Ļeņingradu atpūsties. Otrā dienā mājās ieradās varas pārstāvji, veica kratīšanu, meklēja un atrada visādas zīmītes par to, kā izbraukt no Krievijas. Manam dēlam tad bija 9 gadi, mani sāka pratināt KGB – visas pratināšanas notika vēlu vakaros. Naktīs – nē. Es neko nezināju, viņi mums neko nestāstīja, jo baidījās par mums. Process ilga pusotru gadu. 1970. gada 24. decembrī nolasīja spriedumu: diviem piesprieda nāves sodu. Plāns bija sekojošs – sasiet lidotāju, atstāt kādā ciemā un turpināt lidot pāri robežai. Viņus izsekoja, iespējams, ka bija arī kāds provokators. Par Ļeņingradas tiesas procesu uzzināja aiz robežas, un ārzemnieki sāka kliegt, kā var piespriest nāves sodu. Krievijai pārmeta – kā tas var būt, ka cilvēki sper šādu soli tāpēc, lai tiktu prom no valsts? Tad nāves sodu šiem diviem cilvēkiem atcēla, iedeva 10 gadus. Arī manu draugu ielika cietumā, un iedeva 6 gadus. Viņam Izraēlā dzīvoja māte, un atrada, ka tas it kā varētu būt iemesls – dēls ilgojas tikties ar māti. Mūs – visu viņu ģimenes – nedēļas laikā no PSRS izsūtīja. Tā es 1971. gadā atbraucu šurp, uz Izraēlu.

Es biju maza, un citu dzīvi nezināju. Sibīrijā bija bads, bet bads bija visur. Krievi pret mums izturējās ļoti labi. Ja viņiem bija maizes kumoss, viņi ar mums dalījās. Bads spieda zem sniega meklēt puvušus kartupeļus.

Mēs bijām tieši Kanskā.

Arī mēs vairākas reizes esam bijuši Kanskā, un interesanti ir tas, ka tur līdz pat šim brīdim pilsētā nav kanalizācijas.

Atceros, ka mamma smagi strādāja, mums bija ar nēšiem jāiet pēc ūdens. Ūdens ņemšanas vieta bija tālu – vajadzēja iet 15 minūtes. Bija līdz mīnus 50 grādiem aukstums. Antisemītisma tur nebija – bērni vienkārši nezināja, kas tas tāds ir! Savstarpējās attiecības starp cilvēkiem bija labas.

Ir zināms, ka no 15600 cilvēkiem, ko izsūtīja, tikai viens vagons bija tāds, kur ģimenes brauca kopā. Pēc tam viņus izšķīra Sibīrijā. Tātad tas ir ļoti rets gadījums, ka cilvēki palika kopā. Arī gadījums, ka Jūsu tēvs atgriezās pie ģimenes, ir liels retums.

Vienmēr esmu apskaudusi tos, kam ir vectētiņi un vecmāmiņas. Mani vecvecāki gāja bojā Rumbulā laikam 1942. gadā – kad notika ebreju šaušanas. Mēs uzskatām, ka izsūtījums savā veidā mums palīdzēja izdzīvot. Jo fašisti bija pret mums... Kad notika mūsu izsūtīšana, mamma gribēja, lai es palieku pie vecmāmiņas, jo domāja – kur viņa liksies ar diviem bērniem... Pie mammas pienāca krievu zaldāts un klusiņām teica: „Es tevi ļoti lūdzu – ņem bērnu līdzi!" Ja es būtu palikusi mājās, manis nebūtu dzīvo vidū... Tādā skatījumā – pret mums izturējās slikti izsūtot, bet tie, kas atgriezās no Sibīrijas, esam dzīvi.

Neliela ebreju daļa Latvijā glābās, jo viņus kara laikā slēpa latvieši. Latvieši paslēpa ebrejus pagrabos.

Citu pasauli mēs nezinājām. Mamma neko nestāstīja, jo baidījās. Atceros, ka runāja: „mūsu tēvs – Staļins". Staļins nomira, mēs stāvējām un raudājām. Uz ielas stāvēja cilvēki un raudāja. Mamma un tēvs teica: „Kāpēc jūs raudat? Jūs taču nezināt, kas viņš tāds bija..." Mēs bijām pārsātināti ar propagandu, un vecāki baidījās mums stāstīt, jo mēs, bērni, nejauši varējām savā lokā to apspriest. Bet par to draudēja cietums...

Patieso situāciju apjautu tad, kad Staļins nomira. Bet, vienalga, mēs neko nezinājām. Mūsu vecāki satikās, runājās, mēs zinājām, ka ir nometnes, ka ir izsūtījums. Pirms tam mēs to nezinājām. Mēs sapratām arī to, ka par to nedrīkst runāt. Mēs tikām tā audzināti – mums neviens neko nestāstīja, skolā bija cita propaganda. Arī tētis nestāstīja, viņš runāja tā, ka viņš tur (nometnē) it kā bijis kara dēļ. Tas tika runāts, lai mēs neietu un nestāstītu apkārt... Tika slēpts, jo tas skaitījās tautas ienaidnieks, kas kaut ko runāja.

Pēc nometnes tētis strādāja, bija enerģisks. Viņš strādāja pogu cehā, pēc tam viņš bija priekšnieks, mums bija dārzs, mājiņa. Tētis sakrāja naudu un varēja nopirkt mājiņu Rīgā – tas bija 1960. gadā, bet es paliku Kemerovā un turpināju mācības. Tā viņi dzīvoja.

1949. gadā man bija 10 gadi. Pusotru gadu vai gadu pirms tam ieradāmies Rīgā. Bija pierasts pie Sibīrijas – tur bija draugi. Rīgā mūs sagaidīja pārmaiņas – citi draugi, cita skola, arī Rīgā bija draugi. Mācījos krievu skolā.

Pēc Kanskas Rīga šķita brīnumaina, bet mēs nejutāmies ērti, jo mēs taču bijām kā lauku bērni. Pilsēta bija skaista. Bet mēs te bijām īsu laiku. Atceros, ka mūs izņēma no skolas, lai mēs brauktu atpakaļ. Bija smagi. Mēs braucām ar mantām, mamma tās salika čemodānos. Braucām naktī. Vēlāk onkulis teica, ka nākamās dienas rītā jau bija ieradušies mūs meklēt. Kāpēc izsūtīja otro reizi?

Tika nospriests, ka no Sibīrijas ir atbraukuši nelikumīgi. Tas bija viens iemesls. Otrs iemesls – vajadzēja atbrīvot vietu Latvijā cilvēkiem, kas te iebrauks no plašās PSRS. Izsūtīja ne tikai ebrejus, izsūtīja latviešus. 1949. gada martā izsūtīja vairāk nekā 42 tūkstošus cilvēku. Cilvēki negribēja iet kolhozos, un sākās arī visādas kustības – „mežabrāļi" u.c. Vajadzēja padomju varai lojālus cilvēkus.

Ļevs Notarevičs

dzimis 1928. gadā

Tur mūs atkal iemeta vienā barakā, mēs gulējām uz
grīdas. Tur es saslimu ar dzelteno slimību. Septembrī
mēs tur atzīmējām manu 13. dzimšanas dienu.

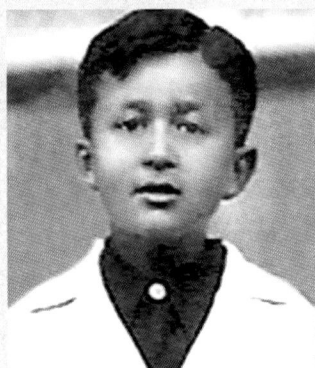

Latvijas okupācijas brīdī, kad 1940. gada 17. jūnijā
ienāca krievu armija, es mācījos Rīgas pilsētas
10. ģimnāzijā „Ivrit". Mācījos skolā, mana māsa Riva
mācījās ģimnāzijā „Ezra", un otra māsa Esja arī mācījās
tajā ģimnāzijā. Tēvs nodarbojās ar ādas importēšanu
uz Rīgu. Viņam bija firma, tā atradās Peldu ielā 15,
tās nosaukums bija „Notarevičs un Kohtins". Mamma
saimniekoja pa māju. Tāda bija mūsu ģimene, pati
šaurākā tās daļiņa. Vēl bez tam mammai bija liela
ģimene, māsa un brāļi.

1940. gadā, ap 21. jūniju tika nacionalizēts mana
tēva uzņēmums. Tas notika uzreiz. Kas notika tālāk?
Ģimnāziju „Ivrits" padomju okupācijas valdība likvidēja
un mēs mācības turpinājām valsts ģimnāzijā krievu
mācību valodā.

Mana bērnība praktiski beidzās tanī brīdī, kad pie
mūsu mājas Andreja Pumpura ielā stāvēja padomju
tanki. Mana bērnība bija ļoti īsa. Pēc tās uzreiz sākās
baiļu režīms. Baiļu, pašu parastāko baiļu, kad kāds
var pieklauvēt pie durvīm, vai kaut kas var notikt.
Mana bērnība beidzās 1940. gada 17. jūnijā, kad man
bija 12 gadi.

Izsūtīšanas brīdi atceros ļoti labi. 1941. gada naktī no 13. uz 14. jūniju kādos pulksten trijos pieklauvēja pie durvīm, un ienāca kādi 8 cilvēki, daļa bija formās, daļa privātās drēbēs.

Par šo cilvēku tautību man grūti atbildēt. Galvenokārt tomēr visi bija čekisti. Man palicis atmiņā, un to es stāstu saviem mazbērniem. Kad viņi sāka dauzīties pie sienām, tad meklēja, vai kaut kas nav paslēpts. Mums deva pusstundu laika savākties. Protams, ka mums nebija citas izejas, un mēs tā arī darījām. Kaut kādas lupatas savācām. Izgājām uz ielas. Tur stāvēja maza smagā automašīna zaļā krāsā. Mūs ielika tajā aiz borta, augšā un mēs caur agrīno Rīgu braucām uz Torņakalnu.

Sākumā visa ģimene bija kopā. Tajā brīdī bijām: es, mana māsa Riva, mamma un tētis. Vecākajai māsai Esjai bija cits uzvārds, viņa bija precējusies, un tādēļ sarakstā viņas nebija. Bet viņai bija cits, pat traģiskāks liktenis...

Mūs veda uz Torņakalnu. Tur jau atradās milzīgs, bezgalīgi garš ešalons, kas sastāvēja no preču vagoniem. Mūs iesvieda vagonos. Atceros šo vagonu ar restēm. Mēs apgūlāmies augšējās nārās un viss. Viss beidzās. Es caur lodziņu redzēju vilcienus, kas brauca garām uz Jūrmalu. Man palika ļoti skumji. Skumji, ka es esmu šajā preču vagonā un došos kaut kur, nezināmā virzienā, bet garām brauc vilcieni uz Jūrmalu, ko vienmēr esmu mīlējis.

Tajā naktī ar troksni atvērās durvis un ienāca divi čekisti ar sarakstiem. „Tie, kurus mēs nosauksim, nāks mums līdzi". Tādā veidā tika paņemts tētis un vēl daži vīrieši. Visā vagonā palika viens vīrietis. 14. jūnijā ešalons sāka kustēties. Mēs vagonā bijām ieslēgti. Visas dabiskās vajadzības kārtojām turpat. Bijām ieslēgti vagonā praktiski līdz 3. jūlijam. Mums neļāva iziet ārā. Mēs nezinājām, kur mūs ved.

3. jūlijā mēs nokļuvām vietā, kuras nosaukums bija Kanska. Kāpēc es atceros šo datumu? Tādēļ, ka šajā dienā Staļins pirmo reizi atvēra muti un uzrunāja tautu. Mūs visus aizveda uz kaut kādu milzīgu baraku, angāru, un tur mēs dzirdējām viņa runu. Angārā mēs atradāmies diennakti no ierašanās brīža, un pēc tam no dažādām vietām sāka braukt un mūs dalīja kā vergus. Mēs – mamma, es un māsa nonācām vientuļā vietā, ja to tā var nosaukt, kas no visām pusēm bija ieskauta ar Sibīrijas stepi.

Tās nosaukums bija Birjuzovka. Tur mūs atkal iemeta vienā barakā, mēs gulējām uz grīdas. Tur es saslimu ar dzelteno slimību. Septembrī mēs tur atzīmējām manu 13. dzimšanas dienu. 13 gadi ir ebreja zēna dzīvē svētki, tā saucamie „bar micva". Atzīmējām tādējādi, ka mammai nez kur izdevās dabūt mannā putru.

Mēs dzīvojām Birjuzovkā, pēc tam mūs pārveda uz Nošino ciemu, tajā pat rajonā. Tur mēs gadu dzīvojām kaut kādā būdā, kas piederēja vietējam zemniekam Gromovam, es pat atceros viņa vārdu. Māsu kaut kur ņēma darbā, bet es mācījos skolā. 1942. gadā viņiem nezin kādēļ šķita, ka šī vieta mums ir pārāk laba. Tad atkal parādījās čekisti un mūs iesēdināja ratos, tas ir, mantas salika ratos, bet mums lika kājām iet uz Kansku. Tas bija aptuveni 90 km. Mēs gājām, tas bija pārgājiens, kas ilga 3 vai 4 diennaktis. Man izdevās pierunāt milici, lai viņš atļauj mammai sēdēt ratos. Mēs nonācām atpakaļ Kanskā. Tur atkal bija vagoni, šoreiz jau Stolipina vagoni – arestantu vagoni, un mūs veda uz Kranojarsku, uz Jeņisejas krastu. Atceros, ka ēdienu mums meta baržas „trjumā" tā, kā met zoodārzā plēsīgiem zvēriem. Pēc 18 dienu šāda peldējuma mēs nokļuvām Igarkā.

Kas ir Igarka? To ir grūti nosaukt par pilsētu. Tā ir vieta, kur 10 mēnešus bija nakts un 2 mēnešus bija baltā nakts, tas ir, nakts, kad saule vispār neuzlec. Mēs aizklājām logus.

Tur es turpināju mācīties skolā un skolu beidzu 1946. gadā. Tad man deva iespēju atstāt Igarku, lai es varētu turpināt mācības Krasnojarskas institūtā. Tajā laikā jau bija Ministru Padomes lēmums, ka izsūtīto bērni, kas bija izsūtīti vecumā līdz 16 gadiem, drīkst atgriezties Rīgā. Atkal bija speciāli vagoni, un es atgriezos Rīgā kopā ar dažiem izsūtītajiem, jauniem cilvēkiem. Tur mani sagaidīja mana otra māsa, kura bija izgājusi geto, visas akcijas. Bija Štuthofā, bēga no turienes. Tā tikšanās bija... Es no izsūtījuma Sibīrijā, un viņa bija izgājusi caur fašistiskās okupācijas elli. Viņa jau bija Rīgā, bet es nedrīkstēju doties pie viņas uz to istabiņu, ko viņa īrēja. Mani aizsūtīja uz Kandavas ielas bērnu namu. Pēc tam, pēc 3 vai 4 dienām, es biju kopā ar māsu. Es iestājos Latvijas universitātē. Vēlējos stāties Juridiskajā fakultātē, bet tur jau viss bija pilns, bija jau 1946. gada septembris, un es iestājos fizmatos, Fizikas un matemātikas fakultātē, un vienlaicīgi mācījos Juridiskajā fakultātē neklātienē. Mācījos ļoti veiksmīgi, viss bija ļoti labi.

1949. gadā mani kopā ar māsu atkal izsauca uz čeku, kopā ar vecākiem, kas tajā laikā jau bija atgriezušies no Sibīrijas. Tēvs bija atgriezies no Soļikamskas, un mums teica, ka mēs esam nelikumīgi aizbraukuši no Krasnojarskas apgabala, (un tas ir pilnīgi nepareizi, jo mēs visi bijām noņemti no uzskaites, un mums bija pases) mums savāca pases un iedeva jaunas pases ar 38. pantu. Tas man lika 1950. gada februārī atstāt Rīgu. Es varēju doties uz Ivanovo. Es braucu uz turieni, jo tā bija tālāk no lielajām pilsētām. Vecāki devās uz Arzamasu. Manu māsu Rivu piemeklēja sliktākais liktenis. Viņa bija stāvoklī. Viņai atļāva palikt, bet tad, kad bērnam palika 2 mēneši, viņu arestēja, un kopā ar bērniņu bez jebkādas žēlastības sūtīja pa visiem PSRS pārsūtīšanas cietumiem, līdz viņa atkal nonāca Jeņisejskā. Otra māsa Esja nonāca geto. Riva bija Jeņisejskā. Uz turieni atbrauca arī viņas vīrs, un arī vecāki drīz pārcēlās pie viņas. Viņa bija ar zīdainīti. Pēc tam viņi pārbrauca uz Krasnojarsku. Īsāk sakot, visa epopeja beidzās 1957. gadā, kad Rīgā atgriezos gan es, gan viņi. It kā sākās jauna dzīve. 1940.–1957. gads bija faktiski izsvītrojams no dzīves.

Es pastāstīšu par Igarku. Skolotāji tur paši kādreiz bija izsūtīti. Piemēram, astronomijas skolotājs bija bijušais Pulkovas observatorijas profesors Nikolajs Sergejevičs Rumjancevs. Literatūras skolotājs bija bijušais Kijevas universitātes profesors... Kas attiecas uz bērniem, tad arī viņi visi vispār bija... Tā taču bija izsūtījuma vieta. Tur bija šausmīgas tās bailes, ka katras divas nedēļas bija jāiet atzīmēties NKVD.

Ko mēs ēdām? Tā vieta bija tāda, ka nekā dabiska tur nebija, tur nekas neauga. Vienīgie dārzeņi, ko mēs varējām dabūt, bija kāpostu lapas. Pēc tam sāka pienākt ešaloni ar amerikāņu gaļas konserviem. Un tā tālāk. Bads un tumsa. Tumsa 10 mēnešus gadā simbolizēja to stāvokli, kādā atradāmies mēs, bija milzīga nakts. Tur nebija ne minūtes gaisma, nebija ne minūtes prieka šajā vietā... Viena vienīga nakts. Es atceros, no rīta, lai izietu no būdas, vispirms vajadzēja izlīst caur logu un novākt sniegu, lai varētu tikt ārā. Uz skolu mēs gājām 50 grādu salā. Kad bija aukstāks par 50 grādiem, tad drīkstēja palikt būdā. Tā ir baisa vieta, mūžīgā sasaluma vieta.

Māsa strādāja kokzāģētavas rūpnīcā. Tur bija kokzāģētava. Viņai bija kādi 22, 23 gadi, viņa ir dzimusi 1920. gadā. Mamma nestrādāja. Mamma jau bija veca un slima sieviete.

Kā dalījāmies ar maizi? Es varu pastāstīt tādu epizodi. Kad es mācījos skolā Nošino, man palicis atmiņā, ka dienā es saņēmu 250 g maizes. Tā bija skolēna deva. Tad šo gabaliņu es dalīju 3 daļās un turēju zem spilvena. Tad, kad bijām Nošino, tad apkārt bija ciemi, tur bija iespēja mainīt kaut kādas drēbes, pārdot, dabūt mazliet naudu vai produktus. Mainījām pret kartupeļiem, pret pašām nepieciešamākajām lietām. Mēs nemeklējām nekādas delikateses. Un nekādas dārglietas jau mums līdzi nebija. Es jau tad biju galvenais ģimenes lietu kārtotājs. Es sāku rakstīt vēstules, meklēt tēvu. Vēl, kad bijām Nošino, kā atbildi uz savām vēstulēm, es saņēmu vēstuli, ko esmu saglabājis, kurā teikts, ka notiesātais Notarevičs Pinhus, bija viņa vārds, atrodas ieslodzījumā Soļikamskas lēģerī. Par to es uzzināju 1942. gadā.

Tēvam bija piespriesti 10 gadi ieslodzījumā, un ko nozīmē „notiesāts"? Nebija tiesas, viņu uz desmit gadiem notiesāja „troika". Par ko? Interesants fakts. Rīgā bija tāda organizācija „Kernkaent". Tā bija starptautiska organizācija, kas vāca naudu zemes pirkšanai Palestīnā. Tēvs bija šīs organizācijas valdes loceklis. Apsūdzībā bija uzrādīts, ka viņš tiek apsūdzēts, ka vadījis kontrrevolucionāru reakcionāru bīstamu organizāciju „Kernkaent". Īsāk sakot, viņš bija tiesāts uz 10 gadiem, un pēc tam to nomainīja ar 5 gadu brīvo izmitinājumu. Būdams izmitinājumā, viņš izcīnīja atļauju atbraukt pie mums uz Igarku. Tas bija 1944. gadā, pēc tam, kad viņš bija lēģerī nosēdējis 2 gadus.

Viņš stāstīja, ka lēģerī, galvenokārt nodarbojās ar mežu darbiem, koku ciršanu. Pulksten 4 vai 5 no rīta cilvēkus izdzina stindzinošā salā tādā apģērbā, kādu viņi bija spējuši sev uzsviest mugurā Rīgā. Izgāja 400–500 cilvēku. Gar ceļu mētājās līķi un tā viņi tur arī palika. Tēvam bija sabojāta veselība... Viņš mira pēc trim infarktiem.

Lūk, ziņojums: Pēc jūsu uzdevuma operatīvā grupa triju cilvēku sastāvā (tādi un tādi norādīti, nezin kāpēc norādīti tikai divi biedri), no Brīvības ielas 69 izlika 4 cilvēkus:: Notareviču Pinhusu (tas ir mans tēvs), Notareviču Saru (mana mamma), Notareviču Rivu – meitu un Notareviču dēlu (tas esmu es). Lēmums. Latvijas PSR SPO HKGB 3. nodaļas vecākais pilnvarotais jaunākais valsts drošības leitnants Ņegerevičs (starp citu, uzvārds līdzīgs manējam), izskatījis NKVD ienākušos materiālus par Notareviča noziedzīgo darbību,

atrada: ir bijis ebreju cionistu organizācijas „Kernkaent" un „Ercebe" valdes
loceklis, to darbībā aktīvi piedalījies, materiālus apstiprina avota „Semjon"
nosūdzējums 1940. gada 6. augustā, (Tas ir, jau 1940. gada 6. augustā...
Tātad – Latviju okupēja 17. jūnijā, bet jau 6. augustā viņi vāca materiālus
par tādiem bīstamiem noziedzniekiem kā mans tēvs. Viņa noziegums bija
tas, ka viņš bija „Kernkaenta" valdes loceklis.) kā arī PSRS NKVD arhīva
materiāli. (Lūdzu. Kas to apstiprināja? Parakstījis valsts drošības dienesta
kapteinis Šustins).

Kas man visvairāk palicis atmiņā? Man bija ļoti laba bērnība. Mēs
dzīvojām interesantu dzīvi Rīgā, labā vietā. Es ļoti mīlēju savu skolu. Es
ļoti mīlēju Jūrmalu. Tur gadu no gada Avotos mēs īrējām vasarnīcu. Bija
brīnišķīga bērnība. Atceros spēles Esplanādē. Taču bērnība bija par īsu.
Es atceros dzimšanas dienas. Mēs vienmēr palikām Jūrmalā līdz vēlam
rudenim, līdz atvasarai. Vasarnīcā svinājām manas dzimšanas dienas. Bija
gaiša, laba, mierīga bērnība. Viss bija ļoti labi.

Uz mani iespaidu atstāja viss tas šausmīgais režīms. Tas nozīmēja to, ka
dzīve pagāja pastāvīgās bailēs, ka tevi var kaut kur saņemt, ka tevi var par
kaut ko iesēdināt aiz restēm, ka var notikt viss kas. Bez iemesla, bet vienkārši
tāpat, jo kādam var ienākt prātā tā izdarīt. Tā bija dzīve ārpus likuma. Bet
likumu nebija. Ja kaut kāds jaunākais leitnants drīkst izlemt veselas ģimenes
likteni... Tas bija šausmīgi. Mana dzīve faktiski sākās, kad 1960. gadā mēs
apprecējāmies, un mums piedzima bērni. Un, protams, esmu laimīgs, ka
esmu šeit. Es vēl joprojām strādāju. Kopā ar meitu. Viņa un es abi esam
advokāti. Mēs strādājam, mums aug brīnišķīgi mazbērni.

Dzīvoju ar to, ka paldies Dievam, man ir nākotne. Es dzīvoju brīvā valstī
un jūtos kā cilvēks.

Māja Sibīrijā

Sibīrija

No kreisās: vecāmamma Sāra, tēvs Pinhas, Levs

Simons Pragers

dzimis 1925. gadā

Mamma lūdzās komandantam, lai palaiž pie mirstošā dēla, bet komandants bija atbildējis: „Nekas, lai mirst, par vienu ienaidnieku būs mazāk."

Kad 1940. gadā Baltijas valstis okupēja, mēs bijām bērni, un par to tā īpaši neaizdomājāmies. Pēc gada sākām just pārmaiņas – kad sāka vajāt bagātākos, kad skolā sāka mainīt mācību programmu, kad skolā parādījās komjaunatnes organizācija... Tajā laikā es mācījos ebreju skolā, tur bija ne visai turīgu vecāku bērni. Pēc tam es sapratu, ka puiku vidū bija diezgan daudz „kreisi" noskaņotu bērnu. Tad, kad atnāca padomju vara, viņi bija diezgan apmierināti, cerēja uz labāku nākotni. Mums mājās bija saspringta atmosfēra. Mājās klausījās radio, kur varēja dzirdēt Vāciju, bija Hitlera vēsturiskās runas, tad klausījās arī PSRS radio, tur bija šausmīgie procesi pret tautas ienaidniekiem. Domāja, ko darīt – palikt Latvijā, doties uz austrumiem, uz Krieviju, bēgt nezin kur... Kamēr domāja, kamēr lēma, pienāca 1941. gada 14. jūnijs.

Tas bija kā negaidīts saules aptumsums. Mamma un tēvs tajā vakarā bija aizgājuši ciemos pie mūsu attāliem radiniekiem. Divos naktī klauvēja un zvanīja pie durvīm, ļoti uzstājīgi teica, lai ver vaļā. Mājās bija vecmamma, es un brālis. Protams, ka mēs atvērām. Pirmais jautājums bija: „Kur ir vecāki?" Mēs atbildējām, jo zinājām, kur viņi ir. Viņiem piezvanīja no mūsu telefona. Vecākiem viņi neko neteica. Mamma bija ļoti satraukusies. Tajā laikā pa Rīgu klīda visādas valodas, arī no vācu puses... Mamma un tēvs momentā skrēja mājās, un tur viņiem teica, ka ir jāatstāj Rīga, jābrauc prom. Deva stundu laika, lai saliktu mantas. Kamēr mamma ar tēvu bija atnākuši, bija palikušas vēl tikai 20 minūtes no noliktā laika – kāda tur vairs krāmēšanās... Kas bija pie rokas, to meta iekšā. Kaut ko savācām, un mūs veda uz ielas, ielika kravas mašīnā, teica, lai sēžam. Mēs tur sēdējām kādas 4 stundas, kamēr savāca cilvēkus no apkārtējām mājām. Mamma vairākas reizes lūdza, lai atļauj uzkāpt dzīvoklī, paņemt vēl kaut ko. Vienmēr atbilde bija kategorisks „Nē!" No rīta, kad sāka aust gaismiņa, mūs aizveda uz Rīgas preču staciju.

Tur bija garš ešalons, mazi preču vagoniņi. Tiem bija divas durvis – katra uz savu pusi. Vienas durvis bija ciet, otras – vaļā. Pa tām lika kāpt iekšā. Vagons jau bija sagatavots – bija nāras, bet vidū atradās tā saucamā „tualete". Mēs sapratām, ka tie, kas mūs gatavojās kaut kur vest, par cilvēkiem mūs neuzskatīja, bet gan par lopiem. Tā pavadījām nakti. No rīta durvis atvēra, apkārt bija NKVD darbinieki. Visiem vīriešiem lika kāpt ārā no vagona, bet ģimenes palika vagonā. Vairāk tēvu neredzējām. Mēs pēc tam sapratām, ka viņš ir aizvests uz lāgeri. Tanī šķiršanās brīdī vēl bija cerība, ka kaut kad kaut kur tiksimies...

Nākamajā dienā mūs sāka vest uz austrumiem. Stacijās tika atvērtas durvis, zaldāti vienu vai divus izsauca, lai ietu pēc putras vai karstā ūdens. Tā mūs aizveda līdz Permai. Tur stacijā pa skaļruni izdzirdējām, ka Vācija ir uzbrukusi Padomju Savienībai, ka ir sācies karš. Mēs jau bijām ceļā 7 dienas. Garastāvoklis vēl pasliktinājās, cilvēki jau tā bija izmisumā, jo neviens nezināja, kur mūs ved, kāpēc, kas ar mums būs... Pēc tam izdzirdējām baumas, ka mūs ved uz Sibīriju.

Tad, kad atbraucām Novosibirskā, mūs sāka lādēt upes baržās. Tad mēs sapratām, ka mūs ved uz Ziemeļiem. Mūs ar baržām veda 600 km no Novosibirskas uz ziemeļiem. Pēc tam vēl 100 km sāniski. Mūs izsēdināja mazinā ciematiņā, kur dzīvoja bijušie izsūtītie kulaki. Viņi bija izlikti taigā, lai iedzīvojas. Cik no viņiem tur mira, Dievs vien zin... Mums izdeva cirvjus, mani un brāli sūtīja kaut kur cirst baļķus mājai. Mums vajadzēja baļķus attīrīt no mizas, apgūt pašu elementārāko. Mēs nezinājām, kā cirvjus turēt, pakāpeniski sākām pierast. Tā kādus pāris mēnešus strādājām. Mūs, dažas ģimenes, pēc tam atkal – uz baržas, un veda pa upi līdz Obai, un vēl 100 km uz leju, tur ir tāda upīte Tim. Tur, kur bija Tim un Obas sateces punkts, bija mūsu jaunā vieta, tur pludināja kokus. Tur bija osta un notika meža šķirošanas darbi. Atkal nezināms darbs, vajadzēja iemācīties lēkāt pa peldošajiem baļķiem, iemācīties stingri stāvēt. Līdzsvara turēšanai mums izdeva tādus ķekšus, ar kuriem var ieķerties. Ja gadījās iekrist kaut kur starp baļķiem, tad izlīst laukā bija praktiski neiespējami. Bija drausmīgi bail, bet mums neviens nejautāja – vari vai nevari, gribi vai negribi...

Pirmā ziema bija briesmīga – deguns, rokas, kājas, viss sala... Rokas sasala tā, ka, piedodiet, nebija iespējams aizpogāt bikses... Tādos apstākļos vēl vajadzēja arī strādāt. Pirmajā ziemā mūs sūtīja gatavot malku, tas nebija tik briesmīgi smags darbs. Netālu no ciema bija apdedzis mežs, un tur bija laba malka. Turp mēs braucām ar zirgu, vajadzēja malku sazāģēt, iekraut ragavās, atvest mājās. Mums, pilsētniekiem, nebija īsti sajēgas, kā apieties ar zirgu. Reizēm nebija pat zirga, bet deva vērsi, ar ko malku vest mājās. Cilvēks pierod pie visa. Mēs mācījāmies, kā zāģēt, skaldīt, kā iejūgt un izjūgt zirgu. Pavasarī mūs, vienu daļu, sūtīja uz zveju, bet otru daļu – uz siena vākšanu. Pie siena strādāju nedaudz, bet zvejošanā nostrādāju daudz. Bija plāns, valstij vajadzēja nodot zivis. Ciematā nebija daudz iedzīvotāju, un mēs bijām noderīgi. Zvejojām – vispirms upes krastā. Iemeta tīklus, vilka ārā. Darbam traucēja odi, knišļi... Viss, kas dzer cilvēka asinis. Sēdēt tur nebija iespējams. Vajadzēja sēdēt ar aizsegtu seju un pleciem, lai nesakostu... Tas bija šausmīgi.

Otrajā ziemā mūs nolēma sūtīt uz mežu sagatavošanas darbiem. Tas bija 15 km tālāk, otrpus Vasjuganas upei. Ciems saucās Staroje Margino, tur bija mežu sagataves punkts, tur brauca ar zirgiem, veda produktus, lai tur var dzīvot. Dzīve atkal sākās no jauna. Kas bija mežā? Tur pat nebija iespējams dedzināt žagarus, jo tie bija mitri, sasaluši. Lai tos dedzinātu, bija jāpūlas ilgi, kaut raudi. Kamēr mēs iemācījāmies atrast sausus zarus, kamēr iemācījāmies Sibīrijas apstākļos iekurt ugunskuru... Mums lika arī gāzt kokus, sazāģēt tos, apcirst zarus, izvest mežu. No sākuma es strādāju pie gāšanas, vēlāk mācījos, kā mežu izvest. Izkraut, iekraut. Bija taiga, neko nevarēja redzēt – vispirms ceļu iemīdi pats, lai var iziet zirgs, pēc tam iet nabaga zirgs, Vajadzēja vilkt baļķus. Mūsu apģērbs bija nožēlojams, mums neko nedeva – ne vaļinkus, ne zāģus... Par puskažokiem nebija runa, pat fufaikas nebija. Bija, ko redzēt... Baraka bija ārpus kritikas. Bija liela istaba, vidū – krāsns, uz kuras gan gatavoja ēst, gan žāvēja drēbes... Tur bija smaka, grūti aprakstīt... Tarakāni, ārprāts... Pāris nedēļas tā dzīvot... Naktī vajadzēja iet arī apraudzīt zirgus, barību, skatīties, vai zirgs nav sapinies. Tā dzīvojām divas nedēļas, pēc tam sestdienā bija jāiet pirtī. Nebija, kur palikt, bija jāiet tie 15 km salā. Kad atnācu, nevarēju atvērt durvis. Man bija sasalušas rokas. Tā, lūk. Sasalušās rokas mani tagad nomoka visu dzīvi, ir apgrūtināta asinsrite.

Tur pavadījām visu ziemu. Nākamajā vasarā atkal bija zveja, siena vākšana. Pēc tam pavasarī iepazinu vēl vienu zvejošanas veidu – atarma. Šim vārdam tulkojumu es nezinu, un nezinu, no kurienes tāds cēlies. Būtība bija šāda – taigā bija daudz mazu upīšu, kas satecēja kopā Vasjuganā. Un tad izvēlējās piemērotu vietu un upīti aizsprostoja. Zivis devās uz augšu, uz nārstu. Pēc tam ar lieliem ūdeņiem, kad viss kūst, tajā šaurajā vietā lika tīklu, taisīja mazu tiltiņu, un atlika tikai gaidīt. Tur vajadzēja dežūrēt visu diennakti, jo bija daudz zivju. Atarmu taisīja bez nevienas naglas, bez nekādām drātīm. Viss bija sasiets ar taiņik – tas ir tāds kociņš. Man tas bija liels brīnums, kā kaut ko tādu var uzbūvēt bez nevienas naglas. Šī zveja ilga apmēram trīs nedēļas. Turpat bija būdiņa, kur gulēt. Ēdām zivis. Vietējie iedzīvotāji mūs brīdināja, lai mēs nepārēdamies zivis, jo tad būs riebums uz zivīm visu dzīvi. Mēs centāmies tās gan vārīt, gan cept, lai dažādotu savu ēdienkarti. Pārējais ēdiens bija kartupeļi, Maizi deva ap 0,5 kg. Maizi cepa kolhozs, kolhoznieki to saņēma par darbadienām. Viņiem bija arī pašiem savi milti, un viņi arī cepa paši. Mums nebija, un kolhozs cepa mums maizi.

Četrus gadus tā nostrādājām.

1943. gadā pa Vasjuganu notika jauniešu mobilizācija uz Prokopjevskas raktuvēm, šahtām. Tur nokļuva mans brālis, kas tur aizbrauca augustā, un nākamā gada maijā viņš jau bija miris... Viņš bija trīs gadus vecāks par mani. Tur viņš bija saslimis ar tuberkulozi. Darba apstākļi bijuši šausmīgi, apģērbs slapjš. Ne zābaku, nekā. Līdz darbam bija jāiet 5 km, ziemā, ar gumijas zābakiem kājās. Viņš bija apaukstējies vienu reizi, otru reizi, trešajā bija saslimis ar pleirītu un no slimnīcas vairs neizgāja... Mamma lūdzās komandantam, lai palaiž pie mirstošā dēla, bet komandants bija atbildējis: „Nekas, lai mirst, par vienu ienaidnieku būs mazāk." Mums atrakstīja brāļa draugi, ar kuriem viņš bija kopā. Tad, kad uzzināja par brāļa slimību, mamma sāka pārdot visu, kas bija palicis, lai savāktu naudu brālim kādam sviesta gabaliņam, kādai glāzei krējuma. Zāļu jau nebija, par penicilīnu tanī laikā neviens pat nesapņoja. Visas zāles, kas tur bija – kaļķis... Izveseļoties šādos apstākļos nebija iespējams. Tā mūsu ģimenē notika šī traģēdija.

Pēc gada mobilizēja mani uz Tomsku, strādāt celtniecībā. Bija Uzvaras diena, atbrauca no komandantūras, brauca pa visiem Vasjuganas ciemiem, ņemot jauniešus uz celtniecību. Varat iedomāties, kā jutās mana mamma – vienu dēlu jau bija apglabājusi, un te – jāiet man... Nezinu, neredzēju viņas pārdzīvojumus pēc manas aizbraukšanas, bet ļoti labi varu tos iedomāties.

Tomska bija kultūras centrs, tur bija kino, universitāte, teātris, mācību iestādes. Kad mūs veda ar tvaikoni, galvā bija visādas domas par to, kur mūs ved, kādā nolūkā. Mūsu mātēm un radiem tas nebija saprotams. Vēstules uz turieni, kur palika mamma, arī tika nogādātas lēni. Ziemā pastu nogādāja ar zirgiem, vasarā ar kuģi, pagāja pat 3 vai 4 nedēļas, kamēr vēstule nonāca līdz adresātam. Pastnieki ir varoņi, ka vispār spēja vēstules nogādāt, jo nebija ne papīra, ne konvertu. Tās bija kaut kā salocītas papīra lapas, uz kurām bija uzrakstīta adrese. Tomēr vēstules saņēma. Tomskā mūs atveda un izmitināja kopmītnē, kas līdz mūsu atbraukšanai bija piederējusi kaut kādam mežu tehnikumam. Tās bija divstāvu ēkas, kurās bija ap 30 istabu, katrā istabā mēs bijām četri cilvēki. Tur atradās topčani gulēšanai. Uz katra bija salmu matracis. Šādos apstākļos mēs dzīvojām un mūs sūtīja darbā.

Pēc trim gadiem sāku censties dabūt atļauju doties pie savas mātes. Visu laiku strādāju celtniecībā. 1948. gadā – varat iedomāties, trīs gadus pēc kara – represiju sistēma darbojās pilnā sparā! Bija drukātas īpašas blankas tādiem kā mēs, kurās bija norādīts izbraukšanas, ierašanās datums, atzīmes vieta komandantūrā – pilna cilvēka dzīves kontrole! Pie mammas padzīvoju, vecmāmiņa jau bija mirusi.

Kad atgriezos Tomskā, biju izlēmis, ka neatlaidīgi lūgšu komandantūrai, lai ļauj mammai pārcelties uz Tomsku. Es daudz staigāju pa instancēm, un pēc diviem gadiem beigu beigās man atļāva paņemt mammu. Viņa *atbrauca – kur dzīvot? Es vēl joprojām dzīvoju kopmītnē. Celtniecības trests man nāca pretī, jo es skaitījos labs darbinieks. Bija kopmītne, kurā bija lielākas istabas, un tur mums ar mammu atļāva apmesties, kopā ar kādu Pievolgas vāciešu ģimeni – vīru, sievu un meitu. Tā mēs kopā visi dzīvojām 3 gadus, strādājām, piedzīvojām visu, kas notika pilsētas dzīvē. Mamma visu laiku mani mēģināja pierunāt, lai eju mācīties – vai visu mūžu par mūrnieku strādāšu? Man nebija nekādu dokumentu par to, kur kādreiz esmu mācījies. Nācās atkal iet vakarskolā, lai beigtu vēlreiz 7. klasi tādēļ, lai saņemtu apliecību par skolas beigšanu. Kad beidzu vakarskolu, nolēmu iestāties Celtniecības tehnikumā, vakara nodaļā. Bija traki – visu dienu darbā, salā, bet vakarā jāiet mācīties. Klasē bija labi, silti. Tā gribējās gulēt… Acis lipa ciet… Tie, kas strādāja siltos cehos, tiem bija vieglāk. Kaut kā izvilku. Tad es iepazinos ar savu nākamo sievu un 1957. gadā apprecējos. Bija problēma – kur dzīvot? Tad trests jau bija uzcēlis jaunu kopmītni Tomskas centrā, bet bez ērtībām. Ērtības – uz ielas, ūdens 50 m tālāk uz ielas. Paldies Dievam, tur bija vismaz centrālapkure. Virtuve – istabā plīts, kur var gatavot. Līdz tam, kā mēs ar sievu iepazināmies, man tur iedeva istabu. Tas jau bija kā sapnis. To deva tikai labiem darbiniekiem, kas atbilda visiem kritērijiem…*

1959. gadā es beidzu tehnikumu, saņēmu diplomu. Gadu līdz tehnikuma beigšanai man jau piedāvāja kļūt par meistaru. Visu bija par mani uzzinājuši – galvenais bija tas, ka es nedzēru šņabi, mācēju runāt, rakstīt… Tā sāku strādāt par meistaru. Mani iemeta amatā kā kaķēnu ūdenī – lai peldu. Vajadzēja veidot tehnisko dokumentāciju, atskaites… Man paveicās ar darbu vadītāju – viņš bija milzīgs dzērājs, kas varēja pazust uz nedēļu, 10 dienām, jo dzēra. Bet tad, kad viņš bija darbā, viņam nebija līdzīgu. Viņš visu zināja, viņš mani iemācīja, kā jāpieņem darbs, kā mērīt, kā pierakstīt, kā veidot dokumentus. Tad, kad pēc tam viņš arī uz nedēļu pazuda, mani tas vairs neuztrauca, jo es visu pratu darīt. Viņš man ierādīja, kā jānoraksta brāķa materiāli – stikli, dēļi. Tā es strādāju par meistaru. Cauri pilsētai tecēja upe, pār kuru bija vēl 1. pasaules kara laikā būvēts tilts no baļķiem, kas lēnām puva. Tomskas vadība nolēma veco tiltu novākt, bet tā vietā celt jaudīgu dzelzsbetona tiltu. Tur norīkoja priekšstrādnieku, arī no izsūtītajiem. Viņš bija no Moldāvijas. Kad jauca veco tiltu, tur bija visādi baļķi. Priekšstrādnieks arī daudz dzēra, un priekšniecība uztraucās, ka viņš visu nodzers un no celtniecības nekas nesanāks. Izdomāja – kurš trestā nedzer? Pragers nedzer. Nolēma mani sūtīt uz turieni. Tur jau bija iesākts celtniecības darbs, tur man bija laba darba skola. Tur arī bija visādi gadījumi, kas lika matiem uz galvas nosirmot...

Pats galvenais, kas ar mani Sibīrijā notika, notika līdz Tomskas periodam... Tomskā jau bija civilizācija. Sādžu nevar salīdzināt ar Tomsku... Tur bija viduslaiki. Tas bija briesmīgs periods. Tad, kad sāku strādāt Tomskā, kad apprecējos, tas jau bija citādāk... Saņēmu vienu dzīvokli, otru... Beigās es kļuvu celtniecības pārvaldes galvenais inženieris. Bet tas jau bija pēc tam!

Sieva brauca pie brāļa uz Igauniju, klausījās radio, tur stāstīja par antisemītismu, un tanī pat laikā PSRS stāstīja, ka pie mums visi ir vienādi. Radiniece dzīvoja Maskavā, stāstīja, ka jau viņas mājās esot bijuši, piefiksējuši visus dzīvokļus, kur dzīvo ebreji, būs grautiņi. Uzzinājām, ka Tomskā daudzi gatavojas doties prom, arī mūsu tuvi draugi, bet viss notika klusām, viens ar otru par to nerunāja. Ieej pie vieniem – tie saka – mums jau izbraukšanas datums zināms... Pēc tam aicinājām citus ciemos – izrādās, tie jau bija aizbraukuši. Visi viņi bija izsūtītie – no Moldāvijas, Lietuvas – visi brauc kur kurais. Latvijā atgriezās maz. Par Lietuvu un Igauniju man nav ziņu. Visi, kam bija iespējas, devās prom. Pirmo reizi, kad atgriezos Rīgā, es gāju kā pa svešu pilsētu – nebija, pie kā ieiet un teikt – sveiks, vai tu mani atceries? Tādos apstākļos braukt uz Rīgu? Mēs mēģinājām doties uz Tallinu, tur varēja iestāties darbā. Pēdējā brīdī, kad mēs jau bijām pārdevuši mēbeles, dzīvokļa iekārtu, noformējām dzīvokļa maiņu uz Tallinu, paziņo, ka viņi ir pārdomājuši un nemainīsies... Uz mums skatījās kā uz jocīgiem – kurš gan mainīs dzīvokli no Tallinas uz Tomsku? Tā izrādījās, ka nav kur braukt. Faktiski mēs nokļuvām karā. Es neteiktu, ka mēs rāvāmies šurp.

Sieva teica – pietiek, es negribu, lai mūsu bērni kaut simto daļu no tā, ko mēs esam pārdzīvojuši Padomju Savienībā, pārdzīvotu vēlreiz. Brauksim prom no šejienes!

Tā mēs arī iesniedzām dokumentus, lai brauktu prom. Kā redzat, nekādas bagātības mēs neesam sakrājuši, dzīvojam pieticīgi. Vecākais dēls, pateicoties tam, ka mēs te pārbraucām, ir taisījis labu karjeru – nesen dzīvoja Kanādā, tad devās uz ASV. Dzīvo Kalifornijā. Viņš ir datoru speciālists, dzīvo Silikonu ielejā. Specialitāti viņš apguva te, bet Tomskā viņš bija vienkārši fizikas-matemātikas zinātņu kandidāts. Jaunākais dēls dzīvo te, Izraēlā, ir izauguši mazbērni, vecākā mazmeita jau ir izdienējusi armijā. Lai Dieviņš dod veselību. Ne es, ne mana sieva nebijām cionisti, bet dvēselē esam bijuši ebreji. Mans vārds un uzvārds jau par to liecina, tēva vārds – Moisejevičs. Tur, Sibīrijā, es pret sevi nejutu nekādu sliktu attieksmi, kaut arī bija skaidrs, ka neesmu krievs vai kazahs. Es pratu sevi nostādīt, lai par mani nerunā sliktu. Kad strādāju, mani cienīja – ebrejs, un pie tam nedzērājs, mūrnieks. Mani atzina. Tagad esmu pateicīgs, ka esmu te, jo, paliekot Sibīrijā, manis noteikti nebūtu dzīvo vidū.

Mums bija interesants brauciens pa Latviju – es saaicināju visus radus no Amerikas. Mūsu ģimene ir no Libavas (Libau, tagad Liepāja), un esam izkaisīti pa visu pasauli. Viens no tēva vecākajiem brāļiem 1901. gadā aizbrauca uz Ameriku, tur ir mani radi. Visi radi, zinot, ka vectēvs un vecāmamma ir no Latvijas, no Libavas, tajā gadā atbrauca uz Rīgu. Viņiem parādījām Rīgu, kapus, Salaspili, arī sinagogu. Mums bija arī adreses Libavā, bijām tur arī ebreju kapos, apskatījām mājas, kur reiz dzīvoja mūsu radi.

No kreisās: Simons un Jakobs

Rafaels Rozentāls

dzimis 1937. gadā

Atceros, kad mūs veda, stacijās bija „kipjatok",
mums vajadzēja skriet un to ņemt, starp vagoniem
stāvēja zaldāti, kas skatījās uz vagoniem.

*Esmu dzimis Rīgā, pašlaik strādāju par Transplan-
tācijas centra vadītāju Stradiņa slimnīcā.*

*Es gribu sākt no pamatiespaidiem. Ja nebūtu
deportācijas, mani vecāki un es būtu nogalināti šeit, un
to būtu izdarījuši fašisti. Šeit bija abas manas omas, abi
opapi un tantes, palika diezgan liela ģimene.*

*Atceros, ka 14. jūnijā ļoti agri no rīta pa dzīvokli
staigāja cilvēki, tēvs ar viņiem diezgan skaļi un asi
runājās, mamma tanī laikā kravāja čemodānos mantas,
un tās mantas pēc tam mums ļoti noderēja. Atceros, ka
ģimene tika aizvesta uz Šķirotavu un vīrieši bija atdalīti
no sievām, sievietes ļoti raudāja. Atceros, kad mūs
veda, stacijās bija „kipjatok", mums vajadzēja skriet un
to ņemt, starp vagoniem stāvēja zaldāti, kas skatījās
uz vagoniem. Tālāk mūs veda līdz Novosibirskai,
tur mamma satika bijušos Rīgas aktierus, kas bija
Ļeņingradas teātrī: Žiharevu, un tos, kas bija Rīgas
Drāmas teātrī. Pēc tam ar kuģi mūs aizveda uz Narimu.
Tur bija liels Staļina piemineklis, trīs metrus augsts.
Bija ciema padome „Špalozavoda". Tur mēs dzīvojām
istabā pie saimnieces, mamma strādāja „Ļespromhozā",
gatavoja malku. Atceros, kā es kliedzu, kad pirmo*

reizi ieraudzīju kaķi, jo kaķi es nekad nebiju redzējis. Atceros, ka mamma mani visu laiku baroja ar putru. Mammai bija mantas, viņa tās mainīja, un mums vienmēr bija sviests, ko viņa lika klāt pie putras. Man nekas ļauns nenotika.

Bija tāda dāma no Rīgas, kas mammai skaitījās draudzene, Liene Lifšica, viņai šeit bija rūpnīca. Tēvs vienu gadu bija studentu cionistu organizācijas priekšsēdētājs. Tur bija rotācija, bet mammai piederēja privāts bērnudārzs, un tā skaitījās privāta uzņēmējdarbība. Es izlasīju to, kas saucas „donos" (ziņojums), tur bija teikts, ka tēvs ir buržuāziskais nacionālists. Bija lēmums: izsūtīt. Viņu aizsūtīja uz Soļikamsku, bet mūs uz Špalozavodu.

Tēvs bija zvērināts advokāts, gudrs cilvēks, un viņam bija paredzama spoža karjera. Viņam bija 34 gadi, kad viņš tika izsūtīts, viņš tikai sāka veidot savu dzīvi, praksi. Soļikamskā viņš bija vienu gadu, pēc tam viņu sūtīja tālāk brīvā nometinājumā („svobodnoje poseļeņije"). Pirms tam viņš bija saticis kādu rīdzinieci, kas viņam izstāstīja, kur mēs esam. Viņš uzrakstīja vēstuli. Tēvs skaisti rakstīja dzejoļus, un atceros, ka mamma man lasīja priekšā. Kā es braucu pie viņa, to neatceros, atceros, ka viņš bija Kanskas apgabalā: bija tāda Irbeiska, kur mēs pēc tam dzīvojām, bet mēs atbraucām uz Kansku, tas bija 1942. gads, vasara, kad mēs satikāmies... No tā laika mēs dzīvojām kopā. Viņš ļoti ātri apguva grāmatveža specialitāti, viņš – rūpkombinātā galvenais grāmatvedis. Direktors tur bija dzērājs, tehnologs bija dzērājs, tāpēc visu vadīja mans tēvs. Direktors bija bijušais Tadžikijas ģenerālprokurora vietnieks, arī izsūtītais. Viņam bija laba komanda, tur bija profesors Stoligvo, viņš ir pazīstams ārsts, arī pēc kara. Bija advokāts Minkovičs, pašlaik viņam ir 91 gads, viņš dzīvo Izraēlā. Tā bija viena kompānija. Viņiem bija dramatiskais kolektīvs, IHAT jeb „Irbeiskij hudožestvennij teatr". Viņi uzveda lugas, mani šad tad ņēma uz mēģinājumiem, izrādēm. Prokurori un KGB priekšnieki ļoti gribēja tikt tajā kompānijā. Tur bija KGB rajona priekšnieks Vorobjovs, ko viņi sauca par Zvirbuli.

Es mācījos skolā, 2. klasē. Tas bija 1945. gadā, man bija 8 gadi. 1. klasē mamma mani nelaida, viņai bija bail. Stoligvas dēls aizgāja 5. klasē. 1946. gadā mēs pārcēlāmies uz Krasnojarsku. Tur bija rūpnīca, kurā ražoja spirtu, un tēvu uzaicināja par galveno grāmatvedi. Mums tur iedeva trīsistabu dzīvokli. Tur es gāju 2. klasē. 1946. gadā piedzima mans brālis.

Tēvs visu laiku, līdzko 1956. gadā atgriezās Rīgā, turpināja darbu advokatūrā, Rīgas 4. juridiskajā konsultācijā. Viņš nostrādāja gandrīz līdz 80 gadu vecumam, pietrūka tikai trīs vai četri gadi. Mans tēvs bija advokāts ar labu praksi. Mamma jau Krasnojarskā sāka strādāt par skolotāju. Bija vācu valodas skolotāja, turpināja strādāt arī Rīgā.

1951. gadā pie mums mājās atnāca KGB oficieri un paziņoja: „Jūsu jaunākais dēls bērnudārzā teicis, ka Staļinu vajag nogalināt." Visas sienas bija Staļina portetos. Bija tāds 58. pants. Pirmo reizi vecāki man kaut ko stāstīja 1952. gadā, kad sākās t.s. „ārstu lieta". Viņi visi bija „sašauti", visi juta, ka Rīgā, jau bija sagatavoti vilcieni, lai visus ebrejus deportētu uz Birobidžanu. Viņi to izjuta. 1949. gadā tēvs brauca uz Maskavu ar gada atskaiti, un atbrauca arī uz Rīgu. Viņam te bija pazīstami, gudri cilvēki Latvijā viņam pateica, lai brauc atpakaļ. 1949. gadā bija otrā izsūtīšana. Ja mēs atgrieztos, izsūtītu arī mūs. Tēvs stāstīja, ka mūsu dzīvoklis Rīgā ir brīvs, ka ir daudzi tukši dzīvokļi. Tā mēs palikām un dzīvojām Sibīrijā līdz 1956. gadam. Tur es gāju skolā, biju pionieris, Staļina 70. jubilejā lasīju referātu lielajā konferencē, jo man bija laba balss. Vecāki savas domas man neteica. Kad bija t.s. „ārstu lieta", tēvs atbrauca no Maskavas, teica, ka viņam nav komentāru, viņš bija pilnīgi satriekts. Skolā man veicās labi, man bija draugi, nebija problēmu ne tāpēc, ka biju izsūtītais, ne tāpēc, ka esmu ebrejs – arī „ārstu lietas" laikā ne.

Visiem vienreiz nedēļā bija jāiet atzīmēties. Tēvs no sākuma strādāja spirta rūpnīcā, bet pēc tam viņu paņēma tirdzniecības nodaļā jau par juriskonsultu. Man šķiet, ka bija divas tirdzniecības nodaļas. Visi no turienes nokļuva cietumā, tēvs bija vienīgais, kas neko neparakstīja, un tā viņš turpināja strādāt.

1952. gada kampaņā cieta vispirms dakteri. Bet visu izjūtas bija tādas... Atceros, ka sestdienā atnācu no skolas, un mājās visi bija jautri. Prasīju, kas par lietu, man teica, ka ārsti ir reabilitēti, daktere Timošuka ir cietumā, un tad vecāki man iedeva naudu, un es gāju uz skolas vakaru.

Skolu beidzu 1954. gadā, bija jādomā, ko darīt. Mamma gribēja, lai mācos par mediķi, bet es to ne visai gribēju. Gribēju braukt uz Tomsku, kur atradās universitāte, bet vecāki man teica, ka tur nekad nebraukšu, jo tur bija mūsu lieta ar atzīmi „glabāt mūžīgi". Man bija jāizvēlas – varēju iet Krasnojarskā Mežu tehniskajā institūtā uz Ķīmijas fakultāti, bet es iesniedzu dokumentus Medicīnas institūtā. Tur bija viegli, jo puikām deva priekšroku. Es mācījos labi. 1954. gadā bez kādām problēmām noliku eksāmenu un iestājos Medicīnas institūtā.

Tur mācījos divus gadus. 1956. gadā pārbraucu uz Rīgu un mācījos jau te. Tur, Krasnojarskā, bija visi tie profesori, kas 1952. gadā bija spiesti bēgt no Maskavas. Bija tādi anatomijas, mikrobioloģijas profesori, kas bija tikko izlaisti no nometnēm, kas bija strādājuši kopā ar Kohu. Institūtā bija interesanti cilvēki. Bioķīmijas katedru vadīja docents Jedigarovs, viņš bija Baku universitātes rektors. Bija interesanti mācīties. 1956. gadā tēvs dabūja reabilitāciju un uz Latviju atbrauca pirmais. Viņam te dzīvoja māsīca, viņš apmetās pie tās. Es atbraucu pēc tēva, man bija vieta kopmītnē. Bija noteikumi, ka reabilitētie var dabūt Rīgā dzīvokli. Viņš uzzināja, ka vienā komunālajā dzīvoklī ģimene dodas uz Izraēlu, un lūdza divas istabas komunālajā dzīvoklī. Tad 1956. gadā atbrauca mamma un brālis. Tā ģimene, kas brauca prom, bija ļoti bagāti cilvēki. Interesanti, ka viņi drīkstēja ņemt līdzi vienu automašīnu, vienu televizoru, vienu skaitļojamo mašīnu. Bija iespējams braukt uz Izraēlu. Mēs dzīvojām Stabu ielā 19, kur 1987. gadā bija liels ugunsgrēks. Tur mums bija tās istabas, ko tēvs dabūja. Es turpināju mācīties Rīgas Medicīnas institūtā, to beidzu 1960. gadā. Pēc 3. kursa gribēju būt ķirurgs, daudz dežūrēju. Dabūju nosūtījumu uz Dagdu – strādāju par ķirurgu. 1962. gadā tiku aspirantūrā, kad biju nostrādājis divus gadus. Nekādu pretestību pret sevi nejutu.

Pašlaik esmu Stradiņa slimnīcā vecākais profesors. Pēc aspirantūras strādāju Centrālās zinātniski pētnieciskās laboratorijas Eksperimentālajā ķirurģijas nodaļā, tur aizstāvēju kandidātdisertāciju, doktordisertāciju, 1976. gadā šeit bija vakance, un tā es atnācu uz šejieni, strādāju jau 30 gadus.

1997. gadā nomira mana mamma, un pēc trim mēnešiem nomira tēvs. Tēvs bija ļoti organizēts cilvēks, viņš nedzēra, nepīpēja, viņš ļoti sevi uzmanīja. Kaut arī viņš bija bijis nometnē, viņam nebija nometnēm raksturīgās kaites. Tēvs nodzīvoja līdz 90 gadiem. Viņš atbrauca 1956. gadā, bet 1958. gadā sāka strādāt Tukuma advokatūrā, un tad visu laiku – 4. Juridiskajā konsultācijā. Ugunsgrēkā Stabu ielā izdega dzīvoklis, un tad viņš dabūja dzīvokli Imantā. Tad jau viņam kļuva grūti.

Sākās Atmoda, kooperatīvi, viņš daudz ko palīdzēja. Viņš bija gudrs, ar labu galvu, bet ne sevišķi daudz stāstīja par savu dzīvi, mēs ar viņu par to sākām runāt tad, kad viņš jau bija stipri vecs. Viņš teica, ka jūtas vainīgs, ka to visu man nav pastāstījis agrāk. Viņš labi zināja ebreju vēsturi, bet viņš to nestāstīja.

Tad, kad bijām Narimā, tur bija ģimene: Oskars Alks, medicīniskā departamenta direktors, un divi puikas – Dzintars un Andrejs. Mēs sākām mācīties kopā Krasnojarskas institūtā. Tie bija latvieši, izturīgi studenti. Viņi slēpoja labāk nekā citi, viņi izveidoja labu karjeru. Kad atbraucu šeit, es domāju, ka visi latvieši ir tādi. Pēc tam uzzināju, ka tā nemaz nav... Viņi dzīvoja Minusinskas rajonā, daudz dziļāk nekā mēs, divus kursus bijām kopā.

Nezinu, kāpēc tēvu tik ātri izlaida no nometnes. Ārā tika viņš un profesors Stoligvo. Arī viņš bija izsūtīts uz Irbejsku. Stoligva bija lāģera ārsts, viņš bija uzrakstījis, ka tēvs nevar iet mežu darbos. Zinu, ka daudzi bija atbrīvoti, daudzi rīdzinieki bija nometnē Soļikamskā. Neatceros, kā mammai izdevās pārcelties uz Irbejsku, to man nestāstīja.

Latviju es neatcerējos. Bija pazīstamie, kas sarunāja, ka 3. kursā varēšu mācīties Rīgas Medicīnas institūtā. Man te nebija neviena. 3. vai 4. kursā vajadzēja mācīties latviešu valodu. Tas man gāja diezgan grūti, tāpēc tad, kad bija sadale, teicu, ka došos uz Latgali. Latvijā atbraucot, visi paziņas man bija kursabiedri, un tā arī ir palicis līdz šim. Daži jau ir miruši, daži dzīvo citās valstīs.

Par emigrēšanu sākām domāt vienreiz. Mēs ar sievu un diviem bērniem dzīvojām komunālajā dzīvoklī, bija grūti. Es izdomāju, ka vajadzētu emigrēt. Tēvs jau bija vecs, viņš teica: „Ja tu gribi, tad sniedz dokumentus!" Brālis teica, ka nebrauks, dēls teica, ka nebrauks. Mana sieva teica, ka viņai te vēl ir dzīva māte Kaļiņingradas apgabalā. Tad man bija tāda izvēle. Otrs gājiens bija 1990. gadā, jo bērni aizbrauca, un nebija zināms, kas te tālāk notiks. Tad es domāju: „Aizbraukšu pie bērniem", pastaigāju pa klīnikām, un tad es nolēmu, ka te, Latvijā, man nebūs sliktāk.

Bija tāds noskaņojums: tik un tā es aizbraukšu! Man tā nebija. Tēvs nejaucās. Kad sāku strādāt Dagdā, biju rajona komjaunatnes biroja loceklis, Bresis bija sekretārs. Man saka, ka jāstājas partijā. Prasīju tēvam, viņš teica: „Dari, kā gribi!" Ja viņš man būtu pateicis: „Nedari!", es nebūtu iestājies. Tā arī bija. Nekad tēvs nedarīja neko, lai mani ietekmētu. Es tā centos izturēties arī pret savu dēlu, un dēls 1990. gadā aizbrauca uz Izraēlu.

Man ir ļoti laba ģimene, dzīvojam kopā 46 gadus, ir mazbērni. Man ir labi darba apstākļi, 30 gadus strādāju vienā iestādē, nodarbojos ar transplantāciju. Kolektīvā ir ukraiņi, krievi, latvieši. Patīk strādāt.

Es jūtu, ka PSRS es negribētu atgriezties, tur notiek visādas lietas. Uz Ameriku es nekad negribētu braukt...

No kreisās: tēvs Leons, Rafaels, Boriss, māte Marija. Sibīrija, 1947. gads

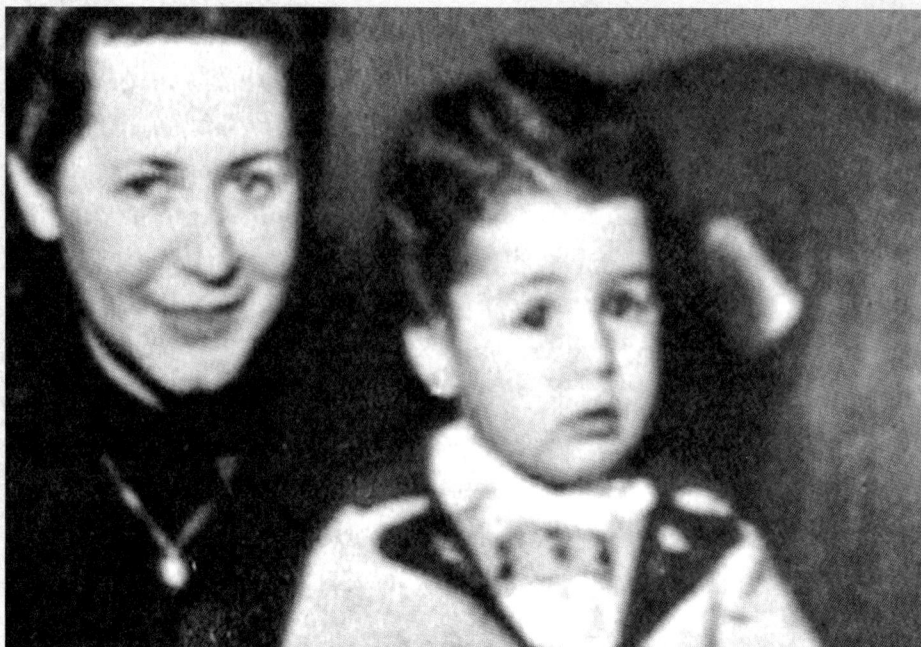

Rafaels ar māti

Sādža Sibīrijā

Sibīrija

Rafaels (pa labi). Sibīrija, 1954. gads

Benjamins Sļivkins

dzimis 1932. gadā

Mēs jautājām – kāpēc mēs nevaram iet tur, kur gribam? Mums pateica – tāds ir likums. Viss.

Mani sauc Benjamins Sļivkins. Sibīrijā mani pārsauca par „Borisu" – iedeva citu vārdu. Kad mani izveda, man bija 9 gadi. Kad mēs tikām atvesti, es slikti zināju krievu valodu. Mani tur nepieņēma mācīties. Līdz karam es mācījos ebreju skolā un tajā vienu gadu mācījos arī latviešu valodu. Krievu valodas stundu nebija.

Kā mūs izsūtīja? Es pamodos, un kāds no NKVD prasa: „Kas tur guļ?" Tēvs saka: „Mans dēls". NKVD darbinieks saka, ka arī man jābrauc līdzi. Pamodos, jautāju vecmāmiņai, kas notiek. Viņa atbildēja, ka mūsu ģimene tiek izsūtīta. Ģērbos. Es biju mājā pats mazākais.

Brālis Ābrams jau bija sakrāmējis mantas. Brālis par mani ir 10 gadus vecāks. Īsāk sakot, mūs ielika mašīnā un veda uz staciju. Tur tēvu paņēma uz citu vietu, mēs viņu vairāk neredzējām. Mūs ielika vagonā.

Man ir arī 3 māsas un brālis. Divas māsas jau ir mirušas.

Vagons – lopu vagons, tādā mūs veda. Nahimovska, kuru arī jūs intervējāt, bija kopā ar mums vagonā. Bija daudz bērnu. Mūs veda 3 nedēļas. Atveda uz Kansku. No turienes – kopā ar Nahimovsku lielo ģimeni tikām aizvesti uz Ašpatskas ciemu.

Tur dzīvojām. Man tad bija 9 gadi. Visi vecākie gāja strādāt, bet mazākie palika mājās.

3. klasē mani neņēma, jo es nezināju krievu valodu. Gāju vēlreiz 2. klasē. Mācījos gadu. No Ašpatskas mūs aizsūtīja uz Vorgovo pilsētu, tur mācījos 2 gadus. Pēc Vorgovo mēs dzīvojām Potjosovā. Man jau bija 12 gadu. Vorgovā beidzu 5. un 6. klasi. Tad, pēc Vorgovo, mūs pārvietoja uz Jeņisejsku. Tur beidzu 7. klasi, un tad mums atļāva braukt mājās uz Rīgu. Devāmies uz Rīgu.

Rīgā iestājos Elektrotehniskajā tehnikumā. Tajā mācījos 2 gadus. Tad mūs atkal izsūtīja uz Sibīriju. Tur es satikos ar Induli Pogu, gāju mācīties vakara tehnikumā, un vienlaicīgi strādāju rūpnīcā „Sibtjažmaš". Kad beidzu tehnikumu – tas bija 1954. gadā – tad strādāju arī rūpnīcā līdz atbrīvošanai. Tad ar Induli Pogu braucām uz Rīgu. Rīgā strādāju Vagonu būves rūpnīcā, viņš – VEF-ā.

Viņš strādāja, bet es pēc Rīgas aizbraucu uz Izraēlu. Viņš neko par to nezināja. Mēs atbraucām 1973. gadā. Izraēlā sāku strādāt amatniecības skolā – sākumā par mehāniķi, tad sāku nodarboties ar elektroniku. Vienmēr esmu strādājis un mācījies.

Kad dzīvojām Rīgā un strādāju rūpnīcā, iestājos institūtā vakara nodaļā un pabeidzu. Tas bija 1956. gadā.

<u>*Kādas bija jūsu attiecības ar Sibīrijas vietējiem iedzīvotājiem?*</u>

Mēs katru mēnesi divas reizes gājām atzīmēties. To skolā neviens nezināja. Mēs teicām, ka ejam uz pretējo krastu pie māsas, bet patiesībā mēs gājām atzīmēties. Mums bija īpašs dokuments. Bērni to nezināja, jo mēs slēpām. Vēlāk viņi uzzināja, bet nesaprata. Viņi nesaprata, kāpēc esam izsūtīti. Mēs teicām, ka tas ir sakarā ar karu. Poga saka: „Kā lai es zinu, kāpēc mani izsūtīja? Es taču biju maziņš". Daudzi to nesaprata. Mēs viņiem teicām, ka nevienu neesam nogalinājuši, ka neko sliktu nedarījām. Vienkārši izsūtīja.

Bads bija. Bija grūti. Īpaši grūti bija aukstumā. Palīdzēju mammai, kā nu vien varēju. Zāģēju malku.

Bija visādas situācijas. Vajadzēja braukt ar kuģi. Pret mani slikti izturējās tie, kas to organizēja. Tas bija 1942. gads. Mēs braucām no Vorogovo uz Jeņisejsku. Upe bija plata. Bija grūti, baidījāmies, lai mūs neapzog.

Grūti izstāstīt visus smagos momentus... Nu, piemēram, tev lika kaut kur dzīvot; kaut kur tev iet ir aizliegts. Tu nedrīksti to, jo tu esi izsūtītais. Katras divas nedēļas jāiet atzīmēties. Pa šim divām nedēļām ir aizliegts jebkur citur doties. Vecāki dzīvo citur.

Poga nevarēja braukt pie vecākiem, arī es nevarēju. Mums lika dzīvot kaut kādā norādītā vietā, jo mēs strādājām. Tas bija nepatīkami. Mēs jautājām – kāpēc mēs nevaram iet tur, kur gribam? Mums pateica – tāds ir likums. Viss.

Vai atcerējāties to dzīvi, kāda bija Latvijā?

Bija tēvs. Tēvu atšķīra. Tēva tagad nebija. Neko nepaskaidroja.

To ir grūti pateikt. Sākās karš.

Tad, kad izsūtīja, neviens neko nepaskaidroja, neviens neko nejautāja. Tas, kas mūs izsūtīja, uz šiem jautājumiem neatbildēja. Viņš pats nezināja.

Karu pārdzīvojām. Zinājām, kas notiek pie vāciešiem. Daudzi devās uz fronti. Neatgriezās. Daudzi gāja bojā. Gāja bojā vecāki. Mēs pat necerējām spriest, kas notiktu, ja mēs nebūtu izsūtīti. Mēs būtu nogalināti. Tas ir sarežģīts jautājums. Tad, kad mūs izsūtīja otro reizi, mums paskaidroja, ka esam uz Rīgu atbraukuši nelegāli. Ko nozīmē – nelikumīgi, nelegāli? Es tiku izvests, kad biju bērns... Kad mūs atbrīvoja un teica, ka esam brīvi, varējām neiet „atzīmēties". Mēs smējāmies, kad gājām garām komandatūrai.

Kad mūs izsūtīja otrreiz, mēs jau Rīgā bijām pierakstīti. Tad, kad atgriezāmies pēc otrreizējā izsūtījuma, mums nedeva pierakstu, nedeva dzīvojamo platību. Es dabūju pierakstu Salaspilī, atradu darbu. Tad sāku strādāt Vagonu būves rūpnīcā, un dabūju pierakstu. Un tā bija ar visiem. Bija grūtības.

Mēs bijām dzīvoklī 7 cilvēki.

Ābrams apprecējās, arī māsas apprecējās, jau te, Rīgā. Vajadzēja, kur dzīvot. Tās bija lielas grūtības. Mums bija pases. Grūtības bija, kad mūs veda pa etapu. Bija daudz cilvēku, vagonos – auksti... Otrais izsūtījums bija smags. Bija grūti aptvert, kāpēc tiekam izsūtīti otro reizi. Labākais periods – kad atbraucām Izraēlā. Tas bija pirms 33 gadiem.

Tēvu 1941. gadā no mums atdalīja. Viņš strādāja par krāsns būvētāju („pečņik" – krievu val.) 1944. gadā viņu atbrīvoja, viņš nevarēja strādāt, nevarēja staigāt, un viņš atbrauca pie brāļa uz Sibīriju. Brālis bija darba armijā.

Tēvs atbrauca pie brāļa, dzīvoja tur, ārstējās un pamazām atlaba. Mēs kopā tikām atbrīvoti, kopā atbraucām uz Rīgu, un mūs visus kopā izsūtīja otrreiz. Kad mēs otrreiz tikām atsūtīti uz Sibīriju, tēvs mira. Braucām pie tēva uz kapiem. Sibīrijā viņš nestrādāja, bija paralizēts.

Mani nelaida uz bērēm, man vajadzēja dabūt atļauju. Lai dabūtu atļauju, vajadzēja gaidīt pusotru dienu. Tas bija nepatīkams brīdis. Pēc bērēm man bija jādodas atpakaļ.

<u>Ko jūs vēl vēlētos teikt?</u>

Man ir grūti kaut ko teikt. Visu dzīvi strādāju un mācījos.

Tagad ir brīvība... Vari doties, kur gribi. Bez ierobežojumiem.

Sļivkinu ģimene Latvijā

Georgs Stoligvo

dzimis 1934. gadā

*Droši vien vecākiem bija padomā kaut kas,
ka jātiek atpakaļ uz Latviju, varbūt,
bet man šķiet, ka īstas cerības nebija.*

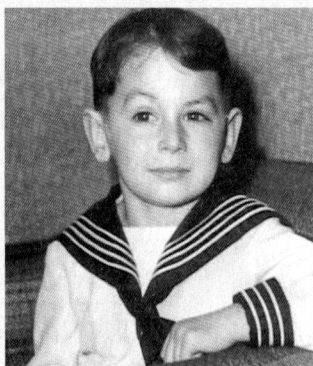

Mūsu ģimene 30. gados dzīvoja ļoti labi. Tētis strādāja, pelnīja, viņam bija privātprakse. Vectēvs – tēva tēvs – viņam palīdzēja, strādājot laboratorijā. Vecmāmiņa ar vectētiņu dzīvoja Miera ielā 5. Viss bija labi līdz 13. jūnijam. Tēvs bija konsultācijas izbraukumā uz Ludzu. Viņš nebija mājās. Ap kādiem 2.00 naktī piezvanīja pie durvīm – es pat pamodos no zvana. Atvēra durvis, bija 4 vīri civilajā, visiem bija nagani. Bija zaldāts ar garu šauteni, ar durkli, formā. Bija vēl viens, atceros, ka viņam bija „furaška", un to viņš neņēma nost. Bija 6 cilvēki. Mammai lika gatavoties, mamma paņēma līdzi kaut ko vieglu, jo bija taču vasara. Mamma domāja, ka vedīs uz nošaušanu. Veda prom no Rīgas – nezināmā virzienā. Neviens neteica, ka jāpaņem kaut kas silts. Tomēr mammiņa bija droša, atklāts cilvēks, un viņai nebija bailes, viņa momentā varēja koncentrēties, un tas mums izglāba dzīvības. Viņa – cik varēja, ielika koferos mantas. Es visu laiku gribēju runāties ar zaldātu, man patika viņa plinte ar štiku. Es viņam rādīju savus zaldātiņus – maziņus, spēļu. Viņš man teica „ataiģi, ataiģi" (ej nost!). Kad mūs veda ārā pa durvīm, es zaudēju valodu. Pilnīgi paliku

bez valodas... Toreiz es runāju 3 valodās – krievu, vācu un latviešu. Es aizmirsu visas valodas... To mamma pamanīja apmēram pēc dienas, varbūt vēlāk. Mūs izveda uz Aspazijas bulvāri.

Bija ļoti jauks rīts – pulkstenis bija ap četriem, saule vēl nebija uzlēkusi, saullēkts bija tikai gaidāms. Atceros – pie Bastejkalna bija vientuļš tramvaja vagons. Pēc tam mūs ielika kravas mašīnā un aizveda uz Torņakalna staciju. Vagons nebija liels, krieviski saka „Teļatņiks" (lopu vagons), logiem priekšā restes, lodziņi bija divi. Priekšā jau bija cilvēki. Kopsummā tur bija 41 cilvēks, to es atceros labi. Tur bija tikai sievietes, bērni, pusaudži. Mēs ar māsu bijām mazi, māsai bija 2 gadi. Vienīgais vīrietis tur bija Zisks, es pat uzvārdu atceros. Viņš neaizbrauca līdz Sibīrijai, viņš nomira ceļā. Viņš bija sirmgalvis.

Mēs ar māsu bijām vismazākie, un mums iedeva augšējo plauktu. Tas mūs glāba vēlāk, braucot cauri Sibīrijai, bija kaut cik iespējams elpot. Bija karsts laiks, mūs veda kādus 2 mēnešus. Vagona vidū bija „paraša" – no koka darināts spainis, kas kārtīgi smirdēja, to es atceros. Pēc kāda laika mums uz visu vagonu iedeva vienu žāvētu doršu. Es pats biju maziņš, un tā dorša bija mana auguma. Iedeva spaini ūdens. Gribi – dzer, gribi – mazgājies... Iedeva uz visiem vienu maizes kukuli. Ja es nemaldos, mēs zem šīs vagona jumta bijām 3 dienas, un tad sākām braukt. Jumts bija karsts, sakarsis...

Atceros, kaut kur lielā stepē, kur nebija stacijas, atkal vilciens apstājās. Tur pat nebija ezers, tur bija liels dīķis. Mēs nebijām mazgājušies nedēļām. Ūdens bija brūns. Labi, ka ne mamma, ne mēs uz turieni negājām. Visiem bija komanda iet mazgāties. Kas tur bija! Tur bija dubļi, netīrs. Tā bija ņirgāšanās, jo cilvēki no turienes izlīda, aplipuši ar dubļiem, mālu, visi kliedza, ko jūs dariet, kā tā var...

Mans tēvs nākamajā dienā atgriezās uz mājām, un jau stundas laikā bija klāt, saņēma viņu ciet. Tēvs pa telefonu zvanīja savam tēvam, viņa tēvs atbrauca. Tēvu sagaidīja dzīvoklī, vectēva klātbūtnē manu tēvu arestēja un aizveda uz Soļikamsku. Tur viņš iepazinās ar profesora Rozentāla tēvu.

Mūs aizveda uz pilsētu Kansku. Vienu daļu no ešalona sūtīja citur. No mūsu vagona un blakus vagona cilvēkus iesēdināja ratos un aizveda ar zirgiem 80 km no Kanskas – Irbej vai Irbejsk ciemats. Visus mūs izlaida.

Tur jau bija bez konvoja, tikai NKVD priekšnieks, kas staigāja formā, cepurē ar naganu. Viņam bija arī palīgs.

Tur mēs pavadījām ziemu. Vēlāk rudenī atbrauca 18–19-gadīgs jauneklis. Mammu nez kāpēc izsauca naktī, nolika uz galda naganu, un lika mammai parakstīt papīru. Mamma sāka lasīt. Viņš uzkliedza: „Ko tu tur lasi? Paraksti, un viss!" Mamma teica – kamēr neizlasīšu, neparakstīšu. Viņš saka – tu taču tik un tā krieviski nesaproti! Bet mana mammiņa bija krieviete. Viņa labi zināja krievu, arī poļu valodu. Mamma izlasīja. Tur bija rakstīts apmēram tā: „Es – tāda un tāda, tāda un tāda sieva, tautas ienaidnieka sieva, par noziegumiem, ko izdarīja mans vīrs, piekrītu, ka mani soda, un piekrītu palikt izsūtījumā 20 gadus". Mamma teica – neparakstīšu un viss. Viņš teica, ka mammu nošaus. Divas naktis sauca mammu uz turieni, lamājās necenzētiem vārdiem. Tad viņš aizbrauca. Mēs tur palikām visu ziemu.

Kā mēs dzīvojām? Paldies Dievam, cilvēki tur ir paši bijušie izsūtītie, vai viņu nākamās paaudzes. Mēs bijām dziļā taigā, ap 150–200 km no Sajānu kalniem. Tur 300–400 km ir līdz Mongolijas robežai. Cilvēki viens otram palīdzēja. Kartupeļi tur bija, kāda sasaldēta zivs.

Ziemā es smagi saslimu ar plaušu karsoni. Mammai bija hinīns, un tas man palīdzēja. Tad bija kaut kāda Gaļamova – veca sieviete, viņa arī mani ārstēja. Paliku dzīvs... Māsiņa arī auga.

Sākās pavasaris. Mēs dzirdējām, ka turpat pie mājiņas staigā vilki, gaudo, pie mājiņas bija vilku pēdas.

Mamma sāka iet kolhozā, kamēr bija rudens. Viņai maksāja mazliet vairāk par 20 kapeikām par darba dienu. Vienīgais – deva maizes klaipu. Mums palīdzēja cilvēki, mamma palīdzēja arī saimniecei. Varat iedomāties – pavasarī mamma izdomāja avantūru. Viņa teica – neviens mūs te nepārbauda, neviens mūs nesauc ārā. Viņa paņēma bērnus, sarunāja ar vienu, kas brauca uz Irbeju, iesēdināja mūs iekšā, un mēs devāmies prom. Tur aizgājām pie rekomendētiem cilvēkiem, kur var apmesties. Pēc kāda laika mamma pati aizgāja uz NKVD, lai neteiktu, ka esam bēgļi. Tur mammai neko sliktu neteica, tik pateica, ka vienu reizi mēnesī jāiet parakstīties. Iepazinās ar poļiem, tur bija represētie poļi. Sākumā viņiem gāja ļoti smagi. Mamma ir puspoliete, viņa bija audzināta poļu klosterī Viļņā, un zināja

valodu. Tur viņu uzņēma kā savējo – vientuļa sieviete ar diviem bērniem...
Viņiem tur bija artelis. Viņi bija malači, apvienojās, izdzīvoja. Mana māsiņa
tika iekārtota bērnudārzā. Man bija 8 gadi, un es bērnudārzā skaitījos kā
palīgdarbinieks – nesu ūdeni, malku, par to man deva putraimus un zupiņu
pusdienās. Ēst man deva pa logu, iekšā nelaida.

Otrs mans darbiņš bija – palīdzēt māmiņai. Upes krastā dzīvoja poļi,
un tur organizēja arteli – taisīja vasku, bišu šūnas. Tas ir grūts darbs. Tur
vajag arī ūdeni, un es to pienesu. Kamēr māsa nebija bērnu dārzā, man viņa
bija jāauklē.

Vietējie mammiņu pamācīja, lai meklē vīru. Par tēvu nebija nekādas
informācijas, mēs nezinājām, kur viņš ir, domājām, ka ir miris. Vietējie
teica, lai katru vakaru rakstot vēstules uz kaut kādu lagu... Lai mamma
paņem Savienības karti, lai izslēdz okupētās teritorijas, pie katras pilsētas
noteikti būs kāds –lags. Mamma to darīja. Varat iedomāties, ka gada laikā
tēvs bija dabūjis divas vēstules. Viņš bija sapratis mammas rokrakstu,
zināja, ka esam dzīvi. Otru vēstuli aiznesa bandīti, zagļi. Teica – „doktor,
dodiet savas brilles un mēteli." Tēvs paspēlēja to, bet viņam atdeva vēstuli.
Tā tētis uzzināja, kur esam dzīvi. Jeņisejskā bija Rozentāli. Viņi viens otram
stāstīja, kur ir Latvijas cilvēki. Vēlāk tēvs tika ar Rozentāliem kopā. Tēvs
nebija nekādā politiskā organizācijā, nekur neuzstājās.

Tēvam apmainīja lēģeri pret izsūtījumu. Tēvam un Rozentālu tēvam
konkrēti piesprieda 5 gadus, ieskaitot jau pavadītos 2 gadus. Caur
16 cietumiem, caur visu Sibīriju visu cauru vasaru viņu vizināja uz
Krasnojarsku. Tas bija 1943. gadā, uz rudens pusi.

Kad kravas mašīnā atveda tēvu un lika viņam kāpt ārā, viņš nevarēja
paiet. Viņš sēdēja pie žoga, drebēja, jo bija jau novembris, auksts. Viņš
nespēja piecelties. Visas sievietes interesējās, kas viņš tāds ir. To, ka viņš
no nometnes, uzreiz varēja redzēt. Prasīja, kā sauc viņa sievu – Marija
Longinovna – mana mamma bija Marija. Vietējie zināja, kur ir mamma.
Viņas aizskrēja pie poļiem, kur bija mamma, un saka, ka viens novārdzis
vīrietis saka, ka esot viņas vīrs. Kā? Atskrējuši, uz rokām aiznesuši...

Lūk, viena atmiņu fotogrāfija – mēs ar māsu gulējām uz grīdas,
aiz krievu krāsns. Atnāca mamma un pie viņas pleca turās viens vājš
vīrietis, kam ir brilles. Droši vien, ka tētis. Viņš ar mani sāka runāt

vāciski. Es nesapratu – ko viņš runā? Es pats runāt sāku tikai pēc gada...
Krieviski.

Tētis no distrofijas bija ļoti švaks. Tēti vajadzēja glābt. Mums rajonā
bija ukraiņu ciemats. Tur bija izsūtītie no 1928., 1929. gada – kaut kur no
Habarovskas. Tur viņi sāka iedzīvoties, pēc pāris gadiem, kad viņiem jau
bija saimniecības, viņus izsūtīja atkal tālāk uz taigu, līdz beidzot viena ieliņa
bija burjatiem un ukraiņiem. Tas bija 20 – 25 km tālu, pirmais sniedziņš...
Mamma atveda gotiņu. Gotiņai bija pirmais teliņš. Tā viņa atveda govi –
25 km. Pasauca kaimiņieni, tā iemācīja slaukt. Kādu litru, pusotru pienu
deva. Mamma lika tētim dzert pienu, Uz Jaungadu tētis jau sāka iziet ārā,
aizgāja pie slimnīcas galvenā ārsta. Nez kāpēc viņu nepaņēma armijā.

Irbejā bija neliela slimnīca, un tēvu pieņēma darbā. Nometnē viņš
sākumā gāja uz meža darbiem, un tikai vēlāk strādāja tur par ārstu. Viņš
stāstīja drausmīgas lietas, tas ir garš un ļoti drūms stāsts, bet es to neesmu
redzējis savām acīm, tikai pēc tēva stāstītā. Tēvs sāka strādāt 1944. gadā.
Ļoti ātri tēvs kļuva populārs. Nu, iedomājieties – Latvijas Universitātes
profesors Sibīrijas ciematā! Viņš arī pamācīja līdzstrādniekus, organizēja
labu dienestu poliklīnikā. Slimnīcai bija sava teritorija, mums iedeva
gabaliņu kartupeļu audzēšanai, un jau 1944. gada rudenī mums bija savi
kartupeļi, lociņi, sīpoli, bietes. Viens no galvenajiem audzēšanas darbā biju
es. Bija gotiņa, tad māsa kaut kur atrada suni. 1944. gadā uz rudeni mums
pat bija sivēntiņš, Mēs dzīvojām nelielā mājiņā pie slimnīcas. Tas viss –
pateicoties mammai.

Skolā sāku iet tikai 5. klasē. Tētis ar mani nodarbojās, viņš man mācīja
aritmētiku, stāstīja vēsturi, lasījām grāmatas. Es varēju iet pastaigāties
tikai tad, kad no darba bija atpakaļ tēvs, jo vaļinki bija tikai tētim un
māmiņai. Tad, kad aprīlī kusa sniegs, mēs pa lauku skrējām jau ar basām
kājām... Vēlāk, stipri vēlāk, man bija savi vaļinki. Basām kājām skrējām līdz
septembrim.

Es biju pietiekami labi sagatavots 5. klasei. Skolā mani uzņēma labi,
varbūt pateicoties, tam, ka man blakus sēdēja Pāvels Bļinovs – krietns zēns,
stipri vecāks – viņam bija 13. vai 14. gadi. Es viņam, cik varēju, palīdzēju. Es
iemācījos pareizi rakstīt. Tēvs man teica – ja mācies kādu valodu, tad dari
to perfekti un cieni valodu. Mans tēvs labi runāja latviski, kaut viņam bija

krievu akcents, bet viņš literāri pareizi laboja saviem studentiem darbus.
Atceros, ka tēvs kaunināja studentus – teica: „Kā jūs rakstiet, jūs taču esat
latvietis!" Tēvs no manis arī prasīja – teica – ja tu runā krieviski, tad runā,
nevis velns viņu zin, kādā valodā. Tā es iemācījos arī latviešu valodu.

Droši vien vecākiem bija padomā kaut kas, ka jātiek atpakaļ uz Latviju,
varbūt, bet man šķiet, ka īstas cerības nebija. Tēvam bija piespriesti 5 gadi,
mammai 20 gadi. Tēvs bija tur visa novada slavenais dakteris, un pie viņa
ārstējās sekretāri un pats NKVD priekšnieks Vorobjovs – „Zvirbulis" – tā viņu
sauca latvieši. Viņa dēls bija mans klasesbiedrs, un ziniet kā viņu sauca –
Ādolfs! Galīgs nonsens, NKVD priekšnieka dēls, kara laiks, un – Ādolfs! Tas
nozīmēja, ka 30. gados sākumā Staļins ar Hitleru draudzējās. Ādolfs bija
dzimis 1934. vai 1933. gadā, viņš bija mans vienaudzis. Tas – tā.

Cerība parādījās, kad tēvs dabūja pasi. Beidzās termiņš. Visi gāja
atzīmēties. Tēvs gāja pie priekšnieka, saka, man beidzas termiņš, lai dod
pasi. Tēvam teica, ka atpakaļ uz Rīgu tikt nevarēs, tikai, ja no augstākām
sfērām būs izsaukums, bet drīkst dzīvot Krasnojarskā, Novosibirskā.
Mammai saka, ka viņai gan te vēl jāpadzīvo. Mamma atbild, ka viņa taču
nav parakstījusi papīru par 20 gadiem... Viņš izvelk mapes, skatās vai
tā var būt. Es domāju, ka šis mammas gājiens mūs izglāba no Igarkas un
Noriļskas. Latvieši, kas nezināja valodu, parakstīja. Man ir daži avoti, no
kuriem es zinu, ka tas arī bija tā. Manas sievas tēvam bija līdzīga situācija.
Viņš savā laikā bija paņemts 1939. gadā. Viņš bija no Ukrainas, advokāts.
Viņu saņēma. Viņu sita. Viņš teica, ka grib izlasīt dokumentu. Viņš izlasīja,
un apakšā uzrakstīja: „Ar visu, ko izlasīju, esmu pilnīgi neapmierināts un
nepiekrītu". Un parakstījās. Virsnieks to nelasot, iesvieda dokumentu mapē.
Tas arī viņu izglāba. Pēc pusotra gada bija kaut kāds mīkstinājums, Staļins
atzina, ka ir pārcentušies, un viņu arī 1941. gada sākumā atlaida. Laimējās.
Droši vien gadījās kāds normāls cilvēks.

1946. gadā mamma saņēma pasi, kopā ar tēvu, jo viņai pašai sprieduma
nebija, viņa bija tikai kopā ar tēvu. Te ir daudz mīklainu lietu. Kad
mēs gribējām pierādīt, ka esam represēti, viņi no arhīva izņēma mūsu
dokumentus. Tur bija viss. Tur ar zīmuli blakus uzrakstīts „Ģimene izsūtīta
ārpus Latvijas robežām". Cik liela ir ģimene – nekur nebija minēts. It kā mēs
pazūdam vispār. Tikai sarakstoties ar Irbeju, pēc gada no turienes atnāca

dokumenti – cik un kas mēs tur bijām. Kur konkrēti, cik reizes reģistrējušies NKVD. Tikai no turienes mēs dabūjām, ka esam pieminēti.

Tēvs sarakstījās ar Medicīnas fakultāti, un caur zinātniekiem, paziņām viņam izdevās sazināties ar Kirhenšteinu. Mans tēvs arī faktiski bija mikrobiologs, un Kirhenšteinam viņa vārds bija zināms. Viņam vajadzēja palīgu. Viņš atļāva tēvu izsaukt no Sibīrijas caur akadēmiju, caur NKVD, ka viņš te kā zinātnieks ir vajadzīgs. Tad atļāva izbraukt. Tēvu nozīmēja par pavadoni un vecāko bērnu vagonā, kas 1946. gadā devās uz Latviju. Tur bija ap 40 bērnu, un mēs – 4 – es, māmiņa, tēvs, māsiņa. Mēs gādājām ūdeni, malku. Bērni slimoja ar šarlaku, arī māsiņa. Nākamajā dienā pēc atbraukšanas Rīgā māsu aizveda pie tēva kolēģa – dr. Berga. Māsu izoperēja, tēvs nopirka penicilīnu.

Latvijā mēs atgriezāmies pie vectētiņa un vecmāmiņas.

Es biju stipri atradis no pilsētas. Zēni mani apzaga, nozaga cimdus, es apsaldēju rokas. Tur, kur bija kino Forums, no turienes skrēju mājās uz Miera ielu, nosaldēju rokas.

Man patika sīki privātie veikaliņi, kur pārdeva zīmuļus, burtnīcas. Reiz mamma mani aizveda uz tirgu – uz mani tas atstāja lielu iespaidu – cik daudz tur bija produktu! Man, no Sibīrijas atbraukušam, tas likās daudz un aizraujoši. Nekas jau īpašs tur nebija. Atceros, staigāja onkuļi un tantes un katrs piedāvāja savas preces: „Kam vajag sodu, saharīnu?", „Kam vajag pulveri pret blusām, žurkām, pelēm?"

Tramvaji... Bija arī kādas trofeju mašīnas... Ormaņi ar ragaviņām, zvaniņiem... Vasarā ormanī aizbraucām uz Mežaparku, tur bija interesanti.

Pēc tam, kad atbraucām no Sibīrijas, dzīvojām pie vecāsmātes un vecātēva, pēc tam īrējām dzīvokli Mežparkā. Mums pretī dzīvoja latviešu ģimene – profesors Dāle. Viņam bija dēls un 2 meitas. Mēs ar māsu ar viņiem kopā spēlējām futbolu. Viņi iemācījās runāt krieviski, es šo to iemācījos latviski. Mana māsiņa 1948. gadā sāka apmeklēt Mežaparkā latviešu skolu, viņa latviski runā bez akcenta. Viņa 5 klases mācījās latviešu skolā. Es mācījos, man bija galīgi bēdīgi rezultāti 6. klasē, un tēvs man teica – stop – iesi vēlreiz 6. klasē! Tad Mežaparkā bija 7-gadīgā krievu skola. Es mācījos 22. vidusskolā, to pabeidzu, iestājos Medicīnas institūtā, nomācījos vienu kursu. Tad atnāca pulkvedis, un teica: „Zēni, kas grib mācīties Kara Medicīnas akadēmijā, es ļoti rekomendēju to darīt, citādi mēs jūs ņemsim armijā". Es iesniedzu dokumentus un 2. kursu jau mācījos tur, Ļeņingradā.

Bija jāraksta anketa, un man teica, ka ir jāraksta, ka bijām evakuācijā. Pārbaudīs, pārbaudīs. Varbūt arī pārbaudīja, bet tajā dokumentā, kur bija rakstīts klāt ar zīmuli, nebija minēts mans vārds.

Skola bija ļoti laba, es to visu mūžu atceros. Esmu disciplinēts cilvēks, un pārvērtos – man atsita jaunības palaidnības. Vidusskolā es biju diezgan liels palaidnis, man patika braukt ar riteni, biju sporta meistarkandidāts. Tēvs arī bija slavens sportists, viņam pieder divi rekordi, kurus neviens nav pārspējis, jo šis sporta veids vairs neeksistē. Tā bija augstlēkšana no vietas, bez ieskrējiena, un 60 m barjerskrējiens vīriešiem. Šie rekordi viņam palika. Bet tie bija 20. gadi.

Kad atgriezās Latvijā, tēvs vairs par ārstu nestrādāja. Viņu paņēma Kirhenšteins uz Mikrobioloģijas institūtu, un atdeva viņam vadīt Medicīnas mikrobioloģijas nodaļu. Tur bija arī lauksaimniecības nodaļa. Vēlāk tēvs strādāja eksperimentālās medicīnas institūtā, arī par nodaļas vadītāju. 2 gadus viņš bija Lipīgo slimību katedras vadītājs – 1961. un 1962. gadā. Profesora Rozentāla diplomā ir mana tēva paraksts. Vēlāk tēvs strādāja Tuberkulozes slimnīcā, kur viņam bija laboratorija. Bija smags 1948. un 1949. gads – mēs dzīvojām Mežaparkā, tieši pie tramvaja galapunkta, 1. stāvā. Sākās izsūtījumi, aresti.

Sākās 1953. gads, kad ebreju tautības ārstus sāka arestēt. Kirhenšteins saka – „Nikolaj, man liekas, ka arī tu esi slepenais žīds"... Nebija tēvs ebrejs, varbūt mazliet deguns tāds. Un viņš lūdza miesassargu aizbraukt ar viņu uz kapiem un parādīt, kur vectēvs paglabāts. Tas bija tik pazemojoši...

Izsauc viņu uz Stabu ielu. Katram gadījumam tēvs tomēr paņēma koferi. Pēc 2 stundām atbrauca ar reabilitācijas dokumentu. Mans tēvs nekad nebija dzērājs, bet atbraucis viņš saka: „Ielej man, es tikko pārdzīvoju kaut ko tādu, ka man „nepielec". Vai tu pazīsti šo mantu?" Viņš izņem pulksteni, ko viņam 1934. gadā uzdāvināja viņa pacients. Pulkstenis bija apzeltīts. Tur iekšā rakstīts – manam draugam dakterim no tāda un tāda. Viņam bija jāparakstās, ka viņš ir saņēmis mantu atpakaļ. Iedomājieties – miljoni

pazudušo, nav zināms, kur apglabāti, bet te akurāti ir atrasts pulkstenis...
Tā ir kā operete. Tādi „joki". Skarbi joki.

Tēvs stāstīja par nometnēm, bet ne labprāt.

Es esmu ticīgs cilvēks, un teikšu, ka Dievs tomēr ir. Fakts, ka mēs palikām
dzīvi un samērā ātri varējām atgriezties Dzimtenē Latvijā, tas ir tikai
Dieva dāvana.

Paldies Dievam.

Neko citu nevaru piebilst.

Georgs ar māti Mariju un māsiņu Marinu

Georgs ar māsu Marinu. Sibīrija, Irbeja, 1943. gads

Daniels Šlozbergs

dzimis 1927. gadā

1944. gadā es sāku strādāt ķieģeļu ceplī, ķieģeļu rūpnīcā. Tur bija tikai roku darbs. Bija viens zirgs un rokas, nekā vairāk nebija.

Daniels Šlozbergs Solomona dēls, dzimis 1927. gada 1. maijā Daugavpilī. Ģimenē bija tēvs Šlozbergs Solomons, viņš bija tirgotājs, viņš tirgojās ar labību. Māte Nehama. Interesanti ir tas, ka mana māte bija no lauksaimnieka ģimenes, kas vispār ir reti. Viņas tēvs bija diezgan liels saimnieks Gārsenes pagastā, Ilūkstes apriņķī. Viņam bija vairāk nekā 100 hektāru zemes. Bija spirta dedzinātava. Bija 7 bērni, un visi dzīvoja Latvijā. Tie bija īsti ebreji – Latvijas iedzīvotāji daudzās... kā to pateikt latviski... „pokoļeņija"? ... paaudzēs iepriekš. Mēs bijām 4 bērni. Visi mācījāmies skolā, dzīvojām labi, bija savas mājas. Daugavpilī mums bija viena koka māja un vēl viena. Un tad mātei bija pilsētas centrā daļa no mājas. Tā viss bija labi, bet, kad atnāca komunisti, visu atņēma. Tāpēc ka tēvam bija 2. kategorija.

Naktī no 13. uz 14. jūniju klauvēja pie loga. Neklauvēja, bet sita: „Otkrivaiķe dveri, NKVD!" (Atveriet durvis, NKVD!). Ieskrēja daudz cilvēku, pie visām durvīm ar šautenēm, it kā te būtu kādi noziedznieki. Deva 20–30 minūtes. Kur? Ko? Nekā. Atnāca mašīna un aizveda uz kravas staciju, iebāza kravas vagonā. Un tālāk bija Sibīrija. Vagona centrā bija iztaisīts caurums, no dēļiem iztaisīta tāda kā ateja. Abās pusēs bija iztaisītas nāras. Vagonā bija 40 cilvēku, es domāju. Absolūti internacionāli: ebreji, latvieši, poļi un krievi. No ģimenēm, ko es atceros pēc uzvārdiem, bija divas Voroņecku ģimenes no Daugavpils, Dzintars Pētersons ar māti, mēs bijām, no ebrejiem vēl bija Osins – viņš ir te, Izraēlā. Mums bija 3 vai 4 ģimenes no laukiem, interesanti, ka tās palikušas atmiņā: Kalvāni, Atāns un Absalons. Tos es atceros.

Kad mūs veda, jau bija karš. Mūs izveda no Daugavpils 17. datumā. Vienu reizi redzējām vācu lidmašīnas. Daudz vagonu bija, nevaru pateikt, cik. Lidoja no priekšas, un tā pa abām pusēm aizlidoja. Tad mūs izlaida ārā, vilciens apstājās. Karavīri no visām pusēm, bet bija iespēja drusku pastaigāties. Veļikije Luku rajonā vilciens stāvēja. Cilvēkus nelaida klāt pie mūsu ešalona. Bet trīs vai četri cilvēki sēdēja drusku tālāk, kādus desmit metrus, turēja avīzi un lasīja skaļā balsī, lai mēs varētu dzirdēt, ka ir karš, ka Vācija uzbrukusi.

Tā mūs veda divas nedēļas. Vienu reizi dienā bija karsts ēdiens, spaiņos. Kopā ar karavīru gājām uz staciju un no turienes nesa kaut kādu zupu, maizi. Tā tas viss bija. Varbūt 1949. gadā bija citādāk, bet 1941. bija tā. Pretī nāca ešaloni ar cilvēkiem un mēs pamazām pa naktīm braucām, līdz aizbraucām līdz Kanskai. Kanskā mūs izkrāva no vagoniem, visus aizveda uz skolu. Atceros to skolu, jo es vēlāk dzīvoju Kanskā. Un no turienes mūs sāka izvest pa rajoniem.

Mūs, piemēram, aizveda uz Tasejevu. Apmetāmies kultūras namā uz grīdas, uz galdiem, kā nu varēja. Un no rīta... Es vēlāk strādāju tajā klubā daudzus gadus. Bija jāiet cauri zālei, lai izietu ārā. Kad es gāju cauri tai zālei, es paskatījos – pie pašām durvīm guļ manas māsīcas no Rīgas. Tas bija tāds brīnums, vai kā to pateikt. Divas māsīcas ar tanti. Viņas no Rīgas arī aizveda uz Tasejevu. Tā mēs dzīvojām kopā. Mans tēvs nomira, bet onkulis bija daudz jaunāks, viņš palika dzīvs. 1946. gadā viņš atnāca no lāgera, viņas paņēma un aizveda uz Kansku, kur viņas dzīvoja. Šodien viņas dzīvo Jeruzalemē. Abas māsīcas, tante jau nomira.

Tūlīt, tiklīdz aizveda uz staciju, pateica, ka tēvu atdalīs. Viņu atdalīja, un vairāk mēs viņu neredzējām. Mēs pat nezinājām, kur viņš ir. Bet cilvēki ir cilvēki, un 1942. gadā dabūjām... Kur dabūja, no kurienes dabūja, nemāku pateikt. Mums bija viens tāds „vecākais ebrejs", ja tā var teikt. Viņš mums atnesa no burtnīcas izplēstu papīrīti un tur bija daudz lāgeru adreses. Bija ļoti grūti dabūt kādu papīru, bet es atradu kaut kādu burtnīcu un uz katru lāgeru aizsūtīju divas mazas vēstulītes: lāgera priekšniekam un uz tēva vārda. Un zināt ko? Pēc pusgada es saņēmu no tēva atbildi, es atradu viņu. Viņš bija Kirovā. Bet tā bija vienīgā – pirmā un pēdējā vēstule. Vēlāk, pēc daudziem gadiem, mēs uzzinājām, ka viņš miris kādu mēnesi pēc tam, kad uzrakstīja to vēstuli. Viņš nebija jauns, viņam bija 61 gads, un viņš ātri gāja bojā.

Tālāk bija slikti. Brālis man bija 1922. gadā dzimis, viņš bija tas strādnieks. Viņš strādāja, un mans darbs bija sēdēt ar mazajiem. Mūs aizveda uz kolhozu. Gribēja piespiest, lai uzraksta iesniegumu, ka paliekam par biedriem. Manai mātei un tantei pietika prāta, lai nerakstītu to. Mēs paņēmām savas mantas, uzlikām uz ragaviņām un aizbraucām uz Tasejevu. Tas bija kādi 10 kilometri. Kā tas izskatījās? Kā latviski pateikt „teļežka”? Tās nav ragavas, ragavas ir ziemā, bet vasarā? Tādas ar diviem riteņiem. Tur bija saliktas tās mantas. Visi lielie vilka tos „vāģus” uz priekšu, bet es ar divām māsīcām un māti gājām nopakaļ.

Tā mēs iegājām Tasejevā. Māte ar tanti gāja iekšā katrā namā – kas mūs laidīs. Tā mēs nogājām līdz pusei ielas. Tur stāvēja tāds vecis, uzvārds viņam bija Šeļepovs, Stepans Jakovļevičs. Viņš saka: – „Iģiķe sjuda. U meņa pol doma pustoje, živiķe.” (Nāciet šurp, man pusmāja tukša, dzīvojiet). Mums pat nebija sarunas par to, ko mēs maksāsim, cik mēs maksāsim. Tur nekā nebija, tikai sienas. Viņš attaisīja savu „ambar”, es nezinu, kā tas ir latviski, izvilka no turienes dēļus, iztaisīja guļamās vietas, un tā mēs pie viņa dzīvojām.

Un tad sākām meklēt darbu. Vecākie visi: māte, brālis, māsa un tante aizgāja zāģēt... Kā lai jums paskaidro, jūs laikam nezināt, kas tas ir. Tajā laikā automašīnas strādāja ne ar benzīnu, bet ar malku – to sauca „čuročkas”. Viņi zāģēja tās „čuročkas”, bet es sēdēju ar bērniem. Vēlāk brālis atrada diezgan labu darbu, sākām dzīvot, nu tā – nebijām badā. Un tad vienā brīdī brāli paņēma, aizsūtīja uz Igarku, bet māsa saslima ar tīfu. Viņu ielika slimnīcā. Laikam jāsaka, ja nebūtu Tasejevā vienas latviešu ārstes, – Teteres kundze viņu sauca – tad puse no mums būtu nomiruši. Viņa izglāba pusi no izsūtītajiem. Kas tika pie Teterkundzes... Nebija nekādas zāles. Viņa gāja mežā, salasīja visādas zāles un taisīja mikstūras, un ar tām mikstūrām izglāba daudzus cilvēkus un manu māsu arī. Mana māsa iznāca no slimnīcas un tad sākās tās bēdas – sākās bads. Var teikt, ka no 1942. gada līdz 1944. mēs nevienu reizi nebijām paēduši. Nevienu reizi! Visu laiku bija pusbads, bads, pusbads, bads... Bija dienas, kad pavisam maizi nedeva. Mēs saņēmām 800 gramu maizes *uz četriem cilvēkiem – tas bija pa kumosam, veselu dienu vairāk mums nekā nebija. Visas mantas jau sen bija iemainītas pret kartupeļiem. Bija slikti.*

1944. gadā es sāku strādāt ķieģeļu ceplī, ķieģeļu rūpnīcā. Tur bija tikai roku darbs. Bija viens zirgs un rokas, nekā vairāk nebija. Es sāku no paša vienkāršākā darba.

Es maisīju mālus, ar to es iesāku. Un pabeidzu kā ķieģeļu cepļa priekšnieks. Tas bija viens gads. Tad es izmācījos taisīt filca zābakus, arī tajā pašā artelī. Sākumā kā māceklis un arī pabeidzu kā ceha brigadieris. Vēlāk druscu kādu gadu es strādāju par sagādnieku un tad es sāku mācīties spēlēt akordeonu. Kā es to iemācījos? Pārnāca no kara vīri un kāds atveda akordeonu. Kā es ieraudzīju to akordeonu, man galva sāka sāpēt – es gribēju to akordeonu! Un tad es visādā veidā: zābakus taisīju, taisīju to un šito, strādāju, kamēr es varēju nopirkt mazu akordeonu. Ar to akordeonu sēdēju aiz mājas – māte mani dzina ārā, tāpēc ka visu laiku troksnis. Un iemācījos spēlēt akordeonu. Nāca kara beigas. Mūsu klubā bija akordeonists no Polijas. Viņš ļoti labi spēlēja. Man auss bija laba. Es vēl atceros visas melodijas. Mūsu mājās bija dzirdams, kā vakarā Daugavpilī pūtēju orķestris spēlēja dejas Dzelzceļnieku dārzā, un es visas tās melodijas atceros. Un tā izmācījos spēlēt to akordeonu. Vēlāk tas polis aizgāja strādāt skolā. Atveda daudzus pēc lāgera, kas bija nosēdējuši 10 gadus, 8 gadus. Bija viens igaunis, kurš spēlēja akordeonu. Vēlāk es tur diezgan daudzus gadus biju par akordeonistu. Vēlāk strādāju „Iespromhoz" par apgādnieku. Katru reizi, kad man bija jābrauc uz pilsētu, man bija jāiet pie komandanta, un viņš man izrakstīja „razrešeņije vidano Šlozbergu na tri dņa na komanģirovku" (Atļauja izdota Šlozbergam uz trīs dienām komandējumā). Un vienu dienu viņš man pasaka – beigas, vairāk nevaru dot. Aizliegts. Tad tur nebija ko darīt. Vēlāk es aizbraucu strādāt mežā, mani aizsūtīja 110 kilometru aiz Tasejevas, tur ir tāda Mašakovka, tāds „caurums". Tur es biju veselu vasaru, tad atgriezos atpakaļ, un tad braucām uz Krasnojarsku. Bija tāds gadījums, ka kino direktors satika mani klubā un saka: Tu gribi izmācīties par kinomehāniķi? Es saku: Gribu. Viņš saka: Tu labi spēlē akoredonu, tev būs katru reizi 100% plāna un tev būs prēmija un tad tu varēsi dzīvot. Tad atnāca pie manis Žorka Ratnieks un saka: – Izglāb mani, paņem līdz. Lai tiktu ārā no tās Tasejevas. Es aizgāju pie direktora un saku: – Tu vari vēl vienu cilvēku paņemt? Viņš var. Izrakstīja vēl vienu papīrīti, un mēs ar Žoru kopā aizbraucām uz Krasnojarsku. Tur mums nelaimējās. Tie kursi nenotika. Komandants saka – brauciet atpakaļ uz Tasejevu. Žoržiks aizbrauca atpakaļ, bet es nodomāju – vajag pamēģināt. Man brālis jau dzīvoja Kanskā, atgriezies no Igarkas. Es aizgāju, pierakstījos rindā pie kāda liela „načaļņika". Laikam jau pasaulē ir cilvēki arī starp viņiem. Viņš saka: „Saģis!" (Sēdies!) „Nu čto ti hočeš?" (Nu, ko tu gribi?). Es saku – esmu dzimis pilsētā, gribu dzīvot pilsētā. Brālis man jau dzīvo pilsētā. 12 gadus nodzīvoju „v seļe", varbūt pietiks? Viņš saka: „Piši zajavļeņije!" (Raksti iesniegumu!) Uzrakstīju, aizbraucu mājās. Pēc divām nedēļām atnāca atļauja, un es tiku ārā no Tasejevas uz Kansku.

Kad es strādāju tajā ķieģeļu ceplī, tur bija daudz vāciešu. Mana valoda ir ļoti tuva vācu valodai, un Baltijas ebreji 60% runā vāciski. Es uz laukiem diezgan bieži biju pie vectēva. Tur bija palicis „jēgers" vēl no barona laikiem. Tas atnāca pie vectēva, un viņi runāja vāciski. Man bija interesanti paklausīties. Man tā vācu valoda bija tuva. Sākām pļāpāt, sākām runāt, un es gāju ar viņiem kā „dolmečers" – tulkotājs. Palīdzēju viņiem iekārtoties. Tā tas palika. Kad es atbraucu uz Kansku, dzīvoju pie brāļa. Tur bija ļoti daudz vāciešu. Viņi strādāja „ļesozavod", kokrūpnīcā. Vācu valoda man bija ļoti laba. Vienreiz ar brāli aizgājām uz tās rūpnīcas kultūras namu. Tur nebija akordeonista. Puišelis spēlēja, bet slikti. Mans brālis saka – nu paņem. Es paņēmu to akordeonu un no tā laika spēlēju tur. Un tad pienāca vasara, vasarā bija „tancploščadka" (deju laukums), tas jau arī latviski ir pazīstams vārds. Tur spēlēja orķestris no teātra. Teātris bija viesizrādēs, bet orķestris bija vietējie. Tā es ar viņiem spēlēju visu vasaru. Pienāca rudens. Es jau biju iekārtojies darbā, strādāju par „zapravščik". Kā to pateikt? Degvielu izsniedzu šoferiem. Sākās teātra sezona, viņiem vajadzēja „klavišņiku", akordeonistu, un viņi mani ieteica direktoram. Man atsūtīja vēstulīti no teātra. Es aizgāju. Tu gribi pie mums? Kāpēc ne? Var. Dienā strādāju, bet vakarā... Tā sākās, tad pārgāju par administratoru, tad par „zamdirektoru" un vēlāk gāju kursos un pēc tam pārcēlos no Kanskas uz Sovetsku Kaļiņingradas apgabalā. Mūsu galvenais režisors no Kanskas aizbrauca uz turieni, paņēma aktierus un vēlāk paņēma mani ar sievu un meitu. Tā es sāku savu karjeru teātrī, 26. gadus nostrādāju.

<u>Kā jūs iepazināties ar savu sievu?</u> Tas ir atsevišķs stāsts. Es atbraucu vasarā uz Kansku. Es vēl nestrādāju. Biju kādas 3–4 dienas kā ticis vaļā. Vēlāk satiku pazīstamu, viņš mani aizveda uz to „ļespromhoz" rūpnīcu, sāku strādāt. Bet

vakaros gāju uz parku, un tur pūtēju orķestris spēlēja dejas. Es vēl labi spēlēju „baraban" (bungas), es vēl „udarņik" esmu. Tur jau bija puiši, kas mani bija dzirdējuši tajā „Ļesozavod" klubā. Viņi man saka – atnāc! Un es sāku spēlēt ar viņiem orķestrī. Vispirms nevajadzēja maksāt. Ja es spēlēju orķestrī, es varēju bez maksas iet uz dejām. Vienu vakaru, tas bija sestdienā, es sēžu un spēlēju uz „baraban", kamēr tā „ploščadka" vēl bija tukša. Un tur bija tāds liels koks „ploščadkas" galā. Es skatos – tur stāv tāda forša meitene. Es saku tam vienam puisim – „poigraj!" (Uzspēlē!). Es eju taisni pie tās meitenes, mēs padejojām. Vēlāk aizgāju viņu pavadīt ar draudzenēm, un tad es viņu pazaudēju. Viena nedēļa, divas, mēneši, gads... Divus gadus es viņu neredzēju! Es jau strādāju teātrī. Mums bija tāds mazs haltūru orķestris. Un bija viens vakars, kad teātri bija nopircis tas artelis, kurā viņa strādāja. Tas bija 8. marts. Es redzu viņas draudzeni, draudzene bija par viņu drusku vecāka. Viņai toreiz bija 18 gadu, pa 2 gadiem izmainījusies, viņai 20 gadu, es viņu nepazinu. Es prasu – kur tad Sveta? A tur viņa stāv! Kā es pienācu pie viņas, tā viņa šodien te! 50 gadu pagājuši. Divas meitas man ir. Viena dzīvo Amerikā, otra dzīvo te.

Kā jūs pārcēlāties atpakaļ uz Latviju? Saprotams, ka mana „mečta"... Kas tas ir „mečta"? Sapnis. Mans sapnis bija atgriezties mājās. Daugavpilī nebija ko darīt, tāpēc, ka mēs saņēmām vēstuli, ka viss nodedzināts. Visi nošauti, noslepkavoti. Onkulis uz laukiem noslepkavots. Man ir dokuments, kur ir uzrādīts, ka pirmajā mēnesī... Man negribas atcerēties, runāt par to. Tur uz laukiem vāciešu nebija. Tie bija pērkoņkrustnieki. Pirmajā gadā, augusta mēnesī... 1941. gadā onkulis ar diviem brālēniem vēl bija, 1. septembrī viņu vairs nebija. Man no arhīva ir dokuments, kur ir uzrādīts, ka Gārsenes pagasta iedzīvotāju sarakstā uz 1. septembri tādu nav. Nošāva, aizveda uz Aknīsti un nošāva. Viss, bedrē.

Vācieši bija, bet tur vāciešu nebija. Es neticu, ka vācieši no Daugavpils vai Rīgas speciāli atbrauca, lai tur kādas 4–5 ģimenes nošautu. To izdarīja pērkoņkrustnieki. Mājas vēl stāv Gārsenē, es pēc kara biju, 1958. gadā.

Kā es pārcēlos? Es biju Sovetskā – tā ir bijusī Tilzīte. Es tur strādāju, tur palika teātris no bijušiem vāciešiem. Liepāja tur ir netālu. Liepājā bija dislocēts Baltijas Kara flotes teātris. Mēs bijām pazīstami. Vienreiz atbrauca priekšnieks, un pasaka – vari braukt pie manis strādāt. Es tūlīt saausos: bet vai dzīvokli dosi? Jā, iedošu tev dzīvokli. Tā mēs pārcēlāmies uz Liepāju. Tas jau bija viens mazs celiņš uz mājām. Liepāja jau ir Liepāja. Bet Liepāja priekš mums, daugavpiliešiem, bija... mēs bijām čangaļi, liepājnieki ir pavisam cita lieta, viņi visu laiku smējās par mūsu latviešu valodu – čangaļi. Mēs visu to zinām. Pastrādāju tur, Liepājā. Tad vēlāk aizbraucu uz Arhangeļsku. Mani uz turieni pasauca mans bijušais direktors. Aizgāja diezgan daudz gadu. Un tad no Sovetskas otro reizi jau cits priekšnieks Baltijas flotes mani uzaicināja, lai es atbrauktu. Tur bija aktieri, kas mani ļoti labi pazina. Tad bija viens interesants jautājums – bija jāraksta autobiogrāfija. Es rakstīju visu kā ir. Un tad tas papīrs aizgāja uz „poļitupravļeņije" (politpārvalde), un tad tas bija „osobij otģel" (īpaša daļa), kā jūs saprotat. Un tur sāka kratīt, kas es esmu.

1968. gadā es dzīvoju Sovetskā. Manai meitai bija pāris mēnešu. Es aizvedu uz Daugavpili. Mana māte ar māsu jau bija pārcēlušās no Sibīrijas uz Daugavpili. Tāpēc, ka es domāju, ka man būs jābrauc uz „gastroļi" (viesizrādes).

Naktī klauvēja pie durvīm – ātri, ātri! Mobilizēja visus uz Čehoslovākiju. Es biju arī tur. Čehoslovākijā es pat nebiju, es biju Vācijā – „GDR", uz robežas ar Čehoslovākiju. Un tur man gadījums bija tāds, ka bija jārunā vāciski. Es biju tanku nodaļā. Bija atnākuši vācu bērni un sāka līst tankā iekšā. Nu tad es pasaucu to „pioņervožatuju" un saku: „Das ist kein Spielzeug". Labi, viņi aizgāja, bet tas oficieris man: „Šlozberg, ti na kakom jazike s ņimi razgovarival?" es viņam saku: kādā valodā var runāt ar vācu bērniem? Es saku: runāju vāciski. No nākamās dienas es biju par tulku pie komandiera, un tas bija ierakstīts manā biogrāfijā. Kad šitais „osobij otģel KGB" sāka skatīties, un tur bija... Es nekā nedarīju, es taču zinu, kas ir „sovetskaja vlasķ", es jau biju bijis Sibīrijā. Man bija saprotams, ka nekādas muļķības nav jādara. Un tas man palīdzēja otro reizi tikt Baltijas Flotes teātrī, kur es 3 gadus nostrādāju. Un tad mana vecākā meita sāka mācīties Daugavpils Pedagoģiskajā institūtā. Bija jāpalīdz, bet teātrī algas bija mazas, nebija iespējas. Tad es sarakstījos ar Vorkutu. Tur maksāja „severnuju" algu, tur bija diezgan liela alga. Un es aizbraucu strādāt uz Vorkutu. Man deva tur dzīvokli. Mana sieva uzrakstīja avīzē „objavļeņije" (sludinājums), ka grib mainīt dzīvokli. Un laimējās. Viņa uzrakstīja – „prijezžai". Atbraucu, un mēs brauksim uz Rīgu skatīties dzīvokli. Tas dzīvoklis bija komunāls, bet tur bija gandrīz 3 istabas. Tas bija centrā. Es dzīvoju Ļeņina ielā 43, tas ir pretim baznīcai, tai dzeltenajai baznīcai Blaumaņa ielā pretī, kur tie atlanti stāv. Mēs visu izremontējām, un es pārcēlos. Tad es teicu sievai: „Svetlana, 30 ļet peškom ja šol domoi" (Svetlana, 30 gadus es kājām nācu mājās). Tā tas bija,

bija pagājuši 30 gadi. Tā es tiku Rīgā. Rīgā aizgāju uz Kultūras ministriju, tur Birkerta kundze sēdēja. Man piedāvāja 110 rubļu mēnesī. Es saku – es tā nevaru dzīvot. Meklēju darbu, atradu. Bija tāda... Latviski grūti pateikt. Mākslīgo ādu un sporta piederumu fabrika „Dinamo". Kantoris bija Strūgu ielā, bet rūpnīca bija aiz VEF, Ūnijas ielā. Pēc kara tur bija lāgers vāciešiem. Šuva „kurtkas" un tā. Es domāju: „Dinamo" – tas ir sports, es esmu strādājis teātrī, tur tomēr ir kaut kāds sakars. Tā es nostrādāju 5 gadus tur. Iepazinos ar daudziem Rīgā. Radās sakari starp apgādniekiem. Mēs viens otru zinājām, zvanījām, ja vajadzēja. Tad pie manis atbrauca ādažnieki. Viņi meklēja visādus materiālus. Tur arī ebreji bija. „Jevrej jevreja viģit iz daļeka" (Ebrejs ebreju redz pa gabalu), kā saka. Tā sākās tie sakari. Un tā pagāja gadi.

Galu galā paliku tur par lielu darbinieku, paliku par priekšnieku Podniekos. Tad es 1988. gadā atbraucu te Izraēlā viesos pie māsas. Aizbraucu atpakaļ un sapratu, ka būs jābrauc prom. Gorbačovs bija pie mums. Kad Gorbačovs bija Ādažos, es tur strādāju ar savu sievu. Tas man bija pēdējais gads. Bija sapulce, Kaulu neievēlēja, ievēlēja citu. Es viņiem pateicu: Latviešu kungi, ko jūs darāt! Tagad tāds laiks, tādi gadi, vajag, lai viņš sēž te, citādi jums būs slikti. Tā slikti arī bija. Kā jūs zināt, viss tur sabruka.

Vai jūs varētu dažus vārdus pateikt par savu māsu un brāli? Īsumā, kas ar viņiem notika. Ar brāli notika liela nelaime. Brālim ir divas meitas. Viņš strādāja Kanskā, bija strādnieks, nebija nekāds priekšnieks. Bija jau izvēlēts par „deputat gorodskogo soveta" Kanskā. Gāja no darba mājās. Negribēja iet pa ceļu apkārt, bet gāja taisni. Tajā vietā bija māja. Tajā dienā to māju jauca nost. Traktorists laikam bija ļoti piedzēries – viņš nebija nogriezis elektrības vadus, un brāli nogalināja. Viņš tur gāja cauri un paņēma ar roku vadu, un beigas. Es tajā laikā biju Vācijā, es pat nebiju, kad viņš nomira.

Vecākā māsa paspēja Daugavpilī pabeigt skolu „Ort" – šūšanas skolu. Latviešiem bija „Saule", bet ebrejiem „Ort". Kad atnāca padomju vara, to visu sameta kopā, bet viņa nepaspēja saņemt dokumentu un Sibīrijā viņa par šuvēju nestrādāja. Mēs strādājām artelī pie filca zābakiem, ar vilnu. 1948. gadā atveda tos izsūtītos, kas bija nosēdējuši daudzus gadus, un atbrauca viens cilvēks, kas viņu apprecēja. 1946. gadā, kad izmācījos taisīt tos zābakus, es katru nedēļu pārdevu kādu pāri zābaku, vaļenku, tirgū un pamazām salasīju naudu, nopirkām govi, mājas mums bija. Ne savas, bet rentējām uz gadu. Bija tāda paliela māja. Kad visi atbrauca, tad mana māte 4 cilvēkus pieņēma pie sevis. Starp tiem četriem bija tas, kurš apprecējās ar manu māsu. Un trijiem, kas vēl bija, ģimenes tagad dzīvo te. Viņi visi jau miruši, bet ģimenes dzīvo te – meitas un dēli. Vēlāk atbrauca viņu ģimenes. Viņi bija ebreji no Lietuvas, bet ģimenes bija aizsūtītas vēl tālāk nekā uz „Krasnojarskij kraj". Viņi bija Tiksi. Zināt, kur tas ir? Tas ir „pie velna", tur pašā galā. Pagāja kādi divi gadi, atbrauca tās ģimenes. Katrs paņēma savu ģimeni, nopirka mājas, izbūvēja mājas, un tā mēs dzīvojām līdz 1956. gadam. 1954. gadā es tiku ārā, viens. Māte bija ar mani neilgu laiku, aizbrauca atpakaļ pie māsas. Bija jau savas mājas. Apprecējās, vīrs bija ar galvu – viņš pabeidza Sorbonnu, ne vairāk un ne mazāk. Tur viņš strādāja par noliktavas priekšnieku MTS. Viņam galva bija. Nopirka uz laukiem māju, pārveda. Es vēl palīdzēju viņam to māju uzcelt. Mums bija savas mājas un govs, un teļš, un vistas. Kamēr pienāca 1956. gads un visus sāka atbrīvot. Mana mamma vēl dzīvoja tur diezgan ilgu laiku. Es jau biju apprecējies, dzīvoju Kanskā. Kad no Kanskas es aizbraucu, mana māte ar māsu, ar bērniem pārcēlās uz Kansku. Tur viņi nebija ilgu laiku, aizbrauca uz Daugavpili. Tur bija lielas mokas, darba nebija, nekā tur nebija, gandrīz vai bija jābrauc atpakaļ uz Sibīriju. Tā ir taisnība. Viņš nevarēja atrast sev darbu, bet māte negribēja uz citu pilsētu. Viņa pateica: ja jau dzīvot ne Daugavpilī, tad brauksim „nazad" uz Kansku. Galu galā viņš darbu atrada un, paldies Dievam, dzīvoja, līdz sākās izbraukšana uz Izraēlu. Viņi izbrauca 1979. gadā. 1972. aizbrauca onkulis no Rīgas un 1979. aizbrauca māte. Un es dzīvoju Rīgā līdz 1991. gadam. Puča laikā es izbraucu no Rīgas, 19. augusta vakarā. Mana meita jau bija te, viņa atbrauca janvārī. Kad viņa dzirdēja, ka tur tāds troksnis, viņa man zvanīja uz Rīgu: „Papa! Papa!". Es teicu – man ir biļetes šodien vakarā uz Maskavu un no rīta es mūku prom uz Budapeštu, un no Budapeštas uz... No rīta mēs bijām Šeremetjevā. Kādi viņi bija! Kāda „tamožņa"! Vienas šausmas! Kratīja visas mantas. Negribēja man ļaut vest to akordeonu. Man bija vijole meitai, to vijoli negribēja atdot. Ar lielām mokām es tiku ārā no tās Šeremetjevas. Es pats nopirku biļeti. Kad es biju lidmašīnā, es nokritu. Stjuarte, viņa mani redzēja, pienāca un teica – „vam čto ņibuď priņeski?" (Vai jums kaut ko atnest?). Es pateicu – „konjaku, ģevuška" (konjaku meitene). Viņa man atnesa konjaku, es izdzēru. Kad mēs izkāpām ārā Budapeštā, man bija atvieglojums: es tiku galu galā ārā no tās bedres. Tā tas izskatījās.

Daniels (pēdējā rindā, pirmais no kreisās). Sibīrija

Māte Nehama

Mihails Šomers

dzimis 1950. gadā

Mans vectētiņš, saprotot, ka viņus nošķirs uz ilgu laiku vai pat uz mūžu, atdeva manam tēvam visu naudu, kas viņam bija...

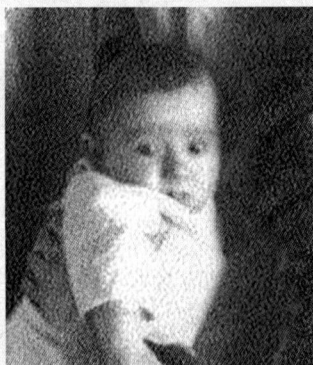

Pēc manu vecāku Anellas un Ruvena Šomeru stāstījuma. Viņu — manu mīļo un neaizmirstamo — piemiņai!

Neesmu viens no izsūtītajiem, bet gan izsūtīto bērnu pēctecis. Es piedzimu jau pēc kara, kad dzīve un apstākļi Sibīrijas Kargasokas ciemā un PSRS sāka mazpamazām uzlaboties.

Mans tēvs vienmēr teica, ka par staļinisma upuriem ir pārāk maz uzrakstīts, ka lielākā daļa no mums un arī nākamo paaudžu cilvēki drīz aizmirsīs par šo briesmīgo un cietsirdīgo padomju vēstures posmu, kas izdzēsa miljoniem dzīvību. Bet tajā laikā notika kulaku ekspropriēšana un neskaitāmas represijas, kas piepildīja nometnes visā Ziemeļu reģionā un Sibīrijā. Vienlaikus ar nometnēm bija arī attāli, grūti sasniedzami Sibīrijas reģioni, no kuriem bēgt bija bezjēdzīgi un kur izdzīvot praktiski bija neiespējami. Un ne jau naudas trūkuma vai dokumentu neesamības dēļ, bet gan tādēļ, ka bija jādzīvo bezceļa apstākļos, neizejamā taigā, kad apkārt vieni vienīgi purvi, lāči un knišļi. Labprātīgi šajā Dieva pamestajā zemes malā apmetās tikai vecticībnieki. Uz turieni izsūtīt nometinājumā sāka jau cara laikā. Tā Obas, Vasjuganas, Parabelas, Čižapkas un citu taigas upju krastos radās izsūtīto ciemati, kuros dzīvoja galvenokārt zemnieki. Tie, kuriem izdevās izdzīvot, pielāgojoties skarbajiem apstākļiem, pat pamazām kļuva par „kiržakiem" — Sibīrijas pamatiedzīvotājiem.

Uz turieni nosūtīja arī manu vecāku ģimenes, iesēdinot viņus vagonos. Vīriešus jau uz persona nošķīra no sievietēm ar bērniem un vecāka gada gājuma cilvēkiem. Tad vēl neviens nezināja, ka šī šķiršanās ir uz mūžu. Tas notika 1941. gada 14. jūnijā — astoņas dienas pirms fašistiskās Vācijas uzbrukuma PSRS. Tie bija pirmie ešeloni no Baltijas valstīm. Paziņojumu par kara sākumu viņi saņēma jau esot ceļā.

Abi mani vectētiņi neatgriezās no Soļikamskas. Lielais vairums nomira nometnē jau pirmajā ziemā. Bads, aukstums, smags darbs un slimības nogalināja kādreiz tik stipros vīrus. Sievietes un bērnus piemeklēja grūtais Sibīrijas izsūtījuma liktenis. Mirstības līmenis gan bija krietni zemāks nekā nometnēs, bet izdzīvoja tikai jaunie un stiprie.

Lai saprastu, ar ko bija spiesti saskarties mani vecāki, vectētiņi un vecmāmiņas, jāpievēršas ģimenes vēsturei.

Mammas tēvs, mans vectēvs, Marks Iļjas dēls Kolovskis piedzima 1882. gadā Bologojē. Viņš bija otrās ģildes tirgoņa, cara Nikolaja karavīra pēcteča, kurš pēc 25 gadu kalpošanas caram bija saņēmis tiesības apmesties ārpus nometinājuma joslas, vecākais dēls. Vecvecvectēvs apmetās uz dzīvi Bologojē. Ap dzelzceļa staciju, kas atradās pusceļā no Pēterburgas uz Maskavu, veidojās strauji plaukstoša pilsēta atbilstoši tam laikam. Būdams kohens, Kolovskis vēl divdesmit piecus gadus pēc kalpošanas Krievijas armijā ievēroja ļoti dievbijīgu dzīvesveidu un košera tradīcijas mājā, kas bija pilna ar bērniem. Bet mans vecvectēvs viņu pārspēja, laižot pasaulē 14 bērnu. Viens no viņiem, Seržs, traģiski gāja bojā ugunsgrēkā kinoteātrī 1905. gadā.

Pēc ģimnāzijas beigšanas vectēvs devās studēt uz universitāti Jurjevā (tagad Tartu). Tolaik, gadsimtu mijā, tur mācījās vairāk nekā 400 ebreju studentu. Viņš iestājās Juridiskajā fakultātē. Jau no paša mācību sākuma viņu nepameta doma par jūdaikas centra radīšanu universitātē. Pēc universitātes pabeigšanas vectēvs apprecēja Bertu Kaplāni – arī no kohenu ģimenes, kas, cik man zināms, bija izceļojusi no Kurzemes un bija turīgi vācu valodā runājoši tirgotāji. Ierīkojis kopā ar vecmāmiņas māsas vīru Jakovu Kropmanu kokzāģētavu, vectētiņš neatgriezās Bologojē. Līdztekus veiksmīgajai uzņēmējdarbībai vectēvs turpināja piedalīties sabiedriskajā dzīvē, bija aktīvs ebreju kopienas loceklis, korporelis un beitarists. Viņš vēl joprojām domāja par jūdaikas centra izveidošanu. Šis sapnis piepildījās. Pateicoties aktīvam Valtera Ratenava un Alberta Einšteina atbalstam, Igaunija atļāva izveidot šādu centru.

Vectētiņam un vecmāmiņai ilgi nebija bērnu. Bet – tad, kad viņi jau bija zaudējuši cerību un mēģināja atrast iespēju adoptēt bērnu, vecmāmiņai iestājās grūtniecība, un 1924. gadā viņa laida pasaulē manu tanti Ruti. 1927. gadā piedzima mana mamma. Viņa daudz stāstīja par īso un laimīgo bērnību.

Ģimene dzīvoja ļoti turīgi lielā divstāvu mājā kokzāģētavas teritorijā. Tie bija tipiski provinces „buržuji" – ar kalpiem, virtuveni, aukli, istabmeitu, zirgu puisi, dārznieku, guvernanti un sargu-kurinātāju. Viss personāls runāja krievu valodā, jo vectēvs nemācēja igauņu valodu. Aukle un guvernante runāja vācu un franču valodā. Mamma auga, un kopš bērnības runāja trīs valodās.

To visu esmu aprakstījis, lai parādītu kontrastu, pie kāda bija jāpierod jau no pirmajām izsūtījuma dienām. Jau vagonā, bet pēc tam arī uz baržas ceļā no Novosibirskas uz Vasjuganu viņi bija antisanitāros apstākļos. Pēc tam barakas, utis, šausmīgs bads! Šie cilvēki nebija piemēroti izdzīvošanai skarbajos Sibīrijas apstākļos. Viņi neprata zemnieka darbus, neprata ķert zivis. Viss bija jāiemācās.

Mana tēva ģimene tika izsūtīta no Rīgas. Mans vectēvs Mihails Šomers bija viens no pieciem bērniem tirgoņu ģimenē, kas bija ieradusies Rīgā no Šauļiem, no Lietuvas. Vectēvs, kurš piedzima 1892. gadā, pēc mana vecvectēva vēlmes tika nosūtīts uz Strasburgu (tagad Strasbūra), lai iegūtu medicīnisko izglītību. 1914. gadā viņu arestēja uz aizdomu pamata par spiegošanu. Iznākot no ieslodzījuma, vectēvs kaut kādā neiespējamā veidā pamanījās šķērsot frontes līniju Kurzemē un nonākt Rīgā. Mans vecvectēvs uzstāja uz ārsta diploma iegūšanu un lika vectēvam atgriezties Vācijā, lai pabeigtu mācības. Mans vectēvs tā arī izdarīja. Pēc ārsta diploma saņemšanas viņš palika Vācijā un devās uz Tīringenes galvaspilsētu Erfurti, un iestājās Mehānikas fakultātē. Vecvectēvs neiebilda. Vēl jo vairāk tādēļ, ka viens no viņa dēliem Zāmuels Šomers jau bija ārsts — viens no pirmajiem kara ārstiem Latvijas armijā. Kad vectēvs bija ieguvis otru izglītību, Krievijas impērijā sākās revolūcija. Viņš palika Vācijā, pārcēlās uz Berlīni, kur pusmiljona krievu „baltgvardu" emigrantu vidū satika vecmāmiņu. Viņi bija pazīstami jau Rīgā. Šī tikšanās Berlīnē radīja pamatu ģimenei, kura vēlāk tika izšķirta un izsūtīta uz Sibīriju.

Berlīnē viņi nodzīvoja kopā līdz 1924. gadam. Mana vecmāmiņa Anna Sergeja meita – vienīgā no vecākās paaudzes, kas pārdzīvoja izsūtījumu, daudz stāstīja par dzīvi Berlīnē, kas 20-tajos gados bija pati progresīvākā Eiropas pilsēta.

Vecmāmiņa piedzima Rīgā, Maskavas priekšpilsētā, Jēzusbaznīcas laukumā. Viņas tēvam piederēja staļļi. Zirgus iznomāja pilsētai zirgu tramvaja vajadzībām. Laikā, kad bērni kļuva par bāreņiem, viņi bija jau pieci ģimenē: vecmāmiņai bija tikai pieci gadi, bet vecākajam Benjaminam – 16. Viņš bija spiests pamest mācības ģimnāzijā un strādāt par jumiķi, lai izaudzinātu savus jaunākos brāļus un māsas. Izaudzināja visus un nodrošināja viņiem izglītību. Pateicoties tam, mana vecmāmiņa nonāca Pēterburgā un kādu laiku pat strādāja par rakstvedi revolūcijas pulkā, līdz nonāca Berlīnē.

1924. gadā vecmāmiņa, kura bija gaidībās ar manu tanti, kopā ar vectētiņu atgriezās buržuāziskajā Latvijā. Bija smagais pēckara krīzes laiks. Pēc atgriešanās mans vectēvs saņēma no vecvectēva 5000 latu jaunas dzīves uzsākšanai. Tā bija liela nauda. Vecvectēvam piederēja vīriešu apģērbu veikals divos stāvos Berga bazārā.

Vectēvs izlasīja avīzē sludinājumu, ka ostā iet bojā vesela kuģa tilpne ar kakao pupiņām. Redzot „Laimas" panākumus, viņš iegādājās visu kravu, noīrēja telpas VEF rajonā un pieņēma darbā šokolādes vārīšanas speciālistu. Pirmais mēģinājums neizdevās. Pupiņas sāka pūt. Šokolāde, kas bija izdevusies, tika pārdota, bet par iegūto naudu nopirka iekārtu matadatu ražošanai. Tā mana vecmāmiņa ar vectētiņu sāka ražot matadatas, strādājot divās maiņās. Pēc tam mans uzņēmīgais vectēvs nopirka lielgabalu vara čaulītes lielā apjomu un, pieņemot darbā pāris darbinieku, sāka ražot tējkannas un kafijas kannas. Tas bija sākums metāla trauku ražošanai, kā arī vienam no 50 lielākajiem Latvijas uzņēmumiem – „Metall-Stamp". 1915. gadā, kad tuvojās fronte, no Rīgas uz Urāliem evakuēja daudzas rūpnīcas, kā arī 250 000 strādnieku, tādējādi ražotņu trūkums nebija jūtams. Tika nopirktas rūpnīcas telpas Slokas ielā, Pārdaugavā. Atradās kompanjons Sapugo, kas uzņēmumā ieguldīja kapitālu, un vectēvs sāka apgādāt rūpnīcu ar vācu presēm un darbgaldiem. No Vācijas veda speciālistus, inženierus un ķīmiķus. Sāka ražot alumīnija *traukus, pēc tam arī emaljētos – saņemot valsts pasūtījumus ceļazīmju, ielu nosaukumu plāksnīšu un māju numuru ražošanai. Ražošanas apjomi veiksmīgi pieauga. „Metall-Stamp" sāka ražot piena kannas no alumīnija, izmantojot lielākās preses Baltijas valstīs.*

Ģimene dzīvoja Alberta ielā 6 – vienā no skaistākajiem arhitekta Mihaila Eizenšteina namiem. Vecmāmiņa stāstīja, ka pirms tam, kad 1940. gada jūnijā izkāra sarkanos karogus, viņi izlēma iegādāties vasarnīcu Jūrmalā, kur jau iepriekš bija pavadījuši katru vasaru, kā arī plānoja pārvākties uz lielu dzīvokli Elizabetes ielā, kas aizņēma visu stāvu. Vecmāmiņa brauca ar kabrioletu, kuru mans vectēvs dēvēja par „blondīni". Pats viņš brauca ar „linkolnu". Policisti satiksmes regulētāji viņiem atdeva godu. Naktīs vectētiņš un vecmāmiņa apmeklēja Rīgas bārus un „Lido" dejoja tango Stroka mūzikas pavadībā.

Bērni mācījās Ezras ebreju skolā, kurā mācības notika vācu valodā. Mana tēvam vajadzēja mantot uzņēmumu, un 12 gadu vecumā viņu nosūtīja mācīties uz Stokholmu pie radiniekiem. Kad viņš brīvdienās ieradās mājās, vectēvs viņam sarīkoja eksāmenu. Vīlies zviedru izglītībā, viņš nosūtīja dēlu uz Braitonas koledžu. Tēvs tur mācījās līdz 1939. gadam – līdz brīdim, kad vācieši sāka bombardēt Koventriju. Tad vecmāmiņa uzstāja, lai viņš brīvdienās atgrieztos Rīgā – mājās. Tā viņš arī izdarīja, un Anglijā tēvam vairs nebija lemts atgriezties. Pēdējos divos gados līdz izsūtīšanai tēvs mācījās vācu un latviešu valodā, bieži apmeklēja rūpnīcu. Viņš iedziļinājās ne tikai ražošanas procesā, bet arī virpotāja amatā. Šīs prasmes viņam pēc tam ļoti noderēja Sibīrijā.

1940. gada jūnijs. Rūpnīcas pakāpeniski tika nacionalizētas. Vadība nonāca partijnieku rokās, bet īpašniekus atstāja direktoru amatos pašu rūpnīcās. Mans vectēvs – tāpat kā daudzi citi – negaidīja represijas. Vēl jo vairāk tāpēc, ka 1939. gadā viņš bija viens no galvenajiem investoriem Liepājas ostas būvniecībā. Tad saskaņā ar vienošanos starp Padomju un Latvijas valdībām Liepājas osta tika nodota „Sarkankarogotajai Baltijas flotei".

1941. gada pavasarī manu vectēvu uzaicināja uz Kremli vizītē pie tautas komisāra Kaļiņina, kuras laikā tika izteikts piedāvājums vadīt automobiļu rūpnīcu. Pēc uzņēmuma apmeklējuma vectēvs atbildēja, ka šādos apstākļos strādāt un nodrošināt kvalitāti nav iespējams. Iespējams, ka ar to viņš sev parakstīja nāves spriedumu. Tostarp viņš bija viens no investīciju un ebrejiem piederošo Latvijas uzņēmumu daļējas pārvietošanas uz toreizējo Palestīnu iniciatoriem. Jau 1936. gadā viņš un viņa domubiedri, tostarp „Zasulauka manufaktūra" (Zasulauka vērpšanas un aušanas manufaktūra) un bijušie uzņēmuma „Laima" īpašnieki, sāka iepirkt zemes gabalus bijušajās Jaffas priekšpilsētās, tagadējā Telavivā, un celt tur savas filiāles. Tur lietas kārtojās labi. Bet pēc tam vairs nē. Ģimenes bija Sibīrijā, un viss īpašums un zeme tika izsolīta. Palika viens īres nams Florentīnas apkārtnē. Bet tas jau ir pavisam cits stāsts...

Rīgas stacija, perons. Tika dota komanda — vīrieši pa kreisi, sievietes ar bērniem pa labi. Mans vectētiņš, saprotot, ka viņus nošķirs uz ilgu laiku vai pat uz mūžu, atdeva manam tēvam visu naudu, kas viņam bija, un pateica savam dēlam – 15 gadīgam zēnam: „Tagad tu atbildi par māti un brāli! Rīkojies ar naudu apdomīgi". Vectēvam bija 48 gadi, vecmāmiņai – 42, Rutei – 16, bet jaunākajam brālītim Aleksim – 10 gadu.

Abi vectēvi gāja bojā nometnē, un, lai gan Sibīrijā izdzīvojušajiem gāja grūti, viņi nenokļuva geto un netika nošauti Rumbulā. No tēva skolas biedriem dzīvi palika tikai trīs. Vienu no viņiem visus trīs vācu okupācijas gadus slēpa Vecrīgas Sv. Jēkaba baznīcas mācītājs. Tikai trīs no 30 cilvēkiem!

Tādā brīnumainā veidā Sibīrija izglāba manu vecāku dzīvību un saveda viņus kopā.

1941. gada jūnijs.

Tēvs.

Uz mana tēva pleciem, kurš tajā brīdī bija 15 gadus vecs, tika uzlikta atbildība par māti, māsu un jaunāko brāli. Bērnība beidzās uz Rīgas preču stacijas perona. Ceļā uz Sibīriju manu vecmāmiņu izvēlējās par vagona vecāko. Šķiet, ka noteikta loma bija spēcīgajam raksturam un optimismam. Tēvs bija vienīgais vīrietis vagonā. Pārējie bija jaunāki. Sava nozīme bija arī vecmāmiņas audzināšanai. Neskatoties uz labklājību, bērni netika lutināti, bet audzināti stingri.

Pēc trim nedēļām viņi nonāca Novosibirskā, un tālāk – ilgais ceļš pa lielo upi līdz pašai Vasjuganai. Un tad vēl pārsimts kilometru necaurejamu taigas mežu dziļumā. Viņus izsēdināja Strādnieku ciematā.

Visa pārtika tika sūtīta uz fronti. Izsūtītajiem pienācās skopa pārtikas deva, un ar to pieēsties nebija iespējams. No nātrēm un balandām vārīja šķidru zupu, iekaisīja tajā mazumiņu miltu un ēda. Ziemas sākumā kolhozā izveidoja zivju zvejošanas brigādes. Visi veselie vīrieši jau bija nosūtīti uz fronti. Palika tikai izsūtītie pusaudži un sievietes. Manu tēvu nozīmēja par brigadieri. Vēl bija vietējais puisis Vitjka, kuru nepaņēma armijā acs radzenes leikomas dēļ. Šis Vitjka tad arī mācīja, kā ar dēļa palīdzību ielaist zem ledus tīklu. Ziemas zveja bija smags darbs. Iegremdēja vadu, un tā zivis tika izvilktas uz ledus. Tad zivis uz ledus tika sakrautas grēdā, pēc tam gāja cirst āliņģus jaunā vietā. Vakarā pie ugunskura ielēja pannā ūdeni un vārīja zivis. Eļļas nebija, sāls bija deficīts. Bet bija zivis! Bija Sibīrijas raudas, kas noturēja viņus pie dzīvības. Un tā katru dienu aukstumā, zem klajas debess. Gulēja uz ledus, pie ugunskura. Tad ar vēršiem veda zivis uz bāzi apstrādei. Un tā septiņus gadus.

Tad kāds uzzināja, ka tēvam ir iemaņas metāla apstrādē. Kargasokā bija mehāniskās darbnīcas. Tā tēvs nonāca Kargasokā, kas bija Tomskas apgabala pilsētas tipa ciemats. Vecmāmiņa ar tanti Ruti un Aleksi arī pārvācās uz Kargasoku un apmetās uz dzīvi atsevišķā koka būdā. Vēlāk šajā mājiņā dzīvojām mēs. Tā bija tipiska piecsienu būve, kurai ārsienas apbērtas ar zemi, ieeja caur vējtveri, iekšā krāsns ar dūmeni. Protams, ar zemgrīdas pagrabu, kurā glabājās galvenais Sibīrijas ēdiens – kartupeļi un kāposti. Tā viņi četratā dzīvoja, līdz Rute apprecējās un vecmāmiņai un Aleksim atļāva pārcelties uz Tomsku.

Tēvs palika būdiņā viens. Viņš bija pilnībā pārņemts ar darbu. Vakaros viņš izzināja visu pieejamo tehnisko literatūru. Papildu mācībām lasīja grāmatas, kas bija pieejamas Kargasokas bibliotēkā. Gandrīz visu savu darba mūžu tēvs nostāvēja pie virpas, un kaklasaite vienmēr bija viņa apģērba daļa. Ar tādu cieņu pret profesiju izturējās viņa skolotāji un vecākie kolēģi Sibīrijā, tādi bija virpotāji vectētiņa rūpnīcā pirmskara Rīgā.

Bija 1948. — pēckara gads. Pat tajos nomaļajos Sibīrijas nostūros dzīve mazpamazām uzlabojās. Varēja nopirkt maizi, bija kāposti un kartupeļi.

Tēvu periodiski sūtīja uz Tomsku komandējumos. Parādījās mērķis – nokļūt Tomskā! Tas bija sens Sibīrijas kultūras centrs, pagātnē bagāta tirgotāju pilsēta ar vienu no vecākajām Krievijas universitātēm. Bet pats galvenais bija – izmantot šādu iespēju kā tramplīnu, lai vēlāk atgrieztos Rīgā. Bet līdz tam bija ļoti tālu: šāda izdevība radās tikai pēc 11 gadiem. Bet pagaidām – Kargasokas ciems.

Vēl pirms tēva pārvākšanās uz ciemu mana vecmāmiņa iepazinās ar manu mammu, un vecmāmiņa, kā arī mana topošā tante viņu ļoti iemīlēja.

Tā sanāca, ka tēvam atļāva braukt mācīties virpotāja amatu uz Tomsku, un vecmāmiņa atļāva manai mammai apmesties mājā, kopā ar draudzeni Vīvi. Kad tēvs atgriezās, meitenes gribēja doties dzīvot uz īrētu „dzīvokli", bet tēvs teica: „Palieciet!" Tā viņi sāka dzīvot trijatā. Droši vien, ka tēvam mamma iepatikās jau sākumā, bet viņš to neizrādīja. 1948. gada rudenī viņi sareģistrējās. Pieticīgajās kāzās piedalījās Vīve un Imants Līcīši, Roza un Anatolijs Šihmanteri, kā arī tēva draugs Moņa Šihmanters. Dzēra brāgu, ko mamma veiksmīgi iemācījās brūvēt. Vīve un Imants dāvanā atnesa melnu kucēnu, ko nosauca par Tuziku. Tā arī dzīvoja trijatā ar suni – līdz 1950. gada beigās pasaulē ierados es.

Tēvu periodiski sūtīja uz Tomsku paaugstināt kvalifikāciju, un Kargasokas Ļespromhoza (saīsinājums no лесопромышленное хозяйство — mežistrādes saimniecība) priekšniecība baidījās, ka statusa maiņas un atbrīvošanas no komandantūras uzraudzības gadījumā viņi zaudētu labu speciālistu. Mehāniskās darbnīcas, kurās strādāja tēvs, bija vienīgās visā apvidū, tādēļ darba vienmēr bija daudz.

1953. gada rudenī piedzima mans brālis Marks. Un, lūk, 1954. gada septembrī mums ļāva pārcelties uz Tomsku! Tēvs ilgi pūlējās, lai saņemtu šo atļauju. Tā mēs nonācām uz kuģa, kas devās uz Tomsku. Šie notikumi iespiedās manā bērna atmiņā, neskatoties uz to, ka man pat vēl nebija četru gadu. Atceros, kā mēs pēdējā naktī gulējām uz grīdas mūsu tukšajā būdā. Viss „īpašums" jau bija pārdots, bet drēbes iepakotas lādē. Tuziku atstājām Vīvei un Imantam. Nepotētus suņus uz kuģa neņēma, bet iespēju saņemt potes nebija. Nabaga suns pārgrauza virvi un cauri visam ciematam atskrēja pie mums. Mamma raudāja, un es raudāju, bet suns gaudoja visu nakti. Mamma līdz pat nāvei pārmeta sev, ka atstājām Tuziku.

Atceros, kā divklāju kuģis, kūpinot melnus dūmus, notaurējis atvadu signālu, atgāja no Kargasokas piestātnes. Trīs dienu laikā mēs nobraucām 500 kilometru pa Obu. Mēs braucām garām sēkļainajiem, ar satrunējušiem un plostnieku pamestajiem kokiem piegāztajiem lielās Sibīrijas upes pamestajiem krastiem.

Kopā ar mums uz kuģa bija Gureviču, Meilahu un Heifecu ģimenes. Kopā ar manu vienaudzi Ritu Heifecu pastāvīgi sēdējām uz klāja. Manā dzīvē tas bija pirmais ceļojums. Es izbaudīju avantūrisma un nezināmā garšu un, pats to neapzinoties, mēģināju izturēties kā pieaugušais.

Tomskā mūs sagaidīja vecmāmiņa. Tēvam jau bija darbs Ļespromhozā, un pirmais mūsu īres dzīvoklis atradās Podgornojas ielā, pagraba telpās, kur bija mitrs un pa sienām tecēja ūdens. Marks uzreiz saslima. Aiz sienas pagrabā dzīvoja igauņi. Vīru sauca Karls, sievu – Ina, bet meitu – Marika. Karls jau bija izcietis sodu nometnē par to, ka, strādājot par kapteini uz buru kuģa, viņš pārvadāja cilvēkus no Igaunijas uz Zviedriju. Viņu brīnumainā kārtā nenošāva. Vīrs nēsāja jūrnieka cepuri ar baltu augšdaļu un jūrnieka pusmēteli. Vēlāk mēs braucām pie viņiem no Rīgas uz Tartu. Mani vecāki saglabāja visus Sibīrijas laika kontaktus un visu mūžu augstu vērtēja nesavtīgo draudzību ar visiem, ar kuriem viņus kopā saveda liktenis. Tur, Sibīrijā, cilvēki netika šķiroti pēc tautības. Mēs draudzējāmies ar krieviem, ukraiņiem, latviešiem, igauņiem, vāciešiem un tatāriem.

Mamma.

Izsūtīšanas brīdī mammai bija 14 gadu. Kad 14. jūnija naktī pēc viņiem ieradās, mammas māsai Rutei bija plaušu karsonis un augsta temperatūra. Viņu nepaņēma: atstāja, lai izārstētos. Pēc astoņām dienām sākās karš, un mammas onkulis ar tanti, kurus neizsūtīja, paņēma Ruti sev līdzi evakuācijā uz Magņitogorsku. Tur viņa pēc pāris mēnešiem traģiski gāja bojā.

Uz perona viņus nošķira no tēva, un mamma ar manu vecmāmiņu devās uz Sibīriju. Ilgs brauciens līdz Novosibirskai. Pēc tam ar baržu pa Obu. Un tad līdz Aleksandrovkas sādžai. Šīs sādžas vairs nav, tās vietā ir taiga. Kaut kur tur jau pirmajā ziemā nomira mana vecmāmiņa, un mamma palika bārene – viena taigas vidū, starp svešiem ļaudīm. Sākumā viņu nosūtīja uz taigas cirsmu cirst nogāzto koku zarus. Glābiņš bija tajā situācijā, ka kravāšanās kņadā tika sajaukti čemodāni un abām – mammai un vecmāmiņai tika čemodāns ar vectētiņa lietām. Tā mamma uzvilka vectēva 43. izmēra vīriešu puszābakus (viņas apavu izmērs – 37), aptina kājas ar avīzēm un vēl uzvilka zeķes pa virsu. Tas palīdzēja līdz brīdim, kad tika izsniegti velteņi.

Pēc tam māti gandrīz nogalināja egle. Tad brigadieris izlēma — viņa dosies strādāt pie zirgiem. Tur bija primitīva vinča, ko grieza četri zirgi. Mammu norīkoja vadīt šos zirgus, kas saprata vienīgi rupjiem vārdiem izteiktas pavēles. Mana mamma lamāties nemācēja un vispār runāja krievu valodā ar vāciski-igaunisku akcentu. Mammai nācās lamāties caur asarām, un zirgi, kā pa brīnumu, sāka kustēties.

Vācot mantas, mana vecmāmiņa ielika savā čemodānā kristāla lādīti ar dārglietām. Viena no izsūtītajām uzzināja, ka mammai ir vērtslietas, un sāka tās izmānīt un mainīt pret ēdienu. Bet bez kartupeļu mizām, maizes ar zāģu skaidām un mazumiņa miltu nekā cita nebija. Bērns 14 gadu vecumā neapzinājās šo lietu vērtību. Kad jau viss bija nonācis šīs krāpnieces nagos un pienāca relikviju, gredzena ar diviem briljantiem un „karaliskās" ķēdes kārta, mamma sāka raudāt. Tad iejaucās kaimiņi un blēdi padzina.

Kad jau bija pavisam grūti, mammu savā apgādībā paņēma Volgas vāciešu izcelsmes atraitnis. Mamma vēlāk atcerējās, ka, ja nebūtu bijis šī cilvēka, viņa to ziemu nebūtu izturējusi. Bads bija šausmīgs. Bija kara laiks, un visi produkti tika sūtīti uz fronti.

Pēc tam mammu nosūtīja uz Kargasokas skolu, lai uzsāktu mācības septītajā klasē. Tur viņa sadraudzējās ar Vīvi Kūsku. Viņas tēvs bija bijušais cara armijas virsnieks, bet Igaunijas laikā viens no Igaunijas nacionālās armijas dibinātājiem. Vīves māte bija viena no Igaunijas Sarkanā Krusta dibinātājām. Manu mammu ar Vīvi saistīja bērnības atmiņas Tartu, igauņu valoda, kurā viņas pļāpāja, un dzīvesprieks, kuru viņas nezaudēja, neskatoties uz badu un trūkumu.

Vasarā viņas sūtīja pāri upei lasīt ogas un zālītes. Vajadzēja vienkocē irties pāri milzīgi platai upei. Aiz upes bija daudz ogu – savvaļas upenes un avenes. Tad mamma iekārtojās klubā par apkopēju. Klubā darbojās teātra grupa, notika pašdarbības pasākumi. Vakaros tur varēja noskatīties arī filmas. Mammu piesaistīja izglītoti cilvēki, mūzika, dejas. Pa durvju spraugu viņa skatījās mēģinājumus un klausījās mūziku. Tad sekoja darbs kolhozā — siena vākšana, kartupeļu ravēšana, maisu staipīšana. Nepietika vīriešu. Mamma salā skaldīja malku, saliecoties no smaguma, stiepa uz muguras kartupeļu maisus, kas svēra divus pudus.

Tagad, kad rakstu šīs rindas un mani vecāki vairs nav dzīvi, man ir ļoti žēl, ka viņi paši neuzrakstīja par pārdzīvoto. Žēl, ka pats zinu maz, kaut arī viss iepriekš rakstītais ir tīra patiesība. Tas ir tieši tas, ko es atceros no vecāku stāstītā un kas ir saglabājies atmiņā no manas bērnības.

Anella un Ruvens Šomeri

Anella un Ruvens Šomeri

Anella ar dēlu Mihailu

Estere Viņņika

dzimusi 1927. gadā

Man bija tikai divas vasaras kleitiņas,
divi svārki, divi kurpju pāri, tāpat arī mammai.

Esmu dzimusi 1927. gada 1. aprīlī. Neveiksmīgs joks!

Naktī no 13. uz 14. jūniju atnāca divos naktī, bet es tikai vienos naktī biju atgriezusies mājās. Mēs bijām absolvējuši 7. klasi un bijām izlaiduma pastaigā. Varēja būt nakts uz sestdienu. Mēs atgriezāmies ap vieniem naktī, es biju tikko aizgājusi gulēt, bet divos naktī jau ieradās, lai mūs arestētu. Atnāca ar lieciniekiem, t.i., bija pasaukts sētnieks, un pārējie, bet viņi jutās neomulīgi, jo pirms mums viņi bija redzējuši daudz bagātīgāk iekārtotus dzīvokļus, bet te viņi ieraudzīja kalpotāju dzīvokli. Mans tētis bija viens no Cionistu partijas līderiem. Viņš bija arī balstiesīgs domes loceklis, arī žurnālists, piedalījās visās Latvijas laikā zināmajās avīzēs. Kad viņi ieradās, lai arestētu, tētis teica: „Nu ir viss..."

Man bija tikai divas vasaras kleitiņas, divi svārki, divi kurpju pāri, tāpat arī mammai. Vecāmāte palika mājās, jo viņa bija slima. Vecāmāte bija mammas mamma, mēs dzīvojām kopā, un viņa palika. Iesēdāmies kravas mašīnā. Neatceros, vai rīdziniekus izveda no Torņakalna, vai no Šķirotavas. Stāvēja divi ešaloni. Vai uz Krasnojarskas apgabalu veda no Šķirotavas? Neesmu pārliecināta. Jebkurā gadījumā bija dažādi ešaloni. Tie bija Stolipina vagoni, t.i., atvērās platās durvis, kas bija aiztaisītas ar aizbīdni, un abās vagona pusēs bija mazi lodziņi. Tualetes nebija, tās vietā vagona vidū bija sanagloti dēļi. Bija divstāvu nāras, kas atradās viena virs otras. Visi gulēja viens otram blakus. Tas bija tāds šoks... Kāds, kas atradās kopā vagonā, iedeva palagu, un „tualete" tika aizklāta. Es biju ļoti kautrīga, manā uztverē tas bija briesmīgi. Nezinu, kā pa šīm 18 stundām man nesametās zarnas. Nebija, ko ēst. Dažas reizes dienā vecās konservu bundžu kārbiņās mums atnesa balandu. Pēc tam, naktī, ap pulksten 4 vai 5, atnāca, līdzi nesdami lielas mapes un vīriešus izsauca pēc uzvārdiem. Viņi paši arī bija pārguruši, viņiem bija grūti izlasīt uzvārdus. Tēvs pats sameklēja savu uzvārdu, jo viņš domāja, ka tiek izsaukti, lai kaut ko noskaidrotu. Protams, ka mēs viņu vairāk neredzējām. Labi, ka mamma viņam līdzi paguva iedot apavu pāri, kas bija ietīts virskreklā. Tā tēvs aizgāja, vairāk nekā viņam līdzi nebija. Viss, ko tētis bija ielicis līdzi, bija modinātājpulkstenis un puse no ievārījuma burciņas.

Tā mēs braucām 3 nedēļas. Durvis tika aizbultētas. Ceļā pieturēja stacijās, lai paņemtu vārīto ūdeni, „kipjatoku". Atceros, ka mūsu vagonā visi bija latvieši. Es neatceros, ar ko mēs bijām kopā, jo man tas bija tāds šoks, ka no braukšanas vagonā es neatceros tikpat kā neko. Viņi sacīja: „Atkal kipjatoks?" Vagons vienmēr apstājās vienā un tajā pašā vietā. Viņi nesaprata, kādēļ visām stacijām ir nosaukums „Kipjatok", bet vagons apstājās vienā un tajā pašā vietā. Viņi uzreiz piebrauca pie karstā ūdens. Bija, kam atļāva izlekt ārā no vagona. Man mamma neļāva, jo tur nebija pakāpienu. Ceļā, kad mēs šķērsojām robežu, jau bija redzamas mājas ar salauztiem jumtiem, arī cilvēki bija ģērbušies kaut kā savādāk. Viņi nāca klāt pie mūsu vagoniem, pārdeva ogas un pienu, bet sargi viņus dzina prom. Mēs neko nepirkām, jo mums nebija naudas, bet bija, kas pirka. Apsargi laikam baidījās, ka mēs nodosim kādas zīmītes. Tādos apstākļos mēs dzīvojām 18 diennaktis. Bija bads, antisanitāri apstākļi. No ēdiena, kas tika dots, cilvēkiem bija dažādas veselības problēmas, un tas bija briesmīgi. Logus vaļā nevēra, durvis bija aizbultētas, tika atstāta tikai maza spraudziņa, lai neviens nevarētu izlekt ārā.

Visus aizveda uz Kansku. Tur mūs izmitināja lielā zālē, bija, kas palika arī pagalmā. Tur bija cilvēki ar visu līdzi paņemto iedzīvi. Viss bija pārpildīts.

Sāka izmitināt pa mājām. Vieni nokļuva pie vietējiem iedzīvotājiem, citi – atsevišķā būdiņā. Mūs ielika dzīvot pie kādas krievu ģimenes. Tajā istabā bija divas guļamās lāvas un kaut kāds galds. Tur dzīvoja sieviete ar diviem bērniem, un iemitināja arī mūs. Sieviete teica: „Neuztraucieties, man kaut kur ir maiss, mēs to piepildīsim ar sienu un noliksim, jūs gulēsiet te, uz grīdas. Bet tagad sēdieties, dzeriet tēju, es esmu izcepusi maizi, paēdiet!" Tā mēs tur palikām. Mūs sūtīja darbā. Mammai tad bija 47 gadi, un man šķita, ka viņa ir veca. Man bija 14 gadu. Skolā iet es sāku gadu ātrāk nekā pārējie, biju jau beigusi septiņgadīgo skolu. Krievijā bija obligātā 7 klašu izglītība. Līdz tam nedrīkstēja sūtīt ne darbā, ne ņemt armijā, tikai pēc 7–gadīgās skolas beigšanas. Mani uzreiz sūtīja darbā. Tā kā es jau skaitījos liela, tad man, tāpat kā pārējiem, bija jāstrādā visi smagie darbi. Mamma ar sievietēm strādāja pie lopiem.

Sākās ziema, un tad vispār nebija, ko vilkt mugurā. Neatceros, kuram, bet vienam no mums iešāvās prātā spīdoša ideja. Mums līdzi bija vīriešu pidžamas. Vīri bija prom, bez pidžamām. Vajadzēja dabūt vati, piestampāt iekšā, un tad sanāktu vatētās bikses un jakas. Sacīts, darīts. „Seļpo" vairāk nebija, ko pirkt, tur bija zelta uzpirkšanas vieta. Par zeltu tur varēja dabūt visu, bet mums zelta nebija. Bija tikai mammas gredzens. Vēlāk, kad mammas vairs nebija, es sapratu, no kurienes mamma ņēma zeltu, ko nodeva uzpirkšanā.

Sūtīja uz visiem darbiem. Es strādāju lauku darbos tieši tāpat kā pārējie. Mani sūtīja strādāt uz traktora piekabes.

Mēs neko nezinājām, kas ir ar tēti. Es rakstīju vēstules uz visām pusēm, lai uzzinātu par viņa likteni. Tad, kad mēs ar mantiņām atbraucām uz Kansku, atnāca un saka: „Kura ir Estere Viņņika? Jūs izsauc uz Iekšlietu ministriju". „Nezinu, kas par lietu". Tā kā mamma nevarēja iet, tad man līdzi gāja profesora Minca dēls Edgars, viņš nebija paņemts uz nometni. Tolaik viņam varēja būt ap 35 gadiem, un viņš bija advokāts.

<u>„Vai jūs rakstījāt Staļinam?"</u> „Jā." „Tādā gadījumā biedrs Staļins liek jums pateikt, ka jūsu tēvs 1941. gada 3. decembrī ir miris nometnē".

Es atgriezos, bet mamma man teica: „Es tā arī zināju". Līdz tam viņai decembrī rādījās sapnis, ka it kā iet viņa, bet pretī nāk tēvs, un viņus šķir sniegs. Viņi it kā iet viens otram pretī, bet nevar viens pie otra pieiet klāt. Mamma teica: „Es jutu, ka tēva nav".

Tajā laikā Berjozovas skolā beidzās mācību gads. Atskrien Brauna. Viņa man stāsta: „Roza nosapņoja, ka arī mūs sūta!" Atskrēja Roza, saka: „Skriešus uz mājām, mums ir jābrauc!" Viņas devās savākt mantas, neskatoties uz to, ka tur bija bērniņš, kam izsūtīšanas brīdī bija 3 mēneši, un tagad gadiņš. Mūs aizveda pie Krasnojarskas uz Jesejevu. Tā nebija Jeņisejska, bet gan preču stacija. Tur nebija tādas mājas kā „dārziņos", un tur mēs dzīvojām kādu nedēļu, varbūt pat vairāk.

Mūs izmitināja šajās būdiņās, bija karantīna, deva šprices. Tur es satiku Blūmenfeldus. Mēs iepazināmies vēl pirms braukšanas turp. Jauniešiem nebija ko darīt, mēs ņēmām furgonu, izvadājām mantas, bet pēc tam viens otru vizinājām. No attālākas vietas vajadzēja atvest ūdeni. Pirmo reizi ieraudzījām nēšus, un tikai te mēs uzzinājām, ka ūdeni nes ar nēšiem. Labi bija nest ziemā, jo tu ej, ūdens spainis šūpojas, un ūdens izlīst, kļūst slapjš un tu „lido" kopā ar ūdens spaini, paliec slapjš...

Mēs ar Blūmenfeldiem nokļuvām vienā būdiņā, tādā kā dārza mājiņā. Tur bija mamma un divas meitenes. Viena bija par mani gadu jaunāka, otra gadu vecāka. Pēc kādām 10 dienām mūs salādēja uz tvaikoņa „Marija Uļjanova". Tas lēnām kustējās pa ūdeņiem. Tvaikoni kurināja ar „čurkām". Kuģis apstājās gandrīz pie katra staba, lai uzņemtu kurināmo. Tās bija gan bēdas, gan prieks. Līdz mūsu aizbraukšanai mamma bija aizgājusi uz krāmu tirdziņu. Viņai nebija, ko pārdot, bet es 13 gados biju saņēmusi dāvanu no tēvoča, Mozera pulksteni. Pulkstenis bija sabojājies un nestrādāja. Šveices pulkstenis tādos apstākļos nevarēja darboties, bet tas bija skaists. Oficieru sievām bija nauda, bet nebija, ko vilkt mugurā. Viņas bija ar mieru nopirkt pulksteni, kas nedarbojās, jo tas kaut ko dod... Tur mamma satika kādu pavecāku ebreju, un viņš bija vaicājis, kāpēc mamma tāda satraukta. Viņa atbildēja: „Manu 15-gadīgo meitu sūta uz Ziemeļiem." Viņš viņai deva ceturtdaļu šņabja un mahorkas paciņu. Mamma teica, ka neņems. Viņš sacīja: „Ņemiet, jo šņabis un tabaka, tā ir valūta, un, dodoties nezināmā ceļā, jums tas noteikti ir jāpaņem!" Viņa saka: „Kad es jūs gan vēl satikšu..." Viņš teica: „Es jums dodu savu adresi tādā gadījumā, ja jūs atbrauksiet, bet jums par to nav jādomā, jums ir jāņem, jo savādāk jūs ceļā doties nedrīkstat!" Vajadzēja nopirkt miltus un maizi. Tādos apstākļos maize nepelēja. Labi, ka „Marija Uļjanova" apstājās un tad starp diviem ķieģeļiem varēja iekurt...

Tas bija tvaikonis, ar kuru tika vesti ne tikai izsūtītie. Augšējā klājā bija 1. un 2. klases vietas. Tur bija viss, pat bufete, bet mēs tur iet nedrīkstējām. Mūs ielika 3. klases vietās. Mums līdzi bija divi koferīši. Tur bija Blūmenfeldi, Berlins ar mammu un māsu. Es aizņēmu mums vienu kabīnīti. Tātad: Blūmenfeldi bija trīs cilvēki, mēs divas ar mammu un trīs Berlini. Pieturvietās man bija jāiet saņemt maizi, skatīties, vai visi ir uz vietas. Tad, kad mēs tikām atvesti, mums bija jāparakstās, ka esam izsūtīti uz mūžu.

Katrā faktorijā kādu izsēdināja. Mēs nokļuvām Turā. Mamma slimoja, viņai bija temperatūra, un viņu pagaidām ārā nesēdināja, un tā mēs nonācām Turā. Blūmenfeldi un Berlini arī izkāpa. Viena upe bija Tunguska, otra, pieteka, Kučučuma. Mūs izsēdināja Kučučumas augšienē uz klintīm. Lietus, saule, un mēs tur atradāmies 3 nedēļas. Ciematā mūs nelaida. Izdalīja kaut kādu ēdienu. Doties augšup nedrīkstēja, kamēr neatcēla karantīnu. Tādos apstākļos mēs palikām. Pēc tam mūs sāka izmitināt. Kādam iedeva atsevišķu istabu, kādam ierādīja dzīvot pie vietējiem. Dzīves vietas ierādīja brigadieris, Pievolgas vācietis. Vasarā diennaktīm ilgi bija diena, gaišs, krēslot sāka ap vieniem naktī. Ziemā bija tumšs, saule pār klintīm neiespīdēja. Ziemā visu laiku bija jādzīvo tumsā, badā, aukstumā. Nebija, ko vilkt mugurā. Pienāca arī barža ar produktiem, mūs sūtīja to izkrāmēt. Mums vajadzēja strādāt vienlīdzīgi ar pieaugušajiem. Tur bija ļoti stāvs kalns. No lejas vajadzēja nest maisus ar miltiem. Kamēr krāmēja, vajadzēja velt mucas. Tas bija vēl grūtāk, jo tās bija grūti noturēt. Muca taču bija smaga, tā bija pilna, kā to noturēt, lai tā neveltos un nesasistos? Par to varēja dabūt 10 gadus! Algu mums izmaksāja katru nedēļu. Pieaugušajiem maksāja divas reizes vairāk. Bērniem varēja arī nemaksāt nemaz, kas gan ar to rēķinājās? Mēs bijām strādnieki, un par to saņēmām 800 g maizes. Es uzskatīju, ka esmu strādniece, jo mamma bija veca. Viņa saņēma 400 g maizes, bet es 800 g maizes. Vairāk nekā mums nebija. Tur bija arī ēdnīca. Par nopelnīto naudu tu drīkstēji iet ēst pusdienas. Tur bija kaut kāda zupa, putra. Tikai vajadzēja pagūt laicīgi, un tad visi skrēja! Tas atradās kalnā. Mamma gandrīz nekad netika ēdnīcā, es reizēm no darba paguvu.

Kad beidzās izkraušanas darbi, jaunieši izlēma, ka mēs visi iesim mācīties. Tur bija vidusskola. Es biju beigusi 7 klases, iešu 8. klasē. Biruta, Aina, visi gāja 8. klasē. Viņi jau beidza 8. klasi, bet neprata krievu valodu. Tā mēs visi gājām 8. klasē, bet mēs mācījāmies tikai 3 nedēļas. Zivju rūpnīca taču mūs bija ņēmusi kā darbaspēku, un mūs no skolas izņēma. Izglītība taču bija tikai 7. klašu! Tātad bija jāiet darbā. Tur bija Pievolgas vācietis, uzvārdā Fins, ļoti stingrs. Viņš bija atraitnis, un tur atradās kopā ar dēlu. Viņš bija stingrs ne tikai ar mums, bet arī pret savu dēlu. Kā cilvēks viņš bija ļoti skarbs un stingrs. Mūs atveda atklātā vietā, kur vajadzēja rakt zemi. Ziema, mūžīgais sasalums, t.i., vasarā tur zeme atkūst tikai 1 metra dziļumā, tālāk – mūžīgais sasalums. Bet ziemā rakt... Un vēl tādā apģērbā, kādā bijām mēs... Kurpēs... Man gan bija pufaika no vates, kas bija pagatavota no pidžamas, un viss. Un pat šādi apģērbti mēs negājām. Man bija ziemas mētelītis un kurpes, un tā bija apģērbušies visi. Viņš mums sacīja: „Iekuriet ugunskuru un aklimatizējieties!" Un tā viņš mūs turēja vairākas dienas. Aklimatizējieties... Baisi... Nebija, kur ņemt malku. Blakus bija Videļennaja. Videļennaja bija radiostacija, tie bija sakari ar ārpasauli. Vasarās tur uz upes piezemējās lidmašīna, ziemā lidmašīna piezemējās uz īpašām slēpēm, jo citur apkārt bija klintis. Viņi kurināšanai cirta saknes. Saknes bija labs kurināmais, kas deva daudz siltuma. Mūsu puiši izlēma, ka paņems pāris saknes. Viņi nepadomāja, ka par to var dabūt gadus cietumā! Kad mūs piekēra, viņš teica: „Jautājiet priekšniekam!" Mēs domājām, ka esam gudri, mēs ar tām kurinājām ugunskurus. Kad pagāja dažas dienas, viņš mūs izsauca un iedeva apavus, kas bija taisīti no briežādas ar vilnu ārpusē, iekšā bija zeķes no brieža vilnas. Vajadzēja taču saprast pašiem, bet es nesapratu. Apakša bija gatavota no aļņa pieres. Tā bija piešūta otrādi. Tas ir, kad es gāju kalnā, tad slīdēju atpakaļ, nevarēju uzkāpt. Tās bija mokas, par sodu. Bet kāpt nācās daudz. Kad bija no barakas jāiet darbā, tad visi ar mani kopā izgāja ātrāk, jo es nevarēju paiet. Visi bija kupenā, neviens mani nevarēja noturēt, un man bija uz darbu jāiet četrrāpus! Par to, lai mainītu, nevarēja būt ne runas, saimniecības pārzinis negribēja par to ne dzirdēt, viņu tas neinteresēja. Mēs rakām celtniecībai pamatus, to darīt mūžīgā sasaluma apstākļos bija kaut kas neiedomājams... Lai ko tu nedarītu, bija mūžīgais sasalums. Tur tika celts zivju cehs. Kad mēs beidzām rakt būvbedri, mūs aizsūtīja uz citiem darbiem. Es nokļuvu brigādē kopā ar trijām mana vecuma meitenēm, viņas bija Pievolgas vācietes.

Mūs sūtīja mežu sagatavošanas darbos, tas bija augstu kalnā. Tā kā man bija tādas „untes", tad es nespēju uzkāpt kalnā. Es augšā rāpos četrrāpus, bet lejā, uzsēdos uz koka un nobraucu... Man bija karsti no tā, ka es līdu rāpus, es ēdu sniegu. Kādā naktī man palika slikti. Par vedēju tur strādāja Kārlis Pūce. Viņš atbrauca ar ragavām un mani aizveda uz slimnīcu. Man bija slapjais pleirīts, tas bija 1942. gada decembris. Mēnesi atrados slimnīcā,, mans stāvoklis bija smags. Mani izrakstīja ar klepu. Es negāju uz pārbaudēm pie ārsta, es aizgāju uz darbu. Bija sals. Kad es atkal ierados darbā, mans klepus pastiprinājās.

Mani aizsūtīja strādāt, mans klepus pastiprinājās. Strādāju pie ādas apstrādes. No ādas vajadzēja noņemt plēvi, lai varētu izgatavot apkaklītes. Es biju arī alerģiska, un , tā kā mans klepus pastiprinājās, es biju diezgan briesmīgā stāvoklī. Saslimu otro reizi. Kad ierados slimnīcā, man teica, ka viņi mani jau sen esot meklējuši, izrādās, ka man bija dilonis. Dažus mēnešus es atrados slimnīcā, un nebija nekādu cerību, ka es izveseļošos. Izsauca manu mammu un teica: „Vai jums vēl ir bērni??", „Nē." „Šitā dzīvotāja nebūs". Man jau bija agonija. Bet tad man apnika un es teicu: „Viss, es vairāk zāles nedzeršu."

Es pārstāju lietot zāles, un man pēkšņi sagribējās ēst. Ēst gribējās tik ļoti, ka mamma atnesa sausiņus un es tos visu nakti zem segas grauzu, lai netraucētu citiem gulēt. Kad atbrauca ārste, viņa sāka lēkāt. Viņa bija jauna meitene: „Vai, roka pēc rokas sākusi izskatīties! Dodiet viņai ēst, cik viņa vēlas, barojiet viņu, tikai, lai viņa sāktu staigāt!" Un mani izrakstīja. Kājas man bija tādas, ka es neko nevarēju uzģērbt. Ne apavus, ne zeķes, jo es biju bezcerīgi gulējusi. Man deva zīmi, ka es nedrīkstu darīt smagus darbus. Šo zīmi, protams, es nevienam nerādīju, ieliku kabatā un gāju vilkt baļķus no ledus apakšas. Tad mamma uztaisīja skandālu tam „zavhozam". Viņš saka: „Klausieties, viņai taču kabata nav caurspīdīga, kā es to varēju zināt? Es nezināju!" Tad man deva brigādi – izlikt tīklus, lai ķertu zivis.

Varēja būt 1943. gada vasara, jo tā bija vasara, kad mēs zvejojām. No sākuma bija jādara tā, jāiecērt, tad koks noliecās, Pēc tam jāapcērt zari, un tā tālāk... Mums bija ļoti slikti darba instrumenti. Kad es par to teicu saimniecības pārzinim, viņš sacīja: „Vai vēlies, mēs tevi apmācīsim kalt ar galvu, ja daudz runāsi!" Bet no citas puses pārējiem viņš teica: „Ņemiet piemēru no viņas, no mazās, kā viņa strādā!" Labākus darbarīkus viņš tomēr neiedeva. Man reiz gandrīz virsū uzgāzās un piespieda koks. Es redzēju, ka tur ir palikusi mana pufaika. Kas bija svarīgāks, es vai mana pufaika? Visi palika bāli, ļoti pārbijās, bet es tajā brīdī pat neaptvēru, kas notiek. Mani tomēr nepiespieda pie zemes. Toties pēc tam, kad es gāju... Bija gadījums, kad es liecu zaru, nepiedomāju, ka tas ir sauss, un tas mani caurdūra. Nezinu, kā man palaimējās nedabūt asins saindēšanos, bet es biju uzpampusi. Es biju tieviņa, drēbes uz manis burtiski karājās. Man mugurā bija no cukura maisa pašūti svārki.

Tad mani paņēma darbā kantorī par rēķinvedi. Kantorī es biju ļoti kautrīga. Mamma iesniedza dokumentu, ka es esmu saslimusi, un ārsts apstiprināja, ka man no turienes jāaizbrauc. Nekādas „spravkas", neko viņa nepievienoja. 1944. gadā viņu pēkšņi izsauca uz MVD. „Jums ir atļauts izbraukt uz maģistrāli". Nekur mēs nebrauksim, mums nav, par ko. „Kā tad jūs, nebrauksiet?" Viņa saka: „Mums nav naudas!" „Tiek atteikts cilvēkiem, kam ir izziņas, citi dokumenti, bet jums ir atļauja, un jūs nebrauksiet! Sūtiet telegrammu, kam vien vēlaties, bet jums ir jābrauc!" Aizbraukt bija iespējams reizi divos gados, kad Tunguskā bija ūdens. Turp veda pārtiku, atpakaļ, zivis un cilvēkus. Kad pienāk kuģis, tad darbā mobilizē visus, visu slēdz, lai nebūtu jāmaksā par dīkstāvi. Tad sākas izkraušanas darbi. Visi bija piekusuši, pat tik ļoti, ka negāja gulēt mājās, bet palika gulēt krastā. Atveda sāli, šņabi. Ēdnīcā visiem deva šņabi, visi piedzērās, jo pēc smagā darba tas bija prieks, beidzot bija sāls un alkohols! Izkraušanas darbi bija baisi. Noturēt mucu bija neiespējami. Barakas nebija kurinātas, bija mīnus 55 grādi, nebija gaismas, ūdeni nācās nest 800 m tālu, pa ceļam tas sasala. Pavasarī uz ielas atradu savu pazudušo ķemmi, jo viss notika tumsā.

Mēs ieradāmies Turhanskā, tur mums bija krastā jāgaida kuģi no Igarkas. Šis jau peldēja ātrāk. Braucām garām Jarcevai, bet neko neredzējām. Jeņisejskā dzīvoja tēta lēģera biedrs , tāds Mirļins. Tur iznāca kāds no vietējiem, mēs jautājām. Viņš iznāca pēdējā minūtē, mēs jau braucām tālāk, bet mēs paguvām redzēties.

Atbraucām uz Krasnojarsku, bet vajadzēja nokļūt Kanskā. Mums bija tikai nauda biļetei. Biļetes nepārdeva, tās bija jābroņē. To, ka varam aiziet uz MVD prasīt, mēs neiedomājāmies. Un tad kāda Pievolgas vāciete devās uz Fiļimonovo, jābrauc caur Kansku. Viņai bija broņēta biļete. „Es jums arī nopirkšu biļetes, man ir tāda iespēja!" Viņa nopirka mums biļetes, mamma atdeva viņai naudu. Pienāca vilciens, mēs piegājām pie pavadoņa. Viņai bija liela lāde, laikam iekšā bija daudzi labumi. Kopā ar viņu bija māte. Viņa lūdza, lai mamma pieskata. Mēs pieejam pie vagona, bet izrādās, ka viņai ir trīs biļetes plackartē, bet viena, bez. Viņa saka: „Parādi savu biļeti!" Viņa, laikam, bija ekonomējusi mūsu naudu. Viņa man izrāva biļetes, un mēs palikām bez naudas un bez biļetēm. Nezināju, ko darīt. Skrēju pie mammas un visu izstāstīju. Mamma bija uztraukusies, es paķēru zivis un skrēju pie pavadoņa. Nebija izejas. Lai lika kaut vai ne plackartes vagonā, lai tikai mēs tiekam uz priekšu! Tanī laikā krāvēji mammu apmeloja, ka viņa nozagusi vācietei to lādi. Es eju pie pavadoņa, saku, ka naudas vairāk nav, bet ir zivis. Un pavadone saka: „Labi, iesim!" Viņa *mūs iesēdināja vagonā, kur pat nebija, kur stāvēt. Tas ir, visa manta mums bija zāģis un mučele. Kanskā vilciens stāv tikai 3 minūtes. Vajadzēja pagūt izkāpt ar visām mantām. Visi taču redzēja, kādi pasažieri brauc vilcienā, un mierināja, teica, ka palīdzēs iznest ārā. Un tā bija taisnība. Pa šīm trijām minūtēm viens nesa cirvi, cits bļodu, cits zāģi... Ko darīt tālāk? Mēs iznomājām ratus. Mums bija kāda adrese. Atbraucām pie viņas, viņa dzīvoja savā dzīvoklī. Viņa paskatījās uz mūsu... un teica, ka viņai ir jāiziet. Viņa mums pat ne ūdens glāzi nepiedāvāja! Mēs bijām uz ielas. Ko darīt? Mamma atcerējās vīrieti, kas viņai bija iedevis mahorku un ceturtdaļu šņabja. Viņš bija mammai iedevis adresi. Mamma gāja pie viņa. Viņš saka: „Protams, kāda runa! Dzīvojiet, cik ilgi nepieciešams!" Un mēs palikām tur. Kad Iras Bordes vīratēvs atbrīvojās no lēģera, viņam arī nebija kur dzīvot. Dēls vēl bija nometnē, un viņi dzīvoja aiz aizkariņa, turpat, kur dzīvojām mēs. Mamma uzreiz aizgāja iekārtoties darbā. Šeit jau viņu visi zināja kā skolotāju. Skolotājiem tika dots dzīvoklis. Tas ir, mums iedeva istabu, kur dzīvoja kaut kādi evakuētie no Vitebskas. Tā saucās „istaba", bet tās platums bija tikai dzelzs gulta, garums, galdiņš, visas plankas bija izļodzījušās, jumts tecēja. Kad gulējām, tad vajadzēja lietussargu. Aiz sienas atradās liela istaba, kur dzīvoja citi, un bija caurstaigājama virtuve. Virtuvē atradās krievu krāsns un galds. Tas bija 2. stāvā. Kad mēs vēl bijām Krasnojarskā, es nevarēju pastaigāt. Mēģināju pavēlēt savām kājām kustēties, bet tās nekustējās. Nesapratu, kas par lietu. Bija milzīgas sāpes. Kad atbraucām Kanskā, es sāku meklēt darbu. Mūsu Vitebskas kaimiņš strādāja autoskolā par galveno grāmatvedi. Viņš teica, lai eju strādāt pie viņa uz autoskolu par rēķinvedi. Es iekārtojos tur dabā. No rīta, lai ietu uz darbu, pieceļos no gultas un iekritu atkal atpakaļ. Mēnesi gulēju, nespēju pat pagriezties.*

Kurā gadā jūs atgriezāties?

Latvijā atgriezos 1958. gadā. Sākumā biju atbraukusi uz 2 mēnešiem, lai iestātos reabilitācijas rindā, un pēc tam atgriezos 1958. gadā. Mamma mira 1959. gadā. Es biju kopā ar vīru un dēlu. Strādāju par grāmatvedi. Atļauju izbraukt uz Izraēlu mēs nesaņēmām ilgu laiku.

Tad, kad sākās karš, 1973. gada oktobrī mūs uz 10 dienām izsauca uz „sboriem". Tad es jautāju, vai mēs drīkstam lidot. Viņa saka: „Vienu minūtīti!" Izgāja citā istabā un atnākusi atbildēja: „Jā, jūs drīkstat braukt, jums ir atļauts!" Uz šejieni mēs atlidojām 1973. gadā.

Estere bērnībā. Latvija

Simons Viņņiks

dzimis 1926. gadā

Bija tādas šausmīgas lietas, daudz briesmīgāk,
nekā rāda par koncentrācijas nometnēm...

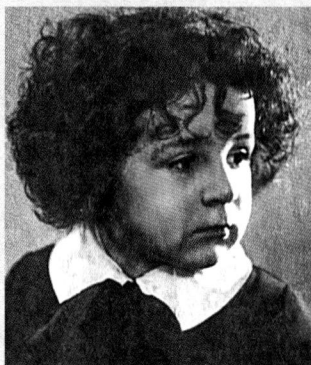

Mans vārds ir Simons Salomonovičs Viņņiks. Tēvs bija Salomons, bet metrikās nez kāpēc tika ierakstīts, ka Šļomovičs.

Ģimenē bijām četri – tēvs, mamma, es un trīs gadus jaunākā māsa. Kad mēs gājām pa pilsētu, visi skatījās uz manu māsu, viņa bija īsta skaistule, kā saka, brīnumbērns. Ļoti apdāvināta. Viņai bija 10 gadu, kad profesors Ozoliņš Konservatorijā izdzirdēja viņas spēli un paņēma pie sevis. Teica, ka viņa kļūs slavena. Tad, kad Konservatorijā bija izlaidums, viņa spēlēja koncerta atklāšanā, tas bija ēkā Barona ielā, Konservatorijā, kur izlaiduma vakarā uzstājās vienpadsmitgadīgā Raja Viņņika.

Sibīrijā vijolei tika pielikts punkts...

Mēs arī slimojām, mūs iemitināja būdā, un sākās poliomielīts, mēs gadu gulējām un nekustējāmies. Māsa kļuva nevis par vijolnieci, bet par ārstu, kardiologu. Viņai laba dzirde, viņa dzīvoja netālu no Maskavas, Mitiščos, un cilvēki brauca pie viņas uz konsultācijām. Viņa bez aparatūras, bez kā, vienkārši pielika ausi pie cilvēka, un noteica diagnozi. Māsa vairs nav starp dzīvajiem...

Ko jūs atceraties no 1941. gada?

Atceros, dzīvojām labi, bet pieticīgi. Mēs nebijām bagātnieki. Tēvs bija taupīgs. Agrāk dzīvojām Marijas 4, jo tur atradās gan veikals, gan dzīvoklis. Tad spoguļu fabrikas īpašnieks uzcēla māju Aizsargu ielā 49, un mēs dzīvojām tur, īrējām dzīvokli. Es mācījos 6. klasē, māsa 3. klasē. Mācījos Rīgas 9. pamatskolā, māsa mācījās vācu skolā. 14. jūnijā mēs bijām mājās, pilsētā. Četros no rīta trīs ienāca, teica, ka pēc kaut kāda padomes lēmuma mums ir jākrāmējas, un ka mēs tiekam izvesti no Rīgas. Iedeva 20 minūtes laika, lai savāktos. Mamma nezināja, ko ņemt. Varbūt paņēma kādus palagus, un arī birsti, veļu, apģērbu. Tur dzīvoja arī mammas māsa, atļāva viņai piezvanīt, viņa atbrauca, dzīvoklis tika apzīmogots...

Tā mūs ar vienu koferi izveda... Manuprāt, mūs aizveda uz Torņakalnu. Mēs bijām četri. Pēc pāris stundām atnāca un aizveda tēvu , un tā mēs viņu vairāk arī neredzējām. Vēlāk uzzinājām, ka tēvs aizvests uz Soļikamskas rajonu, un tur atradās lēģeris Surmog. Tas nozīmē „Surovaja mogila" (drūmais kaps). Tur cilvēki mira badā, strādāja mežu darbos, un tēvs mira 29. decembrī. Mēs neko nezinājām, kas un kā ar viņu noticis, bet Džeržinskā ieradās kāds cilvēks, kas nezin kādēļ bija atbrīvots no šīs nometnes. Tas varēja būt 50. gados. Viņš ienāca pie mums, un es ieraudzīju, ka viņam kājās mani zābaki...

Tēvam bija mani zābaki kājās, jo mamma lika mums samainīties, man bija liela kāja. Kad ieraudzījām šo cilvēku un zābakus viņam kājās, sapratām, ka tēva vairs nav dzīvo vidū...

Bija tādas šausmīgas lietas, daudz briesmīgāk, nekā rāda par koncentrācijas nometnēm...

Gadu vai pusotru mēs nodzīvojām Nikolajevkā, sādžā. Nebija ne medikamentu, ne mediciniskās palīdzības, nezinu, kā mēs izdzīvojām. Gulējām uz grīdas, uz salmiem piebāztiem matračiem. Saslimām kādā naktī, nevarējām piecelties. Tur dzīvoja trīs ģimenes.

Mamma prata šūt, un pie viņas nāca sievietes – par gabalu maizes, par speķa gabaliņu viņa šuva. Un tad pie mammas atnāca šūt kleitu aptiekas vadītāja. Viņas iepazinās, un sieviete izstāstīja savam vīram par mani, ka es esmu jauns puisis, ka mūsu ģimene cieš badu, un viņš teica, lai es atnāku, iekārtoja mani darbā. Es mācījos, bet brīvdienās pēc mācībām viņš mani mācīja aptieku lietās. Mēs ar mammu vācām ārstniecības augus aptiekas vajadzībām.

Gadu es tā nostrādāju, jau labi iepazinu aptieku, man jau ļāva arī receptes pieņemt. Viņš teica, ka man ir jāmācās, bet man nebija dokumentu. Pases mums bija atņemtas. Man jau bija 16 gadu. Viņš apsolīja sarunāt. Viņš bija izglītots cilvēks, viņam bija divas augstākās izglītības, viņš bija ārsts un provizors. Visi gāja pie viņa ārstēties.

Tur bija arī izsūtītie vācu ārsti, bija izsūtītais Kalmikijas Veselības aizsardzības ministrs. Man izkārtoja pagaidu pasi, teica: „Brauksim uz Krasnojarsku!" Tur bija farmakoloģijas skola, uzņemšanas termiņš bija beidzies, bet mani tomēr uzņēma, un es mācījos trīs gadus.

Mammai bija trīs zelta zobi. Viņa noņēma kronīšus, es tos nodevu veikalā, un par tiem saņēmām kilogramu miltus, kilogramu cukura.

Brīvajās dienās es strādāju pie baržu izkraušanas, tur bija siļķes. Pāris stundas nostrādā, un deva divas siļķes. Siļķe bija jau vesela greznība! Krasnojarskā bija tirdziņš, mainīju siļķes pret miltiem, vārīju miltu putru. Vienu brīdi es dzīvoju ārkārtīgi sliktos apstākļos, pagrabā gulēju uz kaut kādas kastes. Tur arī dzīvoja evakuētie, ģimene ar mazu bērnu. Bērns raudāja visu laiku. Bija ļoti grūti.

Kad mani norīkoja par aptiekas vadītāju, visa mana bagāža bija sainītis, man nekā nebija. Mani sagaidīja vadītājs ar zirgu. Pie aptiekas bija mēbelēts dzīvoklis, gan skapji, gan gultas, gan virtuve. Viņš man atveda arī palagus, spilvenu, segu, kādus produktus. Man iedeva pārtikas kartītes, es gāju uz ēdnīcu. Mana alga bija 45 rubļi. Pusdienas maksāja apmēram 80 kapeikas. Bija laba apgāde. Mēs devāmies uz turieni. Braucām ar zirgu. Iedeva veselu maisu ar miltiem, cukuru, eļļu, pat šokolādes konfektes, putraimus, es nezināju, kur to visu likt pēc tāda bada!

Es tur strādāju divarpus gadus. Mamma un māsa bija Džeržinskā, pēc tam viņas pārbrauca pie manis. Tur neviens nezināja, ka esmu izsūtīts, man bija pase. Ja būtu zinājuši, nebūtu pieļauts, ka es tur strādāju... Tad, kad viņas atbrauca, es sapratu, ka sāksies nepatikšanas...

Vajadzēja reģistrēties NKVD. Atbrauca aptieku pārvaldes priekšnieks. Biju sakārtojis aptieku, vajadzēja gatavot visādas zāles, jo bija liela slimnīca, bet visu laiku sūtīja farmaceitus praktikantus, bez izglītības. Atbildība bija *liela. Mani izsauca uz NKVD, atņēma pasi, un viss – nekur nedrīkstu braukt, jutu, ka man izsaka neuzticību, ka es varot visus noindēt...*

1956. gadā mūs reabilitēja. Tur bija laba alga, produkti, viss. Mani uzaicināja strādāt atpakaļ savā bijušajā darba vietā.

1962. gadā es iestājos neklātienē 1. Maskavas medicīnas institūtā, farmokoloģijas fakultātē. Beidzu to, ieguvu augstāko izglītību. Biogrāfijā nerakstīju, ka esmu izsūtīts. Kanskā to zināja, un neskatoties ne uz ko, mani 25 gadus pēc kārtas izvirzīja par pilsētas padomes deputātu. Es biju deputātu grupas vadītājs, par labu darbu man ir piešķirti ordeņi, medaļas. Kad devos pensijā, 1998. gadā man piešķīra Kanskas goda pilsoņa nosaukumu.

Man ir bijusi vēlēšanās aizbraukt no šejienes... Izbraukt man nozīmēja zaudēt visu, darbu, visu, bet man te ir divi dēli! Dēli arī ir izglītojušies medicīnā. Vecākais dēls ir beidzis Medicīnas institūtu, aizstāvējis doktora disertāciju, viņš ir profesors, ķirurgs, akadēmijas loceklis. Otrs dēls ir devies pa armijas līniju. Mana sieva bija krieviete. Dēls uzdienējās līdz pulkvedim. Nu kur es pametīšu bērnus? Es kādreiz pat esmu sapņojis atgriezties Rīgā... Atbraucu uz Rīgu, mani pat ielika rindā uz dzīvokli. Atgriezās tie, kam bija nekustamie īpašumi, rūpnīcas, mājas...

<u>Bērnību atceraties, kā izjūtat tēva zaudējumu?</u>

Ļoti izjūtu. Man joprojām sāp sirds... Atceros Latviju, Rīgu. Tur bija bērnība, lai arī neilga, bet laimīga!

Rīgā pēc kara esmu bijis četras reizes, staigāju, gremdējos atmiņās. Gāju garām vienai mājai, kur esmu dzīvojis, otrai mājai... Gribēju pat ieiet... Starp citu, mājas saimnieku arī izsūtīja... Viņš bija bagāts cilvēks, viņam bija fabrika, māja. Es atceros pludmali, kā braucu ar velosipēdu, draudzējos ar latviešu bērniem...

Kāpēc es nebraucu prom no Kanskas? Dēli man Krasnojarskā un Maskavā, bet es gribu viens. Man te ir draugi, atbalsts. Man kā Kanskas Goda pilsonim ir atvieglojumi, es nemaksāju ne par elektrību, ne gāzi, ne dzīvokli, viss ir bezmaksas. Reizi gadā mums kā palīdzību izdala 5000 rubļu.

Viņņiku ģimene

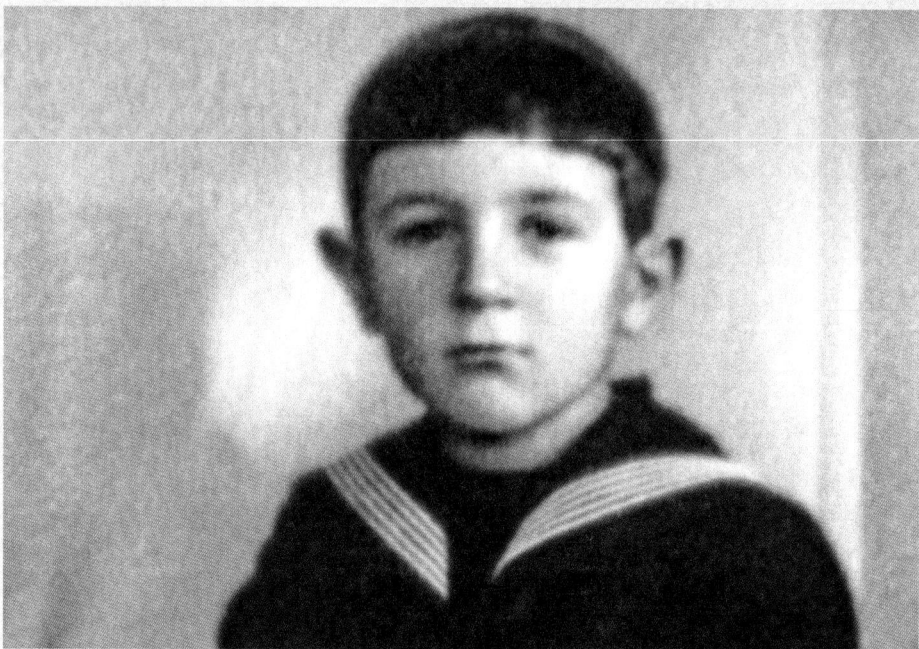

Simons

Sibīrijā

Предваряя книгу «Шалом, Сибирь...»

Голод, холод, страх, насилие, отчаяние и упорство, надежда и борьба за жизнь и собственное достоинство объединяют всех детей трагических событий XX столетия – тех, кто помнит утрату Латвией свободы в 1940 году, две оккупации страны во время Второй мировой войны, депортацию, беженство, вторичную депортацию и вторичное беженство.

Суровые ветры судьбы оставили в сердцах этих детей глубокие шрамы, и пережитое всплывает в памяти то как бесконечный гул железнодорожных рельсов или промозглый холод барака, то как обещанные на завтра картофельные очистки или корка хлеба, но всего явственнее и прежде всего – как жажда человеческого тепла, знаний, игр.

Сибирь или лагеря беженцев в западной зоне, ужасы войны на территории Латвии или где-то в Европе – эти раны и способность залечить их и стать успешными и в своей человеческой сути, и в своей жизни – вот что роднит этих людей.

Я бы назвала святой инициативу фонда «Дети Сибири», как и тех энтузиастов, кто в рамках Музея оккупации или как-то иначе проделал огромную работу по фиксации в аудио- и видеоматериалах, в письменных свидетельствах жизненные истории представителей разных народов, ибо это очень важно для понимания общей истории нашей страны и нашего народа. В своей жизни я попыталась выслушать и осознать рассказы всего лишь нескольких десятков живших в ссылке детей и была бы искренне рада, если бы работа эта продолжалась.

Чем многогранней предстанет перед нами наша история, тем реалистичней и целенаправленней мы будем созидать наше будущее – государство, которое само осознает свои возможности и активно формирует свою повседневную жизнь, а на внешнеполитической арене не даст забыть миру о случившемся, столь трагично и безжалостно изменившем судьбы многих государств и жизнь каждого.

Поражает, как многие из тех, кто прошел через невероятные трудности и испытания, сумели сохранить светлый взгляд на мир, как, пройдя через страдания, закалили характер и волю, как смогли все это пережить, добиться успеха, не поддаться боли и направить все усилия на то, чтобы превратить эту боль в силу, в надежду, в луч света пульсирующего сердца.

Всем нам, каждому своей дорогой, суждено было вернуться в восстановившую свою независимость Латвию. И сегодня наш долг и наша ответственность – продолжать активно собирать и записывать повествования о судьбах людей – это нужно не только для истории, но и для того, чтобы наш народ, выслушав и поняв друг друга, продолжал крепить узы сплоченности.

Рассказы людей, их характеры формируют душу и совесть народа. Как бы ни были рассеяны они по свету, всех их объединяет Латвия. Рассказы о жизни народа – это возведение моста, по которому все могут вернуться домой. В Латвию.

Вайра Вике-Фрейберга,
президент страны (1999–2007)

Предваряя книгу «Шалом, Сибирь...»

14 июня 1941 года из Латвии были депортированы 15 425 жителей (латыши, евреи, русские, поляки), в том числе 3750 детей в возрасте до 16 лет. Мужчин разлучили с семьями и угнали в лагеря ГУЛАГа, где отцы и братья погибли от голода и болезней.

Женщин и детей на условиях спецпоселения разместили в основном в деревнях и поселках Красноярского края и Томской области. Особенно тяжелым был первый период ссылки – годы Второй мировой войны, когда от непосильного труда и голода многие умерли.

Под воздействием лживой пропаганды сосланных называли фашистами, и в условиях священной войны, как пелось в одной из советских песен, к ним и отношение было соответствующее. В нижнем течении Енисея есть место, которое называют Островом смерти, – Агапитово. Осенью 1942 года здесь высадили 700 человек, среди них были и матери с детьми. Весной в живых осталось 70 человек, спаслись шестеро детей, интервью с которыми есть в книге.

В 1946 и 1947 годах, благодаря настойчивости и усилиям работников Отдела детских домов Министерства образования Латвии, более тысячи депортированных в 1941 году детей — в основном сирот и полусирот в возрасте до 16 лет — были возвращены в Латвию, переданы родственникам или размещены в детских домах. Но на этом, к несчастью, их мучения не закончились. Позднее органами власти многие по этапу были высланы на прежние места поселения, откуда на Родину они смогли вернуться лишь в середине 50-х годов. Но еще и сейчас в Сибири живут потомки высланных в 1941 году.

За шесть лет мы проделали тысячи километров по Красноярской, Томской, Енисейской и другим областям Сибири. Сейчас эти люди, оставшиеся там детьми, уже седые старики и инвалиды. У них отняли не только Родину и близких, в результате политики русификации у них отняли и родной язык, многие из них уже не в состоянии изъясняться на латышском языке. Кто-то продолжал жить надеждой, что, по крайней мере, последние свои дни проведет в одном из приютов для бедных в Латвии. Но мечты остаются мечтами, потому что от Родины людей отделяет граница, которую преодолеть не так просто. Из Сибири мы возвращались домой, переполненные впечатлениями, которые произвела на нас удивительная природа этого края, мы везли с собой киноматериалы, интервью, но везли и свои личные ощущения от встреч с людьми. И всегда это были печаль и чувство неизбывной вины... Те, кто возвратился, были счастливы, потому что вернулись на Родину, но одиночество, страдания, голод и нищета, потеря близких – все это невосполнимо. Все это оставило след на жизни нескольких поколений. Каждый рассказ – это рассказ о братьях и сестрах, оставшихся в вечной мерзлоте.

Вторым по численности народом, который пострадал в депортации 1941 года, были евреи. Те, кто спасся, вернулись в Латвию, но их близкие были уничтожены во время Второй мировой войны. В 70-е годы многим из оставшихся в живых удалось выехать в Израиль. Мы беседовали с детьми Сибири и там.

Мы взяли интервью у 670 бывших детей Сибири в Латвии и России, в Израиле и Америке. И почерпнули столько света и столько любви к Латвии, почерпнули надежду и уверенность в будущем нашей страны. И хотим передать это следующим за нами поколениям.

Дзинтра Гека,
основатель фонда «Дети Сибири»

Леа Аваро (Хофмане)

родилась в 1928 году

...сообщил, что нас высылают в Сибирь – навечно. При этих словах мама потеряла сознание. Нам велели собрать вещи.

Я родилась в Эстонии, в маленьком городке Тырва, в 30 километрах от Валги. Здесь же мы с братом и сестрой ходили в школу, где мамина сестра работала учительницей. Жили в доме, который отец со своими родителями и маминым отцом сами построили, на первом этаже у отца была обувная мастерская и магазин тканей. Я училась балету – это была не балетная школа, а просто группа – каждую неделю фрейлейн из Тарту приезжала учить нас. В дальнейшей жизни это очень мне пригодилось.

В 1940 году нас выселили из дома, а в наш дом вселились офицеры с семьями. Хорошо, что на окраине города у нас был дачный домик. Мебель поставить было некуда, она стояла в сарае, что где. Прожили мы там год. В 1941 году сестра закончила 1-й класс, я – 6-й, брату в то время было 15 лет, и он учился в средней школе. И вот пришел этот день – 14 июня 1941 года. Отец болел – недели за две до этого он поднял что-то тяжелое, и у него открылась язва желудка. Он так и остался лежать в поле, потом его отвезли в город. Утром мама разбудила всех троих. Солдаты перерыли шкафы, под кроватями, везде *совали свои штыки. Милиционер – это был эстонец из Валги – сказал маме, что папа уже арестован, а мы все должны ехать в Валгу, там начнется следствие. Мама ответила, что поедет одна, незачем туда ехать детям. Милиционер возразил – ну как же можно детей одних оставлять! Мы пробудем там неделю или две, можно взять с собой кое-что из белья, возможно, придется пойти в баню. Мама удивилась – неужто мы такие грязные, что надо будет идти в баню? Он велел взять и маленький чемодан. На что мама ответила, что нет у нее маленького чемодана. Он сам увидел на шкафу два чемодана – большой и маленький. Передал маме маленький. Побросали в него что-то – чулки, платья, погода была теплая, пальто не взяли. Подъехала машина – «виллис», из нее вышел офицер НКВД, увидел, что из дома выходит женщина с тремя детьми и маленьким чемоданчиком, и обратился к милиционеру: «Вы сказали, куда они едут?» На что милиционер ответил: «Нет». Тот скривился и нехотя сообщил, что нас высылают в Сибирь – навечно. При этих словах мама потеряла сознание.*

Нам велели собрать вещи. Соседка и мамина сестра помогли найти зимнюю одежду. Запихнули все в мешок – пальто, шапки, сапоги, фетровые сапожки – были тогда такие. Брат взял из альбома несколько фотографий, отрезал небольшой кусок мяса на дорогу. Нам из деревни привезли большой кусок, но, растерявшись, мы взяли лишь кусочек. Вещи наши закинули в грузовик, самих посадили в легковушку. Мама заплакала, милиционер накричал – чего вы плачете, стыда нет, цивилизованные же люди. Сначала отвезли нас в Ратушу, мы видели, как арестованных мужчин вооруженные люди запихивают в автобус. Потом нас автобусом доставили на станцию Пука, перед Тарту, велели садиться в вагон. Встретили отца, он меня обнял и поцеловал в лоб – это был прощальный поцелуй, так как обычно эстонцы очень сдержанны, никогда не обнимаются и не целуются.

В Валге эшелон остановился, нам разрешили выйти, и мама пошла в магазин. К нам подошел отец и попросил хлеба. Ему с его язвой надо было что-то съесть. Я сказала, что хлеба у нас нет, у нас его действительно не было, отец повернулся и ушел. Поезд тронулся, миновали черно-красные пограничные столбы, мама плакала. В дороге узнали, что началась война, – это была радостная весть. Не верили, что нас увезут. Были уверены, что взорвут или мост, или рельсы. Но ничего такого не случилось, и нас увезли. Навстречу шли эшелоны с солдатами, уже шла война. Следующий за нами эшелон – там были мужчины – остановился рядом, мы стали переговариваться, было весело. Мы, дети, не понимали, что происходит. Нам было даже интересно.

В дороге давали хлеб – «кирпичик», нам он не нравился. В этом же вагоне ехала моя подруга из класса, подруга из балетной группы, учительница со своими тремя малышами – двух, семи и десяти лет, с одним маленьким чемоданчиком. Это было ужасно. Ехали медленно, пропускали идущие навстречу эшелоны с солдатами, с этими бедными мальчиками.

Остановились где-то под Омском, станция называлась Чаны, нас выпустили на базарную площадь. Мы, дети, залезли под столы, другие остались под открытым небом. Были ли там люди из других эшелонов, не знаю, в нашем эшелоне было 78 вагонов. Какой-то парень играл на аккордеоне, вокруг него собралась толпа и подпевала. Подошел кто-то из охраны, по-русски сказал, что играть можно, а петь нельзя. Слов он не понимал, поэтому запретил петь. У кого-то оказался мяч, мы играли.

Потом подошли повозки, и людей начали развозить по колхозам. Мы ждали своей очереди. Потом те, кто уехал, стали возвращаться. Мы обрадовались, решили – что-то случилось. Но всех нас снова затолкали в вагоны, ехали стоя, сесть было невозможно, столько было народу. Кое-как примостились на полу. Гадали – в какую сторону поедем: на восток или на запад. Поезд двинулся обратным ходом. Мы обрадовались, но оказалось, что это только маневр, и поезд повез нас дальше на восток. Уже на станции Чаны у многих начался понос. У туалета всегда выстраивалась длинная очередь. Мама таскала из костра уголь и давала нам. Это помогало. Не помню, чтобы мы мучились с животами.

На барже отвезли нас в Кривошеино, оттуда в Красный Яр. Вначале поселили в клубе. Не было ни паники, ни криков – мы поняли, что надо жить и делать, что приказывают. Позже нас разместили по домам. Нас поселили в маленьком домике, где жили мать и взрослая дочь. Приняли они нас хорошо, все время улыбались. У них не было к нам никакой ненависти. Местные русские вообще относились к нам, ссыльным, хорошо.

Там пробыли недолго, посадили в машины и в тайгу, на «лесовалку». Был там один эстонский профессор с двумя сыновьями. Мужчины валили деревья, женщины собирали сучья, жгли костры. Долго там не пробыли, поселили вместе с двумя русскими – из Эстонии. Одна аристократка из Петрограда, другая жена префекта полиции Виланде, зубной врач. И тут опять велят собирать вещи и переводят в другой барак, там жил профессор со своими сыновьями. В бараке можно было встретить людей самых разных – много молдаван, русских из Печор. В Печорах было много белогвардейцев, всех их выслали.

Это было в первую зиму 1941/42 года. Мама работала в лесу – собирала и жгла сучья. Поверх всякой одежды на ней были ватные штаны, которые вечером, когда она возвращалась с работы, были совершенно мокрые, задубевшие, и снять их она не могла, помогал ей сын профессора. Я должна была штопать дырки, прожженные костром. Через месяц я уже могла говорить по-русски.

Потом нас снова отвезли туда, где мы жили в первые дни, через день снова велели собираться и снова увезли. Внезапно возница свернул с дороги в тайгу, мама упала, испугалась – решила, что нас выбросят и оставят. Оказалось, этот путь до Химлесхоза, где собирали сосновую смолу, просто короче. Снова мы жили в бараке, были там и другие эстонки из Виланде, из Пярну – жена адвоката и жена судьи с семьями. Я радовалась – у них были девочки. Спустя время привезли и мою подружку с матерью. Настала весна 1942 года. Помню, в день моего рождения, 20 мая, ко мне пришли девочки, мы надели платья, а на улице был снег.

Работа была нелегкая, мама с самого начала чувствовала себя больной, а потом начался голод. Мы ходили в дальнее село за 35 километров менять одежду на еду. Вначале было что менять. Мне было уже 14 лет, я тоже ходила. Скоро мама стала посылать и 9-летнюю сестру, давала ей варежки или шарф, и сестренка тащила на обратном пути все 35 километров на спине ведро картошки, а в руках еще бутылку молока. Я стала работать – собирать смолу, надо было хлеб отрабатывать.

А порция становилась все меньше и меньше. Те, кто работал, не имел права ходить менять вещи. После работы мама однажды пошла, ее за это оштрафовали и на полгода на 25 % снизили зарплату.

Настал момент, когда менять уже было нечего. И тогда приходилось шагать те же 35 километров, чтобы нарвать в том селе лебеды и крапивы. Брат ходил или поздно вечером, или ночью. Однажды его с таким же мальчиком послали за деталями для машин. Мальчики возразили, что у них нет обуви, ноги тряпками обмотаны. Но это не стало препятствием. Их все же послали. Тряпки намокли, замерзли, мальчики ползком вернулись в барак. Их отвезли в Красноярск, в больницу. Вся округа слышала, как они кричали, когда отрезали пальцы. Наркоза не было. После этого брат выучился на сапожника и остался там работать.

В 1943 году начался страшный голод. Летом мама на берегу реки собирала какие-то травы, и мы из них варили суп. Если ели чернику, надо было прятать рты, а то охрана упрекала нас в том, что мы не работаем. А только ягоды едим. По дороге домой собирали грибы, варили без соли. Бруснику можно хранить месяц, потом она чернела. Варить ягоды было бесполезно – хранить было не в чем. Хлеб нам давали через день, но в первый же день рассчитанная на два дня порция исчезала. Назавтра давали немного муки, мы разбалтывали ее в воде и ели. Животы пухли от такой еды.

В 1944 году мама совсем ослабела, стала медленнее работать. Однажды приехал технолог, посмотрел, – этим работу не давать, пусть идут куда глаза глядят. В списке была евреечка, три девочки без матери и – мы. У евреечки был брат, он помогал ей, как мог, трех девочек спасла красивая эстонка, которая жила с ними в одной комнате. Она предложила себя технологу, и он разрешил девочкам остаться и работать. А нас защитить было некому. На другой день одна из трех девочек, Тия, пошла на работу, я с ней, но технолог прогнал меня, потому что из-за матери, мол, и я не могу работать. Технолог уехал, мастер была не злая, из комнаты не прогнала. Хлеба нам больше не давали. Три дня жили без еды. Тут прибежала помощник мастера, шепнула: «Бегите на базу, там директор, проситесь обратно». Потащились с мамой за пять километров на базу, директор написал записку, что разрешает *работать, но если норму не будут выполнять, – гнать. Нам отдали карточки, назавтра выдали хлеб.*

Так прошла неделя. Мы мамой работали, мастер ругался, почему так медленно. После работы собрались домой. Мама говорит – не могу идти так быстро, ты беги, хлеб получи. Я собрала инструменты, маме оставила ведро, чтобы она могла присесть по дороге. Получила свой кусок, сестра тоже – неработающим выдавали 150 граммов, мамину порцию не выдали. Сижу дома, жду ее. Уже стемнело, пошла искать. Недалеко от барака встретила Тию – она идет на четвереньках, слова сказать не может. Поняла – мама где-то упала. Встала на лыжи и с горы увидела ее – внизу. Съехала, спрашиваю: «Ты что сидишь?» Мама только сказала: «Что ты кричишь?» Это были ее последние слова. Мне помогли привезти ее домой. Назавтра пришла фельдшер, посмотрела, велела прикладывать к ногам бутылки с теплой водой. Легли спать все трое рядом. Ночью проснулась – маминого дыхания не слышно. Наутро мастер велел ребятам сколотить ящик. Дно устелили еловыми ветками. Я положила ей на лицо носовой платок, чтобы песок не попал, сняла с пальца обручальное кольцо, которое нитками было привязано к пальцу, чтобы не свалилось. Она хранила кольцо в надежде когда-нибудь встретить отца.

Похоронили маму недалеко от барака, там уже хоронили, и маму моей подруги – самой первой. Женщина из Петрограда прочитала молитву – мама была православная. Случилось это 25 марта 1944 года. Остались мы вдвоем с сестрой. Из комнаты нас выселили, дали что похуже. На работу я ходила, но еды не было. Руки и ноги как чурбаки – распухли. Люди удивлялись, как я еще жива. Сестру вместе с другими детьми увезли в другое село, где для них построили дом. Их было много, там же они ходили в школу.

Зимой 1944 года освободили Эстонию и Латвию, начали приходить письма. Тетя прислала нам немного денег, и я купила картошку.

В 1945 году дела пошли лучше, я считалась «малолетка», хлеба мне полагалось меньше, но так как я выполняла норму, получала прибавку. Только в 1945 году увидели соль, выдали и мыло. Через курьера узнали, что кончилась война. Тетушка прислала мне денег. Появился бензин, стали ездить машины. Как-то приехал знакомый человек и сказал, что из Эстонии за своим племянником приехала женщина и заберет с собой и сестренку. У сестры не было никаких документов, только хлебная карточка с ее именем. Но все устроилось, тетя, которая лечилась в Пярну в санатории, оплатила дорогу и встретила мою сестру Эстер.

Подружки и меня уговорили бежать. Я пошла на мамину могилку, насыпала в мешочек землю. С приключениями добралась до Ленинграда. Девушка, которую я встретила в поезде, рассказала, как пройти на Балтийский вокзал. На вокзале встретила эстонцев, они мне посоветовали ехать в Тапу. Свою остановку я проспала, а в поезде меня узнала мать моей подруги детства, ехавшая в Валгу. Она привела меня к себе, накормила, а утром я на попутной машине добралась до Тырвы. Вышла у школы, зашла – тишина. На перемене попросила какую-то девочку позвать учительницу Перс. Смотрю – идет моя тетя. Она меня сначала не узнала. Прибежала и моя сестренка.

Я хотела идти работать, но тетя настояла, чтобы я пошла учиться. Закончила 7-й класс. Я была старше всех – мне уже исполнилось 18 лет. Все лето занималась, осенью сдала экстерном за 8-й класс. Когда я, уже в Тарту, училась в 11-м классе, за мной пришли люди в черных шинелях, и мне приказано было ехать обратно в Сибирь. 20 февраля нас с сестрой взяли и через три месяца мы были уже в Томске. Оказались в том же бараке, через окно видна была могила мамы. Я начала харкать кровью, волосы вылезли. На нервной почве.

Брат женился на русской, у них было двое детей. Жили в маленькой хибарке в Кривошеино.

Отец болел. Его отправили в лагерь. Ночью у него началось кровотечение, и 17 июля 1941 года он умер.

Сейчас я живу в Латвии.

Леа в Латвии

Родители Леа – мать Анна и отец Юлиус

Справа: Виго, Эстер, Леа и сестра матери

Барак, в котором Леа жила в Сибири

Леа (справа) за сбором смолы в Сибири

Лео Берлин

родился в 1931 году

Нам сказали, что ради удобства мужчины поедут отдельно, женщины и дети – отдельно. Обещали, что, когда приедем, будем вместе. Больше своего отца я не видел.

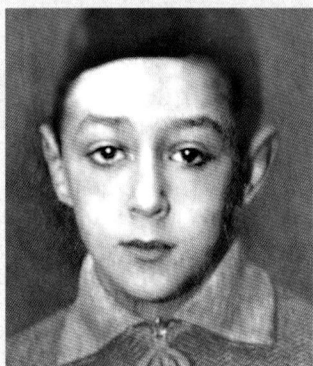

Я родился в июне 1931 года в Риге. До 1940 года жили на улице Айзсаргу (ныне Бруниниеку). Когда установилась советская власть, наша квартира кому-то понадобилась, и мы переехали на улицу Марияс, 16. До начала войны я закончил два класса, жил вместе с мамой, отцом и сестрой. Мама была домохозяйка, отец работал на «Вайрогсе».

В ночь с 13 на 14 июня 1941 года в нашу дверь постучали. Вошли пятеро мужчин с винтовками, сказали, что нас на пару дней «заберут», а потом мы снова вернемся домой. Один из солдат шепнул маме на ухо, чтобы взяла теплые вещи. Времени нам дали мало, брали то, что попадалось под руку. Мне самым важным показался мой альбом с марками – я коллекционировал марки. Кое-что сложили в чемоданы, и на грузовой машине нас отвезли в Торнякалнс. Там было полно людей. Нам сказали, что ради удобства мужчины поедут отдельно, женщины и дети – отдельно. Больше своего отца я не видел.

И началось наше путешествие. Через неделю мы поняли, что началась война, – навстречу шли эшелоны с военной техникой. Наш поезд больше стоял, чем двигался. В вагоне было очень много народу, спали на нескольких этажах. В вагоне была и параша – как в тюрьме. На станциях нас кормили баландой. Двери вагона не открывались, нечем было дышать, воздух спертый. Через месяц прибыли в Канск. Там на станции уже стояли подводы, в каждую посадили семью. Нас увезли в село Анцирь, примерно в 30 км от Канска. Нам сказали, что мы с отцом «будем вместе», и я каждую минуту выбегал на улицу, ждал, не приехал ли отец. Со временем мы поняли, что отца не увидим. Оказалось также, что взятые нами вещи остались у отца, а отцовская одежда – у нас. Когда поняли, что отца нам не дождаться, обменяли его костюм на ведро картошки, потом еще что-то меняли. Уже начинался голод. Мама и сестра пошли работать в колхоз, я с осени тоже был приставлен к лошадям. Учился в 3-м классе. За зиму все вещи мы «проели», к весне из одежды ничего не осталось.

В Риге я учился в еврейской школе, хорошо знал и латышский язык, хотя дома мы разговаривали по-немецки. Когда приехали в Сибирь, русского языка совсем не знал. В школе, конечно, учились русские дети, так что через месяц или два я уже знал и русский язык. Стали набирать людей для отправки дальше на Север. Да и тут становилось все хуже, так что казалось, что в другом месте будет лучше. Нас погрузили в баржу, довезли до Туруханска, потом еще километров 700 вверх по Нижней Тунгуске, где человек 70–80 выбросили на берег. С нами был и сотрудник КГБ с женой. Это была заброшенная фактория с несколькими домами и конюшней. Поселились в конюшне. Велели строить дом, так как приближалась зима. У нашего хозяина была мука, сахар, растительное масло, нам выделяли каждый день норму. Мне было 11 лет, сестра старше. Объединились с семьей Пызовых, их старшему сыну было 16 лет. Он был главным строителем – отдавал команды, а мы строили из тонких бревен, толстые мы поднять были не в силах. Потолок сделали из тонких жердей, между бревен мох, посреди дома печь. Так мы зимовали при 40–50-градусных морозах. На моих глазах умерла мама из второй семьи. Зимой умерла половина из привезенных на факторию. Были голод, цинга. Помню семью Сегал – они из Латвии приехали все четверо: отец, мать, сын и дочь. Первым погиб сын. Его послали отнести рыбакам хлеб, он в дороге устал, сел, поел хлеба и заснул. Не дождавшись продуктов, люди пошли его искать и через пару дней нашли труп, который уже исклевали вороны. Вскоре от голода и болезней умер отец, за ним мать, осталась только дочка. Помню, у Улдиса Карлсбергса умерли мать и сестра, и он остался один. Мы на удивление остались живы. Случалось, обходились ягелем – мы его крошили, добавляли немного муки, пекли лепешки. Спасало и то, что у эвенков на спирт и чай можно было купить белок. Они ловили белок, сдирали с них шкурку, а мясо скармливали собакам, продавали или меняли. Правда, мяса там было мало. Но голод заставлял есть все – медвежатину, конину, даже мясо собак. Лучше стало после войны, когда сестра уже работала бухгалтером и мы жили в селе. С 6-го или 7-го класса я и сам уже работал, зарабатывал себе на одежду и еду. Купил часы. Делал все – работал и на аэродроме, заполнял самолеты горючим, чистил самолеты.

В 1943 году нас, человек десять, услали еще дальше – по правому притоку Нижней Тунгуски на 300 км севернее – к Полярному кругу. Шли мы туда как бурлаки – в лодках были мука, сахар, растительное масло. Шли по каменистому берегу, приходилось перепрыгивать через камни, чтобы двигаться вперед. Мне было 12 лет, и я часто сидел в лодке за рулем – чтобы лодка не наткнулась на камни. Путешествие наше длилось месяц. Спали на берегу. Не помню место, куда нас пригнали. Там была каменная соль, но добыть ее было невозможно. Из горы вытекал ручеек с очень соленой водой. Была вырыта яма, где скапливалась вода, привезли листы стали, размером два метра на метр, с низкими бортиками, вода стекала туда, а внизу разводили костер. Вода испарялась (дым расползался во все стороны), оставалась соль. Рядом было озеро, где ловили рыбу, которую тут же солили этой солью. Мы эту рыбу ели, была она очень соленая. Многие от этого опухали.

В июле 1944 года, когда мы там прожили уже год, со мной случилось несчастье. Я работал вместе с мальчиком 14 лет. На оленях мы должны были привозить из леса дрова. Но олень животное дикое, это вам не лошадь... Бревна мы к саням просто привязывали, так как оленя с горы удержать было трудно. Потом бревна мы должны были еще и распилить. Я предложил погрузить чурки на две жерди и таким образом отнести их женщинам к костру. Я шел впереди, напарник за мной. Между листами, на которых выпаривалась соль, расстояние было примерно полметра, можно было пройти и вывалить дрова. Когда несли второй раз, мне пришлось переступить через уже сваленные дрова, но одно полено шевельнулось, я не удержал равновесия и уселся на металлический лист с кипящей водой... А температура соленой воды свыше 100 градусов. Оттолкнулся, выскочил, но штаны уже замочил, стал орать от боли... Подбежали женщины, среди них и мама, стали срывать с меня одежду, но к ней уже прилипла кожа... И ошпарился я, и обжегся. Тут же отнесли меня домой. Ноги, и правый, и левый бок – живое мясо... Но ни врача, ни фельдшера среди нас не было. Какая-то женщина посоветовала смазывать растительным маслом. Но его тоже пришлось выпаривать – оно было соленое.

Мухи, комары, мошки просто накинулись на меня... Завернули меня в простыни, но лежать мог только на животе. Простыня липла к телу, грязь, началось нагноение... мама боялась, что я не выживу. Решили везти меня за 300 км по реке обратно – туда, где был врач. Со мной поехала мама, сестра осталась работать. Плыли по реке, осторожно, чтобы не напороться на камни. Лодка маленькая, неглубокая, но если бы я упал в воду, утонул бы, потому что шевелиться я не мог. Где нельзя было проплыть по реке, меня несли по берегу на носилках. Совершенно чужие люди...

Когда добрались до фактории в Тутанчане, единственное, что мог сделать фельдшер, – смазывать раны марганцовкой и снимать гниющее мясо... Других лекарств там не было. Так длилось до весны 1945 года. Когда раны уже можно было перевязывать, я стал подниматься. Учился заново ходить. Сначала на костылях... Долгие годы еще я ощущал последствия – будучи уже студентом, спать на правом боку не мог, кожа была такая тонкая и болела. Да и выглядела не очень. Рана уже зажила, но в бане меня спрашивали: «Что это у тебя, парень?» Отшучивался, что это следы войны – снарядом оторвало... Шрамы до сих пор остались.

Весной 1945 года с Севера вернулась сестра, и мы переехали в Туру – там была школа. Продолжал учиться в 4-м классе. Много времени прошло с тех пор, как я в последний раз держал в руках ручку, все больше топор да *пилу. Писать умел, читать – с трудом. В классе я был самый старший, но скоро догнал остальных.*

В Туре жили одни ссыльные. Раз в год причаливала баржа с продуктами и товарами. Это было огромное событие, все приходили встречать. Но в 1950 году картину мы увидели не очень приятную – палуба была огорожена решеткой, а за ней сотни рук и бритых голов. Наверху дежурила охрана. Потом решетки открыли и людей выпустили на берег. Среди них был человек, который впоследствии стал мужем моей сестры. Он был директором крупного завода, жил в Москве. Но, начиная с 1937 года, прошел все лагеря – и Воркуту тоже. В 1949 году его как бы освободили, но тут же снова арестовали, и все началось сначала. Но он сумел противостоять судьбе и не утратил человечности. Он построил дом, жил в нем, постепенно приходил в себя. Среди прибывших был человек, вечно лохматый, жил подачками, иногда колол кому-нибудь дрова. Дети бегали за ним, дергали за одежду и обзывали «врагом народа». Сам он рассказывал, что был комендантом Кремля, но ему никто не верил. Но когда умер Сталин и началась реабилитация, он поехал в Москву, и оказалось, что он действительно бывший генерал. Воинское звание ему не вернули, но когда он в форме майора приехал в Туру, все были поражены.

В 1952 году я окончил школу и с большим трудом получил разрешение уехать в Красноярск – поступать в институт. В школе я был активным, у меня было много друзей, и среди комсомольцев тоже. Сам я в комсомоле не состоял, но очень хотел поступить в институт как комсомолец, не хотел быть «белой вороной». Но на собрании мои приятели проголосовали против, ведь я был ссыльный.

В Красноярский лесотехнический институт я поступил легко.

Примерно раз в десять дней следовало отмечаться в комендатуре – не сбежал ли. И никто не знал, в какой день тебя вызовут. Был человек, «десятник», который ежедневно ходил в комендатуру, и там ему говорили, кто в какой день должен придти. Каждый раз, когда мы с Гунарсом Браунсом (с ним мы снимали квартиру, так как мест в общежитии не хватало) приходили в комендатуру, удивлялись, скольким же из нашего института надо было отмечаться. Оказалось, треть студентов были высланные – евреи, латыши, эстонцы, украинцы, немцы с Поволжья. В комендатуру являлись вплоть до 1954 года, когда уже получили паспорта. У меня в паспорте было записано, что паспорт выдан на основании справки из КГБ, – как у человека, выпущенного из тюрьмы.

Очень хотелось в Ригу, хотя родственников здесь почти не осталось. Никого из многочисленных маминых братьев и сестер не было в живых. Все погибли в Рижском гетто. Выжила только двоюродная сестра, которая спряталась, а потом эвакуировалась. Она и пригласила меня в гости. В 1955 году, незадолго до поездки в Ригу, в автобусе у меня выкрали паспорт. Паспорт украли, а два рубля оставили. В милиции сказали, что я могу ехать, если есть какой-нибудь документ. У меня был комсомольский билет, профсоюзный билет, студенческий билет. Я рискнул, и лето я провел в Риге. Когда вернулся в Красноярск, получил паспорт. Мне стали завидовать – ведь в новом паспорте не было записи, на основании чего он выдан, только помета – «взамен утерянного». Когда в 1956 году приехал, познакомился со своей будущей женой.

В институте я получил диплом без распределения. Окончил успешно, получал повышенную стипендию. Благодаря этому мне удалось вырваться из Сибири и вернуться в Ригу. Мама и сестра остались на Севере – пару лет еще боролись, чтобы уволиться.

В 1957 году, когда я вернулся, трудно было с пропиской. После визита Хрущева в Ригу сняли Берклавса, и страну наводнили оккупанты. С Берклавсом я был хорошо знаком. Чтобы прописаться и устроиться на работу, мне пришлось пойти в архив и получить справку, что я жил здесь до 1941 года. Вначале работа досталась не очень хорошая – механиком в военной части, но дали квартиру. Удобств никаких, туалет на улице, горячей воды нет. Зато своя. Через год устроился на Рижский электромеханический завод. Там в основном говорили на русском, так что латышский язык я почти забыл. И только сейчас, когда я стал управляющим домами (домом, который частично принадлежал моему отцу, из-за чего нас и выслали) и мне приходится разговаривать с латышами, язык я восстановил. Конечно, не в такой степени, чтобы подробно пересказать мою жизнь.

Родина моей жены Даугавпилс, но в Риге у нее было много родственников, и они не успели убежать от немцев. Мои рижские родственники со стороны мамы и не думали, что немцы поступят так чудовищно, – все они здесь погибли.

Мой отец был в лагере в Соликамске – не прожил там и года. Весной 1942 года умер. После войны получили сообщение, что умер он от сердечной недостаточности, хотя раньше проблем с сердцем у него не было.

В Риге, когда вернулся, познакомился с человеком, который сидел в лагере с моим отцом. Он рассказывал, что мужчины в возрасте моего отца умирали первыми. Питание было жалкое, работа тяжелая – заготавливали лес. Сам он остался жив только потому, что по возрасту его не посылали на тяжелые работы, он чистил картошку.

Мама в Риге прожила до 87 лет. Сестра вырвалась с Севера к мужу, которого восстановили на работе на том же московском заводе, где когда-то он был директором, только на сей раз заместителем директора. Сестра с детьми живет в Москве, а муж ее умер.

Лео с отцом Давидом

Сибирская деревня

Лео с матерью Татьяной и сестрой Фрумой

Ида Блуменау (Нахимовская)

родилась в 1927 году

Меня посадили в вагон, и через полчаса поезд тронулся. Вагон был для скота, в каждом конце нары, вместо туалета, я извиняюсь, ящик.

Нахимовская – фамилия по мужу. Мой отец Шмуэль Блуменау, мать – Этель Блуменау. Был у меня брат Язеп, или Иосиф Блуменау.

В 1941 году мне было 13 лет, я училась в школе. Мама хозяйничала по дому, отцу принадлежало небольшое предприятие, мы, дети, учились. Отец взял меня с собой в деревню, в местечко Риебини. Там жила мамина семья: бабушка, сестра с мужем и двое детей. Меня увезли туда на лето. Когда пришли за мамой и братом, завели будильник и сказали: «Сейчас половина второго. Если не оденетесь, из дома пойдете в ночной рубашке и в халате». Утром отцу позвонил мамин брат: «Срочно приезжайте!». Разговаривать они боялись. Отец поехал, меня оставил. Когда он узнал, в чем дело, пошел в НКВД и сказал: «Я хочу уехать вместе с семьей». На что ему ответили: «Иди домой, мы тебя найдем!» Ночью его взяли. Он не знал, что семью разделят, и его сошлют в лагеря. Отец был в Шкиротаве, а я в Торнякалнсе. Меня посадили в вагон, и через полчаса поезд тронулся. Вагон был для скота, в каждом конце нары, вместо туалета, я извиняюсь, ящик. Только прикрыт простыней. До Сибири добирались три недели. Поезд часто останавливался, его переводили на другие пути. Из вагона не выпускали. Под конвоем можно было сходить за водой и за пищей. Так ехали до Красноярска. Четыре семьи поселили в одной комнате, человек 12. Спали все на полу. Отгораживались чемоданами. Четверо заболели тифом, нас миновало. Были Катценелленбогены – мать и две девочки, Левенберга с двумя детьми и пасынком – сыном мужа. И Янкелевич с двумя дочерьми. Сколько мы там прожили, не помню, потом стали нас отправлять на Север.

Это длинный рассказ. Я заболела, потом стала хромать, видно, в организм попала инфекция, лечиться не было никакой возможности. Мама на санках возила меня за 7 км к врачу. Но что могла знать сельский доктор о нейрохирургии! Когда на Север выслали первую партию, мы остались. Попали мы в Туру, в Эвенкийский национальный округ. Это была столица. Постоянных жителей не было, ездили на оленях, то там жили, то там. Большинство из них болели, глаза у них гноились, ели они сырое мясо, сырую рыбу. Это район вечной мерзлоты, за Полярным кругом. Только в июле и в августе наступало короткое северное лето. Там мы с мамой прожили пять лет.

По Енисею до Туруханска, оттуда по Верхней Тунгуске 900 км до Туры. Попасть туда можно только на барже, по чистой воде. На барже туда привозили продукты, а кто мог, на ней же уезжал обратно. Однажды забыли привезти соль, и год мы жили без соли. Но это мелочи.

Отец оказался в Соликамском трудовом лагере, и там его судила «тройка». Вызывали по-одному, спросили: был ли заграницей? Отец ответил, что был. Это был большой грех, сразу же подозревали в шпионаже. «А что ты там делал?» – «Как что? Работал». Дали ему пять лет. Социально-опасный элемент... Когда он оказался в лагере, весил 86 кг, а в 1943 году уже 38 килограммов. Конечно, работать он не мог, в больнице держать не было смысла – ведь надо кормить...

И его актировали. Освободили. «Иди на все четыре стороны!» От голода он распух, не стоял на ногах. Он написал нам письмо – приезжайте, привезите мне теплую одежду и заберите меня. Когда мы уезжали в Сибирь, маме и брату велели подписать бумагу, что они высылаются на добровольное поселение. Документов у нас не было. Написали отцу, что приехать не можем, паспортов нет, что мы добровольно переселены, высланы на 25 лет. Моя мама была из бедной семьи, с 13 лет работала в Риге, в семье моего отца, потом они поженились. Она выполняла любую работу. Когда надо было идти работать, она шла, чтобы получить свою порцию продуктов, другие умирали с голоду. Они не знали, что делать. Помню семью Катцелленбогенов. Она продала каракулевую шубу за мешок картошки, бриллиантовую брошь за мешок муки. Все съели, и все равно умерли с голоду. Жива осталась старшая дочь. У нее был друг, знакомый. По-моему, он работал в структурах власти. Когда они вернулись с Севера, то поженились, и он ее увез. Мама и вторая дочка умерли. Левенберга осталась жива. Мать с двумя детьми на Север не отправляли.

Мама умела шить. Ночью и по вечерам она обшивала начальство. Поэтому мы и выжили. Отдаст кто-нибудь блюдце с картофельной шелухой. У начальства ели картошку, а шелуху отдавали нам. Однажды мама проработала все воскресенье, и дали ей за это литр молока. Так понемногу... Потому и выжили. Когда нас привезли, сначала мы жили в селе Ирбея, потом, когда вернулись с Севера, жили в Красноярске. В 1945 году мы уже жили в Красноярске.

Расскажите, что было после вашей болезни, что было с мамой и братом? До Красноярска ехали три недели. В дороге узнали, что началась война. На Севере, в Туре жили в бараках. Поселили нас и сказали: «Вот вам река, ловите рыбу! Вот вам лес, рубите и стройте себе дома!» Тот, кто работал, получал в день 800 г хлеба, дети и не работавшие – по 100 граммов. Я ходила в школу. Брату было 18 лет. Ему сказали: «Мужчины должны работать, нечего учиться! Война!» А делать он ничего не умел. Куда его пошлют, туда и идет. Он был избалованный мальчик.

Вы ходили в школу. Вы русский язык знали? Когда приехали, русского языка я не знала. Но год я болела, мышцы на правой ноге атрофировались, я лежала и читала. Когда пошла в школу, кое-что уже понимала.

Никто меня не лечил! Когда на Север вывезли первую партию, мы поселились в доме у хозяйки с двумя детьми. Она нам выделила угол, мы с мамой спали на топчане, брат на русской печи, она была маленькая, он даже ноги вытянуть не мог. Зимой стены покрывались льдом. Когда было очень холодно, заводили в дом теленка, кур и собаку. Все вместе и жили. Когда нас отправили на Север, пришлось все оставить. Хотя оставлять-то было нечего! У нас даже чулок не было – вывезли ведь летом. Я и 56-градусный мороз пережила – слезы на щеках замерзали.

Вы сказали, что мама ничего не успела с собой взять... Когда брали меня, вещи все же уложили в одеяла, в простыни, в скатерти, было пять тюков. А чулок там не было. Мама из шерстяного махрового халата, который папа привез ей из Польши, пошила чулки, потом появились валенки. Кто-то хотел их выбросить, мама немного поработала, и их отдали ей. Появился и ватник. Постепенно приспособились.

Значит, кое-что обменять на еду вы могли? Обменять? Случилась с нами одна история, но не знаю, стоит ли рассказывать. В результате авитаминоза у меня на ногах появились гноящиеся раны. Такое случалось у многих. Нарывы были и на теле. Положили меня в больницу. И лечили меня, вы не поверите, рыбьим жиром. Десять дней прикладывали повязки, и все прошло. А когда надо было уезжать, меня не отпускали. Мама пошла к врачу. У нее было очень красивое шелковое платье, она отдала его врачу и попросила написать записку, что мне необходимо лечиться в центре. Другой возможности уехать не было. И та написала записку, что у меня костный туберкулез. Возможно, при таком заболевании бывают на ногах раны, я не знаю. Мама ходила к начальнику, умоляла, плакала. Уже пришла баржа, надо было уезжать, иначе пришлось бы ждать до будущего года. Самолетами летало только большое начальство. В конце концов он сказал: «Черт с тобой! Поезжай!» Мама прибежала домой, схватила «пайку». А у нас росла картошка, все наше богатство, спустя пять лет мы могли уже себе это позволить. Чтобы обработать землю, нам пришлось срубить деревья, корчевать пни. Это было все наше богатство. Бросились собирать, мама копала, я носила на баржу. И тут мама вспомнила, что ей еще надо попрощаться с мадам Киршенбаум, мы с этой женщиной, с латышкой, жили в одной комнате. А баржа уже готова отплыть. Мама побежала прощаться, в это время убрали трап. Мама прибежала, трапа нет, она прыгнула в ледяную воду, и ее за одежду кое-как вытащили на палубу. Ехали мы на палубе, но ей дали водки, и она даже не заболела...

18 дней плыли до Туруханска, до места, где река впадает в Енисей. Там была так называемая «ожидаловка», где люди ждали пароход, просидели

мы там 22 дня. Ни один пароход нас не брал – люди в лодках пытались подплыть к берегу, но течение было такое сильное, что они могли просто утонуть. В конце концов какой-то пароход нас взял. Сидели среди куч железа, так и добрались до Красноярска.

Тех, кто хотел попасть на пароход, было много. Там были, похоже, даже из Греции. Южного типа люди. Я думала, это евреи – черноволосые, выразительные черты лица. Но они говорили на непонятном языке. Это были греки. Откуда они ехали, неизвестно. Мы снова плыли против течения, на юг. Когда добрались до Красноярска, мама пошла к начальнику и стала просить, чтобы нас оставили в городе. Показывала записку, что я больна. Начальник в ответ: «Шинели будешь шить? Тогда оставлю». Мама, конечно, согласилась. Но что это была за работа... Была там еще одна женщина, которая приехала с нами. Ее мужа освободили из лагеря, и она приехала встретиться с ним, а детей не отпустили, они остались на Севере. Фамилия их была Алпертс. Он спросил, есть ли у нас где остановиться. А мы могли остановиться только в порту. Он позвал нас в свою комнатку в подвале. Так мы вчетвером и прожили в подвале полгода.

Через год папа приехал в Ригу... Это очень долгий рассказ...

Отец из лагеря приехал в Ригу? Он не сразу вернулся в Ригу. Разве мог он туда поехать? Он поехал в Ташкент, там было тепло... В лагере бухгалтером или на какой-то другой должности работала женщина по фамилии Перлова. Она спросила у папы, не из Риги ли он. Оказалось, что и она из Риги. Была в Риге фирма «Чай Перлова», так она оказалась дочерью владельца фирмы. Отец сказал, что хорошо знал владельца фирмы. И вот эта женщина пообещала сделать все, чтобы помочь отцу. Она выяснила, что когда отца забрали, при нем были золотые часы на цепочке, кольцо с бриллиантом и 800 рублей, и все это она отдала отцу. И тогда отец поехал в Ташкент. Приехал он в Энгельс. Поезд должен был отправиться только на следующий день. А он еле живой, волосы вылезли. Пошел он в синагогу, попросился переночевать. Одна женщина, фамилия ее Горелик, за свои добрые дела она обязательно в раю, пригласила его переночевать. А отец ни подняться не мог, ничего. Три недели она его выхаживала, кормила, убирала за ним. Три недели! Боялась, что он умрет, и пошла в *домоуправление: взяла человека переночевать, а он умирает! Умрет, а он у меня не прописан! Прописали они его. Через три недели он пришел в себя, стал работать сторожем на складе. В 1944 году, когда освободили Ригу, отец уже вернулся домой. Маму в Ригу не отпустили. Она должна была сняться с учета. Почему людей высылали второй раз? Когда умер Сталин, все стали понемногу возвращаться, но все были на учете, потому что подписались, что их выслали на 25 лет. На мясокомбинате работала одна женщина, фамилию ее, к сожалению, не помню, простая женщина, она была депутатом Верховного Совета. Она всегда занимала у отца деньги, три, пять рублей, всегда возвращала. Однажды отец подошел к ней и попросил ему помочь. «Я в Риге, дочь тоже здесь, а жена в Красноярске, в ссылке, и ее не освобождают». Она на депутатском бланке дала телеграмму: «Почему задерживаете Этель Абрамовну Блуменау» и все такое прочее. Там, видно, испугались бланка, и пришел ответ: «11 числа она прибудет в Ригу». Маму сняли с учета, поэтому второй раз не выслали. Это мы, конечно, поняли позже.*

С нами была семья Пуче, сама она зубной врач, с ней дочь и сын. Сына звали Карлис, имени дочери не помню. Были и высланные из Поволжья. Вначале нас обзывали «фрицами», мы же плохо говорили по-русски, потом перестали... Там человеческая жизнь не имела никакой цены. Зато там были четыре лошади. Их надо было кормить, но кормить было нечем. Зато если бы они сдохли, завели бы уголовное дело – саботаж. Приняли двух парней. Брату тогда было уже 18 лет, и еще одного. Поручили четырех лошадей. Сказали, должны попасть туда-то, километров за 200, там под снегом есть трава. Лошадей кормить надо. Попали они туда. Дали им с собой «пайку». Сказали, через 10 дней еще подвезут. Никто не едет, они голодают. Поняли они, что так с лошадьми там и останутся. Решили, что один пойдет в факторию, не знаю, сколько километров, принесет хлеб, второй останется с лошадьми. Голод был ужасный. Брат пошел, а была весна, снег начал таять, ручьи широкие. Надо было перебраться. Смастерил он какой-то плот, переплыл. Вечером разжег костер – тайга. Попил кипятка. От голода стал пухнуть. Через несколько дней впереди еще река – уже пошире. Плот развалился, и он упал в ледяную воду. У него даже сил не было развести костер. Он чувствовал, что теряет сознание. И тут у него мелькнула мысль – есть же полотенце, которое дала ему мама. Он привязал его на суку и потерял сознание. В это время река уже очистилась ото льда, и мимо проплывал плот со ссыльными из Латвии. Увидели они на берегу полотенце. Пристали и забрали брата с собой. Ели они разбавленную кипятком муку, болтушку. Утром ему давали две ложки.

Отвезли в больницу. В больнице не смогли его раздеть, так он распух, пришлось одежду резать. Обморозил пальцы на ногах, и два месяца пролежал в больнице. Люди мне сказали, что брат в больнице. Я прибежала, обомлела – нос и глаза, выпученные, как у рака. Лица не было, одна кожа. Организм сам себя съел, остался один нос. И кадык. Собирались отрезать пальцы, но, к счастью, хирург не приехал, а никто другой не брался. Стали мазать какой-то оранжевой мазью, возможно, уже был тогда американский пенициллин. Через две недели его из больницы выписали, на костылях. Но не будешь работать, не будет пайка. Мама устроила его ночным сторожем на склад. Днем мама работала, а ночью за него ходила сторожить. Потом уже он стал ходить без костылей. Было это в 1944 году. Ссыльных в армию не брали. Но шла война, люди погибали. И четырех парней – Карлиса Пуце, моего брата, Буйминовича(?), он был старше брата, и еще такого Левенберга – забрали в армию. Дома мы говорили по-немецки, отец был из Митавы, из Курземе. Узнали, что брат владеет немецким, и он стал переводчиком в штабе дивизии. Дошел до Берлина. Я поступила в техникум, на зубопротезное отделение. В день своей свадьбы я сдавала экзамен по физике. Училась я хорошо, получила пятерку, сходила в парикмахерскую, сделала прическу и отправилась на свадьбу.

Сдала сессию и потихоньку от всех уехала в Энгельс. В это время стали высылать вторично, и мы боялись, что и нас вышлют... В Ригу мы приехали только в 1953 году. До этого я окончила зубоврачебный техникум в Саратове. Но это еще одна долгая история...

Вместе с нами увезли из Риги четыре еврейских семьи, те, которых я знаю. Выжили не все. Как в лагере сказал охранник: «Всех вас поубивать надо, да пули жалко. Все одно сдохнете!» Евреев не убивали, они умирали от голода, от болезней, от всего. Сейчас у меня двое детей, пять внуков. У меня хорошая семья. Но этот ужас, пережитый в Сибири, – из-за этого мы всю жизнь боялись, что за нами следят.

Ида с матерью Этель и братом Язепом

Ида с братом Язепом

Матилде Блумфелде (Ренкацишлока)

родилась в 1929 году

Нас посадили в машину и отвезли на станцию.
Это были вагоны для скота, посадили в вагон
40 человек.

Я родилась в Риге, на улице Стабу, 6. В семье нас было пятеро: отец, мама, сестра, я и брат. Я была младшая. Мама была дома, а что делал отец, точно сказать не могу.

14 июня 1941 года нас выслали. Было 4 часа утра. Пришли чужие. Мама вначале сказала, что надо закрывать дверь, но в ответ они велели собирать вещи, уезжать. В том же доме жил брат отца, денег у нас не было, и дядя дал нам денег. Дядя никогда не расписывался в субботу – забыла, как это по-латышски называется, но чужие сказали, что надо. Дядю не выслали. Сказали, что на пятерых можно взять 100 кг вещей. У меня было два пальто, мама сказала, чтобы надела оба. Я стеснялась. Нас посадили в машину и отвезли на станцию. Это были вагоны для скота, посадили в вагон 40 человек. Вечером пришли и сказали, что мужчины должны выйти. Брату моему было 17 лет, он вышел тоже. Отца больше не видели.

Везли нас поездом месяц. На остановках разрешали сходить за кипятком, потом снова в вагоны. Привезли нас в Канск. Там уже ждали лошади, и людей развезли по селам. Мы приехали в село Пермяково. В одной комнате жили три семьи – мы, Цейтлины и Гамкины. Нас было трое – мама, сестра и я. В семье Цейтлин были мама и две дочери, была еще Баран, она была одна, потом еще мать с дочерью и какой-то мужчина. Жили все вместе в одной комнате. Маму отправили работать в поле. Она болела. На работу пошла сестра, ей было 15 лет, я пошла учиться, но заболела и учиться уже не могла.

Через год нас отправили обратно в Канск, потом на Север.

В первый год мама продала все вещи, меняла их на продукты, Я не знаю, как мы там могли жить. Я месяц болела, в комнате холодно. У меня была температура под 40, болело ухо, не знаю, как мы выдержали. Сестра ходила подбирать колосья. Потом ездила, меняла вещи.

Среди ссыльных была врач Гамкина. Она помогала. Друг другу очень помогали. Мама ходила к одной, у которой была баня. Это была хорошая женщина, она давала иногда кусочек сахара. Было это в Пермяково, километрах в 35 от Канска. Там была школа, два класса в одной комнате. Потом людей стали отправлять на Север, там школ не было. На Север плыли по Енисею до притока Нижней Тунгуски. В начале были в Надыме, там на полу спали все вместе пять семей. После этого в Альпере мы, Трейвуши, Сомеры, Баран жили в одной комнате. Там мама и сестра работали – носили «балки». Я была еще мала, ходила в лес, собирала ягоды, грибы. Мы, дети, собирали картошку. Мелкую, она там не росла – вечная мерзлота. Зимой уехали в Туру. В 1943 году меня, маму и сестру отправили на Тунгуску. Там нам пришлось пройти 300 км как бурлакам – шли против течения. Пришли на пустое место. Там уже были поволжские немцы. Из коры пришлось делать чумы. В первый день жилище устроили из сена. Сестра ходила рыбачить. Я стала работать позже. Хлеб давали по карточкам. Я чинила сети, чтобы получать хлеб. Денег, кажется, не было, только карточки. Эвенки иногда привозили мясо, и на спирт и махорку удавалось что-то выменять.

Из Туры ушли вверх, по Ейке и на Тунгуску. Была зима, и построить дом уже не успевали. Полдома было в земле, половина – наверху. В каждом углу жила семья. Была Рудзите, мы трое, еще одна латышская семья, Баран и Гамкина. Посылали нас в лес, мы должны были валить деревья.

Сейчас думаю, как это мы, 12- и 13-летние не замерзли? Идти надо было через реку. Летом, когда лед сойдет, деревья приходилось нести несколько километров. Мы работали. Я заболела и четыре с половиной года пролежала в постели. Проблемы были с позвоночником, костный туберкулез.

Прожили мы здесь, на поселении, три года. Конец войны встретили тут же. В 1946 году на плоту отправились обратно в Туру. Заболела я в мае 1948 года. До 1952 года жила в санатории. Когда я вернулась, через неделю умерла мама. В 1956 году мы вернулись в Ригу.

В 1947 году мы были в Туре, оттуда отправились в Канск. Я пошла учиться на медсестру. Потом заболела.

Мама работала в бане кассиршей. Сестра тоже что-то делала, не помню. Трудно ей было. Четыре года я вообще не училась. Когда я вернулась в Туру, подруга сестры – она была каким-то начальником в больнице – организовала фельдшерско-акушерскую школу, куда принимали с 5-классным образованием. Она знала, что я с этим делом справлюсь, хотя у меня и не было 5 классов. Начала учиться на подготовительных курсах. После смерти мамы я пошла на бухгалтерские курсы, помощником бухгалтера. Вечерами изучала экономику в техникуме, закончила уже когда приехала в Ригу. Поступила работать.

<u>Отчего умерла ваша мама?</u> У мамы было больное сердце. Целый год она пролежала. Мама узнала о смерти отца. Было это в 1947 году. Сестра работала на заводе, где катали валенки, потом училась в библиотечном техникуме. Учиться очень хотелось. Очень... но не было возможности. Отец умер в Соликамске в 1941 году. Об этом мы узнали уже потом...

Как выжили в Сибири, не знаю. В Ейку даже летом пароходы не заходили, продуктов не хватало. Нормы были маленькие, один день вообще ничего не дали. Привозили продукты и на оленях... Многие болели, умирали. Сестра зимой тоже ловила рыбу. Замерзала. У меня даже нет слов, чтобы обо всем этом рассказать...

Я до сих пор не могу понять, как мы остались живы, когда пилили деревья. Мы же были дети. Деревья падали, как нам удавалось уклоняться от падающих деревьев? Я и Улдис. Нам говорили, что там, где ветки, туда дерево упадет. Потом надо было напилить полкубометра. Рубили колуном. Весной надо было все снести на рамы – сколоченные три бревна – и по реке сплавлять по течению в Туру. Это и стало причиной моей болезни. Сестра обморозилась на лове. Мама солила рыбу. Когда рыбу привозили, брать ее нам не разрешали, все надо было сдавать государству. Жили в хибарке.

Когда шли пешком, видели такие же хибары, поставленные еще до нас. Были там и чумы, покрытые корой. Один такой мы купили за 20 рублей, дом построить до зимы уже не успевали.

Был какой-то уполномоченный, который надзирал за нами, он и продал одну хибару в одну комнату, там мы и жили. Кажется, там жили еще две латышские семьи, и Рудзите. Позже появились немцы с Волги. Прожили мы там три года. Сначала я чинила сети, потом работала в лесу. Была там и «целина», сажали картошку, хотя она и не очень росла. В Туре мама работала кассиршей, сестра шила, я училась в фельдшерской школе. Продолжалась такая жизнь года полтора. Потом мы уехали в Канск. Получить разрешение уехать в Канск было трудно. Приехали мы туда осенью 1947 года. Там мы встретили Адзьи, жили у них, потом стали снимать комнату. Я училась в школе медсестер. В 1948 году я попала в больницу Соленое Озеро, и четыре с половиной года пролежала в гипсе. Через неделю после моего возвращения умерла мама. Об этом я уже рассказывала.

О том, что в 1946 году детей увозили в Латвию, мы ничего не слышали. У нас на Севере даже газет не было, а так хотелось читать. В Риге окончила техникум, работала. Потом работала в Министерстве Промстройматериалов. Очень хотели уехать в Израиль, шесть лет подряд получали отказ – «считаем это нецелесообразным». В 1971 году получили разрешение – и я, и сестра. Уехали, в Израиле я вышла замуж.

Я очень много болела. Ссылка очень изменила мою жизнь. Кто знает, как бы она сложилась. У нас ведь были все возможности... А может быть, нас уже и на свете бы не было... Убили многих, дядю, двоюродных братьев – в Риге убили... Скажу откровенно, когда я оказалась здесь, в Израиле, мне даже страшно было приехать в Ригу и все это видеть. А сейчас уже поехать не могу, у мужа болезнь Паркинсона.

Бернхард Борде

родился в 1933 году

Посадили нас всех в один вагон,
разлучили на Урале.

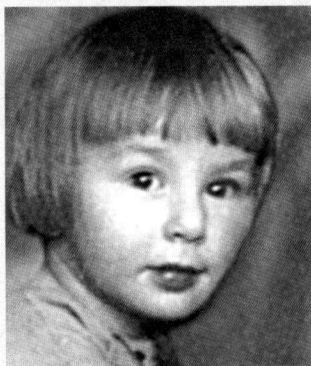

Нас выслали в ночь на 14 июня 1941 года. Мне было восемь лет. Мы делим жизнь на два периода – до 1939 года и после 1940-го.

Выслали нас, очевидно, из-за аптеки, из-за собственности. Аптека находилась на углу улиц Гертрудес и Авоту. Семья наша была очень большая, в аптеке работали и братья отца – старший и младший, у каждого из них было по двое детей. Если бы нас не выслали, никого бы не осталось в живых. Погибли бы все. И у двоюродных братьев было по двое детей. Во время войны родственники погибли в лагерях. Их, по всей вероятности, расстреляли. В Саласпилсе или еще где-нибудь. Погибли. Никого не осталось в живых, кроме высланных.

Почему выслали вашу семью, а они остались? Очень простое объяснение. Аптека была на имя отца. Вероятно, так надо было. Трудно мне сказать, не знаю. Мама была из люксембургской семьи; экономист, знала иностранные языки, была и медсестрой. Ее отец был врач. Она окончила курсы кройки и шитья в Риге. В Сибири это было важнее, чем иностранные языки. Чтобы выжить.

Что вы помните, начиная с 14 июня 1941 года? Накануне мы пришли с детского спектакля. Нам дали 20–30 минут, чтобы собраться. Вероятно, так было со всеми. Те, кто нас высылал, сразу сказали, чтобы взяли теплые вещи. Их было шесть человек, выглядели нормально. Это была система, и под ее законы попадали нормальные люди.

Я все происходящее воспринял, как и все... На станциях можно было получить кипяток. Когда привезли, высадили из вагонов. Было это в Канске, а потом распределили по разным местам. В Канске не задержались, оказались в Тасеевском районе. Там были из всех стран Балтии. С юга до севера.

Когда вас сажали в вагон, вы были вместе? Посадили нас всех в один вагон, разлучили на Урале. Тех, кто мог работать, кто не был инвалидом, отправляли на лесоразработки. Отец после войны был освобожден досрочно. Когда кончилась война с Германией, отец приехал в Канск. В Канске было много народу из Балтии, Европы, России.

Где вас разместили, как выглядел дом, в котором вы жили? Нигде нас не размещали, жилье надо было снимать, платить за него.

Были ли у вас вещи, которые можно было менять? Провожающие принесли нам кое-какие вещи, на первое время хватило. Не помню, что. У мамы был официальный документ о медицинской практике, и она сразу же поступила на работу в какое-то медицинское учреждение. Было на что выживать. По крайней мере, в первое время. Кроме латышского, мы знали французский и русский языки, учили нас с пяти лет. У нас была учительница, ходили в детский сад. Учились мы во французском лицее. Кажется, начали учить и английский.

В школу ходили в Тасеевском районе. Поскольку мы учили русский язык (отец выписывал русские газеты, читал каждый день), мы не только понимали, но и писали по-русски. Относились к нам в основном хорошо, потому что и те, кто там жил, в большинстве своем тоже были высланы откуда-то. Относились нормально. Самое сложное заключалось в том, что тем, кого привезли, надо было искать работу там, где нужны были рабочие руки, а не по специальности, полученной ранее, она никому не была нужна. Год нам пришлось пропустить. Мы болели. Это была зима. В школе я там проучился до института. Знания там можно было получить двумя путями – официально, в школе, и те, чему учила жизнь, – от местных, от ссыльных.

Были ли в вашем окружении образованные люди? Были. В школе я учился с дочерью профессора медицины. Там таких было много. Трудно сказать, откуда был каждый. Не только из Балтии. Редко отцы были со своими семьями...

Они были не из Риги. Это другая категория. Были люди из Ленинграда, были из Варшавы. Трудно провести границу. Многие высказывались очень откровенно, и я не помню, чтобы кто-то кого-нибудь выдал, на кого-то донес. Этого не было. В 1941 году закончилось мое детство! Я уже был не ребенок!

Как вы оцениваете это? Как чувствовала себя ваша мать? Было трудно. До 1945 года главное было выжить. До Дня победы. После 1945 года, вообще-то после 1944-го, стало легче. До этого нам давали по 250 г хлеба из отрубей. Это была норма на человека. И все.

Мама умела шить. Когда в медпункте ей ничего не давали, она ходила шить, и мы оплачивали квартиру. Денежной системы как таковой не существовало. Деньги есть, но на них ничего не купишь. В 1945 году мы уже были взрослыми. Мы гасили лесной пожар. Горел лес. Гасили все. Почему и дети? Мы уже не были детьми.

После 1945 года, на наше счастье, вернулся отец. Мы переехали в Канск. Отец отсидел в лагере весь срок. Тогда не существовало запрета на переезд в другое место, в другой город. Мама была выслана, но на нас не было заведено никакого дела, хотя в списках мы значились. Потом родители решили, что отец поедет в Ригу и начнет хлопотать, что маму, как члена семьи, следует освободить. Поэтому сестра Ира закончила школу в Риге и поступила в Ленинградский политехнический институт, но через некоторое время ее забрали с лекций, отца тоже снова выслали из Риги.

Я жил в Канске, был уже студентом. А с нами было так – в 1951 году, когда закончились экзамены, у нас у всех отобрали паспорта. Вернули только после смерти Сталина. И в 1951 году без паспортов мы уже никуда не могли уехать, хотя Ира прислала мне все документы. Она училась. Теоретически я мог бы уехать до того, как у меня отобрали паспорт. В студенческие годы у нас были превосходные преподаватели. Многие из них находились в ситуации, подобной нашей. Деканом был Борисов Василий Николаевич. Позже он стал проректором. Он прошел войну, всех зачислял, никого не боялся. Мы учились, приехала Ира. Поговорили с деканом, и ее приняли тоже. Она закончила учебу без перерыва.

Ваш статус ссыльного не повлиял на прием в институт? Нет, все экзамены сдал на отлично. Вот интересный момент – все были комсомольцами. Насмешка – сосланный и комсомолец! Или то, или другое! Были такие парадоксы. Преподаватели занимались с нами столько, сколько было нужно, не было никаких дополнительных занятий. В 1954 году нам выдали паспорта. Были каникулы, и мы получили телеграмму – можно получить паспорта. Но переехать мы не могли. Это было несерьезно. Касается это детей, молодежи. Все прочее началось в 1956 году, с Хрущева.

У вас не возникло желания перебраться в Латвию? Об этом не могло быть и речи, отец этот путь проделал дважды. 1956 год – это год, когда началась оттепель, и в это время отец стал ректором Технического университета, и я попал в Технический университет. Таких, как я, там было немало. Единственный выход для меня был – остаться. Ира уехала в Израиль уже из Риги. Там было другое отношение, но ехать прямо из Красноярска – другое отношение. Возможно, к Балтии Москва относилась иначе.

Как вы относитесь к тому, что были высланы из Латвии – с одной стороны, с другой – если бы вы остались в Латвии... Получается, что... Сейчас же продолжается то же самое. Страны начинают вооружаться, превращаются в бандитские государства. И все смотрят. Тогда тоже все смотрели. Это государство провоцирует ответную реакцию других стран, нацеленную на насилие. Плохо, что выслали, но если бы не выслали, среди живых нас бы не было. Те, кто остался, погибли. Должна быть какая-то гарантия, которая дается малым государствам, потому что сотворить с ними можно все – добровольно присоединить и т.п. Балтия еще куда ни шло, а Польшу поделили. Там погиб мамин старший брат, он к тому времени уже был доктором медицинских наук. Он был военным врачом в Польской армии. Младший брат учился в Вильнюсе. Остался жив. Любая диктатура ведет к такому исходу, где бы она ни была...

Могу ли я попросить вас подытожить вашу жизнь? Сын мой уже взрослый, внучка учится в 6-м классе, и я бы не хотел, чтобы такое вновь повторилось. Все.

Часто вспоминаете, что случилось с вашей семьей в 1941 году? Не часто, но иногда вижу во сне, что мы просто на улице! (Долго молчит.) Что у нас нет дома.

Часто видитесь с сестрой? По мере возможности. Часто созваниваемся, переписываемся по электронной почте. Стараемся видеться как можно чаще.

Как вам кажется, подобные воспоминания нужно собирать? Мне кажется, важно, чтобы в будущем людей ценили. Оценить надо и страны, независимо от их размера, людей, которые в них живут, ведь мы видим сейчас, что история может повториться. Здесь процент людей, которые много пережили и кто интересуется историей, велик – с той точки зрения, чтобы это не повторилось. Всегда существовали и существуют две категории людей. Я не думаю, что здесь живут люди, которых вообще ничто не касается.

Помните ли вы Латвию, места, где жили? Тянет вас туда? Я каждый год бывал. У нас договор с Рижским техническим университетом. Продлевать договор трудно, ибо подписан он в 1993 году, сейчас другие договоренности, но в принципе мы участвуем в разработке проектов. Я хотел бы, чтобы сложилась такая международная атмосфера, при которой человека уважают.

Рабский труд – малопроизводительный труд. Считаю, что умными не рождаются, такими людей делают обстоятельства – в Африке ты сорвал банан – и сыт. Здесь, в северном полушарии, нужно обеспечить себя продуктами, в противном случае пропадешь. Без разумного подхода это невозможно – выжить.

Отец Исаак, мать Романа, Бернхард и сестра Ирена в Латвии

Ирене Борде

родилась в 1930 году

Посадили в грузовик и, как всех, наверно...
Подъехали к эшелону с товарными вагонами.
Товарные вагоны стояли наготове, это были
вагоны, в которых обычно скот возили, по-моему.

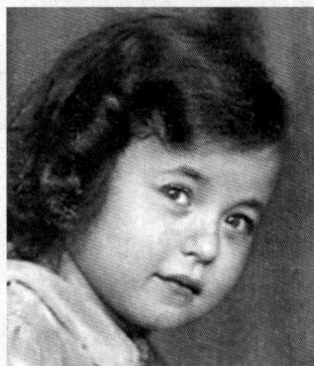

Меня зовут Ирене Борде. Я родилась в Риге. Мы жили на углу улиц Гертрудес и Авоту. У отца была аптека, а мы жили на втором этаже. Нас было четверо: отец, мать, брат, на три года младше меня, и я. Конечно, когда зашли советы, аптеку национализировали, но мы продолжали жить в квартире до 14 июня 1941 года. Отец был провизором, мать – экономист. Она в то время не работала. Мы жили вполне нормальной жизнью. Я начала учиться во Французском лицее. Все это продолжалось до 14 июня 1941 года. Ночью пришли, дали нам два часа на сборы. Нам подсказали взять теплые вещи. Нас подгоняли, относились к нам очень грубо. «Вы арестованы, поехали!» Посадили в грузовик и, как всех, наверно... Подъехали к эшелону с товарными вагонами. Товарные вагоны стояли наготове, это были вагоны, в которых обычно скот возили, по-моему. Нас туда посадили. Вначале всю семью, но вскоре отца вызвали, и он был отправлен в лагерь. Мы ничего не знали. Нам не сказали абсолютно ничего, куда его увозят, как его увозят. Ни слова...

Много семей, было очень тесно в вагоне, было жарко. Санитарные условия были страшные. Как мы выжили, мне самой непонятно. Где-то по дороге мы останавливались, какую-то воду брали. Люди заболевали, очень сильные поносы были и голод был. В одном месте мы остановились где-то недалеко от болота, и дети пошли туда играть. И я чуть-чуть не утонула в этом болоте, меня спасли в последнюю минуту. Где это было, я точно не помню. Так мы ехали-ехали, и в конце концов нашу семью послали в деревню Сухово Красноярского края. Это была небольшая деревня. Мы жили у каких-то хозяев. Спали на полу. Они спали на русской печке, мы на полу. Через какое-то время нас даже обокрали, теплые вещи украли. Конечно, время было ужасное. Помню, мы ходили собирать лебеду, мерзлую картошку, все что угодно, чтобы как-то прожить.

Первый год был очень тяжелым. Брат тяжело заболел. Мама, к счастью, умела шить. Это нас спасало. Потому что мама из деревни в деревню ходила шить. Она шила местным полушубки. И за это ей платили мукой, картошкой, чтобы можно было прокормиться. Маме потом удалось устроиться медсестрой в какой-то амбулатории. Какое-то время работала, но недолго. Ее уволили, так как спецпоселенцы не могли работать как медицинский персонал. Они боялись, что мы сделаем что-то не то. Враги народа. Потом мы получили какую-то весть от отца, который был и в Краслаге, и в Соликамске. Отец выжил только потому, что ему через какое-то время удалось устроиться провизором. Это его спасло. А так... Маме тоже приходилось работать на тяжелых работах. Я иногда подрабатывала – таскала хворост местным из леса. Все дети ходили и таскали хворост, чтобы топить печи. Такой жизнью мы жили. Отцу дали пять лет. После освобождения из лагеря он приехал к нам в Тасеево. Вы помните тот день? Мы знали, что он должен освободиться, потому что до этого люди освобождались и нам передавали привет. Нормальной почты не было. Просто через людей. В этих деревнях было много ссыльных из Латвии, были поволжские немцы. Там были все национальности. Были люди, которые к нам очень хорошо относились, старались помочь, чем могли. Это были сосланные в 1937 году. И они остались там в Сибири. В основном интеллигенция. И они тоже хотя бы морально старались как-то помочь нам. Когда отец вернулся из лагеря, у меня были небольшие проблемы со здоровьем. Отец, *как ни странно, получил паспорт, возможность выехать из Сибири, вернуться в Ригу. А матери моей, хотя она не была в лагере, она была только спецпоселенцем, ей не разрешили выехать, и она с младшим братом осталась в Сибири. Все знают, что мы каждую неделю или две ходили отмечаться. Доказывали, что мы никуда не убежали.*

В 1946 году отец меня взял, и мы вернулись в Ригу. Это было тоже не легкое время. Маме выехать не разрешили. У нее сохранился «волчий билет». Логика тут не работала. Она не была в лагере, а ей не дали возможность выехать. Так она осталась в Сибири с братом. Отец думал, что он приедет в Ригу и там знакомства и возможности, может быть, удастся вытащить мать. Мы приехали в Ригу, но жить и работать в Риге отцу не разрешили. Он устроился на работу в аптеку на взморье, по-моему, это было в Булдури. А мне он снял комнатку в Риге, и я поступила в школу, в 8-й класс 10-й Рижской средней школы. Я там проучилась три года. Я окончила школу с медалью и решила поступить в институт. Чтобы как-то уйти от моего прошлого, я решила поступать в Ленинграде. Я хотела поступить в университет. Несмотря на то, что у меня была медаль, сдала все экзамены, меня сразу предупредили, что это зря: и 5-й пункт – еврейка, и мое, как бы сказать, семейное прошлое. Мне сразу сказали, что я не поступлю. Но я была упрямая – пошла сдавать... Однако даже когда я сдала все экзамены, меня не приняли, нашли причину – по состоянию здоровья. Это было, конечно, не так. И я тогда поступила в Ленинградский политехнический институт. Не на тот факультет, куда хотела, а на строительный. Жила в общежитии. Это было, относительно конечно, довольно приятное студенческое время, хотя тяжелое. Все-таки средства были ограниченные. Пришлось подрабатывать и переводами, и частными уроками. После первого года на этом факультете мне удалось сдать все экзамены, и я перебралась на ступень выше – на электромеханический факультет. Там и состав студентов был лучше и ближе к физике – то, что я вообще хотела. Я же в университет поступала на физический факультет.

Так продолжалось, и все было вроде нормально. Интересно, что для того чтобы скрыть следы, мы с мамой даже прямо не переписывались. Я писала в Ригу, и письма пересылались матери. Это, конечно, было очень наивно, потому что гебэшники все прекрасно знали. И в декабре 1952 года... Я была на лекции. Когда я выходила из аудитории, ко мне с двух сторон подошли двое в штатском, оказались эмгебэшники, кагебэшники. Они привели меня в какую-то комнату, и мне сказали, что я арестована. У меня нет разрешения учиться и жить в Ленинграде. И они забирают меня в тюрьму. Они не сказали, куда меня посылают, ничего. Меня посадили в Ленинградскую тюрьму, в одиночку. В общежитии я собрала кое-какие книги, кое-какие вещички и поехала в черном «воронке» прямо в тюрьму. Никто из друзей не понял, в чем дело, это было страшно. Была одна девушка, ее отец был когда-то арестован как поволжский немец. И я ей тихо сказала, что меня арестовали, и я не знаю, что и как, и я ее прошу как-то сообщить моей матери. Она знала мою биографию. Это одна из немногих, кто знал мою биографию. И я в этой Ленинградской тюрьме, в одиночке, просидела где-то около трех недель, ждала этапа. Когда я просила меня перевести в общую камеру, чтобы не было так страшно, так они мне сказали: «Ты не понимаешь, что это такое – общая камера в женской тюрьме. Не дай Бог. Лучше сиди тут и жди этапа». В общем, я этапом через все пересылки – пересылок было четыре или пять, и каждый раз нас встречали гебэшники с собаками и тому подобное...

Расскажите подробнее, что такое «пересылка»? Пересылка – это тюрьма. Вы едете в эшелоне. Скажем, до какого-то определенного места, вас высаживают, встречают опять гебэшники и приводят в какую-то тюрьму. И вы там ждете формирования следующего этапа.

В каких тюрьмах вы были? По дороге я была в нескольких, но не помню. Помню, нас высадили в Свердловске. Они нам не говорили, но потом мы узнали, что этот этап следует опять-таки до Красноярска. Конечно, родители были в ужасе, они знали, что меня арестовали, но больше ничего. Все эти пересылки длились пару месяцев. Я не знала, что примерно в это же время, когда арестовали меня, арестовали в Риге отца. И тоже этапом «препроводили» в Сибирь. Я этого не знала. Это было просто страшное время... *Предпоследняя тюрьма была Красноярск. Из Красноярска в Канск. А в Канске, когда я прибыла, вызвали мою маму и сказали: ваша дочь, так сказать, добровольно-принудительно прибыла в Сибирь, вернулась... Это было, конечно, очень тяжелое время...*

Документов у меня не было. Мне выдали опять этот «волчий билет», как я его называла, без права выезда. Брат, который остался с матерью в Сибири, в это время учился в Красноярске. Он сумел поступить в Красноярский лесотехнический институт. Ссыльных брали только в лесотехнические институты и то не на те факультеты, что мы хотели. Когда брат поступал, он вместе с другом Изей (?) Капланом под конвоем поехал из Канска в Красноярск сдавать экзамены. Я приехала в Канск и оттуда начала писать в Ленинград и требовать, просить документы. Через какое-то время, примерно через полгода, мне тоже удалось с «волчьим билетом», паспорта не было, попасть в Красноярский лесотехнический институт, который я окончила в 1955 году. А где-то после смерти Сталина, если я не ошибаюсь, в конце 1954 года, мы уже получили паспорта. Материальное положение было очень тяжелое, и в то время мы не могли вернуться в Ригу. Мы с братом продолжали учиться. Мать с отцом работали в Канске. И после окончания института, когда уже был паспорт, в Ригу не удалось вернуться, потому что не было жилья, ничего не было, а надо было какие-то основы, чтобы вернуться. Я закончила институт и аспирантуру, защитила кандидатскую, в Киеве. В 1955 я вышла замуж тоже за... он тогда из лагеря вернулся, Лёва Бакас. Он вернулся из лагеря в Канск, в Канске мы познакомились. Из Канска мы переехали в Красноярск, и брат, и родители переехали в Красноярск, и мы там прожили до 1967 года. Брат, к великому моему сожалению, до сих пор в Красноярске. Он работает в Красноярском политехническом институте, он заведующий кафедрой вычислительной техники. Получил академика и остался. Он женился, у него сын, и остался до сих пор в Красноярске. Он меня несколько раз навещал в Израиле, но для него очень важна работа и научная деятельность, так что он остался в Красноярске. Родители, к сожалению, умерли и похоронены на Красноярском еврейском кладбище. А мы с мужем...

В 1967 году я прошла по конкурсу в Рижский политехнический институт на кафедру физики. Мне дали возможность построить, так сказать, вне очереди кооперативную квартиру в Риге. И так в 1968 году наша семья: муж с дочерью и уже с его родителями переехали в Ригу. И так мы жили до 1973 года.

В 1973 году, когда началась волна, когда открылось окошко, можно была уже выехать из Союза, мы немедленно этим воспользовались. Муж у меня всегда был большим сионистом. Он десять лет, к сожалению, просидел в лагере. В 1973 году, в ноябре мы эмигрировали в Израиль. Это более или менее наша история.

Чем вы занимались в Израиле после эмиграции? В Израиле я поступила на работу в университет Бен Гуриона. Тоже занималась теплофизикой на механическом факультете. Все эти годы я проработала в Бершевском университете. Там у нас, в Бершеве, кстати, несколько рижан, и мы остались здесь. В Бершеве есть рижане, есть бывшие в Сибири и бывшие в эвакуации...

Дочь вышла замуж уже в Израиле за молодого человека из Москвы. Он врач. Моя дочь психолог, и у моей дочери четверо детей, так что у меня четверо внуков в Израиле. Две девочки уже отслужили в армии, внук, ему будет 16, он учится в школе, и младшая девочка, 11 лет, тоже учится еще в школе. Так что в Израиле мы устроились, устроились неплохо и довольны, что приехали, эмигрировали. Я бываю в Риге, встречаюсь с моими бывшими сослуживцами по институту. У нас до сих пор остались хорошие отношения, думаем о совместной научной работе в рамках *European Comtinity*, так что в этом отношении всё «о кей». Главное, что мы благодаря отцу и матери вылезли, каким-то чудом остались живыми после этих тяжелых лет в Сибири – и мороз, и снег, и отмороженные руки и ноги, всё, что угодно было. Но как-то закалка оказалась сильнее. Жалко очень, что родители умерли, не дожили до того момента, когда можно было оставить Союз. Ссылка, конечно, отразилась на здоровье моего брата и на моем, и на здоровье родителей. Иногда кажется, что выжить в таких тяжелых условиях просто невозможно. Но, несмотря на минус 35, 40 градусов, несмотря на снег и холод, и плохую одежду, мы каким-то образом, каким-то чудом выжили. Я говорю, что это, наверное, какая-то закалка с детства.

Вы верили, что вы вообще оттуда выберетесь? Были моменты, когда мы не верили. Когда мы были в этих деревнях Сухово и Тасеево – всё это окружение деревенских, и отношение всех этих гэбэшников. Это был такой шок, такой ужас. Мало верилось. Просто в молодости, в детстве

Бернхард с матерью Романой и сестрой Иреной

на эти вещи как-то иначе смотришь. Думаю, что родителям моим было гораздо тяжелее, чем нам с братом. Мы все-таки были дети, нам всё казалось легче. Вся тяжесть пала на родителей. Мама умерла, когда ей было 60 лет. Конечно, могла бы жить и жить, но сибирская жизнь, конечно, оставила след и на отце, и на матери.

Отец рассказывал вам про лагерь, про условия там? Да, конечно. Условия были ужасные. Был лесоповал, были отмороженные конечности, было очень тяжело. Единственное, что спасло отца, — что ему удалось перейти на работу в помещение как провизору, а так отец бы не выжил.

Я бываю довольно часто в Риге. Моя приятельница живет в Лондоне. Сильва. Когда меня выслали, ее мать написала ей в Ленинград письмо: «Бери пример с Иры, она самовольно как-то уехала из Ленинграда». Давала ей понять, чтобы та собралась и уехала. Но в плохое ведь не верится. И она тоже дождалась, и ее тоже эшелоном отправили обратно в Сибирь. И многих отправили. Почему? Как? Никто никому не докладывал. КГБ что хотело, то и делало.

Ирене с матерью Романой и братом Бернхардом

Иоахим Браунс

родился в 1929 году

На грузовике нас отвезли то ли на товарную станцию, то ли в Засулаукс, точно не помню. Затолкали в товарные вагоны.

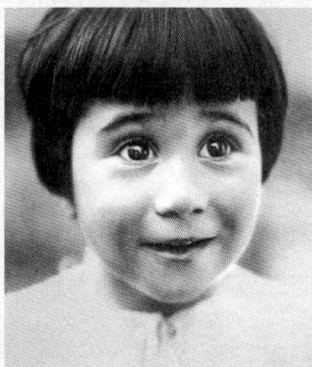

Я родился 11 августа 1929 года в Риге. Моя мама окончила Петербургскую консерваторию и работала учительницей музыки. В 30-е годы в Латвии она была известным педагогом. У нее было много учеников, и каждый год ее класс выступал с концертами в Консерватории. Отец был учителем, преподавал в еврейской школе на улице Гертрудес, пока его не арестовали как социал-демократа. Он был бундовец, член так называемой еврейской националистической партии «Бунд». Работать он начал через неделю или две после того, как пришла советская власть. В семье нас было четверо – мать, отец, мой брат Герман Браун (известный в Латвии пианист) и я.

14 июня 1941 года за нами пришли. И брат был в списках, но он в то время был мобилизован и служил в Лудзе. Когда меня разбудили, в квартире находились трое мужчин с оружием. Они начали рыскать по всей квартире, а нам сказали: возьмите чемодан или два, сложите все необходимое. Есть распоряжение отвезти вас примерно за 100 км от Латвии, так как якобы в целях безопасности нам какое-то время не

стоит находиться в Риге. А потом мы снова вернемся домой. Я видел, как один из чужих взял принадлежавший нам небольшой портфель и стал складывать в него драгоценности, что нашел в доме, в том числе серебряные ножи, вилки и ложки. В квартире осталась моя нянька Мария Бундзиниеце. После войны мы с ней встретились. На грузовике нас отвезли то ли на товарную станцию, то ли в Засулаукс, точно не помню. Затолкали в товарные вагоны. Возле каждого вагона стоял солдат с винтовкой. Вероятно, сутки мы были вместе: мужчины, женщины и дети. На следующий день всех мужчин увели. Простояв два-три дня, поезд тронулся. С этого момента никто из окружавших нас солдат с нами больше не разговаривал: ни мы знали, куда едем, ни почему едем, ни куда делись мужчины. В пути находились около 20 дней.

Приехали в Омск. Потом на пароходиках отвезли нас по Оби в маленькое местечко Колпашевской области – в Парабель. Там всех нас, человек 100, завели в бывшую церковь, где мы спали на полу. И только когда вокруг стали собираться местные, мы узнали, где находимся.

Первая неделя была ужасной. Эти люди смотрели на нас, словно мы свалились с Луны. Когда мы им рассказывали, что у нас в Риге в квартире была ванная комната, они не верили. Говорили: так не бывает.

Через некоторое время нас с еще одной женщиной из Риги поселили в каком-то частном доме. Вскоре я пошел в школу. В 1942 году мне было 13 лет. Вначале в школе было очень трудно. Ребята меня не приняли. Случались и чрезвычайно неприятные ситуации: они заставляли меня открывать рот и плевали… Потому что я был чужак, потому что ссыльный, потому что антисоветский… Русского языка я тоже не знал. Меня начала учить новая классная руководительница, которая, как мы узнали позже, была выслана в 1937 году или даже раньше. Через год русский язык уже не представлял для меня никаких трудностей.

Мы были на «вольном поселении». Реально это означало: ты живешь в частном доме, ты можешь разгуливать по селу, но ты не имеешь права выехать из этого села и тебе дважды в неделю необходимо регистрироваться в местной комендатуре. Ходила регистрироваться мама. Но работы нигде нельзя было найти. В конце концов ей разрешили работать в клубе уборщицей. Так прожили мы не один год. Один из офицеров комендатуры узнал, что я играю на скрипке. Он попросил, чтобы я регулярно – один или два раза в неделю – приходил его обучать: чтобы обучил нотам, обучил играть на скрипке. Надо сказать, что скрипка в первое время нас в какой-то мере спасла. Каждый раз, когда занятия заканчивались, он давал мне сверток с чем-нибудь съестным или хлеб, отнести маме.

О международном положении мы ничего не знали. Только то, что в июне началась война. Позже выяснилось, что брат был мобилизован в советскую армию. Вместе с ней он отступил в Россию. Через некоторое время его вызвали в Иваново, куда эвакуировалось правительство республики, и он стал работать как пианист в Государственном художественном ансамбле ЛССР.

Даже в нашу деревню – деревню ссыльных – во время войны с концертами регулярно приезжали очень известные и знаменитые советские артисты. Чуть ли не раз в месяц бывал концерт. Я это очень хорошо помню, потому что они оставляли большое впечатление и на меня, и на маму. Однажды из Ленинграда приехал так называемый квартет Глазунова – они были из тех артистов, кто часто выступал в отдаленных областях России. Кстати, кажется, трое из квартета были евреи. И, кажется, кому-то из них мама сказала, что я с детства играю на скрипке. И «первая скрипка» квартета – Лукашинский сказал, что хотел бы меня послушать. Он послушал мою игру и пообещал маме: «Мы пришлем из Новосибирска рекомендацию, что ваш сын должен учиться дальше». Прошел год или полтора, и действительно такая «бумага» пришла – нам разрешили уехать в Новосибирск, где я поступил в музыкальную школу.

Юридически в нашем положении ничего не изменилось, за исключением того, что жили мы теперь в большом, богатом городе, куда тогда эвакуировался оркестр Ленинградской филармонии под руководством Мравинского. Мама и в Новосибирске должна была регулярно регистрироваться. Но тут она нашла работу, связанную с музыкой, – играла или для балетной группы, или для другого подобного коллектива.

В 1945 году кончилась война. Брат вместе с армией пришел в Ригу. Узнав, что в ансамбле он концертирует вместе с Пакуль и Дашковым, что у него был ход к Кирхенштейну, организовали дело так, что он высказал Кирхенштейну просьбу, чтобы Латвия вызвала нас из Новосибирска в Ригу. Потом-то он «получил по голове» за то, что не сказал, что мы высланы. Но в те годы царила такая неразбериха, что те, за кем было решающее слово, даже не осознали этот факт и действительно прислали нам вызов. Мы его получили, и в конце 1945 года вернулись в Ригу. Так началась моя жизнь в советской Риге.

Однако отец по-прежнему находился в Сибири. Мы его нашли в 1942 или в 1943 году. «Система» в те времена была такая, что никому не сообщали, где находятся родственники, но всем женам КГБ вручил список с 10 или 20 адресами лагерей: № почтового ящика... Пишите по всем адресам, узнавайте, там ли конкретный человек. В один прекрасный день пришел ответ: «Есть. Мы передадим ему ваше письмо». Всегда надо было приложить записочку: «Мы тебя ищем, мы там-то и там-то. Напиши, пожалуйста». Так отец начал с нами переписываться, потом писал в Ригу.

Когда мы, наконец, встретились, отец рассказал, что суд в 1941 году был скорый, десять минут, и все стало ясно – виновен. За антисоветскую деятельность и антисоветские высказывания. В том деле, которое мне самому удалось прочитать, я узнал, что главной виной отца был принадлежавший ему дом. Его осудили на десять лет. С первого дня до 1951 года отец находился в Соликамском лагере. После этого – «вольное поселение» в Красноярском крае. Он бы еще двадцать лет там прожил, если бы не умер Сталин.

Но вот что интересно. С детства я знал, что отец очень болен. В Риге у него были частые приступы. Лечила его доктор Скулме, известный в Риге кардиолог. Отцу нельзя было волноваться, уставать. Но за десять лет в лагере у него не было ни одного приступа, он ни разу не болел. Хорошо, конечно, что у него была нормальная работа – его назначили бухгалтером, он немного знал это дело. В 1955 году отец возвратился в Ригу. Не знаю, был ли это фатальный страх или результат пережитого, но при нем нельзя было сказать ни одного дурного слова в адрес советской системы. Он мгновенно вспыхивал, вплоть до истерики, если кто-то заговаривал на эту тему. Отец нигде не работал. Мы жили вместе, а брат со своей семьей (с женой и дочерью) жил отдельно. Я женился в 1953 году. С Вивой мы были знакомы с 1940 года, когда наши школы объединились, она училась в параллельном классе. После войны мы встретились в Юрмале, и с тех пор мы вместе. В 1955 году у нас родилась дочь, которая живет в Израиле. Наша единственная дочь. А сейчас у нас уже есть внуки.

В остальном жизнь в Риге протекала нормально, за исключением одного неприятного случая. Когда мы вернулись, маму сразу же приняли в музыкальную десятилетку им. Э. Дарзиня. Она преподавала фортепиано и была завучем. И тут произошло нечто чрезвычайное. Какой-то ее ученик пририсовал на портрете Сталина, висевшем в классе, огромные усы. Мать тотчас же уволили, так как она была женой ссыльного. Так закончилась ее официальная карьера.

После этого она давала уроки, но мало. Когда отец вернулся в Ригу, она не работала. Отец умер в 1970 году. Брат все время помогал отцу и маме, в какой-то степени и мне. Иногда он играл со мной вместе, правда, очень редко.

Окончив школу, я поступил в Консерваторию, окончил ее. Я хорошо сыграл на государственном экзамене, поэтому комиссия решила, что я должен учиться в аспирантуре. А в Московской консерватории были тогда места для так называемых национальных кадров.

Вообще-то это правильно, потому что человек, который приезжает из небольшой консерватории какой-то республики, не может играть так же профессионально, как ученики Ойстраха или Рихтера. Собрал я все нужные бумаги, явился в Москву. В госкомиссии, которая отбирала претендентов на эти места, мне сказали: все в порядке. А знаменитый профессор Мостар, выдающийся скрипач, недоумевал. Он сказал: «Очень хорошо, но почему вам дали такую характеристику?» Я не понял – какую характеристику? – «Там сказано, что вы из антисоветской и высланной семьи. У нас на это очень косо смотрят». А писал характеристику парторг консерватории Каупужс.

Официально мне об истинной причине – ссылке – никто, конечно, не сказал. Сказали, что принять не могут, так как я не национальный кадр. Тем и кончилось. Когда я собирался уезжать, ко мне обратился профессор-музыковед; «Не хотите ли поступить на заочное отделение и писать диссертацию?» Нужна была диссертация о музыке и игре на скрипке в Латвии.

Стал учиться заочно и, несмотря на препятствия, успешно закончил аспирантуру и получил так называемую кандидатскую степень. Вот и книжка стоит на полке! И в Риге она есть! В свое время она была очень популярна в Латвии.

В середине 60-х годов мы стали думать, что не хотим больше жить в этой стране. Хотим жить на своей родине. С этой мыслью мы не расставались. Я очень любил Рижское взморье, Ригу и Даугаву, но все время было ощущение, что это не мое.

И сегодня, оглядываясь на пережитое, очень трудно оценить поступки людей в столь драматическое время и сказать, что можно было сделать, чего нельзя. Разве в человеческих силах было бороться со сталинским режимом, с системой? Были смельчаки, которые отваживались любым способом сопротивляться, но почти все они закончили жизнь трагически.

Шостакович редкое исключение, благодаря своей гениальности он сумел протестовать так, чтобы самому не пострадать. К нему нельзя было «придраться», потому что за ним стоял весь мир.

Хочу сказать, что в целом мне в жизни повезло. Я жив, у меня любимая жена, вместе с которой мы вот уже более 50 лет, и как профессионал я сумел что-то сделать. Я написал не только латышские книги. Есть у меня книга «Музыка в древнем Израиле, в Палестине» она рассказывает о зачатках музыки на этой территории в довизантийские времена. На книгу написано более 30 рецензий во всех мировых изданиях.

Я был чрезвычайно рад получить орден Трех звезд из рук президента Латвии Вайры Вики-Фрейберги. Я был бы счастлив, если бы дела и у других людей складывались так же хорошо, как у меня.

Мать Дора, отец Израэль, старший брат Герман и Иоахим

Сибирская деревня

Иоахим в Сибири. 1945 год

Эстер Винник

родилась в 1927 году

У меня было два летних платья, две юбки, две
пары туфель, и у мамы то же самое.

*Я родилась 1 апреля 1927 года. Неудачная шутка!
Пришли они в два часа ночи с 13 на 14 июня, а я только в
час ночи вернулась домой. Мы гуляли после выпускного
вечера – я окончила 7-й класс. Вероятно, это была
ночь на субботу. Только я пошла спать, как явились,
чтобы нас арестовать. Пришли со свидетелями –
позвали дворника, еще кого-то, но они чувствовали
себя неуютно, так как до нас видали людей и побогаче,
а здесь пришли в квартиру служащих. Мой папа
был одним из лидеров сионистского движения. Он
был и полноправным членом думы, журналистом,
печатался в самых популярных газетах Латвии.
Когда они вошли, папа сказал: «Вот и все...».*

*У меня было два летних платья, две юбки, две пары
туфель, и у мамы то же самое. Бабушка осталась
дома, она была больна. Бабушка – мамина мама, жила
с нами вместе, она осталась. Посадили нас в грузовик.
Не помню, с какой станции вывозили рижан, – из
Торнякалнса или Шкиротавы. Стояли два эшелона.
В Красноярскую область везли из Шкиротавы? Не
уверена. В любом случае, это были два разных эшелона.
Это были столыпинские вагоны – открывались*

широкие двери, которые закрывались на щеколду, в обоих концах маленькие оконца. Туалета не было, посреди вагона сбитые доски. Двухэтажные нары, спали все впритирку. Это был страшный шок. Кто-то отдал свою простыню, туалет прикрыли. Я была девочкой стеснительной, в моем представлении это было ужасно. Не понимаю, как за эти 18 часов у меня не случился заворот кишок. Так вот. Ночью, часа в четыре, зашли со списками и стали вызывать мужчин. Они и сами устали, фамилии им произнести было трудно. Отец сам нашел свою фамилию, так как думал, его вызывают, чтобы что-то выяснить. Конечно, мы его больше не видели. Хорошо, что мама успела дать ему пару обуви, завернутую в рубашку. Так папа и ушел, больше ничего у него не было. Единственное, что папа взял с собой, был будильник и полбаночки варенья.

Ехали мы три недели. Двери были закрыты. Останавливались на станциях, чтобы набрать кипятка. Помню, что в нашем вагоне были одни латыши. Не помню, кто, потому что все происходившее было для меня шоком, не помню из поездки почти ничего. Они говорили: «Опять кипяток?». Вагон останавливался всегда в одном и том же месте, и люди не понимали, почему все станции называются одинаково. Были и такие, кому разрешалось выйти из вагона. Мне мама не разрешала, потому что ступенек не было. Когда мы пересекли границу, появились домишки с продавленными крышами, люди тоже были одеты иначе. Они подходили к вагонам, продавали ягоды и молоко, но охрана их прогоняла. Мы ничего не покупали, потому что у нас не было денег. Охрана, видно, боялась, что мы станем передавать записки. В таких условиях мы провели 18 суток, голодали, условия антисанитарные. От еды, которой нас кормили, у людей начались проблемы со здоровьем, и это было ужасно. Окна закрыты, двери закрыты на щеколду, оставлена только щелочка, чтобы нельзя было выпрыгнуть.

Привезли в Канск. Разместили в большом зале, кто-то остался и во дворе. Были среди нас люди, которые захватили с собой весь свой скарб. Все было забито. Стали нас размещать. Кто-то попал к местным, кому-то досталась хибара. Нас подселили к русской семье. В комнате были два топчана и стол. Жила там женщина с двумя детьми, а теперь вот и мы. Женщина нам сказала: «Не беспокойтесь, у меня есть где-то мешок, *набьем его сеном, будете спать на полу. А сейчас садитесь, выпейте чаю, я хлеб испекла, ешьте!». Так мы там и остались. Маму направили на работу. Было ей 47 лет, и мне она казалась старой. Мне было 14 лет, в школу я пошла раньше, чем остальные, уже закончила семилетку. В России было обязательное семилетнее образование, до этого нельзя было посылать на работу, только после семилетки. И меня сразу же послали работать. Я считалась взрослой, выполняла, как и остальные, все тяжелые работы. Мама работала в хлеву.*

Началась зима, надеть вообще нечего. Не помню кому, но кому-то пришла в голову блестящая идея. С собой у нас были мужские пижамы. Нужно было только достать вату, соорудить из нее теплую подкладку, и готовы ватные штаны и телогрейка. Сказано – сделано. «Сельпо» уже не существовало, вместо него – скупка золота. За золото можно было достать все, но у нас золота не было. Было только мамино кольцо. Позже, когда мамы уже не было, я поняла, какое золото мама сдала в скупку. Посылали нас на любую работу. Я работала и на тракторном прицепе.

О папе у нас не было никаких сведений. Я писала письма во все концы, чтобы выяснить его судьбу. Когда мы приехали в Канск, к нам подошли и спросили: «Вы Эстер Винник? Вас вызывают в Министерство внутренних дел». Так как мама пойти не смогла, пошла я с Эдгарсом, сыном профессора Минца, его в лагерь не забрали. Ему было тогда лет 35, он был адвокатом. «Вы писали Сталину?» – «Да». – «В таком случае товарищ Сталин велел вам сказать, что ваш отец умер 3 декабря 1941 года в лагере».

Я вернулась, и мама мне сказала: «Я так и знала...». В декабре она видела сон, где их с отцом разделяла снежная равнина, и они так и не встретились. Тогда мама сказала: «Я чувствую, что папы нет».

В это время в Березовской школе закончился учебный год. Прибежала Браун: «Роза видела сон, что и нас посылают!». Прибежала Роза: «Быстрее собирайтесь, едем!». Она побежала собираться, несмотря на то, что у них в семье был годовалый ребенок. Привезли нас в Есеево, под Красноярск, на какую-то товарную станцию. Жили неделю, а то и дольше. Разместили нас в домиках, был карантин, делали уколы. Там я встретила Блюменфельдов. Знакомы мы были и раньше. Воду здесь возили издалека. Первый раз я увидела коромысло, и тут я узнала, что воду носят на коромысле. Приятное занятие, особенно зимой: ведра на ходу раскачиваются, вода проливается, споткнешься и летишь вместе с ведром мокрый с головы до ног...

Дней через десять погрузили нас на пароход «Мария Ульянова». Плыли медленно, топили котел чурками. Останавливались чуть ли не у каждого столба, чтобы загрузить топливо. И злились, и радовались. Перед нашим отъездом мама пошла на толкучку. Продавать ей было нечего, но я на свое 13-летие получила от дяди подарок – старинные швейцарские часы, которые не шли. Мама пыталась их продать. Встретила она там незнакомого старого еврея, который спросил маму, чем она так огорчена. «Мою 15-летнюю дочь посылают на Север». Он отдал маме пачку махорки и четвертинку – самый ходовой товар. С собой нам надо было купить муку и хлеб. На севере он не плесневеет.

На этом пароходе перевозили не только заключенных, были на верхней палубе места 1-го и 2-го классов. Там было все, даже буфет, но нам появляться там запрещалось. Мы с мамой ехали в каюте 3-го класса, были там и Блюменфельды, их было трое, Берлин с мамой и сестрой. Я обязана была следить, все ли на месте, на стоянках ходить за хлебом. А когда нас привезли, все мы подписали бумагу, что высланы навечно.

В каждой фактории людей высаживали. Мы попали в Туру. Мама заболела, у нее поднялась температура, и так мы в Туре задержались. Вышли Блюменфельды и Берлины. Одна река была Тунгуска, другая Кочечум. Высадили нас на скалы на берегу Кочечума. Лед, солнце, пробыли там три недели. В поселок нас не пустили, пока не сняли карантин. Дали какой-то еды. Со временем стали нас расселять. Кому-то досталась отдельная комната, кого-то подселили к местным. Жильем ведал бригадир, поволжский немец. Летом сутками длился день, смеркалось где-то к часу ночи. Зимой темно, солнце из-за скал не появлялось. Зимой жили во тьме, холоде и голоде. Надеть было нечего. Пришла баржа с продуктами, послали ее выгружать. Работали наравне со взрослыми. Поблизости была очень крутая гора. Снизу приходилось заносить мешки с мукой. Пока их нагружали, надо закатить наверх бочки. Это было еще труднее, трудно было удержать. Если не удержишь, бочка расколется, можешь получить десять лет. Зарплату нам выдавали каждую неделю. Взрослым платили вдвое больше. Детям вообще можно было не платить. Кому до нас есть дело? Мы были рабочие, выдавали нам 800 граммов хлеба. Я считала, что работник – я, что мама старая. Она получала свои 400 граммов. Больше ничего у нас не было. Была там и столовая. Какой-то суп и каша. За свои деньги мог пообедать. Но надо было попасть вовремя, так как все бежали! Столовая находилась на горе. Мама почти никогда не успевала.

Когда с погрузкой покончили, молодежь решила, что надо идти учиться. Там была средняя школа. Я, Бирута, Айна – все мы пошли в 8-й класс, хотя они уже отучились в 8-м классе, но русским языком не владели. Но проучились мы всего три недели. Рыбозавод принял ведь нас как рабочих, и из школы всех погнали. Достаточно и семи классов. Бригадир наш по фамилии Финн был очень строгий. Он был вдовец и жил вместе с сыном. Он был строг не только с нами, но и со своим сыном. Человек он вообще был суровый. Когда нас привезли, надо было копать землю. Вечная мерзлота, глубже метра не пробьешься. А копать приходилось зимой. И в одежде, которая для зимы не годилась. Обуви никакой, на мне, правда, была фуфайка, пошитая из пижамы. Но в ней тоже не наработаешь. Он велел нам разжечь костер: «Акклиматизируйтесь!» И продержал нас так несколько дней. Ужас... А дров взять негде. Рядом была деревня Выделенная. Там была радиостанция, связь с миром. Летом там на воду садился самолет, зимой – на специальные лыжи, потому что вокруг были скалы. Летчики рубили корни, ими обогревались. Наши ребята решили, что и они будут топить корнями, не подумали, что за это грозит тюрьма! Когда нас на этом поймали, бригадир сказал: «Обращайтесь к начальнику!». Прошло несколько дней, он нас вызвал и выдал обувь из оленьей шкуры шерстью наружу, внутри носки из оленьей шерсти. Но случился казус – у моих чуней подошва была пришита наоборот, и когда я взбиралась на гору, начинала скользить вниз. Это было сущим наказанием. А подниматься приходилось часто. И очень часто на четвереньках. О том, чтобы поменять обувь, не могло быть и речи, никого это не интересовало. Мы копали землю под фундамент, а в условиях вечной мерзлоты это что-то невообразимое... Строили рыбоперерабатывающий цех. Когда мы кончили копать, послали нас на другие работы. Я попала в бригаду с тремя девочками моего возраста, с поволжскими немками.

Отправили нас на лесозаготовительные работы. Участок был на горе. А так как у меня были особенные «унты», приходилось взбираться на четвереньках, зато вниз съезжала на доске. Когда взбиралась, было жарко, ела снег. Как-то ночью стало мне плохо. Возчиком работал Карлис Пуце. Приехал он на санях, и отвезли меня в больницу. У меня был мокрый плеврит – случилось это в декабре 1942 года. Месяц пролежала в больнице, состояние было тяжелое. Выписали с кашлем. И я сразу пошла на работу. Послали меня на обработку шкур. Со шкурок надо было снимать пленку, чтобы потом делать из них воротники. А мой кашель все усиливался. К тому же у меня была аллергия. Заболела я второй раз. Когда я пришла в больницу, мне сказали, что они меня давно ищут, что у меня чахотка. Пробыла в больнице несколько месяцев, и надежды на выздоровление не было никакой. Вызвали маму, спросили: «У вас есть еще дети? Эта ваша не жилец». Я лежала уже в агонии. И тут мне надоело, сказала – лекарств больше никаких пить не буду. Я перестала пить лекарства, и мне захотелось есть. Мама принесла сухари, и я их всю ночь грызла под одеялом, всем мешала спать. Пришла врач, молодая женщина, посмотрела на меня и запрыгала: «Ой, руки на руки стали похожи! Кормите ее, чтобы она начала ходить!». Выписали, написали, что я не могу выполнять тяжелые работы, но выписку эту я никому не показала, положила в карман и пошла таскать балки. Тут мама устроила скандал завхозу. Он стал оправдываться: «Карман-то у нее не прозрачный! Откуда мне знать!» Послали меня в бригаду раскладывать сети.

Вероятно, это было в 1943 году, мы в то лето ловили рыбу. Надо было подрубить дерево, оно наклонялось, и тогда мы обрубали сучья. Инструменты на работе были негодные. Пошла я к завхозу, сказала, на что он в ответ: «Хочешь, мы тебя научим точить головой, будешь много разговаривать!», а другим говорил: «Берите с нее пример, с малой, как она работает!». Но инструменты не поменял. Случались со мной всякие неприятности – то деревом чуть не придавило, то на сухой сук напоролась, распухла. Была я худая, одежда на мне болталась, из джутового мешка юбка. Потом меня взяли в контору счетоводом. Стеснялась я там себя ужасно. Мама подала документы, что я больна, врач подтвердила, что оттуда мне следует уехать. Но не дала никакой справки. В 1944 году маму вызвали в МВД. «Вам разрешено выехать на магистраль.» – «Никуда мы не поедем, у нас нет денег!» – «Отказывают людям, у которых есть документы, справки, а вам разрешено, и вы не поедете! Шлите телеграмму, кому хотите, но вы должны уехать!». Уехать можно было, когда в Тунгуске поднималась вода. Привозили продукты, обратно везли рыбу, людей. Когда приходил груз, мобилизовали на разгрузку всех, чтобы не было простоя. Люди так уставали, что даже не уходили на ночь домой, спали на берегу. Привозили соль, водку. В столовой всем давали водку, все напивались – наконец радость, будет соль и водка!

Приехали в Туруханск, там ждали пароход из Игарки. Плыли мимо Ярцево, но ничего не видели. В Енисейске жил товарищ отца по лагерю, некий Мирлин. Он появился в последнюю минуту, и мы все же увиделись.

Приехали в Красноярск, потом кое-как, со страшными приключениями, добрались до Канска. Жить нам было негде, и тут мама вспомнила о мужчине, который на толкучке дал ей пачку махорки. У нее был его адрес. Мы пришли к нему, и он нас принял, сказал, что мы можем жить, сколько понадобится. Когда отец мужа Иры Борде освободился из лагеря, ему тоже негде было жить. Сын еще находился в лагере, и они жили за занавеской, там же, где жили мы. Мама пошла устраиваться на работу. Здесь ее все знали как учительницу. Учителям давали квартиру. Дали нам комнату, где уже жили эвакуированные из Витебска. Комната была одно название, железная кровать, столик, крыша течет – это было на втором этаже. Спали под зонтиком.

<u>Когда вы вернулись?</u> В Латвию я вернулась в 1958 году, с мужем и сыном. Мама умерла в 1959 году. Я работала бухгалтером. Нам долго не давали разрешения выехать в Израиль.

И вот когда в октябре 1973 года началась война, нас вызвали. И я спросила, можем ли мы лететь. Нам сказали: «Можете, вам дано разрешение!». Сюда мы прилетели в 1973 году.

Эстер в детстве. Латвия

Симон Винник

родился в 1926 году

Происходили страшные вещи, может быть,
страшнее, чем показывают в кино о концлагерях.

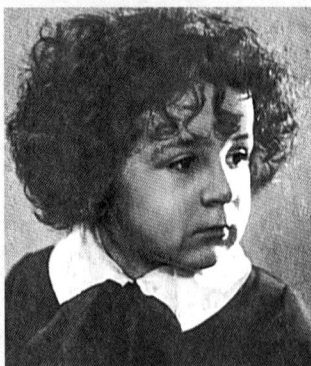

*Семья наша состояла из четырех человек – отец,
мать, я и сестра, моложе меня на три года. Когда
мы шли по городу, все оборачивались, такая она была
красивая, настоящий чудо-ребенок. Очень одаренная.
Когда ей было десять лет, профессор Озолиньш
услышал ее игру на концерте в Консерватории и взял
к себе. Сказал, что она станет знаменитой. Когда в
Консерватории был выпуск, она открывала концерт,
было это в здании на углу улицы Кришьяниса Барона,
выступала одиннадцатилетняя Рая Винник.*

В Сибири на скрипке был поставлен крест.

*Мы, как и все, болели, жили в какой-то хибаре,
начался полиомиелит, год лежали, не двигались.
Сестра не стала скрипачкой, а стала врачом,
кардиологом. Слух у нее был блестящий, жила она под
Москвой, в Мытищах, и к ней отовсюду приезжали на
консультацию. Она, без всякой аппаратуры, просто
приложит ухо к больному и поставит диагноз.
Сестры сейчас уже нет в живых.*

Чем вам запомнился 1941 год? *Помню, жили мы
в достатке, но скромно. Мы не были богатыми
людьми. Отец был человек бережливый. Сначала*

жили на улице Марияс, 4, там же находился и магазин. Потом владелец зеркальной фабрики построил дом на улице Айзсаргу, 49, и мы там снимали квартиру. Я учился в 6-м классе Рижской 9-й основной школы, сестра в 3-м классе немецкой школы. 14 июня все мы были дома, в городе. В 4 часа утра вошли трое и, согласно постановлению какого-то совета, нам следовало собраться, нас вывозят из Риги. На сборы дали 20 минут. Мама не знала, что брать. Взяла, кажется, простыни, щетку, белье, одежду. Жила в городе и мамина сестра, разрешили ей позвонить, она приехала, и квартиру опечатали.

Так нас и вывезли с одним чемоданом. По-моему, отвезли в Торнякалнс. Нас было четверо. Через пару часов пришли, увели отца, и больше мы его не видели. Позже узнали, что его отвезли в Соликамский район, там находился лагерь Сурмог, что означало «Суровая могила». Люди там умирали от голода, работали на лесоповале, отец умер 29 декабря. Мы не знали, что с ним и как, но в Дзержинск приехал человек, которого почему-то освободили из этого лагеря. Это было, вероятно, в 50-е годы. Он пришел к нам, и я увидел на нем мои ботинки.

Отец надел мои ботинки – мама велела нам поменяться, потому что у меня была большая нога. Когда мы увидели этого человека и мои ботинки на нем, мы поняли, что отца нет в живых.

Происходили страшные вещи, может быть, страшнее, чем показывают в кино о концлагерях.

Год или полтора прожили мы в селе Николаевка. Не было ни медицинской помощи, ни медикаментов, не знаю, как мы выжили. Спали на полу, на соломенных матрасах. Заболели ночью, утром не могли подняться. Жили три семьи вместе.

Мама шила, и к ней приходили женщины – за кусок хлеба, за кусочек сала она шила. И однажды к маме пришла шить платье заведующая аптекой. Они познакомились, эта женщина рассказала обо мне своему мужу – молодой парень, голодает, и он устроил меня на работу. Я учился, а по выходным после учебы он обучал меня аптечным премудростям. Мы с мамой собирали лекарственные травы для аптеки.

Проработал я год, немного уже разбирался, мне даже доверяли принимать рецепты. Он сказал, что я должен учиться, но у меня не *было документов. Паспорта у нас отобрали. Мне было 16 лет. Он обещал поговорить. Человек он был образованный, два высших образования, он был врач и фармацевт. Все ходили к нему лечиться.*

Там были сосланные врачи из немцев, был министр здравоохранения Калмыкии. Выправили мне временный паспорт, и поехал я в Красноярск. Там было фармацевтическое училище, прием уже закончился, но меня все же взяли, проучился я три года.

У мамы были три золотых зуба, она сняла коронки, я их сдал, получили за них килограмм муки и килограмм сахара.

В выходные дни я разгружал баржи с селедкой. Пару часов поработаешь, дадут две селедки. Это была настоящая роскошь! В Красноярске был базар, я менял селедку на муку, варил из нее кашу. Некоторое время жил я в очень плохих условиях, в подвале, спал на каких-то ящиках. Жили там и эвакуированные, семья с маленьким ребенком, который все время плакал. Было очень трудно.

Когда меня назначили заведующим аптекой, весь мой багаж составлял маленький узелок. Меня встретил старый заведующий на лошади. При аптеке была квартира с мебелью. Он привез мне простыни, подушку, одеяло, кое-какие продукты. Мне выдали продуктовые карточки, я ходил в столовую. Зарплата моя была 45 рублей. Обед стоил примерно 80 копеек. Снабжение было хорошее. Поехали мы отовариваться, на лошади. Дали нам мешок муки, сахар, растительное масло, даже шоколадные конфеты, крупу, я не знал, куда девать все это богатство после такой голодной жизни!

Проработал я там два с половиной года. Мама с сестрой жили в Дзержинске, потом переехали ко мне. Никто не знал, что я из ссыльных, у меня был паспорт. Если бы знали, работать бы не разрешили. Когда мама с сестрой приехали, я понял, что начнутся неприятности.

Надо было регистрироваться в НКВД. Приехал начальник аптечного управления. Аптека у меня была в порядке, надо было готовить лекарства, потому что больница была большая, и все время присылали фармацевтов-практикантов, без опыта. Ответственность была большая. Вызвали меня в НКВД, забрали паспорт, и все – никуда не уехать, чувствую, что мне перестают доверять, я, мол, могу всех отравить.

В 1956 году нас реабилитировали. Там была хорошая зарплата, продукты, словом, все. Меня позвали обратно на старое место.

В 1962 году я поступил на заочное отделение 1-го Московского медицинского института, на фармацевтический факультет, получил высшее образование. В биографии я не писал, что был выслан. В Канске об этом знали и, несмотря на это, 25 лет подряд выдвигали депутатом городского совета. Я возглавлял депутатскую группу, за хорошую работу награжден орденами и медалями. Когда я уходил на пенсию, мне присвоили звание почетного гражданина города Канска.

Я хотел уехать отсюда. Но уехать для меня значило потерять все – работу, все! У меня здесь два сына! Они тоже медики. Старший окончил медицинский институт, защитил докторскую диссертацию, профессор, хирург, академик. Второй сын пошел по военной стезе. Дослужился до полковника. Жена моя была русская. Ну как я оставлю детей? Я когда-то мечтал вернуться в Ригу. Приехал, поставили меня на очередь, на квартиру. Вернулись те, кому принадлежала недвижимость, заводы, дома.

Вы помните детство, что вы чувствовали, когда потеряли отца? У меня до сих пор болит сердце. Вспоминаю Латвию, Ригу. Там прошло детство, недолгое, но счастливое!

В Риге после войны я был четыре раза, ходил, вспоминал. Прошел мимо первого дома, где мы жили, мимо второго. Хотел даже зайти. Кстати, хозяина дома тоже выслали. Он был богатый человек, владел фабрикой, домом. Помню пляж, как я ездил на велосипеде, дружил с латышскими ребятами.

Почему не уехал из Канска? Сыновья мои в Красноярске и в Москве, а здесь мои друзья, поддержка. У меня, как у почетного гражданина Канска, есть льготы, я не плачу ни за электричество, ни за газ, ни за квартиру. Все бесплатно. Раз в год нам выделяют единовременное пособие в размере 5000 рублей.

Семья Винник

Симон

Поселок зимой. Сибирь

Дом в Сибири

Бася Гамза

родилась в 1932 году

В комнате было два окна. Часть окна мы забили досками, насыпали туда опилок. А оставшиеся покрывались ледяной коркой.

Звать меня Бася Гамза, родилась я 20 июля 1932 года в Лудзе. И была первым ребенком совсем не молодых родителей. В свое время работал там очень известный врач Рокашов, который прожил долгую жизнь. Когда родился мой брат, он сказал: «Смотри-ка, у старичков такие хорошие дети». Жизнь протекала нормально, отец был человек известный, и вокруг меня, а не только в семье, царила любовь. Машин в то время не было, по улицам можно было бегать, куда только пожелаешь. Я была очень любопытным ребенком. В 1939 году пошла в школу, причем сразу в 1-й класс. В то время существовали подготовительные классы, но я уже была достаточно подготовлена, сдала экзамен и попала сразу в 1-й класс. В 1940 году я уже помню приход советской власти. Отец относился к ней отрицательно. Он даже не ходил на работу. Работал дома. Он был общественным деятелем, учителем. В школе он преподавал вероучение. У нас дома всегда было много народу. Еще он писал «прошения», так тогда назывались заявления. Люди приходили к нему с просьбой составить годовой отчет. Не было дня,

чтобы у нас в доме не находились незнакомые люди. Иной раз, вероятно, отцу я и надоедала – я собирала тетрадки, наклейки, и каждый раз приходила и просила лат. И он, только чтобы я от него отстала, давал мне этот лат.

В 1940 году я бегала на все митинги. Отец не выходил из дома. После митингов я приходила и дома все рассказывала. Помню митинги возле водонапорной башни в Лудзе. Там высказались за советскую власть. В первый год в школе мы еще учили и латышский язык, впрочем, о том времени я мало что помню. Помню, было такое стихотворение: «В школу, в школу, пойдем в школу, что мы делать будем там». Дальше не помню. На втором году советской власти латышский язык мы уже не учили, иврит не учили, только идиш. А 14 июня пришли нас арестовывать. Это была ночь с пятницы на субботу, примерно часов в двенадцать. Помню, у отца спросили, нет ли у него оружия. Отец показал игрушечный пистолет брата. В чем его обвиняли? Лидер сионистской организации, воспитывает молодежь в антисоветском духе. Сказали, чтобы собирался. Чемоданов у нас не было. Жили мы еще с одной семьей в общем доме. Общая кухня, общий туалет. Мама растерялась. Первое, что она сделала, взяла альбом с фотографиями и отнесла к соседям. Бросила в туалет свое кольцо с бриллиантами. Пришла соседка, стала расстилать простыни, увязывать узлы. Я помогала. Ну, как я могла помогать – вертелась под ногами. У соседей был мальчик, звали его Раф. Мы вышли во двор, и я ему сказала: «Я летом вернусь, и мы снова будем играться!» Из дома нас вывезли в 12 часов, собирались 12 часов. Была суббота, отец был человек верующий, соблюдал все законы веры. Велели садиться в машину, но вера этого не позволяла. Он сказал, что пойдет пешком. Жили мы на улице Базницас.

Тогда мне казалось расстояние от дома до станции огромным, потому что когда папа уезжал в Ригу, а ездил он часто, всегда нанимали извозчика, и это было замечательное приключение. Сейчас я побывала в Лудзе, до станции 10 минут ходу.

На грузовике привезли нас на станцию, здесь женщин и детей разлучили с мужчинами. Я видела отца тогда в последний раз. Сидели на станции до шести вечера. Наша соседка Женя рассказывала, что приносила нам *обед, но я этого не помню. В вагоне было 22 человека. А так как у нас и наших соседей были дети, нам разрешили спать на верхней полке. Все-таки, хоть и за решеткой, но там было окошко. Можно смотреть. Вместо туалета была «параша». На больших станциях выпускали за водой. Наша соседка – Зина Цемель – она умерла в прошлом году в Риге – была назначена старшей по вагону, и ей с ведром разрешали ходить за водой. Обычно к ней присоединялась и я. И вот мы поехали. Вывезли нас 14 июня, в Канске были 3 июля. В дороге, понятно, не давали ни газет, ничего, мы не знали, что началась война. Заметили только, что огромное количество эшелонов направляется на запад. Мама сказала, что насчитала 523 эшелона.*

В Канске все напоминало переселение народов. Из дома выставили. Было большое здание, очевидно, школа. Тюки, чемоданы (их было мало) сложили на земле. Не помню, асфальт там был или песок. И тут начался ливень, все промокло. И начали нас распределять по районам. Мы с соседкой попали в Иланский район. Вместе с нами была еще одна еврейская семья из Дагды и женщина, одинокая. Фамилия ее Пенснере. Были, конечно, и латышские семьи, но мы держались вместе с еврейскими семьями. С семьей Цемель мы даже жили в одной комнатушке – две женщины и четверо детей.

Я из детей была самая старшая. Мне было уже восемь с половиной, братику четыре, был еще один мальчик трех с половиной лет. Самой младшей – Гене Цемель – было всего полгода. Она родилась 1 декабря. Привезли ее в детской коляске. Для местных жителей эта коляска казалась седьмым чудом света, ничего подобно в жизни они не видели. Помню, как все пришли смотреть на нас. Сначала рассматривали коляску, потом стали разглядывать нас. В первое время у нас еще были вещи, потом мы стали менять их. Не думали, что придется остаться там надолго. Первое лето прожили. Нам, детям, легче стало уже потом. Маме в то время было 46 лет, вторая женщина была чуть моложе. Их посылали на сельские работы. Работа была за шесть километров. Иногда ходила и мама. Я оставалась с детьми. Мама рассказывала, что у них с собой были зонтики. Там летом дожди, не то, что здесь, в Израиле. Местные просили разрешения посидеть под крышей, тогда мы вас отвезем! Надо было полоть – словом, такие вот работы. Потом мама сторожила колхозный огород. Это уже в самой деревне. Помнится такой случай. Я осталась с малышкой, надо было ее покормить и отнести еду маме. Плиты не было, на два кирпича я поставила вариться картошку. У кастрюли была длинная ручка, я задела и опрокинула ее себе на руку. Конечно, плакала... Одну руку сунула в миску с холодной водой, потом покормила малыша. Вероятно, оставила ребенка на брата и понесла маме еду. Пришла, маме рассказываю – не понимаю, отчего так жжется рука, не знаю, что случилось. Мама у меня была умная, ни о чем не спросила, я потом до захода солнца держала руку в реке. Бывали случаи, когда маленькие дети оставались одни, потому что в мою обязанность входило и покупать продукты. Мне давали корзинку. В первый год мы ничего не посадили, я покупала огурцы, лук, картошку. Все, что там росло. Я панически боялась собак и свиней. Свиньи расхаживали по деревне, и мне они казались настоящими зверями. Огород, который сторожила мама, не был обнесен забором, свиньи постоянно там паслись, надо было их отгонять. Иногда я помогала маме.

Наступила зима, холодная. В первый год у нас еще была одежда. Была у нас железная печка, которую надо было топить сутки напролет, чтобы поддерживать хоть мало-мальски нормальную температуру. Были две кровати. На каждую семью по одной. В комнате было два окна. Часть окна мы забили досками, насыпали туда опилок. А оставшиеся покрывались коркой льда. Произошел там случай, который я не забуду никогда в жизни. Женщина, с которой мы жили, по профессии была бухгалтер. Она была из Риги, в Лудзе в 1937 году вышла замуж, сейчас работала в колхозе. Работали в колхозе и латышские женщины. Зимой 1942 года одну вызвали и сказали, чтобы отправлялась в Иланск. Ее арестовали, и больше мы эту женщину не видели, она исчезла, так до сих пор и не знаем, что с ней произошло. После того узнали, что хозяйка, у которой она жила, позавидовала ее вещам и просто-напросто ее оклеветала. Она якобы сказала, что флаг на сельсовете выгорел. Этому придали политическое значение... И вот нашу соседку вызывают в Иланск, в районный центр. До центра 60 километров. Машин не было. У нас осталась папина шуба. Мама дала ей шубу, мы попрощались. Помню, я очень плакала. А мальчик говорит: «Ой, мамочка, ой, папочка!» На что она ответила: «И не мамочка я уже, и не папочка». До сих пор не могу об этом спокойно говорить. Мы пошли провожать ее до бригады, всего несколько шагов. Когда ударит сильный мороз, дерево начинает трещать. Дома деревянные, все углы трещат. Так мы ее проводили, она уехала. Мама осталась с четырьмя детьми. Думали – все, конец. Прошло несколько дней, эта женщина возвращается. Радость была неописуемая. Оказывается, ее решили использовать по специальности, но другого способа сообщить об этом не нашли. Все было нацелено на психологическое давление. Она вернулась, стала работать в колхозе счетоводом. Это, конечно, была перемена к лучшему.

В 1945 году она уехала в Иланск. В 1946 году появилась возможность отправлять детей в Латвию. Мы об этом знали, но у нас никого из родных там не было. У нее была сестра мужа, она своего мальчика отправила. Меня мама хотела отправить к какой-то дальней родственнице, которая в это время жила в Лудзе. Позже узнали, что она арестована. Она выдавала карточки. И карточки пропали. И на нее написали донос. На этом все и закончилось.

Об отце никаких сведений мы не имели. В 1942 году прислали записку, адресованную «атидной маме» от мужа, и там отец писал: «Мы счастливы и рады, что вы живы, мы тоже живы и здоровы». Писал он Хасе, Басе и Ицхаку, там написали и другие мужчины, которые сидели с ним в лагере. Письмецо это мы получили летом, в это время отца уже не было в живых, погиб он 31 марта 1942 года. Потом уже получили более конкретное письмо, адресованное нашей соседке: все мужчины находятся в одном месте, и ее муж тоже погиб там. Он писал, что отец наш очень болен, лежит в стационаре и будет чудом, если он выживет. И еще он сказал отцу, что когда они вернутся, – а у него был большой сад, – он повесит для моего брата качели. И отец плакал, когда это услышал.

Мама продолжала работать в колхозе, она была оптимисткой. Вначале нам сказали, что мы сосланы на 20 лет, потом – что навечно. Мама еще произнесла: «Ничто не бывает вечным». Приходили местные, говорили: «Своих мужей вы уже никогда не увидите». У них был опыт. Там было очень много раскулаченных, еще с 1937 года. Мужчины не вернулись, многие дома стояли заколоченные. Помню маму, когда она получила известие, что папа умер. Я вошла, она сидела в платке. Я никогда не видела у мамы этого платка. Она сидела в углу. Был там такой сарайчик. Ничего не говорила, а может быть, говорила. Так мы пережили папину смерть.

В каком лагере был ваш отец? Кировская область, Вятский лагерь, 7-й лагпункт.

Он умер от бессилия. Во-первых, как я уже говорила, он был человек верующий и не ел то, что ему давали. Из тех, кто остался жив, вместе с ним был и отец Атидин. Когда он вернулся, я впервые в 1957 году поехала в Ригу его навестить. Он позвал меня прогуляться и сказал: «Дома об этом не хочу говорить, но есть вещи, которые вы должны знать». И он рассказал – как жилось отцу, как над ним издевались. У отца была борода, бороду отрезали. Как их 40 километров гнали пешком, сказали, что где-то в Белоруссии их ждут жены. Каждый из них взял с собой какие-то вещи, но по дороге стали выбрасывать, чтобы легче было идти. Потом их разместили в большом сарае и начали над ними издеваться, особенно изощренно издевались над моим отцом. И все же, хоть он и не ел, в какой-то мере он сумел поддерживать других. Он пользовался авторитетом. Вот его слова: «Я не так воспитан, я не могу, но вообще наша религия, наша вера говорит: в моменты, когда грозит опасность, есть надо все». Пытался поддержать других.

Вы сказали, что в Сибири вам удалось ходить в школу. Вы знали русский язык? Мы из Латгалии. Помню, как-то в Лудзе я переписывала русские печатные буквы. Говорить – говорила, но в школе русский язык не изучали. Я попала в 3-й класс, брат еще ходил в детский сад. Надо было учиться. И тут мне толкуют: «подлежащее», «сказуемое» – грамматические термины. Вспоминаю свой первый диктант – сколько там было ошибок! А потом я стала отличницей и отлично окончила среднюю школу. Нам повезло, что там была средняя школа. Вначале была семилетка. После 10-го класса нас было всего шестеро выпускников, но это была средняя школа.

Как называлось это место? Южная Александровка. Дзинтра говорила, что была там с Сашей Даудишем. Когда Сашу Даудиша и Франциса выслали второй раз, они попали к нам, мы познакомились, стали хорошими друзьями, особенно с Франсисом. Он, правда, был старше меня, но мы дружили.

Как вы выживали в первые годы? Как вначале складывались отношения с местными? Они тоже были безумно бедны. Напротив нас был дом – никаких занавесок на окнах. И там было много детей. Мама по своей наивности думала, что это баня, поэтому все ходят голые...

Мы посадили... у нас возле дома был огородик. Посадили картошку, потом посеяли морковь, огурцы... Огурцам нужны были парники, навоз. А лук там рос хорошо. Помню, в какой-то год мы собрали 60 мешков картошки. Нас было шестеро – четверо детей и двое взрослых. Ели ее до Нового года. Что мы там ели? Была большая кастрюля, варили суп с «затиркой». Что такое «затирка»? Берешь немного муки и делаешь клецки. Иногда внизу подгорало, и мы, дети, спорили, кто выскоблит подгоревшее. Потом начались голодные годы. Семья Зины, вторая семья, уехала в Иланск, мы остались в деревне. Это был 1946 год. 46/47 год вообще был страшно голодный год. Были у нас куры, но их украли. Я уже подросла, ходила с мешком в лес, собирала черемшу. Травка такая со вкусом лука. В ней очень много витамина «С». Приносила домой, и мы, как коровы, ее поедали. Варили из нее суп. На следующий день снова отправлялась в лес. Ходить было недалеко, лес вокруг. И продавали ее. Был голод, страшный голод. В 1946 году ноги у мамы так распухли, что стали походить на бревна... И лицо тоже... Она ходила к врачу. Нам повезло, потому что там была и школа, и больница, и МТС. Из всех сел это было самое главное, были деревни, где жили еще хуже. Пришла мама к врачу и просит: «Доктор, выпишите мне какие-нибудь лекарства». А он в ответ: «Что мне вам выписать? Жиры? Сахар? Что?» Был просто голод. Потом мы ходили подбирать колоски – те, что остались под снегом. Какие-то зернышки в них еще были. Колоски заплесневевшие, многие из местных травились, даже умирали. Что ели мы? Когда появлялась картошка, мы ее чистили, кожурки сушили. Помню, как послали меня за мякиной на мельницу. Когда начинали молоть, пыль поднималась неимоверная. Мельник кричит что-то вперемежку с матом. Кое-что набрали. Муку принесла домой. А мука черная. Испекли какие-то лепешки, на железной печке, но есть все равно нельзя было, выбросили.

В 7-м классе мы проходили медицинскую проверку. Но нижнее белье у меня было такое, что я стеснялась раздеться, от проверки отказалась. И от голода, от холода появились вши. Помню, была такая семья – Саша Удре, кажется, так ее звали. Пришла она к нам в гости, – не могу этого забыть, – а по волосам ползут вши. И не обычные, а те, что появляются от голода. Она после этого умерла, умер и ее сын Янис. Второго не помню, как звали. Многие там умерли. Это чудо, что мы выжили.

В тот год, когда был страшный голод, наша соседка Зина уже жила в Иланске и прислала нам однажды мешок с овсяными отрубями. Из них можно было варить кашу, что мы и делали. Покупали молоко, но не цельное – колхозники должны были сдавать государству девять килограммов масла. Пастбищ не было. Кажется, Сибирь – земля богатая. Не знаю, как они жили, там коровы давали очень мало молока. Мешка с отрубями нам хватило на полторы недели. А потом и в огороде подросли огурцы, лук, а потом молодая картошка, которую мы только подкапывали. Стало чуть легче.

Мамина сестра жила в Израиле. Каким-то образом она узнала, где мы, и мы стали получать посылки. Посылки приходили вскрытыми, полупустыми. Помню одну – в ней было для меня платье и половая тряпка от местных. В «Ревизоре» есть персонаж – почтмейстер, вороватый. Мама так и сказала: «Почтмейстер тоже хорош». Потом посылки стали приходить на Иланск, в районный центр, но чтобы их привезти, нужно кого-то просить. Был в МТС бухгалтер, мама пошла к нему. Есть такая организация «Джойнт», созданная в Америке в 1914 году, она помогает всем евреям, оказавшимся в беде. В посылках были одеяла, мыло, чай. Потом и обувь, солдатская обувь. Когда я училась в 8-м классе, по-моему, это был 46/47 год, я ходила в сапогах 46 размера и в пальто, пошитом из солдатского одеяла. Через несколько лет у нас украли и это пальто.

<u>Как к вам относились местные? Латыши рассказывают, что их обзывали.</u>

Я там страдала... Мое имя Бася. А там это означает «овца». Их зовут: «Бась, бась, бась». А Циля там означает «корова». Меня всегда дразнили. В школе нет, в школе меня уважали, потому что я всегда ходила в хороших ученицах. Но были среди учителей и антисемиты. Запомнился случай, который произошел в 5-м классе. Было очень холодно, в классе стояла печь. Мальчишка меня толкнул, я упала. Какие-то штаны на мне были, я уж не помню. И учитель говорит: «Гамза, снова ноги перед печью задираешь?» Он был антисемит. Нет, не скажу, что против евреев, как против высланных. Там были и латышские семьи, и поволжские немцы... Мы держались вместе. Один мужчина, местный колхозник, сказал маме: «Ведь наш Бог еврей». Я этого никогда не рассказывала своим соученицам. Не помню, чтобы мама наказывала мне об этом молчать. Не знаю. Возможно, и у них был горький опыт, так как, я уже говорила, были там и «раскулаченные», они тоже ни о чем не спрашивали.

Вы хотели вернуться в Латвию? У меня была подружка, отец ее был учителем. Она, между прочим, очень дружна была с Францем Даудишем. Они очень любили друг друга. А замуж она потом вышла за местного. Но в браке счастливой не была. Жила она в другом месте, недалеко от Иланска. Я к этой семье очень привязалась. Настолько, что мама как-то сказала: если бы Шурик, ровесник моего брата, был бы чуть старше, она просто бы настояла, чтобы он на мне женился. Прожили мы там 17 лет. Позже я работала в той же школе, где училась. Я работала во многих школах, училась заочно.

Вы получили среднее образование? Да, потом начала работать и училась заочно в Красноярском институте. Но было это не просто. Не всегда мне давали разрешение. Был случай, когда я уехала сдавать сессию... Денег, конечно, было в обрез. На еду тратила рубль в день. Кислые щи и еще что-нибудь в студенческой столовой. Купила билет, в общежитии сказала, что уезжаю. А для этого нужно было иметь разрешение. Мне еще 16 лет не было, когда меня «поставили на учет». Родилась я 20 августа, а на учет поставили уже в феврале.

А вот еще случай. Так как я состояла на учете в комендатуре, то чтобы куда-то поехать, нужно было разрешение. Я должна *была ехать на учительскую конференцию. Это была осень 1952 года. Выехать следовало в понедельник. Пришла за разрешением в субботу, коменданта нет. В воскресенье выходной. Поехала без разрешения. Приехала и по собственной глупости пошла в милицию: так, мол, и так, приехала. Пошла на конференцию. Три часа дня, дебаты в самом разгаре. Входит человек, называет мою фамилию и выводит меня... Привел меня к женщине, с которой я жила вместе в районном центре, в небольшой комнатушке... Она жила у хозяйки, очень приветливой женщины, которая принимала любых гостей, не только ссыльных. Жили там еще две латышки, моя учительница Строда, Полина Эдуардовна, и Ольга Владимировна Юшкевича. А те пришли и меня арестовали, и просидела я у них до 12 ночи. Психологическая атака. Потом вызвал в свой кабинет майор, фамилия его была Миргородский. «Мы вам доверились, разрешили поехать в Красноярск, а в Иланск вы явились, не имея на то разрешения коменданта». – «Но была суббота, потом выходной. И я же пришла, сказала, в чем дело». – «Выбирайте – или пять суток ареста, или штраф 100 рублей». Такой суммы у меня не было, и я попросила выписать квитанцию». И вернулась я «домой» в полночь.*

Когда уезжала из села, не пролила ни одной слезинки, даже когда прощалась с подругой, очень близкой, – она плакала, я нет. Потому что там была исковеркана вся моя юность.

В каком году вы стали собираться в Латвию? В 1958-м. Работала я тогда в той же школе, где когда-то училась. Брат учился в Красноярске, в лесотехническом. В 1957 году я уже съездила в гости. Когда заочно окончила институт, приехала в Латвию и увидела, что существует совершенно другая жизнь. Моя подружка зашла в магазин на улице Вальню – в военторг – сколько там конфет! Я на конфеты не смотрела. Зашла в магазин на улице Тилта, или еще в какой-то, не помню, смотрю – сколько же тут хлеба! Мы еще и в 1957 году не ели столько хлеба, сколько хотелось. Мама рано утром бежала занимать очередь. Был случай, когда в очереди ей сломали ребро. А здесь я в первый раз увидела, что хлеба хватает и есть его можно столько, сколько захочешь. Еще год я отработала и в начале сентября вернулась. А директор сказал брату: «Пусть она останется. Я ей еще уроков добавлю».

Какие предметы вы преподавали? Немецкий язык, русский язык – это была моя специальность. А немецкий знала, так как мама была из Курземе.

В 1958 году вы все вернулись? Брат заканчивал учебу, он остался еще на год. Учился он в Красноярске вместе с Антоном Самушевым.

В Латвии тоже было нелегко. В том году вообще не прописывали. Предложили ехать в Дагду. Подумала: но я же языка не знаю. Сказала: «Я возвращаюсь в Сибирь, там, по крайней мере, я знаю язык, а кем буду я здесь?». Помню соседа в Латвии, он был обрусевший латыш. Он знал формулу: «Мы живем в Латвии, и мы должны говорить по-латышски». Сам он языком не владел, но эти слова выучил. Человек он был неплохой, но такая в то время была общая атмосфера. Приближался учебный год. Работы нет, жить негде. Не помню, как я оказалась в Огрском районе. Отделом народного образования заведовала некая Денисова. Направила она меня в Сунтажскую школу. Директором там был Абрамович, между прочим, совсем несимпатичный человек. Поехала я туда вместе с женщиной, с которой мы жили. Я ведь латышского языка не знала. Добраться туда в то время можно было на поезде. Пришли, он смотрит, смотрит и спрашивает: «Кто из вас претендует на место?». Говорю: «Я». Принял он меня на работу, явилась. И вот первое заседание педсовета. Он говорит, говорит, и два слова я помню: «Мать Олега Кошевого». Это-то я поняла, а больше ничего. Начала учить латышский язык, по газетам, по книгам, которые я когда-то читала на русском. Преподавала я русский язык в 10-м и 11-м классах. Тогда надо было сдавать экзамен и по русскому языку. С утра проводить линейку. Однажды на линейке я открыла рот – и начала говорить. Ученики от удивления рты пораскрывали. Я решила – если не буду говорить, ничего путного не выйдет. Мама зато прекрасно владела латышским. Родилась она в Пилтене, жила в Бауске. Жили мы с мамой в Сунтажи, иногда бывали в Риге, ночевали у Жени, были там и наши соседи. Таким вот образом.

Там был порядок. Проработала в школе я девять лет, до отъезда.

Сталкивались ли вы с какими-то проблемами из-за того, что были высланы? Позже? Мы долго не могли получить квартиру. Год я жила без прописки. Нужно было переселяться из Сунтажи. Знакомый, очень дальний наш родственник, предупреждал: «Ходи по улицам осторожно. Через улицу переходи в положенном месте. У тебя могут потребовать документы, и окажется...» Потом друзья собрали денег, и нас прописали. Меня на улице Ленина, 131. Пошла с утра в милицию, а меня спрашивают: «А где же будет прописана ваша мать?» Комната была всего девять метров. Я: «Если бы у вас была пожилая мама, где бы она жила? – Со мной. – Вот и она будет жить со мной». И он написал: «Прописать».

И о работе. Заведовал отделом народного образования Кировского района Эйхманис, он служил в Латышской дивизии вместе с моим дальним родственником. Я ему говорю: «Мы после реабилитации получили квартиру, может быть, я могу устроиться на работу?». А он отвечает: «Послушайтесь дружеского совета – получили и молчите, не афишируйте, и вообще об этом не говорите». Вот так.

Первый раз мы подали заявление в 1969 году.

На отъезд в Израиль? Да. Ко мне относились очень хорошо. С ребятами иногда случалось... Помню, в 1967 году один ученик произнес: «Израиль, ту-ту, ту-ту». Я не обратила внимания. Вся пресса была пропитана антисемитизмом, вы же знаете. К заявлению нужна была характеристика. Я обратилась к учителю физики Лукстиньшу, он был в профкоме. Он только спросил: «Разве отсюда можно убежать?». От меня услышал: «Я пытаюсь». В первый раз отказали. Директор школы сказал: «Обо всем забудьте и продолжайте работать». Я продолжала. Получила разрешение. Мой брат был очень активным, повсюду писал... Я от всего этого держалась в стороне – я же на идеологическом фронте, учительница.

Как сложилась ваша жизнь, когда вы приехали в Израиль? Приехали мы с «первой волной». Немецкий язык не котировался. Русский язык. Начала я работать, до работы очень далеко. По дороге в Хайфу. Вы бывали в Хайфе? От Тель-Авива 98 километров. Направили нас на юг, в сторону Ашкелона. Там открылся интернат, где русскому обучали как иностранному. Я согласилась. Помню, получила первую зарплату. Тогда еще были лиры, не шекели. 570 лир. Нагрузка была неполная, работала три или четыре дня. Сумма эта показалась мне огромным капиталом. Брат не был женат. Два взрослых человека и одинокая мама... пока мы *получили эту квартиру. Девять месяцев приходилось ездить. Я за один день даже не могла до дома добраться. Приходилось ночевать где-нибудь в Тель-Авиве.*

Вы довольны, что приехали? Да, безусловно! Помню, в России в деревне была семья, с которой мы дружили. Перед нашим отъездом из Риги приехал ее брат, он учился вместе с моим братом. Военный человек. Узнал, где мы живем, пришел в гости. Мы так обрадовались. Договорились встретиться у него, он служил в Вильнюсе. Переписывались с подругой, которая жила тогда в Киргизии. Я ей писала о встрече с ее братом, потом не было времени – перед отъездом я так волновалась, собрала все, что писала, – дневники и все, и в большом конверте отправила ей. Написала, что это давняя мечта моего отца – жить в Израиле, и теперь эта мечта воплощается, не поминай лихом и все прочее. Она мне ответила, и я так плакала над ее письмом... Мы все плакали, когда уезжали, – такое было время, прощались и не знали, увидимся ли когда-нибудь еще. Плакали и те, и другие. У мамы здесь была когда-то сестра, ее уже нет, остались две двоюродные сестры. Жив был еще мой дядя, с ним виделись, и с маминой двоюродной сестрой тоже. Когда-то у нас была большая семья, но все рано ушли из жизни.

Приезжали ли вы в Латвию? Да, в 1991 году приехала работать, и был интересный случай. Шла по парку, был выпускной вечер. Смотрю, навстречу идет один наш учитель. С цветами. Я его узнала, подбежала, заговорила... Была уверена, что говорю по-латышски. А мои девочки стоят и хихикают – говорила я на иврите. По-моему, его фамилия была Пликанс. Спрашиваю: «Вы работали когда-то в 36-й школе? Помните, была такая учительница Гамза. Это я!». Стала спрашивать об учителях, многие, оказывается, ушли на пенсию, все-таки прошло 20 лет. Потом еще раз была в Латвии. Этим летом была в Латвии. Чтобы с нею встретиться. Ее мама была моей второй мамой. Моя мама умерла в 1980 году, а ее мама прожила долгую жизнь, и видела я ее за год до смерти. Это был мой долг, я чувствовала, что должна это сделать. Как-то в аэропорту подошла ко мне молодая женщина. «Вы учительница Гамза?» Я думала это ученица, оказалось, это учительница. Она меня узнала.

Дом в Сибири

Бася (вторая справа в первом ряду)

Исхак Гамза

родился в 1937 году

Я был вместе с мамой и сестрой. Маме надо было
работать в колхозе – хочешь ты или нет. Надо
было выполнять дневную норму.

*Меня зовут Исхак Гамза. 14 июня 1941 года мне было
четыре с половиной года. Родился я 25 января 1937 года.
Жили мы в Лудзе на улице Базницас, 38.*

*Помню, что в вагоне были слышны свистки
паровозов. Первые воспоминания – в моем возрасте
меня могли принять в детский сад. Относились ко мне
там плохо, часто ссорились и дрались. Случалось, что
противник был не один, а двое или больше.*

*1941 год помню плохо. Мне нравилось залезать на
крыши, помню ящики и мужчин, которые говорили,
чтобы меня сняли с крыши. Боялись, что я упаду.
Помню стоявший грузовик. Как увели отца, не помню.
Помню, что когда нас везли в товарных вагонах, мы
спали на нарах – как на стадионе. Я спал на верхней
полке возле маленького окошка, забранного железной
решеткой. В обоих концах вагона были люди из НКВД.
В дороге мы подолгу стояли, потому что началась
война. Отца увели, и о нем мы ничего не знали. Все
женщины волновались за своих мужей. В середине июля
мы оказались на станции Иланск. Через полгода узнали,
что мужчины находятся в Кирове, в Вятлаге. Там был
и дядя Язеп, которому удалось спастись, но его уже нет*

на свете. Не знаю, что произошло с тетей – звали ее Паулина, говорили, что она переехала в Ригу.

Я был вместе с мамой и сестрой. Маме надо было работать в колхозе – хочешь ты или нет. Надо было выполнять дневную норму. В 1947 году подсчитывали, кто сколько сделал. Находили таких, кто не выполнил свою норму. Их назвали паразитами и решили судить. В сельском клубе устроили показательный процесс – был там один русский, Сивков, которого посчитали злостным нарушителем, не выполняющим норму, и за это решили его отправить на Северный полюс. Кажется, постановили сослать его на два или три года. Через несколько дней его забрали. После этого на сцену вышел председатель колхоза (я тоже был на том собрании, а когда я спросил у мамы, зачем я здесь, она ответила, что меня не с кем было оставить), и мама сказала: «На сцене появился злодей». Он стал перечислять 29 фамилий людей, не выполнивших норму. Сказал еще, что если ситуация не изменится, их ждет участь Сивкова... После этого собраний больше не было, и никого никуда не сослали. Помню, каждой семье в колхозе выдавали хлеб. Была семья Удре – мать и трое сыновей. Хлеб давали на неделю, и надо было рассчитать, как поделить хлеб, чтобы хватило на все дни, чтобы можно было работать. Моя мама умела это делать – два года она пролежали в больнице и кое-что знала о нормах продуктов. В 1945 году от голода умерла сама Удре, потом двое сыновей... третий сын выжил... Те, кто хоронил, думали так: мы вот здесь умираем от голода, нас закапывают, а ты, злодей, сидишь в Кремле и пользуешься всеми благами... Имелся в виду Сталин. Такие были похороны.

В 1948 году к нам прислали литовцев. Помню братьев Петравичюсов, у них был оркестр, их приглашали выступать на банкетах. Каждый, кто там находился, был человеком без прав, с «собачьим паспортом» – каждые две недели надо было ходить отмечаться к коменданту. Ребенок до 16 лет был под надзором родителей и тоже не имел права выехать даже в соседнее село. Нарушителя могли оштрафовать или посадить на несколько суток в тюрьму.

В 1951 году нас позвал комендант и сообщил, что сосланы мы сюда навечно. (До этого говорили, что на 20 лет.) Когда умер Сталин, стояла тишина, но в 1954 году уже заговорили о реабилитации.

В 1953 году появилось «дело врачей». Я учился в 9-м классе вместе со Стродсом и Антоном Самушевым. Была политинформация. Классная руководительница, проводившая политчас, говорит: знаем ли мы, что происходит в Москве? Из этих врачей шестеро – евреи и только три русских! Когда она это сказала, все головы в классе повернулись ко мне, они поняли, что я главный враг СССР, предатель. Вскоре у Сталина случилось кровоизлияние, и я помню, как в класс вошел директор, сказал, что товарищ Сталин находится в тяжелом состоянии и мы мобилизуем самых лучших врачей, чтобы он смог работать и еще долгие годы руководить нашей страной. Была переменка. Мы вышли на улицу. Я, Самушев, Язеп – и мы произнесли: значит, существует вероятность, что уйдет. И хорошо, что уйдет. Этого никто не знал. Когда к власти пришел Хрущев, мы стали думать о реабилитации. Я сказал себе – ни за что не пойду служить в Советскую армию. После истории с врачами мне эта армия казалась фашистской армией. Я понял – если попаду в институт, в армию не заберут. Я понимал, что мне не разрешат учиться в институте, связанном с электроникой, радио, я мог надеяться только на что-нибудь попроще. Даже сам Хрущев не смог сделать всего сразу, хотя было впечатление, что хотел. Поступили мы вместе с Самушевым. Стродс через полгода ушел из института и поступил в Рижский политехнический.

Я вернулся в Латвию в 1959 году, когда окончил институт; мама и сестра – в 1958 году.

<u>Что вы делали, когда мама работала?</u> Был в детском саду, приходил домой около пяти. Потом ходил в школу. Когда учился в 1-м классе, учительница меня не любила, и когда кончалась переменка, она меня в класс не пускала – говорила, чтобы я сидел в коридоре, пока не позовут. Продолжалось это почти полгода. Потом она посылала кого-то из учеников, чтобы тот позвал меня в класс. Во 2-м классе меня и еще нескольких ребят она оставила после уроков, так как мы не выполнили домашнее задание. Мы просидели час, два, она так и не пришла, и мы сбежали. На следующий день она заставила нас все уроки стоять неподвижно у доски. Сколько уроков в тот день было, столько мы и простояли. И еще оставила после уроков – пока не приду, уходить нельзя. Не знаю, почему она это делала, может быть, потому что я еврей. В Канске собралось 50 или

60 человек – разработать план действий, но никто не мог понять, что делать. Возможно, и я был в чем-то повинен, но факт остается фактом: я чувствовал, что меня не любят...

Расскажите о маме и сестре... Был голод. В 1935 году старшая мамина сестра переселилась в Израиль. В Москве она окончила медицинское отделение (или факультет). Во время Первой мировой войны Николай II заявил, что все евреи шпионы. Приближался фронт, и он приказал всем евреям в 24 часа исчезнуть – сказал: если не уберетесь вы, уберем вас мы. Мамина сестра жила в Вентспилсе, и ей и ее мужу пришлось бежать – до 1920 года они находились в Москве или в Подмосковье, и как зубной врач она окончила там медицинское отделение, потом она попала в Израиль, и когда узнала, где мы, стала присылать нам посылки. Но во время войны посылки эти грабили прямо на месте, в нашей деревне. Нам не доставалось почти ничего. Одна посылка была на вес золота – с медикаментами. Сестра понимала, что в Сибири можно подхватить любую болезнь. Из Израиля можно было получать посылки весом до полутора килограммов – это ведь ничтожно мало! В Америке жил брат ее мужа, и посылку с лекарствами прислали из Америки. А лекарства там были классические – одно из них можно было использовать для лечения многих болезней.

Вам было четыре года, когда вас выслали, рассказывала ли мама о годах до ссылки, как вы восприняли несправедливость, которую вам причинили? До 1953 года я чувствовал, что что-то не так, как надо, – мама мне сказала, что я ссыльный и что меня могут не любить, но мама сказала, что все это из «центра», из Москвы, и все, кто называет тебя другом, могут оказаться твоими врагами. Когда было затеяно «дело врачей», я понял, что из этой страны я должен уехать. Когда меня реабилитировали, вместе со мной были высланные из Литвы, из Эстонии. В 1956 году сидели мы вместе в студенческой столовой. Эстонец был лет на пять-шесть старше меня, и в отличие от нас, и литовец, и эстонец категорически отказывались посещать военные занятия – любыми способами избегали. Эстонец мне сказал: «Если заглянуть на несколько лет вперед – ты уедешь в Латвию». Сидящим рядом русским ребятам это не понравилось. Я потом спросил у него, почему он так сказал. И вот что он ответил: «Понимаешь, когда они с тобой разговаривают, они кажутся друзьями. А когда тебя нет, они говорят о тебе то, что думают, – что ты эту страну не любишь и при первой же возможности уедешь в Израиль». Я окончил институт, прошел военную подготовку, получил даже воинское звание.

Так как нас не поставили на «спецучет», мы поехали в районный центр за чистыми паспортами. Втроем – я, Антон Самушев и Стродс. Не знаю, насколько «чистыми» были те паспорта, возможно, были какие-то водяные знаки или какая-то отметка, что мы ссыльные. В Красноярске надо было встать на военный учет в комиссариате. Были я, Стродс, еще одна семья из Дагды. Семья осталась там. Стали меня спрашивать, где я родился, кто мать – словно бы обо мне ничего не знали. Сказал. Спросили, где отец. Я же не стану говорить, что он умер в лагере от голода. Сказал, что умер в Южной Александровке, там, где была мама. Ни Стродс, ни второй парень ничего не сказали, промолчали – сделали вид, что ничего не слышали.

Оставшийся в Риге дядя отца, мамины родные в Бауске – все погибли в гетто. Когда я вернулся в Ригу, многие из нашей семьи погибли.

В дипломе у меня стоит – инженер-технолог лесоразработок. Эта профессия требовалась и в Латвии. В мои обязанности входили валка леса, специальные тракторы, передвижные электростанции, отправка древесины на комбинаты. Я должен был разбираться и в металлообрабатывающем оборудовании. Работал я на «Латвияс берзс». Предприятие относилось к отрасли легкой промышленности, зарплата небольшая – 700 рублей. Через знакомых устроился на РЭЗ, в цех радиоаппаратов, все надо было осваивать заново. Пошел на курсы. На РЭЗе проработал три года, ушел на бывший «Феникс» – Рижский вагоностроительный завод – и отработал там с 1962 по 1971 год.

Женился в Израиле. Конечно, мог жениться и в Латвии. Сестре в 1957 году предлагали выйти замуж за польского еврея и уехать в Израиль, она отказалась. А я думал – если у меня будет семья, я буду оторван от мамы и сестры, а я страшно не хотел, чтобы они оставались жить при советской власти. И решил – я должен жениться только в Израиле. У меня сын и дочь. Сын окончил колледж, это первая ступень высшего образования. Дочь после армии работает и собирается поступать в университет. Сыну 28 лет, дочери 22 года.

Я счастлив, я доволен, что приехал сюда, в Израиль.

Исхак в Сибири

Исхак (справа) в Сибири

Язеп Едейкин

родился в 1927 году

И оттуда на барже повезли нас по Васюгану, до реки, которая называется Нуролька, в колхоз «Боевик».

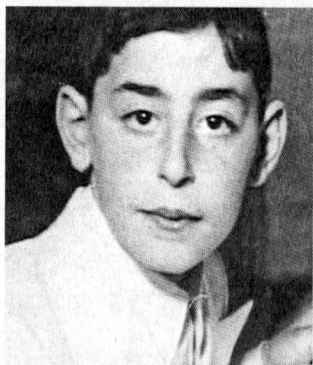

До войны нам принадлежала велосипедная фабрика «Latvello». В 20–30-е годы велосипедная фабрика в Латвии была то же самое, что в нынешние дни, предположим, автомобильный завод. Отец был, как говорится по-русски, «буржуй», но к тому же был и сионист, и выслали его как «буржуя» и сиониста. Отправили его в Соликамск, в Усольлаг, Пермская область, Молотов. Там его приговорили к смертной казни. Расстреляли его 9 апреля 1942 года. У меня имеются все документы. Нам об этом все время не говорили. В 1956 году, после того, как к власти пришел Хрущев, после 20 съезда, были пересмотрены дела всех тех людей, которых они сами же и убили. Отца реабилитировали – 14 февраля 1956 года. Но нам, семье, ничего не сказали. Впервые узнали мы об этом только в 1993 году, когда я приехал в Ригу, когда в Риге, в Министерстве внутренних дел показали все секретные документы. Только тогда мы узнали, что произошло, до этого ничего не знали. Маму с сестрой отправили в Сибирь, было это 14 июня 1941 года. Мы с братом в это время были в Салдусе, у нас там жили родственники. Когда тетя узнала, что арестовали

семью, она позвонила в Салдус, и мы на такси приехали в Ригу. К себе на квартиру мы не пошли, пошли к тете. Один человек паковал чемоданы, другой все из них выкладывал. У нас спросили: вы хотите здесь остаться или поедете с родителями? Мы же не знали, что родителей уже разлучили, что отца сразу же забрали. И тогда дядя сказал: «Там, где родители, там же должны быть и дети». Привезли нас на станцию Шкиротава. Везли с разных станций, нас увезли со Шкиротавы.

И начались трудные времена. Можно сказать, что трудные времена начались сразу же, как советская власть пришла в Латвию. Тут же все деньги, что были в банке, отняли, фабрику отняли. Был у нас и дом, была большая дача в Авоты, все национализировали. Была и автомашина – все национализировали, нам больше ничего не принадлежало. У нас была восьмикомнатная квартира, перебрались в четырехкомнатную, взяли и еще одного человека, чтобы нас было больше, потому что боялись, что придут советские офицеры или советские солдаты. В свою школу мы ходить не могли. Учились мы в еврейской школе, учили иврит. Так продолжалось пять лет. В 1940 году иврит запретили, можно было учиться только на идиш. Или можно было ходить в школу, где обучение велось на русском или на латышском языке. Мы и пошли в общеобразовительную школу, в 18-ю. Когда нас увозили в Сибирь, везли сначала по железной дороге до Новосибирска. Приехали мы 11 июля. Там посадили на пароход и по Оби мы плыли три дня до Каргасока. Поселили в школе, где мы провели целый день. И оттуда на барже повезли нас по Васюгану, до реки, которая называется Нуролька, в колхоз «Боевик». В поселке насчитывалось, может быть, 20 домиков. Возник он только в 30-е годы, сюда свозили кулаков, живших на юге Сибири. Их, как они сами говорили, раскулачили и услали сюда на болото. Васюган – это болото. Их брали вместе с родителями, вместе с детьми. И они тут стали что-то строить. Это не были бараки и это не были дома, это были, как бы это сказать, по-русски говорят – хибары. Хибар 20, вероятно, было. Там ничего не было. Школа была – четыре класса, почты не было, телефона не было, телеграфа не было, электричества не было, ничего не было. Воды не было. За водой ходили на Васюган или на Нурольку. Что я хочу сказать о тех временах? Одно – что я все время хотел есть.

Идешь к столу, чтобы есть, а есть нечего, то, что мы съедали, этого было так мало. И второе – было ужасно жарко. Так жарко, что от жары спасения не было. Жара доходила до 30, 40 градусов. Позже, когда я находился в заключении в Гулаге, был я в Озерлаге – красиво звучит – Озерлаг, а был это особый закрытый режимный лагерь, там нас не гоняли на работу, когда было минус 55 градусов, и не потому, что мы не могли. Нам-то что! Если с кем-то что-то случалось, его выбрасывали за ненадобностью. На тех-то были шубы. А вот собаки, которые нас сопровождали, 55-градусного мороза не выдерживали. Озерлаг считался спецлагерем. Что это означало? Что работать надо было по 12 часов, в то время как все работали восемь. Работали мы 29 дней, и только последний, 30-й день, мы были свободны. Это было ужасно. Письма родным мы могли написать одно в полгода. У нас не было киоска, где можно было что-то купить, как в других местах. Денег не было, денег не давали. Другим засчитывали за год работы полтора года, некоторым и два, у нас такого не было – 10 лет дали, 10 лет работай.

В Васюгане нас посылали на работу. И мы работали, как говорят русские, от зари до зари, до позднего вечера. Работали в колхозе. Интересный был случай. Подошел председатель колхоза и спрашивает: сколько классов окончил? Говорю, шесть. Как, говорит, шесть классов, и не умеешь лошадь запрягать? Отвечаю: не учили меня. Он этого понять не мог, в колхозе все это умели. Там впервые научился материться, потому что пока лошадь не пошлёшь, она с места не сдвинется. Зимой ловили рыбу. Первые два года так вот жили. Через два года мама получила разрешение переехать в районный центр Каргасок, так как она болела, а там был врач. Ну, и у меня появилась возможность. Я поехал с мамой в Каргасок, брат в Чижапку. Это на полпути. Брат окончил 7-й класс в Чижапке, я в Каргасоке. Летом мы все время работали. Но есть все равно было нечего.

В 1943/44 году было нечто... Я остался один. Мама уехала к сестре, брат Леня в Чижапке. Вначале я получал только 400 граммов тяжелого хлеба... Этого было недостаточно. Это было немного. Мы же не получали ни сахара, ни масла, ничего у нас не было. За все надо было платить, но и денег не было. Цены росли с каждым днем, с каждым месяцем, а денег *не было. Вначале мы продавали отцовские вещи. Чтобы достать еду. Картошки не было, даже картофельной шелухи не было. Ели лебеду, зеленые такие листья, крапиву. Или жмых, который давали лошадям и другой скотине. Я не знаю, как мы выдержали. Многие погибли. После 1945 года стало лучше. В 1947 году отменили карточки. В 1947 году я окончил школу, но разрешение уехать в Томск, где можно было получить высшее образование, нам не дали.*

В начале 1949 года меня и еще пятерых арестовали. Сказали, что мы сионистская организация и еще «вы обвиняетесь в участии в антисоветской буржуазно-националистической группе, которая под видом празднования еврейских национальных и религиозных праздников собирается, чтобы, предав свое социалистическое отечество, сбежать в Израиль и там сражаться против национально-освободительного движения арабов». За что еще меня взяли? За то, что я сказал, что во времена Улманиса в Латвии свободы было намного больше, чем тут. И это было правильно. Они говорят, что 15 мая 1934 года был фашистский переворот. Но мы-то знаем, как было. Все осталось. Еврейская община осталась, еврейские школы были, все, что нам нужно было, в Латвии, в Риге было. У нас были еврейские газеты, и на идиш, у нас был еврейский клуб и еврейский театр. Все, что вы хотите. Как в демократическом государстве. Только в России этого не было. Но об этом ведь они не знали.

Взяли меня в 1949 году и только после смерти Сталина, 15 ноября 1955 года сказали: вы свободны. Но в Советском Союзе «свободен» – это не то, что в других странах. Меня еще раз арестовали, и еще раз отправили в ссылку, ведь взяли меня в ссылке. Я не мог уехать в Ригу. А в это время моя мама, сестра и брат жили в Томске, они уже получили послабление. И меня отправили не в Каргасок, а в Томск. В Томске мне впервые выдали паспорт. Не такой, как выдают обычно, а волчий паспорт – каждые две недели я должен был отмечаться, что из Томска никуда не уехал. Я был спецпоселенцем. Я должен был подписать бумагу, что в том случае, если уеду, мне грозит 20 лет каторжных работ. Но Озерлаг и был теми каторжными работами. Каждый день в бараке там умирало по три-четыре человека. Ни от кого не секрет – это было то же самое, что у немцев в Кайзервальде – в Межапарке, в 43/44 году там происходило то же самое.

И каждый день все то же самое. Идешь по улице и видишь мертвых людей. Все только и просят есть. А газеты прославляют советских людей за их труд на благо Отчизны. Но мы-то знали, где правда, а где ложь. Как вышел оттуда? Шесть месяцев ходил на бухгалтерские курсы, окончил. А потом было так: Хрущев издал распоряжение, что молодые люди до 35 лет, те, кто учится в институте на дневном отделении, не на вечернем, а только на дневном, те подлежат освобождению. Значит, мне нужно было поступить в университет. Но как поступить, если я вышел из тюрьмы и все забыл? Стал думать, куда поступать. Хотел в медицинский, но там нужна математика, химия, физика. Все это я забыл напрочь. Девять лет провел в тюрьме. В тюрьме требуется совсем другое, надо бороться за жизнь. И представить трудно, что было. Потом подумал: пойду на исторический. Почему на исторический? Историю я немного знал. Экзамены по истории, географии, иностранному языку. Немецкий я знал лучше учителей, еще со школы, с Риги. Это три. А вот русскую литературу надо было учить. Больше всего боялся письменного, потому что писал по-русски с ошибками, ведь учил его с 7-го класса, не с 1-го. И я сидел и по 18 часов в день учился – с шести утра до двенадцати вечера, и так 90 дней подряд. Пошел в университет, подал документы. Мне сказали: получите 25 баллов, примем. Значит, мне по всем предметам надо получить пятерки: русский письменно и устно, немецкий, география, история. Первый экзамен был русский письменный. Пошел, написал. Как, не знаю. На другой день вывесили списки, попросил приятеля пойти посмотреть. Он вернулся и говорит: «Есть!» Как я получил эту пятерку, я понять не мог. Через неделю выдали мне бумагу, что принят, что я студент, пошел в милицию, получил паспорт. Но в паспорте был пункт 38, а это значило, что в Томске я могу учиться, а в крупных городах не могу. Отучился там год, сдал на все пятерки. И на лето меня отправили в Крым, в 1957 году. Мама, сестра с мужем в том же году получили разрешение вернуться в Ригу. Брату разрешили учиться в Ленинграде. И я решил уехать в Ригу. Ну что я буду здесь один оставаться? Приехал в Ригу, пошел к ректору, а он говорит: как тебя принять, если ты не знаешь латышского, 16 лет не разговаривал, с 1941-го по 1957 год, а русской группы у нас нет. Я сказал, что попробую, думаю, что смогу. И показываю ему мою зачетку. Он посмотрел – там одни пятерки. Говорит: «Хорошо. Не возражаю». Я говорю: «Подпишитесь, что не возражаете». И с его подписью я поехал в Томск, пошел в университет, сказал, что хочу перевестись. Забрал документы и приехал в Ригу. Как студента, меня прописали. Только позже, в 60-е годы, я узнал, что у меня были статьи 10 и 11. Последняя означала, что действовал я в группе. Ее сняли. Потом сняли с 10 лет до пяти. Восемь лет я находился в ссылке, семь лет в тюрьме. И вот посчитали, что я советский гражданин. Но только в 1993 году я узнал, что реабилитирован. Паспорт свободного человека я получил только в Латвии. Университет окончил с отличием, одно время работал в вузе, потом в школе. При советской власти жить я не хотел. Я хотел уехать. Три раза мне отказывали. Сказали – вы не имеете права преподавать в вузе. Ушел в школу, преподавал немецкий. Когда отказали вторично, сказали, что и преподавать историю я не могу. И стал я преподавать немецкий. В 1970 году я подал документы в третий раз, и 31 января 1971 года получил разрешение на отъезд. Со всей семьей, даем вам 28 дней на сборы. Я поехал в Москву, оформил все документы. Зато в школе, где я работал, что было! «Ты против советской власти! Тебя посадить надо! Преступник ты, вот кто!» Но сделать они ничего не могли. Характеристику оттуда надо было получить, получил, а там – ужас! 28 февраля я сказал Риге прощай! Через несколько дней я уже был здесь. В Ригу приезжаю часто, живу подолгу в Юрмале.

Удивительно, когда я приехал в первый раз, в 1997 году, начал разговаривать, и довольно свободно. А ведь 16 лет прожил там, 25 уже здесь.

Бывшая собственность практически утрачена. «Latvello» влилась в фабрику «Компресорс». Сертификаты, что за нее получили, продали задешево. Дачу вернули. Но и сестра, и брат хотели получить деньги. Тоже продали. Теперь, конечно, совсем другие цены.

Сибирь помню, но ехать туда не хочу. И в Россию не хочу, совершенно. Они говорят: Россия теперь совсем другая, пусть и другая, она не...

Язеп с братом Леоном в Латвии

Слева направо: Язеп, Соломея, Леон

Сибирь

Леон Едейкин

родился в 1927 году

Ни один из наших родственников, за исключением музыканта Вальдштейна, не остался в живых – все они погибли...

Я родился в Риге 6 сентября 1927 года. Наша семья состояла из отца, матери, сестры, которая была на четыре года старше меня и брата-близнеца. У нас семья была хорошая, из так называемого «высшего класса», отец был владельцем велосипедной фабрики «Latvello». Жили хорошо. Так продолжалось до 1940 года, пока СССР не протянул нам «дружеской руки».

В 1941 году нас выслали в Сибирь. Мы с братом были у родственников. 12 июня маму, отца и сестру взяли прямо в квартире, мы об этом ничего не знали. Только 14 июня нам позвонили по телефону. С трудом добрались до Риги. Двери квартиры были запломбированы. Родные – папина мама, сестра отца с семьей, мамина сестра с семьей – одни говорили, что не надо ехать с родителями, стоит подождать, мамина группа говорила, что дети должны быть там, где и родители. Поговорили они между собой и решили, что мы должны ехать. Был там и друг, жених моей сестры и один из старейших работников отца. Они были из так называемых PDI – сотрудники помощника полицейского. Они и отвели нас на станцию. И там было такое место, где стояли русские офицеры, которые сказали, что нам ехать нет необходимости, оставайтесь, зачем вам уезжать.

Это было по дороге на станцию Шкиротава, где уже два дня в вагоне находилась мама. Мы были в списках на выселение, но у нас была возможность не ехать, так как «они» нас не нашли. Мы явились на станцию добровольно.

Отца в то время уже разлучили с семьей, и он находился в другом поезде. Отца отправили в Соликамск, и 9 апреля 1942 года его расстреляли. Убили в лагере. Об этом мы узнали гораздо позже, когда вернулись в Латвию. Он был владельцем велосипедной фабрики, на которой работало 200 человек, он был капиталист, и за это его расстреляли.

Когда в 1940 году вошли русские и протянули нам свою «дружескую руку», кажется, через месяц или недели через две отняли все наше имущество, а у нас был пятиэтажный дом, где мы жили. Был магазин, еще что-то. Отняли все. У нас была квартира из семи комнат, половину забрали. Отец до последней минуты оставался на фабрике директором. Рабочие хотели, чтобы он остался.

Тетя, когда мы еще были в Салдусе, вошла в нашу квартиру, взяла кое-какие наши вещи. Дала нам денег, я пошел и купил сухарики. Помню, на станции мама кричала: «Отдайте мне моих мальчиков!» Не знаю, как на станции мы нашли маму. В вагоне были широкие двери, мы вошли и их задвинули. В вагоне были двухэтажные нары. В углу так называемый «писсуар». Приехали мы часов в десять вечера, а в полночь поезд тронулся. Если бы мы пришли на пару часов позже, мы бы не уехали, но тогда я бы не сидел сейчас с вами и не разговаривал...

Ни один из наших родственников, за исключением музыканта Вальдштейна, не остался в живых – всех их убили... Я не говорю спасибо, но я мог бы сказать спасибо, что мне удалось остаться в живых.

До Новосибирска ехали примерно пять недель. Ночью открывались двери, кричали: «Суп!» Так мы раз в неделю получали суп, и солдаты разрешали нам, когда поезд стоял, сбегать за горячей водой. Маме и старым людям было очень трудно. Мне было тринадцать лет, мне было проще. Из поезда нас пересадили на пароход «Николай Тихонов». Не знаю, *сколько мы плыли по Оби, потом по Васюгану. На каждой остановке вызывали две-три семьи и высаживали на берег. Нас выкинули в Рабочем поселке. На реке Васюган, в 200 или 300 километрах от Каргасока. Разместили нас в клубе на сцене, со всеми вещами. В клубе показывали фильм «Девушка с характером». Я смотрел фильм. Нас было там две семьи. Мама приняла одну девушку, которая в вагоне безутешно плакала. Через два дня из вагона забрали ее мать и двух братьев, у них тоже была какая-то фабрика или что-то. Девушке было лет 18, и мама ее приняла. Так что нас стало пятеро. Была еще одна семья, фамилия их была Шомер. Там было трое детей, была еще Люба Эйзенштат.*

Через неделю или две стали искать прибежище. Не помню, но мне кажется, что это был какой-то центр: там был поселковый кооператив, маленькая больница на две или три койки, колхоз, кажется, назывался «Победа», колхоз небольшой. Не больше 13 домов. Потом нам дали или продали землянку – внутри земля, наверху перекрытие из жердей. Еще через две недели нам сказали, что надо выходить на работу, что приехали мы не на курорт, а на перевоспитание. Первая наша работа была корчевка. Мама никогда не работала, и в Сибири она не работала. Работали мы втроем, но выполнить надо было норму четырех человек. Так продолжалось два месяца. Прибыло начальство и придумало, что раз идет война, нужна рыба. Выдумало, что нужны солдаты. И мы так и назывались «4-й военизированный рыболовецкий дивизион». Зато как звучит потрясающе! Стали рыбачить. Летом ловили с лодок, ставили большие сети. Зимой тоже ставили сети. Мы с другом Шомером спросили у бригадира, как ставить сети. Он объяснил, что сначала надо сделать прорубь и через каждые 10 или 6 метров снова прорубь. Вставить доску и снова вытащить. Словом, ничего толком не объяснил. Лед метровой толщины, сеть ко льду примерзает. В общем, рубили лед, такая вот была моя зимняя рыбалка.

Через два года я решил бежать. Хотел учиться. Там, где мы жили, школы не было. Брат сказал, что уедет со мной. Мы взяли лодку, картошки и отправились в Усть-Чижапку. Где-то привязали лодку к барже, и так плыли. Я стал искать жилье. Нашел семью, с которой сговорились, что дрова и вода будет нашей работой.

Пришел в комендатуру, заявил, что мы убежали из Рабочего поселка, но мне ничего не сказали. Начали мы учиться. Через пару недель мама собралась в Каргасок к врачу, брат решил, что поедет к ней. Я решил остаться – не знал, что меня ждет в Каргасоке, хотел учиться, никуда не хотел уезжать.

Зима была трудной. Картошка быстро кончилась. Я каждый день покупал 120 граммов муки. Каждый мог выбирать – или 200 граммов хлеба, или 120 граммов муки. У людей, где я жил, забирал картофельные очистки. Собирал крапиву и каждый день варил себе кашу из муки, крапивы и очисток. Это была вся моя еда. Окончил я семь классов и снова на лодке отправился за 30 километров, туда, куда из Каргасока были высланы сестра и мать. Сестра работала на барже, где стояла большая лебедка, которую приводили в действие восемь лошадей, закладывали бревна, выбрасывали на баржу и надо было их потом уложить. Проработали июнь, июль, август, потом отправили нас в Каргасок. Там уже надо было валить лес, пилами. Я уже был взрослый, окончил семь классов. Не знаю, как мама уговорила начальство, чтобы предоставили мне возможность учиться дальше. С братом ходили в 8-й, 9-й и 10-й класс. Надо было сдавать экзамены на аттестат зрелости. Русского языка я не знал, в детстве писал и читал только по-латышски и по-немецки. Говорить по-русски умел, у меня была русская нянька. Дома с мамой говорил по-русски, с папой – по-немецки. Читать по-русски не умел. Помню, была в Риге такая газета «Сегодня», по ней выучил русские буквы.

Экзамен по русскому языку я, конечно, не сдал. Следующий подход – через год. Когда я провалился, меня тут же послали на шпаловый завод. Там я проработал год, это было ужасно – далеко от дома, каждое второе воскресенье шел к маме за 20 километров. Я не рассказал еще, это был 1948 год, когда брату и еще пятерым, каждому из них вменили статью 58.10 – за антисоветскую агитацию. Его и еще четырех женщин увезли, и он восемь лет просидел в Омске. Мне аттестат надо было получить во что бы то ни стало. Думал, может быть, смогу дальше учиться. Там были хорошие люди – директор завода. Я работал хорошо, мы с ним ладили. Он сказал: ты мобилизован, но беги отсюда, я единственный, кто может подать на тебя в суд и выдать органам. Я тебя не выдам, обещаю.

Поехал в Каргасок, заявился к коменданту, и он мне – я тебя не выдам, но подпишись, что после учебы придешь работать грузчиком.

Пошел учиться, месяц у меня был на подготовку. Стал сдавать экзамены, был и письменный. Спросил: ну, как я сдал? Между двойкой и тройкой, еще решаем, что поставить. Поставили тройку, и я получил «аттестат зрелости». Пошел работать грузчиком. В сентябре там уже холодно. Приходилось таскать ящики с баржи под 200 килограммов. Трудно было, конечно. Но ты знаешь, что ты должен идти, потом снова и еще раз. После работы давали стакан водки и стакан молока. Отработал я так год. Образование у меня было, и назначили меня заместителем заведующего складом. Склады там были огромные.

В 1946 году все высланные дети получили разрешение вернуться в Ригу. Одна группа уехала, я был во втором списке. Там были дети, родившиеся после 1925 года. Ехал я на пароходе. Пришвартовались, чтобы загрузить дощечки для бочек. Простояли мы там три часа. Появилась милиция, искали, а мы стали говорить по-английски, будто бы мы не из Риги. Велели всем сойти с парохода. И мы со всеми вещами тащились обратно три километра. Мама спросила, что случилось. Оказалось, начальство получило распоряжение, что детей все-таки в Ригу отправлять нельзя. Тех, кто успел уехать, потом вернули обратно. Нас не отправили, мы три часа просидели на пароходе.

Учиться было негде. Хотел поехать в Томск, но разрешение получил только в 1953 году. Меня никуда не принимали, только в лесной техникум. После окончания надо было три года отработать по направлению. Но если ты имел все пятерки, то пять процентов отличников могли поступать в институт. У меня не было ни одной четверки, и я получил свободный диплом. А поскольку за плечами у меня была десятилетка, в техникуме я учился всего два с половиной года. Полгода проработал и получил паспорт. Было это в 1956 году, уже Сталин умер. Я хотел учиться и уехал в Ленинград. В Лесотехническую академию. Я выяснил, что экзамены сдавать мне не надо, и уехал в Ригу. Там были знакомые, среди них и моя будущая жена. Три летних месяца я был в Риге и 1 сентября вернулся в Ленинград. И... не могу я там учиться. Мне было уже 29 лет, а вокруг были 17–18-летние ребята. Договорился с руководством, что перейду на заочное отделение. Отправился в Ригу и здесь в 1962 году окончил вечерний институт. Что делать дальше? У меня были знакомые, я у них жил. Начал искать работу на предприятиях, связанных с деревообрабатывающей и бумажной промышленностью. Приняли меня в проектный институт, позднее он назывался «Латгипропром», на улице Ленина, 15. Начал техником, потом инженером, старшим инженером, руководителем группы, специалистом. Проработал там 17 лет. Через несколько месяцев женился. У нас две дочери. Жили нормально.

В 1973 году решили, что будем искать что-нибудь другое. Мама, сестра и брат уже два года жили в Израиле. Долго думали – что делать? По тем временам жили мы неплохо. Мне уже было 45 лет. И все-таки мы решили ехать, и могу сказать, что сделали правильный выбор. Здесь я начал работать на нефтезаводе по своей специальности – контрольно-измерительные приборы. Ушел на пенсию с должности начальника отдела.

А теперь немного о моем латышском. Когда я приехал из Сибири и был уже старшим инженером, работали у меня два латышских парня – Янис Клотиньш и Гунарс Муйжниекс, мы дружили. И они мне сказали – не будешь говорить по-латышски, считай, мы больше не друзья. И так постепенно вернулось все, что я знал раньше. Могу сказать им только спасибо, потому что сейчас я говорю с вами по-латышски так, как разговаривал в детстве.

Я сейчас пенсионер, делаем, что хотим, живем нормальной жизнью. Одна дочь живет здесь, другая в Лондоне. Если подытожить... Не знаю, могу ли я еще что-то добавить. Человек все время должен помнить, что в любой ситуации он может проявить свои лучшие качества, стараться быть лучше. Где бы я не жил, у меня везде остались добрые люди, я всегда встречаю таких. Знаете ли вы, сколько раз я начинал все сначала? Трижды! В Сибири я встретил очень много хороших людей, но были и плохие. Я в людях ищу хорошее. Здесь у меня новые друзья, но я помню и друзей, которые были у меня в Риге, некоторые из них тоже здесь. Каждую пятницу мы встречаемся. Здесь писатель Минц, инженер Вальдштейн и другие – мои хорошие друзья из Риги.

Ну что еще сказать...

Слева: Леон и Язеп

Сибирь

Справа: Леон, Соломея, Язеп и мама. В Сибири

Элла Каган (Сливкина)

родилась в 1926 году

Звонок, вошли пятеро. Один красноармеец.
Латыш полицейский, еврей из парторганизации и
еще двое.

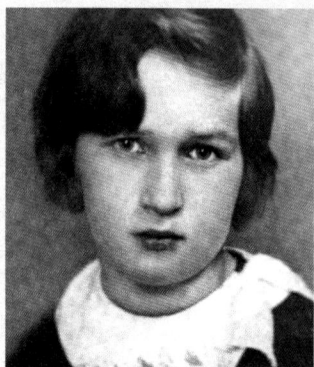

В Латвии мы жили в Даугавпилсе. Я родилась в семье Исая Кагана. Моя мама Герта Каган. У меня был брат, на четыре года моложе меня. В Даугавпилсе я училась в латышской школе. Это была 5-я основная школа.

Дома мы разговаривали по-русски, мои родители знали и еврейский язык, но с нами разговаривали по-русски. Так что я находилась как бы среди двух культур, между русской и латышской, так как в школе мы учились на латышском.

У моего папы была фирма «Импорт хмеля» – он его импортировал в Латвию из Польши, Германии, Австрии, Чехословакии. И в 1938 году в связи с работой они с компаньоном Овсеем Мароном решили перебраться в Ригу. В результате выслали и компаньона. В 1938 году, когда Германия начала войну с Польшей, папа отправился спасать свои накопления, которые находились в польских банках, и пропал на два месяца. В это время мы с мамой переехали в Ригу, так как уже была снята квартира. Мы не знали, что с папой, где он, вернется ли вообще, но однажды ночью отец вернулся, конечно, ни с чем, но счастливый, что спасся. Он рассказал, что на границе его ждали латвийские пограничники. Они знали, кто выехал из Латвии, радостно встретили его, и так отец вернулся в Ригу.

Жили мы обеспеченно, в хорошей семье. Живы были только папины родители. Одна сестра отца с детьми жила в Литве, в Паневежисе, вторая училась в Ленинграде. Самое интересное, что буквально накануне высылки все собрались у нас, в Риге. Из Паневежиса приехала папина сестра с мужем и детьми, из Ленинграда – наша тетя. Это было в начале июня 1941 года.

Конечно, никто из нас не знал, что готовит нам будущее. В тот момент, когда за нами пришли, в квартире была и тетя, ей, естественно, вместе с нами пришлось квартиру покинуть. Отец в ночь с 13 на 14 июня был в Майори. Одна рука не знала, что делает другая. Его назначили директором гастрономического магазина в Майори, и они занимались подготовкой к открытию. Когда в пять утра за нами пришли, его дома не было, а мы спали. Звонок, вошли пятеро. Один красноармеец. Латыш полицейский, еврей из парторганизации и еще двое. Они сказали: «Мы должны вас перевезти в другое место поблизости, но вы скоро вернетесь». Партийный деятель подошел к моему брату и стал дергать его за ноги: «Просыпайся, вставай! Вырастешь хорошим комсомольцем!». А брат ткнул его ногой в живот. Это я прекрасно помню. У меня было такое ощущение, что ничего с собой брать не надо. Полицейский открыл шкаф, сам стал забрасывать вещи в чемоданы, а я ходила и выбирала. Захватили и какую-то еду, что оказалась дома.

Посадили нас в грузовик, и поехали мы к другим, которых тоже высылали. Следующей была семья Улманисов, жили они напротив Армейского Экономического магазина. Вывезли отца, мать и двоих детей, мальчик был постарше, и еще девочка. Имен их я, к сожалению, не помню, хотя потом мы почти все время были вместе в колхозе, куда нас привезли. Забрали еще несколько семей.

Когда мы стояли на углу улицы Вальню... Жили мы напротив «Отто Шварца». Вдруг мама говорит: «Смотри, папа! Сказать или не надо?». Она спрашивала совета у меня, у ребенка, и мы решили, что сказать надо. И папу, естественно, тут же привели к нам. «Помилуйте! – воскликнул *папа. – Тут же ничего нет! Разрешите подняться наверх, взять кое-какие вещи». И он в сопровождении полицейского пошел домой, собрал и принес чемодан со своими вещами.*

По-моему, нас отвезли в Икишиле. Отца тут же увели, и мы его больше не видели. Нас посадили в разные вагоны, и не видели мы его до того момента, пока его досрочно не освободили в 1944 году, так как у него была пеллагра, болезнь от перегрузки. Он приехал к нам в деревню, где мы обитали.

В 1941 году нас посадили в вагоны для перевозки скота, и начался наш путь в Новосибирск. Куда нас везут, мы не знали. В дороге узнали, что началась война, навстречу шли эшелоны с военными. Условия были жуткими, туалет находился прямо в вагоне, а там же были и дети, и взрослые. В Новосибирске нас перегрузили на баржи и по Оби и Васюгану развезли по колхозам. Васюган – это приток Оби. Нас везли по Васюгану и через определенное расстояние высаживали по несколько семей и на правом, и на левом берегу, там, где находились села с высланными в 1929 году раскулаченными хозяевами. Вместе с нами находилась и семья Улманисов. Поселок назывался Новоюгино, в Каргасокском районе. Встретил нас председатель, разместили у колхозников – каждая семья должна была принять кого-нибудь. Высадили здесь шесть или семь семей.

Мы с мамой и братом попали к старообрядцам – к мужу и жене. Они уже были люди в годах, колхозники. Они завели нас в дом, выделили место прямо под иконами, что можно было считать их «салоном». Была там и кухня с русской печью, где жили они сами, была и прихожая. У них мы прожили год. Они нас кормили и поили, направляли на работу. Мама сразу же пошла работать. Работа была в лесу. Как сейчас помню, мама в шелковых чулках, в сандалетах на деревянной подошве. Мы, конечно, не готовы были к столь сложным условиям. Они давали маме молоко, давали с собой и завтрак.

Мы, дети, пошли в школу. Новоюгино считался районным центром, была там и школа. Приезжали сюда дети из окрестных деревень. Мне кажется, я ходила в 6-й или в 7-й класс, брат был на четыре года младше. Учителями работали эвакуированные из Ленинграда и Москвы. До сего дня помню прекрасного учителя литературы – украинца Василия Степановича. На одном из уроков литературы, когда мы изучали Гоголя, один мальчишка из соседнего села (были такие два брата Собко) вскочил и крикнул: «Знаем мы этих евреев!», или даже «жидов», вот не помню. Было это, вероятно, в связи с тем материалом, который мы тогда проходили.

Василий Степанович остановился: «Да? И что же ты знаешь?» И прочел целую лекцию об истории евреев. «Знаешь ли ты, что это народ Библии? Книжный народ?» И весь урок посвятил евреям. Мы с подружкой, тоже еврейкой, сидели на первой парте – были отличницы. Она была настоящая отличница, а себя я считала «притянутой за уши» отличницей. Волнение было страшное. Казалось, на голове каждый волосок поднялся, мурашки по телу побежали, чувствовала я себя прескверно. Это был один из самых неприятных случаев.

И нам приходилось работать в колхозе. Убирать урожай, ловить рыбу. Неожиданно послали меня на лов рыбы. Я должна была забросить в воду сеть. Почувствовала, что отпускаю, бросилась бегать вокруг толстого дерева. Мои действия, как вы догадались, сопровождались страшными ругательствами. А я из семьи, где меня держали словно в вате, я не знаю, что бы из меня вышло, если бы не эта ссылка.

Было мне тогда 13 лет, брату девять. Сельскохозяйственные работы были в порядке вещей. Потом я вызвалась вместе с группой в тайгу. Там был заводик, где получали пихтовое масло. Там работала молодежь. За это кормили, в сельпо давали хлеб, по норме выдавали и сахар. Я пошла, все это получила, принесла домой. Там было две буханки хлеба, еще что-то. Мама спрашивает – откуда все это? Я рассказала. В ответ услышала: «Ты никуда не поедешь, немедленно отнеси все обратно». И пошла я в сельпо, и все отнесла обратно.

Рано утром мама вышла на берег, где меня уже ждали и откуда должны были отплывать лодки, и сказала: «Элла никуда не поедет!». Председатель был, конечно, недоволен, что мама не отпускает меня на все работы, но не пускать меня на лов рыбы – тут она не возражала. Против того, что меня посылают стоять в воде, что я должна чинить сети, она не возражала.

Но однажды из поселка «Военторг», который находился на берегу Оби, в Казальцево приехали на лошадях и сказали, что им нужны помощники. И мы с мамой были первыми, кого председатель усадил в телегу. С нами поехали еще несколько семей.

В 1943 году отвезли нас в другое село – в Казальцево. Это был рыбацкий поселок, готовили продукты для фронта. Начальник поселка, директор, приехал из Новосибирска, такой Янин, бывший или настоящий полковник. Съехались сюда люди многих национальностей, были поволжские немцы, враги народа, матери с детьми, женщины из Смоленска, и они были врагами народа, и их мужья, и всех их выслали сюда. Возник рыбацкий поселок. Зимой, когда Васюган замерзал, ловили в прорубях. Жили мы в землянке. Мама сумела даже в землянке навести уют. На столе были салфеточки, и так было везде и всегда. Окна были, конечно, на самом верху, мы жили как бы в подземелье.

Летом нас посылали на север, в тайгу за брусникой. Были женщины из Смоленска с детьми, поволжские немцы, ездили и мы с братом. Были из Латвии. Помню Медне с мальчиком, который заболел дифтеритом и, к несчастью, умер. С Медне мы жили в одном бараке, в одной комнате были Медне, госпожа Дункелс и Женя Седова. Все они были из Латвии.

Командовал нами антисемит. Издевался, глумился над нами. Отвратительно относился не только ко мне. Я была единственная еврейка. Была Женя, латышка, русские девушки. Мы с Женей решили, что напишем письмо бригадиру. Одна русская женщина, жена офицера, сказала, что отсюда уедет. Как доберется до места, не знает, но уедет. Мы отдали ей письмо, адресованное начальству. Описали условия и отношение к нам.

А меня одолели вши. У меня были густые вьющиеся волосы, и когда я запускала в волосы руку, там было их миллион. Смоленские девушки постригли меня «под ноль», это было единственное спасение. То, что вши ползали по одежде, к этому мы уже привыкли. Мы были в летнем, из теплых вещей ничего не было.

Река начала замерзать, а за нами не приезжали. Лодок не было, угнали все до одной. Огромная лодка появилась, когда вдоль берега уже появился лед. За это время набрали в бочки и бруснику, и клюкву. Бочки тоже *надо было погрузить и отправляться домой. Плыли, вероятно, неделю. Когда высаживались на берег, нас встречал волчий вой. Мы их видели. Приходилось разводить костры и бросать в волков горящие головешки. Это нас спасало. Когда приехали домой, мама спросила: «Элла, где твои волосы?».*

Что бы с нами ни происходило, мы все же считали это лучше, чем оказаться в лапах немцев. Говорили, что вот они, советские люди, спасли нас от зверств, если бы нас не выслали, оказались бы у немцев.

В этом селе в тот сезон занимались ловом рыбы и сбором ягод. В 1944 году к нам приехал папа. У него спросили: «Куда хочешь ехать?» В большие города въезд ему был запрещен. Он ответил: «Хочу поехать к семье!» Он не подумал, что это ведь Сибирь, что он мог бы поехать куда-нибудь под Ленинград. Но, как бы то ни было, его привезли к нам, поместили в том же бараке, в той же комнате – с Медне, госпожой Дункелс, с Женей, с этими тремя женщинами, с которыми жили и мы. И он работал там же – сторожем, Янин посылал его на разные работы.

<u>Помните ли Вы тот день, когда он приехал?</u> Он приехал на катере. Сообщение было катером. Конечно, это нас всех потрясло, хотя мы, кажется, знали. Точно не помню, как все происходило.

Вначале ни он, ни мы не знали, кто где находится. Его сестра жила в Ленинграде. Там она провела всю блокаду. Отец с ней переписывался, и так он узнал, где мы, и мы узнали, где он. И в один прекрасный день, когда мы были еще в Новоюгино, получили записку, написанную на бересте. Береста выполняла тогда функцию открытки, на другой ее стороне был адрес. Жаль, я долго ее хранила, но так и не сохранила. Он писал: «Я на Урале, в Соликамске. Работаю в лесу. Тридцатиметровые ели качаются, как спички». Он всегда был настроен немного поэтически. «Валим деревья». Мы плакали, получив это письмо, оно нас потрясло, потому что...

Мы, по крайней мере, уже знали что-то друг о друге. Я не помню момента, когда он приехал, знали мы о его приезде или это был для нас сюрприз. Скорее всего, последнее. Момент, когда он сошел с катера, мне не запомнился.

Его освободили из-за пеллагры. Выглядел измученным, но потом пришел в себя. С нами он жил год. Потом приехал Янин и сказал, что прибыли люди, собирают бригаду на строительство в Томске. И его туда отправили. Мы стали просить, умолять, чтобы его оставили, но нам сказали: «Это единственный способ вам отсюда выбраться! Он уедет в Томск, начнет работать, пришлет вам вызов на учебу, вызовет туда мать. Это единственное, что может вас отсюда...» Так и случилось. Все женщины, которые там были, стали собирать ему продукты в дорогу, проводили его в Томск.

Это было в 1945 году. Там мы узнали о конце войны. Вскоре от него пришел вызов. В Томске его посылали рыть канавы, работа тяжелая, долго там не выдержал и пошел в Отдел по рабочему снабжению, к начальнику, рассказал, чем занимался раньше. «Может быть, вы предложите мне соответствующую работу вместо рытья канав?» — так он ему сказал. Начальник ОРСа ответил: «Поглядим!» Мы в жизни встретили великолепных людей, таких, как Янин, как начальник ОРСа, как же его фамилия... Сергей... Не помню. Он дал отцу приличный ватник, штаны и сказал: «Дам тебе задание. Если справишься, тогда...»

И направил его в горком, мол, строительный трест просит помощи, что-то в таком роде. Отец справился, и начальство его оставило в ОРСе. Отец потом все повторял: «Встречают по одежке, провожают по уму». Отец прислал нам вызов, и через некоторое время мы все приехали в Томск. Он там уже снял квартирку.

<u>Что значит «вызов»?</u> Вызов, чтобы учиться там в школе.

<u>А разве там, где вы жили, школы не было?</u> Была, только семь классов. Чтобы учиться дальше, надо было ехать к Каргасок, но мама меня не пускала. От Новоюгино это несколько десятков километров. Шел 1945 год, мне было уже 17–18 лет. А тут отец записал меня в фармацевтическое училище, и брата записал в школу.

Приехали мы в Томск, пошла я в училище, мне там страшно не понравилось, там были семиклассники, которые только-только из школы, а моя мечта была окончить среднюю школу, получить аттестат зрелости. Я бросила, экстерном сдала за 8-й и 9-й класс, стала готовиться.

Хочу еще рассказать про Новоюгино, про колхоз... По вечерам было очень холодно. Год мы прожили у хозяев, которые о нас всячески пеклись. Через год нам выделили какую-то конюшню, мы привели ее в порядок – замазывали щели, чистили, скребли. Сидели по вечерам с братом у печки и пели песни, которые помнили, – и латышские, и русские, и на идиш тоже. Между прочим, идиш я знаю не очень хорошо. Все понимаю, но говорить не рискую. Такой вот эпизод о том, как мы проводили зимние вечера.

А как было в первые месяцы? Жили мы у чужих людей, у хозяев, они о нас очень заботились. Жила с ними и дочь с ребенком. Дольше мы у них оставаться не могли. Потом из Томска мы посылали им посылки, папа посылал. Жизнь в Томске после войны стала как-то налаживаться. Отец дослужился уже до начальника отдела.

Люди голодали. Да. В лагерях в первую очередь умирали латыши. Они не могли приспособиться. Им было очень трудно и физически, и морально.

Это вам отец рассказывал? Да. А как отцу удалось выжить? Он заболел пеллагрой. Если бы его не освободили, его бы тоже к тому времени уже не было в живых. Ему помогала наша ленинградская тетя. Хоть она и была в осажденном Ленинграде, но потом ей удавалось посылать папе папиросы, бумагу, махорку. Это было очень важно – можно было обменять на что-то. Это было для него подспорьем, и все же пришел он в плачевном состоянии.

Условия там были жестокие. Надо понять, что такое советский режим. Мы ведь до 1940 года жили в Латвии. Жили хорошо, у отца были связи в высших кругах. Наша семья жила хорошо и в материальном отношении, и вообще.

Томск стал для нас спасением. Там мы не чувствовали антисемитизма. Не могу сказать, относились ли там к нам как к «спецпереселенцам», возможно, что нет, и все же, несмотря ни на что, нам надо было ходить отмечаться.

В 1946 году прибыл эшелон, забирали детей, у которых погибли родители, в Латвию. Меня тоже куда-то увезли. Кажется, отец. Я не знаю, как ему это удалось. На мне была шинель. Я даже помню человека из представительства. И вместе со всеми я уехала в Ригу. *Брат мой отправился в Ленинград к тете. Дети уехали, родители остались в Томске.*

Я до сих пор испытываю чувство ностальгии по Риге. Каждые два года приезжаю. Люблю Ригу, боготворю ее. Помню детство, как катались на санках. Думаю, это был Гризинькалнс. Мы выезжали за город. Я тогда, кажется, училась в 6-м классе, вместе с друзьями выезжали под Ригу.

Когда я в 1946 году вернулась в Ригу, жила у сестры. Выросла я в Даугавпилсе, но с 1938 года жили в Риге. И сестра моя жила в Риге, работала и училась. И я в Риге пошла работать. Во-первых, поступила в школу, в 10-й класс. Потом работала в Лесохозяйственном институте, не помню, кем. Латышский язык я тогда знала лучше, чем сейчас.

А потом поступила на филологический факультет Латвийского университета, на латышский поток. Училась, пока меня не выгнали. В 1950 году мы уже были мужем и женой. Абрам вернулся тем же путем, что и я, только они вернулись всей семьей. Их было пятеро детей. Когда стали собирать сведения, узнали и о них. В 1950 году все евреи знали, что их вышлют, поэтому уезжали кто куда. А они остались. Поженились мы в 1948 году. Я училась, Абрам работал. В январе 1950 года всю его семью забрали. Пришли и к нам на улицу Блауманя. У меня даже не спросили, кто я такая. Моего имени в списках не было. Абрам Сливкин, собирайтесь! Пришли к сестре, замужней женщине, забрали ее, родителей, детей; Беньяминъ, и всех отправили на пересыльный пункт. Помнится, что январь 1950 года был очень холодный. Я приносила им туда передачи. Продержали их там несколько недель. Потом отправили по этапу вместе с преступниками, на прежнее место ссылки. Я уже была в положении. Все! Вызвали меня в отдел кадров, был там такой Озолиньш. Почему я не рассказала, что муж мой был выслан? А что рассказывать? Я и о себе не рассказывала. Он заставил меня написать какое-то признание или что-то в этом духе, и меня выкинули из университета. На 3-м или 4-м курсе. Я подумала – все равно, закончится учебный год, я уеду к мужу, в сентябре я должна была рожать. И я поехала в Боготол, туда, где они жили во время ссылки. Там в сентябре у нас родился сын. У меня уже был паспорт, я была свободным человеком. Родители жили в Томске, но в Томск меня не звали, так как боялись, что из-за них я должна буду снова встать на учет. Но в один прекрасный день отца вызвали и спросили: «Где ваши дети? У вас же были дети?». Отец ответил, что не знает. «Как не знаете? Вам что, здесь плохо? Отправим вас на север, а детей привезем по этапу!» Он испугался и сказал: «Я попробую выяснить». Послал телеграмму и мне, и брату в Ленинград.

Я с сыном приехала в Томск. Приехал и брат. Узнали, что нам надо явиться в комендатуру. Для меня это была не новость – не покидать город. Но для брата! В Томске был дом офицеров, он ходил туда на танцы, познакомился со своей будущей женой, с которой по-прежнему живет в Томске. А я год просила, чтобы Абрама из Боготола, из Красноярской области... а здесь была Томская область. Год мы просили, чтобы ему разрешили приехать в Томск. Когда он приехал, сын сказал: «Дядя папа приехал». Он приехал, устроился на работу. Я еще не рассказывала о том, что, еще учась в университете в Латвии, подала документы в педагогический институт. Меня приняли на факультет иностранных языков. Там я его окончила, в 1957 году, вечернее отделение. Работала, потом перешла в техникум, потом преподавала в политехническом институте.

В 1957 году вышел закон о реабилитации всех высланных. Это, во-первых, касалось учителей. А так как я работала учительницей, меня с учета сняли сразу же. Но мы еще никуда не могли уехать, ведь чтобы вернуться в Ригу, нужна была там прописка, нужна была там работа. И мы продолжали жить в Томске. Абрам работал в «Теплоэлектропроекте» и получил квартиру в новом «хрущевском» доме. Мы эту квартиру обменяли на квартиру в Риге. В Риге это была двухкомнатная квартира в деревянном доме на Кипсале. Рядом жил рыбак, у которого мы покупали лососей. Как же его звали? Тот, что спасал евреев.

Там жил Жанис Липке, в этом районе мы получили квартиру и переехали в Ригу.

И я пришла работать во 2-ю основную школу, в вечернюю, где училась рабочая молодежь. Она находилась на улице Ленина, на улице

Бривибас. В то время, в 1965 году, мы получили вызов из Израиля. Там жили две сестры Абрама. Они вышли замуж за польских евреев, которые имели право, и через Польшу выехали в Израиль. Абрам с детства был сионистом. Я об этом ничего не знала. В нашей семье, правда, отмечали Пасху, еврейские праздники, отец тоже был связан с синагогой, кажется, в связи с пожертвованиями, дедушка и бабушка были люди религиозные, но у нас был «светский дом».

И так как Абрам хотел уехать, какое у меня было право его задерживать? Но для меня это был смертельный номер. Я была первой учительницей, которая выезжала! И я придумала глупейший план. У Абрама был туберкулез. Я решила, что об Израиле вначале говорить не буду. У нас родственники жили в Польше, муж якобы хочет к ним съездить, и так далее. А потом мы хотим переехать в Израиль. Когда с губ моих сорвалось это слово, директор вскочил совершенно испуганный. Он уже боялся дышать со мной одним воздухом! Он вылетел из кабинета, я вылетела за ним. И так легко у меня стало на сердце в эту минуту. Все! Больше мне сказать нечего. Сказала все, что надо. Я еще не хотела уходить с работы, не знала, разрешат или не разрешат мне уехать. Он говорит: «Знаете ли вы, что в Израиле дети учатся в подвалах? Знаете ли, что...», второе, третье, десятое. Знаю или не знаю, но характеристику он мне все же не дал. И тогда я решила, что уйду с работы. Подала заявление и устроилась в клуб железнодорожников. Там были ребятишки 4—5 лет, я учила их английскому языку. Мне кажется, в моей жизни это было самое счастливое время. Дедушки и бабушки приводили ребятишек, дети меня любили, я к ним привыкла, мы играли, пели. В результате заявление об отъезде мы подали в декабре 1965-го или в январе 1966 года. Меня вызвали в марте. Абрам снова лежал в больнице. Вызвали меня, и женщина-полковник говорит: «Вам разрешен выезд в Израиль». Разрешение было получено в течение двух месяцев, это когда люди ждали годами. В марте мы должны были покинуть Советский Союз и выехать в Израиль. Одна эпопея закончилась.

<u>*Что еще вы хотели бы сказать о том, что было пережито в России, в Сибири? Как это отразилось на вашей судьбе?*</u> *Если бы не война, если бы не наша первая ссылка, мы бы сказали: «Хоть лес и рубят, но*

щепки не должны лететь». А так как шла война, многое, как будто, можно было оправдать. Страдали все, весь народ. Вот то, что меня в 1950 году выгнали из университета, когда война уже давно кончилась, прошли годы, дети учились в советских школах, – это было непонятно. Это говорило о том, что с советским режимом было не все в порядке. О Холокосте подробнее мы узнали уже будучи в Израиле. И моя жизнь здесь повернулась неожиданно, в том смысле, что приехали мы сюда ни на что не претендуя, не требуя, принимали все, как должное. Мне повезло с работой, так как я знала английский. Я устроилась на работу переводчиком в институт, поскольку в школу попасть в Израиле чрезвычайно трудно, особенно преподавателю английского. Здесь было много американцев. Места предлагали в первую очередь им. Я устроилась переводчиком в институт, который затем преобразовался в издательство. Проработала я 10 лет. Мы начали издавать Еврейскую энциклопедию на русском языке. 11 томов.

Дом в Сибири

Исай Майофис

родился в 1927 году

14 июня 1941 года их жизнь превратилась в ад.
Сыну Геноха, моему папе, было тогда 14 лет.
Его родной сестре Бэлле – 13.

Каждый год летом мы с папой, Исаем Майофисом, ездили в Ригу к родителям папы, моим дедушке и бабушке – Геноху и Эстер Майофис.

Жили они в районе кинотеатра Тейка, на улице Лаймдотас, 31.

Это была трехкомнатная квартира. В двух комнатах обитала какая-то семья, в третьей – они. Кухня и душ были общие. Комнатушка была маленькая. Нам с папой стелили на полу, и когда мы ложились, занимали все свободное пространство, дверь уже открыть было нельзя.

О том, что когда-то у семьи моего папы в Латвии была совсем другая жизнь, я узнал, когда папы уже не было в живых.

Генох и его родной брат Хонон занимались бизнесом, они торговали мехами по всей Европе. Их семьям принадлежало три дома в Риге по адресу Дзирнаву, 2. И у Хонона, и Геноха было по двое детей.

14 июня 1941 года их жизнь превратилась в ад. Сыну Геноха, моему папе, было тогда 14 лет. Его родной сестре Бэлле – 13.

В этот день арестовали всех – и семью Хонона, и семью Геноха.

Хонона, его жену и маленькую дочь отправили в Усольлаг. Сын Хонона, Бенцион, по дороге потерялся. Вскоре он, пятнадцатилетний, оказался в Сибири.

Мой дед Генох также был отправлен в Усольлаг. А моя бабушка с детьми – в Томскую область.

В 1942 году Хонон в лагере умер. Все остальные выжили. В 1945 году деда призвали в Советскую армию воевать за чужую страну – солдат не хватало.

Семья Геноха находилась в поселке Парбиг Бакчарского района Томской области. Туда же после войны привезли и моего дедушку. В 1960 году дедушка и бабушка вернулись в Ригу, а мой папа переехал в областной центр – Томск, где через какое-то время познакомился с мамой. В 1962 году появился я. Бэлла уехала в Киев.

Примечательно, что мой дед не был осужден. В неразберихе тех дней его с семьей просто арестовали, а потом в течение почти 20 лет не провели даже формального судебного процесса. В архивных делах сохранилось имя человека, по чьему доносу арестовали Хонона и Геноха как "крупных торговцев и домовладельцев", а следовательно "опасных элементов". Собственно, доноса оказалось достаточно, чтобы сломать им жизнь.

Папа даже с моей мамой не делился подробностями жизни в ссылке. Он был очень уравновешенным, спокойным, неболтливым человеком. С родителями он, когда-то учившийся в рижской еврейской школе, общался преимущественно на идиш, понимал также немецкий и латышский языки. Дома были книги на идиш. Еврейские традиции не соблюдали, но отмечали Песах, отец дорожил своим еврейством.

Дед работал сторожем на заводе ВЭФ. Про прежнюю жизнь тоже не распространялся.

Когда Латвия стала самостоятельным государством, недвижимость стали возвращать бывшим собственникам. Вернули и нашей семье три дома. Для оформления документов мы все съехались в Ригу – из Киева, Томска и Новосибирска (там жили потомки Хонона). Из тех, кто в этих домах когда-то жил, в живых были только Генох и Бэлла.

Мой папа умер задолго до этих событий. Для большинства приехавших подробности случившегося много лет назад были шоком. Ничего мы не знали и об этой недвижимости. По тогдашним латвийским законам в течение нескольких лет нельзя было выселять жильцов, необходимо было самим заниматься ремонтом и прочим. А единственным человеком, жившим тогда в Риге, был престарелый дедушка. И мы решили дома продать. По совету дедушки оформили доверенность на одного человека. Он нас всех обманул, дома продал, потом было еще несколько сделок с добросовестными покупателями, сейчас там располагается гостиница. Мы в ней иногда останавливаемся, когда приезжаем в Ригу.

Я бываю часто в разных странах Европы. И нигде я не чувствую себя так, как в Риге. Здесь я дома.

Каждый раз, когда я прохожу мимо домов на Дзирнаву, 2, я вижу лицо четырнадцатилетнего мальчика и его тринадцатилетней сестры. Мое сердце сжимается.

Аркадий Майофис

Семья на отдыхе в Юрмале

Сидит Генох и его сестра Хана. Рядом с Генохом жена Эстер. Девушка рядом с Ханой неизвестна. Дети – Исай и Бэлла

Исай и Бэлла за несколько лет до высылки

Нора Мейерсон (Малер)

родилась в 1927 году

Наши женщины делать ничего не умели, от голода совсем ослабели. Были и латыши, те приспособились, работу выполняли.

В семье был отец Александр, мать Роза, бабушка Анна. Жили на улице Сколас.

Родители хотели, чтобы я училась на государственном языке. Были и еврейские школы на государственном языке. Это была особая школа, детей принимали с пяти лет в детский сад. В детском саду я три месяца молчала, ни одного слова не произнесла. Учительница решила, что я настоящая дурочка, но я вдруг сразу заговорила свободно. Проучилась я в этой школе два года, потом пошла в еврейскую школу, окончила 5-й класс, а тут и советская власть. Нас объединили.

С мамой дома разговаривали по-русски. Ее семья в Резекне пользовалась большим уважением. Отец родился в Риге, семья его из Польши, сейчас это Белоруссия.

В 1940 году отца выгнали с работы, он был главным инженером в компании Shell. Никуда на работу не брали. Мама была зубной врач. Жили мы хорошо. Арестовывать нас пришли очень вежливые кагэбэшники. Сказали, чтобы собрали вещи. Сами ушли.

Оставили одного солдата, который заснул. У нас были родственники, высланные из Польши в Казахстан, мы знали, каковы там условия, что надо брать с собой. Пришли ночью. Мы взяли много вещей. Хотели, чтобы бабушку оставили. Ей было 80 лет, но ни за что, посадили и ее в вагон. Мужчин забрали. Больше мы отца не видели. Он был в Соликамске. А так как он был инженер-химик, то работал в конторе, там не кормили. Он быстро умер от голода.

А нас привезли в село, в Томскую область, в Каргасокский район. Мы вышли в селе Белый Яр. Сразу же отправили работать. Наши женщины делать ничего не умели, от голода совсем ослабели. Были и латыши, те приспособились, работу выполняли. Но и среди них люди умирали. Осталась девочка – Ильзочка, ее взяла одна пожилая дама и вырастила. Наступил сентябрь, я пошла в школу за 15 километров. Там было общежитие. Еда своя. Кровати были. Каждую субботу бежала домой – поесть картошки. Хлеб в школе давали. Больше ничего. До 1948 года я постоянно хотела есть. Нам повезло – у коменданта была серьезная язва желудка. Практически он к нам никогда не приезжал, не вмешивался.

Первое лето работала на сене. Косить никто не умел. Местные на нас злились, это были сосланные кулаки. Им самим пришлось строить дома, работать. А нас привезли и к ним в дома поселили. Они к работе были люди привычные, а для нас все это было чужое.

1 сентября 1941 года я пошла в школу. Окончила семь классов. В колхозе ловко справлялась с тереблением льна. Копали картошку. Следующей осенью пошла учиться в Каргасокскую среднюю школу. Общежития не было. Жила в семьях – у латышей, у русских. Помогала, работала. Где-то покормят, что-то дадут, но есть хотелось постоянно. Бабушка держалась хорошо, готовила, но потом год лежала не вставая. Мама с ней намучилась.

У мамы с собой были инструменты. Она лечила зубы, за это кормили. Когда бабушка умерла, мама приехала ко мне в Каргасок. Никто ее не искал. Хозяйка сдавала комнату рядом. Мы жили вместе с еще одной семьей. Трудно было с дровами. Каждый день после школы приходилось на санках ходить за дровами.

В 1945 году я окончила десятилетку и получила разрешение поступать в медицинский институт. Экзамены сдала хорошо, должны были принять. Пришла на комиссию, они, очевидно, думали, что я эвакуированная, а я оказалась ссыльная.

Директором был Жданов. У меня болела рука. Он дал направление в хирургическое отделение. Устроилась в общежитие уборщицей, параллельно училась. Жданов уехал. Пошла к его заместителю. Он был еврей. Меня приняли. Училась на стоматологическом факультете, окончила в 1949 году. Приехала в Томск, сказали – нам такие специалисты не нужны. Осталась в Томске, работала в отделении Красного Креста.

В 1948 году у меня уже был вольный паспорт. Поехала в Новосибирск, устроилась на работу – в легочный диспансер. Там меня и арестовали. Посадили во временную тюрьму, потом отправили в Томскую тюрьму. Там мне сказали, что я ссыльная и отправили обратно к маме.

Мама была смелая женщина – устроилась работать в Тегульдете. Там был медпункт. Комендант был омерзительный. Он хотел отправить меня в колхоз, в птичник. К счастью, его убрали – за разврат. Устроилась участковым врачом и проработала там три с половиной года. Окончила курсы переквалификации, и направили меня в Тегульдет. Через полтора года вернулась в Ригу. Вызвали, вручили бумагу и сказали – можете ехать, куда хотите. С работы отпускать не хотели, сулили золотые горы. Решила – возвращаюсь домой. Вначале было трудно. Родственники маму приняли, меня – нет. Жила у маминых подруг.

Потом мама купила комнату. Деньги были, работали обе. В Латвии я сразу устроилась на работу. Участковым врачом в туберкулезном диспансере. Дальше не пускали – вы были высланы. Замуж вышла в 1960 году, в 1962 году родился первый сын, в 1965-м – второй. Живем нормально.

Нора с матерью Розой и отцом Александром. Латвия

Сибирь

Кармела Мордхелевич (Беркович)

родилась в 1938 году

Тем, кто убирал трупы, давали кусок хлеба. Люди
умирали от голода. Мой отец – один из тысячи –
остался жив.

*В 1941 году мне было два с половиной года. Тогда уже
чувствовалось, что вот-вот начнется война. Отец
работал в магазине – ему принадлежала часть этого
магазина. Его забрали и отправили в Соликамск, где
было много латышей и евреев, большинство сосланных
мужчин умерли от голода. Нас – меня, старшую
сестру и маму – выслали в Сибирь. Оказались мы в
Канске. Мама по профессии была шляпница. Это была
элитная профессия, и благодаря этому мама в Сибири
смогла содержать семью. В Сибири работа ее была
необходима, зимы там холодные. Об отце мы ничего
не знали. В 1944 году маме неожиданно сказали,
что с ней хочет увидеться один человек, передать
привет от отца, они были с ним вместе… Когда мама
встретилась с этим человеком, – а это был отец, –
она его не узнала. С приездом отца жить стало легче.
Мама ходила работать в лес, а мы собирали ягоды
и этим жили. Папа вернулся страшно ослабевший.
Раньше, каким я его помнила, это был веселый,
жизнерадостный человек… Папа рассказывал о том,
как существовали они в сталинских лагерях. Если
человек находил крысу – это был самый большой*

праздник. Тем, кто убирал трупы, давали кусок хлеба. Люди умирали от голода. Мой отец – один из тысячи – остался жив.

В 1948 году мы вернулись в Ригу. В Риге и сейчас живет мой дядя, он был членом партии, воевал. Так вот, он прибежал к нам и сказал, чтобы мы спешно уезжали, потому что снова будут высылать. И мы втроем вернулись в Сибирь. В Сибири родилась сестренка. Мы уехали сами. Знали место, где жили до этого, туда и вернулись. За тысячи километров...

Когда я в 1956 году окончила 5-й курс медицинского университета, мы вернулись в Ригу. Отец купил дом, жили мы в Засулауксе. Я продолжала учиться, потом вышла замуж, у меня родился сын Марк. Ему сейчас 44 года, у меня двое внуков. Они живут в Галилее. Мой сын тоже врач, стоматолог.

Когда я окончила учебу, в Риге на работу меня не принимали, так как в Сибири я не отработала положенный срок. Я долго мучилась, пока не написала письмо Хрущеву, что из меня хотят сделать тунеядца, что я не могу оставаться, что мне трудно. Я устроилась во 2-ю больницу в Слоке, проработала там до апреля 1971 года. В 1969 году начался Ленинградский процесс о захвате самолета. В самолете находился и мой второй муж (или просто друг, потому что тогда мы еще не были женаты). Он и еще девять евреев – Кузнецов, Залмансон, Кнорр и другие, которым я помогала... Мы не знали, что они собираются пойти на такое дело. Однажды вечером они полетели в Ленинград отдохнуть. Назавтра в дом явились представители власти, начался обыск, искали и нашли разные записки о том, как уехать из России.

Сыну моему было девять лет, меня вызывали на допросы в КГБ – и всегда поздно вечером. По ночам не вызывали. Я ничего не знала, они нам ничего не рассказывали, так как боялись за нас. Процесс длился полтора года. 24 декабря 1970 года зачитали приговор: двоих приговорили к смертной казни. План был следующий – связать летчика, оставить в каком-нибудь селе и продолжать полет. Их выследили, возможно, был и провокатор. О Ленинградском процессе узнали за рубежом, и иностранцы принялись кричать – как можно выносить смертный приговор? Россию упрекали – как на такой шаг могли пойти люди только для того, чтобы покинуть страну? И смертную казнь двоим заменили на 10 лет тюрьмы. И моего друга посадили, дали ему шесть лет. У него в Израиле жила мать, и посчитали, что причиной могла быть тоска по матери. И нас – всех членов его семьи – в течение недели выслали из СССР. Так я в 1971 году оказалась здесь, в Израиле.

Я была маленькая, другой жизни не знала. В Сибири был голод, но голод был везде. Русские относились к нам хорошо. Если у них был кусок хлеба, они делились им с нами. Голод вынуждал искать под снегом гнилую картошку.

Жили мы в Канске. Мы побывали в Канске несколько раз, любопытно, что там до сих пор нет канализации. Помню, как тяжело работала мама, мы должны были приносить воду на коромысле. До воды надо было идти минут 15. А мороз бывал и до минус 50. Антисемитизма там не было – дети просто не знали, что это такое! Взаимоотношения между людьми были хорошие.

Известно, что из 15600 высланных только в одном вагоне ехали семьи. Но в Сибири и их разлучили. Очень редко люди оставались вместе. И что ваш отец вернулся к семье, тоже очень редкий случай. Я всегда завидовала тем, у кого были дедушка и бабушка. Мои дедушка и бабушка погибли в Румбуле, кажется, в 1942 году, когда начали расстреливать евреев. Мы считаем, что высылка в какой-то мере помогла нам выжить. Фашисты же были против нас...

Когда нас высылали, мама хотела, чтобы я осталась с бабушкой, понимала, что с двумя детьми будет совсем трудно... К маме подошел русский солдат и шепнул: «Я тебя очень прошу, возьми ребенка с собой». Останься я дома, меня бы не было в живых... В таком вот разрезе – то, что нас выслали в Сибирь, было плохо, но те, кто вернулся, остались живы.

Небольшая часть евреев Латвии спаслась, их прятали латыши. Прятали в подвалах.

Другого мира мы не знали. Мама ничего не рассказывала, боялась. Помню, как говорили: «Сталин – наш отец!». Когда Сталин умер, мы стояли и плакали. На улице стояли люди и плакали. Мама с папой спросили: «Чего вы плачете? Вы же не знаете, какой он был...». Мы были напичканы пропагандой, родители боялись говорить нам правду, потому что мы случайно в компании сверстников могли проговориться. А за это грозила тюрьма...

Разобралась я в ситуации, когда Сталин умер. Но все равно мы ничего не знали. Наши родители встречались, разговаривали, мы знали, что были лагеря, была высылка. До этого не знали ничего. Поняли мы и то, что говорить об этом нельзя. Так нас воспитывали – нам ничего не рассказывали, в школе говорили совсем другое. И папа не рассказывал, говорил так, словно в лагерь попал, потому что началась война. Сразу сочтут тебя врагом народа, как только начнешь рассказывать, разговаривать.

После лагеря отец работал, энергии в нем было много. Он работал в пуговичном цехе, потом стал начальником, у нас был дом, огород. Отец скопил денег и купил дом в Риге. Было это в 1960 году, а я оставалась в Кемерово, продолжала учиться. Так они тут жили.

В 1949 году мне было 10 лет. За год или полтора до этого мы приехали в Ригу. Я привыкла к Сибири – там остались друзья. В Риге нас ждали перемены – другая школа, другие друзья. Училась я в русской школе.

После Канска Рига казалась удивительной, но мы чувствовали себя неловко, мы больше походили на деревенских детей. Город был красивый. Но пробыли мы здесь недолго. Помню, как забрали меня из школы, ехать обратно. Было тяжело. Ехали мы с вещами, ехали ночью. Потом дядя сказал, что наутро нас искали.

<u>*Почему второй раз высылали?*</u> *Посчитали, что из Сибири мы приехали незаконно. Это одна причина. Вторая причина – надо было в Латвии освободить места для людей, которые приедут сюда из СССР. Высылали не только евреев, высылали латышей. В 49-м году выслали более 42 тысяч человек. Люди не хотели вступать в колхозы, появились различные движения – «лесные братья» и т.п. Советская власть нуждалась в лояльных людях.*

Лев Нотаревич

родился в 1928 году

Там нас снова затолкали в барак, спали на полу.
Там я заболел желтухой. В сентябре мы отметили
мой 13-й день рождения.

*В момент оккупации Латвии, когда 17 июня
1940 года вошла русская армия, я учился в Рижской
городской 10-й гимназии «Иврит». Моя сестра Рива
училась в гимназии «Эзра», там же училась и вторая
сестра Эся. Отец занимался импортом кож в Ригу. У
него была фирма, находилась она на улице Пелду, 15,
называлась «Нотаревич и Кохтин». Мама ведала нами
и домашним хозяйством. Такой была наша семья, ее
маленькая часть. У мамы была большая семья – сестра
и братья. Мое детство практически закончилось в
тот момент, когда возле нашего дома на улице Андрея
Пумпура появились советские танки. Очень коротким
было мое детство. И воцарился режим страха.*

*Момент высылки запомнился очень хорошо. В
три часа ночи, с 13 на 14 июня 1941 года, в нашу дверь
постучали и вошли восемь человек, кто-то в военной
форме, кто-то в штатском.*

*О национальности вошедших судить не берусь. Но
все это в основном были чекисты. Это я помню, и это я
рассказываю своим внукам. Когда вошли, сразу стали
стучать в стенки – не припрятано ли там что-то. На
сборы дали полчаса. Конечно, другого выхода у нас не*

было. Собрали какие-то тряпки. Вышли на улицу. Там стоял небольшой грузовик зеленого цвета. Перебросили меня через борт, и поехали мы на станцию Торнякалнс. Вначале вся семья была вместе. Мы – это я, сестра Рива, мама и папа. У старшей сестры Эси была другая фамилия, она была замужем, в списках ее не было. Но ее постигла другая, еще более трагичная судьба... На путях в Торнякалнсе стоял бесконечно длинный эшелон из товарных вагонов. Запихнули нас в эти вагоны. Помню этот вагон с решетками. Улеглись мы на верхних нарах, и все кончилось. В окошко я видел поезда, которые шли в Юрмалу. Мне стало так грустно оттого, что я в этом вагоне, что еду неизвестно куда, а мимо идут поезда в Юрмалу, которую я так любил.

Ночью с шумом открылась дверь, вошли два чекиста с бумагами. «Те, кого мы назовем, выйдут и пойдут с нами». Так и забрали отца и остальных мужчин. На весь вагон остался один. 14 июня эшелон тронулся. Нас в вагоне закрыли. Все естественные потребности справляли там же, в вагоне. Заперты в вагоне мы были до 3 июля. Выйти не разрешали, куда везут, не знали.

3 июля оказались в месте под названием Канск. Я очень хорошо запомнил эту дату, потому что именно в этот день Сталин впервые открыл рот и обратился к народу. Всех нас отвели в какой-то огромный барак, ангар, и там мы слышали его выступление. Через сутки за нами стали приезжать и делить между собой, как рабов. Мы втроем оказались в безлюдном месте, вокруг была одна степь. Называлось это место Бирюзовка. Там нас снова затолкали в барак, спали на полу. Там я заболел желтухой. В сентябре мы отметили мой 13-й день рождения. 13 лет в жизни еврейского мальчика – это праздник, так называемый «бар мицва». Отметили тем, что маме каким-то образом удалось достать манную крупу.

Сначала жили в Бирюзовке, потом перевезли нас в село Ношино, в том же районе. Год жили в какой-то будке, принадлежавшей местному крестьянину Громову, я вот даже фамилию его помню. Сестру где-то взяли на работу, а я пошел в школу. В 1942 году им почему-то показалось, что это место для нас слишком комфортное. Снова появились чекисты, посадили нас в телегу, то есть, вещи сложили в телегу, а нам велели идти пешком в Канск. Примерно за 90 километров. Шли дня три или четыре. Мне удалось уговорить милиционера, чтобы он разрешил маме сесть на телегу. В Канске снова вагоны, на сей раз столыпинские – арестантские вагоны, и повезли нас в Красноярск, на берег Енисея. Помню, что продукты нам сбрасывали в трюм, как бросают ее хищникам. Через 18 дней приплыли в Игарку.

Я продолжал ходить в школу и окончил ее в 1946 году. Мне разрешили уехать из Игарки, чтобы я мог поступить в Красноярский институт. А в то время уже действовало постановление Совета Министров о том, что дети ссыльных, высланные, когда им не исполнилось еще 16 лет, могут вернуться в Ригу. Снова были специальные вагоны, и я вернулся в Ригу вместе с другими детьми. Встретила меня сестра, которая прошла через гетто, через все акции. Была в Штутгофе, бежала оттуда. Так состоялась наша встреча... Я из сибирской ссылки, она из ада фашистской оккупации. Она уже жила в Риге, но к ней, в ту комнатку, которую она снимала, я пойти не мог. Отправили меня в детский дом на улицу Кандавас. Через три или четыре дня я уже был вместе с сестрой. Поступил в Латвийский университет. Хотел на юридический факультет, но там все вакансии уже были заполнены, шел сентябрь 1946 года, и я поступил на физико-математический факультет и одновременно учился заочно на юридическом. Учился успешно, все было хорошо. В 1949 году нас с сестрой снова вызвали в чека, вызвали вместе с родителями, которые к тому времени вернулись из Сибири. Отец вернулся из Соликамска, и нам сказали, что мы незаконно выехали из Красноярской области, хотя это было не так – мы все были сняты с учета и нам выдали паспорта. Паспорта забрали, выдали новые с 38-й статьей. И пришлось мне в феврале 1950 года покинуть Ригу. Я мог поехать в Иваново. Родители уехали в Арзамас. Сестру Риву постигла более печальная участь – она была в положении. Ей разрешили остаться, а когда ребенку исполнилось два месяца, ее арестовали и вместе с младенцем отправили по этапу по всем пересылкам СССР, и она снова оказалась в Енисейске. Туда приехал и ее муж, вскоре к ним перебрались и родители. Позже они переехали в Красноярск. Одним словом, эпопея завершилась в 1957 году, когда все мы вернулись в Ригу – и я, и они. Время с 1940 по 1957 годы фактически было вычеркнуто из жизни.

Расскажу немного об Игарке, которую трудно было назвать городом. Учителя и сами были сосланы когда-то. Например, преподавал астрономию нам бывший профессор Пулковской обсерватории Николай Сергеевич Румянцев. Учитель литературы – бывший профессор Киевского университета... Что касается детей, то и они... Это же было место ссылок. Самое страшное, что каждые две недели надо было идти отмечаться в НКВД.

Что мы ели? Ничего натурального там не было, ничего там не росло. Единственные овощи – капустные листья. Потом уже стали приходить эшелоны с американскими мясными консервами. И всем прочим. Голод и тьма. Тьма в течение 10 месяцев символизировала те условия, в которых фактически находились мы, длинная непроглядная ночь. Там не было ни минуты светлой, ни радости. Одна сплошная ночь. Помню, прежде чем выйти из хибары, надо было пролезть в окно и расчистить снег. В школу ходили и в 50-градусный мороз. Если было ниже 50 градусов, можно было оставаться дома. Страшное место, вечная мерзлота.

Вокруг были деревни, можно было пойти, что-то выменять, продать. Появлялись деньги, продукты. Меняли на картошку, на самое необходимое. Ни о каких деликатесах и речи не шло. Никаких драгоценностей с собой у нас не было. Я уже тогда в семье улаживал все дела. Стал писать письма, разыскивать отца. И там же, в Ношино, получил ответ, – письмо и сейчас у меня хранится, – что осужденный Нотаревич Пинхус находится в заключении в Соликамском лагере. Об этом я узнал в 1942 году.

Отца осудили на десять лет, но что такое «осудили»? Суда не было, осудила тройка. За что? Интересный факт. В Риге существовала организация Керен-Кайемет. Это была международная организация, которая приобретала земли в Палестине. Отец был членом правления этой организации. В обвинении было сказано, что он осужден за руководство контрреволюционной реакционной организацией «Керен-Кайемет». 10 лет заключения впоследствии ему заменили на пять лет поселения. И он добился разрешения приехать к нам в Игарку. Было это в 1944 году, после двухлетней отсидки в лагере. Он рассказывал, что в лагере в основном работал на лесоповале. В 4 или в 5 утра людей выгоняли на лютый мороз в той одежде, которую они успели захватить из Риги.

Выходило по 400—500 человек. Вдоль дороги валялись трупы, их никто не убирал. Здоровье его было подорвано. Он умер после трех инфарктов.

Вот рапорт: По вашему заданию оперативная группа в составе трех человек (такие-то и такие, не понимаю, почему названы только двое) выселили из квартиры по улице Бривибас, 69: Нотаревича Пинхуса (это отец), Нотаревич Сару (мама), Нотаревич Риву – дочь и Нотаревича сына (это я).

Постановление. Старший уполномоченный 3-го отдела НКВД Латвийской ССР младший лейтенант органов безопасности Негеревич (фамилия похожа на мою) рассмотрел поступившие в НКВД материалы о преступной деятельности Нотаревича и установил: был членом правления еврейских сионистских организаций «Керен-Кайемет» и «Эрцебе», активно участвовал в их деятельности, материалы подтверждает донесение агента «Семена» от 6 августа 1940 года (то есть, они начали собирать материалы о таких серьезных преступниках, как мой отец, сразу же – вошли 17 июня, а 6 августа уже есть донесение). Имеются также материалы из архива НКВД СССР. (И кто это утвердил? Пожалуйста. Капитан органов внутренней безопасности Шустин.)

Что запомнилось мне больше всего? У меня было замечательное детство. Мы жили насыщенной интересной жизнью в Риге. Я любил свою школу. Помню игры на Эспланаде. Я любил Юрмалу, там каждый год в Авоти мы снимали дачу. Жили там долго, в сентябре там отмечали мой день рождения. Было светлое, спокойное детство.

На меня огромное впечатление оставил этот ужасный режим. Это означало, что жизнь прошла в постоянном страхе, что тебя каждую минуту могли схватить, неизвестно за что посадить за решетку, произойти могло все что угодно. Без причины, просто так. Жизнь вне закона. Законов просто не было. Если какой-то младший лейтенант может решать судьбу целой семьи... Это было ужасно. Фактически жизнь моя началась, когда в 1960 году мы поженились и у нас родились дети. Конечно, я счастлив, что нахожусь здесь. Я по-прежнему работаю, вместе с дочерью. Мы оба адвокаты. Мы работаем, у нас замечательные внуки.

Жил с мыслью о том, что у меня есть будущее. Я живу в свободной стране и чувствую себя человеком.

Слева: бабушка Сара, отец Пинхус, Лев

Симон Прагер

родился в 1925 году

Мама упрашивала коменданта, чтобы он отпустил ее к умирающему сыну, на что тот ответил: «Ничего, пусть умирает, одним врагом меньше будет».

Когда в 1940 году Балтию оккупировали, мы были еще детьми, и об этом особенно не задумывались. Через год почувствовали перемены – когда начали преследовать богатых, когда в школе изменилась программа преподавания, когда в школе появилась комсомольская организация... В то время я учился в еврейской школе, там собрались дети не очень состоятельных родителей. Потом я понял, что многие из ребят отличались «левыми» настроениями. Когда установилась советская власть, они были довольны, надеялись на лучшее будущее. А у нас дома царила напряженная атмосфера. Мы слушали радио, передачи из Германии, речи Гитлера, слушали радио СССР, где шли чудовищные процессы над врагами народа. Думали – что делать: оставаться в Латвии, уезжать на восток, в СССР, бежать неизвестно куда... Пока судили да рядили, наступило 14 июня 1941 года.

Похоже все это было на внезапное солнечное затмение. Мама с отцом в тот вечер были в гостях у дальних родственников. В два часа ночи в дверь и стучали, и звонили, настойчиво просили открыть. Конечно, мы открыли. Первый вопрос: «Где родители?».

Мы ответили, так как знали, где они. До них дозвонились с домашнего телефона. Родителям они ничего не сказали. Мама переволновалась. В то время по Риге бродили всякие слухи, распускали их и немцы... Родители примчались домой, им сказали, что надо уезжать из Риги. Дали час на сборы. А пока мама с папой пришли, у нас осталось всего 20 минут – какие там сборы... Что было под рукой, то и брали. Вывели нас на улицу, посадили в грузовик, велели сидеть. Часа четыре сидели, пока не собрали людей из окрестных домов. Мама несколько раз просила позволения зайти в квартиру, взять еще кое-что. Всегда следовал категорический отказ: «Нет!» Утром, с рассветом, нас отвезли на станцию Рига-Товарная.

Стоял длинный эшелон, небольшие товарные вагоны. С обеих сторон раздвижные двери, с одной стороны были открыты. Велели заходить. В вагоне уже были нары, посередине так называемый туалет. Мы поняли, что собираются везти далеко, людьми нас не считали, считали скотом. Провели в вагоне ночь. Утром двери открыли, вокруг были сотрудники НКВД. Мужчинам приказали выйти из вагона, семьи остались. Отца больше не видели. Мы поняли, что его увезли в лагерь. В тот момент еще мелькала надежда, что где-нибудь встретимся...

На следующий день поехали на восток. На станциях открывали двери, вызывали по двое – за кашей и за водой. Довезли до Перми. Там на станции услышали по громкоговорителю, что Германия напала на Советский Союз, что началась война. В пути мы были уже семь дней. Настроение совсем упало, люди и так были в отчаянии, никто не знал, куда везут, почему, что с нами будет... Потом поползли слухи, что нас везут в Сибирь.

Когда приехали в Новосибирск, нас сразу же перегрузили в баржи. И мы поняли, что повезут на Север. И отвезли за 600 километров от Новосибирска. А потом еще 100 километров в сторону. Высадили в крохотном поселке, где жили бывшие сосланные кулаки. Высадили их в тайгу, обживаться. Сколько их там поумирало, один Бог знает... Выдали нам топоры, нас с братом послали в тайгу рубить деревья, заготавливать бревна для строительства дома. Мы должны были очистить бревна от коры, освоить самую элементарную работу. Мы не знали, как держать топор, но постепенно освоились. Работали месяца два. А потом несколько семей, в том числе и нашу, снова посадили на баржу и повезли на Обь, оттуда 100 километров вниз, до речки Тим. У впадения этой речки в Обь и было место нашего поселения. Здесь сплавляли лес. Был порт, шла сортировка бревен. Опять незнакомая работа, пришлось учиться прыгать по плывущим бревнам, при этом устоять на ногах. Каждому выдали багор с крюком, чтобы можно было уцепиться, сохранить равновесие. Стоило оказаться в воде между бревнами, выбраться практически ты почти не мог. Было страшно, но нас об этом никто не спрашивал, можешь ты или не можешь, хочешь или не хочешь...

Первая зима была ужасная – мерзло лицо, нос, руки... Руки коченели до такой степени, что невозможно было, извините, застегнуть штаны... И при этом надо было и работать. В первую зиму нас отправили заготавливать дрова, это уже было немного легче. Недалеко от поселка когда-то горел лес, там были хорошие дрова. Ездили на лошадях, рубили, потом пилили, грузили на сани, везли домой. У нас, горожан, не было и представления, как запрягают лошадь. Бывало, вместо лошадей давали быков. Но человек ко всему привыкает. Мы учились пилить, колоть, запрягать и распрягать лошадей. Весной одну часть отправили на лов, другую убирать сено. На сене отработал недолго, а на лове основательно. Существовал план, надо было сдавать рыбу государству. В поселке народу было немного, и мы были в цене. Рыбачили – сначала с берега. Бросали и вытаскивали сети. А тут и комары, и гнус... Все, кто питается человеческой кровью. Присесть было невозможно. Только с накомарником и прикрыв плечи. Это было ужасно.

Следующей зимой решили отправить нас на лесоразработки. Участок находился в 15 километрах от поселка, на другом берегу Васюгана. Село называлось Старое Маргино, там был лесозаготовительный пункт, на лошадях привозили продукты. И опять началась новая жизнь. А что в лесу? Даже сучья невозможно было разжечь – сырые, обледеневшие. Чтобы разжечь, приходилось немало потрудиться, до слез. Пока научились находить сухие сучья, разжигать костер в сибирских условиях... Мы валили деревья, рубили сучья, вывозили. Вначале я учился валить деревья, потом вывозить бревна. Грузить, выгружать. Дороги нет, сначала приходилось самому протаптывать, чтобы лошадь видела дорогу, ей, бедняге, приходилось бревна волочить. Одежда у нас была препаршивая, не давали нам ни валенок, ни пил... О полушубках и речи не шло, даже ватников не было. Бараки были вне всякой критики. Была огромная комната, посередине печка, на которой и еду готовили, и одежду сушили. Запах, который там стоял, описать трудно. Тараканы, жуть... Пару недель пожить – надолго хватит... Ночью надо было идти проверить лошадей – корм досыпать, проверить, не запуталась ли. Прожили так две недели, потом баня. Оставаться негде было, пришлось шагать 15 километров по морозу. Обмороженные руки мучают всю жизнь, нарушено кровообращение.

Провели там всю зиму. Следующим летом снова лов рыбы, сено. Весной освоил еще один вид ловли, назывался атарма. Что это слово значит, не знаю, откуда пошло, тоже не знаю. А суть заключалась в следующем. У Васюгана было множество притоков. Выбирали подходящее место, речку перегораживали. Рыба шла наверх, на нерест. Когда же начиналось половодье, в самом узком месте ставили сеть, строили узкий настил, и оставалось только ждать. Дежурить надо было сутки напролет, потому что рыбы было много. Делали все это без единого гвоздя, без проволоки. Все держалось на тайнике – это был простой колышек. Я лично поражался, как можно было все это выстроить без единого гвоздя. Промысел этот длился примерно недели три. Там же стояла и хижина, в которой спали. Ели рыбу. Местные нас предупреждали, чтобы не переедались, а то потом на всю жизнь появится к рыбе отвращение. Мы рыбу варили, жарили, разнообразили свое меню. Остальная еда была картошка. Хлеба выдавали по 500 граммов. Пекли его в колхозе, колхозникам выдавали хлеб на трудодни. У них была и своя мука, они сами и пекли. У нас муки не было, и колхоз пек для нас тоже. Так мы отработали четыре года.

В 1943 году по Васюгану прошла мобилизация на шахты Прокопьевска. Туда попал мой брат, уехал он туда в августе, а в мае следующего года умер... Он был на три года старше меня. Заболел туберкулезом. Условия труда были чудовищные, одежда постоянно мокрая. Ни сапог, ничего. До работы надо было добираться за пять километров, зимой, в резиновых сапогах. Один раз замерз, второй раз, подхватил плеврит и больше из больницы не вышел... Мама упрашивала коменданта, чтобы он отпустил ее к умирающему сыну, на что тот ответил: «Ничего, пусть *умирает, одним врагом меньше будет». Нам написали друзья брата, с которыми он вместе работал. Когда узнали о болезни брата, мама стала продавать все, что осталось, чтобы собрать денег на кусочек масла, на стакан сметаны. Лекарств не было, о пенициллине тогда никто даже и не мечтал. Единственное лекарство, которое там было, – кальций... разве можно выздороветь в таких условиях... Так в нашу семью пришла трагедия.*

Через год меня мобилизовали на стройку в Томск. Был День победы, приехали из комендатуры, проехали по всем поселкам на Васюгане, забирали молодежь на стройку. Можете себе представить, что чувствовала моя мама – одного сына похоронила, второго забирают... После моего отъезда я долго ее не видел, но могу себе представить, что с ней было... Томск был культурный центр, были кинотеатры, университет, театр, институты. Когда нас везли на пароходе, думалось всякое – куда везут, зачем. Родным все это было непонятно. Письма туда, где осталась мама, шли медленно. Зимой почту возили на лошадях, летом на пароходе, пока дойдет до адресата, пройдет три-четыре недели. Почтальоны вообще были героями, ведь ни бумаги, ни конвертов не было. Просто сложенная бумажка, на которой был написан еще и адрес. И все-таки письма доходили. В Томске нас поселили в общежитии, которое принадлежало техникуму лесной промышленности. Это было двухэтажное здание комнат на 30, в каждой комнате по четыре человека. Спали на топчанах, на соломенных матрасах. Так мы жили, отсюда отправлялись на работу. Через три года стал пытаться получить разрешение вернуться к маме. Все это время работал на стройке. Представьте – 1948 год, прошло три года, как война закончилась, а репрессивная система работала на всю мощь! Существовали бланки для таких, как мы, – когда убыл, когда прибыл, комендатура, в которой надо отмечаться, словом, полнейший контроль! Пожил у мамы, бабушка уже умерла.

Когда вернулся в Томск, решил, что буду настаивать, чтобы разрешили маме переехать ко мне. Ходил по разным инстанциям и через два года добился своего – мама перебралась ко мне в Томск. Она приехала, а жить – где? Я по-прежнему обитал в общежитии. Стройтрест пошел мне навстречу, потому что я считался хорошим работником. Было общежитие с большими комнатами, и нам с мамой разрешили там поселиться. Вместе с семьей поволжских немцев – мужем, женой и дочерью. Так мы вместе и жили три года, жили жизнью города. Мама все время меня толкала – иди учиться, не будешь же всю жизнь каменщиком! Документов о том, что я раньше учился, у меня никаких не было. Пришлось поступить в вечернюю школу, чтобы окончить семь классов и получить свидетельство. После школы решил поступать в техникум, на вечернее отделение. Тяжко было, не то слово. Весь день на морозе, в помещении тепло, спать хотелось, глаза просто слипались... Тем, кто работал в теплом цеху, было легче. Но как-то все же вытянул. Потом познакомился со своей будущей женой и в 1957 году женился. К этому времени трест уже построил новое общежитие в центре Томска, но без удобств. Все удобства на улице, до воды 50 метров, тоже на улице. Было только центральное отопление. Кухня – это плита в комнате. Еще до знакомства с женой мне дали там комнату. Это уже была просто мечта. Давали лучшим рабочим, которые соответствовали всем критериям...

В 1959 году окончил техникум, получил диплом. За год до окончания мне предложили должность мастера. Все обо мне знали – что не пью, умею говорить, писать... Бросили меня как котенка в прорубь – плыви!

Нужно было оформлять техническую документацию, отчеты. С начальником повезло – он был человек пьющий, мог неделю, 10 дней на работе не появляться. Но когда работал, равных ему не было. Он все знал, все умел, всему меня научил. И когда потом он исчезал на неделю, я уже не волновался – со всем справлялся сам. Он научил меня, как списывать в брак материалы – доски, стекло. Так я мастером и работал. Через город протекала река, мост через нее строили еще во время Первой мировой войны, бревна медленно гнили. И руководство решило возвести новый, железобетонный мост. Прислали старшего, тоже из ссыльных. Он был из Молдавии. А бревна попадались разные. Старший пил, начальство забеспокоилось, что он все пропьет, и от строительства останется пшик. Стали думать – кто в тресте не пьет? Прагер не пьет. Решили меня туда направить. Строительство уже начали, это была для меня замечательная школа. Случалось и такое, отчего в момент можно было поседеть...

Но самое главное, что со мной случилось в Сибири, случилось до Томска. В Томске уже была цивилизация. Разве можно деревню сравнить с Томском? Там были средние века. Это было страшное время. Когда работал в Томске, все уже было по-другому. Получил одну квартиру, другую... В конце я уже был главным инженером строительного управления. Но все это было уже потом!

Жена поехала к брату в Эстонию, послушала там радио, рассказывали об антисемитизме, и в то же время в СССР говорили, что у нас все равны. Родственница из Москвы рассказывала, что приходили к ней домой, фиксировали квартиры, где жили евреи, будут погромы. Узнали, что и из Томска многие собираются уезжать, и наши близкие друзья тоже, но все происходило скрытно, друг с другом об этом не говорили. Зашли к одним – нам говорят, что им уже дата отъезда известна... Пригласили других в гости, оказывается, они уже уехали. Все это были ссыльные – из Молдавии, Литвы, все уезжали кто куда.

В Латвию вернулись немногие. Про Литву и Эстонию не знаю. Уезжали все, кому было куда уезжать. Когда первый раз приехал в Ригу, ходил, как по чужому городу, – не к кому было зайти, сказать – здравствуй, ты меня помнишь? И после этого ехать в Ригу? Попробовали уехать в Таллинн, там можно было устроиться на работу. Но в последний момент, когда мы уже продали мебель, оформили обмен в Таллинн, те сказали, что передумали меняться... На нас смотрели, как на сумасшедших, – ну кто же будет менять Таллинн на Томск? Так и получилось, что ехать некуда. Фактически мы попали на войну. Я не скажу, что мы сюда рвались.

Жена сказала – хватит, не хочу, чтобы дети мои пережили хоть сотую долю того, что пришлось пережить нам в Советском Союзе. Уезжаем отсюда!

И мы подали документы на отъезд. Как видите, никаких богатств мы не накопили, живем скромно. Старший сын, благодаря нашему отъезду, сделал неплохую карьеру, сначала в Канаде, потом переехал в США. Живет в Калифорнии. Он компьютерщик, живет в Силиконовой долине. Специальность он приобрел здесь, в Томске был обыкновенным кандидатом физико-математических наук. Младший сын живет в

Израиле, выросли внуки, старшая внучка уже отслужила в армии. Дал бы только Бог здоровья. Ни я, ни моя жена не были сионистами, но в душе всегда мы были евреи. Имя и фамилия мои об этом говорят, по отцу я Моисеевич. В Сибири я не чувствовал никакой дискриминации, но всем было ясно, что я не русский и не казах. Я умел себя поставить, со мной считались. Когда работал, меня уважали – еврей, не пьет, да еще каменщик. Со мной считались. Я благодарен, что живу здесь, останься я в Сибири, давно уже был бы на том свете.

У нас была интересная поездка по Латвии – я созвал всех родственников из Америки. Сами мы из Либавы, то есть из Лиепаи, рассеяны по всему миру. Один из старших братьев отца в 1901 году уехал в Америку, у меня там родня. Все родственники, зная, что дедушка и бабушка из Либавы, в том году съехались в Латвию. Мы показали им Ригу, кладбище, Саласпилс, синагогу. Побывали и в Либаве, у нас сохранился адрес, посетили кладбище, осмотрели дом, в котором когда-то жили наши предки.

Симон (слева) с Якобом

Рафаэль Розенталь

родился в 1937 году

Помню, когда нас везли, на станциях был кипяток,
мы должны были бежать за ним, между вагонами
стояли солдаты, следили.

Я родился в Риге, сейчас являюсь заведующим Центром трансплантации больницы им. Страдиньша.

Хочу начать с главного. Если бы не депортация, то и моих родителей, и меня уничтожили бы здесь фашисты. Здесь остались обе мои бабушки, оба дедушки, осталась довольно большая семья.

Помню, как 14 июня ранним утром по квартире расхаживали какие-то люди, отец разговаривал с ними на повышенных тонах, довольно громко, мама в это время собирала чемоданы, вещи эти впоследствии нам очень пригодились.

Помню, что отвезли нас на станцию Шкиротава, мужчин сразу увели, женщины страшно плакали. Помню, когда нас везли, на станциях был кипяток, мы должны были бежать за ним, между вагонами стояли солдаты, следили.

Привезли нас в Новосибирск, там мама встретила бывших рижских актеров, которые служили в Ленинградском театре: Жихареву и из Русской драмы. Оттуда пароходом нас привезли в Нарым. Стоял трехметровый памятник Сталина, был сельсовет, назывался «Шпалозавод». Жили в комнате у хозяйки, мама работала в «Леспромхозе», заготавливала дрова. Помню, как я закричал, когда впервые увидел кошку, никогда раньше кошку не видел. Помню, что мама все время кормила меня кашей. У мамы были вещи, она их меняла, и у нас всегда было масло, его она добавляла в кашу. Со мной ничего плохого не произошло.

Была одна дама из Риги, которая считалась маминой подругой, Лиене Лифшиц, у нее в Латвии был завод. Отец один год был председателем студенческой сионистской организации. Там происходила ротация. Маме принадлежал частный детский сад, это считалась частная предпринимательская деятельность. Я прочитал бумагу, которая называется «донос», там говорится, что отец буржуазный националист. И постановление: выслать. Его отправили в Соликамск, а нас на «Шпалозавод».

Отец был присяжный адвокат, умный человек, его ждала блестящая карьера. Когда его выслали, было ему 34 года, только-только начиналась жизнь, открыл свою частную практику.

В Соликамске он пробыл год, потом его отправили на спецпоселение. До этого он встретил какую-то рижанку, она ему рассказала, где находимся мы. И отец написал нам письмо.

Отец писал стихи, помню, как мама мне их читала. Как я к нему ехал, не помню, помню только, что был он в Канском районе: такой поселок Ирбейск, где мы впоследствии жили, но сначала мы приехали в Канск, это было летом 1942 года, там мы и встретились... И с тех пор жили вместе. Он очень быстро овладел профессией бухгалтера, стал главным бухгалтером промкомбината. Директор там был пьяница, технолог тоже пьяница, так что всем руководил отец. Директором был там бывший заместитель генерального прокурора Таджикистана, тоже ссыльный. У него была отличная команда – профессор Столыгво, известный врач, после войны тоже. Был адвокат Минкович, сейчас ему уже 91 год, живет в Израиле. Это была одна компания.

Был у них драматический коллектив, ИХАТ – Ирбейский художественный театр. Ставили пьесы, брали и меня на репетиции, на спектакли. Прокурорам и начальникам КГБ очень хотелось войти в эту компанию. Был там такой начальник районного КГБ Воробьев, которого они между собой звали Воробей.

Я ходил в школу, во 2-й класс. В 1-й класс мама меня не пустила, боялась. Сын Столыго учился в 5-м классе. В 1946 году мы переехали в Красноярск. Там был завод, на котором производили спирт, отца пригласили главным бухгалтером. Дали нам трехкомнатную квартиру. Там я пошел во 2-й класс и там же в 1946 году родился мой брат.

Отец все годы, после возвращения в Ригу в 1956 году, работал в адвокатуре, в 4-й Рижской юридической консультации. Работал почти до 80 лет, не хватило всего трех или четырех лет. У отца была хорошая практика. Мама еще в Красноярске начала учительствовать, преподавала немецкий язык, продолжала работать и в Риге.

В 1951 году к нам домой пришли офицеры из КГБ и сообщили: «Ваш младший сын сказал в детском саду, что Сталина надо убить». Все стены были увешаны портретами Сталина. Существовала 58-я статья. Первый раз родители мне кое-что рассказали в 1952 году, когда было начато так называемое «дело врачей». Они были просто убиты, все чувствовали, что в Риге уже готовы эшелоны, чтобы всех евреев депортировать в Биробиджан. Они это ощущали. В 1949 году отец ездил в Москву с годовым отчетом, заехал и в Ригу. У него здесь были знакомые, умные люди посоветовали ему возвращаться в Сибирь.

В 1949 году высылали вторично. Если бы мы вернулись, нас бы тоже выслали.

Отец рассказывал, что наша квартира пустует. Тогда было много пустых квартир. Так и остались мы в Сибири и жили там до 1956 года. Там я ходил в школу, был пионером, на 70-летие Сталина читал доклад на большой конференции, у меня был хороший звонкий голос. Родители своими мыслями со мной не делились. Когда началось это известное «дело врачей», отец вернулся из Москвы и сказал, что у него нет слов, он был страшно подавлен. В школе у меня было все нормально, были друзья, не было проблем ни из-за того, что я ссыльный, ни из-за того, что я еврей, и во время «дела врачей» тоже.

Один раз в неделю все должны были отмечаться. Вначале отец работал на спиртовом заводе, потом его взяли юрисконсультом в отдел торговли. Оттуда все попали в тюрьму, отец единственный ничего не подписывал, и он продолжал работать.

В кампании 1952 года пострадали прежде всего врачи. Но чувства у всех были одинаковые... Помню, пришел в субботу из школы, все такие веселые, радостные. Спросил, в чем дело, и мне сказали, что все врачи реабилитированы, врач Тимощук арестована, родители дали мне денег, и я отправился на школьный вечер.

Школу я окончил в 1954 году и стоял перед выбором: что делать? Мама хотела, чтобы я поступил в медицинский институт, но меня это не очень привлекало. Хотел поехать в Томск, где был университет, но родители сказали, что туда я ни в коем случае не поеду – там находится наше дело с отметкой «хранить вечно». Надо было выбирать – или в Красноярский лесотехнический институт на факультет химии, или в медицинский. Я подал документы в медицинский институт. Там было легко, мальчикам отдавали предпочтение. Учился я хорошо, без проблем сдал экзамены и поступил в Красноярский медицинский институт.

Отучился там два года. В 1956 году приехал в Ригу и продолжил учебу уже здесь. В Красноярске преподавала вся профессура, которая в 1952 году вынуждена была покинуть Москву.

Были профессора анатомии, микробиологии, кого недавно выпустили из лагерей, они в свое время работали с Кохом. В институте были очень интересные люди. Заведующий кафедрой биохимии доцент Едигаров в свое время был ректором Бакинского университета. Учиться было интересно. В 1956 году отца реабилитировали, и он в Латвию уехал первый. У него жила здесь двоюродная сестра, и он у нее поселился. Я приехал к отцу, и мне дали место в общежитии.

Существовало положение, по которому все реабилитированные могут получить квартиру в Риге. Отец узнал, что из одной коммунальной квартиры семья выезжает в Израиль, и попросил две комнаты в коммунальной квартире. И тогда приехала мама с братом. Семья, которая уезжала, была очень богатая. Интересно, что они могли взять с собой одну автомашину, один телевизор. Тогда была возможность выехать в Израиль. Жили мы на улице Стабу, 19, где в 1987 году случился пожар. У нас там были две комнаты в коммунальной квартире, я продолжал учебу в Рижском медицинском институте, который окончил в 1960 году. На 3-м курсе хотел стать хирургом, много дежурил. Получил направление в Дагду, работал там хирургом. В 1962 году поступил в аспирантуру, после того как отработал два года. Никаких притеснений в отношении себя не чувствовал.

Сейчас я старший профессор в больнице им. Страдиньша. После окончания аспирантуры работал в Отделении экспериментальной хирургии Центральной научно-исследовательской лаборатории, где защитил кандидатскую диссертацию, затем докторскую, в 1976 году здесь появилась вакансия, я пришел сюда, и работаю вот уже 30 лет.

В 1997 году умерла моя мама, через три месяца умер и отец. Отец был очень организованный человек, не пил, не курил, следил за собой. И хотя он был в лагере, не было у него никаких характерных для лагеря болезней. Дожил отец до 90 лет. Приехал в 1956 году, в 1958 году начал работать в адвокатуре города Тукумса, а потом все время в 4-й Рижской юридической консультации. Когда на улице Стабу сгорела квартира, ему предоставили квартиру в Иманте. Вот тогда ему уже было трудно. Началась Атмода, кооперативы, он оказывал большую помощь. Умный был человек, голова у него была светлая, но он не распространялся о своей жизни, разговаривать на эти темы мы с ним начали, когда он уже был в очень почтенном возрасте. Сказал, что чувствует за собой вину, что обо всем этом не рассказал мне раньше. Он хорошо знал историю евреев, но об этом не рассказывал.

Когда мы были в Нарыме, там же жила семья Алкс: Оскарс Алкс, директор медицинского департамента, и два его сына – Дзинтарс и Андрейс. Начинали мы в Красноярском институте, вместе проучились два года. Латыши, крепкие студенты. Они бегали на лыжах лучше других, сделали хорошую карьеру. Когда сюда приехал, думал, что все латыши такие. Потом узнал, что это совсем не так... Жили они в Минусинском районе, намного дальше, чем мы.

Я не знаю, почему отца так быстро отпустили из лагеря. Выпустили его и профессора Столыгво. И его отправили в Ирбейск. Столыгво был лагерным врачом, написал, что отец не пригоден для работы в лесу. Знаю, что многих освободили, многие рижане были в Соликамских лагерях. Не помню, как маме удалось перебраться в Ирбейск, мне об этом не рассказывали.

Латвию я не помнил. Были знакомые, они договорились, что я смогу учиться на 3-м курсе в Рижском мединституте. У меня здесь никого не было. На 3-м или на 4-м курсе надо было учить латышский язык. Не скажу, что это было для меня просто, поэтому на распределении сказал, что поеду в Латгалию. Когда приехал в Латвию, круг моих знакомых ограничивался сокурсниками, так это осталось и по сю пору. Кто-то уже умер, кто-то живет в других странах.

Об эмиграции задумались однажды. Мы с женой и двумя детьми жили в коммунальной квартире. Было трудно. И подумал, что пора эмигрировать. Отец был уже стар, он сказал: «Если хочешь, подавай документы!». Брат сказал, что не поедет, сын сказал, что не поедет. Жена сказала, что у нее еще жива мать в Калининградской области. Такой у меня был выбор. И еще раз было подобное. В 1990 году, так как дети уехали, непонятно было, что здесь будет. Подумал: «Съезжу-ка я к детям». Походил по клиникам и решил, что в Латвии мне будет не хуже.

Ведь тогда носилось в воздухе: «Так или иначе уеду!». Со мной такого не было. Отец не вмешивался. Когда работал в Дагде, был членом бюро райкома комсомола, секретарем был Бресис. Мне сказали – надо вступать в партию. Пошел к отцу, он сказал: «Делай, как хочешь!». Если бы он сказал: «Нет!», я бы не вступил. Так оно все было. Отец никогда не пытался давить на меня. Точно так же и я относился к своему сыну, и в 1990 году он уехал в Израиль.

У меня замечательная семья, вместе мы уже 46 лет, есть внуки. Условия работы хорошие, 30 лет на одном месте, занимаюсь трансплантацией. В коллективе украинцы, латыши, русские. Работа нравится.

Чувствую, что в СССР я бы не хотел вернуться, там такие дела творились. В Америку никогда не хотел уехать...

Слева: отец Леон, Рафаэль, Борис, мать Мария. Сибирь, 1947 год

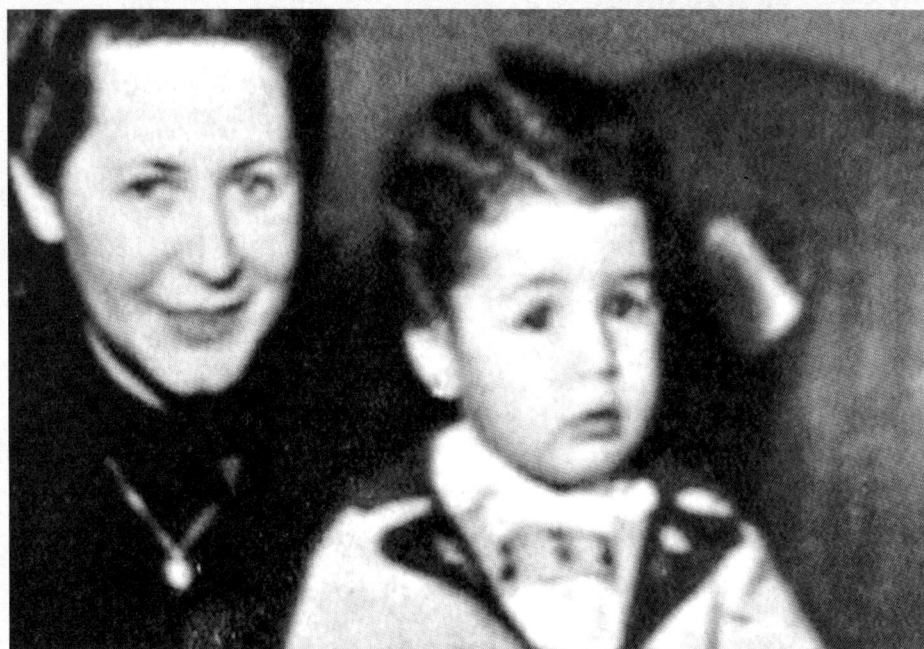

Рафаэль с матерью

Сибирь

Рафаэль (справа) в Сибири. 1954 год

Беньямин Сливкин

родился в 1932 году

Мы спрашивали – почему нам нельзя пойти туда, куда хотим? Нам отвечали – таков закон. Всё.

Меня зовут Беньямин Сливкин. В Сибири меня переименовали, звали Борисом. Меня сослали в девять лет. Вначале я почти не говорил по-русски и меня не приняли в школу. До войны я учился в еврейской школе, один год у нас были и уроки латышского. Русский язык там не учили.

Как нас выслали? Я проснулся, какой-то из НКВД спрашивает: «Кто это там лежит?» Отец ответил: «Мой сын». Тогда энкавэдэшник сказал, что и мне надо ехать. Я окончательно проснулся, спрашиваю бабушку, что стряслось. «Это ссылка. Нас всех ссылают», – ответила она. Я стал одеваться. Я был меньшим из всех.

Брат Абрам уже собрал вещи. Он был десятью годами старше меня. Короче, нас посадили в машину и повезли на вокзал. Там отца забрали в другое место, мы его больше не видели. А нас завели в вагон. У меня три сестры и брат. Две сестры уже умерли.

Это был вагон для перевозки скота, в таком нас везли. Нахимовская, у которой вы уже брали интервью, была с нами в одном вагоне. Было много детей. Нас везли три недели. Привезли в Канск. Оттуда вместе с

Нахимовскими, это была большая семья, доставили в поселок Ашпатск. Там мы жили. Старшие работали, дети сидели дома.

Из-за того, что я не говорил по-русски, пришлось второй раз учиться во 2-м классе. Из Ашпатска нас перевели в городок Ворогово, там я учился до шестого класса, потом уже в Енисейске закончил седьмой. И тут нам разрешили вернуться в Ригу.

В Риге я поступил в Электротехнический техникум. Проучился два года, и нас снова сослали. Во время второй ссылки я работал на заводе «Сибтяжмаш» и учился в вечернем техникуме; окончив его в 1954 году, продолжал работать до освобождения. Вместе с другом Индулисом Погой уехали в Ригу, я устроился на Вагоностроительный завод, он – на завод ВЭФ. Из Риги я уехал в Израиль, Индулис об этом не знал. Мы уехали в 1973 году. В Израиле я поступил механиком в ремесленную школу, потом перешел на электронику. Всегда я совмещал работу с учебой. Еще в Риге поступил на вечернее отделение института и окончил его, это было в 1956 году.

Каковы были в ссылке ваши отношения с местными жителями, сибиряками? Дважды в месяц надо было отмечаться в комендатуре. В школе об этом не знали. Мы говорили, что идем на тот берег к сестрам, а на самом деле шли отмечаться. От одноклассников мы это дело скрывали. Позже секрет открылся, и другие дети не могли понять – за что нас сослали. Мы отвечали, что из-за войны. Индулис Пога говорил: «Откуда мне знать, почему меня сослали? Я ж был маленький». Многие не могли понять. Они знали, что мы никого не убивали, не воровали, не грабили. Нас просто выслали.

Был голод. Особенно тяжко приходилось в морозы. Я помогал маме, как мог. Дрова пилил. Были всякие ситуации. В 1942 году на пароходе нас везли из Ворогова в Енисейск. Я чем-то не понравился сопровождающим, пришлось натерпеться. Река широкая, красивая. Но нам было не до красот, боялись, что ограбят, отнимут последнее. Обошлось.

Всего не перескажешь. Ну, к примеру, тебе назначают местожительство и дальше пары километров идти не дозволено. У тебя нет свободы передвижения, потому что ты ссыльный. Каждые две недели ты отмечаешься, чтобы доказать, что не сбежал. Родители жили в другом месте. Пога не мог ехать к ним, так же было и со мной. Мы спрашивали – почему нам нельзя пойти туда, куда хотим? Нам отвечали – таков закон. Всё.

Вы помните, как жили в довоенной Латвии? У меня был отец. А потом его отняли. Ничего не объяснили. А тут и война началась. Когда высылали, никаких объяснений никто никому не давал. И те, кто нас арестовывал и сопровождал, сами ничего не знали. Войну пережили. Знали, что происходит у немцев. Многие пошли на фронт. Многие не вернулись. Погибли родители. Мы не можем сказать, что было бы, если бы нас не сослали. Скорей всего, нас бы убили. Это все так сложно. Когда нас ссылали вторично, нам внушали, что мы вернулись в Ригу нелегально. Что это значит – незаконно, нелегально? Меня вывезли ребенком. Потом сняли с учета, не надо было больше отмечаться в комендатуре, мы вроде бы были свободны. Проходили мимо комендатуры со смехом.

Перед второй ссылкой у нас уже была рижская прописка. Были паспорта. Только найти жилье было трудно.

Вторая ссылка далась тяжело. Пересылали по этапу. Битком набитые вагоны. Холод. И потом, после второй ссылки нас не хотели прописывать, не было жилплощади. Я прописался сперва в Саласпилсе, поступил на Вагоностроительный завод, потом уже добился рижской прописки. Нас в квартире было семеро. Абрам женился, сестры тоже вышли замуж уже здесь, в Риге. Лучшее время в жизни началось, когда приехали в Израиль. Это было 33 года назад.

Отца отделили от нас в 1941 году. Он освоил профессию печника. В 1944 году его освободили, он не мог больше работать, не мог ходить. Ему удалось добраться до брата, который в Сибири работал на армию. Там, в доме брата, ему на какое-то время полегчало. Нас всех разом как будто освободили, мы все тогда приехали в Ригу, и всех нас потом депортировали второй раз. К тому времени отец уже умер. В Сибири он не работал, был парализован. После его смерти мне не сразу удалось получить разрешение выехать на похороны. Пришлось ждать почти два дня. Сразу после похорон надо было ехать обратно.

Всю жизнь я работал и учился.

Теперь вот свобода... Можно ехать, куда хочешь. Без ограничений.

Семья Сливкиных в Латвии

Беньямин

Георг Столыгво

родился в 1934 году

Может быть, у родителей была надежда когда-нибудь вернуться в Латвию, но довольно слабая.

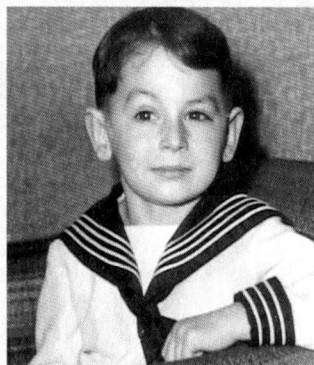

В 30-е годы наша семья жила очень хорошо. Отец работал, у него была большая врачебная практика. Дедушка – отец отца – помогал ему, трудился в лаборатории. Бабушка с дедом жили на улице Миера, 5. Все было хорошо до 13 июня. Отец выехал в Лудзу, давать консультацию.

Около двух часов ночи в дверь позвонили – я от этого звонка проснулся. Открыл дверь. Вошли четверо людей в штатском. У всех были наганы. Пятым был солдат в форме, у него была винтовка с примкнутым штыком. Шестым был еще один тип в фуражке, которую он не снимал. Приказали собираться немедленно. Мама оделась легко, ведь было тепло, лето. Она думала, что повезут на расстрел. Но она была очень смелым человеком и не потеряла самообладания, это нас потом и спасло. Она успела уложить в чемодан кое-какие вещи. Я же все время пытался заговорить с солдатом, мне хотелось поближе рассмотреть его винтовку, штык. Показал ему своих оловянных солдатиков. Он сказал мне несколько раз: «Отойди, отойди!» Когда нас стали выводить, я вдруг лишился языка. Буквально онемел.

А ведь я к тому времени говорил на трех языках – русском, немецком и латышском. Нас привезли в здание на бульваре Аспазияс.

Было прекрасное утро, часа четыре, солнце еще не взошло, но уже светало. Помню, у Бастионной горки стоял одинокий трамвайный вагон.

Потом нас усадили в кузов грузовика и повезли на станцию Торнякалнс. Вагон был небольшой, русские называют такие «телятниками». Окошки, их было два, зарешечены. Люди внутри уже были. Всего нас набралось больше сорока человек. Женщины, дети, подростки. Мы с сестрой были самые маленькие, сестре всего два года. Единственного мужчину звали Зискс, фамилию до сих пор помню. Он был старый и до Сибири не доехал, умер в пути.

Нас с сестренкой устроили на верхней полке. Дня три мы пробыли там, на месте, под горячей вагонной крышей, пока состав тронулся. Стояла жара, везли нас около двух месяцев. Посреди вагона была «параша» – большая деревянная бадья, от которой исходила нестерпимая вонь. На вагон давали ведро воды, хочешь пей, хочешь мойся, давали буханку хлеба.

Помню, остановились однажды в голой степи, там не было станции. Но зато был какой-то пруд. Прошли недели с тех пор, как мы мылись в последний раз. Поступила команда мыться. Но вода была коричневая, затхлая, люди выходили оттуда, облепленные тиной. Сплошное издевательство, не мытье.

Мой отец на следующий день вернулся домой, и его тут же арестовали. Он успел вызвать деда, своего отца, проститься. Попал он в Соликамский лагерь. Там, кстати, познакомился с отцом будущего профессора Розенталя.

Нас привезли в город Канск. Часть людей отослали дальше. Нас и соседей по вагону на лошадях доставили в городок Ирбейск или Ирбея, за 80 километров. Там конвоиров уже не было, а был только начальник НКВД, ходивший всегда в форме, в фуражке и с наганом. Был еще у него помощник. Там мы провели зиму.

Однажды маму вызвали почему-то ночью, какой-то приезжий, совсем молодой, лет 19-ти, положил на стол наган, дает подписать какую-то бумагу. Мама начала читать. Тот кричит: «Что ты там читаешь? Подписывай, и все!» Мама стояла на своем: пока не прочту, не подпишу. «Да ты ведь все равно по-русски ничего не поймешь!» Но моя мама была русская. Она знала и русский, и польский языки. В бумаге значилось: я, такая-то, жена такого-то, врага народа, согласна в том, что за преступления, совершенные мужем, заслуживаю наказания и проведу в ссылке 20 лет. Мама сказала – не подпишу, и точка. «Тогда тебя расстреляют». Две ночи подряд ее таскали туда, тот юнец ругался нецензурными словами. Уехал ни с чем.

Как мы жили в ту первую зиму? Слава Богу, мы были не одни, там мучились и другие ссыльные. Поселок был в таежной глуши, в 150–200 километрах от Саянских гор. До границы с Монголией километров 300–400. Люди поддерживали друг друга. Картошка была, мороженая рыба. Я тогда заболел воспалением легких. У мамы был хинин, это меня и спасло. Еще меня лечила Галямова, пожилая женщина… Мама осенью начала работать в колхозе. Платили ей копеек 20 в день или чуть больше. Правда, давали хлеб. Весной мама решилась на авантюру. Сговорилась с одним возчиком, который собирался в Ирбею, взяла детей, и мы самовольно туда уехали. Там сняли угол.

Через какое-то время мама сама пошла в НКВД, чтобы не искали. Там скандал поднимать не стали, но строго предупредили, что нужно отмечаться в комендатуре раз в месяц. Мы познакомились с поляками, тоже ссыльными. Мама наполовину полячка, воспитывалась в польском костеле в Вильнюсе, знала язык. Они ее приняли как свою – женщину с двумя детьми… У них была там артель. Молодцы – объединились, чтобы выжить. Сестренку мою взяли в детский сад. Мне уже было восемь лет, и я в том же детском саду был вроде чернорабочего. Носил воду, дрова, за это мне в обед давали кашу, супчик. Миску с едой протягивали в окно, внутрь меня не пускали. Вторая моя работа была помогать маме. В той польской артели занимались переработкой воска, изготовлением рам для ульев. Там тоже нужна была вода, и я ее носил. Когда сестренка была дома, я и с ней нянчился.

Об отце ничего не было известно. Маме подсказали, что нужно писать во все лагеря. Вдруг да найдется. Лагерь есть в каждом городе, *кроме оккупированных немцами. Нужно взять карту Союза и посылать запросы в один город за другим. Мама так и сделала. И каким-то чудом два письма отыскали отца. Он узнал мамин почерк. Понял, что мы живы. Причем второе письмо ему принесли бандиты! И потребовали в обмен его пальто.*

Отец не состоял ни в какой политической организации. Ему заменили лагерь ссылкой. В лагере он провел два года из присужденных пяти. Теперь по этапу через 18 тюрем его доставили в Красноярск. Это было осенью 1943 года.

Когда на грузовике привезли отца и приказали сойти, у него не было сил спуститься на землю. Он не мог идти, его посадили у забора, он дрожал от холода. Был ноябрь. Подняться отец был не в силах. Все женщины хотели знать, кто это. Что человек только что из лагеря, было сразу видно. Спросили, как зовут его жену. Мария Лонгиновна. Моя мама была Мария. Местные прибежали к полякам, у которых работала мама, и сказали, что там один человек, совсем ослабевший, говорит, что он муж Марии... Принесли его на руках... Вот фотография – мы с сестрой на полу, за русской печью. Пришла мама, за ее плечо придерживался вконец ослабевший мужчина в очках. Отец? Он заговорил со мной по-немецки. Я не понял – что он сказал? Я заговорил только через год после высылки... По-русски.

Отец был дистрофик. Его нужно было спасать. В нашем районе был украинский поселок. Там жили люди, которых сослали много раньше – в 1928, 1929 году, причем откуда-то из-под Хабаровска. Там они было освоились, завели хозяйство, и тогда их выслали оттуда к нам, в тайгу, и здесь теперь была улица, где жили только буряты и украинцы. Оттуда, за 25 километров, мама привела корову. Позвала соседку, та научила, как доить. Корова давала в день литр-полтора молока. Мама отпаивала отца каждый день парным молоком. Под Новый год он уже начал выходить из дома. Вскоре он стал в больнице главным врачом. В армию его почему-то не забрали. В лагере он сначала был, как все, на лесоповале, а потом уже стал работать по специальности. Он рассказывал нам ужасные вещи, я всего этого не видел своими глазами, знаю только с его слов.

Отец возглавил больницу в 1944 году и очень скоро приобрел популярность. Только представить себе – профессор Латвийского университета в сибирском таежном поселке! Он был прекрасным организатором, наладил работу поликлиники. Больнице принадлежала немалая территория, нам выделили участок, и уже осенью 1944 года у нас появились свой картофель, своя свекла, лук. Одним из главных огородников был я.

У нас была корова, сестра привела откуда-то собачку. К осени 1944 года откормили поросенка. Мы жили в небольшом домике при больнице. Все это – благодаря маме.

В школу я начал ходить с пятого класса. Отец со мной занимался, учил арифметике, истории, читал вместе со мной книжки. Гулять я мог выходить тогда, когда возвращались родители, потому что валенки были только у мамы и папы. В апреле, когда начинал таять снег, мы бегали и босиком. Потом уже, много позже, у меня появились свои валенки. Босиком мы ходили до сентября.

К пятому классу я был достаточно хорошо подготовлен. В школе меня приняли хорошо, может быть, еще и потому, что моим соседом по парте был Павел Блинов, сильный парень, намного старше остальных – ему было 13 или 14. Я ему помогал, сколько мог. Отец меня учил: если учишь какой-то язык, уважай его законы. Отец правильно говорил по-латышски, хотя и с небольшим русским акцентом, он даже правил сочинения своих студентов. Помню, он стыдил одного студента: «Как вы пишете, ведь вы латыш!» И от меня он требовал точного, грамотного языка, как русского, так и латышского.

Может быть, у родителей была надежда когда-нибудь вернуться в Латвию, но довольно слабая. Отцу были определены пять лет ссылки, маме – 20. Отец был самым знаменитым доктором в тех местах, у него лечились и партийные секретари, и сам начальник НКВД Воробьев – Zvirbulis, Воробей, как его между собой называли латыши. Его сын учился в нашем классе, и знаете, как его звали? – Адольф! Нонсенс. Военное время, сын начальника НКВД – и Адольф! Скорей всего потому, что в 30-е годы Сталин и Гитлер были союзниками. Адольф родился в 1933 или 1934 году, мой ровесник. Ну, это так...

Надежда появилась, когда отцу дали паспорт. Подошел к концу его срок. Теперь ему не надо было отмечаться в комендатуре. Правда, там его предупредили, что в Ригу ему нельзя, но зато он может теперь жить в Красноярске или Новосибирске. Маме же в комендатуре сказали, что ей придется оставаться на месте. Она возразила, что не подписала в свое время бумагу о 20-летней высылке. Комендант начал рыться в документах: разве такое возможно? Мне кажется, мамина неуступчивость спасла нас от Игарки или Норильска. Другие латыши, те, кто не знали русского языка, свою подпись поставили. Похожая ситуация была у моего тестя. Он был адвокат с Украины, арестованный в 1939 году. Его тоже заставляли подписать такую бумагу, били, пытали. Но он написал внизу того листа: «Со всем прочитанным категорически не согласен». И подписался. Через полтора года что-то там переменилось, Сталин указал, что кое-где были перегибы, и его отпустили. Повезло. Наверное, попался какой-то более или менее нормальный следователь.

В 1946 году маме выдали паспорт, так же как и отцу, на нее отдельного дела заведено не было. Там до сих пор остаются некоторые загадки. Когда мы оформляли документы, собирали доказательства, что были репрессированы, в архиве выдали бумагу с надписью карандашом: «Семья выслана за пределы Латвии». Что за семья, кто мы, сколько нас – ни слова. Словно нас и не было. Списались с Ирбейском, и через год пришел документ, в котором были наши имена, указывалось, где мы жили, сколько раз отмечались в комендатуре.

Отец написал в университет, на медицинский факультет, и через знакомых ученых ему удалось выйти на самого Кирхенштейна, тогда председателя Верховного Совета Латвии. Мой отец был микробиолог, и Кирхенштейну имя его было знакомо. Он через Академию наук и через НКВД вызвал отца, доказывал, что этот ученый нужен республике. Отца заодно назначили сопровождающим в эшелон, с которым везли латышских детей на родину в 1946 году. В вагоне были 40 детей и мы четверо: я, сестра и отец с мамой. Мы отвечали за воду, дрова. Дети в пути заболели скарлатиной, сестренка тоже. На следующий день после прибытия в Ригу сестру отвезли к коллеге отца, доктору Бергу. Отец добыл пенициллин, сестру оперировали.

Мы в Риге жили у бабушки с дедушкой. Я совсем отвык от города. Хулиганы меня ограбили, отобрали и варежки, я обморозил руки. Бежал оттуда, где сейчас кинотеатр «Форум», на улицу Миера, и чуть не остался без рук.

Мне нравились маленькие частные магазинчики, где продавали тетради, карандаши. Мама взяла меня как-то с собой на рынок, и я ахнул – никогда не видел так много продуктов! Хотя ничего такого особенного там не было. Помню, ходили люди, предлагали: «Кому соду, сахарин?» «Отличные средства от блох, крыс и мышей». Трамваи... Какие-то трофейные машины... Извозчики, зимой на санях, с колокольчиком...

Переехали в Межапарк, снимали там квартиру. Напротив жила латышская семья – профессор Дале с женой, сын и две дочери. Мы с сестрой вместе с ними играли в футбол. Они учились при этом говорить по-русски, мы – по-латышски. Сестра с 1948 года посещала латышскую школу в Межапарке, она говорит по-латышски без акцента. Я пошел в шестой класс, и с моей учебой обстояло так плохо, что отец сказал: «Стоп! Пойдешь в шестой класс еще раз!»

Я учился в 22-й средней школе, окончил ее, поступил в Медицинский институт, проучился там год. Однажды на курс пришел полковник и обратился к нам: «Парни, кто хочет учиться в Военно-медицинской академии, тем я могу поспособствовать. А иначе придется идти служить в армию». Я подал документы, и второй курс проходил уже в Ленинграде. Пришлось заполнять анкету, мне сказали, нужно указывать, что был в эвакуации. Будут проверять. Не знаю, проверяли меня или нет, но никаких последствий не было.

Школьником я был неважным, много времени отнимал спорт, мне нравился велосипед, был кандидатом в мастера спорта. В институте с моей дисциплиной проблем не было. То была отличная школа, и я всю жизнь вспоминаю ее. Отец тоже был известным спортсменом, ему принадлежат два рекорда, которые никто никогда не побьет, потому что тех видов спорта теперь не существует. Это были прыжки в высоту с места, без разбега, и бег с препятствиями на 60 метров для мужчин. Правда, это рекорды двадцатых годов...

После возвращения в Латвию отец врачебной практикой уже не занимался. Его взял Кирхенштейн в Институт микробиологии, и он возглавил отдел Медицинской микробиологии. Там был и сельскохозяйственный отдел. Позднее отец работал в экспериментальном Медицинском институте. Тоже заведующим отделом. Два года, 1961-й и 1962-й, он заведовал кафедрой инфекционных болезней. В дипломе профессора Розенталя есть его подпись. Затем он получил лабораторию в Туберкулезной больнице. Очень трудными оказались 1948-й, 1949 годы. Мы жили в Межапарке на первом этаже, возле трамвайной остановки. Людей хватали, увозили у нас на глазах.

Настал 1953 год со знаменитым «делом врачей». Врачей еврейской национальности начали увольнять, арестовывать. Кирхенштейн вдруг сказал отцу: «Николай, мне кажется, что ты скрытый жид». Никаким евреем отец не был, но нос с горбинкой вызывал подозрения. И тогда он повез телохранителя главы республики на Лесное кладбище, чтобы тот увидел могилу папиного деда и подтвердил своему начальнику, что с нашей родословной все чисто. Это было так унизительно!

Вызвали его в «Угловой дом» – латвийский КГБ. Отец на всякий случай собрал и взял с собой чемодан. Через два часа вернулся с документом о реабилитации. Мой отец никогда не был пьющим, а тут приехал и сказал: «Налей-ка мне. Я только что пережил нечто такое... Ты узнаешь эту вещь?» И он достал часы, которые ему в 1934 году подарил один пациент. Часы были позолоченные, с выгравированной надписью: моему другу доктору... от такого-то.

Отцу нужно было расписаться, и ему вручили вещь, конфискованную давным-давно при аресте. Подумать только – миллионы безвестно погибших, замученных, неизвестно где похороненных, но вот часы аккуратненько сохранили и вернули. Такие вот шуточки. Государственная оперетта.

Отец рассказывал иногда о лагерях, но неохотно. Я человек верующий и скажу, что Бог все-таки есть. Факт, что мы остались живы и сравнительно быстро вернулись на родину, в Латвию, я воспринимаю как дар.

Благодарение Господу. Больше добавить мне нечего.

Георг с мамой Марией и сестренкой Мариной

Сибирь

Георг с сестрой Мариной. Сибирь, Ирбея, 1943 год

Сильва Хайтина (Рубашова)

родилась в 1932 году

Мама совсем не была похожа на колхозницу —
туфли на высоких каблуках, шелковые чулки.
Она была хорошо одета, еще не утратила
своей красоты.

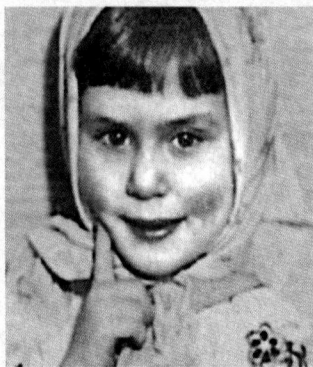

*Я родилась в Риге. В семье нас было четверо —
мама, папа, старшая сестра и я. Жили на улице
Сколас, 20, в квартире номер семь. Это я помню. Не
думаю, что до этого жили где-то в другом месте. Из
роддома мама меня привезла именно сюда. И вот, мне
не исполнилось еще и восьми лет, как ночью в дверь
резко позвонили.*

*Помню, мы с сестрой сидели в кроватях и с
ужасом смотрели друг на друга, а звонок все звенел
и звенел. В коридоре раздались голоса, потом в
комнату в сопровождении незнакомых людей вошла
мама и сказала: «Девочки, одевайтесь!» Было около
двух ночи.*

*Отец мой был очень богатым человеком, в Юрмале
у него была дача. У отца был большой магазин.*

*Когда я в первый раз вернулась в Латвию, в этом
доме размещался банк. Я хотела зайти, посмотреть
помещение, но меня не пустили, сказали, что я должна
быть клиентом банка, чтобы войти. Я сказала, что
хочу открыть счет. Человек в форме с автоматом
проводил меня на второй этаж, я вошла в помещение,
где когда-то находился кабинет моего отца. Я хотела*

открыть счет, но через месяц узнала, что банк стал банкротом. Было это по адресу Бривибас 2/4, рядом с аптекой.

Помню, дали нам полтора часа, чтобы собраться. Отец ничего не взял, все время бегал по квартире, пытался доказать, что поступают с нами несправедливо. Никто не знал, что с нами произойдет. Потом один из латышей шепнул маме, чтобы взяла с собой теплую одежду. Мама вскричала: «Зачем? Сейчас же июнь!» Потом мама все-таки стала собирать одежду, а папа так и бегал по квартире, говорил, что будет куда-то звонить, что он пролетарий, что у него давно все отобрали, конфисковали, национализировали. На дачу мы в том году уже не ездили, это была уже не наша дача. Мама собрала много вещей, чемоданов не было, но были два теплых одеяла, которые спасли нам жизнь. Отец в последнюю минуту захватил 50 шелковых галстуков, носовые платки с вышитой монограммой «I H» – Израэль Хайтин. Стали спускаться, лифт почему-то не работал.

Внизу стоял грузовик. Шум стоял страшный – по улице Бривибас одна за другой шли машины, все в одну сторону. Посадили нас в машину, где уже сидели вконец запуганные люди – никто не проронил ни слова... Помню, машины были на всех перекрестках.

Привезли на станцию. Эшелон стоял в отдалении от здания вокзала. Загрузили нас в телячьи вагоны. В вагоне было два маленьких окошка, забранных решеткой. Отец забрался в вагон и устроился на верхних нарах. Еды не было. Впервые в жизни я испытала голод.

14 июня ночью вдоль вагонов бегали люди, выкрикивали фамилии. Наши родственники о нас ничего не знали. Здесь осталась мамина сестра с мужем и двумя детьми, сестра отца с сыном. В Лиепае жила мамина мама, дедушка уже умер. Нас никто не искал, за исключением продавщицы, которая работала в папином магазине. В кошелке она принесла нам поесть. Воды не было. Туалета не было. Это было ужасно – посреди телячьего вагона зияла дыра. Я, как ни старалась, не могла заставить себя ходить в эту дыру... Мама прикрывала меня с одной стороны, папа с другой. Страдали все. Вагон был переполнен. Мужчин в вагоне было мало. Были мальчики, женщины с маленькими детьми. На путях поезд стоял три дня. И вдруг шум, поезд тронулся. Когда ехали по

Латвии, было так красиво – все сады в цвету. Когда переехали границу, открылась совсем другая картина. Нам сказали, что едем по России. Выглядело все очень бедно.

Воспоминания о дороге – голод, жажда. Никто ничего не приносил, ничего не давал. Помню, на полу в вагоне сидела латышка с младенцем, три дня так сидела, укачивала его и все время что-то под нос себе бормотала. Мы попросили разрешения поиграть с ребенком, оказалось, что младенец давно умер... У нее не было молока. Кто-то сказал об этом солдатам, они вошли, вырвали ребенка и за ноги выбросили из вагона. Она не шелохнулась. Помню, что мама сказала, что эта женщина, очевидно, потеряла разум, раз не среагировала, когда выбросили ее ребенка...

Ехали мы два месяца и еще, кажется, 10 дней. Кто-то узнал, что находимся мы в Красноярской области. Ночью поезд остановился, и всем велели выйти. Еще раньше поезд останавливали перед Уралом. Выгнали из вагонов всех мужчин. Освещали фонарями. В вагоне был отец и несколько мальчиков лет 16-ти. Отец спрыгнул с нар и сказал: посмотрите, в вагоне только женщины и младенцы, я единственный, кто ходит за водой, единственный, кто может что-то купить, оставьте меня с больными людьми. Офицер махнул рукой – черт с ним, закрывайте двери! Отец остался, остались и молодые парни. Только благодаря тому, что отец кричал, что в вагоне больные и женщины с младенцами.

Ночью двери в вагонах открыли, приказали всем выходить с вещами. Приходилось прыгать довольно высоко. У меня до сих пор шрам на коленке. Плохое запомнилось плохо. Я радовалась, что не надо заниматься музыкой, не надо ходить в школу.

Мама отыскала свою подругу – у них на Бривибас был парфюмерный магазин, такие Соколовичи. Подруга была с сыном Левой, в которого я была влюблена, когда мне было семь лет.

Ночь была холодная, мне кажется, это было 27 или 28 августа. Мне было холодно, но у мамы было одеяло, меня закутали, и я спала у папы на руках. Когда проснулась, над нами было синее небо, светило солнце, а вокруг, насколько хватал глаз, были люди... Мне казалось, что их тысячи. Вдали лес. Больные лежали на земле, кто-то плакал. Без еды, без воды. Ребенок, я, видимо, запомнила только это.

А потом стали приезжать повозки. Среди нас стали ходить мужчины и женщины, разглядывали каждую семью. Все сидели на своих узлах. Слышали, что нас разбирают колхозы. Мы знали, что находимся в Красноярской области. Сказали, что каждый колхоз должен забрать к себе фашистов, то есть нас. Им сказали, что привезли тех, из-за кого началась война. Не скажу, что отнеслись к нам с большой любовью. Нас долго не забирали – мне было восемь лет, сестре десять. Мама совсем не была похожа на колхозницу – туфли на высоких каблуках, шелковые чулки. Она была хорошо одета, еще не утратила своей красоты. Отец все время бегал, предлагал свои услуги. Никто не хотел нас брать. Приведет кого-нибудь, на нас глянут и уходят. Забрали нас только на третий день и отвезли в колхоз, который назывался имени Александра Ерша. Попали мы в дом к какой-то женщине. Относилась она к нам нормально. Помню, как через два с половиной месяца мы ели горячий суп. Это был гороховый суп со свиными шкурками. Ничего вкуснее в своей жизни не ела, потому что раньше я вообще не ела, а тут миска, деревянная ложка и – вкуснейший суп!

Колхоз был большой, ссыльных много. На следующий день отец куда-то ушел, вернулся только вечером. Пришел и сказал, что отыскал рай на земле... Вскоре начались занятия в школе. Однажды отец достал лошадь, и мы отправились в рай. Хозяйка на прощанье подарила мне котенка. Когда я показала его родителям, услышала: «Сами с голоду умираем, а тут еще котенка кормить!» Я сунула котенка в карман. В дороге родители сказали, что от котенка надо избавиться. Ответила, что тогда им придется избавиться и от меня. И котенок жил с нами еще долгие годы.

Приехали мы в Дзержинский район. Там ссыльных не было, приехали ночью. Стали жить у Насти Барловской. Утром проснулись, все спали на полу, все четверо. Открыла глаза, возле двери стоял народ, все смотрели на нас, переговаривались. Отец хотел подняться, попросил, чтобы отвернулись. Мама спала в ночной рубашке, женщины запричитали: «Посмотри, в чем она спит!» Я ни одного слова по-русски не понимала, моими языками были латышский, французский, немецкий. В Риге училась во Французском лицее. Первые слова, которые я выучила, – молоко, бычки, третье слово – неприличное, которые солдаты на каждом шагу произносят. Мама пояснила, что значат первые два слова, что значит третье слово, не знала, но когда мы ей пояснили, что его солдаты все время повторяют, сказала – ну, если его солдаты повторяют, вам не стоит это слушать.

Родители сходили в школу, в которой была всего одна комната и одна учительница. Направили меня во 2-й класс. А там дети уже писали, читали, учили стихи о Сталине. Я ничего не понимала, надо мной смеялись. Сестра пошла в 4-й класс. Там учились 11–12-летние девочки. Мы два месяца учились, забыли все языки, которые до того знали...

Стали разговаривать на смешном русском. В колхозе его называли «чалдонский язык». Через два месяца мы стали лучшими ученицами в школе. Учились писать. Ни бумаги, ни чернил не было. Отец и мама трудились на полевых работах. Мама на каблуках, в шелковых чулках. Еще и лак сохранился на ногтях... Она серпом жала овес. Порезала и одежду, и руки.

Переселились в отдельный домик. Это место связано у меня с воспоминаниями о большом счастье и большом несчастье. В ночь на 2 декабря раздался стук в дверь, явились двое из НКВД, устроили обыск. Сказали, что пришли арестовать отца и конфисковать все его имущество. Отец успел отдать маме часы, а больше у него ничего и не было. Галстуки они не взяли. Я помню этот ужас. Я повисла у него на шее, кричала – папа, не уходи! Помню его глаза – как у больной собаки... Мама и сестра плакали. Так мы просидели втроем до утра. За папиной спиной мы чувствовали себя надежнее...

Спустя много лет в Красноярске я прочитала его судебное дело, обвинительное заключение. Его судили за то, что в очереди, когда он стоял за полагавшимся нам мокрым овсом, отец спросил: «А что делать с мокрым овсом?» И больше ничего. Он сказал, что в Латвии овес ели лошади... В обвинительном заключении говорилось, что Израэль Хайтин приговорен к десяти годам за антисоветскую агитацию, так как осмелился сравнивать буржуазную Латвию, в которой овсом кормили лошадей, с советским колхозом. За это его осудили на 10 лет с поражением в правах – я не совсем понимаю, что это значит. Вероятно, не имел права выбирать. Отец отсидел свои 10 лет от звонка до звонка.

За это время я окончила 2-й класс, сестра – 4-й. Больше классов в колхозе «Мокроельник» не было. Мама поехала в Дзержинск – сестре надо было учиться дальше. Там было много сосланных латышей, русских, евреев. Мама нашла жилье, но нужно было получить разрешение на переезд. Мама подарила одной женщине пару шелковых чулок, и нам разрешили переехать. Сестра пошла в 5-й класс, я – в 3-й. А еще раньше нас разыскал папин брат. Он жил в Москве и вообще боялся говорить, что его брат живет за границей, в Латвии. И вот он нашел нас через «Красный Крест» и неожиданно приехал в деревню «Мокроельник». Тут и машины никто не видел, но он нанял в Дзержинске машину и приехал к нам. Привез бумагу, ручки, копировальную бумагу. Приехал на несколько часов. Смешно было, когда вся школа высыпала поглядеть на машину. И мы с сестрой побежали. Он вышел из машины и спросил у нас с сестрой, кто мы. Мы с гордостью ответили, что мы Хайтины. Он заплакал. Он спас нам жизнь. Потом мы переехали в Дзержинск. Там было немного хуже – все было дороже.

Были всякие беды и несчастья – заболела сестра, один из маминых знакомых умер. Потом мама стала думать, как бы из Дзержинска перебраться поближе на Запад. Девушки на вечеринки ходили в маминых ночных рубашках. Мама очень переживала, говорила, что ей стыдно на это смотреть. Рубашки ведь были уже ношеные.

В Дзержинске было плохо – продавать было нечего. Помню, как мои последние трусики продали моей подружке. Ее мама могла доставать продукты, и Валя ходила в моих трусиках.

В Дзержинске была двухэтажная школа, большая. Помню, как я растерялась. И тут подбежала ко мне девочка, с которой я по-прежнему поддерживаю связь, – Люся Берина, ее мама заведовала пекарней. Это была мечта! Она дала мне откусить от своего бутерброда. Было это в 1945 году. У меня был хороший музыкальный слух, и 9 мая я гордо вышагивала впереди школьной колонны с барабаном. Я все помню, даже такую мелочь, как гвозди в стене…

Мама переехала в Канск. Разрешение она получила в 1945 году. Мы снимали комнату, я училась в 5-м классе. Напротив школы размещался НКВД. У меня об этом учреждении не было никакого представления, я только знала, что мама страшно его боялась. Я знала, что мама каждые две недели ходила отмечаться.

Моя мама была красивая женщина, и когда она туда шла, стирала губную помаду. Надевала страшную ватную фуфайку. Мама курила, и когда ходила туда, одевалась как можно страшнее. Когда я у нее спросила, зачем она это делает, она ответила – не твое дело! В школу я ходила мимо НКВД. Это здание я помню – через шесть лет я сама себе подписывала там смертные приговоры, но об этом позже. А сейчас я шла в школу и была счастлива. Мне было 13 лет, когда мы узнали, что детей, у кого нет родителей или кому плохо живется, из Сибири увозят в Латвию. Мама об этом знала, но решила, что меня не отпустит. Я об этом узнала, когда акция окончилась. Я очень хотела уехать, и я маме сказала – если ты меня не отпустишь, я или повешусь здесь, или убегу на поезд. Ребенком я была непослушным, и мама знала, что свою угрозу я могу и исполнить.

Мама обещала сделать все, чтобы я смогла уехать. Она списалась с московским дядей и попросила взять меня на время. И вот я еще с одной девочкой поехала в Москву. Я поняла, что ни за что больше не вернусь в Канск. Дядя отвел меня в школу. Это была образцовая женская школа на углу улицы Кирова. Вела я себя замечательно, пока не пошла в школу. Оказалось, что я не умею себя вести. Девочки, которые гуляли по коридору, в моем понимании не были девочками. Я дергала их за косы, плевалась, ругалась. Мат для меня был привычным делом. Я знала, что так вести себя нельзя. Вскоре меня исключили из школы. Деваться было некуда. И я снова сказала: если меня отправят в Канск, я повешусь в их доме на люстре. Дядя списался с мамиными родственниками в Каунасе, и за мной приехала мамина двоюродная сестра. В Каунасе была гимназия. Я училась в русской школе, где в основном были офицерские дети. Были и местные, которые говорили по-русски. Была у меня подружка из того же дома – Ренате Шилкевича, она тоже ходила в русскую школу. Вначале было трудно, литовского языка я не знала. В школе документами не интересовались, в анкете врала, что мама в эвакуации, а папа погиб на трудовом фронте. Так это называлось.

В школе первый раз влюбилась. Он был сыном важного чекиста. Ученицей я была хорошей, мне полагалась золотая медаль. Перед последним экзаменом мне сказали, что так как я не местная и не русская, медаль дать мне не могут. Объяснили, что математика наука точная, снизить оценку по математике нельзя, снизили оценку за сочинение. Дали серебряную медаль. Это было в 1950 году, было мне 16 лет. Отправилась в Ленинград, но меня нигде не принимали. Понять, почему это происходит, я не могла. Хотела заниматься литературой. Мне везде отказывали. Потом поняла – в анкете писала, что у меня серебряная медаль, а в 5-м пункте писала, что я еврейка. Везде говорили, что места есть, но, прочитав анкету, начинали оправдываться – ой, забыли вам сказать, что прием закончился... Подавала на юридический, на библиотечный, был еще институт связи имени Бонч-Бруевича. Позвонила, мне сказали: для нас честь принять медалистку. Я уточнила: но я еврейка. После паузы ответили: у нас все равны, приходите! Мне дали общежитие на Васильевском острове, я была счастлива... Училась плохо, почти ничего не понимала в высшей математике: интегральные уравнения, дифференциальные уравнения... После первой же сессии меня лишили стипендии. Путь у меня был один – обратно в Сибирь... И снова спас меня дядя – папин брат. Он, чтобы помочь родственникам, отправился на Сахалин, а свою московскую квартиру сдавал. Сказал, что деньги за квартиру будет отдавать мне. На это я и жила. Жила там два с половиной года. У меня был ухажер, собралась замуж. Была уже на 3-м курсе радиотехнического факультета. Из всего, чему меня там учили, интересовало меня только радио. Училась я все равно плохо. На 3-м курсе должна была приехать мама жениха, намечалась свадьба. Вернулась я в общежитие, и меня арестовали. Сидел молодой человек, дежурная указала на меня. Он мне предъявил ордер на арест. Перетряхнул мой чемодан, что стоял под кроватью. Велел следовать за ним, ничего не объяснил, ни слова.

На машине отвезли меня в большой дом. Там раздели, обыскали, даже в косе искали что-то. Потом разрешили одеться, но предварительно из трусиков вытащили резинку, из кос – ленты. Забрали все длинное, видно, боялись, что повешусь. Посадили в одиночную камеру. Не знаю, как долго я там находилась. Меня, как и отца, арестовали 2 декабря. Шел 1952 год. Я плакала. Открылось окошко, и мне сказали, что и плакать здесь не разрешается.

Тюрьма была политическая, строгого режима. Я перестала плакать, разозлилась, как тигрица. Решила – хватит плакать! Утром разбудил меня тот же голос. Я видела, что за мной наблюдают. Медленно оделась. Утром принесли кусочек хлеба, на нем ложечка сахара, горячая вода. Я тут же все съела. Оказалось, это было на весь день. Потом принесли что-то вонючее – сверху плавали рыбьи плавники, меня чуть не стошнило. Вылила все в парашу. Эта тюрьма была еще, можно сказать, комфортная по сравнению с теми, где я побывала впоследствии. Голос произнес, чтобы я не выливала, за это полагается карцер. Еду разносили сами заключенные, поэтому он меня предупредил. Читала книжонки. Раз в неделю раздавали книжки. Толстую книгу прочитывала за день. На неделю не хватало. Начинала читать с другого конца, по одной страничке. В Ленинградской тюрьме пробыла месяц или полтора. Судя по тому, как вела себя охрана, я поняла, что, вероятно, наступил Новый год.

Ночью пришла охрана, – как обычно, все происходило по ночам, – вывели, все вещи мои находились внизу: узелок, пальтецо. Посадили в «черный ворон». На улице холодно, сидела в этом ящике, ничего не видела. Слышала только мужские голоса. Привезли на Московский вокзал. Завели в столыпинский вагон, в купе, ехала я одна, можно сказать, как принцесса. В соседнем купе ехали мужчины, натолкали столько, что им даже сесть было негде. Крики, стоны. Ехали около суток. Внезапно мне показалось, что я узнаю места, куда приехали, – высадили и куда-то повезли. Это было под Кировом, на станции Дымково, а недалеко, в поселке Слободском, жила мать моего жениха.

Арестовали меня в декабре, а до этого в августе я гостила у своего жениха Игоря. Он учился в аспирантуре, мы ездили к его маме отдыхать. Тут я и вспомнила, что в Дымково в первый раз побывала со своим будущим мужем.

Отвели нас в пересыльную тюрьму – потом я поняла, что это была самая лучшая пересыльная тюрьма в моей жизни. Это был деревянный дом, набитый до отказа людьми.

Когда меня арестовали, никто ничего не объяснил. Я не знала, почему меня взяли. Парень тот меня уже ждал, я пришла с коньками, которые только что купила. На следующее утро мы должны были встречать мою будущую свекровь, но меня арестовали, показали ордер на арест и на обыск. Когда мы ехали, я начала уже кое-что понимать. Спросила: «У вас работа такая?» – «Какая?» – «Арестовывать таких дур, как я?». Он ответил: «Если спрашиваете, значит, арестовали вас не зря». Я ему в ответ: «Значит, если бы я не задала вопрос, вы арестовали бы меня зря?» Он меня оборвал: «Молчать!».

На пересылках я встретила фантастических людей. В Дымкове рядом со мной на нарах две девушки разговаривали по-немецки. Мне было неловко сказать, что я все понимаю. Солдаты уводили их каждую ночь, это называлось «идите стирать!». Они мне рассказывали, как советские солдаты и офицеры их избивали, не расплачивались, и они уходили в английский, французский секторы, где платили. Поймали их в американском секторе, обвинили в шпионаже. Привезли их обратно, дали по 25 лет. Я разговаривала с ними по-немецки, по-русски они не понимали ни слова. Я была довольна, потому что солдаты расплачивались с ними сахаром, маргарином. Я была маленькая, похожа на девочку, они со мной делились.

Была одна женщина, еврейка, высокого роста, с усами, жена немецкого режиссера. Она сбежала в Москву от Гитлера в 1938 году.

В 1939 году ее мужа расстреляли как немецкого шпиона. Ей дали 25 лет – тоже за шпионаж. К тому времени она уже 13 или 14 лет провела в лагерях, человеком была закаленным, в камере была лидером. Люди вокруг были интересные, я начинала понимать все больше, увидела зверскую несправедливость советского режима.

Вместе со мной ехала эстонка. Их выгнали из Карелии, когда русские оккупировали часть Финляндии, кто-то бежал, кто-то остался. Всех их арестовали. Она была крестьянка, наивная, чистая как незабудка. Она носила мешки с едой, и у нее все украли. Помню, как в мешке проделали дырку и вытащили весь горох. Помню, как у нее украли бутылку с постным маслом.

Были комичные случаи. О тех же проститутках – одна женщина возмущалась, почему ее не посылают стирать. В камере смех, никто не сказал ей, чем девушки занимаются, а женщина для этого старовата. Там о каждом если не книгу, то рассказ точно можно было написать...

О женихе я ничего не знала. На следующее утро он пошел встречать маму. Потом он мне рассказал, что очень на меня рассердился – решил, что я проспала. А когда я не появилась и через несколько часов, стал звонить в общежитие. А девушки, с которыми я жила вместе, подписали бумагу о неразглашении. Когда меня забирали, они со мной даже не попрощались, глаз не подняли. Боялись. Он оставил маму и пошел ко мне в общежитие. Ему показалось странным, что никто ничего ему не говорит. Уже к вечеру на проходной ему сказали: «Увели твою, увели!». Он понял, что меня арестовали. Когда я вернулась в Ленинград, обо мне ходили легенды, что якобы я с крыши института по радио отправляла американцам шифровки с государственной тайной.

В тюрьме был настоящий скандал – мне не нашлось места. Мужчин сразу же увели в камеру. Дежурный спросил, куда меня посадить, – я считалась политическая, меня нужно было держать отдельно. Посадили меня в карцер. Это было ужасно. Мокро, грязно. Был март. Вошла, положила свой узелок, он сразу же утонул в грязи. Стены липкие, мое красивое пальто выглядело страшно. Кое-как примостилась, руками доставала до стен. Один шаг – вот и вся камера. Различила писк, поняла, что это крысы, что сейчас они меня съедят. Вспомнила картину, которую видела в музее, – «Княжна Тараканова». Это была моя последняя мысль. На картине изображена женщина в тюремной камере, и к ней подбираются крысы. Я бросилась к дверям, стала колотить в нее кулаками и тут же отключилась. Когда дверь открылась, охранник сказал, что выпустить меня не может, чтобы я дождалась утра, что никаких крыс в карцере нет.

Наутро пришел элегантный молодой человек, меня просто выволокли, так как сама идти я не могла, перемерзла. Вывели во двор, на солнце. На минуту я ослепла от искрящегося на солнце снега. Потом были сани, колокольчик, узелок мой положили в сани и повезли меня к тому зданию, где я когда-то училась, но на сей раз чуть дальше – в НКВД. Ввели, посадили, дали подписать какие-то бумаги. Подписала, даже не глянув, что подписываю, ничего не видела. Спросила как бы в шутку, не подписываю ли я себе смертный приговор. И услышала: «А надо бы!»

В 1954 году нам выдали паспорта, вручили бумагу, что я снята с учета и освобождена от спецпоселения. Было это то ли в августе, то ли в сентябре. Я увидела, что весь Канск – одни ссыльные. К маме приходила какая-то женщина из Риги, двое мужчин из Риги – Капеловский и Гримс. Жила мама с какой-то женщиной из Даугавпилса. Там была целая колония ссыльных. К маме приходили многие, она была очень общительным человеком. И на каждые девять человек один был доносчик. Все они боялись говорить между собой, потому что не знали, кто есть кто. Оказалось, что доносительством занимался старый Гримс, мама однажды нашла его черновик – кто к кому ходил и о чем они разговаривали.

В 1954 году стало посвободнее. Начали выпускать из тюрем. Зато и криминальная ситуация стала ужасной. Все были вместе, но политических выпускали постепенно, а уголовников выпускали всех подряд. Трудно было жить там, где вокруг были эти лагеря, – в Канске, Тайшете, Абакане. Воровство, убийства.

Я продолжила учебу на 4-м курсе, оставалось мне еще полтора года. Получила диплом – «Прецизионные детали дизельных машин и механизмов лесоразработок. Лебедки, краны и тяжелые грузовики». Никто не понимал, что это значит, я тоже. И я поехала в Ленинград.

Детей у меня нет. Мне было страшно. Когда я приехала в Ленинград, мы поженились, Игорь готовился к профессуре, я работу найти не могла, так как у меня в паспорте, который мне выдали в Канске, что-то было записано не так – то ли буква, то ли номер, но меня никуда не принимали. В июле 1956 года я приехала в Ленинград и год не могла найти работу. Искала по объявлениям, приходила, но как только заглядывали в паспорт, тут же отказывали. С трудом устроилась в «Гипродрев» – в сметный отдел. Напуганы были все. И те, кто занимал высокие должности. Чем выше, тем больнее падение. И жизнь я увидела совсем в другом свете. Помню, перед моим вторым арестом в институтском туалете повесился преподаватель марксизма-ленинизма. На страхе держалась вся страна. Люди не могли объединиться. Я подумала, что так будет вечно – этот ужас, который невозможно преодолеть. И я *решила – или уеду, или наложу на себя руки. Ушла от Игоря, снимала комнату или угол. Трудно было чисто физически. Люди даже сдавать жилье боялись, ведь считали, сколько метров приходится на человека. Боялись, что отнимут комнату...*

Прошло девять лет. Я жила в Ленинграде в коммунальной квартире, где обитало 23 человека! У меня были свои семь метров, была счастлива. Рядом в такой же комнатушке жила старушка – бывшая хозяйка квартиры. В этой квартире жил когда-то драматург Шварц, который написал «Дракона». Это была сестра Шварца. В одной комнате жила семья из шести взрослых, еще в одной комнате профессор Педагогического института с женой и сыном.

Квартира находилась на шестом этаже, напротив здания Всесоюзного театрального общества. Я готова была прыгнуть вниз. Я поняла, что со своим мировоззрением жить больше не могу, пылала от ненависти.

Чуть позже мне повезло. В 1959 году, через 18 лет, родители вернулись в Ригу. Сестра окончила Красноярский медицинский институт, ее направили за Полярный круг. Через два года она оттуда сбежала, вернулась в Ригу, вышла замуж. Маме с папой дали комнату на улице Дзирнаву. Я несколько раз приезжала в Ригу, меня познакомили с хирургом, с военным хирургом. Он работал в госпитале, в Ленинграде у него жил двоюродный брат. Мы познакомились, он меня заметил. Я с ним говорила обо всем, о том, что не хочу здесь оставаться. Я дала себе срок – десять лет, и я должна уехать. Он предложил познакомить меня с его ленинградским родственником. Они, сказал он, собираются уезжать.

В Москве был издан русско-ивритский словарь. В Латвии достать его было нельзя. Он дал мне словарь, сказал, чтобы я созвонилась с его братом. Я позвонила, сказала, что привезла важную книжку. Мы встретились. Он сказал, что его отец – брат президента Израиля. Его фамилия Шазар. Президент в какой-то банановой республике встретился с Микояном, попросил, чтобы выпустили его семью – брата, дочь и сына. Сын – это как раз и был он. Сказал, что скоро уезжает. Я попросила: возьмите меня с собой. Потом это обернулось проблемами. Мы официально расписались, стали оформлять документы. В январе

1965 года я с ним познакомилась, а в сентябре мы уехали в Израиль. Он хотел, чтобы я стала его настоящей женой, но я пойти на это не могла. Мы развелись. Я устроилась работать на радио, нужен был диктор. Я была счастлива. На радио встретила своего мужа. Он работал в английской редакции. Был такой случай – в Лондон сбежал писатель Анатолий Кузнецов. Я его хорошо знала, он был один из немногих, кто знал, что я уезжаю, мы попрощались. В Лондоне Кузнецов попросил найти меня. Муж пришел с работы и сказал: они получили информацию, что известный русский писатель попросил в Лондоне политическое убежище. И меня нашли. Фамилия моя была Рубашова, по мужу, который меня вывез. Я поехала в Лондон на встречу с Кузнецовым. Кузнецов предложил мне работу. Он думал, что окажется на свободе и будет писать книги одну за другой. Предложил остаться в Лондоне. Сказала, что я замужем. Позвонила мужу, спросила, не хочет ли он на год приехать в Лондон. Он согласился.

Я скажу – то, что со мной в жизни произошло, оказало на меня положительное влияние, как бы странно это ни показалось. У человека появляется иммунитет, способность к анализу. Я знаю, что была иногда ленивой, делала глупости. Помню арест – когда я решила, что плакать из-за них не буду... Это был переломный момент, я поняла самое главное: если происходит что-то непредвиденное, к чему ты не готов и ты не можешь ничего изменить, собери все силы, сделай все, чтобы выжить. Все, что от меня требовалось, – это я поняла, – выжить и смотреть на все, как на происходящее в кино. Я хотела все запомнить, потому что люди, с которыми такого не происходило, ничего не знают.

Мама умерла, когда ей было почти 96 лет. Сестра приехала в Израиль в 1971 году через Лондон. Я там сидела, бастовала, чтобы из СССР выпустили людей. Она приехала с двумя детьми. Позже работала в Берлине. Сын живет в Индии, жена у него индуска, второй сын живет в Израиле. Дети окончили Берлинский университет. Так что вся наша семья выжила, спаслась, все соединились, все в здравом уме...

Сильва

Сильва с Доритой

Отец Израэль в Сибири

Слева: отец Израэль, мать Геня, дочери Дорита и Сильва. Латвия

Даниэль Шлосберг

родился в 1927 году

В 1944 году я пошел работать на кирпичный завод. Обжигать кирпич. Это был ручной труд. Лошадь и собственные руки – больше ничего.

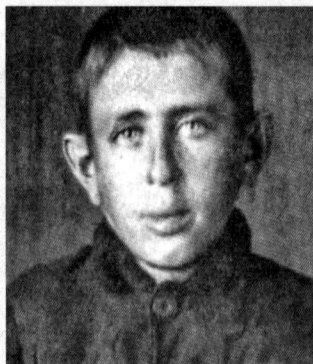

Я, Даниэль Соломонович Шлосберг, родился 1 мая 1927 года в Даугавпилсе. Отец Соломон Шлосберг торговал зерном. Маму звали Нехама. Интересно, что мама была из крестьянской семьи, что вообще редкость. Отец ее был довольно зажиточным хозяином в Гарсенской волости Илукстского уезда. Было у него более 100 гектаров земли. Была винокурня. Было семеро детей, все жили в Латвии. Это были настоящие евреи – жители Латвии из поколения в поколение... Нас у отца было четверо. Все учились, жили хорошо, был собственный дом. В Даугавпилсе нам принадлежал деревянный дом и еще один. И матери принадлежала часть дома в центре города. Все это было хорошо, но пришли коммунисты и все отобрали.

В ночь с 13 на 14 июня постучали в окно. Не постучали, а просто колотили: «Открывайте, НКВД!» Влетели, возле каждой двери охранник с винтовкой, словно здесь какие-то преступники живут. Дали 20–30 минут. Где? Что? Приехал грузовик, отвезли на товарную станцию, запихнули в товарный вагон. Ну, а дальше Сибирь. В вагоне дыра *вместо уборной. В обоих концах нары. В вагоне, было, мне думается, человек 40. Абсолютный интернационал: евреи, латыши, поляки, русские. Из семей, что я помню, были две семьи Воронецких из Даугавпилса, Дзинтарс Петерсонс с матерью, мы, из евреев был Осин, он сейчас здесь, в Израиле. Были три или четыре крестьянских семьи, интересно, что их имена запомнились: Калванс, Атанс и Абсалонс. Их я помню.*

Когда нас везли, уже шла война. Из Даугавпилса вывезли 17 июня. Один раз видели немецкие самолеты. Вагонов было много, сколько, не скажу. Самолеты подлетали со стороны паровоза, потом уходили в стороны. Поезд остановился, нас выпустили. Со всех сторон солдаты, но ноги размять можно было. Стояли в Великих Луках, но людей к эшелону не подпускали. А чуть подальше от эшелона сидела кучка людей, громко читали газету, так что мы могли все слышать, что началась война, что напала Германия.

Везли нас две недели. Один раз в день давали горячую пищу, в ведрах. Вместе с солдатами ходили на станцию, приносили хлеб, какой-то суп. Так это все и было. Может быть, в 1949 году было иначе, но в 1941-м было именно так. Навстречу тоже шли эшелоны, и ехали мы ночью, медленно, пока не доехали до Канска. Там нас выгрузили, всех отвели в школу. Эту школу я помню, я потом жил в Канске. Оттуда стали развозить по районам.

Нас, например, привезли в Тасеево. Поселились в доме культуры, прямо на полу, кто-то устроился на столах, кто где мог. А утром... Я потом много лет работал в этом клубе. Чтобы выйти на улицу, надо было пройти через зал. И когда я проходил через зал, возле самого выхода увидел своих двоюродных сестер из Риги. Это было чудо, иначе не скажешь. Тетя с дочерьми. Их из Риги тоже привезли в Тасеево. И стали мы жить вместе. Отец мой умер, а дядя остался жив – он был намного моложе. В 1946 году он вернулся из лагеря, их отвезли в Канск, где они и жили. Сейчас они живут в Иерусалиме. Двоюродные сестры, тетушка умерла.

Как только нас привезли в Даугавпилс на станцию, отца от нас забрали, и больше мы его не видели. Мы даже не знали, где он. Но люди есть люди, и в 1942 году узнали... как, от кого, этого я сказать не могу.

У нас был «еврейский староста», если можно так сказать. Он принес нам однажды вырванный из тетрадки лист с адресами лагерей, много адресов. Писать не на чем было, но я где-то отыскал тетрадку, и в каждый лагерь отправил два маленьких письма: на имя начальника лагеря и на имя отца. И знаете? Через полгода я получил от отца ответ, я его нашел. Он был в Кирове. Но это было первое и последнее письмо. Через много-много лет мы узнали, что умер он спустя примерно месяц после того, как отправил письмо. Был он немолод, 61 год, долго не продержался.

А дальше стало плохо. Брат родился в 1922 году, он был среди нас главный работник. Моя обязанность была присматривать за младшими. Привезли нас в колхоз. Заставляли подписать бумагу, что вступаем в колхоз. И у мамы, и у тети хватило ума, чтобы не писать подобных заявлений. Мы собрали свои манатки, уложили на саночки и отправились в Тасеево. Километров за 10. Это не саночки были, саночки зимой, это была такая тележка, на двух колесах. Уложили вещи, взрослые везли, а я, двоюродные сестры и мама шли сзади.

Так и пришли в Тасеево. Мама и тетя заходили во все дома подряд – не пустит ли кто? Прошли половину улицы. Стоит старик, фамилия его была Шелепов, Степан Яковлевич. Говорит: «Идите сюда. У меня полдома пустует, живите». Мы даже не договорились, сколько за это придется платить, чем платить. В доме было совершенно пусто, одни стены. Открыл он свой амбар, достал доски, сколотил топчаны, и стали мы у него жить.

Потом отправились искать работу. Все взрослые: мать, брат, сестра, тетя пошли пилить... Как бы вам объяснить, вы, вероятно, этого не знаете. В то время машины работали не на бензине, а на дровах – назывались они чурочки. Вот они и пилили эти чурочки, а я сидел дома с ребятишками. Позже брат нашел хорошую работу, зажили, что значит – зажили, просто не голодали. И тут брата забрали и отправили в Игарку, а сестра заболела тифом. Положили ее в больницу. Должен сказать, что если бы в Тасеево не было врача латышки – госпожи Тетере – половина из нас бы умерли. Она спасла половину высланных. Кто попадал к доктору Тетере...

Лекарств никаких не было. Она ходила в лес, собирала травы, готовила микстуры и ими спасла многих, и мою сестру тоже. Сестра вышла из больницы, но тут пришла беда – голод.

Можно сказать, что с 1942-го по 1944 год мы ни разу по-настоящему не ели. Ни разу! Жили то впроголодь, то голодали. Были дни, когда хлеба вообще не давали. Мы получали 800 граммов на четырех человек – каждому по ломтику, за целый день ничего больше не было. Все вещи давно обменяли на картошку. Было совсем плохо.

В 1944 году я пошел работать на кирпичный завод. Обжигать кирпич. Это был ручной труд. Лошадь и собственные руки – больше ничего. Начал с самого простого.

Я месил глину, с этого начал. А в конце был уже начальником. Длилось это один год. Потом я научился делать валенки, в той же артели. Начал как ученик, потом стал бригадиром. Чуть позже некоторое время был снабженцем, и тогда стал учиться играть на аккордеоне. Как научился? Кто-то вернулся с войны, привез аккордеон, у меня даже голова стала болеть, так мне хотелось держать в руках аккордеон! И стал я тогда всеми способами зарабатывать: сапоги тачал, то делал, сё делал, работал, и смог купить маленький аккордеон. Сидел с ним за домом – мама гоняла из дома, шум от меня был большой. Так и научился. Война уже шла к концу. В нашем клубе был аккордеонист из Польши. Замечательно играл. А у меня слух неплохой. Помню до сих пор все мелодии. В Даугавпилсе у нас в доме было слышно, как в Саду железнодорожников играл духовой оркестр, я все мелодии помнил. Так и научился играть. Позже поляк этот ушел работать в школу. В это время людей, отсидевших 8–10 лет, стали выпускать из лагерей. Был такой эстонец, который играл на аккордеоне. Потом я там долгие годы был аккордеонистом. Какое-то время работал снабженцем в Леспромхозе. Каждый раз, когда приходилось ехать в город, надо было идти к коменданту, и он мне выписывал разрешение: «Выдано Шлосбергу на три дня на командировку». И в один прекрасный день он мне говорит – конец, больше выдавать не могу. Запрещено. Ничего не поделаешь. Отправили меня работать в лес, за 110 километров от Тасеево, в Машаковку, в дыру. Там пробыл все лето, потом поехали в Красноярск. Был еще случай.

Встретил меня директор в клубе, спрашивает: хочешь выучиться на киномеханика? Хочу, говорю. Он мне: хорошо на аккордеоне играешь, будет 100-процентная зарплата, премиальные, сможешь жить. А тут пришел ко мне Жорка Ратниек – спаси, говорит, возьми с собой. Чтобы из Тасеево вырваться. Пошел к директору, спросил, можно ли еще одного человека взять. Выписал он бумажку, и поехали мы с Жорой в Красноярск. Но нам не повезло, курсы не открыли. Комендант посоветовал нам ехать обратно в Тасеево. Жора уехал, а я решил – стоит попытаться. Брат уже жил в Канске, вернулся из Игарки. Пошел, записался в очередь к какому-то большому начальнику. Вероятно, и среди них были люди. Зашел, он мне говорит: «Садись! Что хочешь?». Говорю – родился в городе, хочу жить в городе, 12 лет прожил на селе, может быть, хватит? А он: «Пиши заявление!» Написал, уехал в Тасеево. Через две недели пришло разрешение, и я уехал в Канск.

Когда я работал на кирпичном заводе, со мной вместе работало много немцев. Мой язык очень близок к немецкому, а 60 процентов латвийских евреев владели и немецким. Я очень часто бывал у дедушки в деревне. А там еще жил бывший егерь барона. Он приходил к дедушке, они разговаривали по-немецки. Так что немецкий был мне не чужим языком. И вот мы разговорились, я был их переводчиком, помогал устраиваться. Когда я приехал в Канск, жил у брата. И там было много немцев, работали на «лесозаводе», на деревообделочном. Как-то пошли с братом в заводской дом культуры, а там парнишка играл на аккордеоне, но плохо играл. Настоящего аккордеониста не было. Брат говорит – попробуй. Я взял аккордеон, и с тех пор стал там играть. А летом была там танцплощадка, играл оркестр из местного театра. Театр был на гастролях, а в оркестре были местные. Так все лето я там и играл.

Настала осень. Я устроился заправщиком – выдавал бензин шоферам. Начался театральный сезон, в театре нужен был клавишник, аккордеонист. Меня порекомендовали, и из театра мне прислали письмо. Пришел, приняли меня. Днем работа, а вечерами... Так и началось, стал администратором, потом – заместителем директора, окончил курсы и перевелся из Канска в Советск Калининградской области. Наш главный режиссер переехал в Советск, взял с собой актеров, позже взял и меня с женой и дочерью. Так началась моя театральная карьера, продолжавшаяся 26 лет.

А где вы познакомились с женой? Это отдельный рассказ. Приехал я летом в Канск. Еще нигде не работал. Всего три-четыре дня как освободился. Встретил знакомого, привел он меня на завод, стал я работать. Вечерами ходил в парк, где играл духовой оркестр. Я еще неплохой был ударник. А там были ребята, которые слышали, как я играл в клубе. Пригласили, стал я с ними играть в оркестре. Ну, а раз я играл в оркестре, на танцы мог ходить бесплатно. И как-то в субботу, сижу я, играю на барабане, танцплощадка еще пустая, но вижу, в конце площадки, возле дерева, стоит отличная девчонка. Напарнику говорю: «Поиграй!» А сам прямо к девушке, потанцевали мы, потом пошел проводить. И на два года потерял, два года не видел! А у нас еще был небольшой оркестр, подхалтуривали. И однажды на 8 Марта нас пригласила артель, где она работала. Увидел ее подругу, спросил – где Света? Не узнал ее, за два года она изменилась. Подошел, и вот она и сегодня тут! 50 лет прошло. У нас две дочери. Одна живет в Америке, вторая здесь.

А как вы вернулись в Латвию? Это была моя мечта, вернуться домой. Но в Даугавпилсе делать было нечего – все было сожжено. Все расстреляны, убиты. Дядю в деревне убили. У меня есть документ, что в первый же месяц... Не хочу вспоминать, говорить об этом. В деревне немцев не было, были перконкрустовцы. В первый же год, в августе... 1 сентября ни дяди, ни двоюродных братьев уже не было. У меня есть документ, где сказано, что на 1 сентября в списке жителей Гарсенской волости такие не значатся. Вывезли в Акнисте и расстреляли. Все в яме.

Немцы вообще были, но именно там их не было. Не верю я, чтобы немцы специально из Риги или из Даугавпилса приехали туда расстрелять четыре или пять семей. Это сделали перконкрустовцы. Дома еще стоят. Я после войны был, в 1958 году.

Как в Ригу перебрался? Был я в Советске, это бывший Тильзит. Работал, театр остался после немцев. Лиепая недалеко. В Лиепае *дислоцировался театр Прибалтийского Военного Флота. Мы были знакомы. Однажды приехал начальник – можешь приезжать ко мне работать. Я тут же спросил: а квартиру дадите? Да, дам тебе квартиру. И мы перебрались в Лиепаю. Это уже был шаг домой. Но Лиепая это Лиепая. Для нас, даугавпилсчан, Лиепая была... мы были чангалы, они все время над нами смеялись, над нашим произношением. Мы все это знаем. Поработал в Лиепае. Потом уехал в Архангельск. Позвал меня туда мой бывший директор. Прошло много лет. И я второй раз приехал в Советск, пригласил меня уже другой начальник Балтфлота. Там работали актеры, которые меня хорошо знали. И был там интересный случай – надо было писать автобиографию. Написал я все, как есть. Бумага ушла в политуправление, в особый отдел. Вы же понимаете, что это значило. И стали они копать, кто я такой.*

Шел 1968 год. Жил я в Советске. Дочери было пару месяцев, я отвез ее в Даугавпилс. К тому времени мама с сестрой уже вернулись из Сибири, жили в Даугавпилсе. Я думал, что приедется поехать на гастроли.

А ночью стучат в дверь – быстро, быстро! Всех мобилизовали в Чехословакию. Я тоже был там. Не в самой Чехословакии, в ГДР, на самой границе. И был случай, когда мне пришлось разговаривать по-немецки. Я был в танковом отделении, пришли дети и стали забираться в танк. Я сказал «пионервожатой», что танк – это не игрушка, и они ушли. А офицер спрашивает – Шлосберг, на каком это языке ты с ними разговаривал? Ну, что? На немецком, говорю. Со следующего дня был прикомандирован к начальству в качестве переводчика, и это записано в моей биографии. И опять особый отдел КГБ все стал проверять... Но я-то знал, что такое советская власть, побывал в Сибири. Понимал, что глупостей делать не надо. Это помогло мне второй раз вернуться в театр Балтийского Флота, где я проработал три года. В это время старшая дочь поступила в Даугавпилсский педагогический институт, надо было помогать, а материальных возможностей не было. И я списался с Воркутой, там платили северные, и уехал. Там мне дали квартиру. А жена в это время подала объявление об обмене. И нам посчастливилось. Пишет мне – приезжай. Приехали в Ригу смотреть квартиру. Три комнаты в коммуналке... На улице Ленина, напротив церкви Александра

Невского, Ленина, 43. Отремонтировали, въехали. Я говорю: «Светлана, я 30 лет шел пешком домой!» Да, прошло 30 лет. И вот я в Риге. Пришел в Министерство культуры, там госпожа Биркерте сидела, предложила мне 110 рублей в месяц. Я сказал – так я жить не могу. Стал искать работу, нашел. Была такая фабрика спортивных принадлежностей «Динамо». Контора на улице Стругу, а завод за ВЭФом, на улице Унияс, там раньше был лагерь для немцев. Шили куртки из кожзаменителя. Я подумал: театр и спорт – не такие уж далекие вещи. Проработал там пять лет. Познакомился в Риге со многими. Связи со снабженцами появились, если что надо было, созванивались. Приехали ко мне из «Адажи». Искали разные материалы. Ну, там и евреи были. «Еврей еврея видит издалека», как говорится. Так и образовались связи. Так и шли годы.

И стал я начальником в Подниеки.

В 1988 году приехал к сестре в Израиль, в гости. Вернулся и понял, что надо возвращаться обратно. Горбачев у нас был. Когда он приезжал в Адажи, мы там оба с женой работали. Это был мой последний год. Было собрание, Каулса не избрали, избрали другого. Я им сказал: господа латыши, что вы делаете! Время такое, нужно, чтобы он тут сидел, иначе будет вам худо. Худо и стало. Как вы знаете, там все развалилось.

Расскажите немного о брате и сестре. Что с ними случилось? С братом произошло несчастье. У него были две дочери. Работал в Канске, простым рабочим, никаким не начальником. Избрали депутатом горсовета в Канске. Возвращался с работы домой, в обход идти не хотел, пошел прямиком. А по дороге стоял дом, который в тот день рушили. Тракторист, вероятно, был пьян, не обрезал провода, брата убило током. Проходил мимо, схватился за провод, его и убило. Я в это время был в Германии.

Старшая сестра до войны успела в Даугавпилсе окончить швейное училище «Орт». У латышей была «Сауле», у евреев «Орт». Когда пришла советская власть, школы объединили, но документы получить она не успела, в Сибири швеей не работала. Мы работали в артели, где выпускали валенки.

В 1948 году привезли туда ссыльных, которые свое отбыли, среди них был человек, за которого она вышла замуж. В 1946 году, когда я научился катать валенки, я каждую неделю продавал одну пару, на рынке, накопили денег, купили корову, дом у нас был. Не собственный, сняли на год. Дом большой. Когда все приехали, мать пустила четверых. Среди них был и тот, кто женился на моей сестре. У тех троих семьи живут сейчас здесь. Сами они умерли, сыновья и дочери сюда приехали. Это были евреи из Литвы, а семьи их отправили еще дальше, на Тикси. Знаете, где это? У черта на куличках, на самом краю. Через два года приехали и семьи. И каждый из них построил дом для своей семьи. Так жили мы до 1956 года.

В 1954 году я уехал, один. Мама пожила со мной, потом вернулась к сестре. Был уже собственный дом. Муж у сестры был головастый, окончил Сорбонну, не больше и не меньше. Работал там начальником склада в МТС. Голова у него была на плечах. Купил в деревне дом, перевез, я еще помог ему строить. Был свой дом, корова, теленок, куры.

В 1956 году стали всех освобождать. Мама там еще долго жила. Я уже женился, жил в Канске. Когда я уехал, мать с сестрой и с детьми перебралась в Канск, но очень скоро уехали в Даугавпилс. А там начались мучения. Работы не было, ничего не было, хоть возвращайся обратно в Сибирь. Это правда. Он не мог найти работу, а мама в другом городе жить не хотела. Она говорила: если жить не в Даугавпилсе, то едем обратно в Канск. В конце концов, работу он нашел, жили они там, пока не начался отъезд в Израиль. Уехали они в 1979 году.

В 1972 году уехал дядя из Риги, в 1979 году – мама. Я жил в Риге до 1991 года. Во время путча я выехал из Риги, 19 августа, вечером. Моя дочь жила уже здесь, она приехала в январе. Когда она услышала, что здесь такой шум, стала звонить в Ригу: «Папа! Папа!». Ну, я ответил – вечером в Москву, оттуда в Будапешт, из Будапешта... Утром были в Шереметьево. Какие они были! Какая таможня! Сплошной ужас! Все вещи перерыли. Не разрешали взять аккордеон. У дочери была скрипка, скрипку не хотели отдавать. С большими муками прошли через таможню. В самолете я упал. Подошла девушка: «Вам что-нибудь принести?» – «Коньяку, девушка!». Когда сошли с самолета в Будапеште, вздохнул с облегчением – выбрался из этой ямы. Так вот все выглядело.

Даниэль (первый слева в последнем ряду). Сибирь

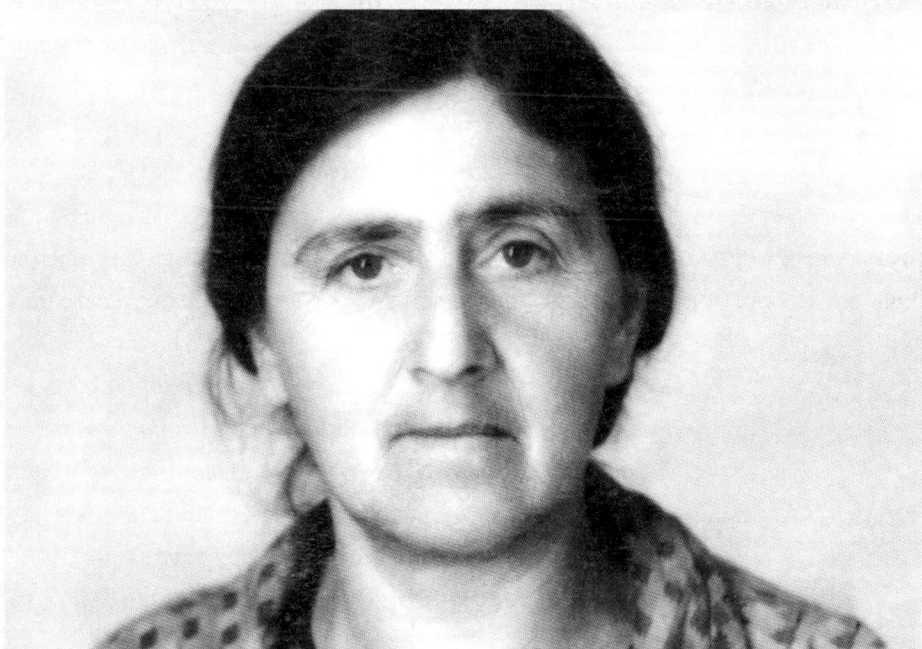

Мать Нехама

Михаил Шомер

родился в 1950 году

Мой дедушка, догадавшись, что их разлучают надолго или навсегда, отдал папе все деньги, которые у него остались...

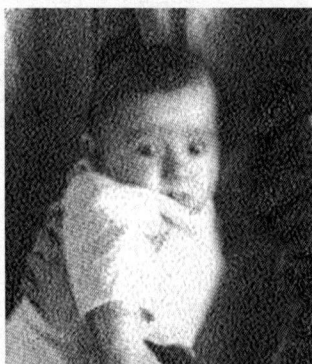

По рассказам моих родителей Анеллы и Рувена Шомер. В память о них, моих любимых и незабываемых!

Я не отношусь напрямую к высланным, но являюсь потомком высланных детей. Я родился уже после войны, когда жизнь и быт и в сибирском поселке Каргасок, и в СССР начали по-немногу улучшаться.

Мой папа всегда говорил, что о жертвах сталинизма слишком мало написано, что большинство людей нашего и последующих поколений скоро забудут об этом страшном, жестоком периоде советской истории, унесшем жизни миллионов своих граждан. А ведь это и раскулачивание, и бесчисленные репрессии, наполнявшие лагеря по всему Северу и Сибири. Но помимо лагерей были еще и отдаленные, труднодоступные регионы Сибири, откуда бежать было бесполезно, а выжить практически невозможно. Это не только отсутствие денег и документов, но и бездорожье, непролазная тайга, сплошные болота, медведи и мошкара. Добровольно в этом богом забытом крае поселились лишь староверы. Высылать же туда на поселения начали еще в царские времена.

Так возникли по берегам Оби, Васюгана, Парабели, Чижапки и других таежных рек поселки со ссыльным людом, состоящим в основном из крестьян. Кто выжил, сумев приспособиться к суровым условиям, постепенно превращался в «киржаков», коренных сибиряков.

Вот туда-то и отправили семью моих родителей, посадив их в вагоны. Мужчин отделили от женщин с детьми и стариков еще на перроне. Тогда никто и не догадывался, что эта разлука навсегда. Случилось это 14-го июня 1941 года, за 8 дней до нападения фашистской Германии на СССР. Это были первые эшелоны из Прибалтики. Сообщение о начале войны застало их уже в пути.

Оба моих дедушки не вернулись из Соликамска. Подавляющее большинство погибло в лагере в первую же зиму. Голод, холод, изнурительный труд и болезни убивали когда-то крепких мужчин. Женщинам с детьми выпала трудная доля сибирской ссылки. Смертность была значительно ниже, чем в лагерях, но выживали только молодые и крепкие.

Чтобы понять, с чем столкнулись мои родители и дедушки с бабушками, надо обратиться к семейной истории.

Мамин папа, мой дедушка, Марк Ильич Коловский, родился в городе Бологое в 1882 году. Он был старшим сыном купца второй гильдии, потомка николаевского солдата, получившего после 25 лет службы царю право проживать вне черты оседлости. Прапрадед поселился в Бологое. Узловая железнодорожная станция на полпути из Петербурга в Москву была быстро развивающимся по тем временам городом. Будучи коэном, Коловский и после 25 лет службы в русской армии вел строго набожный, кошерный дом, полный детей. Но мой прадед превзошел его, произведя на свет 14. Один из них, Серж, трагически погиб при пожаре в кинотеатре в 1905 году.

По окончании гимназии дедушка отправился в университет в Юрьев. Тогда, на рубеже веков, там училось более 400 еврейских студентов. Поступил на юридический факультет. С самого начала учебы его не покидала мысль о создании центра иудаики при университете. По окончании университета дедушка женился на Берте Каплан, тоже из семьи коэна, насколько мне известно, выходцев из Курляндии, состоятельных немецкоговорящих купцов. Дед не вернулся в Бологое, открыв вместе с мужем бабушкиной сестры Яковом Кропманом лесопильное производство. Помимо успешного дела, дедушка не прекращал общественной деятельности, был активным членом еврейской общины, корпорантом и бейтаристом. Он по-прежнему думал о создании центра иудаики. Эта мечта сбылась. При активной поддержке Вальтера Ратенау и Альберта Эйнштаена Эстония разрешила создать такой центр.

У дедушки с бабушкой очень долго не было детей. Но когда они уже потеряли надежду и искали возможность усыновления, бабушка забеременела и родила в 1924 году мою тетю Рут. В 1927 родилась моя мама. Она много рассказывала о коротком, счастливом детстве.

Жили они очень зажиточно в большом двухэтажном доме на территории лесопилки. Это были типичные провинциальные «буржуи» с прислугой, кухаркой, няней, горничной, конюхом, садовником, гувернанткой и сторожем-истопником. Весь персонал был русскоязычным, так как дед не владел эстонским. Няня и гувернантка говорили по-немецки и по-французски. Мама росла, говоря с детства на трех языках.

Все это я описал для понимания контраста, к которому надо было привыкать с первых дней ссылки. Уже в вагоне, а потом на барже по пути из Новосибирска на Васюган они столкнулись с антисанитарией. Потом – бараки, вши, жуткий голод! Эти люди не были приспособлены к выживанию в суровых сибирских условиях. Они не умели крестьянствовать, не умели ловить рыбу, всему этому надо было учиться.

Семья моего папы была выслана из Риги. Мой дед, Михаил Шомер, был одним из пятерых детей в купеческой семье, когда-то пришедшей в Ригу из литовского Шауляя. 1892 года рождения, он по воле моего прадеда был отправлен в Штрасбург для получения медицинского образования. В 1914 его арестовали по подозрению в шпионаже. По выходу из заключения дед каким-то невероятным образом сумел пересечь линию фронта в Курляндии и оказаться в Риге. Мой прадед настаивал на получении диплома врача и велел деду вернуться в Германию для окончания учебы. Что мой дедушка и сделал. Получив диплом врача, он остался в Германии и отправился в тюрингскую столицу Эрфурт, поступив на механический факультет. Прадед не возражал. Тем более, что один из его сыновей – Самуил Шомер – уже был врачом, одним из первых военных врачей латвийской армии Калпака. Когда дед получил второе образование, в Российской империи грянула революция. Он остался в Германии, перебравшись в Берлин, где среди полумиллиона русских «белогвардейских» эмигрантов встретил мою бабушку. Они были знакомы еще по Риге. Эта берлинская встреча положила начало той семье, которая впоследствии была разлучена и отправлена в Сибирь.

В Берлине они прожили вместе до 1924 года. Моя бабушка, Анна Сергеевна, единственная из старшего поколения пережившая ссылку, очень много рассказывала о жизни в Берлине в 20-е годы. Тогда это был самый прогрессивный город Европы.

Бабушка родилась в Риге, в московском форштадте, на Езус Базницас лаукумс. Ее отцу принадлежали конюшни, лошадей сдавали городу в аренду для конки. Их было пятеро, когда они осиротели: бабушке было 5 лет, а старшему Беньямину – 16. Он вынужден был бросить гимназию и пойти в кровельщики, чтобы вырастить своих младших братьев и сестер. Поднял всех на ноги, дал образование. Благодаря чему моя бабушка оказалась в Питере и даже какое-то время служила писарем в революционном полку, пока не попала в Берлин.

В 1924 бабушка, беременная моей тетей, вместе с дедушкой вернулись в буржуазную Латвию. Это было тяжелое, кризисное, послевоенное время. По возвращении мой дед получил от прадеда подъемные 5000 латов. Это были большие деньги. Прадеду принадлежал двухэтажный магазин мужской одежды в Бергу базарс.

Дед прочитал объявление в газете, что в порту пропадает целый пароходный трюм с шоколадными бобами. Глядя на успех «Лаймы», он купил весь груз, арендовал помещение в районе ВЭФ и нанял специалиста по варке шоколада. Первый блин был комом. Бобы начали гнить. Уцелевший шоколад был продан, а на вырученные деньги куплен станок для производства шпилек для волос. Так мои бабушка с дедушкой, работая в две смены, начали выпускать шпильки. Потом мой предприимчивый дед купил большую партию медных пушечных гильз и, наняв пару человек, стал производить чайники и кофейники. Это положило начало производству металлической посуды, вскоре одному из 50 крупнейших латвийских предприятий – «Металлштамп». В 1915 году с приближением фронта из Риги на Урал было эвакуировано много заводов и 250000 рабочих, так что дефицита в производственных площадях не было. Купили заводские помещения на ул. Слокас в Задвинье. Нашелся компаньон, Сапуго, который влил капитал в дело, и дед стал оснащать фабрику немецкими прессами и станками. Привозил специалистов из Германии, инженеров, химиков. Стали производить алюминиевую посуду, потом и эмалированную, получая государственные заказы на производство дорожных знаков, табличек с названиями улиц и номеров домов. Производство успешно росло. На «Металлштампе» стали производить молочные канны из алюминия на самых больших прессах в Прибалтике.

Жили они на улице Альберта 6, в одном из самых красивых домов архитектора Михаила Эйзенштейна. Бабушка рассказывала, что перед тем, как в июне 40-го вывесили красные флаги, они решили купить дачу в Юрмале, где и так жили каждый год летом, и собирались переехать на Елизаветинскую в огромную квартиру на весь этаж. Бабушка разъезжала на кабриолете, который мой дед называл «блондинкой». Сам он ездил на «линкольне». Полицейские регулировщики отдавали им честь. По ночам дедушка с бабушкой кутили в рижских барах и танцевали танго в «Лидо» под музыку Строка.

Дети учились в ЭЗРА, еврейской школе с немецким языком преподавания. Мой папа должен был унаследовать предприятие, и в 12 лет его отправили к родственникам в Стокгольм на учебу. Когда он приехал на каникулы, дед устроил ему экзамен. Разочаровавшись в шведском образовании, отправили отца в Брайтонский колледж. Папа проучился там до 1939-го, пока немцы не начали бомбить Ковентри. Тогда бабушка настояла, чтобы на каникулы он вернулся домой в Ригу. Так он и сделал, и в Англию ему уже не суждено было вернуться. Последние два года перед высылкой папа учился на немецком и латышском языках, часто бывал на фабрике. Он вникал не только в производственный процесс, но и в токарное дело. Эти навыки потом очень пригодились ему в Сибири.

Июнь 1940-го. Фабрики постепенно национализировались. Руководство переходило в руки партийных, а самих владельцев оставляли директорами на собственных заводах. Мой дед, как и многие другие, совершенно не ожидал репрессий. Тем более, что еще в 1939-м он был одним из главных инвесторов строительства Лиепайского порта. Тогда по договору между советским и латвийским правительством, лиепайский порт был отдан в пользование «краснознаменному балтийскому флоту».

Весной 1941-го моего деда пригласили в Кремль к народному комиссару Калинину с предложением возглавить автомобильный завод. После посещения предприятия дед ответил, что при таких условиях работать и производить качество – невозможно. Возможно, этим он и подписал себе смертный приговор. Кроме того, он был одним из инициаторов инвестиций и частичного перехода латвийских предприятий, принадлежавших евреям, в тогдашнюю Палестину. Уже в 1936-м он и его единомышленники, в том числе «Засулаукс мануфактура» и бывшие владельцы «Лаймы», начали скупать участки земли в бывших пригородах Яффо, в теперешнем Тел-Авиве и строить свои филиалы. Дела там шли хорошо. Ну, а потом уже неважно. Семьи были в Сибири, и все имущество и земли ушли с аукциона. Остался один доходный дом в окрестностях Флорентина. Но это уже совсем другая история...

Станция Рига, перрон. Была дана команда: мужчины налево, женщины с детьми направо. Мой дедушка, догадавшись, что их разлучают надолго или навсегда, отдал папе все деньги, которые у него остались, и сказал ему, 15-летнему мальчишке: «Ты теперь в ответе за маму и брата! Распоряжайся деньгами рачительно». Деду было 48, бабушке 42, Рут 16, а младшему Алексу 10.

Оба деда погибли в лагере, и хотя выжившим в Сибири досталась трудная доля, они избежали гетто и расстрелов в Румбуле. От папиных соучеников остались в живых трое. Одного из них все три года немецкой оккупации прятал пастор собора святого Якоба в Старой Риге. Всего трое из 30 человек! Вот таким чудом Сибирь спасла жизнь моим родителям, свела их вместе.

Июнь 1941-го.

Папа.

На долю моего папы, тогда пятнадцатилетнего мальчишки, легла ответственность за мать, сестру и младшего брата. Детство закончилось на перроне Рига товарная. По пути в Сибирь мою бабушку выбрали старшей по вагону. Видимо сильный характер и оптимизм сыграли свою роль. Папа оказался в роли единственного мужчины в вагоне.

Остальные были моложе. Бабушкино воспитание тоже сыграло свою роль. Несмотря на благополучие, детей не баловали, воспитывали строго.

Спустя три недели они оказались в Новосибирске, и дальше долгий путь по большой реке до самого Васюгана. А там еще пару сот километров вглубь топких непроходимых таежных лесов. Их высадили в Рабочем поселке.

Весь провиант шел на фронт, ссыльным был положен скудный паек, наесться этим было невозможно. Варили баланду из крапивы и лебеды, подсыпали туда жменьку муки и ели. К началу зимы в колхозе создали рыболовецкие бригады. Все здоровые мужики уже были отправлены на фронт. Остались только ссыльные подростки и женщины. Моего папу определили в бригадиры. Еще был местный парень Витька, которого не взяли в армию из-за бельма на глазу. Вот этот Витька и учил, как запускать с помощью доски под лед невод. Зимняя рыбалка – труд нелегкий. Запускали невод, вытягивали на лед рыбу. Потом штапелевали рыбу на льду и шли долбить лунки на новое место. Вечером у костра наливали в сковороду воду и парили рыбу. Масла не было, соль была дефицит. Но была рыба! Был чебак, который держал их на ногах. И так день за днем, на холоде, под открытым небом. Спали на льду у костра. Потом на волах везли рыбу на базу на заготовку. И так семь лет.

Потом кто-то узнал, что у папы есть навыки в обработке металла. В Каргасоке были механические мастерские. Так папа очутился в Каргасоке, поселке городского типа Томской области. Бабушка с тетей Рут и с Алексом тоже перебрались в Каргасок и поселились в собственной избушке. Позже в этой избушке жили мы. Избушка – типичная пятистенка, обнесенная завалинкой, вход через сени, внутри печка с дымоходом. Конечно, с подполом, в котором хранилась картошка и капуста, основная сибирская еда. Так они и жили вчетвером, пока Рут не вышла замуж, а бабушке с Алексом разрешили уехать в Томск.

Папа остался в избушке один. Работа захватила его полностью. Вечерами он изучал любую доступную техническую литературу. Помимо учебы, читал книги, которые были в местной библиотеке. Почти всю свою трудовую жизнь папа отстоял у станка в галстуке. С таким уважением к специальности относились его учителя и старшие коллеги в Сибири, такими были токари на дедушкином заводе в довоенной Риге.

Шел послевоенный 1948 год. Жизнь, даже в этих отдаленных уголках Сибири, постепенно налаживалась. Можно было купить хлеб, были капуста и картошка.

Папу периодически отправляли в Томск в командировки. Появилась цель: попасть в Томск! Это старый сибирский культурный центр, в прошлом богатый купеческий город с одним из старейших российских университетов. Но главная мечта заключалась в том, чтобы использовать такой переезд как трамплин для последующего возвращения в Ригу. До этого было еще очень далеко, этот момент наступит только через 11 лет. А пока – поселок Каргасок.

Еще до папиного переезда в поселок моя бабушка познакомилась с моей мамой, и они с моей будущей теткой очень ее полюбили. Так получилось, что папе разрешили поехать на учебу токарному делу в Томск, и бабушка поселила в доме мою маму с подругой Вииве. Когда папа вернулся, девушки хотели уйти на съемную «квартиру», но папа сказал – оставайтесь. Так они зажили втроем. Наверное, мама сразу приглянулась папе, хотя виду вначале он не подавал. Осенью 1948-го они расписались. На скромной свадьбе присутствовали Вииве и Имант Лицисы, Роза и Анатолий Шихмантеры и папин друг Моня Шихмантер. Пили бражку, которую моя мама успешно научилась варить. Вииве с Имантом принесли в подарок черного щенка, которого назвали Тузиком. Так и жили втроем с собакой, пока в конце 1950-го на свет не появился я.

Папу периодически отправляли в Томск на повышение квалификации и начальство каргасокского Леспромхоза опасалось, что в случае изменения его статуса и освобождения из-под комендатуры они потеряют хорошего специалиста. Механические мастерские, в которых работал папа, были единственными на всю округу, работы всегда было много.

Осенью 1953-го родился мой брат Марк. И вот, в сентябре 1954-го нам разрешили уехать в Томск! Папа долго хлопотал, чтобы получить это разрешение. Так мы оказались на борту парохода, идущего в Томск. Эти события врезались в мою детскую память, несмотря на то, что мне еще не было и четырех лет. Я помню, как мы последнюю ночь спали все на полу в нашей опустевшей избушке. Все «имущество» уже было продано, а наша одежда запакована в сундук. Тузика оставили Вииве с Имантом. Собак без прививки на пароход не брали, а прививки делать было негде. Бедный пес перегрыз веревку и прибежал к нам через весь поселок. Мама плакала, и я плакал, а пес скулил всю ночь. Мама до самой смерти корила себя, что оставили Тузика.

Помню, как двухпалубный пароход, чадя черным дымом, с прощальными гудками отчаливал от каргасокской пристани. Три дня мы преодолевали расстояние в 500 километров по Оби. Мы проплывали мимо обмелевших, заваленных горбылями и сплавным лесом пустынных берегов огромной сибирской реки.

С нами вместе на пароходе были семьи Гуревичей, Мейлахов и Хейфецов. Мы с моей ровесницей Ритой Хейфец постоянно сидели на палубе. Для меня это было первое в жизни путешествие. Я наслаждался духом авантюризма и неизвестности и, сам того не понимая, старался вести себя по-взрослому.

В Томске нас ждала бабушка. У папы уже была работа в Леспромхозе, и первая наша съемная квартира была на Подгорной улице в подвальном помещении, где было сыро и по стенам текла вода. Марк сразу заболел. За стеной в подвале жили эстонцы. Его звали Карл, жену – Ина, а дочку Марика. Карл уже успел отсидеть срок в лагере за то, что, будучи шкипером на паруснике, перевозил людей из Эстонии в Швецию. Его чудом не расстреляли. Он носил морскую фуражку с белым верхом и флотский бушлат. Позже мы ездили к ним из Риги в Тарту. Мои родители поддерживали все сибирские контакты и всю жизнь дорожили той бескорыстной дружбой со всеми, с кем их свела судьба. Там, в Сибири, не было национальностей. Они дружили с русскими, украинцами, латышами, эстонцами, немцами и татарами.

Мама.

На момент высылки маме было 14 лет. Когда ночью 14 июня за ними пришли, мамина сестра Рут лежала с воспалением легких и высокой температурой. Ее оставили отлежаться. Через восемь дней началась война и мамины дядя с тетей, которых не высылали, забрали Рут с собой в эвакуацию в Магнитогорск. Там она спустя пару месяцев трагически погибла.

На перроне их разлучили с отцом, и мама с моей бабушкой отправились в Сибирь. Долгая езда до Новосибирска. Потом на барже по Оби. И там до деревни Александровка. Этой деревни больше нет, заросла тайгой. Где-то там в первую же зиму умерла моя бабушка, и мама осталась сиротой, одна посреди тайги и чужих людей. Сначала ее послали в тайгу на лесоповал рубить ветки с поваленных деревьев. Спасение было в том, что в суете сборов перепутали чемоданы и у мамы с бабушкой оказался чемодан с дедушкиными вещами. Так она на свой 37-й натягивала дедовы штиблеты 43-го размера, обертывая ноги газетами и засовывая их в носки. Это помогало до поры до времени, пока не выдали валенки.

Потом маму чуть не убило елкой. Тогда бригадир решил – пойдешь на коновал. Так называлась примитивная лебедка, которую крутили четыре лошади. Маму поставили управлять этими лошадьми, которые понимали только матерные команды. Моя мама ругаться не умела и вообще говорила по-русски с немецко-эстонским акцентом. Маме пришлось материться сквозь слезы, и лошади пошли, как по волшебству.

Во время сборов моя бабушка сунула в свой чемодан хрустальную шкатулку с драгоценностями. Одна женщина из ссыльных узнала, что у мамы есть ценности, и стала их выманивать и выменивать на еду. А кроме картофельной шелухи, пайки хлеба с опилками, да жменьки муки все равно ничего не было. Ребенок в 14 лет не понимал ценности этих вещей. Когда уже все было в руках у этой мошенницы и очередь дошла до реликвий, кольца с двумя бриллиантами и «королевской» цепи, мама расплакалась. Тут вмешались соседи и прогнали мошенницу.

Потом, когда стало совсем туго, маму приютил вдовец из поволжских немцев. Мама позже вспоминала, что если бы не он, она бы той зимой не выжила. Голод был ужасный. Шла война, и все продукты шли на фронт.

Затем маму отправили в Каргасок в школу в седьмой класс. Там она подружилась с Вииве Кууск. Ее папа был бывшим царским офицером, а в эстонское время одним из основателей эстонской национальной армии. Мама Вииве была одной из основательниц эстонского красного креста. С Вииве маму связывали воспоминания детства в Тарту, эстонский язык, на котором они болтали, и жизнерадостность, которую они не утратили, несмотря на голод и нужду.

Летом их посылали за реку по ягоды и за травами. Надо было грести через широченную реку на обласке. Ягод за рекой было много – дикая смородина и малина. Потом мама устроилась в клуб уборщицей. В клубе была театральная труппа, самодеятельность. Там же по вечерам крутили кино. Маму тянуло к образованным людям, к музыке, танцам. Через щелку она следила за репетициями и слушала музыку. Затем была работа в колхозе – то сенокос, то полоть картошку, то мешки таскать. Мужиков не хватало. Мама колола дрова на морозе, таскала на себе мешки с картошкой по два пуда весом, прогибаясь от тяжести.

Сейчас, когда я пишу эти строки и моих родителей уже нет в живых, мне очень жаль, что они сами не написали обо всем ими пережитом. Жаль, что сам я мало знаю, хотя все, выше написанное, чистая правда. Это именно то, что запомнилось мне по рассказам родителей, что сохранилось от моих собственных детских впечатлений.

Анелла и Рувен Шомер

Анелла с сыном Михаилом

Анелла и Рувен Шомер

Дон Яффе

родился в 1933 году

От голода силы нет, надо идти через
овраг «Бийский спуск». Кругом воют
волки, весной видны кости...

*Отец: Яков, родился в Риге, закончил
электротехнический факультет в Университете
в Берлине. Мать: Элла, закончила немецкую
коммерческую школу в Риге. Мы жили в Риге, на улице
Пейтавас, напротив синагоги.*

*По окончании университета отец открывает
свое электротехническое предприятие широкого
профиля на ул. Калькю, 12 в Риге. Дела развиваются
так успешно, что семья может переехать в большую
квартиру номер 16 на ул. Марияс, 33.*

*В 1936 г. рождается мой брат Бронислав (имя дано
в честь скрипача Губермана), в 1938 г. брат Абрам.*

*Зная немецкий и другие языки, отец следил за
событиями в Европе, за нарастающей опасностью для
евреев. 1941 год, к началу немецкого наступления на
Латвию, семья решает уйти из Латвии, единственная
возможность тогда была Россия (СССР).*

*Сначала в сторону Сигулды, отец ездил туда-сюда
на мотоцикле «Роланд», отвозил нас. Когда бензин
кончился, пошли дальше пешком в Цесис. Отец купил
лошадь, которая скоро из-за старости, слабости
пала. Опять пешком в сторону Пскова.*

По дороге бомбардировка, на дорогах трупы, я ранен. По дороге нас подобрал русский грузовик с ранеными. Перед границей нас высаживают – въезд запрещен. Ночью через лес переходим границу.

Начинаются странствия: Ярославская область, Даниловский район, село Березино; Молотовская область, Ленинский район; город Кирово; опять Ярославль. Где-то по дороге встречаем брата отца Исака вместе с их отцом Моисеем.

Появился план через Афганистан добраться до Палестины. Для этого едем в Узбекистан, город Карши. Решили послать в Афганистан Исака, поскольку у него не было детей. С ним пароль. Договорено: если пароль вернется правильным, мы следуем. Пароль вернулся через посыльного неправильный. Исака там арестовали. Мы не знали, что в это время был заключен договор между Афганистаном и Россией о выдаче/возврате беглецов. Исак в тюрьме в России умер.

Теперь для нас наступила смертельная опасность репрессий. Началось суматошное бегство: поездом до Волги, долгие поездки по Волге с перерывами в Казани, Куйбышеве. Дальше в направлении Сибири до Новосибирской области. Родители уходят искать жилье. Из-за возраста и слабости дедушки меня с ним оставляют на станции. Там он в моем присутствии падает, умирает, наверное из-за голода, он весь свой паек отдавал нам, детям.

Поселяемся в барак на Путовской ул. Мороз как вне так и внутри. Мне 9 лет, зима, школа далеко, местные «родились» на лыжах, а я не умею. От голода сил нет, надо идти через овраг «Бийский спуск». Кругом воют волки, весной видны кости… В школе меня чужого, да еще еврея, регулярно избивали до крови.

Антисемитизм достиг Сибири. Взрослые: «В эту темную ночь, когда Адольф придет, всех жидов перережем» и т.п.

Отец находит работу на электростанции в Красноярске, мы переезжаем в город, теперь школа близко. Отец не может сказать, что он электроинженер, из-за вопроса о дипломе…

Вдруг мобилизуют главного энергетика электростанции, опасность, что остановится электроснабжение военных заводов. Отец предлагает посмотреть… Все налаживается. В награду другое жилье на ул. Сибревкома, 16 и один раз в неделю дополнительный паек.

Мой средний брат Бронислав, очень слабый из-за недоношенности, заболевает туберкулезом, надо спасать его. Переезд в Таджикистан, Сталинабад. Отец работает на птицеферме, мы живем в комнате летнего зеленого театра имени Лахути. Приближается конец войны, мы возвращаемся в Латвию. Все родственники в Латвии и Литве уничтожены. По рассказу свидетелей: в Огре застрелили мою тетю с мужем после того, как на их глазах местные раздробили головы их маленьких детей о березы.

Я живу под бременем, что кроме родительских, нет могил близких, места траура, остается неугасимая скорбь.

Этим страшным событиям посвящены многие мои композиции.

Дон с отцом Яковом в Риге на улице Элизабетес около кинотеатра Splendid Palace, 1935 г.

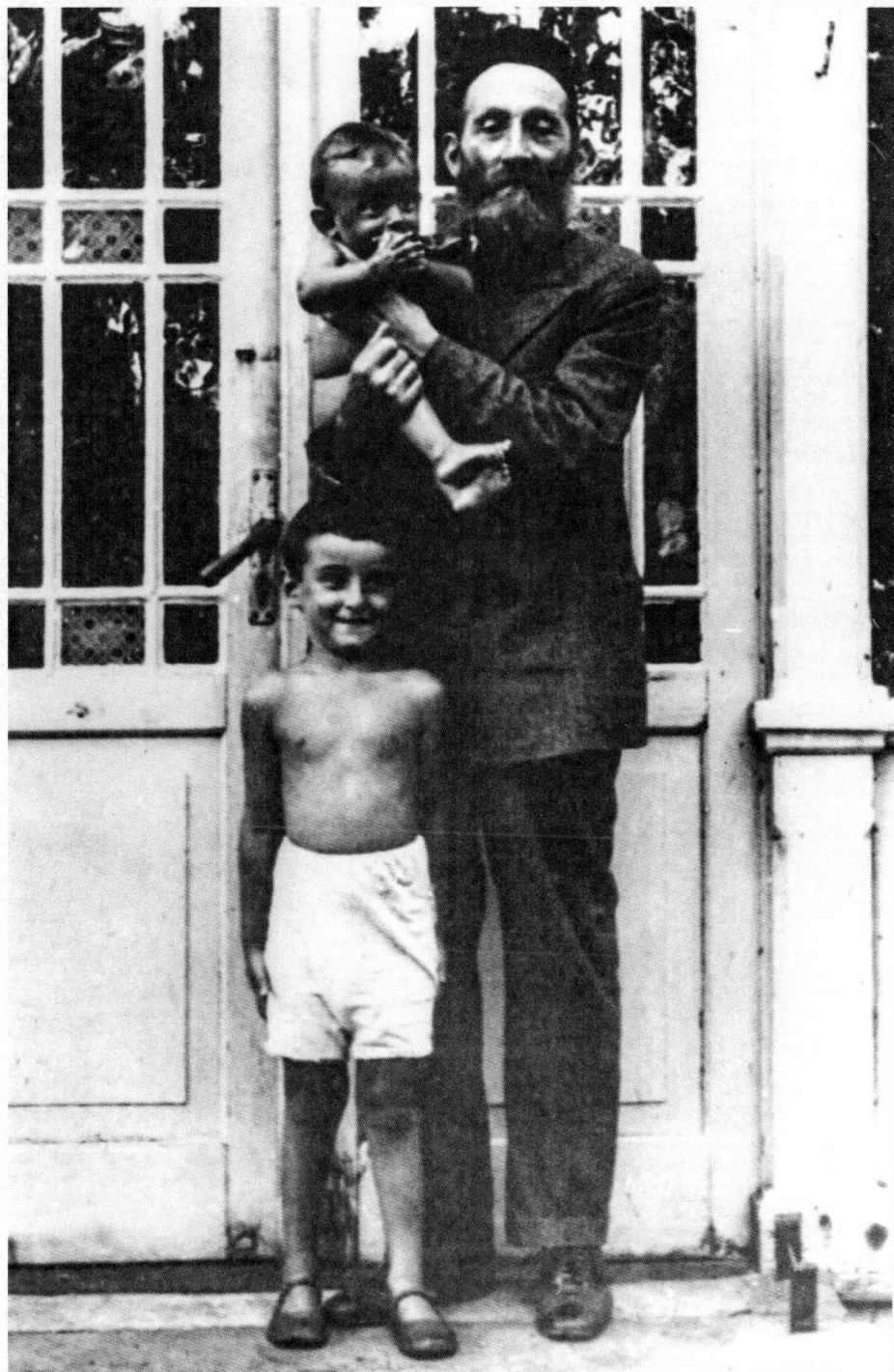

Дон с дедом Мовше и средним братом Брониславом на даче в Пумпури, 1937 г.

Introduction to the book
"Shalom Siberia!"

Famine. Cold. Fear. Violence. Desperation. Spite. Hope. A battle for life and oneself. These are all aspects of the children of the tragic historical events that occurred in the 20th century – people who recall the loss of Latvia's independence in 1940, who remember the repeated occupations of the country during and after World War II, who recollect deportations, lives as refugees, more deportations, and further lives as refugees. The harsh winds of destiny have cut these experiences deep into the hearts of those children, and the memories sometimes flare up – the train on the tracks, the bitter cold in the barracks, the promise of a potato skin or a crust of bread tomorrow, and above all the yearning for the warmth of human touch, for knowledge, for play. These people are brought together by the scars which were created by Siberia or refugee camps in the West, by the horrors of war in Latvia or elsewhere in Europe, and by their ability to overcome the pain and become successful as human beings in life. The "Children of Siberia" initiative is sacred work, as is the work done by the Occupation Museum and others to record the human destinies of our nation on audio, in writing or on video. This is an enormously important element in the study of our nation's history and that of our people. During my own life, I have recorded the life stories of a few dozen children of emigration, and I would be very pleased if this work were to continue. The more multi-faceted our knowledge of history, the more realistic and purposeful will be our approach to the future – as a country which understands its capabilities and actively shapes its every day, as a country which, on the foreign policy stage, does not allow the world to forget the events which so tragically and mercilessly affected the destinies of so many countries and the lives of so many people.

It is amazing to see how many people who have survived unimaginable difficulties and challenges have managed to preserve a hopeful look at life. Their experiences have forged a powerful nature and force of will. They have survived, they have attained achievements, and they have never allowed their scars to push them down. No, they have devoted all of their strength in making sure that the scars turn into strength, hope and the pulsating light of the heart. All of us, each in his or her own way, had to come home to Latvia as a once again independent country. Today our responsibility is to continue the active collection of life stories. This is necessary not just for history, but also so that the people of our nation might continue to build bridges of unity by listening to one another in depth and by understanding what they hear.

The life stories and nature of individuals come together to shape the nation's soul and conscience. No matter how widely scattered we are in the world, we are all joined together by Latvia. The life stories of the nation build a bridge which leads everyone back home. To Latvia.

Vaira Vīķe–Freiberga
President of the Republic of Latvia (1999–2007)

Introduction to the book "Shalom Siberia!"

The deportations of June 14, 1941, involved 15,425 residents of Latvia – Latvians, Jews, Russians and Poles, including more than 3,750 children aged 16 or less. During the process, men were split off from their families and sent to camps in the Gulag, where fathers and brothers died of starvation and disease.

Women and children were sent to special settlements, mostly in villages in the Krasnoyarsk and Tomsk districts. The first period of the deportations was particularly terrible for them. World War II continued, and many women and children died as the result of heavy labour and disease.

A Russian song suggests that World War II was a holy war. Mendacious propaganda ensured that the deportees were called Fascists, and that is how they were treated, too. There is a place called Agapitova on the lower reaches of the Yenisei River. It is known as "Death Island", because in the autumn of 1942, 700 people, including Latvian mothers and children, were put ashore there. By the spring of 1943, only 70 remained alive. Among them were six Latvian children who were interviewed for this book.

In 1946 and 1947, thanks to the dedication and efforts of employees of the Orphanage Division of the Soviet Latvian Ministry of Education, more than 1,000 children who had been deported on June 14, 1941, were brought back to Latvia. Most were children who had lost one or both parents. They were sent to the homes of relatives or to orphanages. Alas, this did not bring their torments to an end. Many were sent back to Siberia in subsequent stages of deportations, and those who survived could return to Latvia only in the mid-1950s. The children and grandchildren of the 1941 deportees can still be found in Siberia today.

We have travelled thousands of kilometres over the course of six years. Children who were sent to the Krasnoyarsk, Tomsk, Yeniseisk and other districts are now elderly people, often disabled. It was not just their Motherland and their relatives who were taken away from them. The Soviet Union's policy of Russification also robbed them of their language, and many speak no Latvian at all. Some of these people never lost hope that they could spend their old age back in Latvia, even if that meant living in a poorhouse, but this dream is just a dream. Today they are separated from their Motherland by a boundary that is not easily crossed. When we returned to Latvia from each trip to Siberia, we were full of impressions about the natural beauty of that land. We had video recordings and interviews, but we always brought along deeply personal emotions, as well. We felt sorrow and an endless feeling of guilt. Those who returned were happy to return to their Motherland, but there can be no compensation for loneliness, suffering, hunger and the loss of one's loved ones. This has had consequences across many generations. Each story offers evidence and commemoration of brothers and sisters who remained in the eternally frozen Siberian wasteland.

In terms of sheer numbers, Jews were the second largest group of deportees in June 1941. Those who survived returned to Latvia to find that their relatives had lost their lives during World War II. In the 1970s, most of these people were allowed to emigrate to Israel. We found children of Siberia there, as well.

We have interviewed 724 people in Latvia, Russia, Israel and America. We have received much light, love and confirmation of hopes for Latvia's future. We wish to present these to future generations.

Dzintra Geka,
founder Children of Siberia Foundation

Lea Avaro (Hofmane)

born in 1928

...told us that we were being deported
to Siberia for life. Mama collapsed.

*I was born in a small town in Estonia, Tirva, which is
30 kilometres from Valga.*

*My sister, brother and I went to school there, and my
mother's sister was a teacher at the school. We lived in
a house which my father built with the help of his parents
and my maternal grandfather.*

*On the first floor of the house, father ran a footwear
and textile shop. I studied ballet. It wasn't a ballet school;
it was just a little group of dancers. Each week a woman
from Tartu came to teach us. That was of good use to me
later in life.*

*In 1940, we were kicked out of our house, and Russian
officers and their families were put there instead. It was
good that we had a little garden hut at the edge of the
town, and we moved there. We had nowhere to put our
furniture; we kept it in a granary and elsewhere. We spent
a year there.*

*In 1941, my sister finished the 1st grade. I finished the
6th. My brother was 15 years old and had finished his first
year in high school.*

*Then came June 14, 1941. Father was in bed, because
a few weeks before then he had lifted something heavy out*

in the field, and an ulcer perforated. That night the soldiers took him from his bed and took him away.

The next morning mother woke the three of us up. There were soldiers searching through our closets, under the beds. They poked everything with their bayonets. A militiaman who was an Estonian from Valga told the mother that father had already been arrested, and we also had to go to Valga. Mother said that she'd go alone, why should the children go, too? The militiaman objected – surely she wasn't going to leave her children unattended. We'd spend a week or two there, he said. We could take some additional clothing; perhaps we'd go to a sauna.

Mama was surprised. Why should we have to go to the sauna in a week or two weeks' time? We weren't dirty people. He told the mother to take a small suitcase. She answered that she had no small suitcase. He looked at the top of the closet and saw two suitcases – one big one, one small one. He gave mama the small one. We put something in there – socks, dresses. It was warm; we didn't take our coats.

A car came. A KGB officer got out. He saw a woman with a small suitcases and three children dressed in summery clothing come out of the house, and he said to the militiaman: "Didn't you tell them where they're going?" The militiaman answered, "No." He unwillingly and with an odd look on his face told us that we were being deported to Siberia for life. Mama collapsed.

We were told to get together our things. A neighbour woman and my auntie helped us to find winter clothes. We stuffed everything into sacks – coats, hats, boots, padded boots. We had some of those. My brother took about five photographs from an album and cut a small piece of meat for the trip. We had just received some dried pork from the countryside; we left all of it. In confusion, he just cut off a small piece. Our things were tossed into a truck, and we were put in the car. Mama started to weep, and the militiaman screamed at her – why was she crying? Didn't she have any sense of shame? After all, we were civilised people!

First, we were brought to the village hall, where we saw arrested men being put into a bus under armed guard. Then we were taken to the station at Puka, which is before Tartu. We were told to get into the train. There were 21 of us in the wagon, all from among those who were at the village hall. We met my father. He hugged me and kissed me on the forehead. It was a farewell kiss because Estonians are usually very reticent and never hug and kiss.

The train stopped at Valga, and we were more or less free to walk around. Mama went to a store. Father came up to us and asked for bread. He was an ulcer patient and needed to eat. I said that we had no bread, and it was true – that's why mama ran to the store. He turned around and walked away.

When the train started to move again, we passed the border post, which was black, white and red. Mama started to weep. I hugged her and tried to calm her. During the trip, we learned that the war had begun. This was happy news – we were convinced that we would not be taken away. They'd blow up a bridge or the railroad tracks; this train would not be allowed to proceed so easily. But nothing of the sort happened, and off we went. Trains passing us in the opposite direction carried soldiers – the war had begun. Our train stopped alongside. There were men in that train, and we talked to them, it was a merry thing. We didn't cry. We were children, and we didn't understand what was happening. It even seemed interesting to us.

We were given bread along the way – dark bread baked in a special pan and known as the "brick." We didn't care for it. We had a bit of our bread and some money, too. The woman next to us had meat. We traded the money for some bacon. Another person in the wagon was a girl with whom I'd gone to school and ballet lessons. Also, there was one of my teachers with three small children and just a small suitcase – that's all she had. It was terrible because the children were very young – two, seven and ten years.

We rode very slowly because we had to let the troop trains pass. One train after another with those poor boys.

We stopped somewhere near Omsk, the station was called Chani, and we were allowed to get out at a market square. We children crawled under the market tables; others stayed under the clear, blue sky. Perhaps we were all from our train; maybe there were others – I don't know. I remember that our train had 78 wagons. A young man was playing the accordion, and people gathered around to sing. Then a guard in a grey uniform came up and said that it was all right to play the accordion, but singing was prohibited. He spoke in Russian. He didn't understand the words, and that's why he didn't allow us to sing. Someone had a ball, and we played dodge ball.

Then came horse-drawn carts, and people took us off to kolkhozes. We waited for our turn. We saw some people who had been driven away, being taken back again. We thought happily that maybe something had happened. We were stuffed into the wagons, so many people that most had to stand up; there was no room to turn around. We were lucky and got to sit down on the floor. We guessed whether we'd travel to the East or the West. The train started to move backwards, toward the West. We rejoiced, but it turned out to be just a manoeuvre, and we soon were travelling toward the East again.

At the Chani station, in the market square, many people had severe diarrhoea. There was a lavatory there, and there was a long queue. As soon as someone came out, he or she went right back to the start of the queue to get back in time. It was awful. Mama took coal from the fire and made us eat it. That helped. I don't remember that any of us had stomach troubles.

We were put on a barge and taken to Krivoshey. We weren't there too long, from there we went to Krasniy Yar. At first, we were housed in a club. There was no panic or hysteria; we knew that we had to stay alive, that we had to do what we were told to do. We were eventually brought to different houses. The four of us were put into a small house where a woman and her adult daughter lived. They received us very kindly and smiled all the time. They didn't believe that we were fascists; they had no hostility toward us. The Russians there were very kind toward us deportees.

We weren't there long. We were put in cars and brought to the forest, the taiga to cut down trees. There was an Estonian professor with his two sons. The men cut down the trees, the women gathered branches and burned them. We weren't there long.

We were given a little room and lived together with two Russian women from Estonia. One was an aristocrat from Petrograd, and the other was the wife of the police prefect in Viljandi, she was a dentist.

One day we were all told to gather together our things, and we walked five kilometres to a barrack. It was a long building, the Estonian professor and his sons stayed there, too. The barrack was full of bunks, and there were people of all kinds of nationalities there. There were many Moldavians, as well as Russians from Pechori. There were many White Revolutionaries in Pechori, and they were all deported.

That was the first winter, from 1941 to 1942. Mama worked in the forest, gathering and burning branches which the Estonian professor and his sons had cut down. Above her clothes, she had thick woollen pants which were soaked and frozen in the evening when she finished work. She couldn't get out of those pants to go home, and one of the professor's sons helped her. My job was to mend holes in her wool coat and hat which appeared when she burned the branches. By November, I had already learned the Russian language from living in the barrack.

Then we were taken back to the place where we started, until the day when once again we were told to pack up and go. This time we were in a sledge, and suddenly the guy turned off the road and into the forest. Mama panicked – she thought that we'd be left in the snow. But that turned out to be the most direct route to Himlyeshoz, where they collected resin from pines. Again we lived in a barrack, there were Estonian women from Viljandi, from Pärnu. One was the wife of a lawyer, the other the wife of a judge. Their families were with them. I was glad, and there were girls there. After a while, my friend and her mother also arrived.

The spring of 1942 arrived. I remember how on my birthday on May 20, we girls put on our dresses and gathered for a party, but it was snowing outside.

The work was not easy, and mama was not well from the very beginning. Famine began to spread. We went to a village at a distance of 35 kilometres to trade things for food. We had things at that time. I was 14, and I went myself. Soon mama also sent my nine-year-old sister, giving her a shawl or gloves to trade. Then the little girl hauled a bucket of potatoes and a bottle of milk – 35 kilometres. I started to work. I collected resin to get more bread. The portions got smaller and smaller. Those who worked were not allowed to go to the village to swap things. Mama once went after work and was punished. For six months, she lost 25% of her wages.

The moment eventually arrived when we had nothing more to trade. We went to the same village to pick goose-foot and nettle, and we picked full sacks of those plants. My brother went late at night after work. It was the deep taiga, with fallen trees. There were bears. Once my brother and a Belarusian boy were sent across the taiga for spare parts for automobiles. The boys objected, saying that their feet were wrapped in rags, they had no boots. That was no excuse. The rags got wet and then froze. The boys literally crawled back to the barrack. No matter how we tried to cover them up, but the feet were frozen, they hurt so badly. They were taken to the hospital in Krasnoyarsk. The whole hospital heard them screaming when their toes were cut off. There was no anaesthesia. Afterwards, my brother learned the trade of a cobbler and remained in Krasnoyarsk to work.

In 1943, there was a terrible famine. During the summer, mama collected various grasses, and we boiled them into a soup. If we ate blackberries, we had to be careful not to let the guards see our stained mouths, because then they complained that we were just eating, not working. Along the way home, we picked mushrooms. There was no salt, we boiled them and ate them. We could store whortleberries for no more than a month before they spoiled. We couldn't boil the berries, because we had no bottles or jars in which to keep them. We were given bread every other day, but we ate it all up on the first day. The second day we got some flour, we dissolved it in water and ate it. Our stomachs swelled.

In 1944 mama got weaker and weaker, she couldn't work hard in the forest. One day a technologist came from the office with a list of people who would no longer be given work. They could go off in any direction they wanted – into the forest if that were their desire. On the list were a Jewish woman, three little girls who had lost their mother, and us. The Jewish woman had a brother who helped her get by, and the three girls were saved by a lovely Estonian woman who lived in a single room with them. She offered herself to the technologist to get permission for them to stay with her. We had no one.

The next day one of the three girls, Tija, went to work, and I went with her, but the guard chased me off, saying that I couldn't work because of my mother. The technologist came again, but the forewoman wasn't so evil, at least she didn't chase me out of the room, I could stay there. We got no more bread, though – we had no food for three days. Then the forewoman's assistant came running into the room and told me, "Quickly, go to headquarters, the director is here, ask him to give you your job back!" The headquarters were five kilometres away, mama and I dragged ourselves over there. The director signed a document which said that we were allowed to work, but if we did not *fulfil the norm, we would be kicked out again. We received our bread talons, which had been taken away, and the next day we got bread again.*

A week passed. It was March. Mama and I worked, but the boss screamed at us for working so slowly. After work, we headed home. Mama said that she couldn't walk that fast, she told me to run and get the bread that was passed out in the evening. I took all of the instruments, which were made of iron, and just left mama with a bucket so that she could sit down on it to rest when wading through the snow. I got my bread; my sister got hers – those who did not work got 150 grams, those who worked got 400. They wouldn't give me mama's share. I got home and stood at the window, waiting for mama, but she didn't come. Darkness started to fall. I went to look for her. Near the barrack, I found Tija, who was crawling in the snow and couldn't say anything. I ran back in the barrack and yelled at someone to help Tija that she was completely without strength. Then I ran back outside because I understood that mama had fallen down somewhere, too. From the hill, I could see mama sitting on the ground. I skied down the hill and asked mama, "Why are you sitting here." She said nothing. I screamed. The mama quietly said, "Why are you screaming?" Those were her last words.

The boss's sister and a little boy heard me and came to help. The woman poked mama with her foot, but she didn't move. She was sitting, leaning against a tree and unconscious. The boy brought a sled which was small, mama's hands and feet dragged in the snow. I used my belt to tie her arms across her chest. We dragged mama to the barrack and put her to bed.

The next day, even though it was Sunday, they sent for the nurse. She looked, lifted the blanket, didn't even listen to mama's breathing and just said that we needed to put hot water bottles at her feet.

We went to bed. It was dark and cold; all three of us slept alongside one another. We woke up in the night, and we couldn't hear a single sound from mama. She had died. In the morning, the foreman told some boys to put together a box. My sister and I – 15 and 10 years old – dragged the box to the barrack, and a boy helped us carry it into the room. We put fir branches into the box, but we couldn't lift mama ourselves. We asked one woman, another woman to help, but they all claimed to be afraid of corpses. I had been holding on, but now I couldn't – I started to cry in helplessness.

I went to my friend from school, and she helped us. Mama was in her nightshirt. I lay a handkerchief on her face to protect her against sand because the box had gaps. I took off her wedding ring, which she had tied on with a string because her fingers had become far thinner. She kept the ring in symbolic hope of seeing my father again someday.

There was deep snow outside. The grave was dug outside the barrack, where three people had already been buried – my friend's mother was first. We couldn't pull the sled through such deep snow, the boys who had dug the grave also refused to do it, because it was already getting dark. The coffin just stood there. I went to the barrack to tell the forewoman that we'd be bringing mama back to the room. My sister sat down on the coffin to wait. The forewoman ordered people to stamp out a trail to the grave, and so we buried mama. A woman from Petrograd recited a prayer – mama was Orthodox. It was March 25, 1944. My sister and I remained alone. They took away our room and gave us another one that was worse. I went to work, but we had nothing to eat. I swelled, my arms and feet were like logs, my eyes swelled shut, and I could see nothing. Others wondered how I stayed alive. My sister and a few of the other orphans were taken to a local village, and a house was built for them. There were lots of them; they went to school. It was around 5 kilometres from where we were.

Estonia and Latvia were liberated during the winter of 1944, and letters started to arrive. Our auntie sent us some money. I could buy potatoes.

In 1945, life started to improve. I was a juvenile, so I got less bread than adults, but because I fulfilled the norm at work, I got more. Only in 1945 did we first get some salt, we were also given soap. A courier told us that the war had ended. The Russians rejoiced. Finally, they could wait for their husbands, sons and brothers to come home.

In 1946, I corresponded with my aunt, and she sent some more money. There was petrol; cars could be driven again. An acquaintance came to tell me that a woman from Estonia had come to pick up her nephew and would also be taking my sister. If I wanted to say goodbye, I had to go with him. The forewoman didn't want to allow me, she said I had to work, but in the end, she let me go. I looked for my sister, but they had already gone down to the Oba river to wait for the boat that would take them to the port. I ran there, and my sister happily ran toward me. She had absolutely no documents other than a bread talon, but she was taken on the ship because it was known that our auntie would expect her in Latvia and pay the necessary 300 roubles. The aunt was at a sanatorium in Pärnu, where her legs were being treated, and that's where she awaited my sister, Ester.

My friend convinced me to run away with her. I went to my mother's grave and took some sand to put in a small bag. I put on all the clothing that I could. From US aid shipments, I had a boy's coat and a backpack which I filled with my things. I also had a briefcase that I had received on my 10th birthday. In it, I put a piece of green cloth, which I sold at the village. I had also received my wages, so I had some money. I was 18 years old. I walked to the Oba to cross the river to the port – a port that was basically nothing more than a barrack. There was a ship the next day, and I waited for it. I got to know a woman while we were waiting. We started to talk because I was very talkative. I said that I was going to Tomsk. She said that she was going to Novosibirsk.

The ship arrived, it lowered the gangplank, and there, coming straight for us, was the bookkeeper from my office, our supervisor, who knew us all very well, and our commandant. I almost died of fright, but all three of them walked straight past me.

I was wrapped up in different clothes and a scarf, and they didn't recognise me. I bought a third-class ticket for the ship and sat down on the floor. I met a girl who was also going to Tomsk, and she was a student there. We rode all day, all night and the next day.

We arrived at night, got out and sat down on the floor. Passport officials were coming, and I thought that I would immediately be taken and sent back. But they passed us by, too. I understood that I had to find the commission that would come for me. I asked at the militia, the information office; no one knew anything. I went to the District Commission; it was the same there. I went back to the flat where my new friend was living. Both she and the landlady of the flat told me to travel alone. They told me where the train to Tallinn could be found. We said farewell. I went to the station and asked for a ticket to Tallinn. The cashier told me the price and then went to the map to say that there was no direct route; the ticket would be checked on board. Once again, there was an inspection. The documents of the passengers next to me were checked, and I thought with horror that they'd take me now when I already had a ticket. But once again they didn't ask for my documents. Perhaps it was destiny.

The train came, and it was overflowing with people. I couldn't get into one wagon, and they wouldn't let me into another. I ran up and down the platform crying. A little old man on the train asked why I was weeping. I explained my problem, and he told me to get in with him. There was room enough in that wagon; I sat down. The train began to move, and I was inexpressibly happy.

At a small station, in the waiting room, I started to talk to a woman in a beautiful leather coat. We had some soup in the cafeteria. She told me that when I got to Novosibirsk, I must not sit still, I must walk around and ask questions. Watch, she said. Observe carefully.

The train station at Novosibirsk was terribly crowded. You had to sign up in advance to get a ticket. I was 800th in that queue and understood that I would get no ticket. I had no more money; I had no more bread. I remembered what the woman had told me – don't sit in one place. I went to the station director and told him that I was only 16 years old, that the commission had come for me, but that I had wandered off. He told me to come back at 4:00 PM. I did, and he ordered that a ticket be prepared for me to Moscow. I got onto the train. There were all kinds of people there, including soldiers and speculators. I was given roast chicken, and someone suggested that as we travelled, I could write down all of the station names.

Much to my delight, a girl who was of my age got into the wagon along with her grandmother. They were from Leningrad. In Moscow, I registered for a ticket, and then the girl and I went to the market and bought grapes. That was something special for me. Then we got back on the train and travelled to Leningrad. There, we each had to go our own separate way. The girl told me how to get to the station. While waiting for the tram, I bought a roll for five roubles.

At the station, I met some Estonians, and they recommended that I travel not to Tallinn, but to Tapu. That's what I did. The train to Tallinn was due to depart in the evening, and I couldn't buy a ticket yet. I went to the market to see how they would treat me. There was a woman who was selling cabbage rolls. I told her that I hadn't had any for such a long time, that I was from Siberia, a deportee. She took me to her home and fed me.

I bought a ticket to Puka. The train was full, and a student choir from Tartu was there. They took me to a Russian woman. When the choir disembarked, I sat down and fell asleep. When I woke up, we were far past Puka. Then the mother of a childhood friend recognised me – she was on the train and going to Valga. She took me home with her, and I spent the night there. The next morning I hitchhiked to Tirva. I got out at the school and went inside. It was quiet, which meant that there were lessons ongoing. During the break, I asked a girl to summon the schoolteacher, who was called Mrs Parts. That was my aunt. She came up to me and said, "What can I do for you?" I couldn't speak, I just gazed into her eyes. Then she recognised me. "Lea!" She took me into the teachers' room and went back to teach a class. It was so beautiful, the familiar furniture. There was a jar with a brown substance on the table. I stuck a finger in – it was sweet. I had never eaten sugar beet syrup. My sister came running in, and we hugged.

I wanted to go to work, but my auntie insisted that I must continue to study. I needed a passport, but I had no documents except for mama's death certificate. With a great deal of difficulty, I got a passport and was registered.

I finished the 7th grade. Everyone was younger than me, and I was behind. I decided to finish the 8th grade without going to class – I spent the summer studying and passed all the exams.

When I was in the 11th grade in Tartu, men in black coats came for me and ordered me back to Siberia. My sister and I were arrested on February 20, and three months later, we were in Tomsk. We ended up in the same barrack; we could see mama's grave from the window. I started to spit blood, and my hair started to fall out in clumps. It was all because of my nerves.

My brother married a Russian woman; they had two children and lived in a small hutch in Kirvoshein.

Father was sick. He was put into a concentration camp. One night he started bleeding and bled to death. That was on July 17, 1941.

Now I live in Latvia.

Lea in Latvia

Lea's parents – mother Anna and father Julius

From the right: Vigo, Ester, Lea and mother's sister

Barrack in Siberia where Lea lived

Lea (from the right) collecting resin in Siberia

Leo Berlins

born in 1931

We were told that for the sake of comfort, men would
be put into one wagon, while women and children
would be put into another. That was the last time
I ever saw my father.

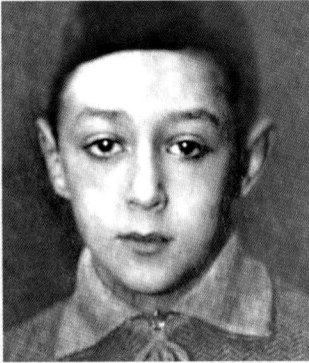

*I was born in June 1931 in Rīga. Until 1940, I lived in
Aizsargu (now Bruņinieku) Street. When the Soviet regime
was installed, someone liked our flat, and we had to move
to Marijas Street 16. By the beginning of the war, I had
completed the second grade. I lived with my mother, father
and sister. Mama was a homemaker, and father worked
for the Vairogs factory.*

*On the night from June 13 to 14, 1941, someone knocked
on our door. Five men with guns entered and said that we
were going to be "moved" for a couple of days, after which
we would come back home. One of the soldiers whispered
in mama's ear to take along some warm clothes. We were
given very little time and grabbed what we could. My stamp
album seemed to be the most important thing to me – I was
a collector. We put a few things in suitcases, and then
a lorry took us to Torņakalns. Many people were there. We
were told that for the sake of comfort, men would be put into
one wagon, while women and children would be put into
another. That was the last time I ever saw my father.*

*Our trip began. After a week, we knew that the war
had begun, because trains carrying military equipment
were moving in the other direction. Our train stood still*

more than it moved. There were a great many people in our wagon; we slept on several levels. It was like a prison. At stations, we were given some food – mostly goose-foot. The door to the wagon was always closed, it was hard to breathe, and the air was heavy.

After a month we arrived in Kansk. There were horse-drawn carts there at the station, and families were put into those carts. We were taken to the village of Antsirya, which was some 30 kilometres from Kansk. We had been told that our father would be with us at the end of the road, and every free moment I spent out on the road, waiting for him to arrive. Eventually, we came to understand that we would not see him again. We also discovered that we had brought father's clothes with us, while our clothes were with him. When we came to understand that we would see him no more, we traded his suit for a bucket of potatoes. Then we traded a few other things. The famine was already beginning. Mama and my sister went to work at the kolkhoz, and in the autumn, I started to work with the horses. I was in 3rd grade. During the winter, we traded all of our things for food, and by the springtime, we had nothing left.

In Rīga, I attended the Jewish school, and I also spoke good Latvian, even though we spoke German at home. When we got to Siberia, I knew hardly Russian at all. There were Russian children all around me at school, of course, so after a month or two, I could also speak Russian.

People were then sent further to the North. The situation in our village worsened because of the famine, and we thought that maybe things would be better there. We were put onto a barge and taken to Turkhansk. From there we travelled another 700 kilometres via the Nizhniytungusk River, where some 50 to 80 people were put ashore. There was a KGB officer along with his wife, too. It was an abandoned factory with a few houses and a stable for horses. That's where we settled. We were told to build a house because the winter was coming. The people who hosted us had flour, sugar and oil, and we were given a bit of these things every day. I was 11 years old, and my sister was older. We joined together with the Pizov family, where the eldest son was 16. He was the main builder – he issued commands, and we built the house of thin pieces of wood because we weren't able to lift the fat logs. The ceiling was made of thin sticks, with moss between them. There was a stove in the middle of the house.

That's how we spent the winter – it was minus 40 and 50 degrees outside. The other family's mama died right before my eyes.

Half of the people who had been brought to the factory died during the winter. There was a famine; people suffered from scurvy. I remember the Segal family; they had come from Latvia all together – the father, the mother, a son and a daughter. The son died first. He was sent to bring bread to people who were fishing. The boy walked a while, got tired, sat down, ate some bread and fell asleep. When the people didn't get their bread, they went looking for him, and a few days later they found his body, which had already been ravaged by crows. Soon the father and the mother died of famine, hard work and disease. The daughter remained alone. I remember how Uldis Karlsbergs lost his sister and mother; he remained alone, too. Miraculously, we all remained alive. There were times when we survived on lichen. It was dry; we chopped it up, added a bit of flour and ate it. It helped a little bit that in exchange for alcohol and tea, we could buy squirrels from locals who hunted them. They hunted the squirrels, skinned them, and then fed the meat to the dogs, although they were prepared to sell or trade the meat, too. True, there wasn't much meat at all. The famine forced us to eat everything – bear, horse, even dog. The situation after the war improved when my sister went to work as a bookkeeper, and we were given a home in the village. I started to work while I was in the 6th and 7th grade to earn money for my clothing and food. I bought a watch. I did all kinds of things. I worked at the airfield, filling fuel into aeroplanes, I also washed aeroplanes.

In 1943, several dozen of us were sent even further, another 300 kilometres up one of the tributaries of the Nizhniytungusk River. We were right at the Polar Circle. We had flour, oil and sugar in our boats. We walked along the rocky shore and had to hop across rocks to get forward. I was 12 years old, and I was often given the job of steering the boat to make sure that it didn't hit any rocks. One trip lasted a month. We slept on the banks of the river. I don't remember what the place was called where we ended up. There was salt in the rocks, but we couldn't extract it. There was a stream with very salty water flowing down the hill. Someone dug a hole where the water was collected. There were sheets of steel, approximately two metres long and one metre wide, with low edges. The water flowed into these, and then the sheets were put on a fire. The water steamed away (there was smoke everywhere), and the salt collected at the bottom of the sheets of steel. There was a lake where people went fishing, and the fish were salted with the same salt. We ate fish, which were very salty. Many people swelled up because of this.

In July 1944, when we'd been at that location for a year, disaster struck. I was working with a boy who was 14 years old. We had to harness some reindeer and bring firewood out of the forest. The reindeer is a wild animal, though, it's no horse. We died the logs onto the sled to get down the hill because the reindeer were very hard to control. We also had to saw the logs. I suggested that we pile up the logs on two rods and then carry them to the women. I walked in front, and the other boy was behind me. There was a place where they were boiling water, and there was a place perhaps half a metre wide where the firewood could be stacked. When we went there the second time, I had to step over the firewood that was already there, but one of the logs slipped, I lost my balance and fell into the pot of boiling water. The temperature was more than 100 degrees Celsius. I immediately leapt back out, but my pants were wet already, and I started to holler with pain. Mama and a few other women were just a few metres away, they ran up to me and started to tear off the steaming clothing, but it had already become stuck to my skin. I was seriously scalded and burned. I was immediately carried home. Both of my legs, as well as my left and right sides, were raw. There were no doctors there, no nurses. A woman said that oil should be rubbed on the wounds, but the oil also had salt in it, so they tried to purify it by boiling it.

The mosquitoes, flies and other insects of the taiga just loved my raw skin. I was wrapped in sheets, but I could only sleep on my stomach. The sheet stuck to my flesh, the wounds got dirty, and my flesh started to rot. Mama was afraid for my life. It was decided to take me 300 kilometres back down the river to where a doctor was. Mama came with me; my sister stayed behind to work. We travelled down the river. We had to ride carefully to avoid the rocks, but there was one time when the boat hit a rock and started to capsize. I hung on. The boat was small, there wasn't much depth, but I would have drowned if I had fallen in because I couldn't move. It didn't capsize. Where we couldn't cross by boat, I was carried along the shore on a stretcher. Complete strangers carried me.

When I got to the doctor at the factory in Tutanchan, the only thing he could do was wash the wounds each day and scrape away the rotted flesh. There was no other medication. This continued until the spring of 1945. When the wounds were healed to the point where they could be bound up in gauze, I started to get up. I learned to walk anew, at first with crutches. I felt the consequences of that disaster for many years to come. When I was a student at university, for instance, I could not sleep on my right side. The skin was very thin and hurt. It looked terrible. The wounds had healed, but when I went to the sauna, people jokingly asked me what had happened to me. I joked back that it was the war – a bullet had torn off half of my hip. I said that so that people would stop asking questions. I'm still scarred today.

My sister returned from the far North in the spring of 1945, and we moved to Tura, where there was a school. I continued in the 4th grade. Quite a lot of time had passed since I had held a pen or pencil in my hand, just an axe or a saw. I could write but barely read. I was the oldest in the class, but I soon caught up with the others.

Everyone in Tura was deported, and once a year, a barge came by with food and other things that everyone in the area needed. That was usually a huge event; everyone went to greet the barge. In 1950, however, the scene was not a nice one. There were bars blocking off the deck of the barge, and behind them, you could see hundreds of hands and shaved heads. There were guards. The bars were opened, and the people were allowed to come ashore – one of them a man who later married by sister. He had been the director of a large factory in Moscow, but beginning in 1937 he had spent time in all of the Soviet Union's concentration camps, including the one in Vorkut. In 1949 he was supposedly liberated, but immediately he was rearrested, and the whole process began again. He managed to stand up against destiny, however, and he never forgot that he was a human being. He built a house, lived in it and gradually recovered. Also among those who were brought to Tura was a guy with tangled hair who walked around begging for food. Sometimes he chopped some firewood for people. Children ran behind him and tugged at his clothes, calling him an "enemy of the people." He said that he was a former commandant from the Kremlin, but no one believed him. When Stalin died, however, and the rehabilitation began, the guy went off to Moscow, and it turned out that he had, indeed, been a general. He was not given back his rank, but he came back to Tura from Moscow in the uniform of a major. He appeared to be very tall and noble. Everyone in the village was very surprised.

In 1952 I completed school and, with great difficulty, got permission to go to Krasnoyarsk to study at the institute there. I was active in school, and many *people, including kids from the Komsomol, were my friends. I was not a member of the Komsomol, but I very much wanted to join before entering the institution just to be like the others. My friends rejected me as a member; however because I was a deportee. I became the friend of the Komsomol committee's secretary, who said to me: "Come see me shortly before you leave. I'll prepare a membership card for you." It would have been wiser to go to see him with an airline ticket in my pocket, but I went as soon as the KGB had signed permission for me to leave. The permit, however, said that I would be arrested if I left the planned route. The secretary was scared, and I didn't get my membership card after all. I didn't, however, have any problems in entering the Forest Technical Institute in Krasnoyarsk.*

About once every ten days, I had to go to the commandant to show that I had not run away. You never knew when you would be called. There was a man who went nearly every day, and he was the one who was told who would have to come on that day. I was renting a flat together with Gunārs Brauns, because there wasn't room for everyone in the dormitory, and each time that we went to the commandant's office, we were surprised to see how many of our fellow students had to go there. It turned out that one-third of the students were deportees – Jews, Latvians, Estonians, Ukrainians, Volga Germans. We kept on going to the office until 1954, but in the autumn of that year, we received our passports. My passport contained text to say that it had been issued with the permission of the KGB and that I was something like an ex-prisoner.

I really wanted to get back to Rīga, though I had few relations there. My mama had many brothers and sisters, but they were all gone, they were killed in the Rīga ghetto. The only survivor was a cousin who hid herself and then got away. She invited me to visit her. In 1955, shortly before I was to set off for Rīga, someone stole my passport from my pocket on a bus – the passport, but not my roubles. At the militia office, they told me that I could travel if I had another document. I had my Komsomol card, my student card, and a labour union card. Of course, this was a risk, because my documents could have been checked along the way, but I was lucky, and I spent a nice summer in Rīga. When I got back to Krasnoyarsk, I got a new passport. Others envied me – the text that had been there before was gone now, it was just noted that I had been given a new passport to replace one that had been lost. When I arrived back in Krasnoyarsk in 1956, I met my future wife.

As my graduation day at the institute drew near, I tried very hard to get a diploma without being assigned to a specific place to work. I was a very good student and received a larger stipend. Thanks to this, I could get away from Siberia and back to Rīga. Mama and my sister remained in the North and struggled for a few more years before they were released.

In 1957, I came back to Latvia, but it was hard to get permission to live in Rīga. After Khrushchev visited Rīga, Eduards Berklavs was sacked from the Soviet Latvian leadership, and a flood of immigrants followed. I know Berklavs well. To get my registration papers and find work, I had to go to the archives to find information to say that I lived in Rīga before 1941. Initially, I had a pretty lousy job – I was a mechanic for the army and worked together with soldiers and generals. I was given a flat, however. No amenities whatsoever, the lavatory was outdoors, there was no warm water, but it was mine. After a year, I found a job at the Rīga Electromechanical Factory, where most of my colleagues were Russian speakers. That's why I have almost forgotten the Latvian language. I started speaking Latvian again only when I became the manager of the building that was partly owned by my father and was the reason for our deportation – I had to speak to Latvians then. Of course, I don't speak the language well enough to be able to tell you my whole life story in detail.

My wife was born in Daugavpils, but she had many relatives in Rīga, and she managed to avoid the Germans. My relatives on mama's side in Rīga didn't think that the Germans would be so merciless, but they were all killed.

My father was at a camp in Solyikamsk; he didn't survive more a year. He died in the spring of 1942. After the war, we got documents to say that he died of heart failure, even though he had never had problems with his heart before.

When I returned to Rīga, I met a man who had been in the concentration camp together with my father. He said that men my father's age were the first to die because the situation was awful – very hard work in the forest. The man who told me this survived only because he was already old, and he was not sent to work in the forest. He peeled potatoes instead.

Mama lived to the age of 87 here in Rīga. My sister later got away from the far North to join her husband, who was given a job at the same factory in Moscow where he had once been director, only now he was just the deputy director. My sister and her children live in Moscow, but her husband died.

Leo with father Davids

Leo with his mother Tatjana and sister Fruma

Ida Blumenau (Nahimovska)

born in 1927

It was dreadful! It was a cattle car with bunks and,
forgive me, a box in place of a toilet.

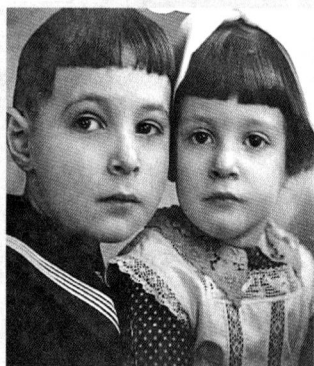

*My father, Šmuelis Blumenaus, my mother – Etele
Blumenaua. I had a brother, Jāzeps Blumenaus. We
called him Jozefs. In 1941, I was 13 years old, and I went
to school. Mother was a homemaker, we children went to
school, and father owned a small company. He had taken
me to the countryside, the town of Riebiņi. That's where
my mother's family lived – grandma, my mother's sister
with her husband and two children. I was taken there
during the summer. When mama and my brother were
taken, they turned on the alarm clock and said to them:
"It is now 1:30. If you don't get dressed, you're going to
leave the house in your nightshirts and bathrobes." Early
in the morning, mama's brother rang home and said to
my father: "Quickly go home!" They were afraid to talk.
My father went back home, but he left me there. When he
learned what was going on, he went to the KGB and said:
"I want to go with my family." They replied: "Just go home.
We'll find you." At night they came and took him. After all,
he didn't know that families would be split up and sent to
labour camps. Father was at the Šķirotava station, not
Salaspils, and I was at the Torņakalns station. I was put
into a wagon, and half an hour later, the train set off.*

It was dreadful! It was a cattle car with bunks and, forgive me, a box in place of a toilet. It was covered with a sheet. It took us three weeks to get to Siberia. The train was often stopped or moved to a secondary track. We weren't allowed to live the wagon. If we left to get some water and food, it was only in the company of guards. We travelled to Krasnoyarsk.

Four families were put in a one-room house. We all slept on the floor and kept separate with our suitcases. Four people got typhoid fever, but we didn't. When we lived there, there were perhaps 12 people there. There was the Katcenellenborgens family – a mother with two daughters. Mrs Levenberga was there – a woman with two children of her own and a stepchild, her husband's son. And there was Mrs Jankeleviča – a mother with two daughters.

I don't remember how long we were there, but then they started to send us to the North. It's a long story. I got sick, and later I had a limp. I think that there was an infection in my body, and there was no opportunity to find treatment. Mama took me on a sled to see the doctor, that was a seven-kilometre trip. She was just a simple country doctor, though, what did she know about neurosurgery? That's why we remained in place when the first people were sent to the North. We ended up in Tura, which is the national district of the Evenki people. There were no permanent residents there; they were nomads with reindeer. Many of them were sick, and they had pus in their eyes because they ate raw meat and raw fish. They travelled from place to place. There was permafrost there, the summer was very short – just July and August. This was near the Polar Circle. That's where mama and I lived for five years.

Up the Yenisei River to Turkhansk, from Turkhansk another 900 kilometres to the district of the Evenki people. You could reach that area only if the river was ice-free, and you had to take a barge. That's how the food was brought to the region and those who could took the barge back. One year they forgot to bring salt, and we had to spend the entire next year without salt. That was a minor issue, though. My father ended up in Solyikamsk, a labour camp. The men there were punished by a troika – three men from the KGB. They were brought in one by one and asked whether they had been abroad. Father said that yes, he had been abroad. That was a terrible sin because immediately, he was suspected of being a spy. "What did you do there?" "What do you mean? I worked." He was sentenced to five years as a socially dangerous person. When he entered the camp, he weighed 86 kilograms, but by 1943 he was down to 38 kilograms. He couldn't work, of course, there wasn't any purpose to keeping him in hospital, there was no point in feeding him. After all, there was food at the hospital. So instead they set him free: "Go wherever you want to go." He was swollen with hunger, and he could hardly stand up. He wrote to us: "Please come and get me from this place, and bring me some warm clothing." When we got to Siberia, my mama and brother were told to sign documents saying that we had been deported for 25 years as voluntary settlers. We had no documents. We wrote to father that we couldn't come, we had no passports, that we had been voluntarily resettled, deported for 25 years.

My mama came from a poor family; she had worked in Rīga from the age of 13 in my father's family. He later married her. She did all kinds of work. When it was time to pick up the food ration, she went to get it while others starved to death. They didn't know what to do... I remember the Katcenellenborgens family. They sold a fur coat for a sack of potatoes and a diamond pin for a sack of flour. They ate everything, and yet they starved to death. Only the oldest daughter survived. She had a friend or acquaintance who, I believe, worked for the regime. When he returned from the North, they were married, and he took her away. The mother and the other daughter died. Levenberga survived. She and her two little girls were not sent to the far North. Mama knew how to sew. In the evenings and at night, she sewed things for the bosses. That's why we survived. Sometimes we got a small bowl of potato skins. The bosses ate the potatoes and gave us the skins. Once mama worked an entire Sunday, and she was given a litre of milk. We hadn't seen any milk in such a long time. We got by, bit by bit, but we survived.

Q: You were sent to Krasnoyarsk. Do you remember the place? We were initially sent to the village of Irbeya, but after we got back from the North, in 1945, we lived in Krasnoyarsk.

Q: What happened after you survived your sickness? What can you tell us about what happened to your brother and mother? It took us three weeks to get to Krasnoyarsk. Along the way, we learned that the war had started. There were barracks in Tura. That's where we ended up, and they said to us: "Look, here's a river, catch fish. Look, here's a forest, cut down trees, build houses for yourselves and live there!" People who worked got 800 grams of bread a day. Children and those who didn't work got 100 grams. In other words, those who couldn't work were destined to starve. I went to school. My brother was 18. He was told that men had to work; there was no point in studying because the war was on. He didn't know how to do anything, and he did what he was told to do. He'd been a spoiled boy.

Q: Did you go to school? Did you speak Russian? No. I was sick for a year, and I still have "memories" from that period – the muscles in my right leg atrophied. I just stayed in bed and read and read. By the time I got to school, I understood a bit. I got no treatment. When the first group was sent to the far North, we moved into the flat of a family. The husband was in the army, the mother and two children were there, and they rented us a corner in one of the rooms. There was a Russian stove. My brother slept there, but he couldn't stretch out his legs, the stove was a small one. Mama and I slept alongside. The walls were icy in the winter; in the morning, I often found that my eyelashes were stuck together. When it was very, very cold, the livestock – a calf, some chickens and a dog – were also brought into the room, all of us together in there. When we were sent to the North, we had to leave everything, although we had nothing to leave. We had been deported during the summer, we had no warm clothes, but we ended up in the North anyway. I have experienced a temperature of −56 degrees. The tears froze on my face. I didn't have any stockings.

Q: You said that mama hadn't managed to bring anything along? When they sent me, they had already put together five large parcels – tablecloths and sheets, and things were tossed into those. There were things there, yes, but no stockings. Mama had a red wool bathrobe which father had brought from Poland, and she unravelled it to sew socks for my brother and me because we were barefoot. Then we got some padded boots. Someone had tried to throw some away, mama worked with the family for a while, and they gave her the boots. There were also padded coats eventually. We made do.

Q: So mama brought some things along that could be traded for food? Food? Well, there is one story, but I don't know whether I should tell you about it. I got scars full of pus while I was sick. That happened to many people. Some had the scars on their bodies; mine were on my legs. The scars split open, then got dry. It was awful, and that was when I ended up in the hospital. Can you imagine what the treatment was? They rubbed fish oil on the scars. Ten days later, the scars were all gone. I was supposed to leave, but they wouldn't allow me to go. Mama went to see the doctor. She had a beautiful silk dress which she gave to the doctor, and she said: "Doctor, my daughter is sick. Please write down that she needs treatment at the district centre." There was no other option. The doctor liked the dress, and she wrote down that I had tuberculosis. Perhaps that's a disease which creates those kinds of scars; I don't know. Afterwards, mama went to see the boss and cried and begged him. A barge came, we had to leave because otherwise, we couldn't go anywhere until the next year. Only the managers of the kolkhoz and party bosses flew in aeroplanes, and they were not meant for us. Initially, the boss wouldn't even listen to mama, but finally, he said to her: "The devil with you, go!" Mama ran home, got some food. After five years, we had planted potatoes, that was our entire wealth. It was the only way to save ourselves. In order to work the little plot of land that had been given to us, we had to cut down trees and pull out the roots. Mama dug potatoes, and I kept hauling buckets of potatoes to the barge. I don't remember how much food we were given to take along.

We'd been living in a room with a Latvian woman called Mrs Kiršenbaums. Mama suddenly said to me: "I can't leave without saying goodbye to Mrs Kiršenbaums!" I said: "Mama, we just have a few minutes, hurry!" Mama rushed off to say goodbye, but while she was gone, the gangplank was taken away. The water was icy, but when mama got back, she couldn't get on board. She got into the icy water up to her chest, from where she was lifted onto the ship by her clothes. Of course, we were up on the top deck. Mama was given some vodka, and she didn't even get pneumonia.

It took us 18 days to get to Turkhansk, to the place where the river merged with the Yenisei. There was a place where people were waiting for a steamship. We spent 22 days there, and no steamship would accept us. People tried to rowboats over to the ships and climb aboard, but the river was very rapid, and people could have drowned. The people on the ships wouldn't let them come aboard anyway. We sat around on ship screws which were stacked up like a big iron mountain. That's where we spent our nights, and that's how we eventually got to Krasnoyarsk.

Q: Why wouldn't any of the ships accept you? Well, who needed deportees? That's one thing. There were a great many people there, including some from the South. I think that there were some Greeks there. Everyone slept on bunks. I had thought that they were Jews, they were similar, with black hair and *distinct features on their faces. Then I heard them speaking a language I did not know, and it turned out that they were Greeks. We didn't know where they were coming from. Again we had to sail down the river, toward the South, because that's the direction in which the river flowed. That's how we got to Krasnoyarsk. Mama had the note which said that I was sick, so she went to the authorities to ask for permission to stay there. The boss asked her: "Can you sew overcoats? Then you can stay." Mama said that she could. The needles were not sharp, the sewing machines didn't work, but it was a job. There was another woman who had come along with us. Her husband had been liberated from a concentration camp and came to meet her, but her children were not allowed to leave, and they remained in the far North. They were called Mr and Mrs Alperts. He asked us: "Do you have any place to live? Where are you going?" We had nothing, and we were living at the port. He said: "I have a room. It's in the basement, yes, but you must come and live with us." And so he and his wife, my mama and I – we all lived in that basement for half a year. We lay down some blankets, and they slept right there, too. A year later, the father came to Rīga. That's a long story.*

Q: Your father returned to Rīga from the concentration camp in 1943? No. He didn't come back to Rīga. Where could he have gone? He went to Tashkent, where it was warm.

Q: How was your father liberated? Did he come to see you? No, he didn't. Where could he have gone? At the concentration camp, there was a woman called Perlova who worked as a bookkeeper, I think. She asked the father whether he was from Rīga. He said that he was. She was, too. There was a company in Rīga that was called "Perlov's Tea." She was called Miss Perlova, and the man who owned the company was her father. My father said that he knew her father very well. The woman appreciated this, and she said that she would do whatever she could to help my father out. She found out that when the father had been arrested, he had had a gold pocket watch on a chain, a large diamond ring, and 800 roubles in cash. She returned all of these things to father, and he set off for Tashkent. He arrived in Engels. The train was supposed to arrive the next day. When he got there, he had hardly any hair left, and he was barely alive. Father went to the local synagogue and said: "Good people, who can offer me a place to stay overnight? Tomorrow I'm taking a train to Tashkent." There was a woman called Gorelyika, and I'm sure she's in Paradise for the good that she did. She said to father: "Come with me, you will spend the night with us." Father couldn't even stand up. She tended to him for three weeks – washed him, fed him, and emptied out his bedpan, for there were no toilets at that time. For three weeks! She saw that the man was dying. She went to the building manager because she was afraid that the father would die. If they found a dead body in her flat, what would they think? She told the building manager that she'd admitted a man into her flat for the night, but he was dying, she didn't want any problems, but he wasn't registered. What to do? The building manager registered my father as living in this woman's flat. Three weeks later, he had recovered, and he went to work as a security guard at a warehouse. In 1944, when the Soviets liberated Rīga, father was already there.

Q: What were mama and your brother doing? Mama couldn't leave; she was still registered in the documents.

Q: Why were people deported a second time? The thing is that after Stalin died, people gradually started to drift back to Rīga, but they were all registered in the documents; they'd all signed papers saying that they had been deported for 25 years. There was a woman at the meat plant whose name I don't remember, sadly. She was a simple woman, a member of the Soviet Supreme Council. She was always borrowing money from my father – three roubles, five roubles. Eventually, she gave the money back. Once he said to her: "Could you help me? I am here, my daughter is here, but my wife is under deportation in Krasnoyarsk, and they won't let her go." She sent a telegram as a member of the Supreme Council: "Why is Etele Abramovna Blumenau being delayed if her family is in Rīga?" Apparently, the people in Krasnoyarsk were terrified to get a letter from a member of the Supreme Council, no less, and the answer soon came: "She will be in Rīga on the 11th." Mama's name was stricken from the documents, and we knew that because we were not deported for a second time. Mama's name was no longer in the records.

There was also a family with us called Pūce – she was a dentist, and she had her daughter and son with her. The son was called Kārlis; I don't remember the daughter's name. There were also deportees from the Volga region. Initially, the locals called us Germans and beat us because we spoke poor Russian. Gradually we got used to it, though.

People's lives were of no value whatsoever there, but there were four horses. The horses needed feeding, but there wasn't anything to feed them. If they had died, that would have been a criminal case, and it would have been sabotage. Two young men were hired there – my brother, who was 18, and another boy. They were given the horses and told to take those animals far away, to a place some 200 kilometres distant where grass could be found under the snow, and the horses could eat. The boys got there. They were given some food to take along and told that ten days later, more bread would be sent. No one brought anything more, and they were very hungry. The boys understood that they would die together with the horses at that location, so they decided that one would stay with the horses, while the other would go to the nearest populated place to find bread and whatever else could be had, perhaps some tea. They didn't know how far it was. My brother was the one who went, but it was spring, the snow was melting, and huge rivulets and streams appeared which he had to ford. My brother made some kind of raft to get across one of the streams. At night he built a campfire, it was the taiga, with forest all around. He drank hot water. Nothing to eat, he swelled from the hunger. After a few days, he came across a broader river. The raft fell apart, and he fell into the icy water. He didn't even have the strength to light a campfire and boil some water; he felt very poorly. He felt that he was losing consciousness, but then suddenly, an idea popped into his head. He had a towel with him which mama had given him. He tied the towel onto some branches and only then allowed himself to pass out. The river was free of ice, and a raft with deportees from Latvia floated by. The banks of the river were steep, and there was a good echo. The people on the raft heard someone onshore gasping and moaning. They spotted the towel and swam to shore. My brother was unconscious, and he was terribly swollen. The Latvians took them with him. They didn't have much food themselves, just some flour which they cooked up with hot water to make a thin gruel. They gave him two spoonfuls in the morning and another two in the evening. That's what they ate themselves.

The Latvians took my brother to the hospital just as quick as they could. He couldn't be undressed, because he was so swollen, so his clothes were cut away with a knife. There was food at the hospital. It turned out that he had frostbite on his toes. He spent two months in hospital. People came to me and told me that my brother was there, and of course, I rushed right over. I couldn't believe my eyes. I could just see a nose and two eyes, eyes like those of a crab, though his eyes had never been like that. There was really no face, just skin; it was from hunger. His body had eaten itself, only his nose and his Adam's apple were left. At the hospital, he got porridge and cabbage soup. Gradually he got better.

It was decided that two of his toes would have to be amputated. A doctor was scheduled to visit from the district centre. Luckily, he didn't come, and no one else would do the job. I think that there was some penicillin cream from America. It was orange, and it was applied to my brother's toes. Two weeks later he was sent home from the hospital – on crutches, of course. He had to find work because otherwise there would be no food. Mama found him a job as a security guard at a warehouse. She worked during the day, and at night she went to guard the warehouse in his place so that my brother could sleep. Later he started walking without the crutches. It was 1944. Deportees were not drafted into the army.

The war was continuing, and many men had perished. Four boys were taken – Kārlis Pūce, there was an older boy called Buiminovičs, I believe. They took my brother and a kid called Levenbergs. The four of them were drafted into the army. We had spoken German at home because my father was from Mitau in Kurzeme. My surname is Blumenau, our family all had German names. They were already in Germany, and it was 1945. Someone asked my brother from where he had come, and he said that it was from Russia. The German language in Russia? How could that be? He was hired as a translator for the division's headquarters; he got all the way to Berlin.

I entered a school for dental technicians. On my wedding day, I had to take a physics exam. I got top grades, then I went to the hairdresser's and then to my wedding. I completed my studies, and very quietly, without telling anyone, I went to Engels. It was a period during which deportations were starting again, and we were afraid that we would be deported, too.

It was March 1950. I had a friend in Rīga. We agreed that I would come to visit her when the next university semester ended so that we could study together so as not to lose the year. I was prepared to travel, but then we were visited by some acquaintances who had also been deported and were hiding for fear of being deported again. Their surname was Gurevičs. She came to my husband and said to him: "What are you doing, Misha? What if they take her and send her to Siberia? Is this school year that important to you? How can you allow her to go to Rīga?" That's what she said, and then everyone else started to say that I shouldn't go. I was very, very worried. There was a dental school in Saratov.

I went there. I had documents to show that I had completed my first semester of studies. I wanted to recommence my studies in the second semester. "But why are you here?" I couldn't say that we were hiding for fear of being deported. I started to talk about my husband and father, working in Saratov. The man was a simple guy, and he said to me: "I haven't invited you to come here, I have no place in my laboratory for you." "So, what am I to do?" "Come next year, start anew."

Fine. The next year I started up my studies again and was graduated. I was supposed to go to Udmurtia, but my daughter had been born. I had to sign a document to say that I agreed to be sent to Udmurtia, but that was a part of the Soviet Union at that time which didn't even have electricity, you had to work with a machine that you ran with your foot. I passed my last exam, and I had excellent grades. I was taking the last oral exam, I took my questions, and I was preparing to answer when the director of the school appeared. "Nahimovska has not signed the paper to say that she's going to Udmurtia, and so she cannot take the exam," he announced. I ran out the door in tears and went to my husband. What was I to do?

My husband could convince anyone of anything. He went to the director. The two of us stood there. I was weeping. My husband said that he was working. He was the director of his unit, and we had a daughter who was just a year old. And the director said to me: "Okay, go and take that test." I got another question, I answered it, and again I got the top grade. That was it. On graduation evening, everyone got a diploma, but I didn't. I was told: "Anyone who doesn't sign documents agreeing to her job assignment – well, I forgot their diplomas at home." I later got my diploma, but I wasn't sent to Udmurtia after all. In Saratov, however, I just couldn't find a job, my acquaintances tried to help me, but to no effect.

In 1953, we came to Rīga. We rented a flat in Miera Street and lived there for a year. The landlady registered us. A year later she said that she wanted her flat back. Her husband was in prison, and she needed money, so she told us to get out. Where were we supposed to go? We had nowhere to go. Unlawfully, of course, we bought two rooms in a communal flat. My daughter and I were registered there. We paid 8,000 roubles, and the people departed for points unknown, that was what we arranged. My husband was not registered. There were four or five families in the flat, it was a building on the corner of Barona and Dzirnavu streets, with a shoe shop down on the ground floor. The flat had a chic fireplace, it was very lovely, but it had so many people in it. The kitchen was tiny. There was a Communist woman in the flat. She never could settle down: "People stand in queues in the Soviet Union" (in which she was correct) "but here we have Jews, I suppose they paid money for the flat!" She was right about that, too, but I couldn't say so. I received a court summons. I told my husband that I wouldn't go, what could I tell anyone? We were at a summer place, we got back and found that a military officer's family was living in our two rooms, all of our things had been stacked in a single room. Nothing had been touched, but an officer was now living there.

Q: Let's go back a bit. You were deported to Siberia and put in a barrack. There were four Jewish families from Latvia. Did only your family survive? A guard at the camp said to us: "You should all be shot, but I'd hate to waste a bullet, you'll drop dead anyway." The Jews were not murdered, but they starved to death. They starved, they died of various diseases. There is a woman called Adija Viņņika, who lives in Tel Aviv. She is the same age as me, but her mother didn't work, she worked and fed her mama. We, in turn, were supported by our mama. In Petrozavodsk, there is a man called Harijs Laks, they served in the army together. There are many here who were in Siberia, but not with us, in other locations.

Q: You have so many relatives! Yes, on my husband's side.

Q: Are they in Rīga or here? Only half of them are still alive. Over the course of a year's time, seven brothers and sisters with children came. One got a permit, another submitted documents. Then he got a permit; the third one submitted documents. They all had two names. There was a woman at the department who said to one of them: "Please tell me, are there more of you in this abnormal family? So many names!" She was told: "There's another one, and still another one." They've all died now, just two brothers and sisters are left in Israel.

Q: The last question: How would you summarise your life? I have two fine children and five grandchildren. I have a good family. My husband died 11 years ago. What can I tell you? I have to live.

Q: Have your childhood and adolescence left tracks in your life? The horrors of Siberia, yes. Besides, we spent our whole lives fearing that we were being followed.

Ida with mother Etele and brother Jāzeps

Ida with brother Jāzeps

Matilde Blūmfelde (Renkacišloka)

born in 1929

We were put into a car and taken to the train station.
There were cattle cars, 40 people in each.

*I was born in a flat at Stabu Street 6 in Rīga. I had
a brother and sister, my father and mother. I was the
youngest. Mother lived at home, but I can't tell you what
job my father had.*

*We were deported on June 14, 1941. It was 4:00 AM,
and strangers came to our door. Mama first said that the
door had to be locked, but the strangers told her to pack
up because we'd have to leave. My father's brother lived
in the same building. We had no money, and so my uncle
gave us some. My uncle would never sign any documents
on a Saturday. The strangers said that he had to sign the
paper. Uncle was not deported. The strangers said that
we five could bring 100 kilograms of property. I had two
coats; mama told me to put both on. I was ashamed. We
were put into a car and taken to the train station. There
were cattle cars, 40 people in each. In the evening, the men
were taken away. My brother was 17; he also left. We never
saw father again. We spent a month on that train. At train
stops, we were allowed to go for hot water, but then we had
to get back in the wagons. We were taken to Kansk. There
were horses to transport people to villages. We ended up
in a village called Permyakov. There were three families*

in a single room – us, the Ceitļini and Gamkini families. My mother and sister were with me. The Ceitļini family were a mother and two daughters, and there was Barana, a woman who was all alone. There were another mother and daughter, as well as a man. We all lived in that room. Mama was sent to work in the fields. She was not well. My sister also went to work, and she was 15 years old. I went to school, but then I got sick, and I couldn't go to school any more. After a year we were sent back to Kansk and then to the far North.

Q: Tell me more about that first year. How did you survive? Was mama working? Mama sold everything that we had brought, traded it for food because we had nothing to eat. I don't know how we survived. I was sick for a month; it was so terribly cold in that room. I had a fever of 40 degrees, and I had an ear problem. I don't know how we survived. My sister went to gather reeds in the meadows. She and mama travelled to trade our things for food.

Q: Weren't they paid for their work? Nothing at all, there were no wages. We traded things from home to get food.

Another woman who was deported with us was a doctor, and she was called Gamkina. She helped us. We helped each other as much as we could. Mama found a woman who had a sauna. She was a good woman and gave mama a bit of sugar. That was in Permyakov, some 35 kilometres from Kansk. There was a school there, two classes in one room. Later, people were sent to the far North, where there was no school at all. We took a ship along the Yenisei River to one of the tributaries. At first, we were in Nidim; five families slept on the floor in a single room. Later, at another location, we, the Treivuši family, the Šommeri family and Barana all lived in one room. My mother and sister once again went to work. I was small, and I gathered mushrooms and berries in the forest.

Along with other children, I went to get potatoes. The potatoes were small; they didn't grow well because of the permafrost up there. During the winter we went to Tura. In 1943, mama, my sister and I were sent to Tungusk. We had to travel 300 kilometres upstream. We found ourselves in an abandoned location with only some Volga Germans there. We had to build huts from birch bark. We also built huts of straw. My sister went fishing. I didn't work then, only later. We were given rations of bread. I started to mend fishing nets to get bread. I don't think we got any money. Sometimes the indigenous people in the region brought meat, and we could swap alcohol for some of that meat.

From Tura we went even further North. It was winter, and we couldn't build a house. We had a dugout, with half of our home underground. There was a family in each corner of the house – Mrs Rudzīte, the three of us, another Latvian family, plus Barana and Gamkina. We were sent into the forest to chop down trees. I cannot imagine now how we didn't freeze to death; we were just 12 or 13 years old. We had to cross the river. During the summer, when there was no ice, the logs had to be hauled for a distance of several kilometres. We worked. I got so sick that I ended up spending four-and-a-half years in bed. I had terrible back problems, as well as bone tuberculosis.

The place where we were living was a settlement which deportees had built, and we were there for three years or so after 1943. The war ended while we were there. In 1946 we took a raft back to Tura. In May 1948, I got sick. I was in a sanatorium until September 1952. When I got home, mama died a week later. We came back to Rīga in 1956.

Q: What happened after you left the camp? In 1947, we were in Tura, and from there we went to Kansk. I started to study nursing in Kansk. Then I got sick. It was cold. I'd had pneumonia the year before, it all accumulated in me. Mama worked as a cashier at a sauna. My sister also worked, but I don't remember what she did. It wasn't easy for her. Father died in 1941 at a camp in Solyikamsk. We learned about that fact only later.

Q: Do you remember life in Siberia now? How did you survive? I don't know. In Yeika, the ships didn't even arrive during the summer; there was insufficient delivery of products. Norms were small; sometimes, we got no supplies at all. Food was sometimes delivered by reindeer. It was terribly hard. Many people died or got sick. My sister was sent to go fishing during the winter; she nearly froze. I cannot tell you everything; I just don't have the words to do it.

When we sawed firewood and cut down trees, I couldn't understand how we stayed alive. We were small children, after all. The trees fell, how did we avoid them, Uldis and I? We were told that where there were branches, that's where the tree would fall. Then we needed to saw firewood – one-and-a-half cubic metres. During the spring, we had to carry everything out of the forest on a frame that was made of three pieces of wood. We had to place the firewood on that frame and then float it downriver to Tura. That's how I got sick. My sister caught a cold while fishing. Mama salted fish. When the fish were brought in, we weren't allowed to take them for ourselves; we had to turn them over to the government. We lived in a hut.

When we were out walking, we saw older huts. Some were made of wood bark. We bought one of them for 20 roubles. Winter was coming, and we didn't have time to build our own home. There was a man who supervised us, and he sold a one-room hut in which we lived. I don't remember, but I think that there were two other Latvian families in there with us, including Mrs Rudzīte. Some Volga Germans arrived later. We lived there for three years. First I mended nets, then I was sent out into the forest. We had to plant potatoes, though they grew poorly. When we got to Tura, mama went to work as a cashier. My sister was a seamstress, and I studied to become a doctor's assistant. I think that lasted for about a year and a half, after which we moved to Kansk. We were allowed to do so, even though it was quite hard to get permission. We got to Kansk in the autumn of 1947. We met a family, the Adzji family. Initially, we lived with them, but later we rented a room. I went to nursing school. In 1948, I ended up in a hospital, and I lay there with a cast on for the next four-and-a-half years. When I was released from the hospital, mama died one week later. I started to study bookkeeping. Later I also took a correspondence course from the Economic Technical School. In 1956, we moved back to Rīga. We knew nothing about the fact that children were sent back to Latvia in 1946, we were in the far North. There weren't even any newspapers there, though I really wanted to read something.

I finished a technical school in Rīga and went to work, including for one of the government ministries. We very much wanted to emigrate to Israel, we sought permission for six years, but we were always refused, because I was told that that would be of no use, and it would be unrealistic. Finally, we got permission in 1971, and my sister and I left Latvia. I got married in Israel.

I was sick for such a long time.

Q: What do you think about the deportation period? It really changed my life. Who knows how my life would have developed if I had not been deported? We had every opportunity, although perhaps we would no longer be among the living. Many people were killed, including my uncle and my cousins in Rīga. I can tell you frankly that once I arrived here in Israel, I was scared to go back to Rīga and see all of that. Now I can't go anymore, because my husband has Parkinson's disease.

Bernhards Borde

born in 1933

Yes, we all ended up in the same wagon,
but we were split apart in the Ural Mountains.

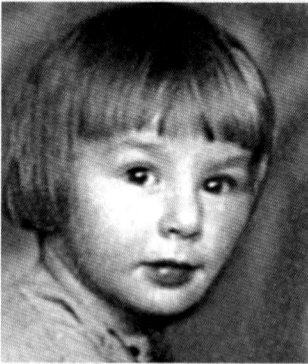

We were deported on the night of June 14, 1914. I was eight years old. We divide our lives up into two periods – until 1939 and after 1940.

We were apparently deported because my family owned a pharmacy. It was on the corner of Ģertrūdes and Avotu streets in Rīga. Ours was a large family. My father's younger and older brother worked at the pharmacy; each had two children. If we had not been deported, we would be dead now, and we would all have been killed. Cousins also had two children apiece. During the war, our relatives died in Nazi camps. I think they were shot in Salaspils or elsewhere. They died. No one survived, but those who were deported.

Q: Why did they deport your family while the rest stayed in Latvia? The answer is a simple one. The pharmacy was owned by my father. I guess someone needed to deport him. It's hard for me to tell you what happened because I don't know.

Q: What did your mama do? She came from the Luksemburgs family. She was an economist, spoke foreign languages, and was also a nurse. Her father was a doctor. She had completed courses in sewing and clothing design in Rīga. In Siberia that was more important than foreign languages, it's what allowed her to survive.

Q: What do you remember from the period of time which began on June 14, 1941? We came home after a children's performance. We were given 20 or 30 minutes to gather our things. I suppose that was the case for everyone. Those who deported us immediately told us to take warm clothing. There were six of them, and they seemed like normal people. That was the system, and normal people had to take the laws into account.

I perceived this as everyone did. When we were brought to Siberia, we got off the train. We were in Kansk, and people were sent to different locations. We didn't spend time in Kansk; we ended up in the Taseyev District. There were people from all of the Baltic States, from North to South.

Q: When you were put on board the train, were you all together? Yes, we all ended up in the same wagon, but we were split apart in the Ural Mountains. Those who could work and were not disabled did forest work. Father was liberated after the war before his term was up. That happened when the war with Germany had already ended. Then he came to Kansk. There were many people there from the Baltic States, from Europe and Russia.

Q: Where were you housed? What kind of house was it? No one was housed anywhere, and we had to rent a flat. We were taken off the train, and then we had to rent housing and pay for it.

Q: Did you have things with you to trade? Those who accompanied us brought a few things along with us, and we did OK in that regard at first. I don't remember what those things were. Mama had an official document about her practice as a medic, and she was immediately hired by a healthcare facility of some kind. We had money with which to survive, at least at first. I addition to Latvian, we also spoke French and Russian, we'd been studying languages since the age of 5. We had a tutor, we went to kindergarten and then the French Lyceum. We spoke Latvian and French; I think we also started to study English. We went to school on the Taseyev District. Because we had been learning the Russian language (my father read Russian newspapers every day), we understood everything and also could write in Russian. Everyone mostly treated us well, because those who lived there were, in many cases, earlier deportees themselves. They treated us normally.

The most difficult thing was that those who were deported had to look for work in places where workers were needed, but not in their existing area of specialisation because that wasn't necessary there. We had to miss one year. We got sick. It was winter. I went to school there until I entered the institute. There were two ways of learning things – the official things that were taught at school, and the things that we learned from local people, both deportees and local residents.

Q: Were there educated people around you? Yes. I went to school with the daughter of a professor who held a doctorate in medicine. There were many people like that, and it's hard to say from where they all came. There were people not just from the Baltic States. It was uncommon for fathers to be with their families. The people there weren't from Rīga; it was a different category of folks. There were some from Leningrad; someone was from Warsaw. It was hard to draw lines between the various kinds of people. Many spoke very openly, and I don't remember anyone being betrayed. That didn't happen. My childhood ended in 1941; I was no longer a child.

Q: What do you remember about how your mother felt? It was tough. Until 1945 we could only just survive, that was until Victory Day. After 1945, things got better. In fact, they got better beginning in 1944. Until then, we were given 250 grams of bran a day; that was the norm. Nothing more.

Mama was a seamstress; she had completed courses in Rīga. When the medical facility no longer paid her anything, she sewed clothes for others, and that's how we paid for our flat. There wasn't really money as such – there was money, but you couldn't buy anything. By 1945, we were adults. We put out a forest fire. When the forest caught fire, everyone went to put it out.

Q: Why did the children take part? We weren't children anymore. After 1945, luckily, my father came back. We moved to Kansk. Father had served his term in a punitive camp. There wasn't any ban on him moving to another city. Mama was a deportee, but there were no problems with respect to us, even though we were on the lists. Then my parents decided that father would go to Rīga to prove that mama, as a family member, should be allowed to go home, too. That's why my sister, Ira, finished school in Rīga before entering the Polytechnic Institute of Leningrad. But then she was taken out of a lecture, and father was again deported from Rīga.

I lived in Kansk, and I was already a student. In 1951, when we finished our examinations, our passports were confiscated. We got them back only after Stalin's death. When they took away our passports after the 1951 examinations, we couldn't go anywhere, even though Ira sent me all of my documents. She was a student. Theoretically, I might have left while I still had my passport. When I was a student, we had excellent instructors. Many were in the same situation as we were. The dean was called Vasily Birisov. Later he was the deputy rector of the institute. He had been in the war; he accepted everyone and was afraid of nothing. We studied. Ira came to visit. We talked to the dean, and Ira was accepted, too. She finished her education without any further interruptions.

Q: Didn't the fact that you were a deportee have an effect on your being accepted at the institute? No, we all passed our exams. One interesting thing had to do with the Komsomol. That was a mockery – you were either a deportee or a member of the Komsomol, not both. There were also paradoxes. The instructors worked with us as much as was necessary, but there were no additional lessons. In 1954, we got our passports back. We were on holiday when we got a telegram to say that we could get them. We got the passports, but we weren't allowed to move anywhere. That was silly. It also applied to young people, to children. The rest of the situation began only in 1956 when Khrushchev came to power.

Q: Did you want to move back to Latvia in 1956? There could be no talk of that because father had taken that trip twice. In 1956, he became the rector of the Technical University, and I became a student there. There were lots of people there like me. I had no option but to stay there. Ira emigrated to Israel from Rīga. The attitude there was different than that for those who wanted to leave from Krasnoyarsk. I doubt whether anyone there would have been allowed to leave, but Moscow might have had a different approach to the Baltic States.

Q: What do you think about the fact that you were deported as a child? What would have happened if you had stayed in Latvia? Well, the same things are happening now. Whole countries are arming themselves; they are turning into bandit countries. Everyone is watching. Everyone was watching back then, too. This country encourages responsive reactions from other countries which are aimed at violence. It is a bad thing that we were deported, but if we had not been deported, we would be dead. Those who stayed all died, they were killed.

There must be certain guarantees for small countries because anything can be done to them – they can be annexed, and so forth. The Baltic States are one issue, but Poland was simply broken up. My mother's oldest brother died there; he was a doctor of medical science, a military doctor in the Polish army. Her younger brother was a student in Vilnius, he survived. Any dictatorship leads to such a result, no matter where it is located.

Q: Could you please summarise your life? My son is grown up; my granddaughter is in the 6th grade. I don't want anything of the same to happen again; I don't want her to experience it. That's all.

Q: Do you often think back upon what happened to your family in 1941? Not often, but sometimes I simply dream that we are on the street. (Long period of silence.) That we have no home.

Q: Do you often see your sister? As often as I can. We call each other and write E-mails to one another. We try to get together as often as possible.

Q: Do you think that such memories need to be collected? I think that it is important so that in future, people are respected and appreciated. We must also evaluate countries, irrespective of their size, as well as people who live there because we already see that history can be repeated. A large percentage of people have experienced lots of things and are interested in history from the perspective of making sure that nothing of the sort is repeated. I don't think that there are people here to whom nothing at all applies.

Q: Do you remember Latvia, the places where you lived? Do you feel a sense of wanting to go back there? I've been there every year. We had a contract with the Rīga Technical University. It is hard to continue with that, because it began in 1993, and now there are different agreements. But basically, we take part in the development of projects.

I wish that there were an international atmosphere in which individuals are respected. The work of slaves is not productive. I think that you are not born as a wise person; everything depends on your circumstances. In Africa, you take a banana from a tree, and you are fed. Here in the Northern Hemisphere you have to find your own food, or you starve. It's not possible to survive without common sense.

Father Isaac, mother Romana, Bernhards and sister Irēne in Latvia

Irēne Borde

born in 1930

Of course, it was a vast shock. The freight cars were
there, and I think that they were the type that were
usually used to transport livestock.

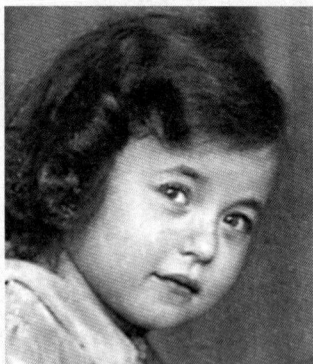

*My name is Irēne Borde, and I was born in 1930 in
Rīga. We lived on the corner of Ģertrūdes and Avotu
streets, my father had a pharmacy there, and we had
a flat on the second floor. There were four of us – father,
mother, my brother, who was three years younger than I,
and me. Of course, when Soviet times began, the pharmacy
was nationalised, but we remained in our flat until June
14, 1941. My father worked as a pharmacist, while mama
was an economist. They didn't work during the Soviet
era. We had a good life. I went to the French Lyceum, and
all of that continued until June 14, 1941. They came for
us at night and gave us two hours to pack up. Someone
told us to bring warmer clothes. We gathered our things
together. The invaders hurried us; they were very rude.
We were put in a lorry. I think that was true for everyone.
We were taken to a place where there was a train made
up of freight cars.*

Q: What do you mean by saying that they were rude?
*They kept hurrying us; they didn't really allow us to gather
our things. They didn't tell us where we were going or
anything. "You're under arrest, let's go!" Of course, it was
a vast shock. The freight cars were there, and I think that*

they were the type that were usually used to transport livestock. We were put into those wagons. At first, we were all together, but soon father was taken away and sent to a concentration camp. We knew nothing, and no one said anything about where the father was being taken. Not a word. There were a few families with us. There were lots of families. It was stuffy in the wagon, very hot. Sanitary conditions were awful. I don't understand how we remained alive. Along the way, we sometimes stopped to get some water. People got sick, and there was hunger and terrible diarrhoea. Once the train stopped near a swamp, and the children got out to play. I almost drowned in that swamp; someone pulled me out at the last moment. I don't remember where that happened. That's how we travelled, and finally, our family ended up at a village called Sukhova in the Krasnoyarsk District.

I don't remember the name of the local region, but I remember that the village was called Sukhova. It was a small village; we lived with a family. They slept on a Russian stove, and we slept on the floor. After a while we were robbed, our warm clothes were stolen. Mama, my brother and me – it was awful, of course. I remember how we gathered goosefoot and frozen potatoes, anything just to stay alive. Then mama found a job as a nurse. She had the education for it, and she worked for a while at a clinic.

Q: Was that during the first year? How did you survive the first year? The first year was awful. We starved, we collected goosefoot and other grasses. My brother became very ill. Luckily, mama knew how to sew. That saved us. Mama walked from village to village and sewed coats for the locals. She was paid with potatoes and flour so that we could survive. Later she found the nursing job, but not for a long time. She was fired because deportees were not allowed to work in the healthcare industry. They were afraid that we would do something bad. After all, we were enemies of the people.

We went to the local school and learned Russian. We hadn't spoken Russian before; we spoke Latvian, German and French at home. We started to learn Russian when the Soviet era arrived. It was very hard, because we had no relatives across the border, no one to help us. It was thanks to mama's manliness and energy that we survived, otherwise we would have died. We moved from Sukhova to another place, Toseyev. This was a slightly larger village. That was our suffering.

Later we got news from father, who had been sent to Kraslag and then to Solyikamska. Father survived only because he eventually was freed of forest work and given a job as a pharmacist. That saved him. Mama also had heavy work to do; she didn't just work at her sewing. I sometimes earned a bit of money by bringing branches out of the forest for locals. We children brought branches for the stoves. That's how we lived. Father was sentenced to five years. After he was released, he came to Toseyev and joined us.

Q: Do you remember that day? We knew that he was to be set free, because several others had been released before him, and they brought us greetings from father. There were no normal postal services; people passed on messages mouth to mouth. There were a great many deportees in the village, both people from Latvia and some Volga Germans. There were people of all kinds of nationalities there. There were those who were very nice and tried to help us. Those were those who had been deported in 1937 and remained there in Siberia. Most of them were members of the intelligentsia. They tried to help us, if only in moral terms. When my father returned from the concentration camp, I was sick. It was odd, but father had received his passport, which meant that he could leave Siberia and go back to Rīga. My mother, who was just a deportee and had not been at a concentration camp, was not allowed to leave. She and my younger brother remained in Siberia. Everyone knows that each week or every two weeks, we went to check-in so that everyone would know that we had not escaped.

In 1946, father and I returned to Rīga. It wasn't easy then, either.

Q: Did all of you return, or just you and your father? Just father and I. They didn't allow mama to leave. There was no logic there – mama had not been in a concentration camp, but she wasn't allowed to leave, and so she and my brother remained in Siberia. Father thought that perhaps he could convince the authorities to let mama come to Latvia, too. We arrived in Rīga, but the father was not allowed to live or work there. He found a job at a pharmacy in Jūrmala; I think it was in Bulduri. He rented me a little room in Rīga; I entered the 8th grade at the No. 10 High School in Rīga. I finished the 8th, 9th and 10th grade there. I received a medal for my success at school and decided to enter the institute. In order to escape my past, I decided to go to Leningrad to enter the university. Even though I had received my medal and passed all of the tests, I was immediately told that it was all in vain – I was a Jewess, and there was my family's history. At the end of the day, they rejected me, even though I passed all of the exams. They found a reason – my health. Of course, that was not true. They I entered the Leningrad Polytechnic Institute, where there were open slots. I didn't get into the faculty I wanted; I was sent to the Faculty of Construction. I lived in a dormitory. My study years were nice to a certain extent, although times were hard. I didn't have much money. I earned a bit by translating and tutoring others. After the first year, I passed all my exams, and I was allowed to move up a bit, to the Faculty of Electrical Mechanics. That was better. The students were nicer, and we were closer to physics, which is what I had wanted to study. At the university, I had tried to enter the Faculty of Physics.

I studied, all was normal. In order to hide our tracks, mama and I didn't write directly to one another. I wrote to Rīga, and then the letters were sent to mama. We were very naïve; of course, the KGB knew about everything. In December 1952, I was at a lecture. When I came out of the class, two men in the civilian dress came up to me, one on each side took me to another room, and told me that I was under arrest, that I had no right to live and study in Leningrad. They would take me to prison, and they didn't tell me where I was going, nothing at all. I was put into a single cell at the Leningrad prison. I brought along a few books and other things, and I was taken to prison. None of my friends understood what was happening; it was terrible. There was a girl whose father had been arrested in the past as a Volga German. I whispered to her that I was being arrested by the KGB, that I knew nothing. I asked her to tell my mama. The girl knew my history; she was one of the few who did. I spent around three weeks at the Leningrad prison, waiting for the transport. Perhaps I was there longer. When I asked to be moved to a group cell so that I wouldn't be so scared, someone said to me: "You have no idea what a women's cell means in prison. God forbid. It is better for you to stay here and wait for the transport." And then came the transport – we took four or five different trains along the way, and at each stop there were KGB agents with dogs.

Q: Tell us more about how that happened. It's prison. You travel for a bit to a certain place, you're taken off the train, and the KGB takes you to the prison until the next transport is available.

Q: In which prisons were you? I don't really remember. I know that we were put off the train in Sverdlovsk. They didn't tell us anything, but later we learned *that the transport was going to Krasnoyarsk. Of course, my parents were horrified to learn that I had been arrested. They knew that I had been taken away, but nothing more. The transport took a few months. I didn't know that father was arrested in Rīga about the same time as I was arrested in Leningrad, and he was sent to Siberia the same way – stage by stage. I didn't know that. It was a terrible time. Finally, I was taken to a prison in Krasnoyarsk, and then to one in Kansk. My mother had been summoned and told that her daughter had "volunteered" to return to Siberia. Mama was there when I got there. It was very difficult. I had no documents; I was given a "semi-passport", with no right to leave. My brother, who was in Siberia with my mother, was studying in Krasnoyarsk. He was lucky enough to enter the Forestry Technical Institute. Deportees were only allowed to study at such institutes, but they weren't allowed to choose their own faculty. When my brother entered the institute, he and his friend, Izja Kaplāns, were taken by guards to take their exams. I arrived in Kansk and started to write to Leningrad to get my documents. Eventually, around half a year later, I also entered the Forestry Technical Institute in Krasnoyarsk, despite my "semi-passport." I was graduated in 1955. Sometime after Stalin's death – I believe in late 1954 – I received my passport. We had very little money, and we had no opportunity to return to Rīga. My brother and I continued our studies, mama and father worked in Kansk. When I finished my studies, already with my passport, I didn't have a chance to return to Rīga, because there was nowhere for me to live, and I had no money. I attended a doctoral programme and defended my dissertation in Kyiv. In 1955, I married a man who had returned from a concentration camp in Kansk. We moved to Krasnoyarsk, and so did my brother and my parents. We lived there until 1967. My brother, I am very sorry to say, still lives in Krasnoyarsk. He worked at the local Polytechnic Institute, where he is chairman of the Department of Computing Technologies. He received his degree and stayed there. He got married and has a son. He has visited me a few times in Israel, but his job and scholarly work were important for him, and so he stayed in Krasnoyarsk. Sadly, my parents died and are buried at the Jewish cemetery in Krasnoyarsk. In 1967, I won a place at the Rīga Polytechnic Institute, the Department of Physics. I was allowed to buy a co-operative flat in Rīga without having to wait. And so in 1968, my family, including my husband, my daughter and my parents-in-law, all moved to Rīga. We lived there until 1973.*

In 1973, it became possible to leave the Soviet Union, and we did so immediately. My husband has always been a true Zionist. Sadly, he spent ten years in a concentration camp. We emigrated to Israel in November 1973. That's my story.

Q: What did you do in Israel? I worked at Ben Gurion University's Faculty of Mechanics. Later I worked at the university in Beer-Shev, and that's what I've been doing for all of these years. There are a few people from Rīga, in Beer-Shev, by the way, we stayed there, and there are people from Rīga who were in Siberia and were evacuated.

My daughter married a young man from Moscow in Israel. He's a doctor. My daughter is a psychologist, and she has four children, so I have four grandchildren in Israel. Two of them, both girls, have completed their army service. One grandson will be 16 years old; he's in school. My youngest granddaughter, 11 years old, is also in school. We have made our lives in Israel, we have good lives and are glad that we emigrated. Sometimes I visit Rīga to meet my former mates from the institute. We still have good relations, we're thinking about working together in the European Community, and our relationship is okay. The main thing is that thanks to mama and my father, we miraculously survived those terrible years in Siberia. There was snow, cold, and we got frostbite on our hands and our feet – anything that you could imagine. We were strong. I'm very sorry that my parents died before they could leave the USSR.

The deportation, of course, had an effect on my brother's health and mine. Sometimes it seems to me that it is all but impossible to survive conditions such as those. The temperature dropped to −35 or −40 degrees, there was snow, cold, poor clothing, but miraculously we remained alive. I think that I still have the strength which I developed as a child.

Q: Did you believe that you would ever get away from there? Sometimes I did not, no. When we lived in Sukhova and Taseyeva, the locals were around us – KGB agents and men from the Interior Ministry. We were terrified. It seemed unbelievable. When you're a child, you have a different view of things. I think that it was far harder for my parents than for my brother and me. We were children; everything seemed easier for us. The weight was all on our parents' shoulders. Mama died at the age of 60. She could have lived far longer, but Siberia also had an effect on her health and my father's.

Brother Bernhards, mother Romana and Irēne

Q: Did your father talk about the concentration camp and conditions there? Yes, of course. The conditions there were awful. Men were sent to work in the forest, and they froze, it was very hard. The only thing that saved him was that he could change jobs and become a pharmacist who worked indoors. Otherwise, the father would not have survived.

I'm in Rīga quite often. An acquaintance, Silva, lives in London. When I was deported, her mother wrote to her in Leningrad: "Ira is an example for you. She somehow voluntarily left Leningrad." That was to let her know to leave. We don't believe bad news, however. She, too, was sent back to Siberia. Many people were deported.

Q: Why? No one told us. The KGB did what it wanted.

Q: Was the attitude toward you different than toward other deportees? I don't think so, no. Our situation was as hard as that of anyone else. I remember a few good moments, a few incidents when something good happened. When I was at the institute, for instance, I once forgot to register. We had to register every few weeks, and they wanted to kick me out of the institute. I did not expect a good attitude, and I did not find one.

Irēne with her mother Romana and brother Bernhards

Joahims Brauns

born in 1929

A lorry took us to either the cargo station or to the
one at Zasulauks, I don't remember. They pushed us
into cattle cars.

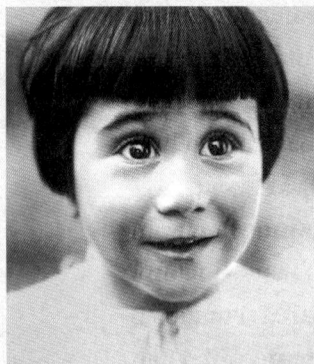

*I was born on August 11, 1929, in Rīga. My mother
was a graduate of the Conservatory of St Petersburg and
taught piano lessons. In the 1930s, she was well known in
Latvia. She had many students, and each year her students
performed at a concert at the Latvian Conservatory of
Music. My father was a teacher and worked at the Yiddish
school in Ģertrūdes Street until he was arrested as a Social
Democrat. He was a member of the Jewish party known
as "Bund." He went back to work a week or two after the
Soviet era began. There were four of us in our family – my
mother, my father, my brother Hermanis (a well-known
pianist in Latvia), and me.*

*They came for us on June 14, 1941. My brother was
on the list, but he was in the Army at that time and was
serving in Ludza. When I was awakened, there were three
men with weapons in our flat. They started to ransack our
flat, and we were told to take a suitcase or two and pack
up everything that we needed. We were told that there
were orders to transport us about 100 kilometres away
from Latvia because we were not allowed to stay in Rīga
for security reasons. Then we would come back home.
I saw one of the strangers take a small briefcase which*

belonged to us, and he stuffed all of the valuable things that he found into it, including silver knives, forks and spoons.

My nurse, Marija Bundziniece, remained in the flat. We met her again after the war. A lorry took us to either the cargo station or to the one at Zasulauks, I don't remember. They pushed us into cattle cars. There was a soldier with a gun at each of the wagons. We were together for about 24 hours – men, women and children. The next day all of the men were taken away, just the women and children remained.

After two or three days, the train began to move. At that moment, all of the soldiers stopped talking to us. We didn't know where we were going, why we were going, or where the men were. We spent around 20 days travelling and standing still.

We arrived in Omsk. We were taken down the Oba River to a small village called Parabel; it was in the Kolpasheva District. There were around 100 of us, and we were put into a church, where we slept on the floor. Only when the locals started to gather around us did we learn where we were.

The first week was insane. The locals looked at us as if we had arrived from the Moon. When we told them that we had a bathroom in our flat in Rīga, they didn't believe us and said that it was impossible.

After a while, another woman from Rīga and we were put into a private home. I soon started to go to school. In 1942, I was 13 years old. It was hard at first, the children didn't accept me. There were a few very unpleasant situations. They forced me to open my mouth, and then they spit into it because I was a stranger, a deportee, an anti-Soviet. I didn't speak the language. My homeroom teacher, I later learned, had been deported in 1937 or even earlier. Later I didn't have any problems with the Russian language.

Our status meant that we lived in a private dwelling, we were allowed to walk around the village, but we weren't allowed to leave the village, and twice a week we had to register with the local commanders. Mama went to register us. She couldn't find work anywhere, but finally, she got a job at a club as a cleaning woman. We lived there for several years. One of the officers in the command structure learned that I could play the violin. He ordered me to teach him violin twice a week, to teach him how to read music. I have to say that the violin saved us to a certain extent in those early years. Each time the lesson ended, he would give me a little package with something to eat, perhaps some bread to give to mama. We knew nothing of the international situation; we only knew that war began in June. Later we learned that my brother was drafted into the Soviet Army and retreated to Russia with it. Sometime later he was summoned to Ivanov, where the republic's government was housed, and he went to work as a pianist in the artistic ensemble of the Latvian SSR.

Even during the war, very famous and distinguished Soviet artists came to our village. Nearly once a month there was a concert. I remember that very well because these had a great influence on mama and me. Once the Glazunov Quartet came from Leningrad. They were among those artists who often performed in Russia's peripheral regions. By the way, mama told one of them that I had played the violin since childhood, and then the "first chair" of the quartet, Mr Lukashinskiy, wanted to hear me play. He listened to my playing, and he made a promise to my mother: "We will send you a recommendation from Novosibirsk to say that your son should keep on with his studies." A year or year-and-a-half later, the document really did arrive. We were allowed to go to Novosibirsk, where I attended a music school.

Nothing changed for us in legal terms, except the fact that we lived in a large and wealthy city where the Leningrad Philharmonic Orchestra was staying. Its conductor was called Mravinskiy. Mama had to register regularly in Novosibirsk, too, but now she had found a job related to music. She played the accompaniment for a ballet troupe or other performing groups.

The war ended in 1945. My brother ended up in Rīga with the Army. We knew that he performed together with men called Pakulis and Daškovs and that he had access to the Soviet Latvian leader, Augusts Kirhenšteins, and so we asked him to visit Kirhenšteins and ask him to organise our return from Novosibirsk to Rīga. Later he had problems as a result of this because he hadn't told the man that we were deportees, but there was such chaos at that time that those who were in power didn't realise this fact, and sure enough, we were summoned home. We returned home to Latvia in late 1945. That's when my life in Soviet Rīga began.

Father, however, was still in Siberia. We found him in 1942 or 1943. The "system" at that time was one in which no one was told where his or her relatives were, but the KGB gave all wives a list of 10 or 20 concentration camps, complete *with addresses. They were told to write to all of them to ask whether so-and-so was there. One fine day we received a letter: "He is here. We will give your letter to him." You always had to attach a little note: "We're looking for you; we are in this location; please write to us." So the father began to correspond with us. Later he wrote to Rīga.*

When we finally saw father again, he said that he had been tried very quickly in 1941 – 10 minutes, and he was found guilty of anti-Soviet activities or statements. I saw the paperwork, and the main problem was that he owned a house. He was sentenced to 10 years. From the first day until 1951, he was in the concentration camp in Solyikamsk, and then he was a deportee in the Krasnoyarsk District. He would have lived there for another 20 years if Stalin had not died.

Do you know what's interesting? I knew even as a child that my father was very sick, in Rīga he had attacks once every few months. Dr Skulme, a very famous heart doctor in Rīga, treated him. Father was not allowed to be upset or to work too hard, but during ten years at the concentration camp, he was never once sick, and he had no attacks. It was good that he had a normal job. He was given a job as a bookkeeper because he knew a few things about accountancy. In 1955, father returned to Rīga. I don't know whether it was fatal fear or the weight of his experience, but he never dared say anything bad about the Soviet system. He immediately became quite hysterical if anyone said anything like that. Father didn't have a job. We lived together, but my brother and his family (wife and daughter) lived elsewhere.

I got married in 1953. Vīva and I had known each other since 1940 when schools were merged, and we were in parallel classes. After the war, we met in Jūrmala, and we've been together ever since then. Our daughter was born in 1955. She lives in Israel now. She's our only daughter, and now we have grandchildren.

In all other senses, life in Rīga was quite normal, apart from one unpleasant situation. When we returned from Siberia to Latvia, my mother was immediately hired by the Dārziņš 10-Year School of Music. She taught piano and headed the Education Department. Then something extraordinary happened. Someone in her class drew a huge moustache on a portrait of Stalin. Mama was immediately sacked because she was the wife of a deportee. That brought her musical career to an end.

Later she taught piano, too, but not very much. When father came to live with us in Rīga, he didn't work. He died in 1970. My brother helped mama and father all the time, and to a certain extent, he also helped me. Sometimes he performed together with me, but very seldom, indeed.

After school, I entered the Conservatory and finished my studies there. I performed well in the national exam, and the commission decided that I must continue my studies. There were so-called "national slots" at the Moscow Conservatory at that time. That was a good thing, actually, because someone who came from a small conservatory in Latvia or one of the other Soviet republics couldn't be as good in professional terms as someone who had studied with Oystrakh or Richter. That's why the "national slots" were established – each republic had a slot at the Moscow Conservatory each year.

I prepared all of the documents and arrived in Moscow. The commission which selected applicants for these national slots told me that all was fine. The famous professor, Mostar, was an outstanding violinist, and there was something that he didn't understand. He said to me: "It is very nice, but why did they write down such a characterisation about you?" I didn't understand – what characterisation? "It says that you are from a family of anti-Soviet deportees. They don't really like that here."

That description had been written up by the Communist Party organiser at our conservatory, Kaupužs. No one, of course, told me the real reason – that I had been deported. All that they said was that they couldn't admit me, because I wasn't a national applicant. That's how it ended. Just when I was preparing to leave, a professor came up to me and asked: "Perhaps you want to enter the correspondence course and write a dissertation?" They needed a dissertation about music and violin performance in Latvia.

I started to study, and despite the obstacles, I succeeded and received the so-called candidate's degree. Look, here's the book on my shelf. It was sold in Rīga, too. At one time it was very popular in Latvia.

In the mid-1960s, we started to think that we didn't want to live in this country anymore. We really, really wanted to live in our own country. That was a thought which never left us. I loved Jūrmala, Rīga and the Daugava, but I always felt that those were not mine.

Today, looking back at all that I have experienced, it is hard for me to evaluate things which people did in such dramatic circumstances, to decide on what should and should not have been done. Were people strong enough to fight against Stalin's regime and system? There were courageous people who expressed their opposition in various ways, but nearly all of them met a tragic fate. Shostakovich is an unusual exception, because of his outstanding talent, he could protest, but not suffer for it. There was nothing they could do to him because the whole world was standing behind him.

I want to say that I have been lucky in life, generally speaking. I'm alive; I have a beloved wife with whom I have lived with more than 50 years. I have been able to achieve a few things in professional terms, too. I didn't write books only in Latvia. I wrote a book about music in ancient Israel and Palestine. It talks about the origins of music in that region and goes right up to the Byzantine period. This book was reviewed by some 30 publications in the world.

I loved receiving the Order of Three Stars from the hand of the President.

I would be happy if other people's lives had been as good as mine.

Siberia

Mother Dora, father Izraels, older brother Hermanis and Joahims

A village in Siberia

Joahims in Siberia, 1945

Basja Gamza

born in 1932

There were two windows. We covered one with
boards and insulated it with sawdust.

*I was born on August 20, 1932, in Ludza. My parents
were along in years, and I was their first child. There was
a well-known doctor called Rokašovs in Ludza, and he lived
a long life. After my brother was born, he said: "Look, how
these little old people have had such good children!"*

*My father was well known, and there was love all around
me, not just in our family. I went to school in 1939, attending
the 1st grade. There was a preparatory year at that time, but
I had learned a lot as a small girl, and a few other children
and I were given a special examination and admitted to
the first grade. That was the year before the Soviet Union
instituted its regime. I remember 1940. My father hated
the regime. He worked at home. He was active in society;
he was a teacher of religion. There were always lots of
people at our house. He helped people to write petitions
to the government and to prepare annual reports.*

*When the Soviets arrived in 1940, I attended all of
the meetings, but my father wouldn't leave the house.
I remember the demonstrations, and when I got home,
I told him all about them. I remember meetings in the
market square of Ludza. People were talking about the
Soviet government. We studied Latvian during my first*

year at school. During the second year of the Soviet regime, we were not taught Latvian anymore, or Hebrew. We only studied Yiddish. On June 14, they came for us. It was late Friday night, around midnight. I remember someone asking father whether he had any weapons. Father produced my brother's toy gun.

Q: What were the charges against him? Being the leader of a Zionist organisation, someone who raised young people to be anti-Soviet. We were told to pack up. We had no suitcases. We were sharing a house with another family; we shared the kitchen and lavatory. Mama was confused. The first thing that she did was take a photo album. She threw her diamond ring into the toilet. Our neighbour helped us to wrap things in sheets. I helped, too. Well, I was there – I don't know how much we helped.

The other family had a son, Rafa. We went out into the yard, and I told him that I'd be back in the summer, and we would play again. We were taken away around noon – it took all night to pack up. It was a Saturday. My father was a faithful Jew; he observed the law very carefully. He would not drive a car on a Saturday. He said that he would walk. We lived in Baznīcas Street. I thought that it was very far to the train station because when father travelled to Rīga, which was often, he always rode in a horse-drawn cart. That was always a nice adventure. In Ludza, the walk to the station was 10 minutes. We were put in a lorry, and at the station, the men were taken away from their families. I never saw my father again. We were at the station until 6:00 PM.

There were 22 of us in the wagon. There were women and children. My mother and our neighbour woman were the only to have small children, so we were given a room on the upper bunk. There was a little window with bars on it; we could look outside. There was a pipe instead of a proper toilet. At large stations, we were allowed to go for water. Our neighbour was called Zina Cemeļa – she died two years ago in Rīga. She was nominated as the leader of our wagon, and she was allowed to take a bucket and go for water. I usually went with her. When we got back to the wagon, we always told everyone what we had seen. We were deported on June 14; we arrived in Kansk on July 3. There were no newspapers, of course, we didn't know that the war had started. We did see lots of trains heading west. Mama said that she counted 523 trains in all.

In Kansk, it was like the great migration of the peoples. There was a big building; I think it was a school. All of our packages and suitcases (few of those) *were put on the ground. It started to pour rain, and everything got drenched. Then we were sent to different locations. Our neighbour and we were sent to the Ilansk District. There was another Jewish family from Dagda with us, along with a woman who was all alone. Her surname was Pevsnere. There were Latvian families, as well, but we stuck with other Jewish families for the most part. We lived in a single room with the Cemeļs family – two women and four children. I was the oldest child; I was eight-and-a-half. My brother was four, and there was a little boy who was three-and-a-half. Geņa Cemeļa was born on December 1; she was just six months old. She was brought to Siberia in her carriage. The local residents thought that the carriage was just fantastic – they had never seen anything of the kind. I remember them coming around to stare at us. They would look at the carriage, and then they would stand in the door and look at us.*

We had brought things with us that we could trade for food. We had no idea how long we would stay there. We survived the first summer. It was easier for us children in future years. Mama was born in 1895; she was 46 years old. The other woman was born in 1909; she was younger. She was sent to do farm work. She had to walk or ride six kilometres. Sometimes mama went to work, too. I stayed with the children. Mama said that they had umbrellas with them – summer was the rainy season in Siberia, not like here in Israel. The locals asked mama to allow them to sit under her little roof for a while, and they would give her a ride in the cart to where she needed to go. They weeded the fields and did other work. Mama then got a job as a guard; she watched the vegetable garden of the kolkhoz in the centre of the village. I remember how once I was with the baby. I had to feed her, and afterwards, I needed to bring food to mama. There was no stove. I placed a pot on two bricks and lit a fire underneath to cook the potatoes. The pot had a long handle, and somehow it fell, and I scalded my hands. I cried, of course. The potatoes were ready. I dipped one hand in a bowl of cold water, and then I fed the child. I think that I left the baby with my brother and brought the potatoes to mama. I told her that I didn't understand why my arm was so hot, I didn't know what happened. Mama knew. She was a wise woman, but she asked no questions. I gave the potatoes to mama and went to the river. I kept my arm in the water until the sunset.

Sometimes the small children were left alone because I was sent to buy food. I had a basket. We planted nothing during the first year. I bought cucumbers, onions and potatoes – anything that I could get. I was hysterically afraid of dogs and pigs. Pigs wandered through the village, and I thought that they were terrible beasts. No pigs had wandered the streets back in Ludza; I can tell you that! Somehow I survived. The garden which mama was supposed to be guarding had no fence. The pigs were constantly in that garden, and she had to chase them away. When I went to help mama, I sometimes chased the pigs, as well.

The winter was terribly cold. The first year, we still had clothes. We had an iron stove that we had to keep lit all night long to maintain a more or less normal temperature. There were two beds. Mama and we children slept in one bed, and the other family was in the other bed. There were two windows. We covered one with boards and insulated it with sawdust. The windows that were not covered with boards were covered instead with ice. We had to use an axe to chop off the ice. Water froze in the bucket.

There's something that I will remember for the rest of my days. The woman with whom we were living was a bookkeeper. She was from Rīga and moved to Ludza after getting married in 1937. In Siberia, she was working at the kolkhoz, where there were some Latvian women, too. In the winter of 1942, one of those women was told that she was being sent to Ilansk. There was another woman who was arrested and disappeared. To this day we don't know what happened to her, but we did learn that the woman with whom she had been living was simply envious of the things that she had with her from Latvia, and so she denounced the poor thing. Supposedly the crime was that the lady had allowed the flag above the Village Council to fade. That was a political matter.

Our neighbour was also summoned to Ilansk, which was the district centre, some 60 kilometres away. Mama had father's fur coat, and she gave it to our neighbour. We said goodbye. I remember that I cried very bitterly. The little boy said: "Oh, mommy, oh daddy!" The woman replied: "I am no longer a mommy or a father." I still cannot talk about it calmly.

We accompanied her to the road, just a few steps. There were wooden houses which crackled in the cold. Off she went. Mama was left with four children. We thought that we would never see her again, but a few days later, she returned. We were absolutely overjoyed. The thing was that they had decided to give her a job in her area of specialisation, but the only way they knew how to tell her about it was to make her come to them in Ilansk. It was all a matter of *psychological pressure. The woman came back and went to work at the kolkhoz as the bookkeeper. Life, of course, improved.*

In 1945, the woman moved to Ilansk completely. In 1946, there was a chance to send children back to Latvia. We were aware of this, but we had no relatives in Latvia. Our neighbour had a sister-in-law, and she sent her little boy to live with her. Mama wanted to send me to a distant relative in Ludza. Later we learned that she had been denounced and arrested. I couldn't go.

We had little contact with father. In 1942, we got a note from him: "Be glad that you are healthy. We are still healthy and send you greetings." The note was addressed to my mother, Hasa, as well as to me and my brother – Basja and Ichaks. There were a few other men in the concentration camp with him. We got the letter when father was already dead – he perished on March 31, 1942. Later we got a more specific letter that was sent to our neighbour – all of the men were in the same camp, and her husband had died there. The person who sent the letter wrote that our father was very sick and that it would be a miracle if he survived. He told our father that when he went back home, he would build a swing-set for my brother in his large garden. Father wept when he heard that.

Mama continued to work at the kolkhoz; she was an optimist. We were first told that we were deported for 20 years, then we were told that we were deported for life. Mama said: "Nothing is eternal." A local told us: "You will never see your husbands again." They had an experience. There were lots of people there who had been deported as "kulaks" in 1937. Their men disappeared, lots of houses in our village had boards on their windows. I remember the day when mama learned that my father was dead. She was sitting in the kolkhoz garden with a scarf around her head. I had never seen her wear one. She was just sitting there in the corner. I don't remember if she said anything. That's how we grieved for father.

Q: In what concentration camp was he? It was in the Kirov District, the Vyatka concentration camp. His life was simply extinguished. Because, as I said, he was a man of faith, he wouldn't eat the food that they gave him. There was one man who was with him and survived. In 1957, when I visited Rīga for the first time, he looked me up and took me for a walk. He said to me: "There are things that I don't want to tell you indoors because the walls have ears, but there are things that you need to know." He told me all about what happened to his father, how he was mocked. Father wore a beard, and they forced him to shave it off. The men were forced to march for 40 kilometres and were told that their wives were at the other end of the road, somewhere in Belarus. Along the way, they had some things with them, but along the way, the men started to throw things aside so that the walk would be easier. They were all put into a big barn and mocked, particularly my father. Even though he refused to eat, he was something of authority among the men. He said: "My parents did not raise me to eat what has been given, I cannot, but religion and our faith tells us that when your life is in danger, you must eat everything." He tried to pluck up everyone's courage, particularly at the concentration camp.

Q: You said that you had a chance to study in Siberia. Did you speak Russian? Well, we came from the Eastern Latvian region of Latgale. I remember copying Russian letters in Ludza. I spoke a bit of Russian, though they didn't teach it at school. In Siberia, I was put into the third grade, while my brother was still in kindergarten. I heard the Russian words for concepts such as "the subject of the sentence" for the first time. I remember the first time that we had to write down what the teacher dictated. I had so many mistakes! But later, I became a very good student, and it was as an exemplary student that I was graduated from high school. I was lucky that there was a high school there. Initially, it had been a seven-year school. When I finished the 10th grade, there were only six of us, but it was a high school.

Q: What was the place called? Juzhnaya Alyeksandrovka. Dzintra told me that she had been there with Saša Daudišs. When Saša and Francis Daudišs were deported a second time, they were sent to our village. We became great friends, particularly with Francis. He was older than I, but we were friends.

Q: How did you survive for the first several years? How did you get along with the locals? What was their attitude toward you? They were unimaginably poor. Opposite us was a house with no curtains on the windows, there was nothing in that house apart from lots of children. My mama was naïve and thought that the building was a sauna and that that's why all of the children were running around naked.

We had a little garden. We planted potatoes, carrots and cucumbers. We fertilised them to make them grow. Onions grew very well. I remember that one year we gathered 60 sacks of potatoes. There were six of us – four children and two women, but that's what we did. We ate the potatoes until the new year. What *else did we eat? We ate the soup with flour dumplings. Sometimes the dumplings were scorched, and the children fought over who would be allowed to scrape out the pot. Later there were awful years of famine. Zina's family went to Ilansk; we stayed at the village. It was 1946. We almost starved. We had some chickens, but someone stole them. I was a bit older. I went to the forest to gather a grass that tastes a bit like onions and has a lot of Vitamin C. I carried home sacks of that grass. We ate it as if we were cows. It was tasty. We cooked soup.*

The next day I went to the forest again. It wasn't far – we were surrounded by forest. We were so, so hungry. Mama's legs were swollen like logs; her face was swollen. She went to the doctor. We were lucky to have a school, a hospital. It was the main village in the area, and there were other villages in which life was far more difficult. Mama asked the doctor to prescribe some medicine for her, and the doctor said to her: "What shall I prescribe for you? Fats? Sugar?" It was hunger, just plain famine. We picked stalks of grain that were leftover from the previous year. You could find a few grains. Some of the stalks had already started to sprout, and some of the locals died after eating them.

When we had potatoes, we cooked them and dried the peels. I remember being sent to the mill with the dried peels. There was such dust that the miller was very angry at me, but I did get the potato peel flour. It was black. We made buns and baked then on the iron stove, but they were inedible. We threw them away.

We had problems with our clothes, too. In the 7th grade, we had a medical inspection, but I was so ashamed of my underwear that I refused to take part. There were lice. I remember one family with a daughter who I believe was called Saša. She came to visit, and there were lice crawling in her eyebrows. She later died. Her son Jānis died, too. I don't remember what the other son was called. Several people died. I'm amazed that we survived.

During the year of famine, our neighbour Zina was already living in Ilansk, and she once sent us a sack of oats. We cooked porridge. We bought milk. The kolkhoz had to contribute 9 kg of butter each year to the state. There were no meadows. You'd think that Siberia would be such a rich place. I don't know what they ate. The cows didn't give much milk. We bought processed milk and ate the porridge with it. There were enough oats for a week-and-a-half. During that time, cucumbers and onions were growing in the garden, and new potatoes were coming in. Life got a bit easier.

Mama had a sister in Israel. She had somehow found out where we were, and she started to send us packages. The packages were always ripped apart, and people stole things along the way. I remember one package with a dress for me and an ordinary old floor rag. The locals stole other things. In Gogol's "The Auditor" there's a character called the Postmaster. Mama said: "Yes, the postmaster is good here."

The packages that were sent to us arrived at Ilansk, which was the district centre, and we had to ask someone to bring them to the village. There was a bookkeeper in the village. Mama asked for his help. There's a global organisation that was established in 1914 in America, and it helped Jews all around the world who were in trouble. They sent us blankets, soap and tea. Later there were shoes, and there were military boots. When I was in the 8th grade, which could have been the 1946/1947 school year, I wore huge boots and a coat made of a military blanket. A few years later, someone stole that coat.

Q: How did the locals treat you? Lots of Latvians have told me that people mocked them. A: I suffered. My name is Basja, which means "sheep" there. Kids were always pestering me. Not at school, where I was a good student, though there were some anti-Semitic teachers. I remember in the 5th grade it was very cold outside, and there was a stove in the classroom. A boy pushed me, and I fell. I think I was wearing a pair of pants. The teacher said to me: "Gamza, are you raising your legs to the stove again?" He was an anti-Semite.

As far as boys were concerned, they didn't think of me as a Jew, the first and foremost saw me as a deportee. There were Latvian families there; there were Volga Germans. We all stuck together. One of the local men from the kolkhoz said to mama: "Our God is a Jew, after all." I never told my classmates about my father. I don't recall mama telling me to keep quiet about it, but I guess some of my schoolmates had their own bitter experience with their fathers, and they never asked any questions.

Q: Did you want to return to Latvia? I had a friend whose father was a teacher. She and Francis Daudišs were very close friends, they were in love, but she later married a local and was unhappy. She lived near Ilansk. When we were leaving, I informed her, and we kept up contacts with her family. I was very close to her family, so close that her mama said that if her son Šurik, who was my brother's age, younger than me, we're a bit older, she'd insist that he marry me. We lived there for 17 years. I later worked at the same school which I had finished. I've worked for several schools. I've taken correspondence courses.

Q: Did you finish high school? Yes, and then I went to work and took a correspondence course at the institute in Krasnoyarsk. That was hard. They didn't always allow me to go in for the exams. I remember going for the exams once. I had very little money. I spent only one rouble a day on food – sauerkraut soup and such. I bought a ticket and told the girls in the dorm that I was leaving. I needed permission. I wasn't yet 16, but they were already keeping track of what I was doing. I was born on August 20, and in February they registered me. The commandant told me to leave the next day because there would be a group travelling to Krasnoyarsk. I had no more money and no more food. I had a lovely checked skirt. I still remember it. I got 30 roubles for it at the pawnshop, though the skirt was worth a lot more. I went and had a meal. I was afraid that someone would notice me. We spent the night in the yard of the commandant's headquarters. It's warm in Siberia in the summer. This was in 1952 when families were first reunited. There were lots of people there. I remember being together with a young German girl and a Jewish woman from Kansk. She was always crying. We laughed at her, and I said to her: "Why are you weeping?"

The next day, around 4:00 or 5:00 o'clock in the evening, we were put into a truck. Men surrounded us with bayonets. There were a lot of people. We were taken down Stalin Street to the station. Oh, how I hoped that no one would spot me. We were taken to the train; the armed men accompanied us. It was Wagon 14; I remember that. Everyone looked at us as if we were lepers. The commandant liked me; he was a young man. He suggested that I could go to his train car. I answered: "No, this is where I'm supposed to be." Later I said to him: "Who are you guarding here? Do I look like a criminal to you? What kind of job is it in the first place?" He explained that he had returned from the army and had no work. He'd heard that the State Security Ministry needed employees, and so he signed up.

My friend Adja was living in Kansk. The next morning the commandant brought me some ice cream. I said to him: "Thank you for the ice cream, but will you please let me stop in at Kansk? I have friends there, and I haven't seen them for a long time." He answered: "Yes, but that same evening you have to go home." He went off to Khabarovsk, and we travelled East. I was on his list, and he was supposed to take me to the station in Ilansk. I promised not to betray his trust.

Here's another situation. I was registered with the commandant, and I needed permission to go anywhere. There was a teachers' conference in the autumn of 1952. I was supposed to leave on Monday. The commandant was not in his office on Saturday, and the office was closed of course, on Sunday. I left anyway. I'd been trained in the Soviet school which supposedly taught everyone to be honest, so like a dumb cluck, I went to the local Militia and told it that I was there for a conference. I went to a meeting. At 3:00 PM, someone was delivering a paper; we were debating – it was an ordinary conference. Then someone came into the room, called me, and took me back to the Militia. I was spending the night with the woman with whom I had lived in the village. Her room was just like the one in which we are now. Her landlady lived there, too. There was a bed, a stove. She accepted all guests, not just deportees, but also locals. She was such a nice woman. There were two Latvians there – Poļina Stroda, who was my teacher, and Olga Ješkeviča. Anyway, I was arrested and held until midnight. It was an attempt to break me psychologically. I just sat there reading some magazines. At midnight, I was taken into an office to see a major. I remember that his surname was Mirgorodskiy. He said to me: "We trusted you when we allowed you to go to Krasnoyarsk." In other words, it was an exception. "You betrayed our trust." I said to him: "I'm sorry, but what exactly have I done?" "You came to Ilansk without your commandant's permission," I explained to him that the office was closed on Sunday. I told him that I was honest and open enough to come to the Militia and tell it that I was there. He said to me: "Five days under arrest or a fine." How much" "100 roubles." I didn't have that kind of money, of course, but I told him to write a receipt. I got out of there well after midnight.

When it came time to leave the village, I did not shed a single tear, not even when I said goodbye to a dear, dear friend. She wept, I didn't. They messed up my entire youth there.

Q: In what year did you start preparing to return to Latvia? It was 1958, and I was still working at the same school which I'd attended in the past. My brother was studying in Krasnoyarsk, at the Forest Technology Institute. I visited Latvia in 1957. After I finished my correspondence course at the institute, I came to Latvia and saw that there could be a completely different *life. My friend and I went into a shop in central Rīga and could not believe how many different types of candy there were. I wasn't interested in candy. I was interested in how many different kinds of bread there were. It was 1957, but we still weren't getting as much bread as we wanted in Siberia. Mama had to get up early in the morning to stand in the queue. I remember how once her ribs were broken when people were pushing and shoving in the queue. But in Latvia, I saw for the first time that there was enough bread to go around. I worked for another year, and then the next year I was ready. The director of the school met my brother and said to him: "Please talk her into staying. We'll give her more classes to teach."*

Q: What did you teach? German and Russian. That was my speciality. I taught German because mama came from Kurzeme.

Q: So, did you all leave in 1958? My brother was still studying in Krasnoyarsk; he stayed for another year. He was there together with Antons Samuševs.

It wasn't easy in Latvia either. I have to say. They weren't registering anyone that year. I was told that I could live in the Dagda District. I didn't speak the language, and so I said that I'd just go back to Siberia, where I spoke the language. I didn't know what I was supposed to do. In Latvia, there was a neighbour who was Latvian, but he'd undergone Russification. He could say "We live in Latvia, and we must speak Latvian" – that was the only sentence in Latvian that he knew. He wasn't a bad person, that was life back then.

The beginning of the school year was approaching. I had no job, no home. I don't remember how I ended up in the Ogre District, but there I was given a job at the Suntaži High School. The director was called Abramovičs, and he was not a nice person at all. I went there with a woman with whom I had been living – I didn't speak Latvian, after all. At that point, there was a train that went to Suntaži. In the director's office, he asked which of us was there for the job. I said it was I. He hired me. Then came the first meeting of the Pedagogical Council. He talked, talked, talked, and the only thing I remember is that at one point he said "Oļegs Koševojs' mother." That was all that I understood. I did start to study Latvian. I began to read Khrushchev's speeches and then books – books that I'd read in the past in Russian. There was a book called "The Road Leads into the Distance," I read that book. I taught Russian at the 10th and 11th-grade level in the Latvian school. Back then, there was a centralised exam in Russian.

I didn't speak to anyone for three or four months. One day I opened my mouth and started to talk, and my students were mute with amazement. I decided not to talk much anymore. Mama spoke Latvian well, she was born in Piltene and lived in Bauska. Mama and I lived in Suntaži. Sometimes we visited Rīga; we stayed with Žeņa. There were other neighbours.

Q: Did you problems because you were a deportee? Later? We couldn't get a flat. We had to move from Suntaži. I lived there without registration for a year. An acquaintance warned me to be careful on the street, never to cross the street except as a crosswalk, because if I were stopped, and if someone were to ask me for my documents ... well, you can imagine what would happen. Later friends collected some money, and we were registered at Lenin Street 131. I went to the Militia next morning. Someone said to me: "But where will your mother live?" I asked to be registered, and the room was approximately nine square metres in size. I said to him: "If you had an old mother, where would she live?" He answered: "Why she would live with me." I said: "There you go – she's going to live with me." He wrote the word "Registered" on the document and asked whether I understood it. I did. That's how I got registered.

Adja's acquaintance got a flat after rehabilitation, but then she was told that there were two small rooms in Apes Street. They turned out to be big, lovely rooms, and she decided to go there. She taught me to keep on going to the officials so that they'd get used to me. That's exactly what I did. Once my friend Adja went in my place. I worked at Suntaži. Finally, the local boss agreed to allow me to register.

Now, about work. The director of the People's Education Division of the Kirov District was called Eihmanis; he had served in a Latvian division with a distant relative of mine. I said to him: "We've received a flat after rehabilitation, could we also get a job?" He answered: "My friendly advice to you would be that if you have got a flat, then keep your mouth shut about it, never speak of it."

We filed our first request in 1969.

Q: To move to Israel? Yes. People treated me very well, although my students sometimes didn't. In 1967, I remember one of the students said to me: "Israel is shooting – bang, bang, bang." I paid no attention. The press was full of anti-Semitism, though – you know that was so. Along with the emigration request, I had to have references. I asked the physics teacher for his help, and he said to me: "Is it really possible to escape this place?" I said that I was trying. I was turned down the first time, and the director of the school said: "Now you need to forget about all of that, get back to work." I did exactly that, but then I got the emigration papers. My brother was very active; he wrote lots of letters. I kept apart from that. After all, I was a teacher, and I was on the ideological front lines.

Q: So, how was your life in Israel? That depends on your family and your job. The German language was not popular in Israel at that time; no university taught it. There were Russian classes, though. We were among the first wave of people from the Soviet Union. I worked far away from where we were living, along the road to Haifa. Have you been there? No? Haifa is 98 km from Tel Aviv, but we were living in the South, near Ashkelon. Then someone opened a boarding school at which Russian was taught as the first foreign language. I agreed to take the job as a teacher. I remember receiving my first wage. Back then it was liras, not shekels. I got 570 liras. I didn't teach full time, I was working for three or four days, but I thought that was a huge pile of money. My brother wasn't married. Two adults and mama in one flat – until we got this flat. For nine months, we were at such a great distance. I couldn't do that every day I had to spend the night in Tel Aviv.

Q: Are you glad you moved here? Yes, of course. I remember that there was a family in the village in Russia with whom we were friends. Before we left Rīga, her brother came to see us, and he'd studied with my brother. He was in the military. He found out where we were, and he came to visit. We were delighted and said that we'd come to visit him, he was serving in Vilnius. I wrote to my friend in Kirghizia and told her that I was seeing her brother. There wasn't much time, though. I was so very excited before we left. I collected all that I had written in my diaries and sent all of that to her. I wrote that it was my father's dream to live in Israel, and now the dream was coming to pass. I wrote that I hoped that she would remember me well, and so on. She wrote back to say that she had wept bitterly while reading. We wept when we were leaving – you never knew whether you would ever, ever see your friends again. That was the system back then. Those who were lucky got out, the others stayed. Both groups cried. Mama had a sister in Israel; she had died before we got there. There were two cousins. My uncle was still alive, and we met with him, I met mama's cousin. Once we had a large family, but so many people died young.

Q: _Have you ever been back to Latvia?_ I was here in 1991 to do some work, and here's an interesting thing – I was walking in the park, it was the evening of graduation. I saw one of our teachers carrying flowers. I knew him. I ran up to him and started talking. I thought that I was speaking in Latvian, but I was speaking Hebrew. My students stood there and giggled. His surname was Plikāns, I believe. I asked him whether he had ever worked at the No. 36 High School, and did he remember a teacher called Gamza – that was me! I asked about my former colleagues. Many had retired – it was 20 years later, after all. I've been to Latvia other times, and I was there this summer to meet my friend. Her mama was like a second mama to me. My mama died in 1980, but her mama lived a long life, and I went to see her a year before she died. We had a lovely chat. I thought that that was my obligation. I was once at the airport, and a young woman approached me: "Are you the teacher Gamza?" I thought that it was a student, but no, it was a teacher. She recognised me.

Basja (in the first row, second from the right)

Ichāks Gamza

born in 1937

I was deported with my mama and my sister.
Mama had to work at the kolkhoz;
she had no choice in the matter.

My name is Ichāks Gamza. On June 14, 1941, I was four-and-a-half years old. I was born on January 25, 1937. We lived at Baznīcas Street 38 in Ludza.

I remember the whistle of the locomotive. Apart from that, my first memories have to do with being admitted to kindergarten. I was not treated well, and there were lots of quarrels and fist-fights. Sometimes two or more boys would gang up on me. I don't remember much about the deportation itself. I know that I liked to climb up on roofs, and there were men coaxing me to come down. There was a lorry. Father was taken away, but I don't remember. I remember sleeping on bunks in the train; I was on the upper bunk at a small window that was covered with iron bars. There were KGB agents on both sides of the wagon. Along the way, we often stopped, because the war had begun.

We knew nothing of the father. All of the women were worried about their men. We arrived at Ilansk in mid-July. Six months later, we learned that the men were at Vyatlag. Uncle Jāzeps was there, he survived, but he's since died. I don't know what happened to his aunt – her name was Pauline, and I heard that she moved to Rīga.

I was deported with my mama and my sister. Mama had to work at the kolkhoz; she had no choice in the matter. There were norms each day. In 1947, they counted up what each person had done. There were some who had not filled their norms. They were called parasites and were to be punished. A show trial was organised at the local club.

There was a Russian man, Sivkov, who was blamed for being a malicious man for refusing to fulfil his norms. It was decided to send him to the far North. I think that they were going to ship him off to the North Pole for a couple of years. He was gone two or three days later. Next, the chairman of the kolkhoz got up on stage. I was there, and when mama was asked why she had brought me, she answered that there was no one with whom she could leave me. Anyway, when the chairman got up on stage, mama whispered: "There's an evil man getting on the stage." He read out a list of 29 names of people who had not fulfilled their norms; he said that if the situation didn't improve, their fate would be the same as that of Sivkov. That was the end of it, though. There were no more show trials, and no one was sent away.

I remember how bread was passed out at the kolkhoz. There was the Ūdris family, a mother and three sons. You got bread for an entire week, and you had to know how to divide it up so that you could eat throughout the week and keep strong. Mama knew how to do that. Before the war, she had an operation and spent two years in hospital. She knew all about how to pass out food. Mrs Ūdris died of famine in 1945, and two of her sons followed her into the grave. Only the third remained alive. People grumbled about Stalin for sitting around in the Kremlin while they were all starving to death. People griped about that even at funerals.

In 1948, some Lithuanians joined us in our village. I remember two brothers called Petravičius. They had their own orchestra, and they were invited to appear at banquets.

Everyone who was there was a person without any rights at all – the "dog's passport," so to say. You had to go and check-in with the commandant once every two weeks. Children under 16 were under their parent's supervision, with no right to leave the village. You could even be put into prison for 24 hours if you disobeyed.

In 1951, the commandant told us that we were deported for life. Before that, we had been told that it was for 20 years. After Stalin died, there was a period of silence, but by 1954, they were already talking about rehabilitation.

The "doctor affair" exploded in 1953. I was in the 9th grade, and we had political lectures. The teacher asked us whether we knew what was going on in Moscow. There were six Jews and only three Russians as doctors. I had always thought that the words "Hebrew" and "Jew" were the same, but the teacher's tone of voice when she said the word led everyone in the class to turn and look at me. They understood that I was the main enemy and traitor of the USSR.

Stalin soon had a blood clot in his brain, and the school's director came in to say that comrade Stalin was in terrible shape, and so the country was mobilising the best doctors so that Stalin could recover and lead our country for many years to come. There was a recess. A couple of us were there, and we thought that it meant that Stalin might also die. That would be a good thing, we thought. No one knew what was happening.

Once Khrushchev came to power, thought was given to rehabilitation. I told myself that I would absolutely never join the Soviet armed forces. After the doctor affair, I felt that the Soviet Union was a fascist country. I knew that if I got a spot at the institute, I would not be drafted. I knew that I wouldn't be allowed to study radio electronics. I had to choose a more humble profession. Even Khrushchev couldn't do everything all at once, though I had the impression that he wanted to. I entered an institute with a friend called Samuševs. Our friend Strods left after half a year and finished his studies in Rīga, at the Polytechnic Institute.

I returned to Latvia in 1959 after finishing the institute. Mama and my sister came back in 1958.

Q: What did you do while your mama was working?

I was in kindergarten, and the day ended around 5:00 PM. Later I went to school. My first-grade teacher didn't think much of me, and once, when we got back from our break, she wouldn't let me into the classroom. She told me to sit out in the hallway until someone summoned me. That continued for the next half-year. Later she sent another student to tell me to come into the classroom. In the second grade, she left a few other children and me in the classroom after hours, because we hadn't completed our homework. We sat there for an hour or two. She never did show up, so we left.

Q: What did she do?

The next day she told us that we had to stand at the blackboard without moving all day. That's what we did, and she left us after hours, as well. She said that we weren't allowed to leave until she came for us. I don't know why she did that – maybe because I am a Jew. In Kansk, 50 or 60 families came together to decide what to do, but it was hard, because there weren't that many of us, and we didn't know what to do. Perhaps I was to blame occasionally, but the bottom line is that she just didn't like me.

Q: Tell us about your mama and sister.

There was a famine. In 1935, my mother's oldest sister moved to Israel. She had finished her medical studies in Moscow. During World War I, Tsar Nicholas II announced that all Jews were spies. The front line was approaching, and he ordered all Jews to flee in 24 hours, saying that if they didn't, he would move them himself. Mama's sister lived in Ventspils, and she and her husband had to flee. Until 1920, they were in Moscow or its environs, and that's where she completed her studies to become a dentist. Then she moved to Israel. When she learned that we had been deported, she sent us packages, but during the war, the people who received the mail stole all of our things. Hardly anything got to us. There was one package that was enormously valuable – it had medical supplies. Mama's sister knew that there were all kinds of diseases that were rampant in Israel. We were allowed to receive packages weighing no more than 1.5 kilograms from Israel – that wasn't much at all. Her brother-in-law lived in America, and that's where the package of medical supplies came from. There was medicine in there that could be used to treat several different diseases. Mama took medicine, and then, in 1956, the teacher who accused me in connection with the "doctor affair" found out. She befriended my mother. There was a 30-year age difference between them, and the teacher pretended to have the same health problems that mama had. There were medicines that you took orally, and there were others that were salves.

Q: You were four years old when you were deported. Did mama talk about your childhood before the deportations? When did you come to understand the injustice that had occurred? Until 1953, I felt that something was not right. Mama told me that I was deported and that people might not like me, but the whole situation was based on the "centre", in Moscow. She said that anyone who called me a friend might, in fact, be my enemy. During the "doctor affair," I knew that I had to emigrate. When I was rehabilitated, I was together with deportees from Estonia and Lithuania.

One day in 1956, we were at the student dining hall. The Estonian was five or six years older than me, and unlike the rest of us, the Lithuanian and the Estonian categorically refused to take part in military training. They did everything possible to avoid it. The Estonian said to me: "If you look a few years into the future, then you will know that you will be moving to Latvia." There were some Russians there, and they didn't like that statement. Later I asked the Estonian why he had said what he said, and answered: "When they talk to you, you see, they seem friendly, and perhaps they even demonstrate love. When you're not there, however, they talk about you and say that you don't love this country. They know that at the first advantage, you'll be moving to Israel."

I finished the institute and my military training, and I was given a military rank.

We were under strict regulations, and we had to go to the district centre to get our passports. I don't know how "clean" my passport was – perhaps there was a watermark or some other sign to indicate that I was a deportee. In Krasnoyarsk we had to register ourselves with the military commissariat. They asked me where I was born and who my mother was. They pretended not to know anything. I answered their questions. They asked where my father was. I wasn't about to tell them that he starved to death in a concentration camp. I told them that he died in the same place where my mother was living. The young men who were with me pretended that they had not heard anything that I had said.

My father's uncle and mama's relatives stayed behind in Bauska; they all perished in the ghetto. When I returned to Rīga, some of my family was gone.

My diploma states that I am a forest engineer. There was lots of work for forest engineers in Latvia. I specialised in sawing down trees, working with special tractors and portable power generators, sawing branches, and sending timber to factories. I also knew how to repair metal processing equipment.

I worked for the Latvian Birch company, which was a light industrial company. I didn't earn much money – 700 roubles a month. Then, through friends, I got a job at the Rīga Electric Factory, where I had to learn everything from scratch. I attended courses. I worked there for three years and then got a job at what would become the Rīga Train Wagon Factory. I worked there from 1962 until 1971.

I got married in Israel. Of course, I could have been married in Latvia, and my father had such a good reputation among people that I could have become the husband of any young lady in Ludza.

My sister travelled to Israel in 1957 to check things out, and she proposed that a Jewish woman from Poland and I move there. She refused, though. I thought about leaving mama and my sister, and I absolutely didn't want to move to Israel and leave them in the Soviet Union. In other words, I could only get married in Israel. There was a matchmaker who brought us together. I have a son and a daughter. My son has a first-level higher education. My daughter was in the army, and she is trying to enter university. My son is 28, and my daughter is 22.

I didn't like singing lessons at school; I had no talent. The teacher who disliked me gave me my only good grade in ... singing (laughs). I liked math; I couldn't stand classes where the history of the Communist Party was taught. I attended all the lectures at the institute except those on Marxism-Leninism. In 1956, when Stalin's personality cult was denounced, the first question on the oral exam was "The importance of personality in history." I thought that that was just the question that I needed. I talked about everything that Khrushchev had said about Stalin, and I added some thoughts of my own. I told them everything that was on my mind. The instructor finally said to me: "Alright, that will be enough, enough." He gave me the grade of "good," saying that with my answer to the first question, I had left insufficient time to answer the second or the third one. Still, the instructor was not an evil Stalinist. If he had been, I could have been arrested.

What more can I say? I am happy. I'm glad that I moved here to Israel.

Ichāks in Siberia

Ichāks (at the right) in Siberia

The house in Siberia

The house in Siberia

Silva Haitina (Rubašova)

born in 1932

My mamma also didn't look like a kolkhoz woman properly should – she was wearing high heels and silk stockings. She was well dressed...

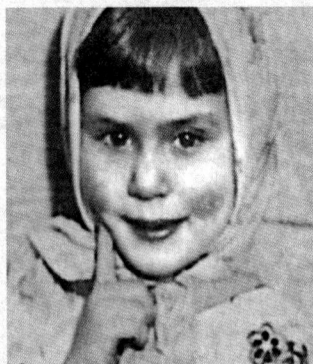

I was born in Riga. Our family consisted of my father, mamma, my older sister and me. We lived in flat 7 at 20 Skolas iela. I remember that. I don't think we lived anywhere else before that. I believe I was taken from the maternity hospital to Skolas iela. I lived just for a short time there, for I was eight years old when on June 14, 1941 at night a very loud ring was heard at our door. I recall that my sister and I were sitting on our beds, in horror, looking at each other, but the bell continued to ring. Voices sounded from the corridor, and then, together with some men, my mamma came into the room and said: "Girls, get dressed!" It was about two AM at night. My father was a very well to do person: we had a summer house at the seaside in Jūrmala, and my father had a big store. During my initial time in Latvia, there was a bank there. I wanted to enter, to see my father's store, but I wasn't allowed to go in, and it was explained to me: "For one to go in there, you have to be a bank client." I said to them that I wanted to open an account for my father's store at the bank. A uniformed man with a submarine gun accompanied me to the second floor to exactly where once had been my father's office. We entered because I wanted to open an account, but a month

later, I learned that the bank had gone bankrupt. That was at 2/4 Brīvības iela, beside a drugstore.

I recall that we were given a half-hour to get all our things ready. My father didn't pack anything – he ran around the room in despair, trying all the time to prove that we were being deported unjustly. No one knew, of course, what was to happen to us. Afterwards, one of the Latvians whispered to my mamma to take along warm clothes. My mother screamed: "Why? It's June right now." He said: "Do what I tell you!" After that my mamma began to gather together all sorts of clothes, but my father ran around the flat, saying that they should phone somewhere, that he was one of the proletariat, that everything had been taken away from him, confiscated and nationalized long ago. We hadn't gone to our summerhouses this year either, because they no longer belonged to us. My mamma collected together many belongings. We had no suitcases and fortunately for us she, therefore, took a couple of warm blankets to carry our things in, which eventually saved our lives. At the last moment, my father took along about 50 silk ties. Also handkerchiefs, on which was embroidered "I H" – Israel Haitins. We climbed down the stairs with all this. The elevator for some reason, wasn't working.

Outside stood a truck. There was enormous noise because there were trucks driving all over Riga. All of them were going in one direction. We were loaded into the truck, were already in front of us sat people scared out of their wits – no one talked... The trucks gave way one for the other. I recall that at all the crossroads, there were trucks.

We were driven to the Riga railway station, but not to the station building itself. The trains stood further away to the side. We were loaded into cattle cars. These had two small barred windows. My father very nimbly jumped into the wagon and managed to get to a second level wood plank bunk, by the window. We had nothing to eat. Nothing. I, for the first time, felt hunger in my life.

During the night of June, 14 people ran along the trains calling out last names. Our relatives knew nothing about our fate. My mamma's sister with her husband and two children and father's sister with her son remained in Latvia. Mamma's mom lived in Liepāja, but our granddad had died. No one looked for us except for a woman employee of father's who had worked in father's store. She brought us food in a bag, and for the first time in my life, I ate with great delight... I was so hungry. There wasn't any water. There were no toilets. It was dreadful – in the middle of the cattle car, there was a hole. In no way could I force myself to go on that hole... My mamma hid me with her skirt on one side, and my father hid me from the other. Everyone suffered so. The wagon was overcrowded. My father had reserved the place by the small window. Few men were in the wagon. There were boys and women with small children. The trains stood for three days, and only then they started to move. It got noisy, and we drove. I remember well how we sat at the window. When we drove through Latvia there were flowers in all the yards; it was very beautiful. In crossing the border, everything started to look totally different... We were told that now we were driving through Russia. There everyone was poor.

From the journey I remember hunger, I remember thirst. No one bought anything; no one gave us anything. I recall that a Latvian woman sat on the floor with a small baby. She had sat there already for three days, rocking and singing something to herself. Her child was wrapped up in a small bundle. There were many children in the wagon, and we begged her to let us play with her baby. Afterwards, it turned out that the baby had died long ago... She had no milk. Later someone told that to the soldiers. We were sad that the baby was thrown out... The soldiers came in, took the child from her arms and, grabbing it by its tiny feet, threw the little corpse out. The train started to move; the door was open... She had no reaction. I remember that my mamma said that the woman had obviously lost her mind if she didn't react when her child was thrown out...

We drove for two months and, it seems to me, another ten days. We arrived in Siberia, and someone found out that we were in the Krasnoyarsk region. The train was stopped, and we all were told to get out. Earlier the train made a stop at night before the Urals. Everything was lit up with a lantern. All the men were herded out. In the wagon were my father and a few boys who were older than 16. My father jumped down from the bunk and said: "Look, the majority of those in the wagon are women and children, of whom half are ill, and I'm the only one who runs for water in the stations. I'm the only one who can buy anything – leave me here with the sick people!" The officers waved us off, and said: "To hell with him, let's close the door!" My father remained, as did the young boys, sixteen to eighteen years of age, thanks to my father's screaming that here there were only women and children.

At night they opened all the wagons, and soldiers walked through the train, through every wagon, making everyone with some belongings get out. We had to jump from quite up high from the wagon. I still have a scar on my knee from that jump. I, being a child, except for the starvation, do not remember anything else that was bad from the journey. I didn't have to go to school, didn't have to play the piano, and in the first while all that seemed good.

My mamma quickly found a woman friend, whose family had a very famous perfume store on Brīvības iela called "Sokoloviči". Mamma was friends with this woman, and the two of them travelled abroad. She was called Mrs. Sokoloviča, and I was in love with her son Ljova when I was seven years old.

It was a cold night, and I think it could have been the 27th or the 28th of August. I was cold, but mamma had blankets along. I was cuddled in my father's arms and probably had fallen asleep. When I woke up, I saw a blue sky, a bright sun and all around me, as far as the eye could see, sitting people...

It seemed to me that there were thousands of people, without end... Butterflies were flying about, birds were singing. In the distance, there was a forest. There were some that were crying; the sick ones were lying on the ground. Without food or something to drink. Obviously, I as a child, remember only this.

Soon horse-drawn wagons started to arrive. Men and women now walked around the place where we had settled, examining all the families. Each of the families sat on their bundles of possessions. We heard that they were picking us up to take us to the kolkhozy. We knew that we were in the Krasnoyarsk region. They said that each of the kolkhozy, depending on their capacity, had to take in some of the Fascists – that is, us. They had been told that what had been brought to them were the people who had started the war. I wouldn't say that they treated us with a great deal of love. They didn't take us for a long while because I was eight years old and my sister was ten. My mamma also didn't look like a kolkhoz woman properly should – she was wearing high heels and silk stockings. She was well dressed and hadn't yet lost her beauty. My father was running about all the time offering his services. No one wanted to take us. Whenever he brought over any man or woman, they looked and, seeing that there are two small children, went away. We were picked only on the third day and driven to a kolkhoz, which was called "Aleksandra Yersha", and thus we got into a house owned by a woman. The woman treated us well.

I remember that after two and a half months, we finally ate hot soup. It was pea soup with pig's skin. Never in my life had I eaten anything as tasty, and here – suddenly – in a bowl with a wooden spoon – soup!

The kolkhoz was large, and there were many deportees there. The next day my father left for somewhere, returning only in the evening. On his return, he said that he had just found paradise on earth... Soon school started. One day my father borrowed a horse, and we headed out for that paradise. The mistress of the kolkhoz gave me a kitten as a gift. When I showed it to my parents, they said: "We ourselves are dying of starvation, but a cat needs to be fed!" I put the kitten in my pocket. On the way, I pulled him out. My parents told me to get rid of the kitten. I replied that then they would have to also get rid of me. We took the kitten, kept it, and he lived for many years with us.

We drove to the Dzerzinsk region. There were no deportees there when we arrived at night. We remained to live with Nastya Barlovska. We woke up in the morning, after having slept on the floor, all four of us. I opened my eyes. All of us were in one room. At the door stood many people, and they all were staring at us and talking. My father wanted to get up and begged them to turn around. There were mainly women and young girls there, also a couple of shifty boys. My mamma slept in a silk nightgown and the women, on seeing this, began to yell like geese: "Just look, in what clothes she sleeps!" I didn't know even a word of Russian. In Riga, I had attended the French Lycee, the first and second preparatory classes. My mother tongue was seemingly not only Latvian but also French and German. At home, we spoke German. When my parents wanted to talk so we wouldn't understand, they spoke in Russian. The first words that I learned were "moloko" and "bichki" (milk, bull-calf), but the third word – a vulgar one, which the soldiers used after each word – "blag" (whore). I didn't know what that was. My mamma explained to my sister and me what "moloko" and "bichki" meant, but she didn't know anything about "blag". Mamma said: "If the soldiers are talking like that, then maybe you shouldn't listen."

My parents visited the only school, which consisted of one room and one teacher. I was put in the second grade. There already they were writing, talking, memorizing poems about Stalin. I didn't understand anything, and the children made fun of me. My sister was put into the fourth grade. There were girls there as old as eleven to twelve years of age. We studied there for two months, forgetting our Latvian, French and German languages... And we started to talk funny Russian. In the kolkhoz, it was called the "Chaldean language" for they talked oddly, in a sort of backwoods Russian language. After two months we had forgotten three languages for we spoke only Russian and had become the best students in the school. We learned how to write. There was neither ink nor paper.

Father and mamma worked in the fields. Mamma in her high heels and her silk stockings. The nail polish had remained on mamma's nails. She was ordered to cut oats with a sickle. Mamma cut her hands and her clothes.

We moved to a separate little house. From that place I have emotional memories of great happiness and misery. On the night of the second of December, there was a knock at the door. The Cheka had come to do an interrogation. They said that they had come to arrest the father and to confiscate all his property. Father managed to give his watch, but he didn't have anything else. They didn't take the ties away with them. I remember this horror. Father was led away; I was hanging around his neck, screaming: "Daddy, don't go!" I remember what my father's eyes looked like – like those of a sick dog... Mamma and my sister were crying. In absolute despair, the three of us sat until morning. Behind my father's back, we felt calmer... Many years later in Krasnoyarsk I read his court case file and the charges levelled against him, as well as why my father had been arrested. He had been standing in line for the only food item that was given to us – damp oats. Father had asked: "What can you do with damp oats?" Nothing more. He had said that in Latvia horses ate oats...

In the charge statement, it said that Izraels Haitins was sentenced to 10 years in a hard labour camp, prison for life and "porazhenije v pravah" – I really don't quite know what it means. It could be – "without the right to vote". My father sat hour by hour in prison for the 10 years.

During this time, I had finished the second grade and my sister – the fourth. There were no more grades at the Mokroelnyik kolkhoz. Mamma went to Dzerzinsk, because my sister needed to be educated. There were many deported Latvians, Russians and Jews there. Mamma arranged for a room, but a permit still needed to be requested for the transfer. Mamma had given some woman a gift of a pair of silk stockings, and for this, we were allowed to move. My sister started to attend the fifth grade and I, the third. Before this, my father's brother found us. He lived in Moscow and had been afraid to even tell anyone that he had a brother beyond the border, in Latvia. Suddenly he found us through the Red Cross and came to the Mokroelnyik village. No one had seen a car here, but he had rented a car in Dzerzinsk and drove to see us. He brought paper, pens and carbon paper. He only came for a few hours. The funny part was that all the kolkhoz ran to look at the car. My sister and I too did the running. He stepped out of the car and asked my sister and me who we were. We proudly answered: "We are Haitins." He cried. He saved our lives. Afterwards, we lived in Dzerzinsk. There it was somewhat worse – everything was more expensive.

Various misfortunes befell us – my sister fell ill, and one of my mamma's acquaintances died. After this, my mamma began to contemplate how to get to the West from Dzerzinsk. All the nightdresses were being used as dresses. Girls and "vecherinkas" – old women, walked around in my mamma's nightgowns. My mamma always was upset about this, saying that she was ashamed to see the girls walking around in her nightgowns, which also no longer were new.

It was terrible in Dzerzinsk – we no longer had anything to sell. I remember how we had to sell my last underpants to a girlfriend. Her mamma had access to food items, and Valya walked around in my undies.

In Dzerzinsk the school was two-stories high and large. I was frightened. A little girl – Ljusja Berina, with whom I still have contact, ran up to me. Her mamma was the manager of the bakery. That was a dream of dreams! She gave me a bite of her bread and butter. That was in 1945. I had a good musical ear, and on May 9, I proudly marched in front of all the school with drums. I remember it all, even such minuscule details as nails in the walls ...

Mamma moved to Kansk. She got a permit in 1945. There we rented a room, and there I enrolled in the fifth grade. In front of the school was the KGB. I had no preconception of what it was; I only knew that my mamma was dreadfully afraid of this institution. I knew that my mamma had to go and register every two weeks. My mamma was a beautiful woman, but when she went there, she wiped off her lipstick. She had a terrible "pufaika" – a cotton wool padded jacket. My mamma also smoked, and when she went to register, she made herself look totally horrendous. When I asked her why she did that, she replied: "None of your business!" I passed by the KGB on my way to school. I remember this building because six years later, it was there that I signed for myself various death sentences, but about that – later. Now I was attending school, and I was happy. I was thirteen years old when we found out that Latvia was collecting children who were orphans or had a terrible life to bring them home from Siberia. Mamma knew this but had decided not to send me. I found out about it when the campaign had already ended. I very much wanted to leave Siberia, and I said to my mamma: "If you won't let me go away, I will either hang myself here or I'll run away by train." I wasn't an obedient child, and mamma knew that I could easily realize my threats. My mamma promised to do all to send me away from there. She corresponded with an uncle in Moscow saying that the little one was still a child, so wouldn't run away in the evenings, and begged that he take me in for a while. Together with another child, she sent me to Moscow. I understood that for no money in the world would I now get to Kansk. My uncle enrolled me in school. It turned out to be a model school in Moscow on the corner of Kirow Street. I behaved wonderfully, but only until the minute I started to attend school. In the school, it turned out that I didn't know how to behave. The girls that walked down the corridor, from my perspective, weren't girls. I pulled them by their braids, spit and cursed. "Matom" – or cursing was a common thing for me. I knew that I wasn't supposed to act like this. Shortly I was expelled from school. I didn't know what to do with myself. I once more said: "If I'll be sent to Kansk, then I'll hang myself from his lamp." My uncle corresponded with my mother and with relatives in Kaunas, Lithuania. As a result mamma's cousin came. There was a high school in Kaunas. I was enrolled in a Russian school, primarily attended by officers' children. There were also locals who spoke Russian. I had a girl friend Renāte Šilkēviča from the house we lived in – she too attended the Russian school. In the beginning, I found it hard because I didn't speak Lithuanian. The school wasn't interested in documents, and I had lied in the application that my mamma was evacuated, but my father had been killed on the work front. That's what it was called.

I fell in love for the first time in this school. He was the son of a high-level Cheka secret service official. I was a great student; I should have received a gold medal. When the time came for the last exam, I was told that because I wasn't a local nor was I Russian, they couldn't give me a gold medal. They explained to me that for mathematics as a precise science, they couldn't lower my mark, so they lowered the mark for my composition. I was awarded the silver medal. That was in 1950 when I was sixteen years old. I headed for Leningrad, but I wasn't accepted anywhere. I didn't understand why. I wanted to study literature. But I was rejected everywhere. I understood – in the application, I had written that I got the silver medal, but, under point 5, I wrote that I was a Jew. I was told everywhere that there were vacancies but, after reading my application, they made up excuses – "Oh, I forgot to tell you that enrolment is over..." I gathered up my documents. I had applied for law and even for library sciences. There was still the Electro-Engineering Institute – Bronch-Bruevich Communication Institute. I phoned them, and they said to me: "It will be an honour to have you if you come with a medal." I said: "But I'm a Jew."... For a second – silence, but then they said: "All nationalities are the same for us, come!" They gave me lodging in a student residence on Novoselyevsk Island, and I felt totally happy... But I was a bad student, I understood virtually nothing of higher mathematics... I studied but after a couple of sessions, I no longer had a bursary. I had a choice – I could once more go back to Siberia... I was saved by my uncle – my father's brother. In order to help his relatives, he had moved to Sahalin and rented out his flat in Moscow. He told me that the money he would get in rent he would give to me. And I now lived from that money. I lived there for two and a half years. And I had an admirer. I was to be married. I was already studying in the 3rd course in the Radio Engineering Faculty. Of everything that I was studying there, I was only interested in radio. But there was also engineering and communication, and in these, I was a poor student. During the 3rd course, my admirer's mother was to arrive for the wedding was to be soon. I returned to the student residence, and I was arrested. A young man was sitting there, and the security people pointed at me. We went into a small room, where he showed me an arrest order. The girls didn't look in my direction as he searched through my suitcase, which had been under the bed. I was ordered to follow him down the stairs, without leaving even a note or being given the possibility to say some words.

I was driven in a car to a large building. In the building, I was undressed, searched. They even looked for something in my braids. Then they allowed me to get dressed, but before that, they pulled out the elastic from my underpants and from my hair – the ribbons—everything that was of some length they took *away – obviously afraid that I would hang myself. I was put in a single cell. I don't know how long I stayed there. I, the same as my father, was arrested on the 2nd of December. That was in 1952. I cried. The window opened, and a voice said that crying was also not permitted here. It was a high-security prison for political crimes. I stopped crying, and then I got angry – I got as mad as a tiger. I thought: "Ah so, you have arrested me!!!" My nose was swollen, my eyes red. I thought: "I won't cry anymore!" Early in the morning, the same voice woke me. I saw that I was being watched. I got dressed slowly. In the morning, they brought me a bit of bread on which was sprinkled a teaspoonful of sugar, and there was warm water. I ate all of it at once. It later turned out that that was meant for the whole day. Afterwards, they brought me something very smelly. A fishbone was swimming on top of the bowl I was given – I tried it, almost got sick. I poured it out in the pail given for taking care of bodily needs. But this prison was almost elegant in comparison to the ones I was imprisoned in afterward.*

The voice said not to pour out anything, that for this I could be put into solitary. The prisoners themselves brought the food, which is why he warned me. I read books. Once a week, the books were distributed. A thick book I read in a day. There wasn't enough to read for a week. Then I read the book from the other end, afterward each page again separately. I was at the Leningrad prison for a month or maybe a month and a half. I was arrested on December 2nd and judging from the fact that the guards had drunk and behaved differently than usual, I understood that it was New Year.

At night the guards came: as always, everything happened at night – and they ordered me to go to the exit. I didn't have anything that belonged to me in the cell. They led me out already dressed, and all of my things were downstairs – a bundle, a coat with a kind of gathered back, in style at that time. I was put on a truck "chornij voron" (black raven). It was very cold outside, and I sat squeezed into the back of the truck bed, my legs almost crushed and I couldn't see anything. We drove for a long time, and I was transported to the Moscow station in Leningrad. The journey began. I rode like a princess – I was a political prisoner placed in a Stolipin wagon (a prisoner wagon built during the Stolipin period of Tzarist Russia), in a kind of a compartment. At least I rode alone... In the compartment beside me were men, so crowded, they had no possibility to sit – they stood all the way. The train was full of people. Throughout screams and moans were heard. We drove for approximately a day and a night. The landscape suddenly looked familiar to me – we were put off the train and driven somewhere. It was the Dumkovaso station near Kirov, Vyatka. My fiance's mother lived not far from Slobodska – in that very same Kirov County. I was arrested in December, but in August, I had visited my fiancé Igor as his betrothed. He was enrolled in a post-graduate course, and we had gone to his mamma's for a rest. So I remembered that in Dumkova for the first time in my life, I had been intimate with my future husband.

We were placed in a deportation prison – later it turned out that it was one of the best deportation prisons in my life. It was a wooden house, crammed full of people.

When I was arrested, no one explained anything. I didn't know why I was detained. A young man was just sitting there, but I came in with a newly purchased pair of skates. The next morning we were supposed to await the arrival of my future husband's mother, but I was arrested and shown an arrest and interrogation order. I was warned not to ask any questions. When I was being driven, I understood where I was being taken to, so I asked him: "Is this your kind of work?" He replied: "What kind?" I said: "To arrest fools like me?" He said: "If you ask questions like this, there's good cause to arrest you." I, in turn: "Aha, if I hadn't opened my mouth, I would have been arrested without cause?" (In Russian it is "nye zrja" and "zrja") He concluded: "No talking!"

During the deportation, I met fantastic people. In Dumkova two girls who spoke to each other in German lay in the bunks adjacent to mine. I felt uncomfortable telling them that I understood what they were saying. The soldiers led them away every night, and that was called "iditye stiratj" (To go to do the wash) – or "prostitutes". They told me that Soviet soldiers and officers had beaten them up and not paid, and they had headed out for the English and French sectors, where they paid. They had been caught while with Americans. They had been brought back and received a 25-year sentence for spying. We talked to each other in German, because they knew not a word in Russian. From somewhere, surely from Germany, they were being deported to Siberia. I was very content because the soldiers paid them in sugar and margarine. Because I looked like a little girl, they shared their food with me.

There was some woman, a Jew, large of build, with a moustache, who was the wife of a German artistic director. They had fled from Hitler to Moscow in 1938. In 1939 her husband had been shot as a German spy. She was sentenced to 25 years – also for spying. She had already spent 13 or 14 years in labour camps, so she was hardened. She was the decision-maker in the cell, the leader.

The people were interesting, and during this journey, my eyes were opened wider and wider, and I saw the savage injustice of the Soviet regime. An Estonian woman was a fellow traveller of mine. They were driven out of Karelia, when the Russians occupied a part of Finland, some fled but others stayed. All of them were arrested. She was a countrywoman, like a forget-me-not – so innocent. She brought bags of food, and all was stolen from her. I remember, how a hole was bored in one of her bags and in this way peas stolen from her. I recall that a bottle of oil was also stolen from her.

There were comical moments as well. Involving the prostitutes – some woman once screamed: "Why just them all the time to do that wash, I too want to do the wash!" Everyone laughed, but no one told her that the girls were doing prostitution and that this woman was somewhat too old for this. One could write if not a book then a story about each of these people…

I didn't know what had happened to my fiancé. The next morning he had gone to the station to meet his mamma. Later he told me that he had been very angry with me because he had thought that I had slept in. Then, when I didn't arrive for several more hours, he had called the Institute's student residence. He had thought it odd. The girls with whom I lived at the residence had been asked to attest with their signature that nothing would be said. We lived all as one, like a fist. When I was arrested, no one even said good-bye to me or looked up. All were afraid. He left his mamma and went to my residence. He thought it odd, that no one said anything, that everyone was afraid. Later in the evening, the security guard told him: "Yours has been taken away, she's been taken away!" He understood that I had been arrested. Later, when I returned to Leningrad, stories about me were spreading that I had been broadcasting from the Institute's roof State secrets to the Americans by radio (because I was in the radio faculty).

In prison a full-blown scandal developed because there was no place to put me. All the men were instantly put in their cells. The man on duty asked where to put me because in my case file, it was written that I was a political prisoner and that I had to be locked up by myself. They put me in solitary. That was dreadful. It was wet and full of cold mud. It was March. I entered and put down my bundle – it at once drowned in the dirt. The walls were sticky. My beautiful coat looked ghastly. I sat down and though – I haven't cried for all of this time. It was truly horrendous there. The solitary was narrow; I could reach opposing walls with my hands. The walls were slimy One could cover the cell in one step. Then I heard squeaking. I thought these were rats, that they would eat me. I recalled a painting "Grand Duchess Tarakanova" in the Pushkin Museum – that was my last thought. In the painting, one could see a drowning woman beside whom rats were swimming. I lost consciousness. Before that, I threw myself at the door and started pounding on it before I lost consciousness. The door opened, and the guard said in a calm voice: "Why are you pounding the door?" He explained that there were no rats there. He told me that he, himself, couldn't let me out, but I would be released in the morning. I fell asleep on my bundle. In the morning the door opened, and some people came. One was a very elegant young man, and I was carried out held up under my armpits because I couldn't walk – I had got myself so chilled. I was led out in the sun. All around – snow, and I for a moment, was blinded. There was a horse, a bell, a sleigh and my bundle was put into the sleigh. The good-looking one guided the horse, and we drove off. We arrived at the building where I had gone to school, but now it was a KGB building. I was led in, made to sit down and told to sign some papers. Because I was half-blinded, I signed, not even looking at them. From that cold water, I fell ill with all sorts of illnesses. I asked them, as a joke, if by any chance I had signed my death sentence. He answered, "But it needed to be done!"

In 1954 we were issued passports, as well as a document that I was liberated from "special settlement". It may have been August or September. I observed that all of Kansk was full of just deportees. A woman and two men – Kapelovskis and Grims, both from Riga, came to see mamma. Mamma shared living quarters with a woman from Daugavpils. A whole colony of deportees lived there. And a lot of people visited mamma because she was very sociable. All of them – deportees. Of every nine persons, one was an informant – a "donoschik" – that's how it had to be. They all were afraid to talk among themselves because they didn't know who was who. It turned out that the informant to the Cheka was old man Grims. Mamma once found his scribbled note – who had gone to see whom and what they had talked about.

In 1954 everything became more bearable. People started to be released from prisons. The criminal situation was horrendous. All were together – the political prisoners, who were let out slowly, but as to the criminals – no one looked to see who was who. They were just released. It was hard to live where there were mobs of criminals. Kansk, Abakan and Taisheta – were surrounded by labour camps. Everywhere there was stealing and murder.

I began to study in the 4th course and only a year and a half of my studies remained. I got a diploma – "Precizionnije detali dizelnih mashin i mehanizmov lesorazrabotok. Lebjotki, krani i tjazholije gruzoviki". No one understands what this long diploma name means, neither do I.

Then I moved to Leningrad.

I don't have children. I was afraid. When I arrived in Leningrad, we got married. Igor was preparing to become a professor, but I couldn't find work because something was wrong with my passport issued in Kansk – whether it was some number or some letter, nonetheless I wasn't hired anywhere. I arrived in Leningrad in 1956, after I had finished the Institute and for a year I couldn't find work. I looked through help-wanted ads, when I arrived, and everyone liked what I told them, what I had to offer, but the minute I showed my passport – "There's no work…" Later I got organized in a place called "Giprodev" – I was hired in the "v smetnij" (estimate) department. Everyone was afraid. Even those who were in high positions. The higher up one was, the harder they fell. They were so "correct" that they could literally crawl out of their skins. All of life revealed itself to me in a different light. I remembered how before my second arrest, a Marxism-Leninism Professor hanged himself in the Institute's toilet. The whole country was held up by fear. People could not be unified. To myself, I thought that this would be forever – such horror that couldn't be overcome. I decided either to go away or kill myself. I left Igor. I worked and rented either a corner of a room or a room. It was hard, especially physically, because the pay was little, but the rent – large. People were afraid to rent out because the square metres per person were also counted. They were afraid that they would have a room taken away…

Nine years passed. I lived in Leningrad in a communal flat inhabited by 23 persons! I had my seven square metres, and I could be happy. Beside me lived an old woman who also had seven square metres, but she was the former owner of the flat. Sometime before the Schwartz family had lived in that flat. One of the Schwartzes was a playwright who had written "Dracon" and his brother was a man who recited poetry. My neighbour – was the Schwartz sister. In one room lived seven grown-ups – the family, and in another room, a professor of a Teachers Training Institute with his wife and son. It was the sixth floor, and the windows looked out to the VTO (All-Union Theatre Association) I was already getting ready to jump out of the window in a year. I understood that with my perspective, I could no longer live – I was consumed by hate.

Later I got lucky. In 1959, my parents, after 18 years returned to Riga. My sister had finished the Krasnoyarsk Medicine Institute, and she was commandeered to the Polar Circle. Two years later she fled from there and returned to Riga where she married. Father and mamma were also given a room in Dzirnavu iela. I had come several times to Riga, and I was introduced to a man who was an army colonel and a surgeon. He worked at the hospital and had a cousin in Leningrad. We got to know each other, and he took a liking to me. I talked with him about everything, also about the fact that I didn't want to stay there. I had set a deadline for myself – ten years to get away. He said: I'll introduce you to my cousin. Why? For me to talk with him because they are also leaving.

A Russian-Ivrit dictionary had been published in Moscow. Such a book could not be obtained in Latvia. He gave me this dictionary and told me to phone his relative. I phoned, said I had brought him a significant little book. We met. He was seven or eight years older than me, quite sickly. We went to a restaurant, and he told me that his father was the brother of Israel's president. Shazar by name. In some banana republic, the President had met with Mikoyan who was a minister here and begged to have his family – brother, daughter and son released. He was the son. He told me that he was leaving soon. I spoke up: "Take me along..." I told him "You have nothing to lose, but I am losing my life, my reason to live". Later it turned out sadly because he fell in love with me and hoped that I would become his wife for real. That I couldn't be. He offered that I promise if I ever in my life should fall in love with him, that I would take him to be my husband. With nothing to lose, I said: "Yes, of course." We officially got married, began to fill out documents for me as his wife. That *happened quickly. In January 1965 I met him, and in September we left for Israel. I went with him to Jerusalem, where we were given an apartment. It was hard. He was in love, but I was self-protective. We separated. After a week I got work in a radio station, where they needed an announcer. I was happy. At the radio station, I met the man I was going to marry for real. He worked in the English section. There was an incident – in London, a writer Anatoly Kuznetsov defected. I knew him well, and he was one of the few who knew that I was leaving Russia, and I said good-bye to him. In London, he had begged people to find me. Once my husband-to-be came to my house saying that he had some news: "A well-known Russian writer has requested political asylum in London." They had found me. My last name was Rubashov, a last name I had from my husband (the one who helped me get me out) after my divorce. I went to London to meet Kuznetsov. I had married for real and, my new husband helped me. Kuznetsov offered me work. He thought, now that he had escaped, here in freedom, he would be able to write one book after another. He asked me to stay in London. I told him that I was married. I phoned home and asked my husband if he would like to come for a year to London. He agreed.*

I would like to say that what has happened to me has left a positive impression – no matter how strange that sounds. A human being acquires immunity and the capacity to analyse. I know that I could be lazy, could do foolish things. I recall the moment of arrest – when I decided that I would not cry because of them … That was a turning point when I understood that the most important thing was when something unexpected happens, for which you aren't ready, and which can't be helped in any way, one must gather all one's strength, to survive. All that was asked of me – as I understand it – was to survive and to look at what was happening as if it were a movie. I had an idea that I wanted to remember everything, because people, to whom this has not happened, do not know it.

My mamma was nearly 96 years old when she died. My sister came to Israel in 1971 via London. I was on strike on behalf of people to be let out of the USSR. She came with two children. Later she worked in Berlin. Her son is in India married to an Indian woman, the other lives in Israel. The children have graduated from University in Berlin. Thus all our family have survived and been saved, and all have remained healthy and with their faculties intact...

Silva

Silva and Dorita

Father Izraēls in Siberia

From the left: father Izraēls, mother Gena, daughters Dorita and Silva, in Latvia

Dons Jaffe

born in 1933

> I had to pass through the Biysk valley,
> but I was too hungry to walk. Wolves
> were howling all around, and there were
> bones all around after the spring thaw.

My father was Jakovs Jaffe, who studied electronics at the University of Berlin. My mother, Ella Aranovska, was graduated from the German Commercial School in Rīga. They were married in 1932, and I was born in January 1933. We lived in Peitavas Street in Rīga, across the street from a synagogue. My father opened a large electrical goods company, and we moved to a large flat in Marijas Street. My brother Broņislavs was born in 1936, and my brother Abrams was born in 1938.

My father spoke German and other languages, and he read newspapers about events in Europe. He understood the looming threats that Jews were facing.

In 1941, when the war began, my parents decided to move to Russia. We road a motorcycle from Sigulda until the petrol ran out, and then we walked the rest of the way. Along the way, my father bought a horse to pull our cart, but the horse was old and weak, so it fell down, and we had to continue walking toward Pskov.

The Germans were dropping bombs. We saw corpses along the way, and I suffered a head injury. A Russian lorry with injured men took us along, but we had to get out of the lorry on the border with Russia because we were not allowed to enter the country. We crossed the border in the forest and during the night, and we began to wander through the Yaroslavl District, the Danilov District, the village of Berezin, the Molotov District, the Lenin District and then the city of Kirov. Along the way, we met my father's brother, Izaks, and my grandfather, Moisejs. The family planned to go through Afghanistan and on to Palestine. First, we went to the city of Quarshi in Uzbekistan, and my uncle Izaks went out scouting because he had no children. He had a password, and if it proved to be the right one, we would follow him. The password that he sent was wrong, and Izaks was arrested. We did not now that an agreement had been concluded with Russia to return refugees. Izaks died in a Russian prison.

We wanted to flee, but we faced the threat of death. We began to move forward hurriedly, taking a train to the Volga and then a long trip by ship down the Volga to Kazan and Kuibyshev. The on toward the Novosibirsk District in Siberia. My parents left me with my grandfather at the train station, because he was very weak. They went to look for a place to stay. My grandfather died at the station because he had given his food to us, the children.

We found space in a barrack in Putovskaya Street. It was cold, and during the winter it was just as cold in the room as it was outdoors. I was nine years old and had to go to school. The school was far away. Other children skied to get to school, but I did not know-how. I had to pass through the Biysk valley, but I was too hungry to walk. Wolves were howling all around, and there were bones all around after the spring thaw.

Antisemitism had reached Siberia. Adults had a chant: "When Adolf comes in this dark night, we will kill all of the Jews." They had lots of chants like that.

My father found a job at a war factory, and we moved to Sibrevkom Street 16 in Krasnoyarsk. My father could not say that he was an electric engineer because the managers would have asked for his diploma, but as the senior energy specialist he was mobilised, and because there was the threat that the war factories might lose electricity, my father offered to work there. Everything worked. The prize was a larger amount of food once a week, and my school was nearby.

My second brother, Broņislavs, was very weak because he was born prematurely. He came down with tuberculosis, and we had to save his life. We moved to Stalinabad in Tajikistan. My father worked at a poultry farm, and we all lived in the rooms of a summer theatre that was named after Lakhut.

As the end of the war was approaching, we returned to Latvia. All of our relatives in Latvia and Lithuania had been murdered. Eyewitnesses said that my aunt and her husband were shot after the head of their child was crushed on a birch tree in front of their eyes.

I suffer a terrible burden because apart from the graves of my parents, I have no relatives whose graves I could visit and clean up. My sorrow is endless, and I devote many of my compositions to it.

Dons with his father Jakovs in Riga, Elizabetes street near cinema Splendid Palace, 1935

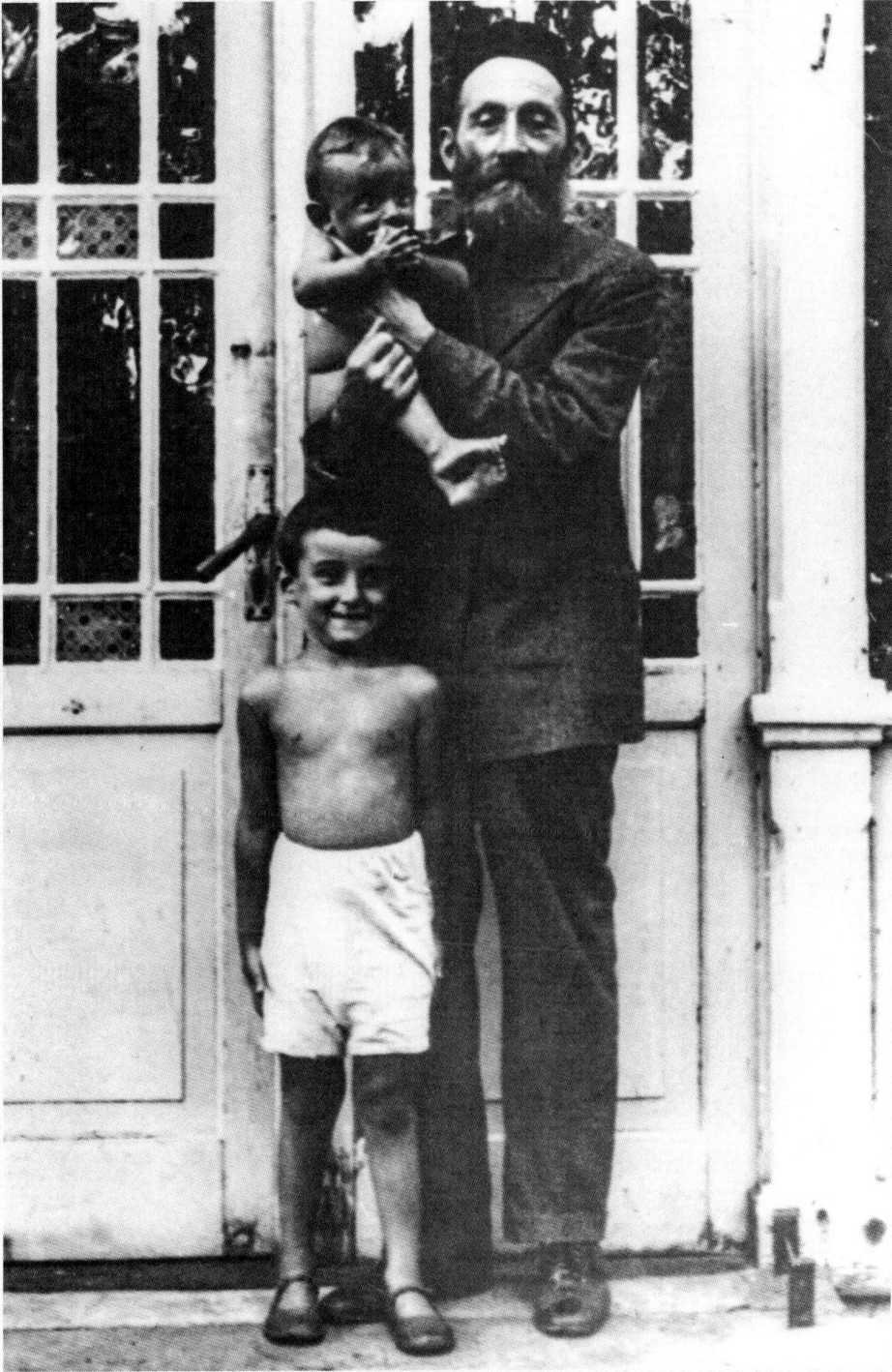

Dons and his grandfather Movše and brother Broņislavs in cottage, Pumpuri, 1937

Jāzeps Jedeikins

born in 1927

We sailed as far as a river called Nurolka,
and located there was the kolkhoz Boyevik.
It was a village of about 20 small houses.

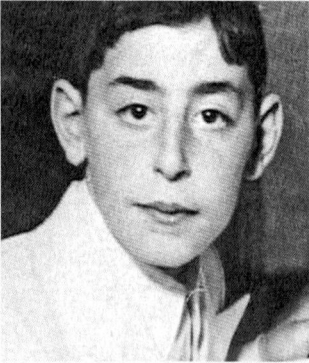

Until the war, we owned the bicycle factory "Latvello". During the 1920s–'30s, one could say a bicycle factory meant the same as an automotive factory. My father was, as the Russians say, a bourgeois, but he was also a Zionist, and he was deported for being a bourgeois and a Zionist. He was deported to the labour camp "Usollag' in Solikamsk, in Molotov, in the Perma territory. There he was sentenced to death. He was shot on April 9, 1942. I have all the documents here. We were not told this for the longest time. In 1956, after Khrushchev had come to power, after the Party's 20th Congress, all the cases regarding people they themselves had murdered were reviewed and then my father was granted rehabilitation – on February 14, 1956. But we, the whole family, were not informed. We found this out for the first time in 1993, when I drove to Riga, at the time when all the secret documents were made public at the Ministry of the Interior in Riga. Only then did we find out what happened, until then we didn't know. My mother and sister were also deported to Siberia on the night from the 13th to June 14. My brother and I had gone to the town of Saldus, where we had relatives. When our aunt found out that the family had been deported, she

telephoned us in Saldus, and we drove in a taxi to Riga. We didn't go to our flat; we went to our aunt's. While one of us packed suitcases, the other unpacked them. We were asked: "What do you want to do, remain here or go with your parents?" We didn't know yet that our parents had been separated, that our father had immediately been taken away. And then my uncle said: "No, where the parents are, the children should also be."

We were driven to the Šķirotava railway station. Deportations were done from various stations, some from Torņakalna, but we left from Šķirotava.

Then the hard times began. One could say that the hard times started already when the Soviet regime came into Latvia. Immediately all the money that we had in the bank and the factory was appropriated. We also had a building and a large summer house in Avoti. All that was nationalized. We also had cars – all of them were nationalized. Nothing belonged to us anymore. We lived in an eight-room flat, then we moved to a flat with four rooms, and we took another person along, to make more of us because we were afraid that Soviet officers or soldiers would move in. We couldn't attend school. We had been going to a Jewish school, where we learned Hebrew. That's how it was for five years. In 1940, use of the Hebrew language was forbidden – you could only speak Yiddish. Or you could go to a school where lessons were in Russian or in Latvian. Thus we attended the 18th public school. When we were deported to Siberia, first of all, we rode by train to Novosibirska. We arrived there on July 11, 1941. Then we were put on a boat, which sailed for three days on the River Ob to Kargasok. There we were directed to a school, where we stayed for a day. Then we sailed on a barge on the Vasyugan River. We sailed as far as a river called Nurolka, and located there was the kolkhoz Boyevik. It was a village of about 20 small houses. The village had been established during the 1930s by the kulaks who lived in the south of Siberia. They, as they say, razkulachili – dispossess the kulaks, and sent them away to the boloto (swamp). They were taken together with their parents, together with their men. Thus they could build something... these weren't barracks or houses, and they were, how can I say... khibaras (shack) as they say in Russian. Some 20 khibaras were there. Otherwise, there was almost nothing there. There was a school – four grades, no post office, no telephone, no telegraph, no electricity, nothing was there. There was no water. We had to go to the Vasyugan or Nurolka Rivers for water.

What can I tell you about those times? For one, I was always hungry. You came to the table to eat, but there was nothing to eat, whatever we ate, was so little. Afterwards, you were constantly hungry. And we were growing children. The second thing was that it was hot. It was so hot that you didn't know what to do. The heat was 30° or 40° Celsius. Later, when I was in prison in the gulag, and I was in "Oziorlag" – how nice it sounds – "Oziorlag", but it was a special maximum-security labour camp. We didn't have to go to work only when it was minus 55° Celsius. Why were we not driven to work? Not because we couldn't work. Why wouldn't we? If something happened to anyone, they were just thrown aside and left there. They had shubas (fur coats). But the dogs who drove us couldn't handle minus 55° freezing weather. "Oziorlag" was a maximum-security labour camp for us. What did that mean? That we had to work for 12 hours when everyone else worked 8 hours. We had to work 29 days and only one, the 30th, we got free. It was madness. The regime was such that we could only write a letter home once every six months. And we didn't have, like everywhere else, a shop where we could buy something. We had no money; no money was given. For everyone else, their work counted – for a year one and a half or one equalled two. It wasn't like that with us. As many years as you were sentenced, that many you had to work. If it was 10 years, then you worked 10.

In Vasyugan we had to work, and we went to work as the Russians say ot zaryi do zaryi – from dawn to dusk, until late in the evening. We worked in the kolkhoz. It's interesting that the kolkhoz chairman came to me and asked me: "How many grades have you attended?" I said: "Six." I had attended five grades, and during Soviet times, one. "How can it be?" he said, "Six grades and you didn't learn how to work with a horse?" I said, "They didn't teach me that." He couldn't understand that, because in the kolkhoz everyone knew how to handle a horse. There I learned for the first time how to do makeri (curse foully) in Russian because if you didn't scream like that at the horse, he didn't move. In the winter we had to catch fish. That was for the first two years. After two years, my mother got a permit to go to the regional centre Kargasok to see a doctor because she was ill. That also opened the door for me. My mother and I went to Kargasok while my brother went to Chizhapka. The latter was halfway. He finished the seventh grade there while I finished the seventh grade in Kargasok. In the summer, we always worked all the time. But we had no food. In 1943/44 it was something else... I was by myself; my mother had gone to be with my sister, and brother Lyonya was in Chizhapka. In the beginning, I only got 400 grams of very heavy bread. It wasn't enough. It wasn't much. We didn't get either sugar or butter. We had nothing. You had to pay for all this, but we had no money. All that we had, in the beginning, were my father's things, which we sold. To get something to eat. We didn't have potatoes either, nor potato peels. We ate the green leaves of goosefoot plants and nettles. That's what we had to eat. Or the chaff, which was given to horses or other farm animals as feed. I don't know how we survived. Many people died. After 1945 it was better already. In 1947 the ration cards were abolished. In 1947 I finished school, but we weren't given the opportunity to go to Tomsk, for me to go to university.

At the beginning of 1949, five other people and I were put in prison. They said that we were in a Zionist organization, that we, as they put it, were blamed for "participating in an anti-Soviet, bourgeois nationalistic group, which celebrates Jewish national and religious holidays, meets as a Zionistic organization in order to betray our socialist motherland, and wants to escape to Israel to fight against the Arab national liberation movement." What else was I put in prison for? Because I said that during President Ulmanis' time in Latvia there was much more, I'll say it in Russian: svobodi bilo namnogo bolshe chem tut (more freedom than here). That was true. They said that on May 15, 1934, there had been a fascist coup. But we know how it was. Everything stayed the same. The Jewish congregation, the Hebrew schools, we had everything that we needed in Riga, in Latvia. We had Hebrew and Yiddish newspapers; we had Jewish clubs and a Jewish theatre. We had Hebrew schools and all that you might want. Like in a democratic state. They just didn't have the same in Russia – they knew nothing about it.

In 1949 I was arrested, and only after Stalin's death on November 15, 1955, I was told: "You're free." But in the Soviet Union, the word "free" is not the same as elsewhere in the world. I was once more arrested and once more exiled because I had been exiled before. I couldn't go to Riga. But at this time my sister, mother and brother already were living in Tomsk, they had already got a reprieve. I was deported not to Kargasok, but to Tomsk. When I arrived in Tomsk, I was issued a passport. It wasn't a real passport for the first time; I was given a so-called volchyi passport (a wolf's passport) – where I had to go every two weeks and register to show that I hadn't left Tomsk. The sort of passport that normal Soviet people got I didn't get yet, I still was in a spetsposeleniye (special settlement). I had to sign a document saying that if I left, I would get 20 years katorzhniye raboti (penal servitude). But in general that "Oziolag" already was a katorzhniye rabot. Every day three or four people died in the barrack. Everyone knows that there were those camps, like the one in Kaizervald (Forest Park) in Riga in 1943/44 – the same as with the Germans.

Every day it was one and the same thing. You walked along the street and saw dead people. Everyone was just begging for food. In the newspaper, there was constant praise for the Soviet people, how much they worked on behalf of the Soviet motherland. But we knew already, what was true, what was the truth and what wasn't the truth. How did I get out of there? I studied bookkeeping for six months and finished that course. Afterwards, the situation was as follows: Khrushchev issued the order that any youths, young men up to the age of 35, who enrolled in a university, institute or polytechnic institute, if they enrolled in the day division, not in the evening one, only the day division, then they would be liberated. Therefore, I should enrol in a university. How can I enrol if I've come out of prison and have forgotten everything? I debated – where to enrol? I wanted to enrol in medicine, but there you needed physics, chemistry and mathematics. All that I had forgotten. I had spent nine years in prison. In prison, you needed something else altogether. You had to struggle just to stay alive. You can't even imagine how it was. Then I thought: I'll apply in the history department. Why history? I knew history somewhat. There you needed to do exams in history, geography and one foreign language. I knew German better than the teachers there, still from school, from Riga. That's three courses. But then you needed to study Russian literature, which I would have to learn. And what did I fear – in the exams, you needed to write on an assigned topic... I wrote with errors because I had just learned Russian after grade seven and not from the first grade. I sat down and studied 18 hours each day – from six in the morning to twelve at night, each day for 90 days. Afterwards, I went to university and handed in my documents. They said to me: "If you get 25 points, we'll admit you." Therefore, I had to get fives in everything: in written and oral Russian, German, and after that in geography and history. The first exam was in written Russian. I went, and I wrote it. How I wrote it, I didn't know. Afterwards, the next day it was posted on a wall how we all did. I said to a friend: "Go, look, what I got!" He looked and said, "A fiver!" I couldn't understand how I got that five. After a week, they gave me a paper saying that I had been admitted that I was a student, and I went to the militia to get my passport. But the passport was with the 38th point. I could study in Tomsk, but not in the large cities. I wore myself out for a year and got all fives. And then they sent me to the Crimea for the summer of 1957. My sister, her husband and mother, got permits to go to Riga. My brother got a permit to study in Leningrad. Then I decided I too would go to Riga. Why would I stay on alone? I went to Riga and the university there; I asked the rector: "Will you admit me?" He said, "How can we admit you?" I said, "Why not?" He said, "You don't know Latvian, you haven't spoken Latvian for 16 years, from 1941 to 1957, and we don't have Russian classes, just Latvian." I said. "I think that I'll somehow be able to do it. Here is my booklet." He looked and saw that there were all fives there. Then he said: "Fine, I have no objections." I said, "Well, then, please write that you have no objections." He wrote it. I went back to Tomsk to the university and told them that I want to transfer. They gave me the papers and I returned to Riga. Because I was a student, I got registered for otherwise I wouldn't have been able to be registered in Riga. Only later, in the 1960s I found out that I have points 10 and 11 added at the registry. Point 11 – a person is not registered as an individual but as a social organization. That was removed. Then they took off 10 years from my sentence changing it to 5. I was in exile for eight years and seven years in prison. Now I was considered a Soviet citizen. I was only told in 1993 that I was rehabilitated. At the time they told me – a sentence of five years, after five years, after 1953, after Stalin's death, everyone got amnesty, and after the amnesty, I was no longer a sentenced person. I got my passport as a free person only in Latvia. I finished university with honours and for a while worked at the university, after that in a school. I didn't want to live under the Soviet regime. I wanted to leave. Three times they didn't give me a permit, saying, "You can't be a history teacher." Then I became a German language teacher. At the end of 1970 I handed in for the third time my papers, and on January 31, 1971 they said: "You can emigrate together with your family to Israel. You have 28 days to do so." It was good that they gave me the 28 days. I had to go to Moscow to the embassy. There I got everything and came back. The school where I worked, what happened there! "You're against the Soviet regime! You should be put in prison! You're a traitor!" They couldn't do anything, of course. I had to get a reference from there, which I got, and it was horrendous. On February 28 I said good-by to Riga! On March 1 I arrived in Moscow by train, and I flew to Vienna, stayed there for three days, and now I'm here, back in Latvia for a few months to live in Riga and Jūrmala.

I come every year and live for many months in Latvia. I marvel: the first time I came, I started to talk and could say so much in Latvian. 16 years there and now more years – 25 here. The first time I came to Latvia was in 1997. The property we owned before is practically lost. Latvello was merged with the factory Kompresors. They said that we couldn't reclaim it that we could get state-issued certificates. Those certificates worth 28 lats we sold for three. Now they're worth 15. They gave us back our summerhouse. But my sister and also my brother wanted money, so we sold it and sold it cheaply.

I also remember Siberia, but I don't want to go there. I don't also want to go to Russia. They say that Russia now is altogether different, but let it be different, it isn't the one...

Jāzeps and his brother Leons in Latvia

From left to right: Jāzeps, Solomeja, Leons

Siberia

Leons Jedeikins

born in 1927

Not one of my relatives, with the exception of the musician Valdšteins, has remained alive – all of them were killed...

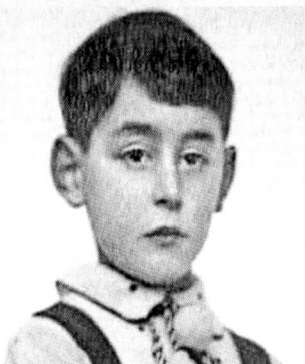

I was born on September 6, 1927, in Riga. My family consisted of my father, mother, four-year older sister and my twin brother. We were a good family, a so-called "upper class" family – my father was the owner of the bicycle factory Latvello. We had a good life. That is, until 1940 when the USSR extended a "friendly hand" to us.

In 1941 we were deported to Siberia. We, my brother and I were not at home – we were with our relatives. On June 12 my mamma, father and mother were taken from our flat, but we were in Saldus and knew nothing of this. Only on June 14 did we get a telephone call. It was a hard trip to Riga. We couldn't get into our home; the door was sealed. Our relatives – my father's mother, father's sister with her family, mother's sister and her family – were waiting for us. One group said that we shouldn't follow our parents. We should wait because we could go later. Mamma's relatives said: "Where mamma is, there the children should be." They discussed it, and after an hour or two, they decided that we too should go. My sister's friend, her betrothed, was there and one of my father's most senior employees, who had for a long time worked together with my father. They were the so-called

PDI – policijas palīga darbinieki (police assistants). They were going to take us to the railway station. We stopped at a place where Russian officers were standing around, who told us that there was no need for us to go – "Stay here, where you are, why do you want to go?"

That was on the way to the Šķirotava station, where the officers were. My mother had already been there, in a wagon, for two days. We were on the list to be deported, but we were given the chance not to go because "they" hadn't found and taken us. We went to the station voluntarily. At that point, our father was already separated from the family in another wagon. My father was sent to Solikamsk, and on April 9, 1942, he was shot. He was murdered in a labour camp. That we found out only later when I returned to Latvia. He was a bicycle factory owner – that's what was written there, where 200 people worked, he was a capitalist, and for that, he was shot.

Then in June 1940 the Russians invaded and extended a "friendly hand". I don't recall if it was after a month or after two weeks, when all our property that we had, including our five-story house where we lived, was appropriated. We also had a store and other possessions. They took everything. We had a seven-room flat, and they took half of it. My father, until the last minute remained the director of his factory. The workers that were there loved my father very much and wanted him to stay.

We were driven to the Šķirotava station. When we were still in Saldus, a day prior to our departure, my aunt came into our flat and took from there some of our things and clothes. She gave us much money, and the first thing I did was to buy some rusks of bread. That's how we arrived at the station. I remember that my mamma was screaming the whole time to give her boys back to her. I don't know how we found our mother there at the station. The wagon had a large door, we entered, and the door was shut and locked. I recall that there were two-level bunks made of wooden planks. In the corner of the wagon, there was a so-called "pissoir" – the toilet. We arrived at ten in the evening, and at midnight the train started to move. If we had arrived two hours later, we would have remained behind, but then I wouldn't be sitting here telling you this... Not one of my relatives, with the exception of the musician Valdšteins, has remained alive – all of them were killed... I don't say thanks, but I could say thanks that I've been lucky to survive.

It took us about five weeks to get to Novosibirsk. At night the door was opened, with a scream: "Sup!" (Soup!) That's how we once a week got soup, and the soldiers allowed us to run and get hot water when the train was stationery.

From the train, we were loaded on a boat "Nikolai Tikhonov". I don't know how many days we sailed with the boat – initially on the River Ob, then on the River Vasyugan. At every stop, two or three families were put out onshore. We were thrown out in a rabochiy posyolka (a work village). That was already by Vasyugan River, 200 or 300 km from Kargasok. We were lodged in a club, on the stage, with all our belongings. In the club, the film "Devushka s kharakterom" (Strong-Willed Girl) was being shown. I watched the film. Two families were put up there. My mamma took in another girl who had been crying in the wagon. After two days in the wagon, her mother and two brothers were taken away, because they also had some factory or something else. The girl was about 18 years old, and my mamma took her in. Thus we were: my mamma, my sister, that girl and we two, my brother and I. There was another family with the last name of Shomer. It consisted of a mother and three children, and also someone called Liuba Eizenstat.

After a week or two, we started to look for a place to live. I don't remember, but it seems to me, that it was some sort of a centre, where we lived: there was a village co-operative; a small hospital with two or three beds and the smallish-size kolkhoz probably was called Pobeda. There were no more than 13 houses there. Then we were given or sold an underground bunker – under the earth, but on top covered with wood. After about two weeks we were told that we had to go and work, that we hadn't come to a resort, but that we would be retrained. Our first job was "karchovka" – to break up tree stumps. My mamma had never worked and also in Siberia she didn't work. We three worked, but we had to fill the quotas of four people. That's how it was for two months. The authorities arrived and decided that this was war and there was a need for fish. They decided that they needed fishermen – soldiers. And we were then called 4. Voyenizirovaniy riboloveckiy divizion (Fourth Military Fishermen Division) That in itself sounded "lovely"! We started to fish. In the summer we fished in a big boat. In the winter we also threw in nets. My friend Shomer and I asked the brigadier how to put the nets in. He said, first *of all, you have to hew a large hole in the ice and then 6–10 metres further, another hole. Boards were sunk in, and again you had to get out. He didn't tell us how it was all to be done. The ice was a metre thick, the nets froze to the ice, and we got to hew the holes. That was my winter fishing.*

After two years, I decided that I would escape because I wanted to go to school. In the place where we lived there wasn't a school. My brother also said that he would come with me. We took a boat, potatoes and headed for Ust-Chizhapka. At some point, we tied the boat to a barge, and that's how we sailed. I began to search for a place to live. I found a family, and we arranged that our job would be to supply firewood and water for the house.

I went to the commandant's office and told them that I had escaped from the rabochiy posyolka (work village), but it wasn't held against me. We started to study. After a couple of weeks, my mother got a permit to leave Kargasok, to be examined at a hospital to see what was wrong with her. My brother decided that he would go with mamma. I decided to stay and study – I didn't know what awaited me in Kargasok, I wanted to learn, and I didn't want to go anywhere.

The winter was hard. The potatoes were soon finished... Each day I bought 120g of flour. Everyone could get either 200g of bread or 120g of flour. From the people with whom I lived, I got potato peels. I went to pick nettles, and each day I made porridge for myself from the 120g of flour, the potato peels and the nettles. That was all the nourishment I had. I finished 7th grade and again headed out with a small boat for 30 km because my mother and my sister had been deported from Kargasok to a place not far from where I lived. My sister worked in the forest – there was a sort of a barge there, on which was a large winch, which was worked by eight horses – the logs were lifted by the winch, then thrown on the barge, and later they had to be piled in rows. In June, July and August we worked, and then we went to Kargasok. There was tree-felling work there with saws. I was already big, having finished the 7tth grade. I don't know how mamma convinced the chairman to allow me to continue to study. Then I went, together with my brother, to school – to grades eight, nine and ten. We had to write exams to obtain the "Atestat zrelosti" (graduation certificate). I wasn't fluent in Russian for in my childhood I had only spoken in Latvian or in German. I knew how to speak Russian because we had a Russian nanny. At home, I talked in Russian to mamma, and with my father – in German. I didn't know how to read Russian. I recall that in Riga there was a newspaper called "Segodnya". From it, I learned Russian Cyrillic letters. When I had exams in the Russian language, I, of course, didn't pass them. The next opportunity to rewrite the exams was a year later. The minute I failed, I was sent to work in a tie plant. These were the ties that are put down for the railroad... I worked there for a year, and it was dreadful – far from home, every Sunday, I walked 20 km to my mother's. I didn't say – this was in 1948 when my brother and five people in total were sentenced, each was given ten years under the 58.10 paragraph for speaking and spreading propaganda. He and four women were taken away, and he spent eight years in prison in Omsk. I definitely needed to get that certificate after a year. I thought perhaps I would study further, I would do something... There were good people there – the plant director. I was a good worker, and we were on friendly terms. He said: "You've been conscripted, but go on and flee from here, I'm the only one who can take you to court and had out a search warrant to agencies to get you back here. I won't betray you, I promise."

I came to Kargasok and went to see the commandant. The commandant told me that he wouldn't give me up to the authorities, but that I had to sign that after my studies, I would work as a stevedore.

I went off to study, and I still had a month to get ready to do my exams. There was also a written exam. I asked: "How did I do..." I was told: "Between two and three, we're still deciding what the mark will be." I got a three, and now I had my "atestat zrelosti". Then I went to work as a stevedore. It was already cold there in September. I had to lift 200 kg of heavy boxes. These had to be carried from the barge. It was very, very hard – the work was done both day and night. You know that you have to go and carry, and then go again and again. When work finished, you got a glass of vodka and a glass of milk. Then there was rest – approximately 20 minutes, and then four more hours of work. Then you got another glass of vodka, another glass of milk... I worked like that for a year. I had studied, I was educated and had finished school, so I was appointed deputy to the warehouse supervisor. There were large warehouses there.

In 1948 all the children that were deported got permission to return to Riga. One group left, but I was on the second list. On it was children that had been born up to 1925. I sailed on a boat. The boat arrived at a place where barrel boards needed to be loaded on. We stood there for three hours. Afterwards, the militia arrived and did a search; we started to talk in English as if we weren't from Riga. The militia ordered all to get off the boat. We walked back for three kilometres, with all our belongings. My mamma asked what had happened. The administration had got a notice that the children couldn't be sent home after all. The ones who managed to get back to Riga, after a month were deported to Siberia once more. We were not deported, but we sat on a boat for three hours.

I didn't have the opportunity to study further. I wanted to go to Tomsk. I only got the permit to go study in Tomsk in 1953. There were many students there. I wasn't admitted anywhere, the only technical college that would admit me was the Tomsk Forestry Technical College. It was interesting there – in the beginning, they admitted me, then didn't admit me, and so on. After the technical college, you had to go work for three years wherever you were sent. I had to graduate with all fives for then five percent of those who got these grades could enrol in the institute. I graduated, I had not even one four, and I got a free diploma – that is without the three-year work obligation. I had finished ten grades already, and that is why I had to study in technical college only for two and a half years.

Afterwards, I worked for six months and then I got my passport. That was in 1956 when Stalin had already died. I wanted to study further, and I went to see the Leningrad Technical Academy of Forestry. I went to find out if I would have to do entry exams. They told me that I wouldn't have to do any exams. I had some free time, so I went to Riga. There I had some acquaintances and also my wife-to-be. I stayed in Riga for June, July and August, and on September 1, I went back to Leningrad. And I couldn't study there after all because that was in 1956, and I was 29 years old, and I was studying together with boys and girls who were 17 and 18 years old. I arranged with the administration that I would transfer to being a correspondence student. I headed back to Riga and here I attended the evening courses at the institute, which I finished in 1962. What to do? I lived with acquaintances. I started to look for work. I looked in the telephone directory for numbers of organizations associated with forests, wood and paper industry, phoned and went to see them and got work in a planning institute, an organization which later was called "Latgiproprom" at 15 Lenin Street. I started to work as a technician, then as an engineer, the senior engineer, as a group supervisor and finally as the chief specialist. I worked there for 17 years. After a few months, I married my wife. I have two daughters... We have a normal life.

In 1973 we decided that we would look for something better. My mother, sister and brother had been already for two years in Israel. We debated – what to do? For the conditions at the time, our life was not bad. There was a thought: what will we have if we go? I was 45 years old. But nonetheless, we decided to go and, I can say now that the choice was right. Here I started to work in a petroleum plant in my speciality – control and measuring devices. When I retired on my pension, I was a department manager.

A few words about my Latvian language, when I returned from Siberia and was already the senior engineer, two Latvian boys Jānis Klotiņš and Gunārs Muižnieks worked with me – we were friends. They said: "If you won't talk in Latvian, we won't be your friends." I, having come back from Siberia, had forgotten the language. And thus – bit by bit all I had known earlier, returned to me! I can say thanks for this because now I can talk to you in Latvian as I did in my childhood.

Now I'm a pensioner, we do what we want, and we live a normal life. One of my daughters lives here, the other lives in London.

I don't know what I can say to sum it all up. A human being has to think all the time how to do better for himself. From each period of my life, some good people have remained, I always met some like that. Do you know how many times I had to start all over again, right from the beginning? Three times! In Siberia too, I met many good people, but there were also bad people. I looked for the good in people. Here I have new friends, but I remember the friends I had in Riga, some of them are also here. Each Friday, we get together. The writer Mincs, the engineer Valdshteins and others – my good friends from Riga – are here.

Well, what else can I say...

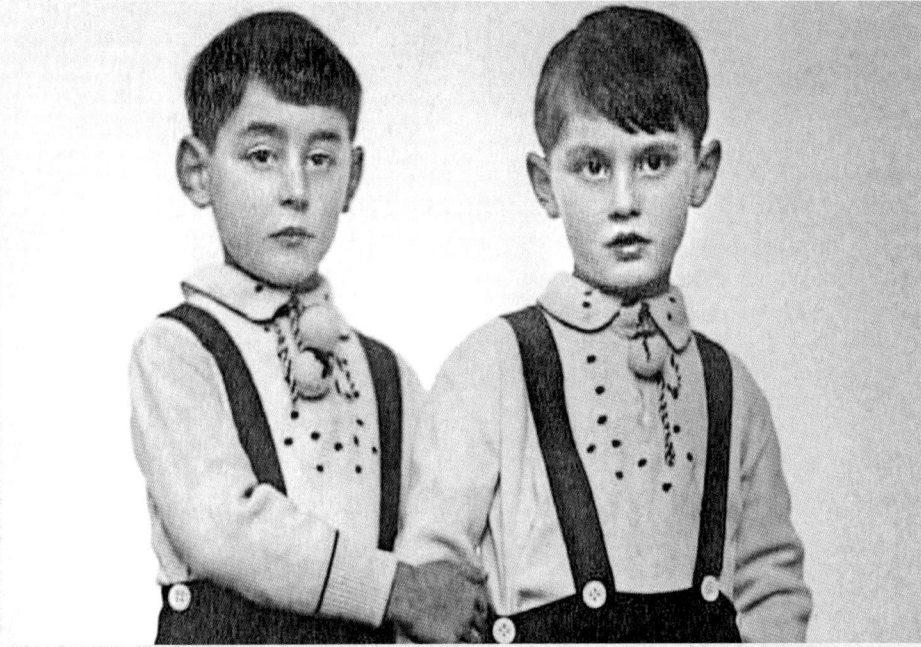

From the right: Leons and Jāzeps

From the right: Leons, Solomeja, Jāzeps and mother. In Siberia

Ella Kagane (Slivkina)

born in 1926

Five people came in. One was a member of the
Red Army, another was a Latvian policeman,
the third was a Jew from the party organization,
and then two others.

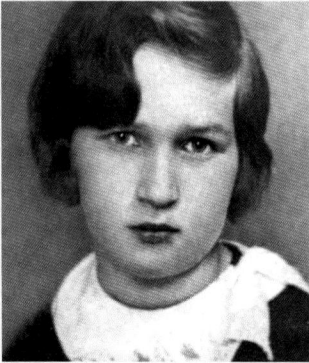

*We lived in Daugavpils, and I was born in Daugavpils,
into Išajs Kagans' family. My father's name was Išajs
Kagans, and my mother is Gerta Kagane. I also had
a brother, who was four years younger than me. I was
born in 1926, and he was born in 1930. I attended a Latvian
school in Daugavpils: Elementary School No. 5, a Latvian
school. We spoke Russian in the home, and my parents
both knew Hebrew well, but they spoke Russian with us.
I kind of straddle two cultures – Russian and Latvian –
because our school language was Latvian.*

*My father owned the "Apiņu imports" company that
imported hops from Poland, Germany, Austria, and
Czechoslovakia to Latvia. For business purposes, my
father and his partner, Ovsejs Marons, decided to move to
Riga in 1938. As a result, his partner was deported, too. In
1938, when the war between Germany and Poland began,
my father headed to Poland to rescue his investments,
which were located in Polish banks, and he was missing
for two months. During that time my mother and the two
of us children moved to Riga, because we already had
an apartment rented there. We did not know what had
happened to Father or where he was or whether he would*

ever return, but one night he did return. Of course, he returned with empty pockets, but he was glad to be alive. He told us that Latvian border patrols had stopped them on the border. They knew which people had left the country and were happy to see them returning to Latvia alive. Father returned to Riga.

We were a prosperous and good family. Only Father's parents were still alive; Mother's parents had already passed away. One of Father's sisters and her children lived in Lithuania, in Panevėžys. His other sister was studying in Leningrad. Most interesting is that literally the night before the deportation we were all gathered at our place in Riga. Father's sister and her husband and children had come from Panevėžys, and our aunt came from Leningrad. That was at the beginning of June 1941. We did not yet know anything then; of course, no one knew yet what was awaiting them in the future. When they came to deport us, our aunt from Leningrad was with us in our apartment. Of course, she had to leave the apartment together with us. Our father was in Majori during the night of June 13–14. The doorbell rang. Five people came in. One was a member of the Red Army, another was a Latvian policeman, the third was a Jew from the party organization, and then two others. They said, "We need to transfer you to another location in the near vicinity. You are allowed to take only a few belongings, suitcases. But you will return soon." The party employee went over to my brother and began to wake him up. He took him by the leg and said, "Well, well! Get up, get up! You'll grow up to be a good Komsomol member!" That's what he said to my brother. But my brother just kicked him in the stomach. I remember that well. I had the feeling that we needn't take anything along. But the policeman, who was Latvian, opened our wardrobes and started throwing things into suitcases himself. I walked around, choosing things to take. We packed our things and a little bit of food – whatever we could find there at home. We were loaded into a truck and taken to other houses from which people were being deported. The next family was the Ulmanis family; we were together almost the whole time at the kolkhoz where we ended up. And so a few other families were also picked up. Suddenly my mother said, "Ella, look there, Father's coming! Should we tell them or not?" She asked my opinion even though I was still a child, and we decided that we needed to tell them. Mother said, "See, that's my husband over there." Of course, they grabbed him right away and brought him over to us. Seeing the circumstances, Father said, "Listen, please have mercy – I have nothing with me. Let me go upstairs and get some belongings!" The policeman accompanied Father into the house and Father filled a suitcase with a few of his things and returned to us.

We were taken, I think, to Ikšķile. I think that the freight cars were in Ikšķile. The heads of families – the fathers – were separated from their families and put on separate train cars, and the women and children were put in other train cars. And so we said goodbye to Father and didn't see him again for several years until he was released in early 1944 because of pellagra, an illness of exhaustion. He came to the village we were living in.

In 1941 we were loaded onto livestock cars, and then our journey to Novosibirsk began. We did not know where we were being taken to. Along the way, we found out that the war had begun because we saw trains full of soldiers heading the opposite direction. Women sold produce and brought us hot boiled water at the train stations where we stopped in Russia. Living conditions were horrible because the toilet was right there in the same train car as we were, and there were both children and adults all living together in one place. We travelled like that the whole way to Novosibirsk. In Novosibirsk we were loaded onto barges and taken along the Ob and Vasyugan rivers to various kolkhozes. The Vasyugan is a tributary of the Ob River. We travelled along the Vasyugan, and every so often a few families were put ashore – on both the right and left banks, depending on which side the villages were located. The villages were populated with farmers "dekulakized" in 1929. The Ulmanis family was put ashore in the same village as we were. The village was named Novoyugino. That was in Kargasok district. We were greeted by the director of the kolkhoz, and he divided us up among the local kolkhoz workers. Each family in the village had to accept someone into their house. There were about six or seven of us families that had been put ashore there.

My mother, brother, and I ended up with a family of Old Believers, a husband and wife. They were kolkhoz employees and already quite elderly. They brought us back to their hut and prepared a place for us to sleep under an icon in what could be called their "parlour". They also had a kitchen in which they lived. The kitchen had a Russian stove. The house also had a vestibule. We lived with them for a year. They gave us food and drink and sent us to work. Mother had to begin working right away. She had to do forestry work. As I remember, Mother was dressed *in silk stockings and sandals. It's obvious that we weren't ready for heavy work. The old couple gave Mother milk and also gave her breakfast to take along.*

We children attended school. Novoyugino was the centre of the district, and therefore it also had a school. Children came from the surrounding rural areas to attend the school. I think I was in 6th or 7th grade, and my brother, who was four years younger than me, was only a couple of grades behind me. The teachers were evacuees from Leningrad and Moscow. To this day, I remember my wonderful literature teacher, Vasiliy Stepanovich, who was Ukrainian. During one literature lesson, when we were learning about Gogol, a boy from the neighboring village of Staroyugino jumped to his feet and said, "Aha, we know about those Hebrews!" Or maybe he even said "Jews"; I don't remember exactly what words he used. The teacher Vasiliy Stepanovich stopped and said, "Yes? And what is it that you know?" And then he gave a lecture about Jewish history and devoted the rest of the class time to the Jews. My friend, who was also a Jewish girl, and I sat in the front row. Our anxiety was indescribable. Every single hair on our heads stood on end... we had goosebumps, and I felt awful. That was one of the most unpleasant moments.

We had to work on the kolkhoz, too. We had to help with the harvest and catch fish. Suddenly I was sent to go fishing. I was kept as an extra worker and had to jump into the water to hold the net. It felt like I was losing my grasp on the net, so I started to run around a big tree. Of course, my actions were accompanied by amazing curses. You can image a young girl...

How old were you then? I was 13 years old. And your brother? He was nine years old. The farm work and the harvests, that was all regular work. After that, I wanted to join a group going to the taiga. There was a small factory there that produced white fir oil. There were young people working there. One could receive a bit of food for working there, as well as a ration of bread and some sugar from the farm produce store. There I got two loaves of bread and a few other things and headed home. Mother said, "What's this? What have you bought at home?" I told her that I was now being sent to the taiga to work in the factory with the other young people. Mother said, "You're not going anywhere. Take all of that back at once!" So I went and gave everything back to the store. In the morning Mother went out to the river bank, where the boats came to pick up workers at 6 AM. They were waiting for me. Mother said, "You can leave now – Ella is not going anywhere!" Of course, our director was not happy that Mother would not let me work at all the jobs. But she didn't object to the fishing jobs anymore. She didn't object to me being thrown into the water and having to mend fishing nets. But one fine day a cart arrived from the "Voyentorg" settlement in Kazal'tsevo, which was on the banks of the Ob River, and gathered people to go help them. Of course, Mother and I were the first ones that the director put on the cart. A few other families went with us.

In 1943 we were taken to a new village, Kazal'tsevo. That was a fishing village that prepared food products for the front lines. The head, or director, of the village, was a man named Janin, who was a former or current colonel from Novosibirsk. There were lots of people in the village. Volga German families had been resettled there, mothers and children, as well as women from Smolensk. They were enemies of the state, and so were their husbands, and they were all sent to this place. In the winter, when the Vasyugan River froze, there was ice fishing. We lived in sod houses carved out of the soil. My mother was even able to make the sod house feel cozy and homey. There were always little napkins on the table. The windows were high up, and we looked out of them from below.

In the summer we were sent north into the taiga to pick lingonberries. The women from Smolensk and the Volga Germans went to pick berries, and my brother and I always went with them. There were also some people from Latvia. I remember a woman named Mednis and her child. Unfortunately, the little girl contracted diphtheria and died. We lived with Mednis, Mrs. Dunkels, and Žeņa Sedova. They were all from Latvia.

Our commander was an anti-Semite. He behaved awfully towards us and scoffed at us. But not only towards me. I was the only Jewish girl. There was Žeņa, who was Latvian, and also some Russian girls. Žeņa and I decided to write a letter to the brigade leader. The wife of an officer said that she was leaving. She didn't know how she was going to do it, but she was leaving. We gave her the letter, which was addressed to the authorities. In the letter, we described our living conditions and the commander's behaviour towards us.

I was haunted by tiny lice. I had long, thick hair and caught some lice. When I ran my hand through my hair, I felt a whole layer of lice. The girls from Smolensk cut all of my hair off; that was the only way to deal with the head lice. We were *already accustomed to having lice in our clothing. We dressed in summer clothes; we had not taken along anything warmer. The river was already beginning to freeze over, but no one came to get us. We didn't have any boats; they were all gone. A boat finally arrived after the banks had already frozen. By that time the barrels had already been filled with lingonberries and cranberries. We had to lift the barrels into the boat and return them to our village. We were loaded onto a huge boat and travelled on the river for about a week. We approached the banks of the river and got off the boat, but were greeted in the night by howling wolves. We saw them. We had to start fires and throw flaming sticks at the wolves. That saved us. And so we travelled on and neared our village. Everybody there greeted us. My mother asked, "Ella, where is your hair?"*

Despite everything that happened to us there, we still considered it better than being caught in the Germans' paws. There was talk about them – the Soviets – having saved us, because if we had not been deported, then we would have been taken by the Germans.

This village was occupied for the most part with fishing and berry picking. Our father came to us in 1944. He had been freed from the labour camp. They had asked him, "Where do you want to go?" He was not allowed to go to the big cities, and he had replied, "I want to be with my family!" He didn't realize that that meant Siberia and that he could have instead chosen someplace near Leningrad. But be that as it may, he was brought to us and lived in the same barracks as we did, in the same room with Medne, Dunkele, and Žeņa, together with these three women that we lived with. And he worked right there, too, as a guard. Janin gave him various jobs.

<u>Do you remember the day he arrived?</u> He arrived by motorboat. The notification was on the motorboat. Of course, it was shocking, but we must have already known beforehand. I don't remember exactly how it was. At first, we didn't know where he was located, nor did he know where we were. His sister lived in Leningrad and remained there throughout the siege. My father corresponded with her, and that's how he found out where we were, and that's how we found out where he was, too. And then one fine day, when we were still in Novoyugina, we received a note written on birch bark – birch bark performing the duties of a postcard, with an address on the other side. On the other side of the card was a short letter that said, "I'm in the Urals, in Solyikamsk. I'm working in the forest.

Three-meter firs sway like matchsticks." He was a bit poetic. "And we're felling trees." We cried when we received that letter; it was breathtaking because... At least now we knew about each other; he found out where we were, and we found out where he was. When he was released, he came straight to us. I don't remember whether we knew he was coming, or whether that was a surprise for us, too. I'm inclined to think that his arrival was unexpected.

<u>*What did your father look like?*</u> He had been released because he was suffering from pellagra. He was haggard, but with us, he somehow recovered and got better... He was with us for a year. Then Janin arrived, called out Father and told him that some people had arrived to gather up labourers for construction in Tomsk. And he was sent there. We began to cry and plead, "Why are you doing this? Why are you separating us again?" But they replied, "That's the only way you can get away from here! He'll go to Tomsk and begin working there, and then he'll send you a summons for studies and a summons for your mother. That's the only way you can get away from here..." And that's the way it happened. All of the women who lived there collected food for his journey and then we saw him off to Tomsk.

<u>*That was in 1945?*</u> Yes, that was 1945. He arrived in 1944 and in 1945 he was sent to Tomsk. There we learned that the war had ended. Soon we received a summons from him. He had arrived in Tomsk and was put to work in construction. He had to dig ditches, which was very heavy work. He didn't work there long because he didn't have the strength. He went to the director of the ORSA (Division for Workers' Social Security) and told him what kind of work he had done earlier in his life. He said, "Maybe you can give me some suitable work so that I don't have to dig holes and ditches?" We met wonderful people along the way, people like Janin and the ORSA director. He said, "OK, let's have a look!" And he gave Father a decent-looking winter coat and pair of trousers and said, "I'll give you an assignment. If you finish it, then..." He sent him to the regional committee and the town committee, to request assistance for the construction firm or something like that... My father finished all of the tasks that were asked of him, and the director kept him on at the job. Later he said, "He welcomes based on attire, and accompanies based on sense." The director was pleased with Father's work, and Father continued to work there. Father sent us a summons, and after a while, we went to Tomsk. He had already rented an apartment there.

What did a "summons" mean? A summons to study at a school there.

Wasn't there a school where you were living before? I think I had finished seven grades, and to study further, you had to go to Kargasok, but Mother didn't allow me to go there. It was several tens of kilometres from Novoyugina, and so I didn't go to school after 7th grade. It was 1945, and I was 17 or 18 years old. Then Father signed me up for pharmacy school, and my brother, too. We moved to Tomsk, and I began attending school there. I hated it there. There were 7th graders who had just finished their studies. My dream was to graduate from high school and get a diploma... I left pharmacy school and finished the 8th and 9th grades as an external student [at an accelerated pace]. I began to prepare.

I'd like to tell a bit more about the Novoyugina village and the kolkhoz... It was very cold in the evenings. We had lived for a year with these people who looked after us in all sorts of ways. We were then given the barn, and we cleaned it and scraped the floors and cared for it. In the evenings my brother and I sat by the fire and were horrified, and we sang songs that we still remembered: "Kur tu teci, gailīti manu..." and "Laša kundze acis bola..." After that, we sang songs that we remembered in Russian and Yiddish. By the way, I don't know Yiddish very well. I understand everything but don't dare to speak it myself, because we spoke Russian with our parents. So that was an episode about how we spent winter evenings.

But what was it like the very first months? We lived with strangers, and they looked after us and guarded us. Their daughter and granddaughter also lived with them. We could not stay with them longer. Later, we sent them packages from Tomsk; Father sent them. We somehow began to settle in once we were in Tomsk; that was already after the war. Eventually, Father became the director of his division.

People starved. Yes. The Latvians were the first to die in the camps. They could not adapt. It was very difficult for them both physically and morally.

Is that what your father said? How did he manage to survive? He contracted pellagra. If he hadn't been freed, then, of course, he would not have been among the living. Out aunt in Leningrad helped him. When she found out where he was, then despite the siege she sent him cigarettes, paper, and makhorka [tobacco] – that was very important. Those could be traded for other things. That helped him very much, yet still, he was in very poor condition.

The conditions in the camps were very bad. There you could get an understanding of what the Soviet regime really was. We had lived in Latvia until 1940, and we had lived very well. Due to his work, Father had connections to government circles. Our family lived very well, both materially and otherwise.

Tomsk was a saviour to us. We did not feel any antisemitism there. But I don't know whether we were considered relocated deportees. It's possible that we were not, but we still had to go register regularly.

In 1946 a train arrived to take orphans back to Latvia. I was taken somewhere, too. I guess my father... I don't know how he arranged it. I was dressed in a uniform coat. I even remember the representative who came. And I travelled to Riga together with all the others. My brother went to live with our aunt in Leningrad. We children left, and our parents stayed in Tomsk.

I'm still nostalgic for Riga, and lately, I've been coming here every other year. I love Riga; I worship it. I remember my childhood; we sledded downhills. Gaiziņš Hill? I think so. I worship Riga. We drove outside the city. I must have been in 6th grade then, and together with my friends, we went out into the country.

<u>Did you return in 1946?</u> Yes, I returned to Latvia and was taken in by my sister. I lived with her. I grew up in Daugavpils, but from 1938 onward I lived in Riga; I was already more or less grown-up. And my sister lived in Riga, too. She lived independently, worked and studied. I began to work in Riga. First of all, though, I attended school, in the 10th grade. After that, I began to work in the Forestry Ministry; I don't remember what the job was. I knew the Latvian language then better than I do now.

And then I entered the University of Latvia, the Philology department, in the Latvian track. I studied there until they kicked me out. Why was I kicked out? By 1950 we were already husband and wife. Ābrams also returned the same way I had, but he returned with his whole family, instead of alone. They were five children. When the authorities began gathering information, they found out about them. By 1950 all of the Jews already knew that they would be deported, and everybody began leaving to wherever they could. But his family stayed. We got married in 1948. I went to school, and Ābrams worked. In January 1950 his whole family was taken. They came to our apartment on Blaumaņa iela [Blaumaņa Street], too. They didn't even ask who I was. My name was not on the list. Ābrams Sļivkins, get ready! They arrived at his sister's house, who was a married woman with children, and they took her and her parents and children; they took Benjāmiņš, and they took them all to the transfer point. I remember that January 1950 was extremely cold. I brought them packages there. They were held there for a couple of weeks. Then they were transported further together with criminals, back to their former place of deportation. I was already a couple of months pregnant. That was it! I was called to the personnel department. There was a man called Ozoliņš there, and he asked why I hadn't told them right away that my husband had been deported. But what would I have said? I hadn't told them about myself, either. He made me write a confession or something like that, and then I was kicked out of the university. That was my third or fourth year. But I didn't care; I figured that I would wait until the end of the academic year and then join my husband because my due date was in September. I decided to join him. And so I travelled to Bogotol, the place to which they had been deported. There our son was born in September. I was a free person there, with a passport. My parents lived in Tomsk, and they did not want me to visit them because they feared that I would have to be registered. But one fine day, my father was summoned and asked, "Where are your children? You had children, didn't you?" Father said, "I don't know." "How can you not know? Is life bad for you here? We'll send you north and transport your children here!" He got frightened and said, "I'll try to clarify things." He sent a telegram to me and also to my brother in Leningrad.

I took my son and travelled to Tomsk. My brother arrived from Leningrad, too. We found out that we had to appear at the commandant's office. We were not allowed to leave. I was familiar with that because I was living right there in the area, but for my brother... That was something to behold! There was a Red Army building in Tomsk, and my brother began going to dances there and met his future wife, with whom he still lives in Tomsk. But I spent a year pleading for Ābrams to be able to join me from Bogotol, from Krasnoyarsk Province. But this was Tomsk Province. For a year, we petitioned for him to be able to join me in Tomsk. When he arrived, our son said, "Uncle Dad has arrived!" He moved to Tomsk and found work. I had not told anyone that I had studied at the University of Latvia, and I applied to the Pedagogical Institute. I was accepted into the foreign languages department. I graduated from there, from evening school, in 1957. I worked there, too. Later I worked at the technical college, and then after that, I was a lecturer at the Polytechnic Institute.

The law regarding the rehabilitation of deportees was passed in 1957. First of all, it applied to the families of teachers. Since I worked as a teacher, then our family was taken off the register right away. But we still couldn't return, because, in order to move to Riga, one needed to be registered there, to have an apartment. Since we had no apartment in Riga, we continued living in Tomsk. Ābrams worked at the "Thermoelectric Project" and had gotten a "Khrushchev-type" apartment in the new buildings. We traded that apartment for one in Riga. In Riga, we had a two-room apartment in a wooden building on Ķīpsala. Next door lived a fisherman from whom we bought salmon. What was his name? Those, who rescued Jews...

Žanis Lipke lived there. We got an apartment in this area and moved to Riga. After that, I began working at Elementary School No. 2, an evening school for working youths. The school was located on Ļeņina iela, on Brīvības iela. It was during that time, in 1965, that we received permission to move to Israel. Two of Ābrams' sisters were already there. They had married Polish Jews, who were eligible, and so they had come here via Poland. Ābrams has always been a Zionist, since birth. I didn't know anything about that. Our family did celebrate Easter and Jewish holidays, and my father was also involved in the synagogue, I guess because of donations. My grandfather and grandmother were also religious people, but we had a secular household.

Since Ābrams wanted to go to Israel, what right did I have to stop him and prevent him from fulfilling his plan? But how would we accomplish it? That would be like death for me. I was the first teacher to leave! I devised a foolish plan. Ābrams had tuberculosis. I decided that I would not say anything about Israel at first. We had relatives living in Poland, my husband wished to be with them, and so on... But after that, we wished to move to Israel. The moment the word "Israel" passed my lips, the director jumped to his feet and was frightened. He was even frightened to breathe the same air as me! He "flew" out of the office, and I "flew" with him. At that moment everything became so easy... That's it; I didn't have to say anything else. I had said everything that was necessary. I didn't want to leave my job yet, though; I didn't know whether I would be allowed to go or not. He said, "Do you know that in Israel children go to school in cellars? Do you know that..." One thing after another, over and over. It didn't matter whether I knew or not, but he would not give me a recommendation. He didn't give me a recommendation, and I decided to leave the job. I handed in my resignation. After this event, I settled into a job at the railway employees' club. There I taught English to four- and five-year-old children. I think that was the happiest time in my life. Grandfathers and grandmothers brought their grandchildren to me, the children loved me, I had become used to them, and we played and sang! We applied to emigrate in December or January, and I was summoned in March. Ābrams was in the hospital again. I was summoned, and the colonel – a woman – said, "You are allowed to emigrate to Israel!" In two months' time. Others waited for years... but in two months' time, in March, we had to leave the Soviet Union.

We arrived in Israel in March 1965. One epic had ended.

<u>*What else would you like to add about what you experienced in Russia, in Siberia? How did it influence your fate?*</u>

If it had not been wartime that first time we were deported, we probably would have said, "Even though the forest is being chopped down, that doesn't mean that the chips have to fly!" But because it was wartime, then everything was supposedly justifiable. After all, the whole nation suffered, everybody. But the fact that I was kicked out of the university in 1950 when the war was already over when years had passed when our children were already attending Soviet schools... That was incomprehensible. That was proof that not everything within the Soviet system was right. We learned details about the Holocaust here, in Israel. My life here in Israel turned out unexpectedly, too, in the sense that we had arrived here without any claims or demands, we perceived everything as it was supposed to be perceived. I was very lucky with employment because I knew English. I got a job as a translator at the institute, because here, in Jerusalem, it was quite difficult to get a job as a teacher, especially for an English teacher. There were many Americans here, and they were offered the teaching vacancies first. I got a job at the translation institute, and later this institute became a large publishing house. I worked there for ten years. We began publishing a Jewish encyclopedia in Russian. Eleven volumes.

Well, what else can I say...

Isajs Majofiss

born in 1927

On the 14th of June 1941, their life turned into
hell. Genoch's son, my dad, was then 14 years old.
His sister Bella – 13.

Every summer, my dad, Isay Mayofis, and I went to Riga to visit my father's parents, my grandfather and grandmother Genoch and Esther Mayofis.

They lived in the area of the Teika cinema, on Laimdotas street, 31.

It was a three-room apartment. Two rooms of that flat were occupied by some family; my grandparents lived in the third one. Both families shared the kitchen and the bathroom. The room of my grandparents was tiny. During our stays, my dad and I slept on the floor. When we placed mattresses of the carpet and laid down, it was already impossible to open the door to the corridor.

Then it was hard to imagine that once my dad's family in Latvia had a completely different life. I learned it when dad was no longer alive.

Genoch and his sibling Honon were businessmen; they traded furs all over Europe. Their families owned three houses in Riga at Dzirnavu, 2. Both Honon and Genoch had two children.

On the 14th of June 1941, their life turned into hell. Genoch's son, my dad, was then 14 years old. His sister Bella – 13.

On this day everyone was arrested – both the Honon's and Genoch's families. Honon, his wife and little daughter were sent to Usollag. Honon's son, Benzion, got lost on the way. This is how he, a fourteen years old boy, ended up in Siberia.

My grandfather Genoch was also sent to Usollag. And my grandmother with children was exiled to the Tomsk region.

In 1942, Honon died in the camp. Other family members survived. In 1945, my grandfather was called into the Soviet army to fight for a foreign country – there were not enough soldiers.

The Genokh's family was exiled to the village of Parbig, Bakcharsky district, Tomsk region. My grandfather was also brought there after the war. In 1960, my grandfather and grandmother returned to Riga, and my dad moved to the regional centre – the town of Tomsk, where after some time he met my mother. In 1962, I was born. Bella fled to Kiev.

It is noteworthy that my grandfather was not convicted. In the confusion of those days, he and his family were simply arrested, and then for almost 20 years, even a formal trial was never conducted. In archives, we found the name of the person who reportedly tipped off Honon and Genoch, and they were arrested as "major merchants and homeowners" and, therefore, "dangerous elements". The denunciation was enough to break their whole lives.

My dad never shared the details of his life in exile, even with my mom. He was a very balanced, calm and non-chatty person. Once studied in a Jewish school in Riga, he spoke mainly Yiddish with his parents. He also understood German and Latvian. There were Yiddish books at home. Jewish traditions were not strictly followed, but Passover was always celebrated. The father treasured his Jewishness.

Grandfather worked as a guard at the WEF factory. He has never said a word about his past life as well.

When Latvia gained independence, the authorities began to return the real estate to the former owners. Three houses in the centre of Riga were returned to our family. To complete the paperwork we all gathered in Riga – from Kiev, Tomsk, and Novosibirsk (the descendants of Honon lived there). Among those who once lived in these houses, only Genoch and Bella were alive. My dad died long before these events. For most of us, the details of what happened many years ago were shocking. We did not know anything about this property as well. According to the Latvian laws of those days, it was impossible to evict tenants for several years. We had to take care of the property, repair the houses and so on. And the only person who lived in Riga at that time was an elderly grandfather. So we decided to sell the houses. On the advice of grandfather, we all had issued a power of attorney for one person. He deceived all of us, sold the houses, but we never saw the money. Since then, several more transactions with bona fide buyers took place. Now the hotel is located there. We accommodate there when we visit Riga.

I often visit different European countries. And nowhere do I feel like in Riga. I am at home here. Every time I pass houses on Dzirnavu 2, I see the face of a fourteen-year-old boy and his thirteen-year-old sister. And it breaks my heart.

Arkādijs Majofiss[*]

Family in city Jurmala

Genoh and his sister Hanna are sitting. Next to Genoh is the wife Ester. The girl next to Hanna is unknown. Children – Isaj and Bella

Isaj and Bella a few years before the deportation

Nora Meiersone (Mālere)

born in 1927

Our women had no job skills, they grew weak from
hunger. There were Latvians; they adjusted and
were able to do the work.

*In our family, there was my father, Aleksandrs,
mother Roze, and grandmother Anna. We lived in Skola
Street. My parents wanted me to be educated in the
national language. There was also the language of the
Hebrew school. It was a special school – children as
young as 5 were admitted to kindergarten.*

*I remained silent for three months in kindergarten.
I didn't say a word. The teacher came to the conclusion
that I was completely mute, but suddenly I started
speaking fluently and freely. I stayed there for two
years, then went to Hebrew school. I studied there from
third to fifth grades.*

*Then the Soviets came to power. They made us into
a union. We spoke to mother in Russian at home. She came
from a respected family in Rezekne. Father was born in
Riga. His family came from Poland, now Belarus.*

*In 1940, my father lost his job as chief engineer for
the Shell company. Nobody would hire him. Mother was
a dentist. We lived well. When they came to arrest us,
we happened to get very polite KGB-niks. They told us to
pack up our things and then they left. One soldier stayed
behind and fell asleep.*

We had relatives who had been deported from Poland to Kazakhstan and we knew what the conditions would be and what we should take along. They came at night. We took a lot of things. We wanted them to let grandmother stay. She was 80 years old. But they insisted, and put her in the train. The men were separated from us. We never saw father again. He was in Solikamsk. Since he was a chemical engineer, he worked in an office, where they did not give him any food. He soon died of starvation.

They took us to a village in Tomsk province, Kargasok region. As we stopped at each village, people got out. We got out too; we knew a few people. It was called Belij jar. They immediately put us to work. Our women had no job skills, they grew weak from hunger. There were Latvians; they adjusted and were able to do the work.

But even then some of them died. There was a little girl Ilzite – an older lady took her in and raised her. September came and I walked 15 kilometers to school. There were dormitories. We had food. There were beds. Every Saturday I ran home from school so I could eat better – potatoes. At school they gave us bread. There wasn't anything else. All those years until 1948, I was always hungry. I never had enough. We were fortunate. The commandant had a serious stomach ulcer. He hardly ever came around, or got involved.

The first summer we worked with hay. No one knew how to harvest crops. The locals, deported kulaks, were angry with us. They had to work and build their own houses. Then we were brought in and put in their houses. We had a "good life." They had grown accustomed to the work, but it was all new to us.

On September 1, 1941, I went to school. I finished seventh grade there. In the kolkhoz I was good at cultivating and harvesting flax. I had to dig potatoes. The second year I went to study at the middle school in Kargasok. There were no dormitories there. I lived with families – Latvians, Russians. I helped with studies, I worked. Some places fed me, gave me something, but I was hungry all the time. Grandmother was holding up well, she cooked meals, but then was bedridden for a year. Mother worked very hard to help her. She was a dentist and had brought along her instruments. She fixed teeth and for that we got food. Grandma died and mother came to Kargasok to be with me. No one went looking for her. The neighbor had a room to let. We shared it with one other family. There was great difficulty with firewood. We had to take a sled every day after school and go to fetch firewood.

In 1945, I finished middle school and got permission to enter the Institute of Medicine. I got in. I did well on my exams and they had to accept me. I went to the commission. I think they thought I had been evacuated, but learned that I had been deported. The director's name was Zhdanov. My hand was growing stronger. He gave the directive to the surgical division. I moved into the dormitories as a cleaner and studied as well.

Zhdanov left. I went to see his replacement. He was Jewish and accepted me. I began my studies. I was in the Stomatology course of study, which I completed in 1949. When I went to Tomsk province, they told me they did not need anyone with that specialty! I stayed in Tomsk and worked for the Red Cross.

In 1948, the Latvian children were leaving. I got a free pass and went to Novosibirsk, where I got a job. I worked as a specialist in a medical center. Then I was arrested. I was put in a temporary jail, then sent to Tomsk prison. There they told me I was a deportee and had to go back to my mother.

Mother was a bold woman – she got a job in Kegulgeta. There was a medical center there. The commandant was horrible. He wanted me to work in the kolkhoz with birds. He was a pervert and, fortunately, there were complaints about him and he was dismissed. I was hired as district doctor and worked for 3–1/2 years. I went for retraining. Then they transferred me to Kegulgeta. I worked there for a year and a half before they set me free and in September I returned to Riga. They called me in, gave me papers and said – go live as you please. I couldn't leave work. They promised me heaps of gold. I decided to go home.

At first things were difficult. A relative gave mother a job, but not me. I lived with mother's friends. Mother bought a room. We were both working, so we had money.

In Latvia I got a job right away – in a tuberculosis center as the district doctor. That's as far as I was allowed to go; I was a deportee.

I got married in 1960. In 1962, my first son was born, in 1965 the second. Our life was normal.

Nora with her mother Roza and father Aleksandrs. Latvia

Siberia

Karmela Mordheleviča (Berkoviča)

born in 1938

Those who disposed of bodies were given a piece of bread. People starved to death. My father was one of the few, from thousands, to survive.

In 1941, I was 2–1/2 years old. At that time, there was a feeling that war was about to break out. My father worked in a store – he owned part of the store. Father was arrested and sent to Solikamska, where there were many Latvians and Jews, and the vast majority of deported men perished – starved to death.

We – me, my older sister and mother – were deported to Siberia. We arrived in Kansk. By profession, mother was an expert hatter. That was an elitist profession. Thanks to her expertise, mother were able to support a family in Siberia without father. Her profession was invaluable in Siberia because the winters were so cold.

We did not know anything about father. In 1944 suddenly mother was told that a man arrived saying he wanted to pass along greetings from father. When the mother met the man, she did not recognize him. It turned out he was my father. After he arrived, life was easier for us. There were two little girls, mother worked in the forest, and we picked berries and lived off them. When father came, he was extremely thin. I remember that earlier he was a very cheerful person but now

... thin, so thin. He told us about life in Stalin's camps. If anyone happened to find a rat – it was a great cause for celebration. Those who disposed of bodies were given a piece of bread. People starved to death. My father was one of the few, from thousands, to survive.

In 1948, we returned to Riga. I had an uncle who still lived in Riga – he was a Party member and fought in the war. He ran to our house and told us to hurry and go somewhere else because deportations were starting anew. Father, mother and I went to Siberia. My sister was born in Siberia. We went there ourselves. We knew where we were supposed to go, and we went there on our own. You can just imagine – it was thousands of kilometres. In 1956, when I finished my fifth year in medical university, we returned to Riga, father bought a house, and we lived in Zasulauks. I continued my studies, then got married and gave birth to a son – Marks. He is 44 now, and I have two grandchildren. He lives in Galilee. My son is also a doctor – his speciality is stomatology.

When I finished university, I could not get a job in Riga because I had not worked the obligatory years in Siberia. I struggled for a long time until I wrote a letter to Khrushchev saying they were trying to make me a parasite (tonejalca in Russian) I said I couldn't stay, that it was too difficult. So I managed to get work at 2 Sloka Hospital, where I stayed until April 1971. Around 1969, the hijackings of Soviet aircraft began in Leningrad. My second husband was there (more accurately, he was my companion, because we were not married). He and nine other Jews – Kuznecovs, Zalmansons, Knors and many others whom I helped. We did not know they were planning that. One night they flew to Leningrad to rest. The next day government authorities arrived, conducted a search and found all kinds of notes about getting out of Russia. My son was 9 years old when I was being interrogated by the KGB – it was always late in the day. Not during the night. I did not know anything – they had not told us anything because they did not want to put us in jeopardy. The process lasted 1–1/2 years. On December 24, 1970, the sentence was handed down: two men got the death penalty. Their plan: Tie up the pilot and leave him in some village and keep going until they crossed the border. They were followed. It's possible there was also an informer. News of the Leningrad affair reached overseas, and foreigners started to make noise. How could such an act warrant the death penalty? They reproached the Russians. How can it be that people are willing to go to such great lengths to get out of Russia? The death penalty was lifted, and they got 10 years instead. My friend was also put in jail – his sentence was six years. His mother lived in Israel, and that may have been a reason – her son wanted to go there to be with her. All of our families were deported within a week. And so, in 1971, I came here to Israel.

I was little and did not know any other life. There was no food in Siberia, but there was no food anywhere. The Russians treated us well. If they had a piece of bread, they gave us half. Hunger forced us to look for rotten potatoes under a layer of snow.

We were in Kansk. We have been in Kansk a number of times, and it's interesting that even to this day it has no sewage system.

I remember when mother was working so hard, we had to go get water. The water was far away – a 15-minute walk. It was almost 50 below. There was no anti-Semitism there – children simply did not know what it was! People got along.

It's known that out of 15,600 people who were deported, there was only one train carriage that had families riding together. They were separated after they got to Siberia. So it was rare, indeed when people would stay together. It was unusual when your father returned to his family – very rare.

I have always envied those who had a grandfather and grandmother. My grandparents were killed in Rumbula – around 1942 – when Jews were being shot. The way we look at it the deportation in a way allowed us to survive. The fascists were against us. When the deportations started, mother wanted me to stay with grandmother because she didn't think she would cope with two children. But a Russian soldier approached her and said quietly: "I beg you – take your child with you!" If I had stayed at home, I would not be alive today. When you look at it that way – it was a bad thing to deport us, but those who came back from Siberia at least are still alive.

A small part of the Jewish people in Latvia were saved because during the war Latvians helped to hide them. Latvia hid Jews in basements.

We didn't know any other world. Mother didn't tell us anything – she was afraid. I remember her saying: "Our father – Stalin" Stalin died and we cried.

People stood in the streets and cried. Mother and father asked: "Why are you crying? You don't even know what he was…"

We had been saturated with propaganda, and our parents were afraid to tell us anything because, being kids, we might just innocently start discussing it among ourselves. And for that, they could be put in jail.

I began to guess the truth when Stalin died. But it didn't matter; we didn't know anything. Our parents met, talked, and we knew there were camps, deportations. Before, we didn't even know that. But we also understood we were not allowed to speak about it. That was how we were raised – no one told us anything. In school, there was whole other propaganda. Even father said nothing. He spoke as if his time in the labour camp was somehow related to the war. That was what was said so we would not go around saying anything different. Anyone who spoke differently was considered an enemy of the people.

Father had a lot of energy. He worked in a button factory and became a manager. We had a small summer house and garden – that was in 1960. I stayed in Kemerova and continued my studies. That was how we lived.

In 1949 I was 10 years old. About a year, year and a half before we arrived in Riga. I had gotten accustomed to Siberia; I had friends there. Things were different in Riga. There were other friends, other schools. We had friends in Riga, too. I went to a Russian school.

After Kansk, Riga was full of wonder, but we did not feel comfortable – we were country kids. The city was beautiful. But we were there for a short while. I remember when they took us out of school to go back. It was hard. We took our things; mother put them in suitcases; we travelled at night. Later my uncle said they had come looking for us the next morning.

<u>Why did they deport you a second time?</u>

It was decided that we had come back from Siberia illegally. That was one of the reasons. Another was that they had to make room in Latvia for people from all over the vast USSR. They did not just deport Jews, and they deported Latvians. In March of 1949 more than 42,000 people were deported. People did not want to go to kolkhozes, and resistance movements began… "forest brothers" and so on. The Soviet powers wanted loyal citizens.

Ļevs Notarevičs

born in 1928

There they again threw us into a barrack; we slept
on the floor. There I became ill with jaundice.
In September, we observed my 13th birthday there.

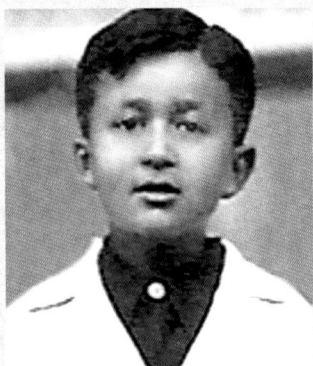

*At the moment of Latvia's occupation when, on June
17, 1940, the Russian army entered, I was studying in
Riga's 10th secondary school "Evrit" (Hebrew). I was
studying in school. My sister Riva was studying in the
secondary school "Ezra" and another sister Esja was also
studying in that secondary school. Father was engaged in
importing leather into Riga. He had a business that was
located on 15 Pelda Street. It was called "Notarevičs and
Kohtin." Mama ran the household at home. That was our
family, the smallest part. In addition, mama had a big
family, a sister and brothers.*

*Around June 21, 1940, my father's business was
nationalized. That happened immediately. What happened
farther? The administration of the Soviet occupation
liquidated the secondary school "Evrit", and we continued
our studies in a state secondary school in the Russian
instructional language.*

*My childhood, for all practical purposes, ended at
that moment, when Soviet tanks stood by our home on
Andrejs Pumpurs Street. My childhood was very short.
After that, the regime of fear began at once – fear, the
most common fear that someone might knock at the door*

or that something might happen. My childhood ended on June 17, 1940, when I was twelve years old.

I remember the moment of deportation very well. About three in the morning of June 13 to 14 in 1941, there was a knock at the door, and eight people entered; a part of them were in uniform, a part in civilian clothes.

It is difficult for me to give an answer to these people's nationality. For the most part, however, they were all KGB agents. It has remained in my memory, and I tell this to my grandchildren. When they began to pound on the walls, they searched if something had been hidden. They gave us a half-hour to gather our things. Of course, there was no other way, and so we did it. We gathered some kind of tatters. We went out on the street. There stood a small green-coloured truck. They put us in it behind the edge on top, and we drove through early morning Riga to Torņkalns.

In the beginning, the whole family was together. At that moment we were: me, my sister Riva, mama and father. My older sister Esja had a different last name; she had married, and, therefore, she was not on the list. But she had another, an even more tragic fate…

They took us to Torņkalns. There was a huge, endlessly long echelon, which was composed of freight cars. They threw us into the freight cars. I remember that freight car with bars. We lay down in the upper plank-beds, and that's it. Everything ended. Through a little window, I saw trains on their way to Jūrmala. I became very sad – sad that I am in this freight car and on my way in an unknown direction, but trains are going past me to Jūrmala, which I have always loved.

That night, the doors were opened with noise and two Chekha agents with lists entered. "Those whom we name will come with us." In such a way, father and some other men were taken. In the whole freight car, only one man remained. On June 14, the echelon began to move. We were locked inside the freight car. We took care of all our natural necessities right there. We were locked inside the freight car practically until July 3. They didn't allow us to go out. We didn't know where they were taking us.

On July 3, we got to a place called Kansk. Why do I remember this date? Because on that day, Stalin, for the first time, opened his mouth and addressed the people. They took all of us to some huge barrack, a hangar, and there we heard his speech. We found ourselves in the hangar for a day and a night from the moment of arrival, and, after that, they began to come from various places and divided us like slaves.

We – mama, sister and I came to a lonely place, if one can call it that, which was surrounded on all sides by Siberia's steppe. Its name was Birjuzovska. There they again threw us into a barrack; we slept on the floor. There I became ill with jaundice. In September, we observed my 13th birthday there. The age of 13 is a feast in the life of a Hebrew boy, the so-called "bar mitzvah." Thereby, we celebrated. Mama, who knows how managed to get cream of wheat porridge.

We lived in Birjuzovska; after that, they moved us to the hamlet of Noshimo in the same district. There we lived for one year in some kind of hut that belonged to the local farmer Gromov. I even remember his name. They gave sister work somewhere, but I studied in school.

In 1942, for some unknown reason, they thought this place was too good for us. Then the Chekha agents arrived again and seated us in a cart, that is, they put our things in the cart, but made us walk to Kansk. That was about 90 kilometres. We walked – that was a march, lasting three or four days and nights. I managed to convince the militiaman to let mama sit in the cart. We returned to Kansk. There were the cattle cars again; this time they were the Stolipin cattle cars – the prisoners' cattle cars, and they took us to Krasnoyarsk on the shore of the Yenisej.

I remember that they tossed food to us in the "tjrum" (hold) of the barge-like they throw food to wild animals in zoos. After eighteen days of such navigation, we got to Igarka.

What is Igarka? It is difficult to call it a town. It is a place where ten months it was night and two months it was a white night, that is, a night when the sun does not set at all. We covered the windows.

There I continued to study in school and finished school in 1946. Then I was given the possibility of leaving Igarka so I could continue my studies in the Krasnoyarsk Institute. At that time, it was the Council of Ministers decision that the deported children, who had been deported before age 16, can return to Riga. Again there were the special freight cars, and I returned to Riga together with some deported young people.

There my other sister awaited me who had gone through the ghetto, all the extermination campaigns. She was in Shuthoff and fled from there. That meeting was... I from deportation in Siberia, and she had gone through the hell of Fascist occupation. She was already in Riga, but I did not dare go to her in the little room she was renting. They sent me to the orphanage on Kandavas Street. After that, after three or four days, I was together with my sister.

I entered the University of Latvia. I wanted to enter the School of Law, but there everything was already full. It was already September of 1946, and I entered Physmat, the Physics and Mathematical Faculty, and at the same time studied by correspondence in the School of Law. I studied very successfully. Everything was going very well.

In 1949, I was called to the Chekha together with my sister, together with my parents, who, by that time, had returned from Siberia. Father had returned from Solikamska, and they said to us that we had left the province of Krasnoyarsk illegally. That was completely wrong because all of us had been removed from the inventory and we had passports. They collected our passports and gave us new passports with article 38.

That made me leave Riga in February of 1950. I could go to Ivanovo. I went there because it was farther away from big cities. My parents went to Arzamas. The worst fate overtook my sister Riva. She was pregnant. They allowed her to stay, but then, when the child was two months old, they arrested her and, together with the child without any kind of pity, sent them through all the USSR transfer prisons until she again came to Yenisejska. My other sister Esja ended up in a ghetto. Riva was in Yenisejska. Her husband also came there, and also our parents soon moved to be with her. She had an infant. After that, they came to Krasnoyarsk.

In short, the whole epic ended in 1957 when they and I returned to Riga. It was as if a new life started. The years 1940–1957 were, in fact, to be crossed out of life.

I will tell you about the Igarka. The teachers themselves at one time were deported there. For example, the astronomy teacher was the former Professor Nikolaj Sergeevich Rumjancev of the Pulkov Observatory. The literature teacher was a former university professor in Kiev... What concerns the children, then all of them generally speaking were... It, after all, was a place of exile. There was a terrible fear there that every two weeks you had to go and register at the NKVD.

What did we eat? That place was such that there was nothing natural there; nothing grew there. The only greens that we could get were cabbage leaves. After that, echelons with American canned meat began to arrive, and so forth. Hunger and darkness. Darkness for ten months a year symbolized that condition in which we found ourselves; there was an immense night. There was not a minute of light; there was not a minute of joy in this place... Only night.

I remember, in the morning, in order to get out of the hut, first of all, it was necessary to crawl through the window and clear away the snow to be able to get out. We went to the school when there was a 50 degrees chill. When it was colder than a 50 degrees chill, then you were allowed to stay in the hut. That is a terrifying place, a place eternally frozen.

Sister worked in the wood-sawing mill. There was a wood-sawing mill there. She was about 22, 23 years old; she was born in 1920. Mama didn't work. Mama was already an old and sick woman.

How did we share the bread? I can tell you a certain episode. When I was studying in a school in Noshino, I remember that I received 250 grams of bread a day. That was the portion of a student. Then I divided this little piece into three parts and kept them under my pillow. Then, when we were in Noshino, there were hamlets around us; there was a possibility of exchanging some kind of clothing, of selling, of getting a little money or produce. We exchanged for potatoes, for the essential things. We didn't look for any delicacies. And we didn't have any valuables along.

I was by then the main person in the family that arranged things. I began to write letters, search for my father. While we were still in Noshimo, as a response to my letters, I received a letter, which I have kept in which it is stated that the condemned Notarevičs Pinhus that was his name is in the prison camp Solikamska. I found that out in 1942.

Father had been sentenced to 10 years of imprisonment, and what does "sentenced" mean? There were no law-courts. He was sentenced to ten years by the "troika" or triad. (Under the Soviets, the troikas were commissions of three persons who convicted people without trial.) For what? An interesting fact: in

Riga, there was an organization called "Kernkaent." It was an international organization that collected money to buy land in Palestine. Father was a director of this organization. In the accusation, it was charged that he was accused of leading the dangerous counter-revolutionary organization "Kernkaent." In short, he was sentenced to ten years, and, after that, it was changed to five years of exile. Being in exile, by struggling he got permission to come to us in Igarka. That was in 1944; it was after he had served two years in the prison camp.

He told us that in the prison camp, which mainly occupied itself with logging, woodcutting, around four or five in the morning, they drove out into the freezing cold people dressed in the clothing they had managed to throw on in Riga. 400–500 people went out. Along the road were scattered corpses and so they also remained there. Father's health was ruined... He died after three heart attacks.

What has most remained in my memory? I had a very good childhood. We lived a very interesting life in Riga in a good place. I loved my school very much. I loved Jūrmala very much. There, year after year, we rented a summer cottage in Avoti. It was a wonderful childhood. I remember the games in the Esplanade. Yet childhood was too short. I remember birthdays. We always stayed in Jūrmala until late autumn, until Indian summer. We celebrated my birthdays in the summer cottage. It was a light-filled, good, peaceful childhood. Everything was very good.

The whole of that heinous regime left its effect on me. It meant that life passed in constant fear that they could take you somewhere, that they could put you behind bars for something, that all kinds of things could happen without a cause, but simply just so if someone took it into his head to do it. It was a life outside the law. There were no laws. If some young lieutenant dares decide the fate of a whole family... It was dreadful. My life actually began when, in 1960, we got married, and children were born to us. And, of course, I am happy that I am here. I still continue to work together with my daughter. She and I, both of us, are lawyers. We work; we have wonderful grandchildren that are growing.

I live, thanks be to God, with the thought that I have a future. I live in a free country and feel like a human being.

House in Siberia

Siberia

From the left: grandmother Sara, father Pinhus, Levs

Simons Pragers

born in 1925

Mama begged the commandant to be allowed to
see her dying son, but he said to her: "Never mind,
let him die. It will be one enemy fewer."

*When the Baltic States were occupied in 1940, we were
children and thought little about it. After a year, we started
to feel changes – they started to persecute richer people,
the curriculum at the school changed, the Komsomol set
up shop at our school. I was attending a Jewish school,
and only children from wealthy families studied there.
Later I understood that among the boys, there were quite
a few who were "leftist." When the Soviets came, they
were quite satisfied and hoped for a better future. Things
were tense at home. We listened to the radio and could
hear Hitler's historical speeches from Germany. We also
listened to Soviet radio and heard terrible statements
about enemies of the people. We thought about whether
to stay in Latvia, go East to Russia, or try to flee. While
we were still thinking, June 14, 1941, arrived.*

*It was like a sudden eclipse of the sun. Mama and
father had been visiting distant relatives that evening.
At 2:00 AM, someone banged on the door and demanded
that we open up. My grandma was home with my brother
and me. Of course, we opened the door. "Where are your
parents?" We knew where they were, so we answered. They
used our telephone to call our parents but said nothing to*

them. *Mama was terribly worried. There were all kinds of rumours in Rīga at that time, some from the Germans. Mama and father ran home, and they were told that they would be leaving Rīga and taken away. They were given an hour to pack up. By the time mama and father got home, only 20 minutes were left, not much time to pack up. We tossed things into bags. We were taken into the street and put on lorries. We were left there while people were gathered up from other buildings. Mama begged to be able to go back inside to clean the flat and pack a few more things, but they always categorically said "No." At sunrise, we were taken to the cargo station in Rīga.*

There was a long train with small freight wagons with two doors, one on either side. One door was closed, the other was open. We were told to get on board. The wagon was prepared with bunks and the so-called "lavatory" in the middle of the floor. We understood that those who were preparing to take us away considered us to be animals, not people. We spent the night there. In the morning, the door was opened, and there were KGB officers there. The men were ordered to get out, and their families remained in the wagon. We never saw father again. Later we learned that he had been taken to a concentration camp, but at that moment we still hoped that we would meet one another sooner or later and somewhere else.

The next day we travelled East. The doors were opened at stations, and one or two people were sent by the soldiers to fetch porridge or hot water. We got to Perm, and via a loudspeaker, we heard that Germany had attacked the Soviet Union and that the war had begun. We had been on the road for seven days. People were desperate because no one knew where we were being taken, why we had been taken learned about the war, people's mood deteriorated even further. Later we heard away from our homes, and what would happen to us. When we rumours to say that we were being taken to Siberia.

In Novosibirsk we were put on barges, and we knew that we were being taken to the Far North. We travelled for 600 km to the North from Novosibirsk and then another 100 km. We were housed in a small village that was populated by kulaks who had been deported before. They had been set ashore on the taiga to make lives for themselves. God only knows how many of them died. We were given axes, and my brother and I were sent to get logs to build a house. We had to cut off the bark; we had to learn from scratch. We didn't know how to hold the axe properly, but we gradually got used to working. We worked there for a couple of months. Then several families, including ours, were put on another barge and taken by river to the Ob and then another 100 km to the Tim River. That was our new place – the place where the Tim flowed into the Ob. Logs were floated there. There was a port, and forestry work was done. Once again, it was something new. We had to learn to hop across the floating logs and to stand on our feet. We were given hooks to stabilise ourselves, and if you fell between the logs, there was basically no chance to survive. I was terribly afraid, but no one asked us whether we were willing or able to do the work.

The first winter was horrible. My nose, my hands, my feet – everything was so, so cold. My hands were so cold that, forgive me, I could not button up my pants. Those were the conditions in which we had to work. During the first winter, we were sent to prepare firewood, and that was not such terribly hard work. There was a forest nearby that had burned, and there was good firewood there. We were taken there in a horse-drawn cart. We had to cut up the firewood, put it on a sled, and bring it home. We were from the city and had no idea what to do with a horse. Sometimes there wasn't even a horse; we were given an ox to bring the firewood home. People get used to anything. We learned how to saw down trees, chop them up and hitch up a horse. During the spring, some of us were sent to go fishing, while others had to gather the hay. I didn't do much work with the hay, but I did a lot of fishing. The fish had to be sent to the state; there was a plan. There were few residents in the village, and we were useful. We fished on the shore of the river. We dropped our nets and pulled them out. There were all kinds of bloodsucking insects which disturbed us. You couldn't sit down at all. You had to cover your head and shoulders to avoid being stung. It was awful.

During the winter we were sent 15 km to work in the forest on the other side of the Vasyugan River. The village was called Staroye Margino, and people rode horses there. Food was brought in carts so that we could live there. Life began anew. What was there in the forest? We couldn't even burn the branches, because they were wet and frozen. You had to work very hard to set them on fire even if you cried. It took time to learn how to find dry branches and light a fire in Siberia. We had to cut down trees, saw them up, get rid of the branches, and bring the logs out of the forest. At first, I cut down trees, then I learned how to transport the logs, loading and unloading the carts. It was in the taiga, and you couldn't see anything. You trampled the route first so that the horse could walk along with it. Oh, the poor horse. We had to drag logs. We had terrible clothes, and we were given nothing – no padded boots, no saws, to say nothing of fur coats or padded coats. Oh, the situation! The barrack was awful – a big room with a stove in the middle for cooking and for drying clothes. The stench is hard to describe. There were cockroaches; it was dreadful. We lived there for a few weeks. At night we had to take care of the horses and feed there. We lived there for two weeks, and there was a sauna on Saturdays. There was nowhere to go; we had to walk those 15 km in the freezing weather. When I got home I couldn't open the door, because my hands were frozen, you see. That has tormented me throughout my life; I have poor blood circulation.

We were there all winter. The next summer it was back to fishing and the hay. I learned another way to fish that spring; it was called atarma. I don't know what that word means, and I don't know how someone came up with the process. The thing was that there were lots of little rivers there which flowed into the Vasyugan. They'd dam up one of the rivers during spawning season. Then, when everything was melting, a net was placed in a narrow place, a little bridge was built, and then you waited. You had to spend the whole day and night there because there were lots of fish. The dams were made without nails or wire. Everything was bound together with thin branches of wood. I was amazed that something like that could be built without a single nail. That process continued for around three weeks. There was a hut for us to sleep. We ate fish. The locals warned us not to eat too many fish because then we'd hate them for the rest of our lives. We boiled and baked the fish so as to diversify the menu. We had potatoes and got some 500 grams of bread a day. The bread was baked at the kolkhoz, and the workers got it in return for the work. They had flour and baked the bread. We had no flour, and so the kolkhoz also baked bread for us. We spent four years there.

In 1943, young people were mobilised to go to work in the mines at Prokopyevsk. My brother was sent there in August, and he was dead by May. He was three years older than I. He got tuberculosis. The working conditions were awful, and everyone's clothes were wet. No boots, nothing. During the winter, he had to walk 5 km to get to work with rubber boots. He caught a cold once, twice, and then got pleurisy and never left the hospital again. Mama begged the commandant to be allowed to see her dying son, but he said to her:

"Never mind, let him die. It will be one enemy fewer." My brother's friends wrote to us. When mama learned that he was sick, she started to sell everything that she had to get some butter or cream for my brother. There was no medicine, no one even dreamed of penicillin. Only lime was used for treatment, and it was impossible to get better. That was a tragedy for our family.

The next year I was mobilised to Tomsk to work in the field of construction. It was Victory Day, and people from the commandant's office went from village to village to find young people to go to work. You can just imagine what my mama felt. She'd already buried one son, and now I was leaving. I don't know what she felt after I left, but I can imagine.

Tomsk was a cultural centre, and there was a cinema there, along with a university, theatre and educational institutions. We were on a steamship, and we all wondered where we were being taken and why. Our mothers and relatives couldn't imagine what was happening. Letters to mama were delivered slowly. During the winter, the mail was delivered by horse, and during the summer it was delivered by ship. It took three or four weeks for letters to be delivered. The postmen were heroes for delivering the mail because there was no paper or envelopes. Those were folded sheets of some kind of paper with the address printed on them, but the letters were delivered. In Tomsk, we were put into a dormitory that had previously been used by a forestry technical school. It was a two-floor building with some 30 rooms, four people in each room. There were cots with sacks of hay. That's how we lived, and we were sent to work.

Three years later, I sought permission to move back to where my other was. I had spent the whole time as a builder. In 1948, three years after the war, the repressive system was still in full swing. There were special forms for people like us which stated the date when we left, and when we arrived, there were places where you had to check in with the commandants. Human lives were under full control. I lied with mama for a while, my granny had already died.

When I got back to Tomsk, I decided to beg the commandants to allow mama to move to the city. Two years later, after I had visited one institution after another, I was given permission to bring her to Tomsk. Where would she live? I was still in the dormitory. The building enterprise helped me because I was a good worker. There was another dormitory with larger rooms, and mama and I were given a room together with a family from the Volga Germans – a husband, wife and daughter. We lived there for three years, worked, and experienced everything that happened in a city. Mama tried to convince me all the time to go to school – would I spend my whole life as a builder? I had no documents about my education. I went to evening school to finish the 7th grade again so as to get the diploma. When I finished school, I decided to enter the construction technical school, also studying at night. It was crazy – work all day in the freezing cold, and school in the evening. It was nice and warm in the classroom, and it was all that I could do to keep my eyes open. Those who worked indoors had an easier time of it. Somehow I survived. I met my future wife and got married in 1957. Once again, the problem was where to live. By that time, the enterprise had built a new dormitory in the centre of Tomsk, but with a lavatory outdoors and water 50 m away, no running water. At least there was central heat and a stove where we could cook food. I lived there before I met my wife. It was like a dream. Such rooms were only given to the best workers who satisfied all of the criteria.

I finished technical school in 1959 and received my diploma. One year before graduation, I was already offered a chance to become a master builder. They knew everything about me. The main thing was that I was not a drunkard, and I could read and write. So I became a master builder. It was like a kitten being tossed into the water to learn how to swim. I had to deal with technical documents and reports. I was lucky to have a good boss. He was a terrible drunkard. He could disappear for a week or 10 days, but when he was at work, there was no one like him. He taught me everything about the work – measuring things, writing things down, preparing documents. Then he would disappear again for a week, but that didn't worry me, because I knew everything already. He showed me how to record faulty materials such as glass and boards. Thus I worked. There was a river flowing through the city with a log bridge that dated back to World War I. It was gradually rotting. The leadership in Tomsk decided to dismantle the bridge and install a big cement one instead. A deportee from Moldova was put in charge of the project. When the old bridge was being dismantled, there were lots of logs. The guy from Moldova was also a big drinker, and the bosses were worried that nothing would happen. They thought about those who didn't drink. Aha! Pragers doesn't drink. I was sent there. The work had already begun, and I learned a lot. True, there were events there which caused my hair to go grey.

The main thing that happened to me in Siberia happened before I got to Tomsk. There was a civilisation in Tomsk. You cannot compare a village to Tomsk. The villages were still in the Middle Ages. It was awful. When I moved to Tomsk and got married, life was different. I got one flat, then another. Finally, I became the chief engineer for the construction board, but that was later.

My wife visited her brother in Estonia and listened to the radio. Someone was talking about anti-Semitism, but the USSR was telling us that everyone was equal. A relative living in Moscow told me that they had visited her house and recorded all the flats in which Jews lived. A pogrom was expected. We learned that many people were preparing to leave Tomsk, some of them are close friends, but it all happened quietly, people didn't talk about one another. Some would say that they would be leaving on a specific date, but when you went to visit them before then, you found that they were already gone. All of them were deportees from Moldova and Lithuania, and they travelled in all directions. Few people returned to Latvia, and I have no information about Lithuania or Estonia. Everyone who could leave did so. When I got back to Rīga for the first time, the city was strange to me. There was no one to whom I could say: "Hi, do you remember me?" I didn't want to live in Rīga. We tried to move to Tallinn, where there were jobs. At the last moment, when we had already sold our furniture and arranged for an exchange of flats with people in Tallinn, they changed their mind and announced that they would not be moving. People looked at us as if we were crazy. Who on Earth would move from Tallinn to Tomsk? It turned out that we had nowhere to go. Basically, that meant that we were in a war. I wouldn't say that we were really intent about moving here.

My wife told me that she had had enough, and she didn't want our children to experience even one one-hundredth of that which we had experienced in the Soviet Union. She said that we had to move.

We submitted documents to leave. You can see that we have not collected any real wealth, ours are humble lives. Our oldest son has developed a good career, thanks to the fact that we moved. He recently lived in Canada, and then he moved to California in the United States. He is a computer specialist and lives in Silicon Valley. He gained his education here, but in Tomsk, he simply had a doctorate in physics and mathematics. Our younger son lives here in Israel, and we have grandchildren. Our oldest granddaughter has already completed her military service. May God grant us health. Neither my wife nor I have ever been Zionists, but we have been Jews in our hearts. My name and surname show that. My father's name was Moisejevičs. I didn't feel any hostility in Siberia, though it was clear that I was neither a Russian nor a Kazakh. I knew how to present myself so that no one would say bad things about me. I was respected as a worker. I was a Jew, a man who did not drink alcohol, and a builder. I was recognised. Now I am thankful that I am here because I am sure that if I had stayed in Siberia, I would no longer be alive.

We took an interesting trip to Latvia. I invited all of my relatives from America to come along. Our family is from Liepāja, and we have been scattered all around the world. One of my father's older brothers moved to America in 1901, and I have relatives there. All of the relatives knew that grandfather and grandmother were from Liepāja in Latvia, and they came to Rīga that year. We took them to Rīga, the cemeteries, to Salaspils and the synagogue. We had addresses in Liepāja, we visited the Jewish cemetery and looked at buildings in which our relatives had once lived.

From the left: Simons and Jakobs

Rafaels Rozentāls

born in 1937

I remember stopping at stations and getting
"kipjatok" and having to run to get it; soldiers stood
guard between train cars and watched us.

I was born in Riga and am presently working as head of the transplant department in Stradins hospital. I'd like to start with my first impressions. If we had not been deported, my parents and I would have been killed here by the fascists. There were both my grandmothers, both grandfathers and aunts – quite a large family remained.

I remember that very early in the morning of June 14; people were walking around our apartment and father was speaking rather loudly and sharply to them. Mother was putting things into suitcases; those things served us well later on. I remember the family was taken to Skirotava and the men separated from the women, and the women were crying.

During the journey, I remember stopping at stations and getting "kipjatok" and having to run to get it; soldiers stood guard between train cars and watched us. Then they took us farther to Novosibirsk where mother met some actors from Riga, who had performed in the Leningrad Theater. There were Zhiharev and actors from Riga's Drama Theater. After that, we went by ship to Narima. There was a large monument to Stalin, three meters high. There was the town council "Spalozavoda". We lived in a room with the landlady, and mother prepared firewood in the "lespromhoz". I remember letting out a yell the first time I saw a cat because I had never seen one before. I remember mother always feeding me porridge. Mother had items she exchanged for food, and we always had butter, which she added to the porridge. Nothing bad happened to me.

There was a woman from Riga, Liene Lifshica, who was a friend of my mother's; she had a factory here. Father had been president of the student Zionist organization for a year, on a rotation system. Mother had a private kindergarten, which was considered a private business.

I read the "donos" (report) where it was written that the father was a bourgeois nationalist. The resolution: deport him. He was taken to Solikamsk, and mother and I to Shpalozavoda.

Father was a certified lawyer, an intelligent person with a bright career ahead of him. He was 34 years old when he was deported and was just starting his life and law practice. He was in Solikamsk for one year and afterwards in "svobodnoje poselenije" (free resettlement). Before that, he had run into someone from Riga who told him where we were living. He wrote us a letter. Father used to write nice poetry, and I remember mother reading it out loud.

How I got to where he was, I don't remember, but I remember that it was in Kansk district, in a place called Irbeisk, where we later lived after we came to Kansk. It was in the summer of 1942 that we met again, and from then on we lived together. Father quickly learned to be a bookkeeper and became the factory's main accountant. The director was a drunk, the technologist was a drunk, so my father, in effect, ran everything. The director was the former Tadjikistan deputy general prosecutor, and a deportee as well. He had a good staff – there was Professor Stoligvo, a well-known doctor, even after the war. There was an attorney, Minkovich – he is 91 now, and living in Israel. That was his company. They had a drama collective, IHAT, or "Irbeiskij hudozhesstvennij teatr".

They put on plays, and I would occasionally go to rehearsals and performances. Prosecutors and KGB directors all wanted to become part of that company. There was Vorobjov, the regional head of the KGB, who everyone called "Sparrow."

I was attending school, second grade. It was in 1945, and I was eight years old. My mother did not let me go to first grade because she was afraid. The Stoligva boy was in fifth grade.

In 1946 we moved to Krasnoyarsk. There was an alcohol distillation plant, and father was invited to be the head bookkeeper. They gave us a three-room apartment. I was in second grade. In 1946, my brother was born.

Father, ever since returning to Riga in 1956, resumed his legal profession in Riga's fourth judicial consultancy. He worked until he was nearly 80 years old, perhaps three or four years less. My father was an attorney with good practice. Mother worked as a teacher; she had already started in Krasnoyarsk. She taught German and continued to work in Riga as well.

In 1951, some KGB officers arrived and told mother: "Your youngest son said in kindergarten that Stalin should be killed." All the walls were covered with portraits of Stalin. That was Clause 58. The first time my parents told me anything was in 1952 when the so-called "medical thing" began. They had all been "wounded", and it was the feeling in Riga that trains had already been prepared to take all the Jews to Birobidjan. That was the prevailing sense. In 1949, father went to Moscow with the annual accounting records and also came to Riga. He had acquaintances here; wise people advised him to go back.

In 1949 there were more deportations. If we had returned, we would have been deported as well. Father told us our apartment in Riga was available, that there were many empty apartments. So we stayed and lived in Siberia until 1956. I went to school and joined the pioneers. On Stalin's 70th birthday, I gave a presentation at a big conference, because I had a good speaking voice. My parents never shared their thoughts with me. When there was the so-called "medical file", father came back from Moscow and said he had nothing to say, he was simply in shock.

I was a good student; I had friends, being a deportee or being Jewish was not a problem, not even in the "medical" times.

Everyone had to sign in once a week. At first, father was working in the distillery, but then the Trade Division was using him as a legal adviser. I think there were two trade divisions. Everyone was put in jail; father was the only one who had not signed anything, and so he continued to work.

In the 1952 campaign, doctors were the worst casualties. That was a general feeling. I remember coming home from school and seeing that everyone was happy. I asked what was happening and mother said the doctors had been rehabilitated; Dr Timoshuk was in jail.

My parents gave me money, and I enrolled in evening classes.

I finished school in 1954 and had to start thinking about what I wanted to do. Mother wanted me to become a physician, but I did not really want that. I wanted to go to Tomsk, which had a university, but my parents said I would never go there because our file was there with "keep forever" on it.

I had to choose – I could have gone to Krasnoyarsk's Meza technical institute and study chemistry, but instead applied to the Institute of Medicine. It was, easy; boys were given priority. I was a good student. In 1954 I passed my exams without difficulty and joined the Medical Institute. I studied there for two years and in 1956 came to Riga and continued my studies here.

All the professors who had been forced to flee Moscow in 1952 were in Krasnoyarsk. There were professors of anatomy and microbiology who had been recently released from labour camps and had worked together with Kohs. There were interesting people at the institute. In charge of the Biochemical department was associate professor Jedigarov, the rector of Baku University. It was interesting to study there.

In 1956, the father was rehabilitated and was the first to come back to Latvia. He had a cousin here and stayed with her. I arrived after my father and lived in a dormitory. There was a provision that if you were rehabilitated, you could get an apartment in Riga. He found out that a family was leaving one of the communal apartments to go to Israel and requested two rooms in that apartment.

In 1956, my mother and brother arrived. The family that left were very rich. It was interesting what they were allowed to take with them: one car, one television and a computer. It was possible to go to Israel.

We lived at 19 Stabu street, where there was a big fire in 1987. That was where we had the room father got for us. I continued my studies at the Riga Institute of Medicine and graduated in 1960. After the third year, I decided to be a surgeon, and I was on call a lot. I got a posting to Dagda, where I worked as a surgeon.

In 1962 I started graduate school after I had completed two years of work. I never felt any prejudice against me. Now I am the senior professor in Stradins hospital. After graduate school, I worked in the Central Scientific Research Laboratory in the Experimental surgery division, where I defended my doctoral dissertation. In 1976, there was a vacancy, and so I came here and have now worked for 30 years.

My mother died in 1997, and three months later, my father died. Father was a very organized person. He did not drink or smoke and took good care of himself. Even though he had been sent to a labour camp, he did not have the usual physical complaints associated with that. Father lived to be 90. He came back in 1956 and in 1958 began working in the legal profession in Tukums and then all the time at No. 4 legal counsel.

The fire destroyed the communal apartment in Stabu street, and he got an apartment in Imanta. Then things got more difficult for him. The Reawakening began, cooperatives; he helped a lot. He was an intelligent man with a good head on his shoulders but did not talk about himself very much. We only started talking to him about things when he was quite old already. He said he felt guilty for not having told me that earlier. He knew Jewish history well but never passed on that knowledge to me.

When we were in Narima, there was a family, Oskars Alks, the director of the medical department and two boys – Dzintars and Andrejs. We began our studies together at Krasnoyarsk institute. They were Latvians, good students. They skied better than anyone and had successful careers. When I came here, I thought all Latvians were like them, but I later found out that was not the case. They lived in Minusinka district, further in than we were. We studied together for two years.

I did not know why the father was let out of the camp so quickly. He and professors Stoligvo were both released. He was also deported to Irbeiska. Stoligvo was the camp's doctor and had written the directive that father was unfit for forest work. I knew that many of them had been released and that many Riga natives had been in Solikamsk. I don't remember how mother came to be transferred to Irbeisk; she never told me.

I did not remember Latvia. I knew people who arranged for me to take my third-year studies in Riga Institute of Medicine. I did not know anyone else *here and in the third or fourth years, I had to learn Latvian. That was pretty difficult because when there was a distribution, I said I would go to Latgale. When I came to Latvia, everyone I knew was a fellow student, and that is the way it has remained.*

Some have died, some are living in other countries. I once considered emigrating. My wife and I and our two children were living in a communal apartment, and it was difficult. I decided we should emigrate. Father was old and said: "If you want to do that, send in your documents!" My brother said he would not leave, and my son said he was not leaving. My wife said her mother was still living in the Kaliningrad area. So that was my choice at the time.

The other attempt was in 1990 after the children left, and I did not know what was going to happen. Then I thought: I'll go where the children are, checked out the clinics there, and came to the conclusion I would not be any worse off in Latvia. There was a general mindset: I am leaving anyway! But it was not that way with me. Father did not interfere.

When I began working in Dagda, I was a member of the regional Communist Youth office. Bresis was secretary. They told me I had to join the Party. I asked father's advice, and he said: "Do what you think is best!" If he had told me: "Don't do it!" I would not have done it. That was the way it was. Father never tried to influence me. I strive to do the same with my son, and he went to Israel in 1990.

I have a very nice family; we have lived together for 46 years, and I have grandchildren. I have good work conditions; I have worked in the same place for 30 years, dealing with transplants. I work with Ukrainians, Russians and Latvians. I like my job. I feel that I would not want to return to the Soviet Union; all kinds of things take place there.

I would never want to go to America...

From the left: father Leons, Rafaels, Boriss, mother Marija. Siberia, 1947

Rafaels and his mother

Siberia

Rafaels (on the right) in Siberia, 1954

Benjamins Šļivkins

born in 1932

We asked – why can't we go anywhere we want to?
They told us – those are the rules. That was all.

*My name is Benjamins Slivkins. I was re-named "Boris"
in Siberia – they gave me a different name. When I was
deported, I was nine years old, and my knowledge of
Russian was poor. They would not accept me in school
there. Until the war, I attended Hebrew school and
also studied Latvian for a year. There were no Russian
language lessons.*

*How were we deported? I awoke and heard a man
from the NKVD asking: "Who's sleeping there?" and my
father's response: "My son." The NKVD man said I had
to leave too. I woke up and asked grandmother what
was happening. She answered that our family was
being deported. I got dressed. I was the youngest in our
household. My brother Abrams had already packed some
things. He was ten years older than me.*

*To put it briefly, they put us in a car and took us to the
station. There they took my father to a different place, and
we never saw him again. They put us on the train.*

*I have three sisters and a brother. Two sisters have already
died. We were on a train – a cattle train. Nahimovska, whom
you also interviewed, was with us on the train. There were
many children. The journey lasted three weeks. They took us*

to Kansk. From there, along with Nahimovskis large family, we were transported to Ashpatska village. We lived there. I was nine years old. All the older folks went to work, and the younger ones stayed home. They would not accept me in third grade because I couldn't speak Russian. I had to repeat the second grade. I went to school for one year. From Ashpatska we were taken to Vorgovo town where I went to school for two years. After Vorgovo we lived in Potjosova. I was then 12 years old. I completed the fifth and sixth grades in Vorgovo. Then, after Vorgovo, we were relocated to Yeniseiska. I finished seventh grade there and then we were allowed to go home to Riga. We travelled to Riga, where I enrolled in the electrotechnical vocational school. I studied there for two years.

Then we were deported again to Siberia. I met Indulis Poga there, and we went to night school and worked in the factory "Sibtjazhmash". When I finished technical school, it was 1954, and I worked in the factory until we were released. Then Indulis Poga and I went to Riga. I worked in the Vagonu construction industry, and he worked in VEF. He stayed in his job, and I went to Israel. He did not know anything about that.

We came back in 1973. In Israel, I started working in a trade school, at first as a mechanic, then with electronics.

I have always worked and gone to school. When we lived in Riga, and I worked in the factory, I enrolled in evening courses at the institute and completed my studies. That was in 1956.

<u>*How did you get along with the local people in Siberia?*</u>

We had to go sign in twice a month. No one at the school knew that. We said we were going across the river to visit our sister, but in fact, we were going to sign in. We had a special document. The other children did not know that because we hid it. Later they found out but did not understand. They didn't understand why we had been deported. We told them it had something to do with the war. Poga said: "How should I know why I was deported? I was still small." My people did not understand. We told them we had not killed anyone, or done anything bad. They just deported us.

There was a famine. It was difficult. Especially the extreme cold. I helped mother any way I could. I sawed logs. There were all kinds of things. We had to take a boat. The organizers treated me badly. That was in 1942. We went from Vorgovo to Yeniseiska.

The river was wide. It was hard; we were afraid we would be robbed. It's hard to describe those difficult times... like, for example, they told us where to live, and they told us where we could not go. We were forbidden because we were deportees. Every two weeks, we had to report and sign in. In the intervening two weeks, it was forbidden to go anywhere else. Our parents lived somewhere else. Poga was not allowed to go to his parents, and neither was I.

They told us we had to live in a designated place because we were working. That was not pleasant. We asked – why can't we go anywhere we want to? They told us – those are the rules. That was all.

<u>*Did you remember the life you had in Latvia?*</u>

We had a father. He was separated from us. There was no father. They did not explain anything. It's hard to say. The war started. When they deported us, no one ever explained anything to us or asked us anything. The man who deported us did not answer our questions. He didn't know the answers himself. We survived the war. We knew what the Germans were doing. Many went to the front. They didn't return. Many were killed. Our parents were killed. We did not even want to think about what might have happened if we had not been deported. We would have been killed. It's a complicated question. When we were deported a second time, they explained that it was because we had come to Riga illegally. What did that mean – against the law, illegal? I was deported when I was a child...

When they released us, they said we were free, and we did not have to go and sign in. We laughed when we passed the command centre.

When they deported us again, we were already registered in Riga. When we returned a second time, they did not register us, and they did not give us living quarters. I registered in Salaspils and found work. Then I began working in Vagons construction and got registered. That's how it was for all of us. It was difficult. There were seven of us in one apartment.

Abrams got married, our sister got married, already in Riga. We needed a place to live in. Those were difficult times. We had passports. It was hard when they transported us by the prisoner's train. There were many people, and it was cold. The second deportation was difficult. It was hard to understand why we were being deported again. The best time of all was when we arrived in Israel. That was 33 years ago. Father was separated from us in 1941. He worked as a stove builder ("pechnik" in Russian). He was released in 1944, and he could not work, could not walk, and he went to Siberia to be with my brother. My brother was in the workers' army.

Father went to my brother and lived there, got medical help and his condition improved. We were released at the same time and went to Riga together, and we were deported together the second time. When we were sent to Siberia the second time, father died. We went to the cemetery to visit his grave. He could not work in Siberia; he was paralyzed. I was not allowed to attend the funeral. I needed to get permission, but I had to wait for a day and a half. That was an unpleasant experience. After the funeral, I had to go back.

Is there anything else you would like to say?

It's hard to say. All my life, I have worked and gone to school. Now I am free... I can go where I want. There are no limits.

Slivkins' family in Latvia

Georgs Stoligvo

born in 1934

My parents were probably thinking about how
they could find their way back to Latvia, maybe,
but I doubt that they had any real hope.

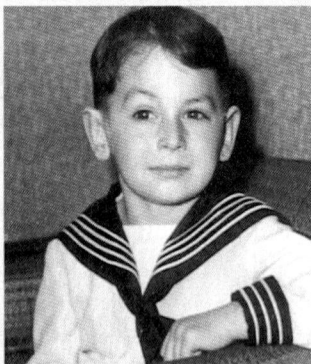

*In the '30s, our family lived well. Father worked
and earned a living in private practice. Grandfather,
father's father, helped him and worked in the laboratory.
Grandmother and grandfather lived in Miera Street 5.
Everything was fine until June 13. Father was in Ludza
on consultation and was not home. At about 2 AM. The
doorbell rang – it woke me up. There were four men in
civilian clothes at the door, each with a Nagan revolver.
Also, a uniformed soldier holding a rifle, with bayonet
attached. There was another man; I remember he had
a "furashka" and he took it off. There were six of them in
all. They told my mother to get ready, and she got some
light clothes together because it was summer. She thought
they were going to take us away to shoot us. They took us
out of Riga – we did not know where. No one told us that
we should take any warm clothes. But mommy was brave
and open person, and she was not afraid. She was able
to pull herself together, and that is, what saved our lives.
She put as many things as she could into suitcases.*

*I was only interested in talking to the soldier; I liked his
rifle and bayonet. I showed him my own soldiers – they
were small toys. "Ataigi, ataigi" (go away!) he said to me.*

When they led us out the door, I lost my voice. I completely lost the ability to speak. At the time, I spoke three languages, Russian, German and Latvian, and I forgot all three of them. Mother noticed that after a day or so. We were outside on Aspazija Boulevard. It was a beautiful morning – about 4 AM and not yet dawn. We were still waiting for the sun to rise.

I remember near Bastejkalns there was a lone streetcar. After that, they put us in a truck and took us to Tornakalns station.

The train was a "telatnik" (cattle train) with bars on its two windows. There were people there already. Altogether there were 41 of us; I remember it well. There were only women, children and teenagers. My sister and I were small; my sister was two years old. The only man there was Zisks. I even remember his name. He never got to Siberia and died en route. His hair was grey.

My sister and I were the smallest ones, and they put us on the upper shelf. That saved us later when we were travelling across Siberia because it was easier to breathe. It was hot, and the journey lasted two months. There was a "parasha" – a wooden toilet bucket that smelled horrible. After a while, they gave us one dry smoked "dorsha". I was small, and it was my size. They gave us a bucket of water. You could drink it if you wanted, or you could wash in it if you wanted. They gave us one loaf of bread – for all of us. If I am not mistaken, we stayed in that train car for three days before the train started to move. The roof was hot, heated by the sun.

I remember somewhere on the vast steppes there were no stations and another train stop. It was not even a lake, more like a big pond. We had not bathed for weeks. The water was brown. It was good that the mother did not go there with us. The command was given for everyone to go and wash. What a mess! It was muddy and dirty. They were really mocking us because people came back covered with mud and clay. They protested: What are you doing? How can you do this?

My father had come home the following day, and they grabbed him within an hour. Father called his father on the phone, and he came over.

The men had been waiting for father inside, and in his grandfather's presence, they arrested him and took him to Solikamsk. He got to know Professor Rozentals' father there.

We were taken to the city of Kansk. A part of the entire echelon was taken there. Two carloads, ours and the next one, were put in horse-carts and taken

80 kilometres farther away to the town of Irbej or Irbejsk. We got out there. There was no escort there, just the NKVD director, who walked around in a uniform and hat and revolver. He also had an assistant.

We spent the winter there. Later that fall a young man of 18 or 19 arrived. Mother was summoned at night for some reason. They put a gun on the table and told her to sign a paper. Mother began to read it, and they yelled at her: "What are you doing? Sign it! That's all!" Mother said she would not sign anything without reading it first. He said: "You don't understand Russian anyway!" But my mommy was Russian. She knew Russian and also Polish very well. Mother read the paper. It said something like this: "I – (name) – the wife of (name), an enemy of the people, agree that for my husband's crimes I will accept punishment and remain here for 20 years."

Mother said she would not sign the paper, and that was that. He threatened to shoot her. Mother had to go there for two consecutive nights, and she was cursed and subjected to physical and verbal threats. And then he left. We stayed there all winter.

How did we live? Thank God, the local people were themselves deportees, and some were even second generation. We were deep in the taiga, about 150–200 kilometres from the Sayan Mountains, about 300–400 kilometres from the Mongolian border. People helped each other. We had potatoes and some kind of frozen fish. That winter, I was seriously ill with pneumonia. Mother had quinine, and that helped. There was also Galamova, an old woman who also helped me get well. I survived. My sister was growing.

It was early spring. We heard wolves howling near the house and saw their pawprints. Mother had started to go work in the kolkhoz that fall. She earned a little more than 20 kopeks every day, and they gave her a slice of bread. People helped us and mother helped the woman in the house, where we were staying. Then, imagine, in the spring mother had an idea. She said no one was checking on us here or calling us out. She got her children together and arranged with someone who was going to Irbeja to take us with them, and we set off. There were people waiting for us there, and they put us up. After a while, the mother went to the NKVD and asked them not to report us as runaways. They did not say anything bad to her, only that she should go to the registry office once a month. There were some repressed Polish people there, and we got to know some of them. Things had not been easy for them at first. Mother was half-Polish and had been raised in a Polish cloister in Vilnius, and she could speak the language. They accepted her as one of their own – a lonely woman with two small children. They had a co-operative. They were resourceful, pulled together and survived. My little sister went to kindergarten. I was eight years old and was considered an assistant at the kindergarten. I helped fetch water and firewood and got dinner – barley and soup – for doing that. They passed the food to me through a window. They did not let me inside.

My other job was to help my mother. Some Poles lived on the riverbank, and they organized a co-operative and made wax and honeycombs. That was hard work. They also needed water, and I brought it to them. Before my sister went to kindergarten, I had to take care of her, too.

The locals advised the mother to find a husband. We had no information about father; we did not know where he was and thought he had died. The locals said to write letters to camps every night. They said the mother should get a Soviet map and mark the occupied territories, and that there would certainly be a camp near every city. Imagine, in the space of one year; my father got only two letters. He had recognized his mother's handwriting and knew we were alive. The other letter was stolen. The thieves said: "Doctor, give us your glasses and your coat." Father gave them up, and they gave the mother's letter back to him. And so father learned that we were alive.

The Rozentals were in Yeniseiska. They shared stories about places, where they knew Latvians were living. Later, the father and the Rozentals were in the same place. Father was not a member of any political organization and did not speak out on such things. His labour camp status was changed to that of a deportee. Father and Rozentals each had a five-year sentence, including the two years already served. They had been in 16 prisons throughout Siberia and spent the entire summer being transported to Krasnoyarsk. That was late summer of 1943. When the truck arrived bringing father, they told him to get out, but he was not able to walk. He sat down by the fence, trembling. It was November, and it was cold. He could not stand up.

All the women were curious as to who he was. It was obvious he had come from a labour camp. They asked him his wife's name – Marija Longinovna; my mother's name was Marija. The locals knew, where mother was staying with the Poles and told her there was an emaciated man, who said he was her husband. What? They ran over and carried him back in their arms... A memory to treasure – my sister and I sleeping on the floor behind the Russian oven, when mother came in, with a gaunt man holding onto her shoulder. He was wearing glasses. We thought it must be a father. He started speaking German to me. I did not understand... what was he saying? It was a year before I started to speak... and it was in Russian. Father was extremely weak from dystrophy, and he needed help.

There was a Ukrainian hamlet in our region, where the inhabitants had been deported in 1928 and 1929, – from Habarovska. They settled there, and after a couple of years, when they had set up their own household, they were sent deeper into the taiga, until finally there was one street for the Burjats and Ukrainians. That was about 20–25 kilometres away. Then came the first snowfall, and the mother brought back a cow. The cow had her first calf. She led the cow for 25 kilometres. One of the neighbours taught her how to milk it, and she provided a liter, liter-and-a-half a day. Mother gave the father the milk to drink.

Around New Year, father was already starting to go outside, and he went to see the main doctor in the local hospital. I don't know why the army did not take him.

Irbeja had a small hospital, and they gave father a job. In the labour camp, he had gone to work in the forest at first and then worked as a doctor. We heard terrible things, it was a long and somber story, but those were things I had not seen with my own eyes, and know only from father's stories.

Father began working in 1944 and soon became popular. You can just imagine – a Latvia university professor in a Siberian hamlet! He also instructed his co-workers and organized good service in the polyclinic.

The hospital had its own land, and we got a piece of potato to plant, and by autumn of 1944, we had our own potatoes, leeks, onions and bees. I was one of the main workers in the garden. We had a cow, and my sister found a dog somewhere. In the autumn of 1944, we even had a pig. We lived in a small house near the hospital. That was all thanks to my mother.

I started school in the fifth grade. Father prepared me at home and taught me arithmetic, told me about the history and we read books together. I could not go outside until my father got home from work, because only my parents *had valenkas. When the snow started to melt in April, we were already running around barefoot. Later, much later, I got my own pair of valenkas. We ran around barefoot until September. I was sufficiently well prepared for fifth grade. I was treated well in school, perhaps in part that was due to the fact that my seatmate was Pavels Blinovs – a big boy, who was considerably older. He was 13 or 14. I helped him as much as I could and learned to write correctly. Father told me if I was going to learn a language, I had to do it perfectly and honour it. My father spoke Latvian very well, but with a Russian accent, and he knew it so well he corrected students' papers. I remember father used to shame some of the students, saying: "Look at how you write… (be mindful that) you're Latvian!" He expected the same of me. He told me: If you are going to speak Russian, then speak it, not some other God-knows-what language. And so I also learned to speak Latvian.*

My parents were probably thinking about how they could find their way back to Latvia, maybe, but I doubt that they had any real hope. Father had a five-year sentence and mother was serving 20 years. Father's fame as a doctor spread through the area and among his patients were party secretaries and NKVD chief Vorobjov. The Latvians called him "Zvirbulis" (sparrow). His son was my classmate and do you know what his name was? – Adolfs! How absurd it was, that the NKVD chief's son would be named Adolfs, during wartime. That could only mean, that in the early 1930's Stalin and Hitler had been friends. Adolfs was born in 1934 or 1933 and was in my age group. That is just a bit of information.

Hope sprang up when father got a passport. His sentence was completed, and we all went to register. Father went to the director and said: My term has ended and I need a passport. They told him he would not be going back to Riga unless he had permission at the highest levels, but they said he could live in Krasnoyarsk or Novosibirsk. They told mother she could not leave. Mother replied that she had not signed the paper that said she had to stay for 20 years… He took out the folders to see if that was indeed so. I believe that it was mother's savvy, that saved us from Igark and Norilsk. Latvians, who did not know the language had signed the papers. I have several sources that can confirm that.

My father-in-law had a similar situation. He was a Ukrainian lawyer and was deported in 1939. They arrested him and beat him. He said he wanted to read the document. He read it and wrote underneath: "I am completely dissatisfied with everything I have read and so do not agree to any of it." Then he signed his name. Without looking at the paper, the officer just put it in the document folder. And that was what saved him.

A year and a half later, the situation eased somewhat. Stalin admitted they had overdone it and he was dismissed at the beginning of 1941. That was fortunate. A more humane person got the job. In 1946, the mother was put on her father's passport; she did not need her own and could be on his. There were many things that were very puzzling. When we wanted to show proof we were repressed, they took our documents out of the archives. It was all there. There was a notation written in pencil: "The family was taken outside Latvia borders." The number of family members was not noted. It was as if we had disappeared altogether.

After a yearlong correspondence with Irbeja, documents arrived stating how many of us there were, and how many times we had registered with the NKVD. It was only in those documents that we were mentioned. Father wrote to the medical faculty and, with the help of researchers and friends, he was able to get in touch with Kirhenstein. My father was, in fact, a microbiologist and Kirhenstein were familiar with his name. He said he needed help. He allowed father to be recalled from Siberia through the Academy, through the NKVD, stating that he was needed in research for his depth of knowledge.

So we got permission to travel. Father was designated to lead the transport efforts of the older children in 1946. There were about 40 children and the four of us – me, mommy, father and my little sister. We fetched water and firewood. The children were sick with pneumonia; my sister, too.

The day after we arrived in Riga, my sister was taken to my father's colleague, Dr Berg. My sister had an operation, and the father bought penicillin. We stayed with grandfather and grandmother in Latvia. I was no longer used to city life, and I got robbed. Boys stole my mittens, and my hands froze. It happened outside the movie Forum. I ran home to Miera Street, and that is when my hands froze. I liked the small private shops that sold pencils and notebooks. My mother took me to the market, and that left a big impression on me – there was so much food there!! After having lived in Siberia, it really had an impact. It was nothing really special – just men and women walking around offering to sell their wares: "Who needs soda, saccharine?" "Who needs powder for fleas, rats, mice?"

There were trolleys, and also trophy cars. Drivers with sleds and bells... In the summer we took a cab to Meza Park. It was interesting there. When we returned from Siberia, we lived with grandmother and grandfather and later rented an apartment in Meza Park. A Latvian family lived across the hall – Professor Dale. He had a son and two daughters. My sister and I used to play football with them. They learned to speak Russian, and I learned some Latvian. In 1948, my little sister started going to Latvian school in Meza Park, and she speaks Latvian without an accent. She attended a Latvian school for five years. My own studies did not go well. After sixth grade, my father said: "Stop – you are going back to repeat sixth grade!" At that time, the Meza Park school had seven grades. I attended No. 22 middle school and completed it and enrolled in the Medical Institute, where I stayed for one term. Then an army colonel came and said: "Any boys who want to join the War Medical Academy. I highly recommend that they do that; otherwise, you will be drafted by the army." I submitted my document and began my second year in Leningrad.

I had to sign a form on which they told me to write, that I had been evacuated. There would be tests and more tests. Maybe they did follow up, but there was no mention of it in the document, which had the penciled notation.

The school was excellent, and I will always remember that. I changed and became a disciplined person. I abandoned my childhood pranks. I had been quite naughty in middle school, and I liked to ride my bicycle; I was a master candidate for sports. Father was also a famous athlete. He holds two records, that no one has surpassed, because the sport no longer exists in competition. It is high-jumping from a stationary position, without a running start, and also the 60-meter hurdles for men. He still has those records. That was from the '20s.

After coming back to Latvia, father no longer worked as a doctor. Kirhenstein got him a post in the Microbiology Institute and put him in charge of the medical microbiology department. Later father worked in the Institute of Experimental Medicine, also as a department head. He was chief of Contagious Diseases department for two years – in 1961 and 1962. Professor Rozentals' diploma was signed by my father. After that, the father worked in a tuberculosis hospital, where he had a laboratory. The years 1948 and 1949 were difficult ones, when we lived in Meza Park, on the first floor, near the last trolley stop. There were more arrests and deportations.

At the start of 1953, they began arresting Jewish doctors. Kirhenstein said: "Nikolaj, I think you are secretly a Jew." My father was not Jewish, although his nose was a little bit like that. And he requested a bodyguard to take him to the cemetery and show him, where grandfather was buried. That was humiliating. They summoned him to Stabu Street. Just in case, father took along a suitcase. Two hours later, he returned with a document of rehabilitation. My father did not drink, but when he came home, he said: "Pour a little bit for me. I have just been through something very unsettling. Do you recognize this?" He took out a watch one of his patients had given him in 1934. It was gold-plated and inscribed: To my friend, the doctor, from (so-and-so). He had to sign, that he had received it, and that his property had been returned to him. Imagine – the millions of people, who were lost, and whose graves will never be found. And here was a watch they had found and traced to him... that is like a play. Such "jokes." Harsh jokes.

Father told us about the labor camps, but only reluctantly.

I am a religious person and I will say, that God really exists. It is a fact, that we survived and were able to return to our homeland, Latvia, after a relatively short time. And that is a gift from God. Thank God. I have nothing more to add.

Georgs and his mother Marija and little sister Marina

Georgs and his sister Marina. Siberia, Irbej, 1943

Daniels Šlozbergs

born in 1927

In 1944, I began working in the brick kiln at the brick factory. It was manual work. You had a horse and your hands, and there was nothing else.

I, Daniels Slozbergs, Solomon's son, was born May 1, 1927, in Daugavpils.

My father, Solomons Slozbergs, was a merchant and dealt with crops. My mother was Nehama. It is interesting that my mother came from a farm family, which is very unusual. Her father had a rather large plot of land in Ilukste municipality, Garsene parish. He had more than 100 hectares of land. There was a distillery. There were 7 children, and they all lived in Latvia. They were real Hebrews ... who lived in Latvia many many ... how can I say it in Latvian... "pokolenija"? ... former generations.

There were four children in our family. We were going to school and lived well; we had our own house. We had a wooden house in Daugavpils and another house. And mother had part of a house in the city centre. So, everything was good, but then the Communists came and took it all away. Because my father was in category 2.

On the night of the 13th to the 14th of June, someone knocked on the window. They didn't knock; they pounded on it.: "Otkrivaike dveri, NKVD!" ("Open the door, NKVD!") A lot of people ran inside and stood by all the doors with rifles as if there were criminals in the house. They gave us 20–30 minutes. Where? What? Nothing.

A car pulled up, and they took us to a freight station and put us on a train. After that would be Siberia. In the middle of the floor was a hole and something like a wooden toilet. There were bunks on either side. I think there were 40 of us in one car. An absolutely international mix: Jews, Latvians, Poles and Russians. Some names I remember were two Voronecki families from Daugavpils, Dzintars Petersons and his mother, us, and another Jew, Osins – he is here in Israel. There were three or four farm families. It's interesting that I still remember: The Kalvans, Atans and Absalons. I remember them.

When they took us away, the war had started already. We left from Daugavpils on the 17th. They arrested us on the 14th, shoved us on the train, but it did not start moving until the 17th.

Once, we saw German planes. Our train was long; I don't know how many cars it had. The planes came toward us and split off to either side. Then the train stopped, and they let us get off. We stayed there for about an hour. There were soldiers everywhere, but we had the opportunity to walk around a bit. And then we continued on our way, although we did not know what was going on. The train stopped again in Velikije Luki environs. They would not let people near our train. Three or four people were sitting a short distance away, holding a newspaper and reading it out loud, so we all could hear, that there was war, that the Germans had attacked.

So we travelled for two more weeks. We got hot food once a day. Soldiers accompanied us to the station, and we brought back some kind of soup and bread. That was how it was; if someone says it was something else, that is not true. Maybe it was different in 1949, but that is how it was in 1941. Trains were coming toward us, and we travelled slowly during the night until we got to Kansk.

In Kansk they took us off the train and put us up in a schoolhouse. I remember the school, because, later on, I lived in Kansk. And from there, they started to divide us up in the various villages. For instance, we were taken to Tasejeva. We stayed in the culture house – on the floor, on tables or any other space that was available.

Later I worked at that club for many years. You had to walk through the main room to get outside. When I passed through the room, I looked around – and saw that, right by the door, were my cousins from Riga. That was a miracle, or something: My two cousins and aunt.

They had also been picked up in Riga and taken to Tasejeva. And so we lived together. My father died, but my uncle was much younger, and he survived. In 1946, he came from the labour camp, picked them up and took them to Kansk, where they lived. Today they live in Jerusalem. My cousins; my aunt died.

As soon as we got to the station, they said that the father had to go somewhere else. They separated him from us, and we never saw him again. We did not even know where he was. But people are people and in 1942, we got... from where I can't tell you. We had a if you could call him that, "Jewish elder". He brought us a page torn from a notebook and on it were the addresses of many, many labour camps. It was very difficult to get paper; there wasn't any, but I found a notebook and sent two short notes to each labour camp: One to the camp director and the other addressed to father. And do you know what? Six months later I got a reply from my father. I had found him. He was in Kirov. But that was the only – first and last – letter. Later, many years later, we found out that he had died about a month after writing the letter. He was not young; he was 61, and he did not last long. It got worse.

My brother was born in 1922, but he was working. While he worked, it was my job to take care of the little ones. They took us to a kolkhoz. They wanted to force us to submit an application for Party membership. My mother and aunt had enough sense not to do that. We took our things, put them on a sled and went to Tasejeva. It was about 10 kilometres. How did it look? How do you say "telezhka" in Latvian? It is not a sled, sleds are used in winter, but this was summer? They had two wheels. We put our things on them. All the adults were pulling the "wagons", and my mother and two cousins walked behind it. And that is how we went to Tasejeva. Mother and my aunt went into every house, to ask if they would take us. No luck. We covered half the street. Then we saw an old man; his name was Shelepov, Stepans Jakovlevich. He said: "Igike sjuda. U mena pol doma pustoje, zhivike." (Come with me, my house is half empty, you can live there). We did not even have a conversation about how we would pay or how much. There was nothing there, except walls. He opened his "ambar" – I don't know how to say that in Latvian, and pulled outboards and made places for us to sleep, and so we stayed with him. And then we started looking for work. The older ones: mother, brother, sister and aunt went to saw wood... How can I explain it to you, you may not know what it is. In those days, cars did not use gasoline, but wood – it was called "churochka." And they sawed "churochkas" while I looked after the children.

Later my brother found a pretty good job, and we started to live better. At least we were not starving. But then they sent my brother to Igark, and mother got sick with typhus. She was put in a hospital. I should say that if Tasejeva had not had a Latvian doctor – her name was Mrs. Tetere – that half of us would have died. She saved half of the deportees. Those who got to see her...

There was no medicine, and she went into the forest and gathered all sorts of grasses and made mixtures and used them to save many people, including my sister. My sister came out of the hospital, and then the problems started – the famine began. You could say that from 1942 to 1944, we never had a decent meal. Not once! We were half-starved the whole time. There was near-famine, famine, near-famine, famine... there were days when we got no bread at all. We got 800 grams of bread for four people – that was one mouthful, and then we had nothing for the rest of the day. All of our possessions had long ago been traded for potatoes. It was bad. In 1944, I began working in the brick kiln at the brick factory. It was manual work. You had a horse and your hands, and there was nothing else. I started with something simple. I mixed clay, and that is how I started. I ended up as director of the brick kiln. That happened in one year. Then I learned how to make felt boots, also in the same cooperative. At first, I was an apprentice, and then I became a shop brigadier. Later, for a year or so, I worked as a purveyor, and then I started learning to play the accordion. How did that happen? Some men came back from the war, and one of them brought back an accordion. As soon as I saw the accordion, my head started to ache – I wanted that accordion! And so I tried everything: I made boots, and other things; I worked until I was able *to buy that little accordion. And I would take it and sit behind the house and play – mother chased me outside because she said it made to much noise. So I learned how to play the accordion. The war was coming to an end. There was an accordion player from Poland in our club. He played very well, and I had a good ear. I still remember all the melodies.*

In our house in Daugavpils, in the evenings you could hear a brass band playing dance tunes in Dzelzcelnieku gardens, and I remembered all of those tunes. And I learned to play the accordion. Later the Polish guy went to work in the school. Many were brought in from the labour camps, who had been imprisoned for 8, 10 years. One of them was Estonian, and he also played the accordion. I spent quite a few years there as an accordion player. I later worked as a provider in a "lespromhoz". Every time I had to go to town I had to go to the commandant's office and he would write: "razresenije vidano Slozbergu na tri dna na komandirovku" (Slozbergs has permission to go on assignment for three days). But one day he said: That's it; I can't give you permission any more. It is forbidden. There was nothing I could do. Later I went to work in the forest, and I was sent 110 kilometres from Tasejeva, to a "hole" called Mashakovka. I spent an entire summer there, and then I came back, and we went to Krasnoyarsk. There I met a movie director in the club and he said: Do you want to learn to be a projectionist? I said: Yes, I do. He said: You play the accordion well, and for anything more than that you will get extra and then you will be able to live well.

Then Zhorka Ratnieks came to see me and said: Save me, take me with you. I want to get out of Tasejeva. I went to the director and said: Can you take one more person? He could. He wrote out another letter and Zhorka and I set off for Krasnoyarsk together. We did not do well there. The courses never took place. The commandant said – go back to Tasejeva. It was not that important to Zhorzhik and he went back. But I thought to myself; I have to try. My brother already lived in Kansk, he had come back from Igark. I stood in line and signed up with a big "nachalnik". I guess some of them were decent people as well. He said: "Sagis!" (Sit!) "Nu chto ti hochesh?" (Well, what do you want?) I said – I was born in a city and I want to live in a city. My brother already lived in a city. I lived for 12 years in "v sele", maybe that is enough? He said: "Pishi zajavlenije!" (Write a request!)

I submitted it and went home. Two weeks later permission was granted and I was able to get out of Taseyeva and go to Kansk. When I worked in the brick kiln, there were many Germans there. My language is very much like German, and 60 percent of Baltic Jews can speak German. Our languages are very, very similar. I had spent a lot of time with my grandfather in the countryside. And there was a "jeger" there from baronial times. He came to visit grandfather and they conversed in German. It was interesting for me to listen to. I felt close to the German language. We chatted and had discussions and I went with them as "dolmecher" – interpreter. I helped them get settled. And we left it at that. When I went to Kansk, I lived with my brother. There were a lot of Germans there. They worked in "lesozavod", a lumber mill. I was very good at German. Once my brother and I went to the mill's cultural club. They did not have an accordion player. A young boy was playing – badly. My brother said I should try. I took the accordion and from that time on I played there. In the summers there was a "tancploshchadka" (dance plaza), which is a familiar term in Latvian as well. The theatre orchestra was playing there. It was a visiting theatre troupe, but the orchestra was local. And so I continued playing with them the entire summer. Autumn came. I was working as "zapravshchik" – how can I explain? I provided gasoline for drivers. The theatre season began, and they needed a "klavishnik", they needed an accordion player and they told the director – there is a guy, who plays with us at "lesozavod" and he plays well. I received a letter from the theatre and I went there. You want to join us? Why not? I can do that. I worked during the day and at night... That is how it began and then I became an administrator and then "zamdirecktor" and I later took classes and then left Kansk and went to Sovetska in Kaliningrad territory. Our head film director in Kansk went there as well, and hired actors and later me and my wife and daughter, too. And that is how I started my career in the theatre, where I worked for 26 years.

How did you meet your wife?

That is a separate story. In the summer I went to Kansk. I was not working yet, and it was three or four days from the time I got approval to leave. I ran into an acquaintance and he took me to "lespromhoz" factory, and I began working. But in the evenings I went to the park, where the brass band was

playing dance tunes. I also played "baraban" (drums), and am still "udarnik".
There were some boys there who had heard me play in the "lesozavod" club.
They invited me to join them and I began playing in the orchestra. At first,
they did not have to pay. If I played in the orchestra, I could attend the dances
for free. One night, it was a Saturday, I was sitting and playing "baraban",
and people had not yet begun dancing, and the "ploshchadka" was still
empty. There was a big tree at one end of the "ploshchadka." I looked and
saw a pretty girl standing there. I said to one of the musicians – "poigraj!"
(Play!) I walked straight over to the girl, and we danced. Later I walked her
and her friends home, but then I lost her. A week went by, two weeks, months,
a year... I did not see her for two years! I was already working in the theatre
and standing on the stage playing dance music with the orchestra, and while
the orchestra was resting, I played with the "udarnik" and trombonist. We
had a small pick-up orchestra. Then one night, the cooperative, where she
worked had purchased tickets. It was March 8. I saw her friend, who was
a little bit older than her. She was 18 when I met her and had changed in
two years. She was 20 then, and I did not recognize her. I asked – where is
Sveta? Ah, there she is! I walked over to her, and she is still with me today!
Fifty years have passed. I have two daughters. One lives in America and the
other one here.

<u>*How did you happen to move back to Latvia?*</u>

Of course, it was my "mechta"... What is "mechta"? A dream. It was my
dream to return home. But there was nothing to go back to in Daugavpils;
we received a letter that our house had burned down. Everyone had been shot
or murdered. My uncle was murdered in the country. I have the document,
that attests to that, that in the first month... I don't want to remember
that or talk about it. There were no Germans in the country. They were
thunder cross.

The first year, in August 1941, my uncle and two cousins were still there,
but on September first they were no longer there. I have a document from
the archives, that says, that on September 1 there was no one by that name
in Garsene parish. They shot him; took him to Akniste and shot him. That
was it – in the ditch. There were Germans, but there were no Germans
there. I don't believe, that the Germans from Daugavpils or Riga went there

specifically to shoot four or five families. It was done by the fascists. The house is still standing in Garsene, I was there after the war in 1958. How did I come to move? I was in Sovetska – which was formerly Tilzite. I was working there and there was a theater that used to be German. Liepaja is not far away. A Baltic wartime fleet was stationed there and had a theater. We knew about each other. One day the director arrived and said – can you come work for me. I was interested: Will you give me an apartment? Yes, I will give you an apartment. And so we moved to Liepaja. That was one small stop on the way home. Liepaja is Liepaja. But for us Daugavpils people, Liepaja was... we were "changali", and Liepaja natives were something entirely different. They laughed at the way we spoke Latvian – "changali". We know all about that. I worked for a while in Liepaja. Then I went from Liepaja to Arhangelsk. My former director offered me work up there. Quite a few years passed. And then I spent 16 years in Sovetska again. And then another Baltic fleet director from Sovetska invited me to go there.

There were actors who knew me well. But there was something wrong with their administration, and they invited me to join them. Then something interesting came up. I had to write my autobiography. I wrote everything just the way it had happened. And that paper went to "Politupravlenija" (polit administration) and then it was "osobij otgel" (special department), you understand. And there they began interrogating me, asking me, who I was. I had included a small incident. When I was living in Sovetska in 1968, my daughter was just a few months old. I took her to Daugavpils. My mother and sister had come back from Siberia to Daugavpils. And so I thought I would have to go to "gastroli" (roadshow). During the night they knocked on the door – hurry, hurry! They were mobilizing everyone to go to Czechoslovakia. I was there. I was not in Czechoslovakia; I was in Germany (GDR) on the Czech border. A situation came up, where I had to speak German. I looked around and did not see anyone. Some German children had come over. I was in the tank division and they started to climb up on the tank. So I shouted to the "pionervozhataja" and said: "Das ist kein Spielzeug". So the children left, but the officer said to me: "Slozberg, ti na kakom jazike s nimi razgovarival?" and I said: What other language would you use to talk to German children? He said: But you didn't try using your hands. You spoke as easily as you speak Russian. I said: I speak German. The next day I became the commander's interpreter and it was written into my biography. And when this "osobij otgel KGB" began to look more closely... I did not do anything, because I knew what "sovetskaja vlast" was, and I had been in Siberia. I understood. And that helped me to again join the Baltic Fleet theatre, where I worked for three years.

And then my older daughter started attending Daugavpils Pedagogic institute. I needed to help her, but my theatre salary was small and I couldn't. So I wrote to Vorkut. They paid "severnuju" salary, which was pretty considerable. And I went to work in Vorkut. My wife put an "objavlenije" (advertisement) in the paper, that she wanted to exchange her apartment. I got an apartment there. I was lucky. She wrote to "prijezzhai." I came back and we went to Riga to look for an apartment. It was a communal apartment with three rooms. It was central. I lived in Lenin Street 43, across from a church, the yellow church across from Blaumanis Street, where the atlas is. I lived on the second floor. The apartment was awful. We renovated it and I moved there. Again we took everything we owned with us. And then I told my wife: "Svetlana, 30 let peshkom ja shol domoi" (Svetlana, I have been walking home for 30 years.) And that was true, 30 years had passed. And so I was in Riga. I went to the cultural ministry there and spoke to a Mrs. Bikerta: – ai, ai, ai, Slozbergs. We don't have anything for that name! What did she offer me? 110 rubles a month. I said I could not live like that. "Poidu v snabzenija." (I will go to the purveyor). I looked for work and found a job. It was... It's difficult to explain in Latvian. It was a faux leather and sports equipment factory called "Dinamo" in Strugu Street. The office was in Strugu Street, but the factory was on the other side of VEF in Unija Street. At the time is was Georgija Gailes Street. After the war there was a camp for Germans there. That was, where our factory was. We sewed "kurtkas" and things like that. I thought: "Dinamo" – that has to do with sports, and I have worked in the theater – there had to be a connection. I went to have a talk with them and worked there for five years. I got to know a lot of people in Riga and I put the suppliers in touch with each other. We got to know each other, and called each other if we needed anything. Then some leather workers came to see me, looking for all kinds of materials. There were Jews there, too. "Jevrej jevreja

*vigit iz daleka" (A Jew can recognize another Jew at a distance) as they say.
He came to see me and said: Can you do something? I can. I have some spare
things I can sell you. And so we established a connection. And some years
passed. Finally, I became a big player and was director in Podnieki. In 1988,
I came to Israel to visit my sister, who was already living here. I went back
and realized that I had to leave. Gorbachev was there. When Gorbachev was
in Adazi, I was working there with my wife. That was my last year. There
was a meeting, and Kauls was not elected; somebody else was. I told them:
Latvians, what are you doing! This is a certain time, certain years; you need
him here; otherwise, things won't go well for you. And that is what happened.
As you know, everything fell apart.*

*Could you say a few words about your sister and brother? Briefly, what
happened to them.*

*My brother had a great misfortune. He has two daughters. He was in
Kansk; he was a worker, not any kind of boss. He had been chosen "deputat
gorodskogo soveta" in Kansk. He was walking home from work. He did not
want to go the roundabout way and was taking a shortcut. There used to be
a house there, and on that day it had been torn down. The tractorist must
have been very drunk and forgotten to shut down the electrical power, and
my brother was killed. As he was cutting across the property, he picked up
wire, and that was it. I was in Germany at the time and was not even there
when he died.*

*My older sister managed to finish "Ort" dressmaking school in
Daugavpils. The Latvians had "Saule" and the Jews had "Ort". When the
Soviets came to power, they combined everything, but she was not able to get
her certificate, so she could not work as a dressmaker in Siberia. We worked
in a cooperative making felt boots. In 1948, they released prisoners and she
married one of the men. In 1946, when I learned to make those boots, I sold
a pair of valenkas every week in the market and slowly saved enough money
to buy a cow. We already had a house; it was not ours, but we rented it for
a year. It was a fairly good size house. When they were released, my mother
took in four people. Among them was the man who married my sister. And
the other three who were there, their families now live here. They have all
died, but their families – daughters and sons – live here. They came later.*

They were Jews from Lithuania, and their families had been sent even farther away than Krasnoyarsk. They were in Tiksi. Do you know where that is? It's "with the devil" – at the very end of the earth. Their families came about two years later. Each one took his family, bought a house, renovated it, and that is how we lived until 1956. I got out alone in 1954. Mother stayed with me for a short while and then went back to my sister. She had her own house and had married an intelligent man – he had graduated from the Sorbonne and was working as the director of MTS. He was smart. He bought a house in the country and brought them over. I even helped him to build the house. We had our own house, cow, calf and chickens. Until 1956, when they started releasing people. My mother remained there for quite a long time.

I was already married and lived in Kansk. When I left Kansk, my mother and sister and the children moved to Kansk. They were not there long and then came to Daugavpils. Things were very difficult; there was no work; there was nothing. They almost went back to Siberia. That is the truth. He could not find work, but the mother did not want to live anywhere else. She said: If we can't live in Daugavpils, then let's go "nazad" to Kansk. In the end, he got a job and, thank God, lived there until it was possible to come to Israel. They came in 1979. My uncle left Riga in 1972 and mother in 1979. And I lived in Riga until 1991. I left during the putsch – on the night of August 19. My daughter was already here; she had come in January. When she heard there was a problem, she called me in Riga: "Papa! Papa!" I said – I have tickets to leave for Moscow tonight and in the morning I am fleeing to Budapest, and from Budapest to... In the morning we were in Sheremetyevo. Oh my, how they treated us! What a "tamozhna"! It was horrible! They searched all of our things. They did not want to allow me to take my accordion. I also had a violin for my daughter, and they did not want to give it back. With great difficulty, I got out of Sheremetyevo. I bought my own ticket. When I got on the plane, I collapsed. The stewardess saw me and came over and asked – "vam chto nibug prineski?" (Can I bring you something?) I said – "konjaku, gevushka" (cognac, my girl). She brought me cognac, and I drank it. When we deplaned in Budapest, I was so relieved. I had, at last, climbed out of that pit. That was how I felt.

Daniels (first from the left, in the last row). Siberia

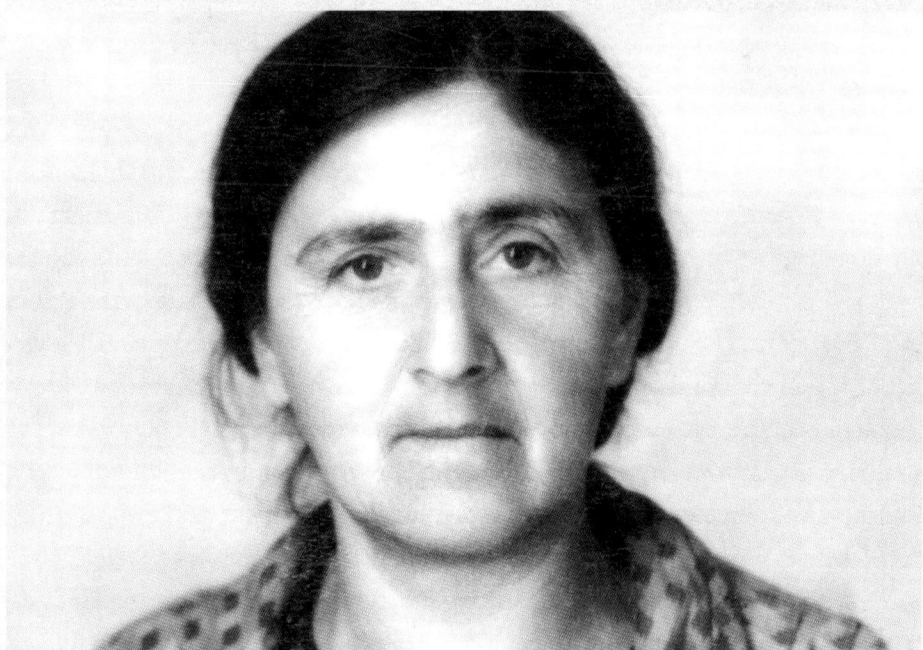

Mother Nehama

Mihails Šomers

born in 1950

My grandfather, guessing that they were
to be separated for a long time or forever,
gave my father all the money he had left...

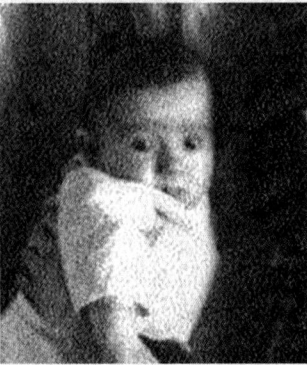

As told by my parents Anella and Ruven Shomer. In memory of them, much-loved and never forgotten!

I am not directly related to the deportees, but I am a descendant of the deported children. I was born after the war when life and the daily routine both in the Siberian village of Kargasok and in the USSR began to improve a little.

My father always said that too little has been written about the victims of Stalinism; that most people of our generation and the next generations will soon forget about this horrifying, cruel period of Soviet history, which claimed the lives of millions of its citizens. And it is both dispossession and countless repressions that filled the camps throughout the North and Siberia. But in addition to the camps, there were also remote, inaccessible regions of Siberia, from where it was pointless to escape, and it was almost impossible to survive. It was not only about the lack of money and documents, but also about the absence of roads, impassable taiga, never-ending swamps, bears and midges. Only Old Believers settled voluntarily in this godforsaken land. However, people were first exiled to settlements back in tsarist times. Thus villages with exiled people, consisting mainly of peasants, arose along the banks of the Ob, Vasyugan, Parabel, Chizhapka and other taiga rivers. Those who survived, being able to adapt to harsh conditions, gradually turned into Kirzhaks, native Siberians.

It was there that the family of my parents was deported while being put in railway cars. Men were separated from women with children and from the elderly, while still on the railway platform. Back then, no one suspected that this separation would be forever. It happened on the 14th of June 1941, eight days before the attack of Nazi Germany on the USSR. These were the first train echelons from the Baltic states. The message about the start of the war found them on their way.

Neither of my grandfathers returned from Solikamsk. The vast majority died in the camp in the first winter. Hunger, cold, exhausting labour and illnesses killed the once strong men. Women with children suffered from the heavy burden of Siberian exile. Mortality was significantly lower than in the camps, but only the young and strong survived.

To understand what my parents and grandparents faced, we need to turn to my family history.

My mother's father, my grandfather, Mark Ilyich Kolovsky, was born in the city of Bologoye in 1882. He was the eldest son of a merchant of the second guild, a descendant of a soldier who served during the reign of Nicholas I and who, after 25 years of service to the tsar, received the right to live outside the Pale of Settlement. My great-great-grandfather settled in Bologoye. The nodal railway station halfway from St. Petersburg to Moscow was a rapidly developing city at the time. As a kohan, Kolovsky, after 25 years of service in the Russian army, led a strictly devout kosher house, full of kids. But my great-grandfather surpassed him by giving birth to 14 children. One of them, Serge, died tragically in a fire in a movie theatre in 1905.

Upon graduation from school, my grandfather went to university in Yuriev. Then, at the turn of the century, more than 400 Jewish students studied there. He entered the Faculty of Law. From the very beginning of his studies, the idea of creating a centre for Jewish studies at the university did not leave him. Upon graduating, grandfather married Berta Kaplan, also from a kohan family who were wealthy German-speaking merchants, and as far as I know, native to Courland. Grandfather did not return to Bologoye and opened a sawmill plant with Yakov Kropman, the husband of his grandmother's sister. In addition to his successful business, grandfather did not stop his public activity; he was an active member of the Jewish community, a member of a student corporation and a beitarist. He was still thinking about establishing a centre for Jewish studies. This dream came true. With the active support of Walther Rathenau and Albert Einstein, Estonia allowed the creation of such a centre.

My grandparents had no children for a very long time. But when they had already lost hope and were looking for a chance of adoption, my grandmother became pregnant and gave birth to my aunt Ruth in 1924. In 1927, my mother was born. She talked a lot about the short, happy childhood.

They lived very prosperously in a large two-storey house in the territory of the sawmill. They were typical provincial 'bourgeois', with servants, a lady cook, nanny, maid, groom, gardener, governess and stoker watchman. All the staff were Russian-speaking since my grandfather did not speak Estonian. The nanny and governess spoke German and French. My mother grew up speaking three languages from childhood.

I describe all of this to understand the contrast, which they had to get used to from the first days of exile. Already in the railway car, and then on the barge on the way from Novosibirsk to Vasyugan, they encountered unsanitary conditions. After that—barracks, lice, terrible hunger! These people were not adapted for surviving in harsh Siberian conditions. They did not know how to till the soil, did not know how to catch fish; they had to learn all of this.

My father's family was deported from Riga. My grandfather, Mikhail Shomer, was one of five children in a merchant family, who had once come to Riga from the Lithuanian Šiauliai. Born in 1892, by the will of my great-grandfather, he was sent to Strasbourg to receive a medical education. In 1914, he was arrested on suspicion of espionage. Upon leaving detention, grandfather managed to cross the front line in Courland in some incredible way and ended up in Riga. My great-grandfather insisted on receiving a doctor's diploma and told grandfather to return to Germany to complete his studies, which is exactly what my grandfather did. After receiving a medical degree, he remained in Germany and went to the Thuringian capital Erfurt, enrolling in the mechanical faculty. Great-grandfather did not mind. Especially since one of his sons—Samuel Shomer—was already a doctor, one of the first military doctors of the Latvian army of Kalpaks. When my grandfather received his second education, the revolution broke out in the Russian Empire. He stayed in Germany, moving to Berlin, where he met my grandmother among half a million Russian 'whiteguard' emigrants. They knew each other from Riga. This Berlin meeting marked the beginning of a family that was subsequently separated and sent to Siberia.

In Berlin, they lived together until 1924. My grandmother, Anna Sergeyevna, the only survivor of the exile of the older generation, talked a lot about life in Berlin in the 1920s. Back then, it was the most progressive city in Europe.

Grandmother was born in Riga, in Moscow forstadt, at Jezusbaznicas laukums. Her father owned stables; horses were leased to the city for horse-trams. There were five of them when they were orphaned: grandmother was 5 years old and the eldest, Benjamin, was 16. He was forced to leave school and work as a roofer in order to provide for his younger brothers and sisters. He raised everyone to their feet and provided them with an education. Thanks to his efforts, my grandmother ended up in St. Petersburg and even served as a scrivener in the revolutionary regiment for some time until she went to Berlin.

In 1924, grandmother, pregnant with my aunt, returned with my grandfather to bourgeois Latvia. It was a difficult, crisis, post-war time. Upon returning, my grandfather received a relocation allowance of 5,000 lats from my great-grandfather. It was a lot of money. Great-grandfather owned a two-storey men's clothing store in Bergu bazars.

Grandfather read an advertisement in a newspaper that a whole steamboat with a hold of chocolate beans was about to spoil in the port. Looking at the success of Laima, he bought all the cargo, rented a room in the VEF area and hired a specialist in the preparation of chocolate. As they say, the first pancake is always spoiled. The beans began to rot. The undamaged chocolate was sold, and a machine for the production of hairpins was purchased with the proceeds. Thus, my grandparents, working in two shifts, began to produce hairpins. Then my enterprising grandfather bought a large batch of copper cannon shells and, having hired a couple of people, began to produce teapots and coffee pots. This marked the beginning of the production of metal utensils and, soon enough, the beginning of one of the 50 largest Latvian enterprises—Metallstamp. In 1915, as the front approached, many factories and 250,000 workers were evacuated from Riga to the Ural Mountains, so there was no shortage of production space. They bought factory premises on Slokas Street on the west bank of the Daugava. They *also found a business partner, Sapugo, who invested capital into the business, and my grandfather began to equip the factory with German presses and machines. He brought specialists from Germany—engineers and chemists. They began to produce aluminium utensils and then enamelled ones, receiving government orders for the production of road signs, street signs and house numbers. Production had been growing successfully. Metallstamp began to produce milk cans from aluminium on the largest presses in the Baltic states.*

They lived at 6 Alberta Street, in one of the most beautiful houses of the architect Mikhail Eisenstein. My grandmother said that before the red flags were posted in June 1940, they decided to buy a summer house in Jurmala, where they already lived every year in the summer, and were planning to move to a huge apartment covering an entire floor on Elizabetes Street. My grandmother drove around in a convertible, which my grandfather called "the blonde." He drove a Lincoln himself. Traffic policemen saluted them. At night, grandfather and grandmother revelled in Riga bars and danced the tango in Lido to the music of Stroks.

The children studied at EZRA, a Jewish school with German-language teaching. My father was supposed to inherit the enterprise, and at the age of 12 he was sent to his relatives in Stockholm to study. When he arrived on holiday, grandfather gave him an exam. Disappointed with the Swedish education, grandfather sent my father to Brighton College. He studied there until 1939 when the Germans began to bomb Coventry. Then the grandmother insisted that he return home to Riga for the holidays. So he did, and he was no longer destined to return to England. The last two years before his deportation, father studied in German and Latvian, and often visited the factory. He delved not only into the production process but also into the turnery. Later on, these skills were very useful to him in Siberia.

June of 1940. Factories were gradually nationalised. Leadership passed into the hands of the party members, and the owners themselves were left as directors at their own factories. My grandfather, like many others, did not expect repressions at all. Especially since back in 1939 he was one of the main investors in the construction of Liepaja port. Back then, under an agreement between the Soviet and Latvian governments, Liepaja port was submitted for use to the 'Red Banner Baltic Fleet'.

In the spring of 1941, my grandfather was invited to the Kremlin to the people's commissar Kalinin with a proposal to lead an automobile plant. After visiting the enterprise, the grandfather replied that under such conditions, it was impossible to work and produce quality. Perhaps this is when he signed his own death sentence. In addition, he was one of the initiators of investments and the partial transfer of Latvian enterprises owned by Jews to Palestine of that time. Already in 1936, he and his associates, including Zasulauks Manufaktura and the former owners of Laima, began to buy land in the former suburbs of Jaffa, the present-day Tel Aviv, and build their branches. Things were going well there. But not so well after that. Families were in Siberia, and all the property and land was auctioned off. There was only one revenue house in the vicinity of Florentin. But that is a completely different story...

Riga station, railway platform. A command was given: men to the left, women with children to the right. My grandfather, guessing that they were to be separated for a long time or forever, gave my father all the money he had left, and told him, a 15-year-old boy: "You are now responsible for your mother and brother! Manage your money diligently." Grandfather was 48, grandmother 42, Ruth 16, and the youngest, Alex, was 10.

Both grandfathers died in the camp, and although survivors in Siberia had got a heavy burden to bear, they escaped the ghetto and executions in Rumbula. Of my father's classmates, only three survived. One of them, during all three years of German occupation, was concealed by the pastor of St. Jacob's Cathedral in Old Riga. Only 3 out of 30 people!

Such was the miracle of Siberia saving the life of my parents and bringing them together.

June of 1941.

Father.

My father, then a 15-year-old boy, carried the weight of responsibility for his mother, sister and younger brother. Childhood ended on the railway platform of Riga freight station. On the way to Siberia, my grandmother was chosen as the railway car leader. Apparently, her strong character and optimism played a role. Father had the role of the only man in the car. The rest were younger. Grandmother's upbringing also played a role. Despite their prosperity, the children were not spoilt and were raised strictly.

Three weeks later they were in Novosibirsk and then began the long journey along the big river to Vasyugan itself. They' re—still a couple of hundred kilometres deep into the marshy impassable taiga forests. They were dropped off in the Workmen's Settlement.

All provisions went to the front; the exiled were supposed to have a poor ration; it was impossible to eat one's fill with it. They cooked gruel of nettle and saltbush, poured in a handful of flour and ate. By the beginning of winter, fishing crews had been created on the collective farm. All healthy men had already been sent to the front. Only exiled teenagers and women remained. My father was appointed as foreman. There was also a local fellow named Vitka, who was not enlisted in the army because of a cataract. Vitka taught how to seine using a board under the ice. Winter fishing is no easy job. They seined and pulled the fish out onto the ice. Then they stacked the fish on the ice and went to bash ice-holes in a new place. In the evening, they poured water into a pan near the fire and steamed the fish. There was no oil, and salt was in short supply. But they had fish! There was chebak— Siberian roach—that kept them on their feet. And thus it was, day after day, in the cold, under the open sky. They slept on the ice by the fire. Then, they brought fish on oxen to the base for preparation. And so things lasted for 7 years.

Then someone found out that father had skills in metal processing. There were mechanical workshops in Kargasok. This was how father found himself in Kargasok, an urban-type settlement of the Tomsk region. Grandmother together with Aunt Ruth and Alex also moved to Kargasok and settled in their own peasant log hut. Later it was us who lived in this hut. The hut was a typical five-wall hut enclosed by a mound of earth; the entrance was through the mudroom; inside, there was a stove with a chimney. With an underground cellar, of course, where potatoes and cabbage were stored—the main Siberian food. So the four of them lived together until Ruth got married and grandmother was allowed to leave for Tomsk with Alex.

Father was left alone in the hut. The work captivated him entirely. In the evenings, he studied any available technical literature. In addition to studying, he read books that were in the Kargasok library. For almost his entire working life, father stood on the shop floor in a tie. His teachers and senior colleagues in Siberia treated the speciality with great respect; such were the turners at the grandfather's factory in pre-war Riga.

It was the post-war year of 1948. Life, even in these remote corners of Siberia, was gradually getting better. You could buy bread; there were cabbages and potatoes.

Father was periodically sent to Tomsk on work trips. He had set a goal: to get to Tomsk! It is an old Siberian cultural centre, a formerly rich merchant city with one of the oldest Russian universities. But the main dream was to use such a move as a launchpad for the subsequent return to Riga. This was still very far away; this moment would only come in 11 years. In the meantime, the home was the settlement of Kargasok.

My grandmother met my mother before my father's move to the settlement, and she and my future aunt loved her very much. It so happened that father was allowed to go to study turnery in Tomsk, and my grandmother settled my mother with her friend Viive in the house. When the father returned, the girls wanted to go to a rented 'apartment', but the father made a proposal for them to stay. Thus the three of them lived together. I guess my father immediately took a liking to my mother, although at first, he gave no sign of this. In the autumn of 1948, they got married. The modest wedding was attended by Viive and Imants Licis, Rosa and Anatoly Shikhmanter and father's friend Monya Shikhmanter. They drank mash, which my mother successfully learnt to brew. As a gift, Viive and Imants brought a black dog with them, whom they named Tuzik. Thus the three of them lived with the dog until I came into the world in late 1950.

Father was periodically sent to Tomsk for further training, and the authorities of the Kargasok Timber Industry Enterprise feared that if his status got changed and he was released from the commandant's office, they would lose a good specialist. The mechanical workshops in which my father worked were the only ones in the entire region; there was always a lot of work.

In the autumn of 1953, my brother Mark was born. And so, in September 1954 we were allowed to leave for Tomsk! Father had put in a lot of effort to get this permission. Thus we were on board a steamer going to Tomsk. These events are embedded in my childhood memory, despite the fact that I was not even four years old. I remember the last night we all slept on the floor in our empty hut. All 'property' had already been sold, and our clothes were packed in a chest. Tuzik was left with Viive and Imants. They did not take dogs without vaccination onto the steamer, and there was no place to vaccinate. The poor dog gnawed through the rope and ran to us through the entire settlement. Mother and I were both crying, and the dog was whining the whole night. Mother reproached herself until her death for leaving Tuzik.

I remember how the two-deck steamer, spreading clouds of black smoke, with farewell honks, sailed away from the Kargasok pier. In three days, we covered a distance of 500 kilometres along the River Ob. We sailed past the shallow, deserted banks of a huge Siberian river littered with logging slabs and driftwood.

Together with us on the steamer were the families of Gurevich, Meilakh and Kheifets. My age-mate Rita Kheifets and I constantly sat on the deck. For me, it was the first trip in my life. I enjoyed the spirit of adventure and suspense, and without realising it, I tried to act like an adult.

In Tomsk, our grandmother was waiting for us. Father already had work in the Timber Industry Enterprise, and our first rented apartment was on Podgornaya Street in a basement room, where it was damp, and water flowed on the walls. Mark immediately fell ill. Behind the wall in the basement lived the Estonians. The husband was Karl, his wife's name was Ina, and his daughter's— Marika. Karl had already managed to serve time in a camp for transporting people from Estonia to Sweden as a skipper on a sailboat. It was a miracle that he wasn't executed. He wore a naval cap with a white top and a navy pea jacket. Later we went from Riga to visit them in Tartu. My parents maintained all Siberian contacts and, for all their life, they valued that selfless friendship with everyone whom fate had brought them into contact with. There, in Siberia, there were no nationalities. They were friends with Russians, Ukrainians, Latvians, Estonians, Germans and Tatars.

Mother.

At the time of deportation, my mother was 14 years old. When they were about to be arrested on the night of the 14th of June, mother's sister Ruth was lying in bed with pneumonia and fever. She was allowed to rest in bed. Eight days later, the war broke out, and my mother's uncle and aunt, who weren't deported, took Ruth with them to evacuate to Magnitogorsk. There she tragically died after a couple of months.

On the railway platform, they were separated from their father, and my mother and grandmother went to Siberia. A long ride to Novosibirsk. After that—on a barge along the Ob. And there—to the village of Aleksandrovka. This village is no more, overgrown with taiga. Somewhere there, in the first winter, my grandmother died, and my mother was left an orphan, alone in the middle of the taiga and strangers. First, she was sent to a logging camp in taiga to cut branches from fallen trees. The salvation was that the suitcases were mixed up in the bustle of preparations and packing, and mother and grandmother turned out to have the suitcase with grandfather's belongings with them. And so she pulled grandfather's size 43 lace-up boots onto her size 37 feet, wrapping the feet with newspapers and stuffing them in socks. This helped for the time being until snow boots of felt—valenki—were handed out.

Later, my mother was nearly killed by a fir tree. Then the foreman decided that she should go to the horse logging. That was the name of the primitive winch, which was turned by four horses. Mother was appointed to command these horses, which only understood obscene words as commands. My mother did not know how to swear and generally spoke Russian with a German-Estonian accent. Mother had to swear through the tears, and the horses went, as if by magic.

During preparations and packing, my grandmother slipped a crystal jewellery box into her suitcase. One of the exiled women found out that the mother had valuables, and began to lure them out and exchange them for food. But apart from potato peels, rations of bread with sawdust, and a handful of flour, there was nothing to eat anyway. A child at the age of 14 did not understand the value of these items. When everything was already in the hands of this swindler, and it came to the relics, a ring with two diamonds and a 'royal' chain, my mother burst into tears. Then the neighbours intervened and drove back the swindler.

Later, when things became especially harsh, my mother was sheltered by a widower from the Volga Germans. Mother recalled later that if it were not for him, she would not have survived that winter. The hunger was terrible. There was war, and all the products were sent to the front.

After that, the mother was sent to seventh grade in a school in Kargasok. There she made friends with Viive Kuusk. Her father was a former tsarist officer, and in Estonian times—one of the founders of the Estonian national army. Viive's mother was one of the founders of the Estonian Red Cross. Childhood memories in Tartu, the Estonian language they chatted in, and the cheerfulness which they hadn't lost despite the hunger and poverty, had brought Viive and my mother together.

In the summer, they were sent across the river to gather berries and herbs. They had to row across a vast river in an oblasok—a Siberian row-boat. There were many berries across the river – wild currants and raspberries. After that my mother got a job as a cleaner in a club. The club had a theatre troupe and amateur performances. Films were played there in the evenings as well. Mother was drawn to educated people, to music and dances. Through a crack, she watched rehearsals and listened to music. Then there was work on the collective farm— sometimes haymaking, sometimes pulling weeds from potato fields, sometimes carrying sacks. There were not enough men. Mother chopped wood in the cold, dragged two-pood (~32.5 kilograms) sacks of potatoes, bending from heaviness.

Now, when I write these lines and my parents are no longer alive, I am very sorry that they themselves did not write about everything they experienced. It's a pity that I know little myself, although everything written above is the plain truth. This is exactly what I remember from the stories of my parents, from what I retained from my own childhood impressions.

Anella and Ruven Shomer

Anella with son Mikhail

Anella and Ruven Shomer

Estere Viņņika

born in 1927

I had only two summer dresses, two skirts,
two pairs of shoes; mother had the same.

I was born on April 1, 1927; that's not a joke!

On the night of June 13 to June 14, I had only returned home at one o'clock in the night, but they came at two o'clock. We had graduated grade 7, and we had gone out for a celebratory graduation stroll. It could have been Friday night. We got home around one o'clock at night and had just gone to bed, but they arrived at two o'clock in the night to arrest us. They came with witnesses, that is, they had called the janitor, and the rest of them, they felt uncomfortable, because before us they had seen more elegantly decorated apartments, but here they saw servants' quarters. My father was one of the leaders of the Zionist party. He was also a council member with a right to vote and a journalist; he contributed to all the well-known newspapers in Latvia at that time. When they arrived to arrest us, father said: "Well, that's the end of it…"

I had only two summer dresses, two skirts, two pairs of shoes; mother had the same. Grandmother stayed at home because she was ill. Grandmother was the mother's mother; we lived together, and she stayed. We got into the truck. I don't remember if the people from Riga were deported from the Torņakalns station or from Šķirotava. There were two convoys waiting. Did those departing from Šķirotava go to the district of Krasnoyarsk? I'm not sure. Either way, there were several convoys. They were Stolypin railway cars; that means wide-open doors that were bolted shut and small windows on either side of the car. There was no toilet; in its place, there were some boards nailed together in the middle of the railway car. There were two storey bunks that were one on top of the other. Everyone slept next to each other. It was a shock... Someone who was on our railway car gave a bed sheet to cover up the "toilet" area. I was very shy; in my opinion, that was awful. I don't know how I didn't get sick in those 18 hours. There was nothing to eat. We were brought pig-weed in old preserve tins a few times a day. Afterwards, in the night at about 4 or 5 o'clock, they came with big document folders and called out the men by their last names. They too, were exhausted and had difficulty reading the names. Father found his own surname on the list because he thought they were being called to help clarify something. Of course, we didn't see him anymore. Luckily mother had managed to give him a pair of shoes that were wrapped in an overshirt. And that's how father left; he had nothing else with him. All that he had taken along was an alarm clock and half a jar of jam.

We rode like that for three weeks. The doors were bolted shut. We stopped at stations along the way to get boiled water, "kipyatok". I remember that we were all Latvians in our railway car. I don't remember who we were with, because I was in such shock, that I don't remember much about the journey in the railway car. They said: "Kipyatok again?". The railway car kept stopping in the same place. They did not understand why all the stations were named "Kipyatok" and why the railway car was always stopping in the same place. They immediately pulled up by the hot water. There were those that were allowed to jump out of the railway car. Mother didn't let me, because there were no steps down.

Along the way, when we crossed the border, we saw houses with broken roofs and people that dressed somehow differently. They came up to our railway cars, selling berries and milk, but the guards sent them away. We didn't buy anything, because we didn't have any money; but there were those that did buy. The guards must have been worried that we would pass along some kind of notes. We lived in those conditions for 18 days. There was hunger and unsanitary conditions. People had several health problems from the food we were given, and that was horrible. They didn't open the windows, and the doors were bolted shut; only a tiny crack was left open so that no one could jump out.

Everyone was brought to Kansk. We were settled into a large hall there; there were those that only got as far as the courtyard. There were some people who had taken all their belongings along with them. It was crowded everywhere.

They began to divide us up among houses. Some ended up with the locals, others – in a separate shack. We were placed in a Russian family. That room had two plank beds and some kind of table. A woman with two children lived there, and she took us in as well. The woman said: "Don't worry, I have a sack somewhere. We will fill it with hay and put it down. You will sleep here, on the floor. But now, sit down and drink some tea; I have baked bread, eat!" That's where we stayed. We were sent to work. Mother was 47 years old then, and she seemed old to me. I was 14. I had begun school a year before the others; I had already finished 7-grade school. Russia had a compulsory seven-grade education system. Children could not be sent off to work or enlisted in the army before they had graduated from the 7-grade school. I was sent to work immediately. Since I was already considered grown up, I had to do all the hard work like the others. Mother and the other women worked with the livestock.

Winter came, and we had absolutely nothing to wear. I don't know which one, but one of us had a great idea. We had some men's pyjamas with us. The men were gone, without their pyjamas. All we needed to get was some wadding, and we could stuff it in and make quilted pants and jackets. What's said is done. They didn't have anymore at "Selypo", a gold-buying shop. If you had gold, you could get anything at that store, but we didn't have any gold. We only had a mother's ring. Later on, when the mother had already passed away, I understood where the mother had gotten the gold that she had given away at the shop.

They made us do all sorts of jobs. I worked in the fields just like the others. I was sent to work on the tractor-trailers.

We didn't know anything about father. I wrote letters to everyone, trying to find out what had happened to him. When we had arrived in Kansk with all our things, they came up to us and said: "Which one of you is Estere Viṇṇika? You are being summoned to the Ministry of the Interior." "I don't know what it's about." Since mother couldn't go, then I went; with me came Edgars, the son of professor Mincs, who hadn't been taken to the prison camp. He could have been about 35 years old back then, and he was a lawyer. "Did you write to Stalin?" "Yes." "In that case, comrade Stalin requests that I tell you, that your father died in prison camp on December 3, 1941."

I returned, but mother said to me: "I already knew that." Up until then, she had had a dream in December, where she was walking, and her father was walking towards her, but they were divided by snow. They were moving towards one another, but could not meet. Mother said: "I felt, that father was not there."

The school year had ended at the Beryozovo school. Braun ran up to me. She said: "Roza had a dream that we were being sent off, too!" Roza ran up to us and said: "Quick, run home, we have to go!" They went to get their things, regardless of that fact that there was a child, who had been three months old at the time of deportation and was now a year old. We were brought to some freight station. There were houses like the ones in garden allotments, we lived there about a week, maybe more.

We were housed in these shacks and quarantined; they gave us vaccinations. I met the Blūmenfelds there. We had met just shortly before going there as well. The youth didn't have anything to do; we got a truck, distributed some items and then took each other for a ride. We had to fetch water from a ways off. We saw water carrying yokes for the first time, and it was only here that we learned how to carry water with yokes. It was fun to carry water in the winter because the water would splash about as you walked; the pails would swing, the water would spill, and you would slip and "fly" with the pails of water and get wet...

We were housed in a shack together with the Blūmenfelds family; it was like a garden home. There was a mother and two daughters. One was a year younger than me, the other, a year older. Ten days later they loaded us onto a steamboat called "Mariya Ulyanova". It moved slowly across the water.

The boat was powered by "čurkas" (wood briquettes). The boat would stop at almost every post to pick up more firewood. That was both miserable and joyous. Just before we left, mother had gone to the flea market. She had nothing left to sell, but I had received a gift from my uncle on my 13th birthday – a Moser watch. The watch was broken and did not work. Swiss watches couldn't work in those conditions, but it was nevertheless beautiful. The officers' wives had money, but they had nothing to wear. They were willing to buy the watch that didn't work because it was worth something... Mother had met an older Jewish man there, and he had asked her why she was so worried. She answered: "My 15-year-old daughter is being sent up north." He gave her some vodka and a package of mahorka tobacco. Mother refused it. He said: "Take it, because vodka and tobacco are like currency, and seeing as you are heading into the unknown, you should definitely take it along!" She said: "When I see you again, then..." He said: "I will give you my address in case you return, but you don't need to think about that, just take it, because otherwise, I won't let you get on that boat!". We needed to buy flour and bread. The bread did not get mouldy in those conditions. It's a good thing the "Mariya Ulyanova" stopped because then we were able to light a fire between two bricks...

Someone was dropped off at every factory. We arrived in Tura. Mother got sick; she had a high temperature, so she wasn't being let off the boat, and so we ended up in Tura. The Blūmenfelds and Berlins families also got off there. One river was called the Tunguska; the other tributary, Kochechum. We disembarked on the cliffs of the Kochechum highlands. There were rain and sun; we were there for 3 weeks. They didn't allow us to go into the village. They distributed some kind of food. We were not allowed to go up to the village until the quarantine had been lifted, and so we remained in those conditions. Afterwards, they began to relocate us. Some were given a separate room somewhere; others were shown a place to live with the locals. The brigadier, a Volga German, was the one to place us in our new homes. In the summer, the days were long and bright; it only began to get dark around one o'clock in the morning. The winters were dark; the sun did not shine beyond the cliffs. We had to live in darkness, hunger and cold throughout winter. We had nothing to wear. A barge with food items would arrive, and we had to go unload it. We had to work just as hard as the adults did. There was a very steep hill; we had to haul up sacks of flour from down below. While they were unloading, we had to roll barrels. That was even more difficult because it was hard to hold them still. The barrel was heavy after all, and full, so how could you keep it from rolling onto you and getting hurt? You could get ten years in jail for that! We received our wages every week. The adults were paid twice as much. They could not have paid the children, because who was counting on them? We were workers, and we received 800 g of bread for that. I considered myself a worker because my mother was old. She received 400 g of bread, but I got 800 g. We didn't have anything else. There was also a cafeteria. You were allowed to buy lunch with the money you earned; there was some kind of soup or porridge. You just had to make it there on time – then everyone ran! It was up-top a hill. Mother practically never made it to the cafeteria, but I sometimes managed to get there from work.

When the unloading jobs were done, the young people decided that we would all go to school. There was a high school there. I had finished seven grades; I was going to go to grade 8. Biruta, Aina and the others were also going to go to grade 8. They had already graduated from the 8th grade but did not know how to speak Russian. So we all went to grade 8, but we were only there for three weeks. The fish factory had taken us on as workers, after all, so we were removed from school. Compulsory education was only up until grade 7! So we had to go to work. There was a very strict Volga German named Fins. He was a widower and was there with his son. He was strict not only with us but with his son as well. He was also very harsh and rigid as a person. We were brought to an open space where we had to dig the earth. Winter, permafrost – that is, in the summer, the earth defrosted only about a metre in depth, beyond that – permafrost. But to dig in the winter... and the way we were dressed... in shoes... I had a quilted jacket that was made of pyjamas, and that was it. And even dressed like that, we didn't go. I had a winter coat and shoes; everyone was dressed like that too. He said to us: "Light a fire and get yourselves acclimatized!" And he kept us like that for a few days. Acclimatize yourselves... horrible... We didn't have anywhere to go for firewood. In the summers, airplanes would land on the river over there; in the winter, the airplane would land using special skis, because there were cliffs all around. The chopped roots for kindling. Roots worked well as kindling because they gave off a lot of heat. It never occurred to them that you could get years in prison for that! When we were caught, he said: "Ask the superior!" We thought we were intelligent because we used them to light fires. A few days had passed, and he summoned us to give us some shoes that were made of deer leather with wool on the outside; inside were socks made of deer wool. We should have realized it ourselves, but I didn't. Moose's forehead was used to make the sole of the shoe. It was sewed on upside-down. That means, as I went uphill, I slid back down again; I couldn't climb. It was torture that was meant as punishment. But I had to climb a lot. When I had to go from the barracks to work, then everyone left earlier with me because I had difficulty walking. Everyone was in the snow; no one could hold onto me, and I had to crawl to work! There was no chance or even talk of having the shoes altered; the duty manager didn't want to hear about it – he was not interested. We dug the foundations for a building; to do that in permafrost conditions was something unimaginable... No matter what you did, there was always permafrost. They were building a fish factory. When we finished digging the foundations, we were sent to do other jobs. I ended up in a brigade with three other girls of my age; they were Volga Germans.

We were sent to do forest preparatory work; that was high up on a hill. Because I had such awkward shoes, I was unable to climb the hill. I crawled up, and to get down, I climbed onto a tree and slid down... I was hot from crawling, so I ate snow. One night I got sick. Kārlis Pūce was working as a driver then. He rode over with a sleigh and took me to the hospital. I had wet pleurisy; that was December 1942. My condition was critical, and I was in the hospital for a month. I was released with just a cough. I didn't go to any medical check-ups but went to work instead. It was freezing. When I arrived back at work, my cough had gotten worse. I worked in leather processing. I had to remove the film from the leather to make collars. I was also allergic, so since my cough had worsened, I was in pretty bad shape. I got sick a second time. When I arrived at the hospital, they said they had already been looking for me for quite some time, because, as it turns out, I had pulmonary tuberculosis. I was in the hospital for several months, and there was no hope for recovery. They summoned my mother and said: "Do you have any other children?" "No." "This one will not be a survivor." I was already in agony. But then I got fed up and said: "That's it, I'm not going to take any more medication."

I stopped using the medicine, and I suddenly felt hungry. I wanted to eat so badly, that mother brought me some crackers, and I ate them all night long, under the blanket, to not bother the others that were sleeping. When the doctor came, she began to jump about. She was a young girl: "Wow, your hand has begun to look like a hand again! Give her something to eat, as much as she likes, feed her, watch that she begins to walk again!" And I was released. My feet were in bad shape, and I was unable to put anything on; neither shoes nor socks because I had been just lying around for so long. They gave me a note stating that I was not permitted to do any heavy work. I didn't show this note to anyone, of course; I just put it in my pocket and went to haul logs from below the ice. Then mother made a big stink about it with the "zavhoz" (steward). He said: "Listen, her pocket is not see-through. How could I have known that? I didn't know!" Then I was put in a brigade that casts nets for fishing.

It could have been the summer of 1943, because that was the summer that we were fishing. In the beginning, we had to hack into the tree; then the tree would lean over. Afterwards, we would chop of the branches, etc. ... We had very poor instruments to work with. When I told the duty manager about it, he said: "If you like, we could teach you how to chisel with your head, if you talk too much!" But on the other hand, to the others, he said: "Take the little girl's lead. See how she works!" Yet we still didn't get any better instruments. Once a tree almost fell onto me and crushed me. I realized that my quilted jacket had been left behind. What was more important, me or my jacket? Everyone went pale; they got scared, but I didn't even realize what was happening at that moment. I wasn't crushed after all. However, later on, when I went... There was an incident when I was bending a branch and didn't notice the fact that it was dry, and it pierced me. I don't know how I got so lucky and didn't end up with blood poisoning, but I was swollen. I was skinny; clothing literally hung off me. I was wearing a skirt that I made myself out of a sugar sack.

Then I got a job as a bookkeeper in an office. I was very shy in the office.
Mother handed in a document stating that I was sick; it was affirmed by
the doctor and said that I had to leave there. She didn't attach anything;
there was no "spravka" (certificate/information). In 1944, she was suddenly
summoned by the Ministry of the Interior. "You have been granted permission
to leave via the motorway." We're not going anywhere, because we don't have
the means. "What do you mean, you're not going?" She says: "We have no
money!" "People who have references and other documents are denied, but
you have permission, and you won't leave! Send a telegram to whomever
you wish, but you have to go!" The chance to leave was only once every two
years when there was water in the Tunguska River. Foodstuffs came one
way, and fish and people went the other way. When the boat arrives, then
everyone is deployed to work; everything is locked up so that they don't have
to pay for idle time. Then the unloading begins. Everyone would be tired, so
much so that they wouldn't go home to bed, but rather stay there to sleep on
the shore. They brought salt and vodka. In the cafeteria, they gave vodka to
everyone; everyone got drunk because, after a hard day's work, that was
a joy – there was finally salt and alcohol! The unloading work was awful.
It was impossible to hold on to a barrel. The barracks were not heated;
it was minus 55 degrees, no electricity and water had to be brought from
800 m away and would freeze along the way. In the spring, I found the comb
that I had lost, because everything happened in the dark.

We arrived in Turukhansk. There, on the shore, we had to wait for the boat
from Igarka. That boat moved along quicker. We rode past Yartsevo, but
didn't see anything. Father's prison camp buddy, Mirļins, lived in Yeniseysk.
One of the locals came by, and we asked him. He came out at the last minute,
and we had already begun to move on, but we were able to catch a glimpse
of one another.

We arrived in Krasnoyarsk, but we had to make it to Kansk. We only had
enough money for tickets, but they didn't sell tickets – they had to be pre-
approved. We hadn't thought of going to the Ministry of Interior and asking
them. And then a Volga German lady was going to Filimonovo and had to
pass through Kansk. She had a registered ticket. "I'll buy you some tickets,
too. I know where I can get some!" She bought us some tickets and mother

gave her the money. The train arrived, and we approached the attendant. The German lady had a big chest, probably full of wonderful things. Her mother was with her. She asked the mother to keep an eye on her. We approached the railway car, but it turns out that she had three tickets with assigned seating, but one not. She said: "Show me your ticket!" Apparently, she had economized our money. She snatched our tickets from me, and we were left with no money and no tickets. I didn't know what to do. I ran up to my mother and told her what happened. Mother was worried; I grabbed the fish and ran to the attendant. I had no choice. Let them put me in the railway car with no assigned seating, anywhere, but we had to get moving! During this time, the loaders belied mother, said she had stolen the chest from the German lady. I approached the attendant, told her that I no longer had any more money, but I had fish. The attendant said: "Alright, let's go!" She seated us into the railway car that didn't even have any standing room left. That is all our things, a saw and a small keg. The train stood for only 3 minutes in Kansk. We had to manage to get off with all our things. Everyone saw the kind of passengers that were travelling on the train and calmed us down, saying they will help us carry things out. And it was true. In these three minutes, one carried the axe, another the bowl, a third the saw...

What's next? We rented a carriage. We had an address. We arrived at her place; she lived in her own apartment. She looked at our... and said that she has to go. She didn't even offer us a glass of water! We were on the street. What do we do now? Mother remembered the man who had given her the mahorka and vodka. He had given her an address as well. Mother went to see him. He said: "Of course, no problem! Live here for as long as you need!" And so we stayed there.

When Ira Borde's father-in-law was released from a prison camp, he too didn't have anywhere to go. His son was still in camp. They lived just on the other side of the dividing curtain, right there with us. Mother immediately set out to find a job. Everyone here already knew she was a teacher. Teachers were given apartments. That means we were given a room that was inhabited by some people that were evacuated from Vitebsk. It was called a "room", but it was only as wide as a metal bed and as long as a table; all the planks were warped and the roof leaked. We had to use an umbrella when we slept. On the other side of the wall was a large room, inhabited by others, and there was a communal kitchen. The kitchen had a Russian stove and table. This was up on the second floor.

When we were still in Krasnoyarsk, I was unable to walk. I was trying to command my legs to move, but they did not move. I didn't understand why, but I was in great pain. When we arrived in Kansk, I began looking for work. Our Vitebsk neighbour worked as the chief accountant at the driving school. He told me to come work as a bookkeeper with him at the driving school. I got a job there. In the morning, when I got up to go to work, I fell right back into bed again. I lay in bed for a whole month, unable to even turn around.

<u>What year did you return?</u>

I returned to Latvia in 1958. In the beginning, I had returned for two months to get a place in line for rehabilitation, and when I returned later that same year. Mother died in 1959. I was with my husband and son; I worked as an accountant. For a long time, we couldn't get permission to go to Israel.

A village in Siberia

Estere as a child. Latvia

Simons Viņņiks

born in 1926

There were some awful things, much more
horrible than that which has been shown
about concentration camps...

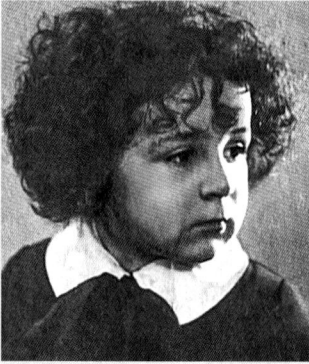

*We were a family of four – father, mother, me and
my sister, who was three years younger than me.
When I walked about town, everyone stared at my
sister because she was very beautiful – a wunderkind,
as some would say. She was very gifted. She was
10 years old when Professor Ozoliņš heard her play at
the Conservatory and took her under his wing. He said
she would become famous. She played at the opening
of the graduation ceremony at the Conservatory; that
was in the Conservatory building on Barona Street,
where the eleven-year-old Raja Viņņika performed on
graduation evening.*

Siberia put an end to her violin playing...

*We were also sick; we were settled into a shack when
polio broke out – we lay in bed and did not move for
a year. My sister did not become a violinist, but rather
a doctor... a cardiologist. She had very good hearing.
She lived in Mytishchi, near Moscow; people would
go to her for consultations. Without any equipment,
she was able to simply place her ear on one's chest
and give a diagnosis. My sister is no longer among
the living...*

And that's how we were deported, with just one suitcase... To my recollection, we were brought to the Torņakalns station. We were four. A few hours later, they came and took a father away, and we didn't see him ever again. Later on, we found out that he had been brought to the district of Solikamsk; the prison camp Surmog was there. That means "Surovaya mogila" (gloomy tomb). People died of hunger there; they worked in the forest. Father died on December 29. We didn't know what had happened to him or how, but a man, that had been somehow released from this prison camp, arrived in Dzerzhinsk. That could have been in the 50's. He came to see us, and I saw that he was wearing my boots...

Father had my boots on because the mother made us trade; I had big feet. When we saw this person and the boots on his feet, we understood that father is no longer among the living...

There were some awful things, much more horrible than that which has been shown about concentration camps...

We lived in the village of Nikolayevka for or a year or year and a half. We had no medicine, nor medical assistance; I don't know how we survived. We slept on hay-filled mattresses on the floor. One night we got sick and could not get up and out of bed. There were three families living there.

Mother knew how to sew, and she had women coming to her for sewing services in exchange for a piece of bread or bacon. Then the manager of the pharmacy came to see my mother about sewing her a dress. They got to know each other, and the woman told her husband about me, that I'm a young boy, that our family is suffering from lack of food, and he said I should come because he will set me up with a job. I went to school, but on weekends, after school, he taught me everything about the pharmacy. Mother and I gathered all sorts of medicinal plants for pharmacy use.

I worked like that for a year and got to know the pharmacy quite well that they even let me fill some prescriptions. He told me that I had to study, but I did not have any documents. Our passports were taken from us. I was already 16 years old. He promised to do something about it. He was an educated man; he had two higher education diplomas; he was a doctor and a pharmacist. Everyone came to see him for treatment.

There were also deported German doctors and the deported Kalmyk Minister of Health. I was issued a temporary passport; they said: "Let's go to Krasnoyarsk!" There was a pharmacological school there; the application deadline had passed, but they accepted me anyway, and I studied there for three years.

Mother had three golden teeth. She took the crowns off, and I traded them in at the store for a kilogram of flour and a kilogram of sugar.

On my days off, I worked to unload the herring barges. For a few hours of work, we were given two herrings. Herring was already something very fancy! There was a market in Krasnoyarsk where I would trade herring for flour, and then I would make flour porridge. At one point in time, I lived in very poor conditions in a basement; I slept on some kind of box. There was an evacuated family living there as well; they had a small child that cried all the time. It was very hard.

When I was appointed pharmacy manager, everything I had fit into one little bag; I had nothing. I was picked up by horse and driver. There was a furnished apartment by the pharmacy; it had closets, beds and a kitchen. He also brought me sheets, a pillow, a blanket and some food items. I was given food vouchers to eat in the cafeteria. My salary was 45 roubles. Lunch cost approximately 80 kopeks. They were well supplied. We went there by horse. They gave us a whole bag of flour, sugar, oil, even chocolate candy and groats; I didn't know what to do with all of that after having faced such hunger!

I worked there for two and a half years. My mother and sister were in Dzerzhinsk; they came to live with me afterwards. No one over there knew that I was a deportee because I had a passport. If they had known, they would not have allowed me to work there... When my mother and sister arrived, I realized that there might be some trouble...

We had to register with the KGB. The pharmacy council director arrived. I had arranged the pharmacy; all sorts of medicine had to be prepared because there was a big hospital, and they kept sending uneducated pharmacy trainees. I had a lot of responsibility. I was summoned to the KGB office; they took away my passport, and that was it – I was not allowed to go anywhere, and I felt like they didn't trust me, that I was going to poison everyone...

We were rehabilitated in 1956. I had a good salary, something to eat, everything I needed over there. I was offered a job at my old place of work.

In 1962, I was accepted into part-time studies in the pharmacology department at the Moscow Institute of Medicine no. 1. I graduated from it and had a higher education degree. In my biography, I didn't mention that I had been deported. They knew that in Kansk, but regardless of that, I was elected a city council member for 25 years in a row. I was the member group chair; I have been given medals and awards for my hard work. When I retired in 1998, I was given the Kansk honorary citizen title.

I have had the desire to leave here... Leaving meant losing everything, work, everything, but I have two sons here! My sons have also received an education in medicine. My oldest son has graduated from the Medical Institute and defended his doctoral dissertation; he is a professor, a surgeon and a member of the Academy. My other son has chosen the military line of work. My wife was Russian. My son has served his way to the title of colonel. So could I have just left my children? I have dreamed of returning to Riga... I returned to Riga; I was even put on a waiting list for an apartment. Those that did return had properties, factories, homes...

<u>*Do you remember your childhood and how you missed your father?*</u>

I missed him a lot. My heart still aches... I remember Latvia and Riga. My childhood was there; even though it was short-lived, it was happy!

I've returned to Riga four times since the end of the war; I walk about and bask in the memories. I passed by a house where I once lived, then another house... I even wanted to go inside... By the way, the owner of the building was also deported... He was a rich man; he had a factory and a building. I remember the beach and how I used to ride my bike and make friends with the Latvian children...

Why did I not leave Kansk? My sons were in Krasnoyarsk and in Moscow, but I wanted to be on my own. I have friends and support here. As a Kansk honorary citizen, I also have privileges; I don't pay for electricity, nor gas, nor my apartment – everything is for free. Once a year, we are given 5000 roubles in aid.

Viņņiks' family

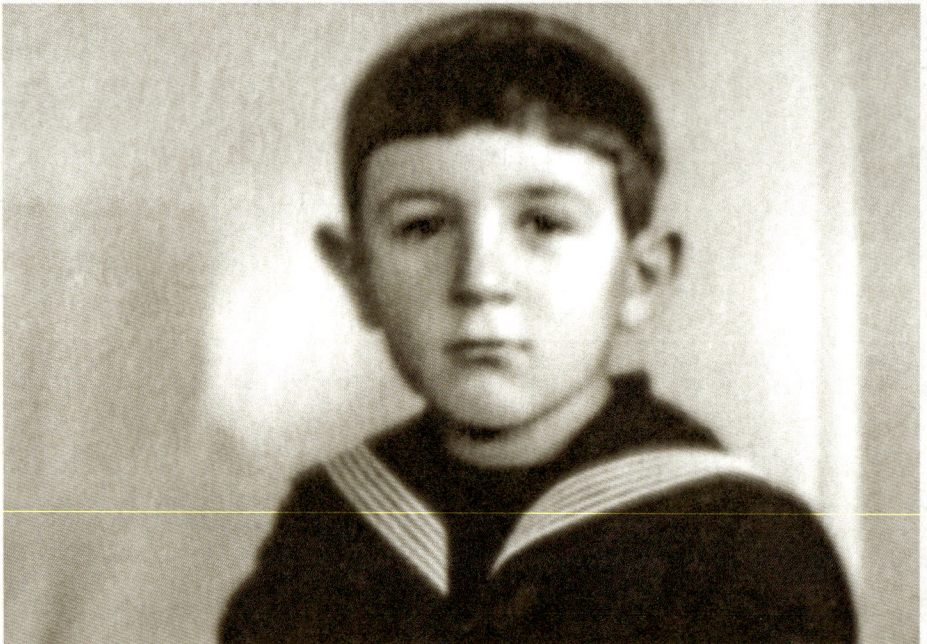

Simons

The house in Siberia